U0566096

上党赛社与乐户研究

李天生——著

山西出版传媒集团
三晋出版社

本项目由中共长治市委宣传部支持出版

陵川县金代二仙庙碑

娘子关唐代妒神庙碑

平顺县东峪沟九天圣母庙外景及大殿、香亭、碑刻

壶关县紫团山神郊村真泽宫（二仙庙）及保存的宋徽宗敕封碑

高平市王报村二郎庙外景与庙内金代乐台

潞城区西流村王姓乐户家中保存的赛社演出面具

陵川县陈丈沟村由全县乐户修建的咽喉神祠外景

咽喉神祠当年保存的木制对联

住咽喉神祠的侯姓乐户家中保存的咽喉神像

壶关县鸦村正月闹社火“打迓鼓”仍存宋代遗韵

1997 年，在潞城贾村举办“仿古大赛”时，由前行率领的乐户班子及其神前吹奏表演

1997 年，在潞城贾村举办“仿古大赛”时，村民参与的社火表演

乐户演出时穿的“龙褂”，前似马褂（左），后似袍（右）

自　序

有关《上党赛社与乐户研究》的田野调查，最初是为配合《中国戏曲志·山西卷》的编撰工作。1985 年，由山西省文化厅牵头，在上党地区（今长治、晋城两市）组织过一次涉及乐户演出的戏剧录像，其间在长治市辖的潞城县发现了《周乐星图》本（时被称为《迎神赛社礼节传簿》，简称《礼节传簿》）。笔者恰在长治市文化局戏剧工作研究室负点责任，于是被拖入相关调查，愈陷愈深，欲罢不能。

笔者深知，包括社会科学在内的一切科学研究，最讲务实求真。因此，对于民间获得的文字、口头资料，笔者又曾对照当地现存的文物古迹、古庙碑石、有关的文献记述加以鉴别与验证。从而由民间资料的收集校注，渐对民俗文化有了具体的感知，对其丰富的文化内涵有了较深的认识。

与本书有关的资料，因得到"国家古籍整理出版专项经费资助"，已由三晋出版社出版，称《上党赛社古钞本辑校》。它是本书写作的基础，且因在校注中发现了一些史籍记述的不足、空缺和谬误，又成为笔者写作此书的诱因。

就如唐宋佛道俗讲、民间说话艺术，《敦煌变文集》记有相关话本，与此相关，北宋勾栏早在"搬演"《目连救母》杂剧，深受俗众欢迎。元代赛社仍盛行"搬说词话""搬唱词话"，屡禁不止。明代民间仍多相关"土戏"。至于其具体表演形态，史籍鲜记，元代赛社的相关表演也只见于"禁令"。然而，上党赛社却有"搬唱词话"的遗存形态，称杂剧，为诗赞体，其唱类宋代卖物"叫声"，正属宋金杂剧，与曲牌体元杂剧的兴起相关，且通过元代禁令可知，此类土戏已广泛传播于大江南北，早见于江浙。如宋元时的永嘉杂剧，便与南戏的兴起相关；如南戏弋阳腔，只沿土俗流变，与板腔的形成直接相关。

笔者收集的上党赛社资料多种多样，既记有唐宋队戏、宋金杂剧、金元院本、元明土戏、明清出戏等，又记有唐宋大曲，宋元“缠令”“小令”等，还有上党乐户遗存的“谱本”“剧本”“面具”等。这些正可验证民间土曲、土戏与高雅的曲牌体音乐、戏剧之间的发展关系，以及乐户类艺人的历史作用与贡献。

显然，要研究唐宋以来的音乐、戏剧、歌舞等，还须眼睛向下，重视田野调查，不唯书、不唯上，实事求是。

正基于此，笔者才在本书中特别重视发端于民间的土曲、土戏，及其土根、土脉，特别强调乐户类艺人的历史作用与贡献，不揣冒昧提出了一些个人研究中的看法。

因此借本书出版之际求教于各位方家，去伪存真，使相关研究更近真实，权且以此为序。

目　录

第五章　历代乐户的生存状况

第六章　与乐户相关的民俗

第七章　乐户的神灵崇拜及其文化内涵

第八章　赛社文化的再探讨

第一章　赛社的由来及其流变

民间赛社源于先秦社祭，用以祈报祀神，唐代称赛祭或赛神，宋代称赛社或社会，明清仍迎神赛社。尤其山西上党地区，清末民初仍然，类如唐宋帝王寿宴之制，伎乐表演仍由乐户支应，至今仍有《周乐星图》《唐乐星图》《宋乐星图》等文字抄本遗存，有办赛老人可访。以下结合历代有关记述，先说民间赛社的由来及其流变。

第一节　赛社缘起

赛社，本义是指报谢土地神灵的恩赐，源于先民的自然崇拜。以"社"示有土神，以"赛"言报其恩，先民"封土立社"，以祭"社神""稷神"，帝王则祭祀"社稷"，正如东汉班固《白虎通义·社稷》言：

> 王者所以有社稷何？为天下求福报功。人非土不立，非谷不食。土地广博，不可遍敬也；五谷众多，不可一一祭也。故封土立社，示有土尊；稷，五谷之长，故立稷而祭之也。〔一〕

先秦祭祀有"巫"，随其"以舞降神"（见《说文·巫》），《周礼·春官》曰"司巫掌群巫之政令"，"若国大旱，则帅巫而舞雩"，"凡舞，有帗舞，有羽舞，有皇舞，有旄舞，有干舞，有人舞"。于是，"巫师"又成了"舞师"，《周礼·地官》曰：

> 舞师掌教兵舞，帅而舞山川之祭祀；教帗舞，帅而舞社稷之祭祀；教

羽舞，帅而舞四方之祭祀；教皇舞，帅而舞旱暵之事。〔二〕

与此相关，《诗经·周颂》有“载芟”“良耜”两篇，汉代《诗序》认为前者言“春藉田而祈社稷”，后者言“秋报社稷”。对照《白虎通义·社稷》所言，汉承周制，帝王祭祀“社稷”早类民间“社祭”。

沿此，《史记·封禅书》记秦始皇曾往泰山封禅，正类《周礼》所言的“山川之祭”，含“封土立社”之义，仍属“社稷”之祭。其中说到，周秦民间“春秋泮涸祷塞”“冬塞祷祠”。“塞”，唐司马贞索隐曰：“与‘赛’同。赛，今报神福也。”〔三〕也就是说，周秦民间之“塞”早属“古赛”，“春秋泮涸祷塞”早类封建帝王“春祈社稷”“秋报社稷”，正见“春祈秋报”早属赛社发端，民间“冬塞祷祠”为“腊祭”，或称“蜡祭”，与“古赛”相关。

与《周礼》相关，汉代早又有了《礼记》。《礼记·月令》记，仲春之月“择元日，命民社”〔四〕。其言与社日活动有关，正指春社（后世每以立春后第五个戊日为春社，立秋后第五个戊日为秋社）。《礼记·明堂位》曰：“是故夏礿、秋尝、冬蒸、春社，秋省而遂大蜡，天子之祭也。”〔五〕汉天子祭于明堂，四季有祭，又“秋省（即秋狝，指天子秋季田猎祭神）而遂大蜡”，将“秋报”“蜡祭”合一，早类民间“冬塞祷祠”。《礼记·郊特牲》曰：

天子大蜡八。伊耆氏始为蜡。蜡也者，索也。岁十二月，合聚万物而索飨之也。蜡之祭也，主先啬而祭司啬也。祭百种，以报啬也。〔六〕

其“啬”通“穑”，与“稼穑”相关，古指谷物及收获。“报啬”，即报谢农神之恩。其“天子大蜡八”，即皇帝腊月要祭祀八位农神（即神农、后稷、猫虎、沟渠等神），正是“八蜡”“八腊”所由。皇帝“报啬”仍类民间“秋报”，“秋省而遂大蜡”类民间“冬塞祷祠”。“郊祀”时，诸神“索飨”，需要献牲，其“郊特牲”仍为“山川之祭”，与古赛相通，由先秦社日活动而来。因此，随着民间“春祈秋报”早有了春社、秋社，而且《周礼》《礼记》所记的一套礼乐规制也影响着民间古赛。

值得注意的是，与“天子大蜡”相关，民间早又“祭百种”，百神共祀，东汉许慎《说文》就言“腊祭百神”。就是说，凡是与人福祸相关者，包括能够驱赶水、旱、虫、涝、人畜疫病的各神，与农神同祭，从而古赛早又与“驱傩”相关。如前引，随着由“巫”而“舞”，“以舞降神”，扮神以降者又称“尸”，且因可“舞”，故见此类“巫觋”可由“倡优”取代。苏轼《东坡志林》言：

八腊，三代之戏礼也。岁终聚戏，此人情之所不免也……今腊为之祭，盖有尸也。猫虎之尸谁当为之，置鹿有女谁当为之，非倡优而谁？〔七〕

“八腊”为“三代之戏礼”，含娱人色彩，可由倡优为之，且早与古赛、驱傩相关，多面具表演。如“猫虎之尸”，就需戴着相关面具扮作驱逐农田鼠害之状，为驱傩表演，可见自古“赛”“傩”相通。

与驱傩相关，《周礼·夏官》曰：

方相氏，掌蒙熊皮，黄金四目，玄衣朱裳，执戈扬盾，帅百隶而时难（傩），以索室殴疫。〔八〕

方相氏“帅百隶而时傩”，与古赛相关，类“帅而舞”的舞师，戴着“黄金四目”面具，扮类“猫虎之尸”，类“巫”而“舞”。《论语·乡党》记有“乡人傩”，其“傩”早与“古赛”相通。

正沿此，《后汉书·礼仪志》至《隋书·礼仪志》仍有类似方相表演的记述；后期的上党赛社仍敬有“蝗王”“瘟神”之类，有《斩旱魃》《鞭打黄痨鬼》《钟馗镇宅》之类驱傩表演；南方诸省早又傩、赛合流，至今仍存傩舞傩戏。举如今存的池州傩戏，按王兆乾先生考证，仍存赛社痕迹（详后）。

还须说明的是，随着东汉佛教传入，也与民间赛社互有影响。至南北朝时，与“蜡祭”相关，“腊八”已属佛祖成道日，已有“浴佛会”；方相驱傩，民间已借“金刚力士”以逐疫（详《荆楚岁时记》）；诸佛以其“诞日”而会，与民间“社日”“赛社”相互影响。对此，北魏末年杨衒之的《洛阳伽蓝记》已有相关记述。如其言及“景乐寺”时说道：

至于大斋，常设女乐。歌声绕梁，舞袖徐转，丝管廖（嘹）亮，谐妙入神。以是尼寺，丈夫不得入。……及文献王薨，寺禁稍宽。百姓出入，无复限碍。……召诸音乐，逞伎寺内。奇禽怪兽，舞忭殿庭。飞空幻惑，世所未睹。异端奇术，总萃其中。剥驴投井、植枣种瓜，须臾之间皆得食之。士女观者，目乱睛迷。

如其言及“长秋寺”又说：

……（寺）中有三层浮图一所……作六牙白象负释迦在虚空中。……四月四日（**按，文殊诞辰**），此像常出。辟邪师（狮）子导引其前，吞

刀吐火，腾骧一面，彩幢上索，诡谲不常，奇伎异服冠于都市。像停之处，观者如堵，迭相践跃，常有死人。〔九〕

由此，北魏佛寺“常设女乐”“逞伎寺内”，正属“娼优”表演，任百姓观看，或佛“庆诞”沿街表演，早与民间伎乐相互影响。《魏书·乐志》曰：

(天兴)六年冬，诏太乐、总章、鼓吹，增修杂伎，造五兵、角抵、麒麟、凤皇(凰)、仙人、长蛇、白象、白虎及诸畏兽、鱼龙、辟邪、鹿马仙车、高絙百尺、长趫、缘橦、跳丸、五案，以备百戏。大飨设之于殿庭，如汉晋之旧也。太宗初，又增修之，撰合大曲，更为钟鼓之节。〔一〇〕

北魏百戏仍“如汉晋之旧”，而且其已“增修杂伎”，如“白象”之类，正如佛寺所见，多来自民间。

至唐代，沿《周礼》《礼记》之制，民间祈报仍有典制，其伎乐仍类“百戏”“杂伎”，称“杂戏”。唐皇仿北魏皇帝敬奉佛祖，尊老子为远祖，使民间祀神更多了道家色彩。与此相关，山西《浮山县志》记，唐高祖武德二年(619)二月，老子显圣于羊角山，谓里民曰：“吾，唐皇帝之远祖也。”宋真宗时编撰的《册府元龟》曰：

(唐高祖武德)九年(626)正月丙子，诏曰：“厚地载物，社主其祭。嘉谷养民，稷惟元祀。……时逢丧乱，仁惠驰薄，坛壝阙昭备之礼，乡闾无纪合之训。……今既南亩俶载，东作方兴，州县致祀，宜尽祇肃。……京邑庶士，台省群官，里闬相从，共尊社法。以时供祀，各申祈报。兼存宴醑之义，用洽乡党之欢。且立节文，明为典制。进退俯仰，登降折旋。明加诲励，递相劝奖。齐之以礼，有耻且格。布告天下，即宜遵用。”

该书记有唐玄宗的数次诏令，如天宝元年(742)曰：

十月戊寅，诏曰：“社为九土之尊，稷乃五谷之长，春祈秋报，祀典是遵……”〔一一〕

由此，唐皇祭祀老子，仍类《白虎通义·社稷》所言，为帝王祭祀，又见其将“社法”列入“典制”，其“社日”祭祀早也“齐之以礼”，“兼存宴醑之义，用洽乡党之欢”。其民间祀神早类宫廷宴乐之制，且见唐玄宗诏令民间“春祈秋报，祀典是遵”，其祈报祀神皆要遵依祀典。

依史，唐玄宗仿秦皇汉武，也曾泰山封禅、祀汾阴后土；其酷爱宴乐，别立教坊,宫廷伎乐早又增修。开元二十九年(741),唐玄宗制成《开元礼》,从此礼乐一新,与其天宝元年(742)强调“春祈秋报,祀典是遵”有关。随着《开元礼》的出现,宫廷宴乐有了新的典制,民间春祈秋报有了新的祀典,且玄宗曾颁《赛祭畿内名山敕》(《全唐文》卷三六),说明当时“山川之祭”已属“赛祭”。如前引,玄宗时的司马贞曾说,“塞”与“赛”同,即“今报神福也”,正又说明唐代“赛祭”与“古赛”相通。唐代赛祭称“赛神”,如“黄昏林下路,鼓笛赛神归”(白居易《春村》诗句),“铜鼓赛神来,满庭幡盖裴回”(温庭筠《河渎神》词句),正与玄宗诏令“春祈秋报,祀典是遵”有关。

如山西与河北交界的娘子关,有座妒神祠,唐大历十一年(776)立有《妒神颂》碑(今存),其中曰:

……自古及今,非军则县,未尝不揆月择日备其享礼。春祈秋报,庶乎年登。巫觋进而神之听之,官僚拜而或俯或仰。既而坎坎伐鼓,五音于是克谐;峨峨侧弁,三军以之相悦。……河北数州,山西一道,或衣以锦绣,或奠以珍羞(馐),无昼夜而息焉,岂翰墨之能谕。咸以商者求之而获利,仕者祷之而累迁,蚕者请之而广收,农者祈之而多稔。不然,则奚能远迩奔凑奉其如在。〔一二〕

依山西方志记,所谓“妒神”,传说是春秋时晋国介子推之妹,因兄焚于绵山,其亦自焚成神,遂妒妇人靓妆彩服过其祠,故称。依《魏书·地形志》,娘子关早有妒神祠,故见该碑言,“自古及今”该庙早也“春祈秋报”,随着《开元礼》制成,有了新的“祀典”。该庙“祈报”为“赛祭”“赛神”,且见商者、仕者也如农者,“远迩奔凑奉其如在”。

又如山西上党地区,由于玄宗曾任潞州别驾,称帝后曾三回潞州。开元十一年(723),玄宗前往汾阴祀后土,从洛阳出发,首回潞州,“复建礼神坛”,“仍亲后土祭”〔一三〕。这说明,玄宗任潞州别驾时建过“礼神坛”,亲祀过“后土”。

与此相关,不妨再举上党二仙庙一例。所谓“二仙”,依方志载,原属“乐氏”二民女,为商周时微子的后裔,在潞州壶关县樱桃掌(山中地名)升天成仙。其成仙处建二仙庙,唐乾宁元年(894)立的《乐氏二女父母碑》今存,曰:

……求恩者宋寮皆至,乞福者俊豪咸臻。岁俭求之即丰,时旱求之即雨。名传九府,声播三京。至谢而有似云屯,列筵而如同雾集。昨者春祈之际，巫女通言，□（神）父母魂灵苦要重葬……赠财者千村万村。英旌秀士，文武官勋，排比威仪，花队辇舆，斗帐罗衣，绣衣烟霄，逸路车马……农夫罢业，织妇停梭，云馔千般，各施献礼。……〔一四〕

该碑记二仙父母重葬事，却也言及“昨者春祈”，说明其庙早有春祈秋报。其庙“求恩者宷寮（官僚）皆至，乞福者俊豪咸臻”，正类妒神庙所见，“名传九府，声播三京”，影响更大。沿此而下，宋徽宗敕封二仙为冲淑、冲惠二真人，敕赐庙额为“真泽”，该庙至今仍称“真泽宫”，仍存其敕封碑。随着宋徽宗倡导，上党各地遍立二仙庙，其庙赛社沿唐宋古规，明清时有“花队”表演，仍用“女乐”。上党赛社形成一种俗规：其他神庙办赛，也要迎请二仙赴会。

综上，沿着先秦“社祭”而来的“古赛”，与“社日”活动相关，民间早见“春祈秋报”。随着封建帝王的不断倡导，有了相关的礼乐规制，唐代的春祈秋报已列入祀典，时称“赛祭”或“赛神”，宋代“赛社”正由此而来。

【注释】

〔一〕详见中华书局“新编诸子集成”所录的《白虎通疏证》（上下册）。此处转引于《辞海》“社稷”条，上海辞书出版社，1979 年版，3611 页。

〔二〕见《十三经》上册，燕山出版社，1991 年版，415、443、450 页。

〔三〕见《史记 · 封禅书》，中华书局，1982 年版，1371—1372 页。

〔四〕见《四书五经》，岳麓书社，1991 年版，487—488 页。

〔五〕见《四书五经》，版同前，550 页。

〔六〕见《四书五经》，版同前，528 页。

〔七〕见宋苏轼《东坡志林》卷三，依《四库全书》（台湾版），卷一二〇子部三〇。

〔八〕见《十三经》上册，版同前，466 页。

〔九〕见杨衒之《洛阳伽蓝记》卷一所记的“景乐寺”“长秋寺”，依《四库全书》（台湾版），五八七册，12、10 页。

〔一〇〕见《魏书 · 乐志》，中华书局，1974 年版，2828 页。

〔一一〕以上两诏，见《四库全书》（台湾版），九〇二册，532、526 页。

〔一二〕见《山右石刻丛编》第二册卷七，山西人民出版社，1988 年版，46 页。

〔一三〕据《潞安府志》所记的“奉和圣制”诗，所引为玄宗回潞州时张说、苗晋卿所作诗。乾隆三十五年版，1980 年翻印重排后，见于卷三八，卷页 21、22。

〔一四〕见《山右石刻丛编》第二册卷九，版同前，41—42 页。

第二节 宋代赛社及其延续

宋代赛社，如北宋梅尧臣《社日饮永叔家》诗，已有"野田击鼓赛社翁"语（详《四库全书》所载《宛陵集》卷四九）；如南宋刘克庄《喜雨二首柬张使君又和》诗，有"村深隐隐闻箫鼓，知是田家赛社还"云云[一]。由此，宋代"赛社"仍与"社日"相关，"田家赛社"仍"野田击鼓"，与唐代"鼓笛赛神"一脉相承，正由"古赛"发展而来。

加之商业发展，市民阶层的出现，宋代已多"诸行市户"，由其组成的商业社团也类"田家赛社"，"社日"而会，时称"社会"。假名为神"庆诞"，类帝王"庆寿"规制，仍与宫廷礼乐相通。如南宋杭州，依《武林旧事》记，"都人"每也"赛社"，商业社团每也"社会"，并举有"二月八日为桐川张王生辰，霍山行宫朝拜极盛，百戏竞集"实例[二]。对此，《梦粱录·社会》言，"每遇神圣诞日，诸行市户俱有社会，迎献不一"，并举有正月初九庆玉皇圣诞、二月初三庆梓童帝君诞辰、三月二十八庆东岳大帝诞辰、四月初六庆城隍诞辰、四月初八"诸社"朝五显王"庆佛会"等例[三]。这种"诸行市户"参与的"社会"，正沿北宋"田家赛社"而来，且见"每遇神圣诞日"皆可为"会"，早不限于社日祭祀、春祈秋报。其间如何发展，又有哪些变化，以下从不同侧面加以考述。

一、宋代的社团、社会

早在先秦，随着封土立社，其"社"指祭祀场所或"组织"。由于《周礼·地官·遂人》早有"五家为邻，五邻为里"一说，以二十五家为里、五十家为社，有了里社、村社，且因共同举办祭祀活动，"团结共事者亦曰社"（《正字通·示部》），其"社"又含"社团"之义。如北宋，"河朔西路被边州军，自澶渊讲和以来，百姓自相团结为弓箭社"（《宋史·兵志四》）。此类"团结共事者"结社而会，类如春社、秋社，北宋已称"社会"。如北宋开封，《东京梦华录·秋社》曰：

八月秋社,各以社糕、社酒相赍送贵戚……市学先生预敛诸生钱作“社会”,以致雇倩祗应、白席、歌唱之人。归时各携花篮、果实、食物、社糕而散。春社、重午、重九亦是如此。〔四〕

该书“筵会假赁”条又曰:

凡民间吉凶筵会,椅桌陈设、器皿合盘、酒檐动使之类,自有茶酒司管赁。吃食下酒,自有厨司。以至托盘、下请书、安排坐次、尊前执事、歌说劝酒,谓之“白席人”。总谓之“四司人”。……主人只出钱而已,不用费力。〔五〕

由此,北宋已有“社会”,与“秋社”相类,又见其类“筵会”,每也“雇倩祗应、白席、歌唱之人”,已多商业色彩。正因此,“市学先生预敛诸生钱”也作“社会”,“重九亦是如此”,早不受“社日”限制。

随着宋代商业发展,市民阶层的出现,“诸行市户”自立“社团”,已多“团行”,南宋更多此类“社会”,每也假名为神庆诞而会。如南宋《梦粱录》所记的杭州,记有“团行”,其“社会”条曰:

文士有西湖诗社……武士有射弓踏弩社……更有蹴鞠、打毬、射水弩社……每遇神圣诞日,诸行市户俱有社会,迎献不一。如府第内官以马为社,七宝行献七宝玩具为社,又有锦体社、台阁社、穷富赌钱社、遏云社、女童清音社、苏家巷傀儡社、青果行献时果社……豪富子弟绯绿清音社、十闲等社……遇东岳诞日,更有钱燔社、重囚加愿社也。〔六〕

《武林旧事·社会》更有如下实例:

二月八日为桐川张王生辰,霍山行宫(即其庙)朝拜极盛,百戏竞集。如绯绿社杂剧,齐云社蹴球,遏云社唱赚,同文社耍词,角抵社相扑,清音社清乐,锦标社射弩,锦体社花绣,英略社使棒,雄辩社小说,翠锦社行院(言指其社艺人皆属乐户),绘革社影戏,净发社梳剃,律华社吟叫,云机社撮弄。〔七〕

由此,南宋“射弓踏弩社”“锦标社射弩”之类,类北宋民间“弓箭社”,属“社团”,又见其“诸行市户”“俱有社会”,“每遇神圣诞日”而会,假名为神庆诞,类皇帝庆寿,早也“圣诞”酬神。

二、皇帝"圣节"与"圣诞"酬神

民间赛社之所以以诸神"诞日"为期,与唐宋帝王倡导有关。唐代,民间祀神早有祀典,且"兼存宴酺之义",早类宫廷宴乐之制。依《新唐书・礼乐》记,宫廷元正、冬至有"谨上千秋万岁寿"的宴规,早类帝王寿宴之制。玄宗开元十七年(729),以其生日创立"千秋节",所谓"千秋节者,玄宗以八月五日生,因以其日名节,而君臣共为荒乐,当时流俗多传其事以为盛"〔八〕。对此,《旧唐书・礼乐》《唐会要・节日》《资治通鉴》《明皇杂录》等书也有记述,"每千秋节,舞于勤政楼下,后赐宴设酺","宴百官于花萼楼下","太常陈乐","府县教坊"奔赴;"寻又移社就千秋节","布告天下,咸令宴乐",并令天下"休假三日"。于是,"千秋节"类"谨上千秋万岁寿"之制,"赐宴设酺","君臣共为荒乐";"寻又移社就千秋节",使"秋社"类其"庆寿","咸令宴乐"。"当时流俗多传其事以为盛",民间"祈报"早都类其庆寿规制。何况如前引,玄宗制有《开元礼》,令"春祈秋报,祀典是遵",唐《教坊记》记有《千秋节》《大酺乐》等曲。这说明,随着《开元礼》用于唐教坊,宫廷礼乐一新,民间祈报"赛神"已类玄宗庆寿之制,已形成一种"流俗"。

山西浮山县祀奉老子的庆唐观,依《浮山县志》记,唐高祖武德二年(619)二月,老子显圣于羊角山大树下,谓里民曰:"吾,唐皇帝之远祖也。"长安闻奏,遂命左亲卫杜昂祭祀于羊角山,老子再现,复命有司于其地建祠。玄宗又诏令改称"庆唐观",御书庙额,赐以碑文,并命高力士重修其庙,该庙祭祀与玄宗的"千秋节"牵涉。对此,玄宗天宝二年(743)所立的《庆唐观金箓斋颂碑》曰:

> 平阳郡(即今临汾市,辖浮山县)玄元宫者,兴王之肇地也……开元得圣像,天宝获灵符,丕庆再集而繁昌,至教(指道教)遂兴而毕备……三元表辰,八月降诞,每至是日,展法于斯。修金箓斋,启玉皇印,道家之宝,王者之仪,靡盛于斯矣……开元十六载(728)御题观额(即题名"庆唐观"),因隶于兹。二十五年(737)上疏议斋,帝俞其请。于是内使高真自王城而至,纶音秘旨从天上而来……〔九〕

其中,"开元十六载御题观额""二十五年上疏议斋,帝俞其请",与开元十七年(729)创立"千秋节","寻又移社就千秋节"牵涉,又与开元二十九年(741)制成《开元礼》,天宝元年(742)诏令“春祈秋报,祀典是遵”,天宝二年(743)立此“颂碑”相关。于是,“内使高真自王城而至”,“纶音秘旨从天上而来”,“三元表辰,八月降诞”,皆要祭祀老子,皆用“王者之仪”。“三元”(即上、中、下三元,分别为农历正月十五、七月十五、十月十五)祭祀老子,正类宫廷元正、冬至“谨上千秋万岁寿”所见(前引),且见“八月降诞”正与玄宗诞日有关,祭祀老子的“王者之仪”正该如其“千秋节”所见,正见“当时流俗”所由。

河南鹿邑县传说为老子出生地,汉代已建老子庙,唐代皇帝也曾亲往祭祀。依当地方志记,乾封元年(666),唐高宗亲幸其庙,创立紫极宫,封老子为“太上玄元皇帝”。天宝二年(743),玄宗亲谒其庙,将紫极宫改称太清宫,同年浮山县又立《庆唐观金箓斋颂碑》,正见“太清宫”也类“庆唐观”,祭祀老子如“王者之仪”。依《宋史・乐志》言,“唐太清宫乐章,皆明皇新制”[一〇]。与此相关,唐《教坊记》记有“道调”诸曲,与道教相关,正宜用于祭祀老子,且见唐代山西平阳郡设有“太平乐府教坊”,与“庆唐观”祭祀有关,曾用《教坊记》所记的“道调”(详后)。

说白了,随着玄宗创立“千秋节”,祭祀老子类其庆寿之制,且因“当时流俗多传其事以为盛”,已开“圣诞酬神”之先河。

正沿此,宋代皇帝的生辰立为“圣节”,像唐玄宗的“千秋节”。《宋史・礼志・圣节》曰:

> 圣节。建隆元年,群臣请以二月十六日(太祖诞辰)为长春节。正月十七日(提前一月),于大相国寺建道场以祝寿。至日,(宫廷)上寿退,百僚诣寺行香。……
>
> 太宗以十月七日为乾明节,复改为寿宁节。
>
> 真宗以十二月二日为承天节。其仪:帝先御长春殿,诸王上寿,次枢密使副、宣徽、三司使……即毕,咸赴崇德殿叙班,宰相率百官上寿,赐酒三行,皆用教坊乐……文武群臣、方镇州军皆有贡礼。前一月,百官、内职、牧伯各就佛寺修斋祝寿,罢日以香赐之,仍各设会,赐上尊酒及诸果,百官兼赐教坊乐。[一一]

宋代皇帝仿玄宗“千秋节”,立有“圣节”。“其仪”已由真宗发挥,文武百官要“上寿”,且“各就佛寺修斋祝寿”,类如“浴佛会”,“仍各设会”,早又佛道杂糅。

不仅如此，真宗还类唐奉老子为远祖，尊轩辕黄帝为圣祖；类唐代“老子再现”，也搞“圣祖临凡”“天书下降”的闹剧。《续资治通鉴》记，因“天书下降”，改元“大中祥符”，“诏以正月三日天书下降日为天庆节”，“如唐朝恭奉玄元皇帝”，“诏天下并建天庆观”，“天庆观并增置圣祖殿”；圣祖诞日称“先天节”，临凡日又称“降圣节”〔一二〕。于是，“天庆观”类如“庆唐观”，供着赵宋皇帝的圣祖；有了“先天节”“降圣节”“天庆节”之类，皆类皇帝“圣节”，也要普天同庆。《宋史·礼志·诸庆节》曰：

诸庆节，古无是也，真宗以后始有之。大中祥符元年，诏以正月三日天书降日为天庆节，休假五日，两京诸路州、府、军、监前七日建道场设醮，断屠宰；节日，士庶特令宴乐，京师燃灯。又以六月六日（天书再降）为天贶节……又以七月一日圣祖降日为先天节，十月二十四日（圣祖）降延恩殿日为降圣节，休假、宴乐并如天庆节。……赐百官宴饮，如圣节仪。〔一三〕

由真宗始，天下多了“庆节”，皆类皇帝“圣节仪”，“休假、宴乐并如天庆节”，“休假五日”，“士庶特令宴乐”，比玄宗“千秋节”又过之。

至宋徽宗，其自封“教主道君”，以倡兴道教为己任，又见其“黄老”并重，更有发挥。今依《续资治通鉴》所记，摘录如下：

（政和三年冬）帝有事于南郊（指郊祀），蔡攸为执绥官……奏：“有道流童子持幡节盖，相继而出云间，衣服眉目历历可识。”乙酉，遂以天神降，诏告在位，作《天真降临示现记》。帝尝梦被召，如在藩邸时，见老君（老子）坐殿上，仪卫如王者，谕帝曰：“汝以宿命，当兴吾教。”……道教之盛自此始。

（政和七年二月）甲子，诏通真先生林灵素于上清宝箓宫，宣谕青华帝君（玉皇次子）降临事……是时帝兴道教将十年，独思未有一厌服群下者，灵素因希指造为青华帝君夜降宣和殿事，假帝诰“天书”云篆。

（同年二月）辛未，诏天下：“天宁万寿观改为神霄玉清万寿宫，仍于殿上设长生大帝君、青华帝君圣像。”

（同年）夏四月庚申，帝讽道录院曰：“朕乃昊天上帝元子（玉皇长子），为神霄帝君，睹中华被金狄之教……朕甚悯焉。遂哀恳上帝，愿为人主（降世），令天下归于正道。帝允所请，令弟青华帝君权朕神霄之府。……卿等可上表章，册朕为教主道君皇帝。"……教主道君皇帝者，即长生大帝君……

（宣和元年，八月）丙戌，御制御笔《神霄玉清万寿宫记》，令京师神霄宫刻记于碑，以碑本赐天下……摹勒立石。〔一四〕

因其以"碑本（拓片）赐天下"，故也见于上党地区。如《长治县志》仍存其原文如下：

建神霄玉清万寿宫诏

御制御书

道者，体之可以即至神，用之可以挈天地。推之以治天下国家，可使一世之民举得其恬淡寂常之真，而跻于仁寿之域。朕思是道，人所固有。沉迷既久，待教而兴。俾欲革末世之流俗，还隆古之纯风。盖尝稽参道家之说，独观希夷之妙。钦惟长生大帝君、青华大帝君，体道之妙，立乎万物之上；统御神霄，监观万国无疆之休。虽眇躬是荷，而下民之命实明神所司。乃诏天下，建神霄玉清万寿宫，以严奉祀。自京师始，以致崇极，以示训化；累年于兹，诚忱感格，高厚博临。属者，三元八节按冲科启净，供风马云车来顾来飨。震电交举，神光烛天，群仙翼翼浮空而来者，或掷宝剑，或洒玉篇，骇听夺目；追参化元，卿士大夫侍卫之臣悉见悉闻（按，指其政和三年冬祀南郊，有"天真降临示见"事，详《续宋编年资治通鉴》）。叹未之有，咸有纪述，著之简编。呜呼，朕之所以隆振道教，帝君之所以眷命孚佑者，自帝皇以还，数千年绝道之后乃复见于今日，可谓盛矣！岂天之将兴斯文以遗朕，而吾民之幸适见正于今日耶？布告天下，其谕朕意，毋忽仍令：京师神霄玉清万寿宫刻诏于碑，以碑本赐天下，如大中祥符故事（按，指真宗以天书下降为由，手诏天下令建天庆观事），摹勒立石，以垂无穷。

宣和元年八月十三日　　奉圣旨立石〔一五〕

依《宋史·礼志·诸庆节》记，徽宗将"天真示现"日诏令立为"天应节"，将"太上混元上德皇帝（老子）降圣日"立为"真元节"，将"清华帝君生辰"立为"元成节"，仍类真宗所为，"皆如天庆节，著为令"〔一六〕。

综上,宋天庆观类唐庆唐观,供着赵皇圣祖轩辕黄帝;宋祀神"庆节"仍类唐代"三元表辰,八月降诞"祭祀老子;宋"万寿宫"供奉的"长生大帝君",实即"教主道君皇帝"宋徽宗,其圣像与诸神并列,"三元八节按冲科启净"仍类"唐朝恭奉玄元皇帝"、"天庆观"祭祀赵氏圣祖。宋徽宗令天下"以严奉祀",诸庆节皆如"皇帝圣节仪"。

与此相关,《宋史·礼志·圣节》记,"徽宗以十月十日(其生辰)为天宁节,定上寿仪"〔一七〕。其"上寿仪"正可用于祭祀"长生大帝君",正宜见于"万寿宫"。且其"毋忽仍令",仍如宋真宗所为,致使民间祀神早都类其"庆寿"规制。

从而如前引,北宋末年已有"崔府君生日""灌口二郎神生日"之类的祭祀活动,皆如皇帝庆诞,皆要用其上寿仪;南宋"每遇神圣诞日俱有社会",其"社会"仍类北宋赛社,其礼规乐制仍如皇帝圣节仪。

三、先秦祈报与宋代赛社

如前引,先秦"祈报"形成"社日",与秦汉古赛、唐代赛神、北宋赛社相关。对此,宋高承《事物纪原·赛神》曰:

> 《礼·杂记》曰:子贡观于蜡,子曰:百日之蜡,一日之泽。郑康成谓:"岁十二月索鬼神而祭祀,则党正以礼,属民而饮酒,劳农而休息之;使之燕乐,是君之泽也。"令赛社则其事尔。今人以岁十月农功毕,里社致酒食以报田神,因相与饮乐。世谓:巫礼始于周人之蜡云。〔一八〕

可见,唐代赛神仍类先秦蜡祭,里社也仍"报田神","使之燕乐,是君之泽",早与帝王有关。宋代"令赛社则其事尔",其"令"也该出自其"君"。对此,《宋史·礼志·祈报》曰:

> 《周官》(《周礼·春官》):"太祝掌六祝之辞,以事鬼神,示其福祥。"于是历代皆有禬禜之事。宋因之,有祈有报……(皇帝)或亲祷诸寺观,或再幸……或分遣官告天地、太庙、社稷、岳镇、海渎,或望祭于南北郊,或五龙堂、城隍庙……或启建道场于诸寺观,或遣内臣分诣州郡。如河中(今山西万荣县)之后土庙……皆函香奉祝,驿往祷之。凡旱、蝗、水潦、无雪,皆禜祷焉。

其中,有"令"的实例有多条,如:

(神宗)熙宁元年(1068)正月,帝亲幸寺观祈雨,仍令在京差官分祷……诸路神祠、灵迹、寺观,虽不系祀典,祈求有应者,并委州县差官洁斋致祷……

举有南宋高宗一例:

(绍兴)七年(1137)正月一日诏:"朕痛两宫北狩(指徽、钦二帝被金北掳),道君皇帝(徽宗)春秋益高。念无以见勤诚之意,可遣官往建康府元符万岁宫(即万寿宫),修建祈福道场三昼夜。务令严洁,庶称朕心。"又谓辅臣曰:"宣和皇后(即高宗生母韦氏,时随徽宗北去)春秋浸高,朕朝夕思之,不遑安处。已遣人于三茅山(属江苏)设黄箓醮,仰祝圣寿。"……〔一九〕

由此,"宋因之,有祈有报"。随着帝王倡导,或"亲祷"其庙,或"遣官"祭祀,"旱、蝗、水潦、无雪"皆祷,且见"祈报有应"之神,即使"不系祀典",也派"州县差官洁斋致祷"。南宋高宗"正月一日"为徽宗"建祈福道场","仰祝圣寿",倡导"祈报"活动。

前记的"河中之后土庙",真宗于大中祥符四年(1011)亲祀汾阴后土。天禧四年(1020),"河中府万泉县新建后土庙",所立《后土圣母庙记》碑曰:

今当县圣母庙者,本脽上后土之祠……千载而下,经汉历唐,躬谒之君,国典所载,此不复书。且(真宗)王化之攸行,政教之所及,民之法则若草从风。盖上能恭事天地,常命中贵大臣亲诣灵祠,秘传圣祝,春祈秋尝,为民祈福,岁不愆期。故庶民观上勤心恪志,亦以四时设祭而陈其荐也。……〔二〇〕

依记,真宗亲祀汾阴后土,"常命中贵大臣亲诣灵祠,秘传圣祝,春祈秋尝,为民祈福",为"帝王亲祀、差官致祭"的实例。民间"若草从风""四时设祭",与真宗倡导有关。如前引,仁宗时"祈报"已称"赛社",正见神宗"仍令"已属"令赛社"。

不仅如此,随着宋代皇帝不断倡导,祈求有应之神多又增列祀典,甚至乱赐庙额、封号,各地神庙日多。《宋史·礼志·诸祠庙》曰:

自(太祖)开宝、(仁宗)皇祐以来,凡天下名在地志,功及生民,宫观陵庙,名山大川能兴云雨者,并加崇饰,增入祀典……故凡祠庙赐额、封号,多在(神宗)熙宁、(哲宗)元祐、(徽宗)崇宁、(徽宗)宣和之时

……其他州县岳渎、城隍、仙佛、山神、龙神、水泉江河之神及诸小祠，皆由祷祈感应，而封号之多不能尽录云。〔二一〕

这种“增入祀典”，“皆由祷祈感应”而封之神，多在仁宗之后，与赛社相关。“封号之多不能尽录”者，更与徽宗有关。就如山西上党地区，依今考察，宋代敕封的灵贶王、灵应王、灵显王、灵泽王、真泽二仙等，皆因“祷祈有应”赐有庙额、封号，多由宋徽宗敕封，遍立其庙，与赛社相关。如“二仙”，就由徽宗封为冲淑、冲惠二真人，敕赐庙额为“真泽”，各县遍建其庙，各庙早有赛社。又如“灵贶王”等，也由徽宗敕封，上党各地也多其庙，早有赛社。

与之相关，《宋史・礼志》记，由大观至政和三年（1113），徽宗制成《五礼新仪》，并令“刊本给天下，使悉知礼意，其不奉行者论罪”〔二二〕。《宋史・乐志》记，徽宗同时制成“大晟新乐”，早又诏令频频。如崇宁四年（1105）九月诏曰：

礼乐之兴，百年于此。然去圣愈远，遗声弗存……今追千载而成一代之制，宜赐新乐之名曰“大晟”。朕将荐郊庙、享鬼神、和万邦，与天下共之。其旧乐勿用。

政和三年（1113）有如下记述：

五月，帝御崇宁殿……诏曰：“大晟之乐已荐之郊庙，而未施之于宴飨。比诏有司，以大晟乐播之教坊，试于殿庭……嘉与天下共之。可以所进乐颁之天下，其旧乐悉禁。”于是尚书省立法……并令大晟府刊行，后续有谱……明示依式造粥，教坊、钧容直（御用军乐）及中外不得违……旧来淫哇之声，如打断、哨笛、呀（迓）鼓、十般鼓……与其曲名悉行禁止，违者与听者悉坐罪。〔二三〕

何况如前引，徽宗为“令天下归于正道”，政和七年（1117）又曾诏令天下遍建“万寿宫”，自称“长生大帝君”，与诸神同列。宣和元年（1119），“以碑本赐天下”，“毋忽仍令”，“以严奉祀”。如此诏令频频，违者要“论罪”“坐罪”，如前引，民间“依式造粥”，各地赛社皆用《五礼新仪》和大晟新乐，类“万寿宫”所见，皆如徽宗“上寿仪”。随着徽宗“毋忽仍令”，高宗为其建立“祈福道场”，“仰祝圣寿”。南宋诸行市户的“社会”也以神圣诞为期，仍类北宋末年以神生日为期的赛社，恰也说明徽宗早曾“令赛社”。

由《山右石刻丛编》所录的山西碑文也可实证。如崇宁四年（1105），因徽宗“赐新乐之名曰大晟”，“与天下共之”。政和元年（1111），翼城县武池村所立《乔泽庙碑》曰：

……大观四年(1110)，邑宰王君乃始合邑人之愿，撮神前后响应之实，以闻于郡；郡以其事列于外台，请于朝廷。时，上方兴礼乐，致太平；怀柔百神，无文咸秩。凡群祀之在方国，初未有封爵者，咸加赐庙额……所谓山川之神尤有功德于民者耶。遂可其奏，以明年六月六日赐名曰“乔泽”之庙。……翌日率僚佐具牲币之奠以告，而揭赐额于庙之门。顷之，耆耋士女填溢阡陌，仰瞻咨嗟，愿盖新庙宇，以侈天子之赐……

随着政和三年(1113)制成《五礼新仪》，诏令各地“依式造粥”。政和四年(1114)，岚州(今岢岚县)所立《连理木颂碑》曰：

……幸承圣化，吏奉法，民乐耕……众木方华。有杏连理，见于西圃……此木之出，彰我皇德，亦知其时焉耳。……今礼备乐成，洋溢中外。如前日禋礼，昊穹天神垂象(按，指政和三年“天真示现”事)……此又旷世未闻者也。昭显对天之闳休，扬厉无前之伟绩……正在今日。顾斯灵贶，安敢匿乎？图上南宫，况存典制。……〔二四〕

由两碑所记，“上方兴礼乐”“礼备乐成”，正合徽宗所为；又见其滥赐庙号、侈夸祥瑞，正如《宋史·诸神庙》所记，与民间赛社相关。由此，民间赛社礼乐一新，且如前引，徽宗早又诏令天下遍建“万寿宫”作为“以严奉祀”的样板，其“毋忽仍令”正与“令赛社”有关。

因而，上党赛社“古今传三本乐星”，今仍存《周乐星图》《唐乐星图》《宋乐星图》，正与先秦《周礼》，《大唐开元礼》，徽宗《五礼新仪》相关，“三本乐星”皆存宋代痕迹，与大晟礼乐颁行天下，徽宗“明示依式造粥”有关。上党赛社现存的一些藏本，记有一篇相同的讲唱文字，明确说：

享赛出自大宋。幽州赵上皇(即被金兵北掳的徽宗)夜梦穿青穿白二位将军，手取弓箭，将二目射了。次日早朝，双目疼痛，对众臣说透此话。众臣圆梦：此事原系龙虎二将施威，注天下龙神不喜，速速享赛神祇，享赛之后二目即痊。传旨着天下百姓，春祈秋报，享赛土神。出自赵上皇遗留此事，传留后世，至今不绝也。〔二五〕

文中称“大宋”正是宋人口气，称徽宗为“幽州赵上皇”应该出自宋金之际，所讲“夜梦”故事含着某种历史真实。将其故事与《宋史》比照，“龙虎二将施威”

实隐喻金灭北宋二路将领;“注天下龙神不喜”正与徽、钦二帝被掳有关;北宋危亡关头,汴京确曾召集方士用“六甲法”守城,正与此篇“速速享赛神祇”“传旨着天下百姓,春祈秋报,享赛土神”一致。从而可见“享赛出自大宋”,上党赛社由此“传留后世”。

对此,南宋时的王洋(北宋宣和六年进士)作有《夜闻赛神鼓》一诗(见《四库全书》所载《东牟集》卷三),云:“坎坎丰年鼓,鳞鳞赛社人。神宽陟降礼,情取笑言真。”诗题“赛神”,诗中又称“赛社”,可见两宋赛社一脉相承,也“出自赵上皇遗留此事”。

说白了,随着宋徽宗礼乐一新,诏令频频,“与天下共之”,两宋赛社类其“上寿仪”,金元明清赛社也仍类此。

四、宋代赛社的延续

为见“享赛出自大宋”“传留后世”之实,以下再举一些史籍和民间的文字记述,并略加解说。

其一,由于宋仁宗时社日活动已称赛社,至宋哲宗时,吴处厚在《青箱杂记》卷五中说:“今世乐艺,亦有两般格调。若朝庙供应,则忌粗野嘲哳;至于村歌社舞,则又喜焉。”〔二六〕所言“村歌社舞”来自村社,见如前引,多见于赛社,又“如圣节仪”,正与“朝庙供应”相通,且见“乐艺”早又分为“两般格调”,民间赛社仍见“粗野嘲哳”。正因此,徽宗亲制“大晟乐”,“与天下共之”,禁止“旧来淫哇之声”。

其二,关于北宋末年的赛社活动,《东京梦华录》曰:

> 六月六日州北崔府君生日,多有献送,无盛如此。二十四日州西灌口二郎生日,最为繁盛……二十三日御前献送……作乐迎引至庙;于殿前露台上设乐棚,教坊、钧容直(御用军乐)作乐,更互杂剧、舞旋;太官局供食,连夜二十四盏,各有节次。至二十四日,夜五更争烧头炉香……天晓,诸司及诸行百姓献送甚多,其社火呈于露台之上。所献之物,动以万数。自早呈拽百戏,如上竿、趯弄、跳索、相扑、鼓板、小唱、斗鸡、说诨话、杂扮、商谜、合笙、乔筋骨、乔相扑、浪子杂剧、叫果子、学像生、倬刀、装鬼、砑鼓、牌棒、道术之类,色色有之……〔二七〕

其记的两例，言“无盛如此”“最为繁盛”，都以生日为期，说明北宋末年以“圣诞”为期的赛社已盛。所记的御前献送，教坊作乐，“二十四盏，各有节次”，正与徽宗亲制大晟礼乐“与天下共之”有关，正说明北宋末年民间赛社已类其“上寿仪”。其“百戏”也“色色有之”，仍类唐宋以来的“杂戏”，已多“诸行百姓”参与，正类南宋“诸行市户”，可见南宋“社会”仍与徽宗“令赛社”有关。

其三，南宋《梦粱录》又记有杭州“圣诞”酬神实例：

> (二月)初八日，钱塘门外霍山路，有神曰“祠山正佑圣烈昭德昌福崇仁真君”，庆十一日诞圣之辰。祖庙在广德军(属安徽)……自梁至宋，血食已一千三百余年矣。凡邦国有祷，士民有告，感通即应。其日(二月初八)都城内外，诣庙献送繁盛，最是(杭州)府第及(宫廷)内官，迎献马社，仪仗整肃，妆束华丽。……(参与者)各以彩旗、鼓吹、妓乐、舞队等社……车驾迎引，歌叫卖声，效京师(北宋汴梁)故体……自早至暮，观者纷纷。十一日(诞圣日)，庙中有衙前乐(属杭州府)，教乐所人员(属南宋宫廷裁汰教坊后所留的艺精者)部领诸色乐部，诣殿作乐呈献，命大官排食果二十四盏，各盏呈艺，守臣委佐官代拜。〔二八〕

将其与《东京梦华录》所记比较，“圣诞”酬神仍类北宋“生日”祀神，之前也先“迎引”献送；神诞之日，官府仍“效京师故体”，“作乐呈献”，“排食果二十四盏，各盏呈艺”；“彩旗、鼓吹、妓乐、舞队”“歌叫卖声”之类，仍类北宋百戏，“色色有之”。值得注意的是，此处所记的“祠山圣诞”，该书“社会”条亦记(前引)，为“二月八日，霍山张真君圣诞”。显然，南宋时“诸行市户”的“社会”，与北宋“诸行百姓”为神庆寿一脉相承，正沿北宋赛社而来，与徽宗倡导有关，正见由其“遗留此事”。

其四，由于宋代赛社仍沿“社日”而来，与春祈秋报相关，仍有“百戏”，可见其还在发展。如南宋陆游《剑南诗稿》写有“春社”，其卷一《游山西村》诗语：

> 箫鼓追随春社近，衣冠简朴古风存。

其卷二七《春社》诗曰：

> 太平处处是优场，社日儿童喜欲狂。
> 且看参军唤苍鹘，京都新禁舞斋郎。

依写，虽然南宋仍有“社日”活动，古风犹存，却见“优场”表演的“参军唤苍鹘”已有变化，仍类唐代参军戏，且见“京都新禁舞斋郎”。所见的“舞斋郎”，正类上党赛社的“跳监斋”。按上党所见,其表演类宋元“队舞”;其“监斋”为佛教之神,与宋代皇帝“就佛寺修斋祝寿”(前引)有关,却见南宋“优场”中“新禁”。

其五,这种“优场”表演,北宋末年朱彧《萍州可谈》中又记有江南所见:

> 江南俗事神,疾病、官事专求神,其巫不一……又以傀儡戏乐神,用禳官事,呼为弄戏,遇有系者,则许戏几棚。至赛时,张乐弄傀儡,初用楮钱爇香启祷,犹如祠神;至弄戏,则秽谈群笑,无所不至。乡人聚观饮酒,醉又殴击,往往因此又致讼系,许赛无已时。〔二九〕

正因这种优场表演早见于“赛”,南宋陈淳向福建漳州知府赵伯通写有《上赵寺丞论淫祀》札,说:

> 某窃以南人好尚淫祀,而此邦之俗为尤甚。自城邑至村墟,淫鬼之名号者至不一,而所以为庙宇者亦何啻数百所。逐庙各有迎神之礼,随月送为迎神之会。自入春首,便措置排办迎神财物事例……一庙之迎动以十数像,群舆于街中,且黄其伞、龙其辇、黼其座,又装御直班以导于前,僭拟逾越恬不为怪。四境闻风鼓动,复为优戏队,相胜以应之。人各全身新制罗帛金翠,务以悦神。或阴策其马而纵之,谓之神走马;或阴驱其篙而奔之,谓之神走篙……前后有司不能明禁,复张帷幕以观之,谓之与民同乐,且赏钱赐酒,是又推波助澜,鼓巫风而张旺之……〔三〇〕

由两人所记,北宋时的江南“许赛无已时”“张乐弄傀儡”,其赛社也多面具表演的“队戏”;南宋福建漳州“自城邑至村墟”皆有淫祀,“逐庙各有迎神之礼,随月送为迎神之会”。北宋时的“赛社”,“四境”参与,“动以数十像”,“复为优队戏”,且见其“弄戏”早多“秽谈”,正与唐宋弄参军、金元“五花爨弄”相关,官府“帷幕以观”以“推波助澜”。

其六,两宋时的北方政权,民间赛社遍于乡野。如金皇统二年(南宋绍兴十二年,1142年),山西忻州独担山的《独担灵显王庙碑》曰:

> ……自(隋唐)建郡以来,惟斯神者载在祀典,著成图策,与郡同时而立……是以国享承承之佑,命官僚之清者诣祠以典祭,设为定制;乡里蒙永永之休,选祀巫之恭者叩庙以宰烹,立为常式。从初至今,传习尤肃。故或祭而饮福者,不敢肆意淋漓;或舞而献歌者,不敢恣情而激

烈……每岁春秋二时，开筵设席。命优倡之妙者，奏钟鼓笙篁之音；陈金觥嘉肴之味，奠于神座。其与座者半千余人，而四方来观者常逾数倍，诸荣聚无复加焉……〔三一〕

依光绪版《忻志州》记，该神早有，唐代已封"灵显王"。该神早已列入"祀典"，春祈秋报，早类唐代赛神；金代也仍"春秋二时，开筵设席"，依"定制"，沿"常式"，以至"传习尤肃""不敢肆意""不敢恣情""命优倡之妙者"云云。这恰说明，当时祀神正多肆意、恣情、不肃之况，参与的优倡多技艺不精者，类南宋"社会"所见。

其七，山西上党地区长子县今存宋、金两碑，同由"紫云居士张曦撰"。其一为《灵贶庙记碑》，今存于该县紫云山原庙，其中曰：

……潞之长子县紫云山灵贶庙者，实出屯留三嵕，盖山神也，或谓后羿，或曰三王，语尤不经，莫可考据。有司以灵应事上之朝廷，赐名庙额。藷村陈彦以愿心建庙，先塑像于家。东西藷、和谷三村共成之，择山林高胜地，鸠工庀材，为殿三楹及左右廊庑，护以石阶，高敞宏丽，实宣和四年也。由是，神有燕宁之位，民有归依之所，祈年谷、递时雨、救旱灾、弥疠疫，一乡之民禬禳祷祝无不如志，乃建庙之便利也。俗传，神主风雹，故民敬畏异于他神，灵贶之庙在在有之。或未庙者，请神行马，大兴供献，仪仗法物僭拟王者，百戏伎乐所费不赀。官司莫之禁，习以为常。……

所谓"屯留三嵕"，指屯留三嵕山（与长子县相邻），山神即传说中的后羿，古早有祠。宋代"有司以灵应事上之朝廷"，徽宗赐庙额曰"灵贶"。宣和四年（1122），长子县紫云山建成其庙，"灵贶之庙在在有之"，"请神行马，大兴供献，仪仗法物僭拟王者，百戏伎乐所费不赀。官司莫之禁，习以为常"。其所言，正类当时江南所见，与徽宗"令赛社"有关。需要说明的是，虽然该庙建成于宣和四年（1122），此碑最后却未写何时所立，不合常规。究其因，宣和七年（1125），金兵两路攻宋时，该县已被占领，若此时碑成，当然无法再用大宋年号，故见其碑文中只记庙成"实宣和四年也"，却未写何时立碑。显然，该碑立于金灭北宋之际。

其二称《成汤庙记碑》，为长子县上坊村（今属城关）扩建汤王庙而作，立于金天德三年（南宋绍兴二十一年，1151 年），今存于原庙处，曰：

……潞州长子县上坊村，旧有圣王（汤王）庙，局促隘陋……（金）

皇统元年(1141)七月十九日,因旱致祷,好事者同发誓愿……建大殿……建献殿……是以容乐舞之众。……落成于天德二年十月晦日。塑像盖绘罔不周备。祭祀祈赛,殆无虚日。……其请信马者,鼓乐迎接(即迎神),香火表诚……不敢怠慢……祝史陈信于前,酒斝奠设而跪……

由长子县同一人所撰两碑,已见宋金之际上党"祭祀祈赛,殆无虚日"之一斑。何况如前引,上党地区又有宋代敕封的灵显王、灵应王、灵泽王等,其赛都类灵贶王庙、汤王庙所见,也多古庙碑石。如与长子县相邻的高平,王报村有座二郎庙,今存金大定二十三年(1183)乐台遗构和台基石刻;西李门村有座二仙庙,仍存金代露台,其台基石刻更绘有当年祀神的乐舞人物。这些乐台、露台、石刻,都是当年赛社繁盛的实证。

其八,由金而元,因其统治者害怕汉人聚众作乱,曾经下令禁赛。如陈元靓(南宋末年直至元初在世)的《事林广记·刑法类》就记,元时"诸民间并不得祈赛",并对"聚众祈赛""迎神赛社"记有违法杖刑的具体规定〔三二〕。对此,《元典章》《元史·刑法志》《通制条格》更记有相关禁令。尤其延祐年间,禁令频下,涉及江浙、江西诸省。如《元典章·刑部·禁聚众》曰:

延祐六年八月二十九日,江浙行省准中书省咨……去年为聚众唱词的、祈神赛社的、又立着集场做买卖的,教(叫)住罢了者,奏了,各处行了文书有来,如今又夜间聚着众人,祈神赛社、食用茶饭,夜聚晓散的上头……今后夜间聚着众人唱词的、祈神赛社的、立集场的,似这般聚众着妄说大言语做歹勾当的,有呵,将为头的重要罪过也者,其余唱词赛社、立集场的每(们),比常例加等要罪过……〔三三〕

类此,又见令行河北、江西等省。虽然元代对于"祈神赛社"有刑法禁令,然而民间"夜聚晓散",屡禁不止,不仅"立着集场""唱词赛社",且多"搬说词话""搬唱词话""搬演词话",其表演又有发展。

其九,这种情况见于山西。举如洪洞县,霍山脚下有座广胜寺,旁边有座明应王殿,主祀霍山泉神。随着延祐六年(1319)禁令又下,当年八月立有《重修明应王殿碑》(今存),曰:

……泉之北,古建大刹精蓝,揭名曰"广胜"……世祖薛禅皇帝(即元世祖忽必烈)御容、佛之舍利、恩赐藏经在焉,乃为皇家祝寿之所由……惟王(明应王),济黎元之利大也,非宫不可居;报国家之功深也,非王不可爵……询之故老,每岁三月中旬八日(即三月十八),居民以令节为期(以"圣诞"酬神为节)……远而城镇,近而村落,贵者以轮蹄,下者以杖履,挈妻子、舆老羸而至者,可胜既哉!争以酒肴香纸聊答神惠,而两渠(指引霍泉灌溉者)资助乐艺牲币献礼,相与娱乐数日,极其餍饫;而后顾瞻恋恋,犹忘归也。此则习以为常。佥曰:古今之胜游嘉赏,根其人心所同。然设以厉禁,没能也!此与"神之格斯,不可度思,矧可斁思"(《诗经·大雅·抑》篇语)不侔也。……〔按,该碑最后记其"重修"事,言"大德七年(1303)八月初六日夜地震",其殿遗毁,大德九年(1305)着手重修,至延祐六年(1319)"焕然为之一新",故立此碑以记。〕

依《宋会要辑稿·霍山神祠》记,宋徽宗崇宁五年(1106)十二月赐殿额曰"明应"。可见明应王殿早有,北宋已形成以三月十八为期的赛社,早也"圣诞酬神"。于是,随着元统治者尚佛,广胜寺供奉着忽必烈"御容",仍类北宋万寿宫供奉徽宗,为"皇家祝寿"重地;元延祐六年(1319),明应王殿的赛社早被屡禁,之前的盛况只能"询之故老"。该碑见有微词,言与古训"不侔",明应王殿早又重修。"延祐六年八月"已立此碑,且泰定元年(1324)该殿已绘成"尧都见爱大行散乐忠都秀在此作场"壁画,至今仍存,为当年赛社演出的写照。由此可见,即使延祐年间禁令频下,当地赛社也屡禁不止。

为见其实,不妨再举上党地区一例。如长治县有座崔府君庙,延祐七年(1320)立有《亚岳庙外门记》碑,曰:

王之祠在所有之,为之显应王,为之亚岳。迨及元朝……优封"灵惠齐圣广佑王",载于祀典。王,祁州人,崔姓,子玉字也。唐初为滏阳令,又为长子令,太宗以梦见征,拜蒲州刺史。先,长子为府君时(故称"崔府君"),有异政之称。适遇虎害,言一孝子被所食,以牒摄虎至,使伏其罪(今上党仍有"崔珏断虎"故事流传)。民以为神而祠事之,世之所传盖以此也。庙之在潞郡者……由古及今,封加享祭,恩礼不衰。远近之人,奔走祈祷,敬信不怠……呜呼,祀典之废久矣!人心所存,惟逃祸徼福在耳。其事神也,刲羊豕,具酒食,巫觋优乐杂然而前。祷谢日丰,乖礼越分,鄙俗相传,不以为过……〔三四〕

该碑记有上党县尹率乡曲巨贾于延祐五年(1318)“创立外门”事,故见延祐七年(1320)立有此碑。由此,可知崔府君庙早有,元初也曾“优封”,“载于祀典”,后来“祀典之废久矣”,与“励禁”有关。然而,“鄙俗相传”“祷谢日丰”“不以为过”,屡禁不止。这种“鄙俗”从何而来?宋代封其为“显应王”,《东京梦华录》已记“六月六日州北崔府君生日,多有献送”(前引)。《大宋宣和遗事》更记有如下故事:

(金兵陷河北)复以康王(即南宋高宗赵构)来质为请。康王不忍以贼遗君父(徽宗),毅然请行。……道经磁、相二州……(金)遣数骑倍道催行。康王单骑躲避,行路困乏,因憩于崔府(君)庙……少时,忽有人喝云:“速起上马,追兵将至矣!”康王曰:“无马奈何?”其人曰:“已备马也,幸大王疾速加鞭!”康王豁然环顾,果有匹马立于旁,将身一跳上马,一昼夜行七百余里,但见马僵立不进,下视之,则崔府君泥马也。〔三五〕

所讲的“泥马渡康王”故事,与“崔府君”有关,可见北宋末年已有其说,康王建立南宋后,崇祀有加。《梦粱录》曰:

六月初六日,敕封护国显应兴福普佑真君,乃磁州崔府君,系东汉人也。朝廷建观……赐观额名曰“显应”。其人于靖康时,高庙(高宗)为亲王日出使到磁州界,神显灵卫驾(即“泥马渡康王”),因此官建宫观,崇奉香火,以褒其功。此日(六月六),内廷差天使降香设醮,贵戚士庶多有献香化纸。〔三六〕

沿此,“迨及元朝”崔府君由“普佑”而“广佑”,由“真君”而封“王”,即使延祐六年(1319)“励禁”又下,民间“祷谢日丰,乖礼越分,鄙俗相传,不以为过”。

类此,乾隆《潞安府志》卷七“庙学附群祀”记,延祐六年(1319),长子县城关三嵕庙祀灵贶王,由“达鲁花赤(官名)塔出(人名)重修”。正因元代官员也在重修庙宇,所以民间“祷谢日丰”“不以为过”。

其十,至明代,举如江南,王穉登《吴社编》曰:

……吴风淫靡,喜讹尚怪,轻人道而重鬼神……凡神所栖舍,具威仪箫鼓杂戏迎之,曰“会”。优伶伎乐,粉墨绮缟,角抵鱼龙之属,缤纷陆离,靡不毕陈……郡中最尚曰“五方圣贤会”……会所集处,富人有力者捐金谷、借乘骑、出珍异、倩伎乐、命工徒雕朱刻粉,以主其事曰“会首”。……色目则有皂隶、衙兵、舍人、椽吏、健儿、旗手、苍头、执蛩、舆夫、牧竖之属，每会数百人……（按，分类记有“杂剧”“神鬼”“人物”“乐部”“珍异”“散妆”“技术”等，如其杂剧类见记有《楚霸王》《虎牢关》《八仙庆寿》等，如其技术类列有“傀儡、竿木、刀门……”诸杂耍。）〔三七〕

其记的“吴社”之“会”，既如南宋《上赵寺丞论淫祀》所写，为“迎神之会”，又如北宋末年《东京梦华录》所记的“崔府君生日”，属赛社活动，也仍“色色有之”。正因此，如其杂剧所记的《楚霸王》《虎牢关》《八仙庆寿》等，见于北方赛社，河北邯郸、山西上党仍有遗存（详后），仍类元代赛社盛行的“搬演词话”，属明代民间土戏。

其十一，为见明代赛社之实，再举山西翼城县曹公村一例。该村有庙称四圣宫，供奉尧、舜、禹、汤，嘉靖三十八年（1559）立有《重修尧舜禹汤之庙记》碑（现存），曰：

粤稽自享祀之说昉于礼，流而为迎神赛社之风。……自隆古以及今日，由王都以达穷乡，无地无神，无神无庙。……我里之庙……起于至正，建于村北，分社人为三甲，尽享祀于二时，致诚致慤，致斋散斋，为最得矣。……自是而神灵有栖，自是而享赛不废。自是而可以免商受之谓“祭无益”；自是而可以免楚人之“王祭不供”；自是而可以免葛伯之放纵无其道；自是而可以免鲁禘之怠惰，以足观报德报功；自是而可以无尽祭内祭外；自是而可以如在。后之人，当举行成规、遵守定礼。清明取水，半途邀盘；先日送□（庙），次日迎神，音乐为之喧哗，神马为之纵横，旗彩为之飞扬，带枷、执扇、拖铁索者各随所愿而尽乃心。既而底庙大赛三日，乐人动至百口，神筵轮以三甲，饮食、乐钱依派散而不违。赛罢，将软案输至何村，每岁献猪羊十二。此皆在后人世守之而勿失焉尔。……

依其记，明代山西“无地无神，无神无庙”，赛社“已达穷乡”。由元而明，早有“成规”“定礼”，赛前先“取水”，上党赛社也有，类如求雨仪式，与山西多旱有关，而且有秦汉“春秋泮涸祷塞”的遗韵，乃是为祈求“风调雨顺”；“迎神”仍有彩旗、神马、伎乐，以及拖铁索者之类，类宋代“社会”，为“迎神之会”，称“迎神赛社”，由宋代而来；“大赛三日，乐人动至百口”，类明代“吴社”所见，后期上党大赛照旧(详后)。按上党所见,“神筵”指“供盏”,“软案”交接与“轮办”有关,其“成规”“定礼”由宋元而来,“后人世守之”,清末民国仍然。

其十二,光绪十八年(1892)修成的《山西通志》曰:

以赛会为市场处处有之。最盛者,榆次(属晋中)以五月,台山(五台山,属晋北)以七月,解州(属晋南)以十月,皆百货毕集,匝月始散。而归化城(即今内蒙古呼和浩特市,时属山西)为商贾所萃,有名之社至一百二十,演剧酬神岁无宁日。

且言:

(山西)秋获后,乡赛最盛,弦管之声孟于四境。[三八]

至于山西各地“乡赛”实况,见于晋南,如1918年所修的《闻喜县志·礼俗》曰:

各村有所迎之神。大村独为一社,小村联合为社,又合五六社及十余社不等(联办),分年轮接一神。所接神有后稷,有成汤,有……凡轮值(主办)之社及沿定之期,锣鼓外必“闹会”(指庙外迎神),有花车,有鼓车,皆曳以大牛;有抬阁,有高跷,皆扮故事,竞奇斗艳,各引人注目。庙所在村,及途经同社之村,必游行一周。庙中则送神之社预演戏。既至(迎神至庙门外),锣鼓数通后排其仪仗,舁其行轿,返至社人公建之行宫(返回赛庙),演戏三日以安神(仍类赛社三日)。平时(三日外)日轮一户,祀两餐,早、晚铺叠床寝如生人。每村至少有一月“盘期”(因神前献盘而称,实仍“百货毕集,匝月始散”),搭精巧彩棚,陈水陆供品,演戏三日……要之,不赛之村无几也。[三九]

见于晋东南(即上党地区),“不赛之村无几也”。如宋徽宗敕封的“二仙”(前引),上党各地遍有其庙,早有赛社。乾隆五十三年(1788),长治市郊区暴马村所立的《重修二仙庙碑》(今存)曰:

三村公议,会社每年三月二十日、七月十五日(仍类春社、秋社,仍含“春祈秋报”之义)献戏三天……三村写戏、管饭、煮祭(油煮的面食祭品,如花,或插如屏风,又称插祭、面祭、花祭),周而复始。若有失误者,罚钱二十千入社……补戏三天。

见于晋北,如樊先瀛于乾隆三十五年(1770)在定襄县所撰的《保泰条目疏》第十一条言:

……乡村戏会,春祈秋报,按地亩人丁牲畜摊派由来已久,而渐以增加耗费滋甚。皆好事者为之,村众无奈依从,为其以敬神为名。实则人图快乐,非敬神之礼也,今令乡官酌减之。……其有好事者无故引戏班登台谓之"亮戏",有因事酬神以献者谓之"愿戏"(还神愿之戏)……概行禁止。〔四〇〕

"乡村戏会"与"春祈秋报"相关,"以敬神为名",仍属"赛会",且屡被禁止,如南宋陈淳《上赵寺丞论淫祀》札所言,如元代"禁令"所见。

直到清代,仍见山西"乡赛最盛"之实,而且"盂于四境",说明相邻的河南、陕西、内蒙古在清代也有此类乡赛。

值得注意的是,这种"乡赛"已多变化,"百货毕集",更多商业色彩,且"大赛三日"已变为"献戏三天","赛会"多成"戏会",已类今存的庙会。

这种变化早见于宋元。随着宋代"诸行市户"的出现,"社会"早与商业发展有关,元代赛社仍"立着集场做买卖"。由宋杂剧而金元院本、宋元南戏,元代戏剧雅俗分流,"厘而二之"。故见明清昆曲仍类文人所作的元杂剧,受上层偏爱;如明清土戏,属诗赞体,类元代"搬演词话",民间赛社仍称杂剧。随着各种声腔同台乱唱,由明而清形成"乱弹""梆子"。

正因此,明嘉靖时,山西吉县龙王辿(位于黄河壶口瀑布处)所立《重修乐楼记》碑,已记"正月吉日蒲州义和班在此献戏"〔四一〕。上党赛社仍存《献戏榜文》,可由出戏代替队戏。民国时,山西一些庙会仍演唐宋以来的"杂戏""赛戏",仍由乐户扮演,存赛社痕迹。

对此,《中国戏曲志 · 山西卷》作了考述。如晋南锣鼓杂戏,其考述如下(凡"今按"皆笔者新加,以别于"原按"):

锣鼓杂戏又名"铙鼓杂戏",因演唱不被管弦,只以锣鼓伴奏而得名,流布于山西临猗、运城、万荣、河津、新绛等县的部分农村……

锣鼓杂戏的形成有数说……

据清道光十二年(1832)所立猗氏(今按,即猗氏县,今与临津县合并,称临猗县)马明王庙《海会碑》载:马燧"平大寇(李怀光),福庇郇邑(今按,即猗氏县,事见唐史),故每岁重阳,黄酒、花糕、献戏,以答神庥……社中子弟复演杂剧(今按,即锣鼓杂戏)以悦"。锣鼓杂戏……演员取脚色世袭制,子承父业,代代相传,口传身授(今按,其传承见类乐户规制),恪守规范。每入冬,社首、里正组织排练,至翌年上元前后,上寺庙演出。里正出面,会同全体村民为登场演员饯行。演员装扮齐备,由锣鼓、唢呐前导,骑马列队“转村”驱邪,此谓之“跑神马”“迎杂戏”(今按,实由“迎神”演变)。入庙后,“引戏人”头戴礼帽,身穿长袍马褂,台前巡视并致词(今按,“引戏人”类赛社主礼先生,又兼“前行”职能)……跪拜如仪,然后登台演出。此俗今废。……

锣鼓杂戏的传统剧目近百个……

锣鼓杂戏的音乐属吟诵体制,唱腔分“唱句”与“吟句”两类……吟、唱均不用管弦伴奏,只以锣鼓敲击过门(今按,与宋代“鼓板之戏”、元代“词话搬唱”相关)。有一些唢呐曲牌供人物上下场及出兵、饮宴等使用(今按,用法已类戏曲所见)。

见如晋北“赛戏”,其又考述说:

赛戏流布于山西的雁北、忻州一带,及河北、内蒙古自治区的部分地区。因在民间传统的赛神活动中演出,是迎神赛社的重要组成部分,故有“赛”或“赛赛”的俗称。……

清代中叶,地方戏蓬勃兴起,赛戏受到冲击。但因其演出与赛祀活动结为一体,故赛日演出仍未被其他剧种所取代,有些台口若请其他剧种,也需赛戏开始后方能演出。赛戏亦受其他剧种影响……

晚清到民国年间,赛戏衰落。家庭班社(今按,多由遗存乐户之家组班)纷纷解体,有的改唱北路梆子或其他剧种。……至抗日战争开始,全部停演。……

赛戏的艺术形式简单、原始、特殊……赛戏没有唱腔,只有道白和道诗吟诵。吟诵时配锣鼓击乐以断句、烘托;所用乐器有大锣、大鼓、大镲、铙、钹等,没有弦乐;赛戏由地方乐户专业演出……他们以家庭为单位,各自组成赛戏的专业班社(今按,仍类金元行院),而且子承父业,世代相传。赛戏有固定的“赛日”、固定的“赛台”,演出较为固定的剧目(今按,仍类赛社所见)……

赛戏演出一般是每个台口四天(实际上只演三天)。第一天,赛班先派两人,提锣挎鼓,叫“响鼓”,也叫“报赛”。第二天(即首日),赛班全体演员由班主执一竹帚(今按,由前行色手执“戏竹”演变)为前导,化妆结队而来，当地群众则扶老携幼，分列道旁，迎接赛班以图吉利，这叫“迎喜神”（今按，实由“迎神”仪式演变而来），俗呼“接忘八”。迎进赛班后，一定要沿街穿巷敲锣打鼓地走一遭，这叫“刮街”（今按，上党赛社亦见），以示驱赶鬼怪，然后参拜龙神或其他神像（今按，实即赛社所供各神），接着便是赛戏的开台节目《跳鬼》（今按，属面具表演，如河北固义村见存的《点鬼兵》，用于开台时驱邪）……第三天为正日（今按，即赛庙主神诞日，属正赛），中午演固定剧目《斩旱魃》（今按，上党赛社亦见，属驱傩表演，以驱旱魔）……当晚散戏后，不管时间多晚，都有赛班班主坐在台上说书，直至深夜不散，俗称“老忘八说夜书”。讲说内容有怪诞的历史故事，也有引人发笑的诨话（今按，类如宋代勾栏艺人“说诨”）……第四天（末日）剧目一般不固定，由当地会首点定。赛戏的剧目有60多个，反映时代最晚的是北宋戏，竟没有反映南宋、元、明、清各代的剧目（今按，由北宋而来，且类元代“搬演词话”，正与宋元赛社相关）……

赛戏在演出中，一出戏未开时，往往有女演员（即班主之女儿、媳妇）重彩浓脂坐在台口供人欣赏，这叫“坐台子”，也叫“压板凳”（今按，仍类宋元女乐坐“乐床”）。女演员一般侧面而坐，偶尔转过脸来，若扮相俊美时，台下便会喝起彩来，并扔上彩钱。但村民自发组成的子弟班演赛戏时，无此习俗。〔四二〕

由以上节录，可见晋南杂戏、晋北赛戏都曾用于祀神，都留着赛社痕迹。戏都以大锣大鼓击节，无弦乐，属诗赞吟诵体，类元代民间盛行的“搬说词话”，同源于宋元赛社，其传承体制类乐户，子承父业。

另外，晋南仍由“社中子弟”演出，类元代“诸民间子弟，不务生业，辄于城市坊镇演唱词话，教习杂戏”（见《元史・刑法志四》），实由“乐户”“教习”而来。晋北在晚清到民国年间仍存地方乐户，由其组班祀神，类宋元赛社所见，多为面具表演、说诨之类。其实，晋南杂戏、晋北赛戏都与乐户相关，后期上党赛社仍由乐户承应，仍类宋元所见。

【注释】

〔一〕见刘克庄《后村集》之《喜雨二首柬张使君又和》诗之六。此处依《辞源》“赛社”条，商务印书馆，1980年版，2972页。

〔二〕见《东京梦华录·外四种》,中华书局,1962 年版,376、377 页。

〔三〕见《东京梦华录·外四种》,版同前,238—239、299—300 页。

〔四〕见《东京梦华录·外四种》,版同前,50 页。

〔五〕见《东京梦华录·外四种》,版同前,26 页。

〔六〕见《东京梦华录·外四种》,版同前,299—300 页。

〔七〕见《东京梦华录·外四种》,版同前,377 页。

〔八〕见《新唐书·礼乐志》,中华书局,1975 年版,428、477 页。

〔九〕见《山右石刻丛编》第二册卷七,版同前,2 页。

〔一〇〕见《宋史·乐一》,中华书局,1977 年版,2947 页。

〔一一〕见《宋史·礼十五》,版同前,2671—2672 页。

〔一二〕见《续资治通鉴》,中华书局,1957 年版,608、627、677、678 页。

〔一三〕见《宋史·礼十五》,版同前,2680—2681 页。

〔一四〕见《续资治通鉴》,版同前,2354、2385—2387、2412 页。

〔一五〕见《长治县志》(乾隆版)卷四“金石”。清代《山右石刻丛编》卷三三亦记。

〔一六〕见《宋史·礼十五》,版同前,2681 页。

〔一七〕见《宋史·礼十五》,版同前,2674 页。

〔一八〕见《事物纪原·赛神》,依《四库全书》(台湾版),九二〇册,226 页。

〔一九〕见《宋史·礼五·祈报》,版同前,2499—2503 页。

〔二〇〕见《山右石刻丛编》第二册卷一七,版同前,34 页。

〔二一〕见《宋史·礼八》,版同前,2561—2562 页。

〔二二〕见《宋史·礼一》,版同前,2421—2423 页。

〔二三〕见《宋史·乐志》,版同前,3001—3018 页。

〔二四〕《乔泽庙碑》与《连理木颂碑》,均见于《山右石刻丛编》卷一七,版同前,5—10 页。

〔二五〕在上党地区发现的赛社藏本,如《听命文集》《赛场古赞》等本,均有同篇讲唱,如引文。

〔二六〕南宋曾慥《类说》卷四(文学古籍刊行社影印本)亦引,文字稍不同,见记:“今乐艺亦有两般:教坊则婉媚风流,外道则粗野嘲哳,村歌社舞拟又甚焉。”

〔二七〕见《东京梦华录》卷八“六月六日崔府君生日二十四日神保观生日”条,录自《东京梦华录·外四种》,版同前,47—48 页。

〔二八〕见《东京梦华录·外四种》,版同前,144 页。

〔二九〕见《萍州可谈》卷三,依《四库全书》(台湾版),一〇三八册,307 页。

〔三〇〕见南宋陈淳《北溪大全集》卷三三,乾隆四十八年版,10—11 页。

〔三一〕见《山右石刻丛编》第一册卷一九,版同前,20—21 页。

〔三二〕见《事林广记》别集卷三(影印元至顺本),中华书局,1963年版。其中,“刑法类·聚众祈赛”条见记:“立集场唱淫词,犯人四十七下,社长、主首、邻佑人等二十七下。鸠敛钱物、聚众妆扮、鸣锣击鼓迎神赛社,为首正赛人五十七下,为从者四十七下;里正、主首、社长失觉察,知而不首,决三十七下。诈称神降,妄言祸福,煽惑乡民,为首者决五十七下,为从者决三十七下,社长失觉祭,决一十七下。妇人衣男子服神附,决五十七下。”“刑法类·民俗杂禁”条又记:“诸民间并不得祈赛迎引土神,及用龙凤旗帜、真兵仗、仪从等。”

〔三三〕见王晓传辑录《元明清三代禁毁小说戏曲史料》,作家出版社,1958年版,3—9页。

〔三四〕见《山右石刻丛编》第五册卷三二,版同前,4页。

〔三五〕见《大宋宣和遗事·贞集》,商务印书馆,1937年版,132—133页。

〔三六〕见《东京梦华录·外四种》,版同前,159页。

〔三七〕见《说郛三种》,上海古籍出版社,1988年版,“续四十六卷”之二八卷所引的“吴社编”。

〔三八〕见《山西通志》(光绪版),“风土记上”的“民俗·岁时”条。

〔三九〕见《闻喜县志》卷九,1928年版,卷页4。

〔四〇〕见《定襄补志》(光绪版)卷二〇,42页。

〔四一〕见《山西戏曲概览》,山西省地方志编纂委员会办公室印,1983年版,9页。另,原碑已不存,该书所载转引于1951年《新戏曲》杂志中署名大兵的《谈山西梆子》一文。

〔四二〕见《中国戏曲志·山西卷》,文化艺术出版社,1990年版,138—141页。

第三节　后期仍见的上党赛社

直至清末民初,上党地区仍有赛社活动,有官办、民办的大赛、小赛,又或“演戏三日”,已属庙会。以下就其各种赛社形态分别介绍。

所谓官办赛社,或因其庙有过皇帝所赐的庙号(多见于宋徽宗时),或因其神早见列于祀典,历代相沿,官府参与,规模较大,规制较严,而且赛社伎乐例由当地乐户支应,属官差的一种。见如陵川、潞城等县城隍庙赛社,长子县城关三嵕(灵贶王)庙赛,潞城贾村碧霞宫庙赛等,原都属于官赛。直至清末民初,或有官员参与、衙役出动,赛社开支仍由官府摊派。

所谓大赛,泛指规模较大的赛社,官办者亦属。后期每由多村多社联办,轮流主办，俗称“转赛”。届时，主办村社牵头组织，其他村社协办，开支由各村按人口分摊。如长子县小关岭的三嵕庙赛，就由周围十村轮办，称“十村转赛”。有的村镇较大，村内又分小社，如平顺县苗庄镇，就由村内小社轮流主办。潞城贾村碧霞宫庙赛，由一村独办，且有“四十年一大赛，每年一小赛”之规，大赛时仍类官办，所用乐户每超百人。

所谓小赛，相对大赛而言，规模较小，不太正规，多由村民自办。见如正月“元桥赛”“元灯赛”，六、七月“接秀赛”，秋收后的“秋报赛”，十月后的“打窖赛”，也仍“四时设祭”，仍含“祈报”之义。有的小赛与大赛解体有关，而一村财力有限，三五年才办一次。如潞城北庄、北舍、南舍等村，与贾村相邻，共同组织过“转赛”，后期各村自办小赛，一些小赛仍类大赛规制，与乐户相关。

举如南舍村的小赛，民国时已变成五年一赛，俗称“调家龟”，与称“龟”的乐户有关，仍演着“龟戏”，角色父子相传，仍类乐户的传承体制。依今考察，该村每办一次，从前一年的十月开始筹备，有“十月初一上大庙（玉皇庙），一碗豆腐两火烧（烧饼），吃上鳖也跑不了”一说。由此分工，角色派定，各自准备，年节前后集中到庙排练；正月初八至初十，依赛社规制，演“龟戏”三天。其“戏”类元代民间“搬唱词话”，为宋金杂剧，早见金元“大行散乐”搬演，又类元代“良家子弟”习学，由乐户传来。该村1938年最后一次办赛，仍请乐户艺人教习。

依史，清自雍正皇帝诏令废除乐籍之后，名义上已无乐户。然而，名去实存，地方乐户仍多。见于上党地区，官府将乐户遣散于民间，为其各划一块执业地盘（村庄），借办红白喜事之类谋生，乐户称这种地盘为“衣饭”“乡道”或“坡路”。然而官府用乐也由其“照例支应”，或者一些古庙大赛仍属乐户官差，直至民国仍然，成为一种规矩，遵循着唐宋以来的古规。

如平顺县东峪沟村九天圣母庙，至今保存尚好，现存历代碑刻30多通。其中最早一通为宋哲宗元符三年（1100）立的重修碑，言“谨会住下，乡党一盖遵依”古制，又言“赴会长新”，已“创起舞楼”。而如前引，早在宋仁宗时，民间祈报活动已称赛社。其“会”为赛会，正由唐代赛神而来，也仍“用洽乡党之欢”。其“创起舞楼”，比之“露台”“舞亭”已有发展，已类今之戏台。该庙现存的历代碑刻记其“重修”，康熙三十七年（1698）重修碑言，从甲寅（1674）“改建舞楼”，至丙辰（1676）“新建戏楼”，其赛社已有“献戏”。见今存的光绪元年（1875）《重修舞楼赋》碑曰：

……东峪村中，元君（圣母）庙古，霓羽楼崇。……虽创始难稽，而碑铭可识……拓基于宋元符之三，重造于元中统之二。而斯楼也……即年湮代远，世不记其百千，而缺补残修，功已至于再四。逮我清朝之世，爰有父老之贤……（言重修事）忆前番谢去迁倪，当乾隆癸巳之岁；抚今日招来匠石，正同治乙丑之年。……缅梨园之子弟，尽态极妍；被优孟之衣冠，式歌且舞。可以酬圣母之德，可以给百姓群黎之求……

其碑尾又有“四景车会”之“赋”如下：

四景神车不计年，八村五社会流传。
赛期例卜三春暮，宴酒先尝二月天。
廿四马楼排列后，几重社鼓列当前。
东下南北西轮转，崇奉丹霄太乙仙。

该碑所言，既与该庙现存历代碑刻所记相符，又与笔者考察一致，宋元明清赛社不绝，民国时仍称“四景车会”。考其清末民国的赛会，由东峪、下社、南社、北社、西社五村轮流主办，称“五大社”，另有三小村附属，共八村，“八村五社会流传”，“东下南北西轮转”。依“立春后五戊为春社”的古例，具体赛期由阴阳先生提前占卜，也仍“赛期例卜三春暮”（今其庙会固定为四月四）。赛前仍由主办村的社首牵头，先邀各村社首宴饮，协商办赛资金、分工等事，也就是“宴酒先尝二月天”。赛会有“四景神车”，独木单辕，状如层楼，每车四至六头牛拉，如《闻喜县志》所记的“曳以大牛”（前引），与宋徽宗诏令天下“供风马云车来顾来飨”有关（前引），合“四景神车不计年”之说。迎神之日，庙外设有神场，俗称“圆神地”，届时四辆神车（主办社要抬圣母神轿，免出一车）在前，接以24个神楼（人抬）、24匹神马，伴以旗伞、社火、鼓乐等，合“廿四马楼排列后，几重社鼓列当前”。迎神入庙，围观者人山人海，护车者高声喝喊，俗称“跑车会”，留有“看了跑车会，死了不后悔”口碑。这种赛社实况，不仅见于碑刻，传有口碑，且见下社村主办时，附属的常家村抄有《光绪十四年下社赛传账》，至今仍存，记有五大社轮流办赛的成规定礼，绘有“四景车”“神楼”等制作说明。还有“写戏”规定：戏班只准在庙外演出，庙内仍用乐户。显然，其“传账”仍为“传流”，类明代曹公村赛庙碑言（前引），其成规定礼仍为“后人世守之”。直至1938年，日寇已入侵当地，该庙仍抢办了最后一次赛社。西社、南社、北社三村仍有参与办赛的王姓乐户后人，保存着当年赛社的衣物、面具、曲谱、剧本、角单之类。北社村的“四景车”今仍用于年节社火。该庙今存的庙会也仍唱戏。

类此，潞城、壶关、长子、屯留等地也有一些古庙大赛，也由乐户支应，1938年才终止，有遗存文字或实物资料，也有参与办赛的老人可访。

由于此类上党大赛都沿宋元而来，礼规相类，最具代表性，以下再依考察所知，介绍其传承概貌。

一、赛社日期

上党地区的古庙大赛，依规办赛三日，分称头赛、正赛、末赛，或称头场、正场、末场，之前又有请神、迎神各一天，之后又要送神（有的末场当晚送神），实际共办五至六天。其日期皆沿旧例，假名为神庆诞，以该庙主神诞日为准。

然而，这种诞日并不严格考究，或沿古俗，或依宋代敕赐庙号之日，或又变通可挪。多在春季举办，为“春祈风调雨顺”，仍存“春祈秋报”之义，而且同一神的诞日各地不尽一致。譬如“在天为九天圣母，在地为碧霞元君”的同一神，平顺县的九天圣母庙仍依古例，“赛期例卜三春暮”，每年日期现择；潞城贾村碧霞宫庙赛固定为每年四月四。又如宋代敕封的灵贶王，仅长子县而言，各庙赛社日期不尽相同，如城关例为六月六，城北龙泉山神庙却定为二月十六，城东小关岭神庙又定为三月初七，城南永安山六月六称“备赛”，仅搭三个彩塔，唱两台秧歌之类小戏，至七月十八才又办赛。长子县同一神的赛社日期如此不同，却都假名为神庆诞，仍类城关六月六大赛，由乐户支应。正因都用乐户，或怕与城关官赛冲突，或又与后期乐户减少有关，于是灵活变通，日期见挪。

一般而言，后期上党地区的大赛仍依古规，用乐户，类宋代帝王“圣节”，以至如前引，与宋徽宗有关，如其“上寿仪”，仍有“传留后世，至今不绝”的痕迹。

二、赛庙陈设

凡古庙大赛，主办村社如同年节一般热闹，庙场内外张灯结彩，赛庙的山门、香亭、大殿、配殿、乐台、神厨、社房等处都要张贴对联，尤其香亭、大殿属祀神重地，张灯结彩，虔诚肃穆，每挂有传存的木联。办赛的主礼先生每将一些佳联抄记成册，以备办赛选用，其中也见一些历史信息。如大庙山门写“春祈秋报享祀不忒洋洋乎如在其上;东作西成稼穑维艰荡荡乎民无能名”,仍有“春祈秋报”之意;或写“纯诚合圣心香可焚馐可荐共仰风调雨顺,楷模协人愿推而公举而当咸歌国泰民安”,又见赛社礼乐早为“楷模”。如此等等,不一而足。庙中张挂有各种榜文,如“肃静榜文”“乐次文”“食次文”“厨局文”“社房文”“告白行院文”等,或贴于墙,或挂庙院两廊,又成一道祀神景观。

大殿之前的香亭或献殿,设有香案,摆有8—12张方桌,桌上摆着各种蒸炸食品,工艺精巧,属于常供,后期每称“满汉全席”(属蒸炸面食的仿作)。香亭与大殿之间,上党赛社每又“插祭”,构成一道如墙的彩屏,用油炸的面片雕花结扎,形如楼阁,层楼间又插鸟兽花卉或戏剧人物,故又称“花祭”或“面祭”,也是一景。大殿设有神案,案上依“排神簿”排列着所请诸神的牌位,案前再置各种烛台祭器。神案后陈设帐幔,或再挂一种水陆画,类如水陆道场,挂有形态不一的各种神像。大庙两廊搭有烛棚,古时又称“炬棚”,棚内摆设各种古玩器皿、金银玉器、名家字画等,可供游人观赏。有的大赛搭有山棚,类如宋代“鳌山”,象征神仙所居的仙山圣境。若是官府介入的大赛,或又设“接官厅”“迎宾厅”之类。与大殿正对的山门之上建有乐台,亦称“楼台”,届时乐户张挂帐幔,作祀神表演。

庙外商贾云集,店铺林立,庙前每又搭有戏台,供地方戏演出。唱对台戏时,两台相对,皆如彩楼,请有两个戏班。依规,庙内乐台演出结束(主要是晚场),庙外戏班才能开戏,以娱神为主,又有娱人色彩,合“用洽乡党之欢”的古义。

三、参赛职色

参赛有职人员,统属执事者。其中一类由村社应役者组成,有社首、香老、亭士、帏士、排军、膳夫、茶司、酒司、执旗、打伞、棚匠、铳手、采买、账房等,以及各种社火表演人员。另一类多需外请,如主礼先生、神厨制作者、乐户艺人等。乐户分粗乐、细乐,含男乐、女乐,由“前行”统领,供盏时又有押盏、报食者。以下各择其要,稍作介绍。

“社首”乃村社负责人,旧时多由富豪大户中有威望者担任,是赛社活动的组织者。由于大赛多为几个村社联办、轮办,主办的社首负总责,称“总社首”,其他社首协助,各有分工。赛社的各项祀神活动,众社首均参加,既要代表本村社众向神焚香、叩拜、祈祷(祭文每由主礼代读),又见各负其责,若有违规者,社首有权处置。

“主礼”也称“主鬯”,一般由阴阳先生担任,是赛社礼乐规制的掌握者、主持人。由于每个赛社的礼规不尽相同,各有特点,因而各庙的主礼相对固定,多沿旧例而请,被请者多为家传,不是随便一个阴阳先生就可胜任。所请主礼,既要熟悉该庙祀神礼规,又要擅于天文占卜,粗通文字,略懂音律,熟悉乐户伎乐表演。不仅赛社书表、榜文等均经其手,祀神礼乐由其掌握,而且每在神前读文念表,喊礼执法,实乃赛社活动的总导演、总指挥、总监督。为了不出错,主礼都对自己承办的庙赛记有比较完整的抄本资料,以作底本,以备办事时参照,不轻易外传。大赛每外请主礼,均配有司礼生二至四人,主礼“喝礼”时,一呼一应,以壮神威,以显排场。

“亭士”俗称亭子,因每人负责一亭神位(亭形的位牌)而称。若是迎神之类的出行活动,各捧神位随行;若是祀神供盏,则将神位排列大殿,各负责其神的供酒献食。大殿神位依尊卑次序,从中间分东西排列,亭士也分“东西两班”,依次而行,各司其神。因神有食荤、食素之分,有饮茶、饮酒之别,不得错乱,故见亭士人数与神位对应相等,一般均为双数,如二十四亭、三十六亭等,皆由村中青少年男子充任。为防神前乱语,届时每人口含“禁口花”一朵。

“帏士”亦称帷士,俗称帷子或帏子。因每一亭子后跟一个帏子,人数相等,每又合称“亭帏”。每出行,帏子手执帏伞,紧随亭子之后,以示为神遮阳挡雨;每供盏,帏子手执“响杖”(或帏伞)随亭子而行,以防蚊蝇或飞鸟的不洁之物落入食盘。响杖为木制,顶端系有铁环或铜钱,摇动作响,故名。帏子亦由青少年男子充任。

“排军”或记作“排均”,源出官府中的军士,赛社时负责维持秩序。后期赛社多由村民充任,手执木棍(多为柳木大棍),类如官府衙役的军棍,俗称其人为“执棍”或“棍子”。每赛社队伍出行,由其开路;每庙内供盏、演出时,负责赛场秩序,惩究违规之徒。

“膳夫”特指为神制作膳食的厨师。依规,三日赛社,每天早、午、晚神前献食三次,类如皇帝寿宴,也依“乐次”进酒献食,所献主食汤菜也有固定“食次”,总称“供盏”,列为“盏次”,今存的《宋乐星图》本有较详记载。后期上党赛社,也仍类此,荤素有别,四季不同;加之神前又有“插祭”,又摆“常供”,迎神、安神、祭太阳、祭风等也皆供酒献食，都有工艺较高的炸蒸面食，故一般赛社均要请有此技能的厨师。

“香老”一般由德高望重的老者担任，代表社众向神叩拜上香。有的大庙住有道士或和尚，亦可列在其中，甚至可抱本庙神位以代亭士之责。

“前行”属乐户首领，每与主礼配合，以礼以乐。正如其念词言：“在上主礼官掌了大礼，在下我前行掌了大乐。”其装扮不同于一般乐户，头戴展角幞头（类同“丞相帽”），身穿红袍，足蹬乌靴，手执一根三尺多长的竹竿，上端劈为拂尘状，称“戏竹”，指挥乐舞。行进奏乐时，由其高举戏竹在前导引；神前供盏时，“高摇戏竹，暂止乐声”，致语祝赞，“开呵立盏”；歌舞队戏时，不仅要念“勾队”“遣队”诗赞，还要从旁讲说所演的人物故事。尤其每天供盏开始，前行要作长篇讲唱，如《讲百花盏》《讲戏竹》《讲古论》《讲三台》等，谈古论今，有诗有赋，仍类唐代“俗讲”，现有抄立成册的存本，皆依“古传”。扮前行者，既需口齿伶俐，又需平时苦学强记。因其任务繁重，念词太多，加之办赛村社为显隆重，一些大赛每用两人同扮前行，交替讲唱，称之“双前行”。需要说明的是，“前行”作为一种职色，原属参军戏角色。唐代早有参军色，有弄参军表演，北宋参军色手执竹竿子引领歌舞，金代称“前行”（详后）。对此，南宋廖莹中的《江行杂录》引唐人《因话录》语，言“女优有弄假官戏（即参军戏），其绿衣秉简者谓之参军桩”，同时强调“古穿绿衣，今（宋）则改穿红袍，即执象笏上场者也”〔一〕。《元史·礼乐五·乐队》记，“乐音王队：元旦用之，引队大乐礼官二员，冠展角幞头，紫袍，涂金带，执笏。次执戏竹二人，同前服”。这“二人”早属“双前行”。元代洪洞县明应王殿“尧都见爱大行散乐忠都秀在此作场”壁画，有执象笏上场者，穿红袍，类“礼官”，为“假官”，仍类唐代“假官戏”中的“参军桩”。见如上党赛社，其“前行”着“展角幞头，紫袍”，或类唐宋参军色，执象笏上场参与表演，其表演仍类“弄参军”，见称“古弄”；或类金元前行，执戏竹引领歌舞，为一班乐户艺人的“领袖”（详后）。

至于赛社中的其他乐户人员，分细乐、粗乐，含男乐、女乐。所谓“细乐”，细吹细打，主要用于神前供盏，乐器有笙、箫、笛、管（筚篥）、叽呐（小唢呐，又称海笛）、小鼓（可挎于身）、小锣、小镲，八人即可组成一班。大型赛社为两班，由双前行引领，对锣对鼓对吹打，以壮行色。“细乐”装扮最具乐户特征，头戴矮冠，额围“二龙戏珠”式的“额翼”（或称“龙抿”），头侧每插一根雉尾（或分插两根），身穿“龙褂”或“开氅”。所谓龙褂,前短后长,前似马褂后似袍,圆领宽袖,背绣一条竖龙,实为翼火蛇(翼宿)象征。所谓开氅,无领无袖,形似马褂,长可及膝,多为红底绿边(或蓝边),前后绣有花草图案。依规,神前吹打的细乐,需穿龙褂;后期从简,穿开氅亦可。所谓“粗乐”,大锣大鼓,或加唢呐和笙,多用于乐台伴奏,穿戴也不讲究,身着开氅即可,人员可增可减。如每天“打地鼓”,俗称“刮街”,有驱邪之义,要用粗乐沿村转街吹打,须转三趟,头趟多用四人(简者只用二人),二趟增至六人,三趟至八人,俗称“四六八打地鼓”,后期也从省不用。另外,细乐每用于殿前吹打,也称“前衙”,粗乐每用在乐台表演,也称“后衙”,“前衙按文,丝竹管弦”,“后衙按武,百戏跳索,蛮舞杖鼓”,仍类唐代宫廷伎乐分坐部、立部。白居易《立部伎》诗言,“堂上坐部笙歌清”,“堂下立部鼓笛鸣”,“坐部退为立部伎,击鼓吹笙和杂戏”。

正沿此,直至清代的上党大赛,仍有类唐的队子歌舞,类唐“弄参军”的“古弄”。如此等等,由唐代杂戏而来,又类宋代杂剧,具宋元特征,如金元行院所见。清道光二十五年(1845)重抄的《告白文书本》(今存),其中记有雍正四年(1726)长子县小关岭三嵕庙办赛实例,其“告白”榜文涉及“行院男乐”“行院女乐”。文字如下:

告　白

晓谕衎衏(行院)女乐知悉:

照得神赛大典,理当诚心伺候……尔等承揽赛场,宜尽厥心。蟒袍铠甲务要新鲜,标首(一标女乐的首领)、袄生(一般扮角)俱要练达。男女乐有一定之数,不得以老幼滥充。昼夜有一定之规,不得以偷安干责。……女乐伺候出恭入敬,不许与外来之人接面私言,亦不许与社内之人吃席陪酒。不然,执事有格之地殆为牵情无忌之场矣。亵渎神明,获罪不浅。朝夕唱盏(即供盏歌唱)之时,穿戴俱要齐整。不特大衣外服,必须要系头箍,腰裙亦须谨饬。或以不堪污衣任情搪塞,或以不全装束亵渎尊神位前者,重究不贷。时谕。

与此相关,又有《听命文集》本(今存),其“听命文”曰:

……男记四十大曲,女记小令三千。列两行朱袖红裙,排一堂乖乖美女。一个个风流体态,一个个美貌人物。衣轻肢轻,撒撒繟舞。旦目起来嘹亮之声，展罗裙，袖扬好舞。

清代传抄的《唐乐星图》本(今存)，其“听命文”又说：

大小散乐。古论，自今以后奉祀神筵，比方(打比方的猜谜表演)、院本、行队(队舞、队戏)、杂剧，从人索唤。诗按太平古传，曲依乐府梨园。男记四十大曲，女记小令三千。但事承应节次，务要衣甲新鲜，诸般乐器俱要完全。供盏挨次索唤，不违妆扮伺候，神灵喜庆开颜。寿词寿曲，奉神前献，莫得蒙头盖面……

这说明，清雍正前后的上党乐户仍类唐宋散乐、金元行院，仍含男乐、女乐，其赛社仍有沿此而来的比方、院本、队戏、杂剧。依今考察，随着雍正初年诏令废除乐籍制度，清代后期的上党赛社女乐渐绝，男乐仍存，赛社礼规大体仍旧，也仍表演着杂剧、院本、队戏之类。表演者仍穿着类似龙褂的戏衣，前短后长，腰系“疙瘩带”(缀有六个大铜泡，两端以木制兽头状的搭扣系结)，腿前遮有类如戏装的“靠腿”两片(绣花)。唯扮关公者类如庙中塑像，红脸，绿蟒，执青龙刀，已如今天的剧中所见。

除以上介绍的赛社职色，其他如执旗、打伞、棚匠、铳手、茶司、酒司等，不再细述。

在这些职色中，主持礼规的阴阳先生、制作供品的厨师、表演的乐户，因关乎赛社成败，后期一般外请；加之神前献酒献食，以礼以乐，三者需要协商配合，俗有“迎神赛社赛三行，厨子、王八(乐户)、鬼阴阳”之说。尤其乐户，清代后期愈来愈少，一些古庙大赛动辄仍需数十人、数百人，仍要演出杂剧、院本、队戏之类，不但需要外请，且见一些村社每与乐户科头(班主)或揽头(承揽其事者)立有“筹帖”(详后)，属于筹办赛社合同，双方讲明赛社的要求和“腔价”，再由科头召集同行，提前排练。

四、赛社日程

每大赛，办赛村社一般要提前月余筹备。先由主办的社首牵头，邀以联办的社首，或再加账房先生等办赛骨干，提前宴饮一场，商量筹备事项，明确各自分工和责任，赛事便算敲定。之后，筹集资金、采买制作、下书送帖、陈设布置等陆续展开。赛前十余天，准备工作进入高潮，赛庙开始支灶，社首等骨干人员正式住庙,主礼先生开列祀神用物、写出祭文书表,神厨开始蒸炸供品,殿前开始“插祭”,搭棚陈设等执役人员也日渐增多。赛前一天,准备工作基本就绪,乐户艺人全部到齐。接有五至六天赛事,大体日程如下:

第一天称“下请”,类如送“请柬”,以邀在境诸神赴会享赛。又因人神难通,需“当境土地”老爷代劳去请,就有了一套“请神”仪式。其仪式多在当日午后举行,由仪仗、细乐前导,有主礼、社首、香老等众随行,抬着供桌祭品,前往主办村的土地庙祭祀。到土地庙后,焚香叩拜念祭文,文中附有所请诸神名单,请土地老爷“速驰云御,远达神宫”代劳,念毕焚化,“下请”仪式就算结束。有的赛社或加“接水”,见类“求雨”,提前到龙王庙或相关的井、泉、河中取来一瓶“神水”,届时接回赛庙,乃是为防“旱”,有“春祈风调雨顺”之义。

第二天“迎神”,即将所请众神迎接至庙。所请之神,既包括参赛各村各庙之神,又见每赛必请玉皇大驾、二仙奶奶等神。为统一迎接,每在庙外设一“神场”,或设在旷野之地,或设在另一庙场,以便众神团聚后统一迎接。若赛庙不在村中(如多村共建神庙于山岭),或在庙外置有“接神亭”。迎神前,各村社先将诸神以神楼、神车、神轿、神马等送至神场,赛庙人役更需将玉皇銮驾、主神大驾(表示亲迎)伴随鼓乐、社火提前送至。于是,社首香老、亭帷人员(抱有神位)、细乐粗乐、旗伞社火等,全部集齐神场。午时左右,迎神仪式正式开始。先焚香叩拜,念“圆神文”(伴有圆神仪式),接着“请神上马”,游行转村,作迎神表演。游行时,铳手在前放炮,接以鸣锣开道、彩旗伞罩、神楼神马、武术社火、彩车故事、面具表演、珍奇供献等,玉皇大帝的仪仗类如皇帝,主神大驾(走像)也前呼后拥。于是,阵阵鼓乐,簇簇社火,粗乐伴以队子起舞,细乐紧随神驾而行,表演争奇斗艳,供献五颜六色,仍类宋代“社会”所见,有唐代“用洽乡党之欢”的遗风。围观者杖藜乘舆,扶老携幼,每见数十里上百里外亦有赶来赴会者。由于迎神活动最具规模气势,各种技巧制作、社火表演应有尽有,不仅热闹好看,最具特色,而且事关大赛的影响,因而迎神时的游行表演特意沿街转村,以至游遍邻村才进庙。进庙后又有“安神”“上殿”“下马宴”等仪式,迎神活动才算结束。若一村独办,或不设神场,迎神活动就变为在本村逐庙接神,称“游庙”。

之后正式赛社三日,称头场、正场、末场,亦称头赛、正赛、末赛,每天程序大体相同。从拂晓开始,先撞钟伐鼓三次,接“报晓”“盥漱”“上香”“祭太阳”和“卯筵”(三盏),之后“午筵”(七或十二盏)和“祭风”,再接“晚宴”(八盏)和晚上乐台演出。除这些通行仪式外，头场加有“念听命文”“调监斋”表演，正场每加寿星、八仙一行“庆寿”，末场加“打太平鼓”，三日各见特色。三日庙外，除每天祭太阳、祭风，每也“打地鼓”（前述），俗称“刮街”。但主要活动都在庙内，忙于神前供酒献食，通称“供盏”，每天早午晚供盏三次，每次少则三盏，多至十二盏，每盏两趟（头趟供果，二趟献食），有茶有酒，亦礼亦乐。每天供盏几十趟，不胜其烦。一般而言，前三盏礼规从严，“三盏以后俱无所管”，可灵活掌握。后期多见从简，或早晚皆供三盏，中午供七盏，或早午晚全为三盏。不过，即使只供三盏，礼规仍严，仍由前行开呵立盏、致语祝赞，由细乐侑盏，乐台有乐户表演，演有杂剧、院本、队戏之类。尤其每晚所演的院本，仍类唐宋“弄参军”，多说白调笑，每加“猜谜”，以男女性事打比方，俗称“荤谜素猜”。从而形成一种俗规，凡此类夜场演出不许妇女观看，先要“清场”，俗众乐此不疲，竟有“二仙奶奶爱听荤”一说。所谓“二仙奶奶”，即宋代所封的“二仙”，见如前述，上党各地早立其庙，各庙大赛必请二仙奶奶。因此，这种“荤谜素猜”与宋代勾栏“诨说”“猜谜”相关，金元早称“比方”，元末陶宗仪《辍耕录》所记的院本也记有“猜谜”。而依上党赛社规程，又见每晚演出前先要“送二仙”，将其位牌背转（示以送走），甚至将全部神位背转，表示众神不听“荤说”。显然，所谓“二仙奶奶爱听荤”，实属俗众的托词，名为娱神，实为娱人。

三日结束，接着“送神”。一般而言，末场第二天上午举行送神仪式，清晨先报晓、盥漱、卯筵三盏，之后才要“划坛”“打彩”“送神”。送神时，亭子捧神位送出赛庙，再背转神位（表示已送走）放置大殿即可。有的赛社从简，末场当晚即举行送神仪式。从而，由下请迎神到最后送神，共需五天或六天。

另外，若是多村多社联办的大赛，因属轮流主办，需要办交接手续，加入“交牌”仪式，或随送神一并举行，或在来年办赛前才要交接，各随其宜。届时，双方社首跪于神前“交牌”，并将办赛公用器物一起交接。

五、相关的礼乐规制

赛社礼乐，由《周礼》而来，依《礼记》而行；又如前述，与唐玄宗所制的《开元礼》、宋徽宗亲制的《五礼新仪》相关。从而见于上党赛社，既有《周乐星图》《唐乐星图》《宋乐星图》本，又见皆与宋徽宗所制“大晟”礼乐相关，正见由其“遗留此事”。依今考察,即使因时因地而异,“十赛九不同”,但其礼乐规制也大体相同,仍类宋元所见。为见其实,今依上党赛社遗存资料,结合考察所知,按通行惯例,将其具体仪规分述如下。

(一)下请仪规

一般从午后开始,先是参赛执役人员集齐赛庙,排开点名。接由主礼先生下令“执仪”,于是执役人员开始端盘、打伞、抬神桌。接“流队戏”,由乐户穿上行头,在细乐伴奏下绕香亭而转,既为让主礼、社首等人检验,看装扮是否合规,又是赛社开场的序幕,要在主神殿前列队而舞,每由前行“开说队戏”。之后,主礼引社首一行进大殿,向主神四拜三献,念“禀状文”,禀告享赛之由。毕,全体列队往土地庙“下请”。至土地庙,先祭门,入庙后“落执仪”,细乐“打馔香”(上香鼓),社首焚香,四拜三献,主礼念“请状文”(请其代劳),最后“花队”表演(女乐列队而舞)。后期虽无女乐,仍存唐宋大曲歌舞的鼓乐,称“打曲破”。毕,返回赛庙,大殿四拜三献,仍以“打曲破”结束。

(二)迎神仪规

清晨,庙上撞钟三次,伐鼓三通,执役人员到齐点名。然后香亭焚香,大殿请驾(抬主神像),列队往神场。午时,各村神楼社火毕集神场,迎神活动正式开始。开始时又点名(针对各村社),“流队戏”(多为面具表演),接以“圆神”仪式。圆神时,由主礼引领(以示通神),社首、香老执香紧随,亭帏在后,列队而转,内转外转,里七外八,俗称“珍珠倒卷帘”,最后转开,排在香桌前,以示将众神接到。接以四拜三献,念“上马文”,“请诸神上马”,“开上马队戏”(实即列队游行)。回到庙门,四拜三献,念“下马文”,社火散去,亭帏人等不散,接由五道将军和土地神(皆由亭子捧其神位)出庙接驾,众神进庙。进庙后,将神桌置于香亭,亭子捧神位分列左右,然后主礼假借“玉皇神旨”,开始“安神升殿”仪式,亦先四拜三献,接念“安神文”,再依东西两班的次序,将诸神位牌列于大殿神案。之后或加“领羊”仪式(有的省去),即将“献牲”的活羊领在香亭前,以酒浇羊耳,再四拜三献,念“领羊文”,以示献牲于神。毕,紧接“下马宴三盏”。之后或祭太阴(月亮),也四拜三献,念“祭太阴文”。毕,由五道将军和土地神护送二仙之类女神另寝,念“送阴神文”(将其大殿位牌背转)。傍晚,乐台开始晚场演出。毕,众神安寝,亦四拜三献,念“入寝文”。至此,迎神活动才算结束。

(三)报晓、盥漱仪规

拂晓撞钟三次,随之伐鼓、打点(鸣锣)三通,吹打三次;或见简化,以“放铳”三声为号。接“报晓”仪式,大殿上香,四拜三叩,念“报晓文”(告神天亮);再四拜三叩,念“出寝文”(示神已起)。接“盥漱”仪式,由亭士端洗漱用具(一般由二人分端两盆即可,盆内置毛巾、梳子等),随社首上殿,四拜三叩,念“盥漱文”;再由细乐“打签子”(击鼓边),亭士为神洗漱(做擦脸、梳头等动作)。大殿“盥漱”毕,再往二仙等女神就寝处(一般至大殿一侧即可)行“盥漱”仪式(同上),也四拜三叩,念“接阴神文”,之后在细乐《迎仙客》乐曲伴奏下,将二仙等女神迎回大殿。最后,还要请五道将军和土地神往殿外两侧升座(二神位卑,不能入殿)。至此,诸神升殿,一天享赛才能开始。

(四)祭太阳、祭风仪规

祭太阳,一般在清早太阳出山之际举行。届时抬上祭桌,细乐吹奏,主礼、社首、香老等随行,匆匆跑出庙外朝东南方向跪祭。先四拜三献,念“祭太阳文”,之后由前行念祝赞(每念四句),以“打曲破”结束。因跑出庙外,来去匆匆,俗称“跑太阳”。“祭风”类似,时间在每天下午,出庙后朝西北方向跪祭。或又“祭太阴”,仪式相类,多在晚上。

(五)供盏仪规

赛社“供盏”属于供神享用的酒宴,类如皇宫寿宴,以酒盏区分节次,故称。赛社三日,假名为神庆诞,每日早午晚三宴,礼规大体相同。每供盏,主礼先令亭帏人等“排班”,分东西两班,与大殿神位对应相等;接令亭士上殿“取盘”(端供品用),并将盘内禁口花各含口中(以防神前乱语)而下。供盏开始,先上一趟茶,再上三杯散酒(由“盏棚”端上),称“一茶三酒”;之后每盏两趟,头趟献果,二趟进食,“果为正盏,食为补空”;供盏最后又上一趟茶,才算结束。届时,主礼先生站于香亭(可置礼单于桌),司礼生站于殿前,一呼一应;大殿对面的乐台前设有“盏棚”,厨师已备好供盏食品;供盏队伍由前行(执戏竹)引导,后有细乐、报食、亭帏、押盏人等,分东西两列,往返于大殿和盏棚之间。每趟由盏棚行至香亭，前行“高摇戏竹，暂止乐声”，主礼唱礼，前行致语，是为“开呵立盏”，接由报食者向神禀告食名（后期多省此项），亭士遂端供品上殿，茶酒司斟茶倒酒，前行念“放盏”祝赞，细乐再起，伴吹《劝倾杯》之类酒曲。献罢，亭士分东西下殿，至香亭与帏士合班，再往盏棚。每趟往返路线呈“8”字形，两趟之间乐台加有“补空”表演，多为大锣大鼓伴奏的“队戏”片段，见称“衬队”，借以“侑盏”。如此反复，直至供盏结束。每供盏礼规相同，不同的只是盏次多少，以及所献酒食、前行赞词、表演内容。由于前三盏礼规较严，故见至少三盏，如“上马宴三盏”“下马宴三盏”“卯筵三盏”等。为见前三盏礼规的烦琐，今举长子县小关岭三嵕庙大赛（由十八村联办）一例。清同治六年（1867），该庙办赛时，主礼先生抄有“下马宴三盏”礼单，附于《听命文集》抄本之后，今录如下（并加简注于括号内）：

（亭帏）分班上来（至大殿），打签子（细乐击鼓），亭子齐取盘（含禁口花），转步（下殿，以下类此不注）。供茶上来，站齐，吹茶（曲），跪，奠茶，兴（起身），转步。供菜上来，搭好筷子（可省去），取台盏（取神前台案上的酒杯，以备下趟斟散酒用），转步。酒司下底下（盏棚）斟酒（散酒），打签子，三杯来（大殿），供酒，押住祝酒（止乐，前行念祝酒诗赞，下同）毕，上，站齐，吹酒（吹曲伴祭酒），跪，祭酒（头杯），兴，转步；供二杯酒，押住祝酒毕，上，站齐，吹酒，跪，祭酒，兴，转步；供三杯酒，押住祝酒毕，上，站齐，吹酒，跪，祭酒，兴，放下台盏（仍放酒杯于台案备用），转步。（头盏一趟）供枣：站齐，进果，放下盘，转步，斟酒（神前现斟，下同），押住、放盏（仍止乐，前行念祝酒诗赞，下同）毕，上，跪，祭酒，兴，取盘退果，转步。（头盏二趟）供食：站齐，进食，放下盘，转步，（供汤）押住、补空（乐台表演，下同）毕，细乐站好吹头盏，上，奠汤，取盘撤篮碟。供二趁果（即二盏头趟）：站齐，进果，放下盘，转步，斟酒，押住、放盏毕，上，跪，祭酒，兴，取盘退果，转步。供馒头汤食（即二盏二趟）：站齐，进食，放下盘，转步，押住、补空毕，上，站齐，奠汤，取盘撤篮碟，转步。供三趁梨果（三盏头趟）：上，站齐，进果，放下盘，转步，斟酒，押住、放盏毕，上，站齐，跪，祭酒，兴，取盘，退果，转步。供豆腐羹饭（三盏二趟）：上，搭筷子（表示用餐）不放盘，转步下。（最后）供茶：献上，放下盘，转步下。薰、提炉落执仪（供盏时主社首执薰炉，其他社首执提炉，随队而行，故有此语），社首落下炉，下。（主礼）排班唱礼：排班、班齐，鞠躬，拜、兴，拜、兴，拜、兴，拜、兴，鞠躬，分班，曲破（指“打曲破”，属一套固定的打击乐），完揖（众人作揖结束）。

由其所记，已见前三盏礼规的烦琐和严格。与此相关，如《听命文集》本，又记有各盏的用乐规制（详后），头盏时细乐需吹奏《寿南山》之类“寿曲”，二盏时女乐需“依乐歌唱”，三盏时需伴有队舞队戏。仍依古规，强调“头盏吹，二盏唱，三盏舞”，且见“三盏以后俱无所管”，或歌或舞或剧，可自由选择。其“舞”类唐宋大曲歌舞，为队舞队戏，用于陪衬供盏时，时间有限，择取片段，借以“补空”，称之“衬队”。随着宋元南戏兴起，明清赛社用“出戏”代替“衬队”，甚或“吹戏”（吹奏地方戏曲片段）。不过，直至清末民初的上党大赛，其礼规大致仍旧，由乐户组班支应，演有杂剧、院本、队戏之类。虽无女乐，仍见“花队”表演的“曲破通用”，以至通用于请神、迎神、供盏，形成一套固定的打击乐，称“打曲破”，每供盏结束必用。

（六）“四拜三献”仪规

赛社祭文，如“禀状文”“请状文”“上马文”等，由主礼先生代读（写在黄表纸上），总伴随“四拜三献”。届时，祭者（社首等）神前上香，接以四叩拜；第四拜不起，祭者捧杯、酒司斟酒，接以前行讲酒（诗赞四句），之后奠酒，是为“初献礼”；类此又奠酒，是为“亚献礼”；第三次斟酒后，主礼一旁跪拜，读祭文（借以通神），接着前行讲酒，奠酒，是为“终献礼”。如此三献毕，再接“俯伏（叩首）、兴（起）、平身”，是为“四拜三献”的全部过程。

（七）“打曲破”仪规

所谓“曲破”，属唐宋大曲中的一段，节奏较快，每摘出用于“队子”歌舞，又称队舞、队戏；若由女乐歌舞，又称“花队”。清代后期虽无女乐，上党赛社仍存其曾经用过的某“曲破”，以至将其“曲破通用”，变成“供盏收场”的固定仪式，称“打曲破”。与此相关，《听命文集》仍记有“花队”表演规制。依记，见开场时先“排开细乐，妇人排（即花队）站齐”，接着前行念勾队诗赞，记有“尧王圣明君，四海罢烟尘，我王多有道，上献舞乐神”之类，于是“曲破”舞蹈。舞毕，前行念遣队诗赞：“八宝妆腰带，珍珠络臂鞲，笑时花近眼（尽艳），舞罢锦缠头。”（此四句《金瓶梅》有记述，说明早有）为了“讨赏”，见“念罢，妇人手舞”，并见“妇人舞念：拾遗怜，赠诗篇；要甚么，胭粉钱”（最后一句或念为“讨赏钱”）。其所念，出自白居易（官左拾遗）《琵琶行》中怜悯女妓的典故，借以讨赏。最后，前行再念：“万民乐业，五谷丰登。高摇戏竹，暂止乐声。”才算一场结束。依今考察，乐户老人仍记得“打曲破”内容。虽不知来源出处，却知其“通用”，属于供盏收场的固定仪式。如1995年笔者在长子县崔庄采访时，有位扮过前行的宋怀英（时年69岁）就仍记着“打曲破”时的全部念词、音乐（有录音）。其识字不多，只是死记硬背师傅所传。然而其记的念词，仍与《听命文集》本所记基本相同；其记的“打曲破”音乐，其他乐户老人也都认同，甚至也说曾经用过。由此可见，其记的“打曲破”基本准确，来自当年赛社，清末民初当地办赛仍在“通用”。

（八）头场所加“听命文”仪规

“头场”属正式赛社第一天，清晨众神盥漱升殿（排定座次）后，主礼假借“玉皇神旨”先要宣布赛场规矩，加有“念听命”仪式。届时，细乐“打篆香”鼓，主礼引社首、香老、四司六局等执役者，手执神香绕香亭而转，最后转在香亭前，分类排成纵队，集体行礼四拜，各类再依次上香叩拜。顺序是：主礼先“祝香”四拜；接由执棍、鸣金、茶司、酒司、各局掌（六局首领）等依次上香四拜；再接社首、香老上香四拜；最后由前后行（双前行）上香，“行礼五拜”。上香毕，众站香亭之下，由主礼站立香亭“念听命”。念时，主礼先朝大殿叩拜，“奏禀昊天玉皇上帝尊神”，“伏候圣意”，再起身转向众人，“言得神旨”，发布命令，口称“玉皇上帝法旨敕谕”，对社首、香老、亭子、帏子、香局、膳夫、神盘制作、买办人等、茶司、酒司、果局、灯局、山棚陈设、花棚纸马、报食者、排均（军）者、主神者（主礼）、大小散乐、三日前行、看玩人等，逐一宣布赛场的礼规和要求。念毕，众人朝大殿叩拜，结束。

（九）头场所加“调监斋”仪规

“调监斋”或称“跳监斋”，扮“监斋神”舞蹈，实为戴着面具表演的队戏。该神源出佛说的“紧那罗王”，既属“天龙八部”中的“乐神”，又见演绎为“厨神”，故见头场卯宴每加“祭楼台下厨讲监斋”表演，借以祭祀乐神、厨神，两义兼有。加之卯宴只有三盏，依规第三盏才舞，故又每用于头场卯宴结尾，以作收场之“舞”。见于上党赛社《听命文集》本，正记有“祭楼台下厨讲监斋”的全部仪规和内容。依记,其表演从乐台开始,先“祭楼台”,前行念四句勾队诗赞:“安排下香蜡果罩,众神煞一齐来到。上堂乐击响御鼓,机偈神出马先到。”于是乐台安排神桌,扮监斋者上香,扮机偈神者(扮如小卒模样的四名小神)舞一段(类如戏曲调四角),称“调机偈”。随后一行下台,来在主神殿前,扮监斋者“上殿参神”,再“入厨”祭厨神,出时“脱壳”一变,变成三头六臂、手执大斧的模样;一行复上乐台,再舞一段,“调罢正坐”当场,由前行从旁“开说”,言其曾降少林寺,在香积厨为一小僧,元末因红巾贼造反,显了真身,坐化山门,元顺帝才又加封。讲毕收场时,念有“拾遗怜,赠诗篇;监斋罢,要赏钱”,也要“讨赏”。由此,既见其神早由乐神而兼厨神,又为面具表演,类宋元“队戏”。其表演出自元明之际,由乐台而下而上,仍留着广场表演走向舞台的过渡痕迹。

(十)正赛所加“八仙庆寿”仪规

正赛之日为主神诞辰,加“八仙庆寿”。当日清晨盥漱、升殿毕,先要“迎寿”,类如迎神,庙外设有“寿场”(多在本村另庙),接寿星、东王公、西王母、寒山、拾得、八仙一行(乐户扮)前来赴宴,也由主礼、社首、香老、亭帏等伴随细乐去迎,也抬神桌(供有寿星神位),只是玉皇、主神大驾不去,形制略简。迎寿开始,社首等众先朝寿场的神桌焚香,“打篆香”,四拜三献念“请寿文”。接着八仙一行依次排开,前行开说,逐一讲其来历,称“开八仙”。之后,又有《猿猴脱壳》表演(有的用于进庙后),由主礼、前行一递一段“讲山祝水”,夸说仙境山水之美,形同比赛,可讲唱多篇,俗称“对山水”(或移于赛庙当晚,或竟舍去)。接着“起寿”(请起寿星神桌),“亭士取瓶花、前行拿生”(准备“放生”的鸽子类),回庙。途中迓鼓伴奏,“八仙队子”舞蹈,仍类宋代迓鼓队,大锣大鼓伴奏,如同扭秧歌。至庙门,也有五道将军、土地神接迎的“祭门”仪式,或又加“小杂剧”。庙内接以“钟馗镇宅”表演,说“打出恶鬼去,迎进喜神来”。进庙后,“安神”也要“安寿”,将玉皇、主神、寿星神位同置香亭神桌,如同宾主同席。接着“放生”,由前行讲说“毛宝放龟”“杨宝放生”故事。讲毕,将其手拿的鸽子之类放飞,如宋代“放生会”所见,表示积德行善,可以添福添寿。之后,依次为玉皇、寿星、主神各“三献”,既有“排八仙”表演,寿星、王母、八仙一行排开,各自表白,念一段诗赞,伴以“舞寒山”,又有玉皇、寿星、主神相互祝贺的表文,皆由主礼代念。寿星、西王母、东王公要依次上前向诸神添寿祝寿,各念表文,每念毕,八仙齐颂“寿酒频频献，寿乐到管弦，寿山并福海，福寿万万年”。这种穿插着表演的祝寿仪式，总称“八仙庆寿”。接着庙外“跑太阳”，回庙“卯宴三盏”，第三盏必须上寿面。接着“送寿”，类如送神，再将寿星、王母、八仙一行送出庙外，仪式才算结束。

（十一）末场“打太平鼓”仪规

末场属赛社最后一场，为示神灵有应，天下太平，其卯宴第三盏之舞每以“打太平鼓”取代。依《听命文集》记，“太平鼓”又名“单杖鼓”，类如朝鲜族的细腰长鼓，左拍以手，右击以杖。对此，《三国志·魏书·东夷传》记，“高句丽……其民喜歌舞，国中邑落，暮夜男女群聚，相就歌戏”；《旧唐书·音乐志》卷二九记，“腰鼓，大者瓦，小者木，皆广首而纤腹，本胡鼓也”；北宋沈括《梦溪笔谈·乐律一》中说，“唐之杖鼓，本谓之‘两杖鼓’，两头皆用杖。今之杖鼓，一头以手拊之”。北宋“一头以手拊之”，其鼓已属“单杖鼓”，南宋《能改斋漫录》卷一“禁蕃曲·毡笠”条曰：

> （宋徽宗）崇宁、大观已来，内外街市鼓笛拍扳，名曰“打断”。至政和初有旨，立赏钱五百千；若用鼓板改作北曲子，并著北服之类，并禁止支赏。其后民间不废鼓板之戏，第改名太平鼓。续又有旨，一应士庶于京城内，不得辄戴毡笠子，如有违犯，并依上条。[二]

这里所言的“续又有旨”，前引《宋史·乐志》见记，即宋徽宗政和三年（1113）随着“大晟乐播之教坊”“与天下共之”禁止的“打断”。由此可见，所谓“打断”与“鼓板”有关，正指“鼓板改作北曲子”。其“曲”为“蕃曲”，早见于宋代民间，其“鼓”正类唐代“胡鼓”，由高句丽（朝鲜族）而来，宋代早属“单杖鼓”。宋徽宗为了粉饰太平，“改名太平鼓”，在民间流行。上党赛社《听命文集》仍记有“打太平鼓板”的具体内容。依记，其开始时前行念：“清凉伞儿把儿长，遮了日头蔽了凉。后行古论齐撺掇，太平鼓板踏排场。”类勾队上场诗赞。提示“细乐全部走一回，排齐，打单杖鼓，三回九遍”，类队戏歌舞，列队转踏。又见提示“毕，开说”，最后由前行从旁讲说太平鼓的由来，言“鼓板齐鸣，笙簧迭奏”，为鼓板之戏。又言及徽宗皇帝，“太平年还打太平鼓”，正见其为了粉饰太平，将“打断”改名为“打太平鼓”，用于民间赛社。

南宋宫廷画家朱玉绘的《灯戏图》（详《中华戏曲》1986年第一期“周华斌摹绘”图与文），写民间“元夕舞队”表演，仍用鼓笛拍板伴奏，类北宋“鼓板之戏”。

由执伞者领队而舞，其伞正如上党打太平鼓所见，属清凉伞儿，由北宋而来。证于上党，高平西李门村有座二仙庙，今存金代乐舞石刻两幅。其中一幅（如下图），图刻十人，见一人手执戏竹在前引领，头戴展角幞头，身着袍服，为“前行”；随后八人双列，依次为舞色二人、挎单杖鼓者二人、吹笛与吹管二人、吹管与拍板二人，最后一人高擎扇鼓（锣状单面鼓）敲击，九人头上皆簪花、窄袖素襦、身着长裙。十人见类宋代装扮，皆属女乐，类宋代“花队”，作行进状，仍有“单杖鼓”“拍板”，如宋代“鼓板之戏”，为金代民间赛社“打太平鼓”的写照。

正沿此，上党赛社“打太平鼓”仍记，“细乐全部走一回，排齐，打单杖鼓，三回九遍”，其“前行”如金代所见，由宋代参军色而来，且见其“打太平鼓”仍类宋代队戏表演，其“三回九遍”也是列队转踏。

不过，清末民国的上党赛社，“打太平鼓”全用男乐，已无单杖鼓，并已变成坐场吹打，仍用大鼓、小鼓、板鼓、笙、管、唢呐等，吹打一套固定的曲牌，说“鼓板齐鸣，笙簧迭奏”，仍存宋代民间“鼓板之戏”的遗韵，如前引，正与宋徽宗禁止民间“打断”有关。

【注释】

〔一〕转引于任半塘先生《唐戏弄》上册，上海古籍出版社，1984 年版，397 页。另，《说郛三种》本卷四七亦有《江行杂录》引载。

〔二〕依《四库全书》（台湾版），卷一一八子部二八“杂家类”所收《能改斋漫录》卷一“禁蕃毡笠”条。另有上海古籍出版社 1979 年重版本，可参考。

第四节 赛社礼乐与皇宫寿宴的比照

见前曾述，随着唐宋帝王的倡导，由“赛神”而称“赛社”，其礼乐规制早类宫廷寿宴。尤其上党地区的大赛，清末民国仍存宋元遗韵，见其前三盏礼规仍严，仍遵“吹头盏、唱二盏、舞三舞”之规，仍类唐宋帝王的庆寿规制。

以下就以上党赛社为例，并与史籍记述比照，揭示其中的内在关联。

依前引，上党赛社每假名为神庆诞，正与唐玄宗为自己生日所立的“千秋节”有关。其仪规如何，史籍未详。不过，《新唐书·礼乐》记有“皇帝元正、冬至受群臣朝贺而会”仪规，正涉及“群臣上寿”“谨上千秋万岁寿”，类如玄宗庆寿规制。其中曰：

> （届时）光禄卿进诣阶间，跪奏称：“臣某言，请赐群臣上寿。”……光禄卿退……上公（司酒者）诣酒尊所，北面。尚食（司膳者）酌酒一爵授上公，上公受爵，进前，北面授殿中监……进置御前……北面跪称：“……臣某等不胜大庆，谨上千秋万岁寿。”……皇帝举酒，在位者皆舞蹈（叩拜），三称万岁。皇帝举酒讫，殿中监进受虚爵……

接着说：

> 初，殿中监进受虚爵，殿中典仪唱：“再拜。”阶下赞者承传，在位者皆再拜……殿中典仪唱：“就座。”……俱就座。歌者琴瑟升座，笙管立阶间。尚食进酒至阶……皇帝举酒。……觞行三周（三杯酒），尚食进御食……皇帝乃饭，上下俱饭。御食毕，仍行酒，遂设庶羞（馐），二舞作（指文舞、武舞依次而行）……酒行十二遍（共十二盏）。

又说：

> ……群官初唱万岁（用于头杯酒时），太乐令（乐官）即引九部伎声作而入（众伎奏乐进殿），各就座，以次作（依盏次或歌或舞）。〔一〕

由上所录，其开始时“觞行三周”，不上食，正类上党赛社供盏开始的“三杯散酒”；之后又酒又食，“酒行十二遍”，正类上党赛社正场为神庆寿的“十二盏”；

其头杯酒时，众乐“声作而入”，接着“歌者”升座，再接“二舞”，其顺序大致也是先吹，再唱，再舞，正类上党赛社所见的“吹头盏、唱二盏、舞三舞”。此规早见于唐代宫廷，用于“群臣上寿”，早有“谨上千秋万岁寿”仪规，类“千秋节”所见，且见“当时流俗多传其事以为盛”，用于唐代“赛神”。

至五代，见如契丹（后称辽），依王圻《续文献通考》记，后晋天福三年（938），石敬瑭“遣刘煦以伶官来归”，辽宫始有散乐，其皇帝庆诞所见：

> 皇帝生辰乐次：酒一行，觱篥（管子）起歌（吹曲）。酒二行，歌手伎入（开唱）。酒三行，琵琶独奏，茶饼，致语，食入，进杂剧……酒七行，歌“曲破”，角抵。〔二〕

并记有辽宫“曲宴宋使乐次”，见“酒九行”，以“歌，角抵”收场。对此，《辽史·乐志》也有相同记载。从而，既见其皇帝生辰正类玄宗“千秋节”，与唐代流俗有关，又见其“乐次”明记，头盏吹曲，二盏开唱，三盏杂剧，或用“七盏”，或用“九盏”，都以“曲破”“角抵”收场。“角抵”，汉唐以来称“百戏”“杂戏”，含歌舞，其“曲破”正指唐宋大曲歌舞，宋代或称“队戏”，早属宋杂剧范畴。说白了，辽代皇帝生辰乐次，既由唐代而来，又类宋代所见，“曲宴宋使”变为“酒九行”，正类宋代宫廷乐次。

依《宋史·乐十七》记，见“宋初循旧制，置教坊，凡四部”，仍类唐代规制，包括皇帝圣节在内的“三大宴”曰：

> 每春秋圣节三大宴。其第一，皇帝升座……庭中吹觱篥，以众乐和之……宰相饮，作《倾杯乐》；百官饮，作《三台》。第二，皇帝再举酒……乐以歌起。第三，皇帝举酒，如第二之制，以次进食。第四，百戏皆作。第五，皇帝举酒，如第二之制。第六，乐工致辞……第七，合奏大曲。第八，皇帝举酒，殿上独弹琵琶。第九，小儿队舞……第十，杂剧罢，皇帝起更衣。第十一，皇帝再坐，举酒，殿上独吹笙……第十九，用角抵，宴毕。〔三〕

皇帝圣节正沿玄宗“千秋节”而来，正类辽代皇帝生辰，且见其“三大节”礼规相同，仍类唐代“皇帝元正、冬至受群臣朝贺而会”。虽然见用“十九盏”，却见每“如第二之制”，多有重复。

随着宋徽宗制成“大晟”新乐，不但辽宫“曲宴宋使乐次”见用“九盏”，且见徽宗庆寿正也类此。如《东京梦华录·百官入内上寿》曰：

第一盏御酒，歌板色一名“唱中腔”……宰以酒，乐部起《倾杯》（起吹其曲）；百官酒，《三台》舞旋……

第二盏御酒，歌板色唱如前。宰以酒，慢曲子；百官酒，《三台》舞如前。

第三盏，左右军百戏入场，一时呈拽。所谓左右军，乃京师坊市两厢也，非诸军之军（实为坊市乐户，多见勾栏卖艺）……凡御宴至第三盏，方有下酒肉、咸豉……

第四盏，如上仪舞毕……参军色执竹竿拂子，念致语口号，诸杂剧色打和，再作语，勾合大曲舞……

第五盏御酒，独弹琵琶。……百官酒，乐部起《三台》舞，如前毕。参军色执竹竿子作语，勾小儿队舞……小儿班首入进致语，勾杂剧入场，一场两段……

第六盏御酒，笙起慢曲子……

第七盏御酒，慢曲子……参军色作语，勾女童队入场……多作仙童丫髻，仙裳执花，舞步进前成列……比之小儿节次增多矣……

第八盏御酒，歌板色一名唱“踏歌”……合曲破舞旋……

第九盏御酒，慢曲子……左右军相扑……〔四〕

此“百官入内上寿”正为徽宗庆寿，“上寿仪”用“九盏”，与辽宫“曲宴宋使乐次”相类，先吹，再唱，再舞，最后结束时的“相扑”属角抵类，留着“宋初循旧制”痕迹。

沿此，《梦粱录·宰执亲王南班百官入内上寿赐宴》记，南宋皇帝寿宴仍用“九盏”；《金史·礼乐志》记，其宫廷也用“九盏”；《三朝北盟汇编》引《宣和乙巳奉使行程录》言，金国招待徽宗所派的宋使，“酒三行，则作乐，鸣钲击鼓，百戏出场。有大旗、狮豹……杂剧等，服色鲜明，颇类中朝”，类辽宫“曲宴宋使”，继承了由唐而宋的宴乐大规。

当然，由唐而宋的宴乐也有一些变化。如皇帝生辰已立为圣节，其庆寿盏次已有变化。宋代初分行当，已由“五花”形成“四人或五人”表演体制；金元称“五花爨弄”，已属院本表演。

而如前引，这种变化又与唐宋帝王倡导有关，随着宋徽宗制成大晟礼乐，与“天下共之”，民间赛社早又如其“上寿仪”。

故见上党赛社假名为神庆诞,其供盏仍类唐宋皇帝生辰乐次。先献三杯散酒,仍类"觞行三周",又见或供十二盏类唐,或供七盏类辽,或供八盏(再加末尾一茶)类宋。前三盏礼规仍严,循"头盏吹、二盏唱、三盏舞"的古规,供盏结尾以"曲破"歌舞收场,类唐宋宫廷所见。

为与唐宋皇帝生辰乐次比照,今再节录上党赛社《听命文集》所记的"放盏规矩",并加解说。

依其记,从清晨"卯宴三盏"说起。届时神前先献一茶三酒,即一杯茶与三杯散酒,当亭士端酒行至香亭时,前行"押住祝酒",致语如下:

清晨起来不再忙,塞勒打板按官商。

鼓台架作攻书案,权且勾栏作教坊。

鼓乐宜成第一功,一声锣响换(唤)先锋。

笛吹美令如鸾叫,板撒六扇凤凰音。

金钉钉就驼皮鼓,伶伦之字在扣中。

上告恩官且雅静,打一怕(拍),千里灵神侧耳听。

暂停车马伫,略等川(片)时间。今日是广阳头场(或正赛、末场)。广者,呼为大也。阳者,按升(阴)阳二气。在上主神官掌了大礼,在下我前行掌了大乐。礼云礼云,乐云乐云。礼云是玉帛云乎哉,乐云是钟鼓云乎哉。天攒五星者,东西南北中,金木水火土。地攒五土者,常衡泰华嵩,青红白黑黄。人有五德者,温良恭俭让。乐按五音者,宫商角徵羽。天气和,四时顺;地气和,万物生;人气和,五腑六脏皆安;乐气和,打八音皆响。回转[过来],天气不和,四时不顺;地气不和,万物不生;人气不和,五腑六脏不安;乐气不和,打八音不响,要者胡谓(为)乱响。

律吕调和偕(谐)五音,按春按夏按秋冬。

休听小鼓偏悬(喧)闹,鼓乐响处必太平。

这是一个讲唱通用的"书帽",接见提示:

自此念《戏竹》《楼台》《古论赋》《大排乐》。

由此,"塞"仍与"赛"同,类唐代"赛神",又如宋代勾栏卖艺,其讲唱仍类说书的书帽,可用于讲《百花盏》等篇的开头。按上党赛社所见,正如提示所记,皆属长篇,由前行讲唱。三日开场各选一个长篇,规制相同,内容有别。讲毕,细乐伴奏“放盏”,“三杯散酒”献于神前。

之后,每盏两趟,先果后食。其“放盏规矩”如下:

先见提示“头盏吹”。头盏第一趟“供果”,大殿放盘,亭子执杯,前行念以下四句(勾吹):

华筵殿内酒食初分,一盏才开头杯满劝。

神前献琥珀之杯,乐奏了长生之曲。

细乐吹奏《劝倾杯》(唐《教坊记》已记),神前开始斟茶倒酒。接着主礼唱礼:

头杯酒盏圆了,《寿南山歌》曲子呈献。

前行再念四句:

江南数根竹,选就一笛才。

吹出天外去,镇压八方灾。

提示:

吹一曲,小煞鼓三遍。

言指小鼓依曲伴奏三遍,用于神前四拜三献,第一趟“供果”结束。

接着主礼唱礼:

进食补空!

二趟取食,类头趟,神前司茶倒酒,前行再念“放盏”诗赞:

金殿上皇王进酒,玉阶前文武公侯。

念吾王江山永久,三代夏商周□□。

斟罢茶酒,主礼又唱礼:

一盏周全,《万花乐三台》呈献。

前行又念四句诗赞:

苏武和番十九载,休教寒雁捎书来。

前殿诸神献上寿,后行锣里献《三台》。

“前殿”细乐吹《三台》曲,“后行”(对应前殿细乐,指乐台大锣大鼓的粗乐)届时一声锣响,依《三台》曲表演队戏片段。因其用于陪衬供盏,称“衬队”,又因用于两盏之间,也称“补空”,所演的“苏武和番”故事属于应用实例,或曰:

炀帝官家喜开怀,去看琼花遍地开。

前殿诸神献上寿,后行锣里献《三台》。

随着前行念词不同,可演不同“衬队”。又有如下念词:

三台,三台,百部照牌。

天上有三台之星,地下有三台之曲。

提示:

殿上流三台(曲),台上妇人舞调(依曲调而舞)。

至此,一盏结束。乐台舞蹈不断,为“补空”表演。

接见提示“二盏唱”。

其头趟“供果”仍类一盏,见前行又依“放盏规矩”念:

三皇氏五帝传朝,讲的是禹舜唐尧。

八方静干戈宁息,感天地雨顺风调。

斟酒毕,主礼念:

二盏就到,靠乐歌唱(依乐曲开唱)。

前行又念四句(勾唱):

地下伶伦,天上月雁。

二盏就到,歌唱呈献。

提示:

妇人歌唱一曲。

于是,歌唱声中进果、献茶酒,二盏头趟结束。

接记:

(主礼)唱盏:补空。

二盏第二趟“供食”,规矩类前,前行又念:

夜听古今三五论,猛风吹透月光寒。

知音可对知音操,不对知音不可谈(弹)。

其“唱”仍类唐宋宫廷宴乐所见。主礼接着唱礼:

果为正盏,食为补空。二盏周全,慢词呈献。

前行接念:

唐明皇一人有庆,教坊司歌舞比并。

丹墀内击散梧桐,食变了慢词补空。

提示:

妇人唱慢词毕,(主礼)唱盏:二盏完。彻盏打侑盏锣鼓,妇人对舞。

二盏进食时，“妇人唱慢词”，应在台下，与细乐配合，“靠乐歌唱”，乐台“妇人对舞”，“彻盏打侑盏锣鼓”，仍属“补空”，又言“唐明皇一人有庆，教坊司歌舞比并”，类唐明皇“千秋节”所见。与此相关，上党赛社《唐乐星图》本记有清代实例（详后），唱唐代《五方慢词》，且因“歌舞比并”，记有《杨妃单舞盘中曲》之类，与唐明皇“梦游月宫”牵涉，正见“猛风吹透月光寒”“知音可对知音操”所指。至此二盏完。

提示“三盏舞”。

前行“勾队”上场，念：

子楚打马到安埏，此地何能福里闻。

请问赵王无所处，黄金台上草连天。

吹头盏，唱二盏，少不得舞三盏。排下着（这）堂仙女，各有花名：一个《杨妃单舞[盘中曲]》，二个《并头莲》，《三生薄媚》，《四比（北）和番》，《五[花梁州]》，六个是《王子高带六么婿（序）》，《美天七圣》，《八难观音》，[《九天仙女》]，《十代明君》，《十一福德》，《十二元辰》。

头上初分绣带（戴），列两行胭脂齐排。

排一堂宫娥美女，娇娆体态[身材]。

蛾眉花帽凤头鞋，头上宫花插满，腰软粉脸[香满腮]。

歌一曲仙音嘹亮，舞宫调一齐上来。

其开头念的“赵王无所处”云云，与北宋徽、钦二帝被金掳去有关，留着宋金之际的赛社痕迹。其接讲的“十二个花名”，指“花队”表演的 12 个队戏歌舞，《听命文集》以“计开十二元辰故事”为题，对其故事各有解说。如《杨妃单舞盘中曲》，说“此出唐明皇梦游月宫。杨妃在御花园单舞盘中曲，明皇持竹杖击梧桐按节拍”，正与之前“补空”所说的“唐明皇一人有庆”有关。又如《九天仙女》，“此出隋炀帝开汴河，纳赋行船。上户纳赋，中户开河无税，下户女子拉船。内选九个绝色，扮九天仙舞唱”，也与之前“补空”所见的“炀帝官家喜开怀，去看琼花遍地开”有关。可见，“十二个花名”皆有故事，属“花队”表演，由“妇人舞”，可用于“舞三盏”。宋元勾栏女乐“坐排场”，“这堂女仙”也“舞宫调一齐上来”，接着提示：

大鼓三煞，三回九转，小鼓三煞。未煞鼓（主礼）唱盏，后煞鼓。

所谓“三回九转”,宋代“转踏”歌舞,“十二个花名”皆可用于“三盏舞”。乐台“大鼓”、殿前“小鼓”皆见“三煞”,需相互配合,“未煞鼓(主礼)唱盏,后煞鼓”,与“补空”有关,类二盏所见,“彻盏打侑盏锣鼓”而舞。由于“补空”歌舞可选不同的队戏片段,故又记有如下前行念词:

云梦山中鬼谷仙,教学孙膑共庞涓。

兄弟刖了哥哥足,三卷天书永不传。

此“补空”实例,演“孙庞斗智”故事,正类宋代《孙武子教女兵》队戏(见《武林旧事》卷二)。或因清代禁止女乐,“补空”舞蹈早用男乐。接记:

(主礼唱礼)三盏已毕,少不得再撞再煞(杀)。

前行随之接念:

楚霸王生得怒发,身披了乌油铠甲。

九里山撞见张敖,拨回马再撞再煞(杀)。

补空节目变为《大会垓》队戏片段。

类此,前行或念成“再杀再撞”,前行则念如下四句:

汉张飞生得莽撞,忙把盔来戴上。

虎牢关撞见吕布,拨回马再杀再撞。

变成《虎牢关》队戏片段。届时选一即可,且类花队补空。接着提示:

大鼓三煞,三回九转,小鼓三煞。

由于可以只供三盏(见如卯筵),至此就可“遣队收场”。接记前行收场诗赞如下:

尧王圣明君,四海罢烟尘。

吾王多有道,上献舞乐神。

并提示:

妇人舞念:失遣连(拾遗怜),赠诗篇;要甚么,烟(胭)粉钱。

此收场时的“妇人舞念”,见如前引,实为“讨赏”而加。

由于午宴每供七盏(正赛“十二盏”),晚宴每供八盏,作为供盏通例的“放盏规矩”,总记如下:

唱盏,进四盏;果毕或曲破。

前衙七盏毕,舞唱或曲破。

晚衙盏加:三盏已毕,各无所管。

清唱几词：

唱二唱，声嘹亮，

双手推开象牙板，翻身（芳声）跳出水晶宫。

（按，以上四句属前行勾唱语。）

妇人清唱五盏，八盏后上饭，打拜鼓。供茶毕，送阴神。

意指，随着主礼"唱盏"（也称"喝盏"），"进四盏"，每盏头趟也仍供果，补空或用"曲破"歌舞。若供七盏结束，收场时或用"曲破"歌舞。之所以用"或"字，是因为"三盏已毕，各无所管"，可唱可舞，灵活自由，可以"清唱几词"，由"妇人清唱五盏"。"八盏"所记，如"供茶毕，送阴神"，为晚八盏结束时的要求，正如上党赛社后期所见。

作为"放盏规矩"的通例，其中又记：

三盏不放盏，念：

北山靠南崖，黄河水捞柴。

这回下去了，戏文又上来。

做队戏毕。

就是说，由于"三盏已毕，各无所管"，可用戏文，只是最后仍以队戏结束。而戏文为南戏，宋元早有，与上党赛社献戏相关。为见其实，再举《唐乐星图》本所记的两个实例。其一如下：

三场乐次

大清嘉庆二十三年岁次戊寅　　朔越　　之辰，今据山西潞安府屯留县　　里　　甲　　人氏，现在　　居住（处）奉神，执香社首人　　暨领十村人等，敢昭告于昊天金阙玉皇上帝尊神暨两班尊神位前。谨奉前衔，合当表祭。备到金银纸马礼乐奉神。今典到大散乐伶工人　　护国灵贶王尊神位前，享赛三朝。

诚惶诚恐，稽首百拜，上启诸神位前：乐奏宫商异韵，丝竹音声。先验日之与（于）辰，次验星之与（于）宿。绥调律吕，欢奏笙簧。须舞治世之音，呈献安阜之曲。聊为节次或然。灵明值宿之神当值，正傍（旁）测（侧）逆等[犯]，八音克谐，未敢陈明。

今开应用盏数于后

第一盏	寿南山歌曲子	补空	新花三台 散花三台 散水三台
第二盏	靠乐歌唱 道宫薄媚	补空	本调惊(倾)杯乐 念双乔
第三盏	王子[高]六么花十八 檀(五)花梁州 杨妃单舞盘中曲	补空	再撞再煞

第四盏,第五盏,六、七、八或十二盏　　补空

三盏已毕各无所管,俱事补空完。

右件前项,乐依古调,曲按宫商,奉神歌舞精严,供献箫韶韵美,衣甲新鲜,巾冠整顿,双歌队无(舞),勿得失错。殷勤音(者)降福,[怠]慢者招愆,丝毫失度,罪责非轻。各谨伺候。

神明照鉴,尚飨。

这个"三场乐次文",属三日供盏的简单"合记"。赛时,则需依日而列,具体写出每日乐次,既要张榜告白社众,又需念于神前,以便"神明照鉴"。与前"放盏规矩"比照,仍见"头盏吹、二盏唱、三盏舞","三盏已毕,各无所管"。由于神前至少需供三盏,其第三盏仍需以"舞"结束,故见此处所记为宋元队戏歌舞。

如《王子高六么花十八》,前记的"放盏规矩"中已记有《王子高带六么序》,南宋《武林旧事》记的"官本杂剧段数"早列有《王子高六么》〔五〕。与之相关,北宋末年朱彧《萍州可谈》说:"朝士王迥,美容姿,有才思,少年时不甚持重,间为狎邪辈所诬,播入乐府。今《六么》所歌奇俊王家郎者,乃迥也。元丰中,蔡持正举之可任监司,神宗忽云'此乃奇俊王家郎乎?'持正叩头谢罪。"〔六〕南宋赵彦卫《云麓漫钞》记:"王迥,字子高……旧有周琼姬事,胡徽之为作传,或用其传作《六么》,东坡复作《芙蓉城》诗,以实其事。"〔七〕说明《王子高六么》在宋神宗时已属队戏歌舞,已用《六么》大曲。南宋王灼《碧鸡漫志》言:"此曲内一叠,名花十八。前后十八拍,又四花拍,共二十二拍。乐家者流所谓花拍,盖非其正也。曲

节抑扬可喜，舞亦随之。”〔八〕显然，《王子高六么》宋代早有“六么花十八”一段，称《王子高六么花十八》，如清代上党赛社“衬队”所见。又如其记的《杨妃单舞盘中曲》，见如前引，为唐宋队戏歌舞。再如其记的《五花梁州》，《梁州》属唐宋大曲，宋代早有“五花”之说，指五种角色，且类金元“五花爨弄”，早可歌舞，可见《五花梁州》为宋元歌舞。如其“乐依古调，曲按宫商”云云，仍类“放盏规矩”所记，为宋代所见。由此一例，已见清代后期的上党赛社，仍遵从着由宋元而来的“规矩”。

《唐乐星图》所记的第二例如下：

第一盏	《老人星》 《万寿歌曲子》 《寿南山》	补空	《天净沙》 《金殿乐三台》 《万花□(乐)》
第二盏	靠乐歌唱	补空	本调《倾杯乐》 《五方慢词》《太清歌》侑盏 《莲花小桃红》
第三盏	温习 《万寿曲破》 大乐	补空	《再撞再杀(煞)》 《迓鼓令》
第四盏	《群送箫管》 出戏或是《八仙庆寿》 《潘葛思妻》	补空或是	《斩韩信》 《关公出许昌》 《四马投唐》
第五盏	《东方朔偷桃》 出戏或是《逼嫁王门》 《三元捷报》	补空或是	《鞭打平王》 《赶杨令》 《二气周瑜》
第六盏	《佛殿奇逢》 出戏或是《姑阻佳期》 《班超投笔》	补空或是	《秋胡过关》 《目连救母》 《小儿难夫子》

第七盏　合唱　　　补空　收队

因其也属三日供盏的“合记”形式，故其第一盏记有三支曲子，四、五、六盏各记三回出戏。与前例比照，见其“头盏吹、二盏唱、三盏舞”；从第四盏起，每用“出戏”，“三盏已毕，各无所管”；第七盏以“合唱”“收队”结束，如“放盏规矩”所言的“前衙（细乐）七盏毕，舞唱或曲破”，以“曲破”歌舞收场，类“花队”表演，以“妇人舞唱”结束，正见后期上党赛社“打曲破”收场的由来。

需要说明的是，这种三日赛社通用“七盏”，如前引，类辽宫宴乐，与民间赛社相关。后期上党赛社“午盏”只供七盏，上党赛社今存的《周乐星图》本，按“二十八宿值日”而记（古可按此纪日），每宿值日（即当日赛社）皆记“七盏”，其中仍有队戏、杂剧、院本、出戏，正由宋元而来，且由潞城贾村赛社传存，留着该村办赛曾用的痕迹（详后）。

值得注意的是，所举两例都见先吹、再唱、再舞，且如第二例，第一盏用了《寿南山》曲子，第二盏“靠乐歌唱”，第三盏“温习万寿曲破”而舞。就是说，同一“大曲”，也可用于“头盏吹、二盏唱、三盏舞”。与此相关，《中国戏曲曲艺词典》“大曲”条言，“唐宋大曲，是宫廷宴会上表演的大型乐舞”，“一般认为，全曲大致可分为三大段，第一段为序奏，无歌不舞……第二段以歌唱为主……第三段歌舞并作，以舞为主，节拍急促”；《东京梦华录·百官入内上寿》记的宋徽宗寿宴（前引），乐部起吹，接“乐以歌起”而唱，再“勾合大曲”而舞，正类大曲“三大段”而用，类上党赛社《寿南山》的用法。或因此，上党赛社如《寿南山》，又有《万寿歌》《老人星》，皆属道教音乐，正类宋徽宗时“百官上寿”所见，且类《三台》变为《新花三台》《散花三台》《新水三台》，也由寿曲变化而来。故见上党赛社“头盏吹、二盏唱、三盏舞”类宋徽宗的寿宴所见，头盏吹曲，二盏“靠乐歌唱”，三盏“曲破”而舞。后期上党赛社最少供三盏，类大曲“三大段”用法，且见“三盏已毕，各无所管”，可用“出戏”代替队戏，与戏剧发展有关。

这种发展与唐宋帝王的倡导有关。如前引，上党赛社的细乐、粗乐分属“前后两衙”，“前衙按文，丝竹管弦”，“后衙按武，蛮舞杖鼓”，类唐代宫廷的坐部、立部。其“蛮舞”，唐称胡舞，与高丽舞用的杖鼓有关，宋代早已变为单杖鼓，宋徽宗时改称太平鼓，仍类队戏，且见金代上党赛社“打太平鼓板”，类宋代所见，属宋金杂剧。上党赛社所演的杂剧，如元代民间“搬演词话”，说明宋元民间戏剧又有了发展变化。

从而，上党大赛仍依古规，含唐宋大曲歌舞、宋金杂剧、金元院本，随着元明戏剧发展，上党赛社早又可用出戏，清代一些赛会唱着上党梆子，变为唱戏三天的庙会。可以说，上党大赛的流变过程，正是民间赛社发展演变的一个缩影。

上党地区仍存有宋金以来的赛庙、乐台、碑石，有方志可考，有赛社用物、文字抄件，以及办赛老人、乐户后人可访。仅其遗存的文字抄件，既有主礼传抄的赛社藏本，如《周乐星图》《唐乐星图》《宋乐星图》等，都涉及赛社礼乐规制，又有乐户艺人传抄的前行赞词、剧本角单、工尺曲谱等，装订成册，仍含唐宋大曲、宋元小令，如《倾杯乐》《迎仙客》《一枝花》《山坡羊》之类曲牌至今仍可联套吹奏。

显然，有关资料正都有着重要而独特的研究价值。

【注释】

〔一〕见《新唐书·礼乐九》，中华书局，1975 年版，428—430 页。

〔二〕见王圻《续文献通考》卷一六〇“散乐杂剧”条，现代出版社，1986 年影印明万历刊本，9773—9774 页。

〔三〕见《宋史·乐志》，中华书局，1977 年版，3348 页。

〔四〕见《东京梦华录·外四种》，中华书局，1962 年版，53—55 页。

〔五〕见《东京梦华录·外四种》，版同前，508 页。

〔六〕见朱彧《萍州可谈》卷一，依《四库全书》(台湾版)，一〇三八册，282 页。

〔七〕见《云麓漫钞》卷一〇，中华书局，1998 年版，168 页。

〔八〕见王灼《碧鸡漫志》，《中国古典戏曲论著集成》第一册，中国戏剧出版社，1982 年版，133 页。

第二章　上党地区典型赛社考察

上党地区的民间赛社，民国初年仍见，遗存资料较丰，而且形态多样。今依考察所知，选择一些典型古庙的赛社予以介绍，以与之前所言比照。

第一节　平顺县东峪沟九天圣母庙赛社

平顺县属长治市偏远山区，县东与河北、河南两省相接，县西有座大山称“西岭”，岭西有条“东峪沟”，沿沟有大小 18 个村庄，并以较大的“东河村”总称。其村西土丘建有九天圣母庙，创于唐末五代，今存宋元明清历代重修碑 32 通（如图）。大殿木柱、斗拱为宋代风格，殿前的香亭石柱记属元代，香亭之东的梳妆楼、山门舞楼均属明清重修后的建构。该庙坐北朝南，南临沟壑，拾级而上可直达庙门。

此地古属潞城县，直至明嘉靖八年（1529），平定了当地一次农民起义，才割潞城、黎城、壶关三县交界地建立平顺县，故见该庙今存的宋碑碑额写“重修圣母之庙”，接题“潞州潞城县三池东圣母仙乡之碑”。该碑言，“此是大唐时未遇卫公投宵之所，得圣母重赐之宴，驾祥云□（游）太虚之天，兴雷雨涤中华之国”。所言“卫公”即唐代李靖，因封卫国公而称。其“未遇”事，见唐末李复言《续玄怪录》，言其未发达时在山中射猎，因投宿误入龙宫，曾为龙婆驾云兴雨。龙婆应该是该碑所言的“圣母”。与之相关，《旧唐书·李靖传》记，其父曾是隋朝赵郡太守，其地与潞城相接，加之卫国故地与潞城相邻，潞城一带早有传说，言李靖原属潞城人。当地早有其庙，今潞城神头岭村其庙遗址仍存宋、金两碑，言五代已封其为灵显王，宋代又加封为灵泽王，此地早又有了“圣母”之说。

宋碑立于宋徽宗建中靖国元年（1101）。该庙今存的元中统二年（1261）碑，言“九天圣母者，在天为玄妙玉女，在地为太一元君”，三者实一。

与此相关，按《宋史》《中国民间诸神》等书记载，宋真宗泰山封禅时，封有一位玉女神，既属“天仙”，正类“九天圣母”，又称“碧霞元君”，正类“太一元君”，三者实一。宋徽宗自称“教主道君”，亲制大晟礼乐，“与天下共之”。该庙宋碑说“图经具载，圣日照临”，为“遐崇圣道”，时已“创起舞楼”。其赛社礼乐应该类如徽宗“上寿仪”，清末民初赛社不绝，正如上党赛社存本所言：“享赛出自大宋，由赵上皇传留此事，至今不绝也。”

该庙现存的最晚碑刻，立于光绪元年（1875），今仍嵌于大殿西墙，碑题“重修舞楼赋”，可知清末仍在“重修舞楼”。该碑末尾“赋”言：“四景神车不计年，八村五社会流传。赛期例卜三春暮，宴酒先尝二月天。廿四马楼排列后，几重社鼓列当前。东下南北西轮转，崇奉丹霄太乙仙。”所谓“四景神车”，用于赛社“迎神”时，类似古代战车，独木单辕，车载彩绘神楼，每车由多头牛拉。与其相关，既如前引，宋徽宗诏令有“风马牛车”云云。该庙赛会俗称“四景车会”，民国仍然，正如该碑所言。

依今考察，直至1938年日寇入侵，当年八月该庙还抢办了一次赛社。参与办赛的常家村仍保存着“光绪十四年”办赛的“传账”。以下结合笔者调查，再加具体介绍。

依今考察，该庙后期赛社为多村轮办的“转赛”。当时，东河村为一社，下社、常家两村为一社，南社、鼎留两村为一社，北社村为一社，西社、河东两村为一社，“八村五社会流传”，“东下南北西轮转”，由各社轮流主办（若两村为一社，两者又可一替一年轮流主办)。主办社支应赛场,免出一车,其余四社照旧。迎神时,神车四辆,仍称"四景神车";其后排列24个神楼、24匹神马,"廿四马楼排列后"。其办赛日期,由主礼先生占卜择定。规矩是:从立春起,择第三个祭祀日办赛,一般在农历三、四月。所以大年一过,先请主礼先生择定日期。至二月,再请各村社首等齐赴大庙,吃酒分工,着手筹备,正所谓"赛期例卜三春暮,宴酒先尝二月天"。其后期办赛的主礼,由黄池村(属潞城)秦氏阴阳担任,清末民初由秦氏老六担任,人称"六先生"。之后,由秦来科、秦仙科继承,存有办赛传本,有人曾见,可惜今遗。其赛社日程,一般为六天。由于该赛有神车、神楼,第一天先要演示,故其"下请"之日又称"试箱"。第二天称"正箱",如一般赛社的"迎神",也有社火队伍,围观者最多,"四景神车"尤其引人瞩目。车用木架扎成五层高的楼阁亭台,饰以彩绸、锦带和花卉、彩球,最上端又插五尺高的雉尾,通高四丈有余,每车用四至六头牛拉。车中间只有一根粗木独辕,全凭缰绳驾驭。驾车之牛在各村挑选,属于"神差",由于可得神的庇佑,无人推辞。凡选中之牛,提前下帖告知,一月内不再干活,还要加料喂养,主人视为神降其福,闻之则喜,绝对照办。除例定的神车、神楼、神马,其迎神之日又有"探马"无数,由许愿人家自动牵来,主人骑在马上,主动为神探路,跑在队伍最前。还有一些人家为求孩子平安,特来向神"报食",多见小孩骑骡子,家长手执柳棍相随,甚至伴有打伞者,伞挂金银首饰,先到庙上烧香,再随队伍迎神,数十头骡子也成一道景观。迎神时,从庙外"圆神地"开始。早有赶会的、卖饭的、卖货的集于四周,甚至有河南、河北各地远道而来的香客,扶老携幼,熙熙攘攘。该日午时,五社八村的迎神队伍必须到齐,四景车朝北,24个抬楼朝南,伴随24匹神马排列两行,先举行圆神仪式,接着跑车游行,前有"探马"来往穿梭,后有迎神队伍依次而行,包括神楼、神车、神马、旗牌銮驾、鼓乐社火等。尤其"四景神车"经过时,众人助兴,牛跑人喊,车过人惊,欢声雷动,于是得名"跑车会",俗言"看了跑车会,死了不后悔"。该赛开支,后期按地亩捐款,可放贷取利,再捐再贷,循环备用。所用乐户,例由西社、北社、南社王姓乐户(原属一家)支应,一般不外请。不过,后期也请剧团,或庙外搭台,或在主办村戏台,皆为娱人。如今,该庙赛社已变成庙会,其四景神车、神楼,经北社村老人王家驹(1993年,时年76岁)仿制恢复,今也成了正月社火一景。

为见其实,再将遗存所见、笔者采访笔记选录如下。

选录一　宋代重修圣母之庙碑

（按，此碑今立于该庙殿前香亭西侧。螭首龟趺不计，碑高五尺六寸，宽二尺四寸，正书，其中“心”字见用篆体。其文如下。）

（碑题）

重修圣母之庙

潞州潞城县三池东圣母仙乡之碑〔一〕

唯大宋国大都督府潞州潞城县圣母仙乡之庙撰文人进士张孝先书文字人王净林

（碑文）

粤以天地盖载，神明照临，韫济于廓州媚景，潜通于沙界风光，有信而雷风迅烈，无私而云雨飞沈。出没向壶中天地〔二〕，威灵在物外仙乡，助玄风荡荡，护帝境明明。牡桑田后，毛吞巨海；现神通时，芥纳须弥〔三〕。鳌宫自在，鲸浪逍遥，权大道之枢机，占长生之真际。于上党郡潞州潞城县三池里东，老云号圣母之仙乡。有宫庭耸丽，存灵象幽奇。金凤台高闲于卫骑，海仙殿奥列于云兵，此是大唐时未遇卫公投宵之所〔四〕。得圣母重赐之宴，驾祥云□（游）太虚之天，兴雷雨涤中华之国。故有东溟严丽，洪涛下隐，华藏乾坤，彼土中现洞天淳柄。东枕于丘，朝马武圣景，控大赵之桑田，看太虚之日月〔五〕。西观盖井，葛仙公炼药之宫，广□（天）帝聚金之地〔六〕。南临没虎之境，此乃终南山灵公学业之洞，围棋客归，洞天岁远，烂柯仙抛，乡故年深〔七〕。北望灵台秀峪、白鹿仙山，有八山共荐于灵宫，泛二浪永敷于圣地〔八〕。韫化无穷，施恩旷劫，浸泽长兴于九城，风雷每荐于遐方。巍巍未测，荡荡难量，丹霄住九霞之宫，灵府隐八宝之殿。《语》云：“钻之太厚，仰之弥高。”于有民心求伟，风部添恩，立匪右赞重于圣母尊佑者心。于有圣母仙乡，众心跻跻，旅意彬彬，掌明珠于智海，藏美玉在玄山，便乃瑾会住下。乡党中一盖遵依，银贿尤以弥丰。命良工再修北殿，创起舞楼，并东廊绘饰和西位严华。盖门楼，耸碧束□（金），阶砌盘花，乃得琉璃翠雅、楹栱希奇，愿尊神降祐者也！阴阳只在于壶中，云雨长兴于境内，故有图经具载，圣日照临，千千年为宫商之院，万万春作锦乡之郊。圣母者，授天符震雨，朝玉帝奔雷。《黄帝书》云：“地气上腾为云，天气下降为雨，灵之必掌焉。”轩渠渺渺，浸蓬莱长寿之仙乡；天浪依依，涤蛟舍延龄之圣会。上游桂月，排□旃长拥旌幢；远看桑田，列角徽深层侍卫。神之富贵,洞天有秀浪城池,山色列玉京世界,击剑动险谷之龙地,抚琴送太虚之日月〔九〕。圣日与舜日齐明,海云共尧云等布。莲花香里,龙蛇展天子之书;绿水声中,鸳鸯启股肱之慕〔一〇〕。牧羊于桃林之野,归马于华山之阳。休兵四海,倒戟三边。圣宋岁次庚辰元符三年十二月十有五日立贞珉纪之矣〔一一〕。向无何乡赴会长新于桑田国,佳名永崇。物华冠韩甸之雄藩〔一二〕,人义控漳川之瑞景。时逢盛德,运偶清平,修神宫周备,乃庆赞俱圆。人间之千载,灵府之半香。握红霄造化,标大地升沉,化现在于一时,馨香美于千古。又为词曰:

海藏涛深,洞天构葺。耸碧危峨,凝金丽熠。

殿庑再严,绘画新立。威美长春,恩沾遐邑。

圣母于兹,卫公到彼。云起灵宫,雷惊天地。

电影盘空,葫倾甘味。大夏丰登,弥丰茂翠。

舜日重轮,尧云万叠。永助寰区,普令乐业。

清世文繁,皇风武接。四海俱清,千春罢猎。

双屐移云,六珠拂月。笑傲莲城,怡情宝阙。

瑶圃长登,蓬莱镇歇。电转云飞,鸾迎凤悦。

环翠烟山,中兴祠岛。丝竹无穷,香云佳妙。

遍构七珍,永铺八宝。今立贞珉,遐崇圣道。

建中靖国元年正月　日

县尉刘唐锡

主簿刘宗

和州防御推官知县事晁明之

(碑阴)

(额篆)重修圣母之庙

(碑文)

元符三年庚辰岁十一月癸巳朔二十三日辛卯刻字毕。修舞楼老人苗庆、刘吉、秦灵,行廊砖砌老人申钦、王璘、常定,庙子张定。潞州潞城县三池管东,终南山下陈家庄,众社重修圣母之庙,创起舞楼、行廊共五十间,砖砌,共使用钱五百贯,立碑铭。再:

修本殿乳廊维那张升、常定、秦一、王澄,买梁二条维那王准、刘霭、张升、王遇、张信。

饰白大殿老人申钦、常定、刘吉、苗亮，维那王璘、常定、张谨、马端。

修舞楼维那一十五人，秦一、王璘、申钦、常定、刘吉、苗庆，秦一施南屋地〔一三〕，王安、张文进、秦政、牛准、陈俊、秦文、王准、张贵、李安。

程莒施补檐砖。斫木人秦意。斫诸船（椽）化到树木……

崇宁二年五月初五日竖碑

老人　苗　庆　秦　一　张　资

三池老人……

瓦匠人　李　海

潞州木匠人　李　弁　三池陈谏　陈　福

潞州砖匠人　王　吉

石匠人　张　定　王　真　三池打石阶陈资

建中靖国元年岁次辛巳正月朔壬戌十五日丙子日

竖碑老人　王　璘　申　钦　常　定

庙子　张　定

选录二　清代重修舞楼赋碑

（按，此碑现嵌于该庙大殿西墙的外侧，属清代最后一块“重修”碑。该碑横长竖短，高一尺一寸，宽四尺五寸，正书，其文如下。）

（碑题）

重修舞楼赋

以同治四年重修舞楼为韵

（碑文）

太行之北，婴城之东〔一四〕，北邱顶上，东峪村中，元君庙古，霓羽楼崇，三楹矗立，两夹连通。溯厥经营，不知昉于何代；勤为修葺，端有赖于群公。前后十里之沟，十八庄有名无实；大小九社之首，三十三人意合心同。原夫东峪之有元君庙也，襟山带河，辨方正位，结构森严，规模完备。虽创始难稽，而碑铭可识。考王净林之书，读张孝先之记，拓基于宋元符之三，重造于元中统之二〔一五〕。而斯楼也，背水纡青，面松拥翠，屋角鸾骞，檐牙犀利。盖以清平叶调，步李太白之流风；歌咏传声，谱唐明皇之政治也。洎乎大明，厥有良吏，贤同知著其官衔，秦良弼标其姓字，劳苦不辞，嫌疑不避，恃一柱以擎天，散千金而铺地。父为创而子为因，述其事而继其志。墙皆易土而为砖，事悉勒铭而永志。助不须乎将伯，视之若难；筑不待于道谋，成也何易。即年湮代远，也不记其百千，而缺补残修，功已至于再四。逮我朝之世，爰有父老之贤，悯坍塌之势甚，发修筑之心虔，仍旧而情不容已，改作而工莫大焉。是以制缘外募，按亩均捐，兴工卜吉，焚香告天。无地下临，东西铺于亭上；重霄上接，星辰列于檐前。忆前番谢去迂倪，当乾隆癸巳之岁；抚今日招来匠石，正同治乙丑之年。其修之坚也如竹，其修之固也如松，其华美如翚飞鸟革，其细密如烟锁之封，其峻且高如山之叠叠，其明且亮如水之溶溶。可谓奠安盘石，可云造极登峰。纵历代补葺有人，不能比其一二，而吾曹高广是务，直不知其几重。于是携来童妇，约遍交游，夸刻桷雕梁之美，羡山节藻棁之幽。果然楼外有楼，拟西湖之妙舞；听到曲中度曲，俨齐右之清讴。三面玲珑，艳夺兰宫桂殿；七间缥缈，景□方丈瀛洲。山门外地剩半弓，只深尺许；夹楼中墙移两堵，约长丈□。当年古庙深山，曾宿卫公之驾；此日神工鬼斧，疑是鲁班之修。鸠工庀材，就班按部，其楼聿新，其制非古。移来天上琼宫，成就人间玉宇。镜花月水，即是而求；幻境奇观，当前可睹。匾悬“阳春白雪”，长唱阳春白雪之词；牌挂“广寒清虚”，恍游广寒清虚之府。缅梨园之子弟，尽态极妍；被优孟之衣冠，式歌且舞。逍遥庙口，瞻望楼头，奇形顿现，俗气全收。传之者称其壮丽，见之者讶其清幽。可以酬圣母之德，可以给百姓群黎之求。轮焉奂焉，庆流芳于万古；高矣美矣，垂不朽于千秋。妆成一座神宫，随在龙飞凤舞；绘出千般妙态，俨然海市蜃楼。

梳妆楼〔一六〕：

峭立梳妆百尺楼，重修已历几千秋。
层檐日射辉亭殿，绝顶云浮逼斗牛。
气接东山龙脉远，爽朝西极葛峰幽。
焚香得上凭栏眺，前后人家一望收。

四景车会〔一七〕：

四景神车不记年，八村五社会流传。
赛期例卜三春暮，宴酒先尝二月天。
廿四马楼排列后，几重社鼓列当前。
东下南北西轮转，崇奉丹霄太乙仙。

甲寅岁进士吏部即选儒学训导牛联奎敬题

潞安府学生员杨得溪书丹

王安和石　　王沧海□

大清光绪元年岁次乙亥四月四日

选录三　光绪十四年下社赛传账(摘记)

(按,该本发现于平顺县常家村曹新安家中,由曹祖彭老人复印,提供给笔者。经笔者再访曹新安证实,原本还有一些内容,因无关紧要,复印时皆省。今依曹祖彭提供的复印件整理如下。)

(按,第一页类如封面,从右至左照录如下)

光绪十四年下社赛传账

介宾常庭柱

常家村管事人耆宾张聚成

贡生常庭芝

张聚魁

常庭璠

账房管账人监生

常文峰

常经纲

(按,第二页绘“四景车图像”四个,第三页绘“神楼图像”一个,其图今略。从第三页开始,记有关文字如下)

一辆车用大牛二个、小牛二个,右左绳二条又绳二条,车后有大绳二条。

一、神车:轮高有五尺,地平板离底棚有六尺,下节有(又)高有五尺,上节高有丈四尺,管心高有一丈。车有(高)共有四丈,外有鸡尾五尺。

一、神楼:共一节,代(带)管心高有丈八,有(又)鸡尾五尺。下有四六桌一张,共有二丈六尺有余。四人抬一定(顶)。

(按,从第四页开始,记述办赛情况如下)

一、到现赛年正月初一日,社首[一八]各请各户,排执事。早以(按,指以前)每户是白酒五斤，今定白酒三斤。此钱不出在大社。

一、古年，曹一户，崔一户，牛一户，磨头东西两股是一户，麻地、崖底是一户，每一户社首一人。今牛户剩三家，崔户六七家，公议，崔牛合为一户。崔户应本村社首，牛户应下社社首〔一九〕。每排执事酒，崔姓二斤，牛姓一斤，出在大社〔二〇〕。

常户、曹户、张磨头户、麻地崔户，皆是两停（亭）两帏。牛户是止（只）两停（亭），莫（没）帏，两帏均在大社。本村赛有香局、烛局，下社赛有酒局、锞局，每一局两人，四大户排（派），崔牛不应局，倘以后崔牛丁发，再排，非永不排也。

一、到正月初五日，社首出帖，请村中五六正人〔二一〕，皆到庙内。公排管事二三人、管杂事二三人，安排停当，不得推诿。以后凡事，社首和管事人商议，勿得自主。此非不用社首管。但往年应社首者，往往任意胡为，在中起利、取利，赶到赛期凡事慌张不妥，虽有正人无可奈何。自今后，添此一行（项）。将请的村中人到庙内，许饮酒一斤，不备饭，各回家食。

一、主神，去年十二月送来写书、食酒、大赛日期〔二二〕。

一、到本村赛，正月先写赛上戏。若下社帖（贴）戏价，本村写两班戏；若两村不帖（贴）戏价，本村写一台戏，下社写一台戏〔二三〕。下社亦然。

一、到写书日期，本村赛在下社写书，下社赛在本村写书。

写书费用

春梅帖一百张，春梅书四道，秤酒一斤，海岱（带）一两，粉皮四两，木耳十文，金针一两，二尺白纸一刀，金面码一分，茶叶一两，伏酱四两，猪肉斤半，盐半斤，豆腐二斤半，白面十四斤，香油四两，炭三十斤，展布（按，即抹布）六寸，厨夫工钱四十文，社首三人带担水、借家具、做饭。二人打杂。若社首不会做饭，叫一个做，出工钱四十文。在那相（厢）写那相（厢）出。

写书格式在全柬前半面

谨占二月某日敬备菲酌〇〇〇

因〇〇〇

九天圣母春祈神赛事恭社首〇〇〇仝拜

请〇〇〇

〇〇〇

神车香老至日早降是幸

单帖亦然，但神楼、神马、乡德有异。将书写成，小心检点。

一、每社全书一道。每楼二帖、每马一帖，数清。乡德帖二张。将乡德、楼马帖装入书内，外用红表纸一张吊角封主（住），外写某村社、几楼、几马，用梆（棒）夹主（住），插入神前香炉。等到送书日，送四社书。每社去二人，两村（按，指办赛的常家、下社两村）各一人；那村赛，管事人往那村送（按，因在另村写），定带（顶戴）缨帽，穿袍挂靴，穿鞋有罚。送主神（按，即主礼）、厨夫、乐户、坡下（按，指类如乐户者，如搭棚的棚户）书，每行去二人，是两村社首各去一人，便衣便帽可也。

一、常家赛，往东峪、北社、鼎留，西社送书。

一、下社赛，往东峪、北社、南社（按，与鼎留为一社），河东（按，与西社村为一社）送书。

一、戏班帖，写戏人送之。

一、棚头帖，常家用潞城北街王，下社用南门外，赶食酒前三日送之，代取布当（挡）、香亭口用之〔二四〕。

一、写成书，两村将各村乡德、报食、执生、六局帖分开，各送各村。

一、送乡德帖，视村中有德行之人、压事之人送之〔二五〕。

一、报食帖，视有小儿、有牲口之家送之。若村中不成（曾）有，择有余之家送之。若要推诿，恐悔不及。

一、送执生帖，视大牲之户送之可也〔二六〕。

一、送书，往年旧规是两道饭。午前是猪肉面，午后是……〔二七〕

一、目今吃酒，较古来减一半。不止本社薄，四社皆薄。况下社赛老人传言：前一（已）年东峪赛，大遭荒旱，秋后米面价甚高，到下社赛期，春期米面更高，或是每斗米八百文，或七百文，永不下五百文，面每斤不下四五十文；余经三四遭，米面价亦甚高。及到光绪三年，冰雨打麦，秋小苗滋起，临秋更旱，籽粒不收，秋后每斗米一千文，面每斤六十文。到光绪四年春天，斗米一千五百文，斤面八十个（铜钱），人民死亡有半，两村商议不食酒，跑车赛期但（单）唱“乐意班”三天。到光绪五年，南社亦未赛，但唱“心成班”三天。到光绪六年，北社大赛会复起。今光绪十四年下社赛，年景甚好，斗米一百五十文，斤面十六文。此行（项）后人不可不知[二八]。

（按，以下所记，是下社和常村主办时其他四社支应的楼、车、马，及对方主办时对等支应的情况）

南社、鼎留[二九]：

楼四定（顶），车一辆，马五匹。

本社两村车一辆。下社楼二定（顶）。常家楼二定（顶）：常一定（顶），张一定（顶）。下社马三匹。常家马二匹：曹思成、社内。

本社赛，南社、鼎留车马楼来多[少]；南社、鼎留赛，本社车马楼去多[少]。

北社：

楼七定（顶），车一辆，马八匹。

本社两村车一辆。下社楼四定（顶）。常家楼三定（顶）：常、崔、张各一定（顶）。下社马四匹。常家马四匹：牛续先、张天禄、张进有、曹思成。

本社赛，北社车马楼来多[少]；北社赛，本社车马楼去多[少]。

东峪：

楼六定（顶），车一辆，马六匹。

本社两村车一辆。下社楼三定（顶）。常家楼三定（顶）：崔、常、张各一定（顶）。下社马三匹。常家马三匹：牛成云、曹思成、张师尧。

本社赛，东峪车楼马来多[少]；东峪赛，本社车楼马去多[少]。

西社、河东：

楼五定（顶），车一辆，马五匹。

本社两村车一辆。下社楼二定（顶）。常家楼三定（顶）：常、崔、张各一定（顶）。下社马二匹。常家马三匹：张存保、曹思成、社内人。

本社赛，西社、河东车楼马来多[少]；西社、河东赛，本社车楼马去多[少]。

（按，接记神厨制作，复印省，仅见其最后言，赛"前二日，煮猪头下随〔下水〕，杂〔炸〕鸡子，煮密祭子〔即油煮的插祭面花类〕，前一日插祭七间，斗花两个"，接记"祭图"[三〇]并配文字，其文如下）

先用木板，长七八尺，宽一尺三四寸，一尺多宽亦可；上用泥条一条，四尺五六寸长，宽七八寸；上用笛（荻）子四根一束，前用八束插在泥上，后用八束离前层二寸许，正对前层，亦插在泥条上，两边用“斗”两支（只），束草把，插纸花、祭叶，竖在斗内。

（绘有插成的图样，今略）此是吃酒七间祭，用笛（荻）子六十四棵。前面横用笛（荻）子二根，后面用笛（荻）子二根横使，共用七十五六根。笛（荻）子要正要细，粗大怕祭孔下不去。每层使白纸捻（纸捻如绳）系主（住）。

（绘有柱角图，今略）此名柱角，高七寸四五长，中孔如鸡子粗。八束笛（荻）子各先上柱角。

（绘有勾檐图，今略）此名勾檐，长八寸，平寸八分，勾五分。平面两边有孔，孔离孔中六寸，交插笛（荻）子，离近插不下，远亦插不下，在柱角上。

（绘有插飞板图，今略）此名插飞板，内高四寸，外斜，上平四寸五分，下平二寸六七分，内上有一小孔。将插飞夹在四笛（荻）中，使一细笛（荻）子贯在笛（荻）子中间，使不坠下。下斜三窄孔，交架小滴水，一孔架一层，在勾檐上。

（绘有小滴水图，今略）此名小滴水，中长五寸七分，两头有寻（榫）五六分。交挂在插飞上边，三层一样。

（绘有大滴水图，今略）此名大滴水，八寸长，平宽五寸，勾寸许。两孔交贯笛（荻）子，在小滴水上。

（绘有跑坡兽图，今略）此是跑坡兽，高三寸五分，平宽五寸多，内勾二三分，使勾前二笛（荻）子。中间或左或右皆可，做成龙形，挂在大滴水上。

（绘有装板图，今略）此名装板，高五寸，宽七寸五，在跑坡兽后当屋脊。

（绘有风铃图，今略）此名风铃，挂插飞上、兽上，多少随便。

此祭先上柱角，柱角上盖勾檐；勾檐上插插飞，插飞架三小滴水，上盖大滴水；大滴水上挂跑坡兽，中间夹装板；装板上盖勾檐，勾檐上上柱角；柱角上盖勾檐，勾檐上上柱角；柱角上盖勾檐，再上插飞、滴水、屋脊。如下一层一样。

（按，接记插祭完成后的事项）

一、黑夜尝酒，三荤二素。至今免去此行，大厨夫每人点心两个。天晚，神前排筵献席〔三一〕。社首排馓子、油果、金银饼、核桃、枣、春盛格〔三二〕，厨夫摆四盘八碗献席。四盘是烧肉二盘，山药、藕各一盘，八大碗是烧肉、白煮、卷尖、藕、酥肉、笋、海岱（带）、完（丸）子各一碗。点心一盘五个。八宝汤一碗，是蒸碗。大米五碗，亦是蒸碗，少许。快（筷）子一双。

主神验祭,厨夫摆席。

祭后供奉玉皇大帝、九天圣母牌位,底下有坐褥二个。祭前供器一副,帏桌三个,献席两桌[三三]。

(按,接着绘有献席两桌的图示,包括所献食品的形状及其摆放式样,今略。其旁又有说明文字如下)

献席二桌,用七寸盘十个、大细碗十六个,用木碟二十四个,用蒸碗十二个,春盛格二架,快(筷)子二双。

选录四　采访王家驹老人等笔记(摘录)

时间:1993 年 10 月 18 日

地点:平顺县文化馆、东峪沟庙、北社村

采访对象:曹祖彭、王家驹

概述:之前笔者已经采访过曹、王二位老人,因美国学者姜士彬(中文名)来访,又一同前往。当日早上从长治出发,驱车至平顺县城,与县文化局局长李银生接洽,先请来文博馆曹祖彭副馆长访谈。其属北社村人,幼时见过东峪沟赛事,“文革”后曾协助北社复制过办赛的“跑车”,东峪沟庙又属其管辖,故先请其介绍有关情况,再同去九天圣母庙实地考察。午后同至北社,再访王家驹老人。王老早年家贫,是个油漆匠,参与过东峪沟庙赛,中华人民共和国成立后历任村里领导,“文革”后有心恢复东峪沟庙赛,由其复制的“跑车”“神楼”仍存于该村禹王庙大殿,故与其座谈后又去参观了复制的实物,至晚返回长治。

曹祖彭谈(时年 60 岁):东峪沟大赛,由五大社轮流主办(具体内容略)。其赛社开支,由各社群众按地亩捐款,然后“放贷”,如此往复,以供所用。其办赛日期,不完全固定,从头年“打春”这天算起,将第三个祭祀日定为正赛日。其赛特点,有一种“四景车”(具体描述略),俗称“跑车”,又有一种“神楼”,不用牛拉,而用人抬。该赛在 1938 年八月办了最后一次,由于日寇入侵长治而中断。当时的办赛主礼是黄池村的秦来科、秦仙科兄弟,属祖传,家有传抄的办赛老底子。我见过,后来说是丢了。其办赛用的乐户是西社村的,也是祖传,也有传抄的老底子(笔者按,已经献出)。东峪沟九天圣母庙,按今存“宋碑”所说,即“太乙元君”,又称“玉女”,实为“玉皇女儿”。按当地传说,其神与潞城县贾村的“碧霞元君”相关(笔者按,贾村该庙称“碧霞宫”,庙额又题“九天圣母庙”,可见实为

同一神)，其像原用潞城南垂村同一棵大柳树雕成，故又说南垂村为其娘家。东峪沟庙赛，先要请南垂之神(娘家人)，回来路过南社村的玉皇庙，接上舅舅(玉皇)，抬着娘家、舅家之神，两轿并排而行，至东峪沟时要经过一个坡坎，路窄，两方还要礼让再三，也属该赛特有(笔者按，曹老谈的其他情况写有文字资料，见后)。

王家驹谈(时年76岁):东峪沟赛社，由五大社轮流主办。五大社分为"东、下、南、北、西"，即东峪沟、下社和常家村、南社和鼎留村、北社村、西社和河东村，所以称五社八村。五社都有四景车，主办社管赛戏，届时不出车，实际只出四辆神车。其赛也称赛会，办赛的阴阳称"主礼先生"。除了神车，还有神楼，两者形制一样，只是神楼较小，要用人抬，称"抬楼"，也由其余四社来出，共出24个抬楼。赛社头天(迎神)主要表演"跑车"，又有24个抬楼、24匹神马。其他"探马"无数，由许愿人家自愿牵来。马有马场，和神车都集中在圆神地，地名"东坊"(按，位于北社村东、神庙之西的坡上)，那里有半天会，有看红火的、卖饭的。当天，神楼先抬到庙的两侧，每边12个，每楼抬一位神，东边第一个为头楼，抬"九天圣母"，西边第一个为二楼，抬"玉皇"。都争当头楼，视为荣耀。楼内并无神像，只是用黄纸写个神牌。会时，将庙中神的走像(神轿)抬出，与抬楼一同送到东坊马场，放在四景车对面。车朝北，楼朝南。24匹神马，也是24位神的坐骑。行进时又有"探马"载着许愿者无数，礼帽大衫，往来报信，不停联络。另有"报食"者，为孩子平安许愿，先到庙上烧香，再到东坊圆神地，小孩骑着骡子，家长手执柳棍相随，还有牵骡、打伞人，一个报食者就随五六人，共有200多头骡子，伞上挂着金银首饰，俗称"银伞"，也是一景，也要到赛村(主办社)转上一圈，天黑卸车方回。这天还有"八音会"(业余吹打)二三十伙，伴着"抬杠"随行。"抬杠"又称"皇杠""晃杠"，由四人抬个彩饰的箱子，上面糊个"狮子驮宝瓶"，杠上绑一"寿"字，再将标有"圣旨"字样的黄绸卷绑于其上，称"圣旨幡"，其上再插黄罗小伞，伞顶插不同颜色的鸡毛掸子，四人抬着，不时晃动，类如在给皇上进贡。抬杠、抬楼除有八音会相随，各村又加多台锣鼓，大村每有四台锣鼓，小村小社也有两台。

(按，以下是王老回答问题)

关于办赛主礼:当年是黄池村人，姓秦，排行为六，称"六先生"。

关于四景车:要用六头牛拉，加上来回换，每车需十多头。赛前一个月，这些牛就不干活了，还要加料（麦麸之类）喂养，要养得壮壮的。四景车很独特，独木单辕，车上放置四景楼。楼用木头搭架，四面围布，画上景物，以绸围裹，四角还要吊上彩球，很是好看。

关于花祭：用面制作，插花，有面制的文官武将、青狮白象，插成一道屏风，高约 3 米，宽约 8 米，放在献殿。（王老随手绘图解说）上如楼阁，下有两个月亮门分列左右，直通大殿，以便供盏人员进出。

关于供盏：亭子端盘，帏子相随，其后又跟着社首，由细乐引领，从右月亮门进入大殿，烧香磕头毕，再从左月亮门出来。供盏食品从神厨端出，到院里开始供盏。供盏时乐台有戏，每天上午、下午、黑夜三开戏。

关于赛社日程：第一天称“试箱”，神车、抬楼等全部出来，演示检看，看看是否妥当。第二天“跑车”，也称“正箱”，正式迎神。第三天称“谢赛”（按，实为头场，因乐户谢台而称），第四天“正赛”，第五天“末赛”，最后一天“送神”。

关于供品：花祭前也有供，放下以后就不动了（属常供）。供盏食品送大殿，神前摆有小桌，按次序共有 24 个小桌。

关于响杖：木棍一端绑有一串小钱，摇动作响。

关于乐户：用的是西社、南社、北社行户，原都属于西社王家。

关于八仙：大戏（戏班）有“堆八仙”，又分“大八仙”“小八仙”。小八仙就是扮成八仙出来转一圈。大八仙人多，有手执云板的，每人手执两块云彩（板），摆成“一品大人”四字，中间加个“寿”字。八仙各有说词，记得念有“李拐先生得道高，钟离点石把扇摇，洞宾背剑青峰客，果老骑驴过赵桥，仙姑荷花水上漂，湘子花篮赛樱桃，国舅手拿鸳鸯板，采和摇旗品月箫”。

关于面具表演：跑车这一天在地上表演，面具是纸糊的。只记得扮有土地爷，是个小白脸。其他面具装扮说不清了。最后一次办赛，我虚岁十九，有病，未去。

（按，在王老家访谈后，同往该村禹王庙。该庙坐北向南，庙门之上建有戏台，正对着院内的献殿、大殿。院内戏台前，地上存有插旗杆的两块基石，插孔依旧。王老说，当年北社主办东峪沟庙赛，也要在此表演，记得赛前黑夜表演过《猿猴脱壳》。进入大殿，观看复制的跑车、抬楼，由王老讲解，姜士彬先生拍了照。）

选录五　采访有关老人笔记(摘录)

(按,1993年以来,笔者对平顺县九天圣母庙有过多次考察。1994年,又曾往东峪沟、北坡村、北社村采访过多位老人。今将这次访谈摘记如下。)

时间:1994年11月2日

地点:东峪沟、北坡村、北社村

采访对象:王启发、牛起家、陈进朝、王家驹

概述:当天笔者乘车再去考察东峪沟庙赛,寻访有关老人。时有王启发、牛起家两家,住在庙前土崖下,王家住在庙坡石阶西侧的土窑,牛家住在石阶东侧的土窑,同属庙后村人,从小见过该庙赛社。又有陈进朝,住在庙西北二三里的北坡村,曾参与该庙办赛。先后访毕,最后再去北社村见了王家驹老人,核对补充有关情况。

王启发老人谈(时年73岁):东峪沟庙赛,每年一次,前一年秋天就作了安排。来年,先请社首人等到主办村吃酒,上24碗大菜,不重样,酒尽喝,席间商妥办赛事项(老人说,父亲当年当过村长,召集过办赛人,自己年少,端过盘,仍记得24碗大菜规矩)。赛社日期由主礼先生提前推算。庙赛特点是"跑牛车",每赛四辆,主办社不出——任务重,其他四社各出一辆。拉车的牛要好,即使之前好牛被卖,也要花钱雇回来参赛。凡参赛牲口,"会上"每天给一斗料。参赛牛车、抬楼等,由主礼安排,有一定次序。主礼先生是黄池村人,家里有办赛底本(按,接着讲了该赛一些"神奇"故事,今略)。记得(我)15岁时,日本鬼子烧过庙,因为当时抗日,朱德总司令在庙里住过,鬼子点了几次火,也没烧着庙,火总往外扑,老百姓两担水就把火扑灭了。

牛起家老人补充(时年70岁,在王老家一块座谈)(该庙)办赛社火,有一定次序,阁楼(神轿)最前,后面是神车、抬楼、抬杠、应报伞(报食者)、小跷、八音会。赛事提前半个月准备。赛时,潞城南垂村还要来人,属圣母娘家人。传说,圣母姊妹九人(九天仙女),都是用南垂一棵柳树做的神像。会上开支,赛会挣的钱(捐资放贷)会上花,东西庙院挣的钱(烧香布施)老奶奶(二仙奶奶)花。

陈进朝谈(时年84岁):(部分重复内容,略)每赛,除有四车、抬楼、抬杠等,应报伞(还愿性质,骑骡打伞)更多,有百八十号。我当年办过车(神车),北社(王家驹)复制的大样差不多,只是小点、低点、略粗糙。当年香火队伍庞大,可

拉四里多长，前面到了圆神地，后面刚能出庙。赛时人很多，东边的河北武安、涉县，西边的长子、屯留、壶关等县，都有人来。每赛，除庙内演队戏，庙外东西两侧有两台大戏（梆子戏），戏台现搭，很讲究，“三出檐，四挑角，会堂暖阁带报厦”。殿前插祭用面食作，宽七八尺，高五六尺，要请潞城南洼的人做。圆神由主礼先生指挥，（排成队）来回绕，“珍珠倒卷帘”，一般人绕不出来。

王家驹：（前曾访问，又补充）当年赛社，主礼先生是潞城县黄池村人，后人有秦仙科、秦来科兄弟二人，也办过赛，虽二人去世，家有老底（存本），听说县文化馆曹祖彭见过。来科的孩子仍会阴阳。过去，北社、南社、西社都有乐户，都姓王，西社的后人至今仍会吹打。

选录六　采访乐户老人郭仁义笔记（摘录）

时间：1994 年 11 月 30 日

地点：平顺县苗庄镇郭家

采访对象：郭仁义（时年 81 岁）

采访者：李天生

概述：当日中午搭车，约下午两点至苗庄，寻访乐户老人郭仁义。由于苗庄郭家与西社王家同属平顺乐户，世代交往，又是姻亲，都曾参与东峪沟庙、潞城县城隍庙、壶关县南关等地赛事，故又寻访。至其家，适逢郭老正在院内晒太阳，谈了两小时左右，并为其拍照。

郭仁义谈（依录音整理）：（郭家）到我这一辈，弟兄三人，分别叫仁和、仁义、仁贵。每办事，常与西社王家、潞城微子镇朱家联合。我 15 岁时，参加过东峪沟赛。记得头天“跑车”，第二天“谢台”，从第三天起办三天。（这三天）从早上起，盥漱、跑太阳、供盏，凡有礼数（礼节）就有乐点（用乐）。跑太阳时，主礼喊礼，前行讲说，记得念有“刘伶问杜康，造酒有奇方，隔壁三家醉，开坛十里香”。讲一次，倒三杯酒。

三月跑车，二月请。办赛头一月，要将五社八村、乐户、剧团等有关人员（负责人）请到（吃酒）。吃过酒，就定死了。24 亭楼子、24

匹马，再有事也得来。

供盏时乐户分两班，台上管唱，台下管吹，是一回事。供两遍唱一回，供六遍唱三回。记得唱过《送带》《五明珠》《米粮川》。我当时小，跟着跑，没有直接参加。我老人（父亲）叫掌根，是全把式，府八县（长治地区）能数着。过去家里有底本，日本人来后失毁。

（按，以下为郭老回答提问）

供盏规矩：一般头遍是酒，二遍是菜，算一盏。由主礼领着细乐，后面跟着社首、亭子、帏子等。主礼先说“以神为前，拉四叩，鞠躬，礼，以打为前”，就来到大殿献供，献馔拜（四跪四叩）。前行开场时讲酒，（然后）三接三转（供三盏），转时有规矩。上午、下午都供盏，每盏供完唱，乐户唱的都叫队戏，用粗家伙（大锣大鼓）。黑夜庙外放烟火，（戏班）唱戏。

乐户演出：有《五明珠》《送带》，都是“唐戏”。黑夜说“院本”，先要送走“二仙奶奶”。潞城北庄、南庄办赛，赛戏也用过我家行头。

赛社吹奏乐曲：一天不重样，（举例哼唱并讲）有《青天歌》，可用于四叩四拜，奏完刚好拜完。跪拜时还要“打拜鼓”（老人取了一双筷子，在腿上敲击比画），跪拜时又有四个礼生，各人喊各人的，和主礼先生喊的一样。主礼先生先喊，礼生接喊。还有各种酒曲。

“打太平鼓”：是在神前，也是先打拜鼓，亮了簧（起吹引子）再接《劝倾杯》等。东峪沟赛会时打，其他不行（打得不好）。

“打迓鼓”：泽底家（晋城乐户）搞。

“跑太阳”“祭风”：也要打拜鼓。

“打篆香”：也要打拜鼓，前行先念：“清晨起来有三光，谢天谢地谢三光，一谢皇帝万万岁，二谢臣宰定五阳，烧茶赛果神前献，清晨先烧一炉香。”（按，欠准）念完打拜鼓。

前行讲酒诗：记得好几个。（按，老人接着具体念，今略）

赛场规矩：每天早上开场前，用红纸写出一天办赛安排，贴在大门口。

乐户吃饭：自己支灶，村上供应。

郭家办赛历史：至少十辈以上。原有老坟地，迁到新坟地也在五辈左右。1959年，参加（晋东南）地区会演一个月，然后去太原，仁贵还在省里获了奖（老人取出所得奖旗，接着拍照）。

选录七 再访乐户老人郭仁义笔记(摘录)

时间:1995 年 2 月 25 日

地点:平顺县苗庄镇郭家

采访对象:郭仁义(时年 82 岁)

采访者:李天生

概述:1994 年采访过郭仁义老人后,有些问题尚须再问,于是再访,简记如下。

郭仁义回答的主要内容:

当时乐户演出的行当:潞城微子镇朱扎根唱大花;西社王家老四(忘记名字)演三花;小旦也是西社家,名叫法云(实为王福云,小名粪蛋);郭掌根(仁义父亲)唱小生;南社金水(王天保父亲,是由西社迁来的乐户)唱胡子生。

演过的剧目:《米粮川》,写李世民收尉迟敬德。《五明珠》,写一匹宝马身有五颗明珠,送于李世民。《送带》,写潘仁美加害杨家,给杨家栽赃送了玉带,八千岁发现,没有得逞。院本有《土地堂》《老五更》《猜谜》。

东峪沟办赛规程:共五天。第一天为"试",各村自试跑车等,不集中。第二天圆神,集中在圆神地,中午 12 点左右开始表演,转悠两个多钟头。第三天头场,早上先"跑太阳"(太阳刚上来时),回来敬三盏,供盏完有演出,演完下午"祭风","祭风"完供晚盏(三盏),接黑夜演出。黑夜演院本。乐台演出结束,庙外大戏开始。以后两天也大致如此。每天中午供盏规矩大(盏次多)。每供盏,先将酒盏迎到神前,前行开念,毕,斟酒祭拜,然后又迎饭食(补空)。供盏乐户分两班,一班是细乐,负责迎盏;另一班为粗乐,包括演员,在乐台演出。黑夜演院本,不让妇女看,演一个多小时。演毕要送二仙奶奶。

面具表演:记得乐台演出总有《跳加官》,一个人戴着面具,手里拿着"天官赐福"封官。

下台表演:记得是秦琼和敬德,跑到神前"比登"(比画对打)。

见过的赛社:共三次,分别是东峪沟赛、潞城县城隍庙赛(四月十五)、潞城蝗王岗赛(六月六)。当时年幼,是随父亲去的,算是看热闹,顺便经见一下。三次见到的乐户,每次不过 20 多人。会吹会唱的为全把式,只会一种技术的差一等。每赛由科头牵头,集中乐户,组织办事。

选录八　曹祖彭提供的文稿(摘记)

(按,1993 年,曹祖彭提供东峪沟庙赛复印件的同时,还提供了其写的文稿,摘录如下。)

题名:东峪庙的传说和大赛会的变迁

署名:曹祖彭、曹新广

内容摘记:出平顺县城,顺公路往西走……其中一个较大的村,叫东河村。东河村西头有一突出的土丘,土丘之上有一座颇有名的古庙,当地人叫它"老奶奶庙",外地人叫它"东峪大庙"……

民间传说,东峪庙供奉的老奶奶极具神力……多少年来,到这里进香祈福的人络绎不绝……这里每年春季的庙会,名曰"大赛会"……

关于东峪庙会的来历,民间有许多传说。传说中有一个"鞋剑之争"的故事。

很早很早以前,九天圣母驾云巡游,见此地灵光四射,觉得是个立庙的好所在。于是,便按下云头,落在平地,仔细观察……忽见面前不远处插了一把宝剑。她急忙走上前去拔剑观看,此剑是真武神插下的,原来他早已发现了这块宝地,插剑为号,以示他已占下了。

圣母珍爱宝地……计上心来,伸手从怀中取出自己的一只绣花鞋,用剑将鞋底儿刺穿把鞋套在剑上,然后将剑插在原处,再用土将鞋覆盖。

几天以后,听说真武要破土动工了,圣母速速赶来,拦住真武说:"这是我占下的地方,你凭什么来这里建庙?"

真武辩解说:"这块地方本神早已占下,有我的宝剑为证。"说着,真武就要去拔剑,圣母一把拦住说道:"不行,光有你我在场,评不出输赢,要请中间人见证才是。"

于是,他们又招来四方土地作为证人……(真武)把剑拔了起来,然而一看,不禁大吃一惊:为啥我的宝剑之上套着一只绣花鞋呢?未等真武转过神来,圣母迅速将另一只绣花鞋放在他的面前,轻蔑地说:"看清了吧?分明是我先埋下绣花鞋,占了这块地方,你随后才把剑插在了我的绣花鞋上,有证人们在场,你还有什么话说?"四方土地哈哈大笑,真武神直羞得无地自容,一甩袍袖,奔老顶山(按,此山位于平顺西端)去了。

传说这个圣母庙原来并不在东河村,而是在距东河村10华里的北社村外叫作“东上”(按,即东坊)的地方。因此,又有一个当地家喻户晓的“奶奶庙”搬迁的故事。说是一天夜里,东峪沟十八庄所有喂养大牲口的户主,鼓打三更时都做了同样一个梦,梦见有一老妇人要借牲口一用。到第二日早上,他们发现自己的牲口立在槽后,气喘吁吁,浑身是汗,不吃一口草料,左邻右舍一打听,方知家家户户都如此。这时,有人从村外跑来说:“东河村西头的土丘上突然长出一座好端端的庙宇来,样式和东上的奶奶庙一模一样。”大家闻讯去看,果然不假。有人便跑到东上去看究竟,回来说:“东上的奶奶庙果然不见了。”从此,这样一个“奶奶庙一夜之间换了一个地址”的故事就传开了……(按,其他神庙也有类似故事。如壶关县供奉二仙奶奶的真泽宫从沟南搬到沟北,长子县张庄的灵贶王庙搬到附近的龙泉山,笔者都曾听到类似的传说)

当然,这些神乎其神的传说是根本无法考证的……

……不过,大赛会是确实有过的。此会中止于1938年日寇侵华时九路围攻上党,并占领长治之后。最后几年举会的情况,现在60岁以上的老人中有不少人是亲身经历过的……

不知道兴盛了多少年的大赛会,现在已经成为历史的陈迹,留下的只是人们辗转相传的故事了。但是,东峪沟人并没有沉寂……一个新型的“庙会”——物资交流会,走进了东峪沟人民的新生活……(按,最后未写时间,1993年3月提供给笔者)

【注释】

〔一〕“三池”为古村名,今有黄池村距庙不远,仍属潞城。直至民国时,黄池村的阴阳秦氏仍任此庙办赛主礼。

〔二〕此庙往西30余里接壶关县,古有壶口关,故言此庙处在“壶中”。

〔三〕“毛吞巨海”“芥纳须弥”出自佛说。意指天地神灵造化万物,形可变化,神则相通,小可见大,细可知巨。

〔四〕“卫公”指初唐李靖,因封卫国公而称。依唐李复言《续玄怪录》记,李靖“未遇”时打猎山中,误宿龙宫,曾助龙婆行令降雨。此处则依当地传说,言李靖原籍潞城,将其误宿龙宫事附会于九天圣母,故称此庙为“卫公投宵之所”,即“圣母仙乡”。

〔五〕“东枕于丘”,指平顺县东南的陵川县,因其县东有马武寨遗址,古为一景,故有“马武圣景”一说。又因其地古属赵国,故又有“控大赵之桑田”一语。

〔六〕该庙之西有葛井山，当地俗音读“葛”为“盖”，俗称“盖井山”。传说葛洪曾在此炼丹，故称“聚金之地”。今山上仍存葛井寒泉。

〔七〕此句所言皆见于该庙南临的陵川县。其县东有个棋子山，也称箕子山、谋棋岭，传说商周时的箕子隐居于此，占卜天文而创围棋。山存古洞，洞中仍有棋盘痕迹，山石多天然棋子，今已被定为围棋发源地。“烂柯”典故早在当地流传。此碑碑阴记有“潞城县三池管东，终南山下陈家庄”云云，说明这座“终南山”便在当地，“终南山灵公”正指李靖，潞城早建其庙，五代已封灵显王，宋代又封灵泽王。且陵川棋子山下有个潞城乡，今称潞城镇，传说是其射猎时的“没虎之境”。因此，参照该碑记，“终南山下陈家庄”可能早就参与该庙重修。

〔八〕平顺北接潞城，崇山峻岭，有潞河、漳河流过，正合“泛二浪”之说。

〔九〕“击剑动险谷之龙地”一语，亦出自传说。当地俗传，真武大帝欲占此地为庙，插剑于此。九天圣母后至，将其剑拔起，插以绣鞋，复埋土中。两人争论先后，拔剑而视，剑插在绣鞋上，真武认输，于是立圣母庙。

〔一〇〕“天子之书”，言皇帝敕封事；“股肱之慕”，言大臣敬拜。与此相关，唐武则天曾追尊圣母为“先天太后”，宋真宗时又加封为“元天大圣后”，并于天禧元年（1017）三月在兖州太极观行册封礼（详《三教源流搜神大全》）。

〔一一〕该碑记有不同年号。元符三年（1100），宋哲宗亡，再年宋徽宗继位，改元建中靖国元年（1101）。

〔一二〕“甸”，指郊外。因上党（潞州）战国时属韩，故言“韩甸”。

〔一三〕以上“修舞楼维那”所记的“十五人”，其中的“秦一施南屋地”属说明，言此庙重修与其献地有关，故其名重复。

〔一四〕“婴城”即潞城，古属潞子婴儿之国，故称。

〔一五〕“王净林之书”指今存的宋碑，“张孝先之记”指今存的元碑，都言及该庙舞楼，说其“拓基于宋元符之三，重造于元中统之二”。以下“洎乎大明”“逮我朝”所言，亦皆依据该庙“碑铭可识”者，其碑仍存。

〔一六〕梳妆楼今存，立于大殿之西。

〔一七〕四景车会，即该庙赛会，因“四景神车”而名，民国时仍有。

〔一八〕此处所言的“社首”，依下记，应由村内同姓聚居者推选，实类族长，属于“小社首”。

〔一九〕此句言指崔牛两姓轮任小社首。若本村承办赛社，由“崔户”担任；若轮到下社村承办，则由“牛户”担任。

〔二〇〕依前记，“今牛户剩三家，崔户六七家，公议，崔牛合为一户”。显然，该村崔牛两姓时已很穷，故其执事酒“出在大社”，实由社中开支。

〔二一〕所谓“正人”，既属办事公正者，又属“证人”，实指德高望重者，即所谓“正人君子”。

〔二二〕“主神”即赛社的主礼先生，故见“写书、食酒、大赛日期”均由其提前择定。

〔二三〕此句是言如何写戏。因下社村和常家村合为一个大社，共写两台戏，故见下社出钱（贴戏价），常家村就写两台戏；否则两村各写一台，各出各价。轮下社村承办时亦然。

〔二四〕“棚头”，为棚户负责人。棚户，是以搭棚支帐为业的家户，类如乐户，同属“坡下”类。“布挡”，指帐幔类，故见“香亭口用之”。由于东峪沟九天圣母庙每年办赛，各村社都有惯用的棚户，故见常家村例用潞城县城北街的王姓棚户，下社村则用潞城县南门外的棚户。

〔二五〕因赛社中有“香老”，需选德高望重者，故“送乡德帖”。

〔二六〕“执生”，指神前执壶斟酒司茶者，比普通的执役（如抬桌、打伞之类）尊贵荣耀，故选用“大牲之户”，由其充任。

〔二七〕此处省略者，记在下页，复印时已省，盖因其所记皆属所食的具体内容，颇为细碎，故省。

〔二八〕由此项所记，可知“目今吃酒，较古来减一半”的原因，又知“老人传言”，记有“后人不可不知”的诸多信息。如其所言的“乐意班”“心成班”，皆属当地梆子剧团，由其唱戏三天，见当地赛社正向庙会演变。

〔二九〕“南社、鼎留”两村，属一大社。之下所记，正与下社、常家“本社两村”相关。记有“本社两村”主办时，南社、鼎留支应车、马、楼的数量；南社、鼎留主办时，“本社两村”该去的楼、车、马，并写明分派情况。由于该本属于“常家村传账”，对本村分派情况记述更详，并已落实到户（个别难以落实到户者，见由常家村社内届时再定）。之所以如此作记，盖因各大社对等支应，对方“车马楼来多少，本社车马楼去多少”。以下北社等村主办时，亦见类此而记，不再重复出注。

〔三〇〕所谓“祭图”，指“插祭”图式，含构件要求、制作过程的具体解说。其下原绘两图：一为结构框架图，一为插起后的形状（今皆略）。“插祭”也称“面祭”“花祭”，因用面片制成图案、油炸后结扎而成，故称。各赛图形不尽一致，大致皆如楼阁状，分层插以花鸟人物（纸扎），从而成为赛社一景。据王家驹老人回忆，东峪沟赛的“插祭”，祭顶两端对称塑有青狮、白象，中间如天安门城楼，挂灯笼数个；最下端两侧开有圆形门，称“月亮门”，供盏时亭子可由此门出入大殿。王老曾亲绘其图示于笔者，月亮门两侧各有面塑的文官武将，层层有纸扎人物插于面花之间，见其所绘与潞城等县赛社的插祭相类。

〔三一〕“黑夜尝酒”，原为庆贺插祭工作完成。虽然“今免”，与“大厨夫”有关，仍见“每人点心两个”，盖因当晚“神前排筵献席”（即祭棚中摆的“常供”）仍要用到“厨夫”（详下）。届时，神殿前搭一祭棚，以便摆放“花祭”，其前再置神桌，桌摆“常供”，正如下记。

〔三二〕所谓“春盛格”，属一种木制方盘，盘分四格，每格可盛不同食品，因其用于该赛春季供食，故称“春盛格”。届时，每桌中间放此方盘一个，内放“油豆”之类的小菜，周围再放四碟八碗等，总称“满汉全席”。

〔三三〕此段所言的“祭”正指“花祭”，“献席两桌”正指祭前摆的常供。

第二节　潞城县城隍庙赛社

潞城位于长治市东北，是个有山有水的农业大县。县城西街原来有座城隍庙，每年农历四月十五举行赛社，属官办大赛。如今庙地公占，面目全非。该庙赛社直至抗日战争爆发才中断，仍有老人可访。1996 年前后，笔者曾先后走访过当年办赛的厨师高仁贵（1996 年，时年 82 岁）、住庙的道士吴德本（1997 年，时年 82 岁）等。今依考察所知，先说相关概况。

潞城、平顺两地，历史联系较深。平顺县是明嘉靖八年（1529）以后才成立的新县，地域多由潞城划得（包括平顺县城），清代又一度并属潞城。因此，潞城县的城隍庙长期置有两尊城隍神像，一属潞城，一属平顺，同享祭祀。平顺县西社村的王家乐户原属潞城，照例支应潞城赛社，也曾在潞城东关设有“官房”。

潞城乐户旧有八家科头，分居八村，分别是微子镇、翟店、杨家庄、古驿、羌城、坟上、东邑，以及平顺县西社。每村有一科头，八家科头轮流住在县城“官房”，随时支应官差，城隍庙赛社即属官差之一。八家乐户中，后期唯有微子镇朱家、西社村王家繁盛。尤其西社王家乐户，不但人多，见有迁居潞城者，且因后期仍有办赛的衣箱行头，即使其他七家办赛每也请其帮忙，故见其每年也仍参加城隍庙大赛。

该赛的主礼先生，清末由阖社（音“疙社”）村王姓阴阳担任，叫王平方，人称“老平方”。后由其侄王圪计接办，该县城关的郭姓、李姓阴阳也曾介入。

直至民国，该赛仍为官办，所需费用称“投粮”，每年征粮时附加在所属 24 里（里甲）加征，官府衙役也仍参与迎神活动，负责维持秩序，官府赏每人二三十个麻钱。

其赛例行六天：四月十二下请，十三迎神，接着赛社三日，十七送神结束。以下详细介绍其赛特点。

十三日迎神，因其神场设在东关泰山庙，俗称“接泰山”。上午由城隍庙出发,除有玉皇大驾、标枪队马、音乐鼓吹,另有两个城隍神驾。届时,泰山庙由乐户装扮成真武大帝、龟蛇二将、桃花女仙、上大夫、下大夫、二十八宿等,实为队戏《真武降十帅》装扮,游行回庙后要在殿前表演。下午六时许,往庙外祭风。黑夜八时许,先由乐户“吹棚”。“棚”在县城四街搭设(每街相当一社),每街一棚,四棚分设庙内两廊。每棚约三间大,内摆三张方桌、六把座椅,陈设各种古器、古玩、古画。四棚轮吹,十三日黑夜东街首吹,每夜一棚,俗称“吹炬棚”。“吹棚”之后,乐台开演队戏。

十四日属赛社头场。清早先盥漱,然后出庙祭太阳(跑太阳)。接着“卯筵三盏”,也见“调监斋”,但其卯宴供“金粥寿面”,并以“打太平鼓”结束。中午供七盏,前三盏进馔,每献汤果;后四盏进食,每为四大盘、四大碗;供盏也衬队戏,见其《斩华雄》又可下台表演(详后)。下午乐台写有戏牌,乐户照此开演,庙外同时演有大戏(梆子戏)。晚六时许,出庙祭风。八时许,南街吹第二棚,接着乐台开演队戏。队戏毕,或见乐户、亭帏一行又去关帝庙,由主礼和前行“对山水”(祝山讲水),异于一般赛社(一般在“正赛”一天)。究其因,或与其正赛日已无“迎寿”有关。

十五日属正场(正赛),礼规与头场基本相同。早上盥漱、跑太阳、金粥寿面、打太平鼓;中午供七盏,衬三场队戏;下午乐台挂牌开队戏;晚上祭风,吹第三棚,开队戏。稍不同的是,中午供盏有“堆八仙”(类如“八仙庆寿”,却在乐台表演),晚上乐台必演院本。据高仁贵老人回忆,有个院本由三人表演,穿戴如剧团的“软行头”(非靠甲),其中二人戴毡帽,“破脸”,一个左眼抹黑,一个右眼抹黑,中间一人坐在桌后,不“破脸”。据吴德本老人回忆,记得演过两个院本,名《老王借担杖》《张三棒推车》,前者正类高仁贵所讲,疑由金元院本《三人齐》而来。两个院本都含“荤谜素猜”,说有荤话,俗称“煞宴盘”,或因用于神宴煞尾而称,或是“耍院本”的音误。

十六日末场,礼规也类头场。午盏演有《疯僧扫秦》,疯僧手拿拂尘,直将秦桧追至台下,主要是动作表演,没什么说词,类如元杂剧《东窗事犯》中的“地藏王队子”,仍称队戏。

表演行头:乐户穿的戏衣前短后长,前短似褂,加有两片遮腿;后长如袍,背绣竖龙一条,俗称“龙褂”。腰系一带,缀有铜泡,木扣扎结,俗称“疙瘩带”,表演时不系后边一片,似为动作方便。戴的面具,纸糊彩绘,俗称“鬼脸”。

《斩华雄》表演：关公装扮类其塑像，红脸、绿袍、手持大刀，将华雄从乐台赶下，先在大殿前对打几下，再追到账房、厨房转一圈，厨房要赏一块肉，账房要给“饷钱”，并向关公刀上“挂红”（红布条）。最后转到乐台，将华雄斩了收场。

《调监斋》：据高仁贵回忆，城隍庙西南角原有监斋殿，供着监斋神，为厨师敬奉的祖神，每年八月初三厨师们都来祭祀。城隍庙大赛时，头场（十四日）早上必演《监斋》队戏，扮监斋者也要下台表演。先到厨房祭祀监斋神，厨房供桌上摆有馓子（油炸食品），并有一刀肉。祭毕，扮监斋者戴上“三头六臂”的面具，上台舞跳结束。演罢，肉归扮监斋者，馓子归厨师。

办赛人的伙食：乐户另外支灶。其他参赛人员例由厨师支应，每日早上是小米稠饭，配以干黄菜（秋天腌的芥菜，春天晒干，用时水煮，拌以豆腐、小葱、菠菜制成）；中午和子饭（由米汤、面条、菜类煮成，加上调和，赛社时汤里放有豆腐条、菠菜），每人再发两个卷子（馒头）；下午三点许又一顿，每人一碗粉菜肉臊子（煮粉条浇肉）、五个小馒头；黑夜又有夜饭，每人也是两个卷子配和子饭。和子饭随便喝，卷子定量。每年基本一样，死规程不变。

办赛厨师：其城隍庙大赛，例用两家有名厨师，一是北街高家，再是南街任家。两家一递一年，轮流主厨，参与插祭，也类乐户属于官差。谁家主厨，办完赛可得一大份祭神用过的食品。高家传至高仁贵时，他不到20岁已成插祭把式。

为见该赛之实，以下选录有关文字。

选录一　西社乐户遗存的赛社盏单

（按，所谓“盏单”，因赛社供盏而称，写在一张纸上，开列着每天用乐规定。此类盏单，平顺县西社村王家乐户遗存多张，有的前写“盏单”二字，均无抄立时间。此盏单无题，却留着潞城县城隍庙早期赛社的痕迹，原文如下。）

迎神接会。细乐四名，前行一名，神厂（场）酒三杯，表一张。马前乐四名，血赛（十帅）十名，迎神到东上，三盏酒。到元（圆）神地，下马三盏。进庙，安神酒三盏，又下马三盏，对（队）戏一回。晚送二仙〔一〕。

头厂（场）。起早，光素（盥漱）、打篆香、抱（跑）太阳、讲小连〔二〕。早三盏，太平鼓一个。祭风，酒三杯，表一张，打算（散）酒。午前七盏，对（队）戏三回，打出卜（曲破）一个。后八盏以北（毕），元本（院本）一个。送二仙。

正赛。早光素（盥漱）。接寿，八仙八个，老寿星，前行一个，开八仙，出卜

（曲破）一个；说路（潞）吏，进庙〔三〕。前行助（祝）南山三偏（篇），篆寿〔四〕，进表三道。以北（毕）放生。工金助（供金粥）寿面〔五〕。咽候掇甲（猿猴脱壳）。送寿以北（毕），抱（跑）太阳、讲小连。工（供）早三盏。祭风，表一张，打算（散）酒。午前七盏，对（队）戏三回。午后八盏，打出卜（曲破）一个。以北（毕），元本（院本）一个。送二仙。

木（末）赛。光素（盥漱）、打篆香、抱（跑）太阳、讲小连。工（供）早三盏，太平鼓一个。祭风，酒三杯。前七盏，对（队）戏三回。后八盏，元（院）本一个。送二仙。

送神。早光素（盥漱），□□□早三盏。打采（彩）以北（毕），□□□〔六〕。

选录二　采访李过卖老人笔记（摘录）

（按，李过卖老人家住潞城北庄，与县城南关相接。据其讲，曾随其五爷办赛，写过书表，他后来单独办过羌城村小赛，也办红白喜事。笔者曾三次采访李过卖老人，此为一次笔录。）

时间：1995 年 6 月 11 日

地点：潞城北庄李过卖家

采访对象：李过卖老人

采访者：李天生、卫崇文

概述：卫崇文之前已访过李过卖老人，当日直奔其家。时逢李老正在家门口看护小孙孙，遂一同回家访谈。谈话中，李老为证其言不虚，先是拿出自己手抄的办赛资料（后同意献出），接着又端出一个放位牌的“神楼”，最后还取出一包木板印刷的阴阳用书（十多本，皆残破虫蚀）。边说边看，相谈散乱，仅将有关内容整理如下。

李过卖所谈内容（时年 80 岁）：

一、李家执业阴阳的历史：李老讲，其家执业阴阳，属祖传。清道光十七年（1837），其老爷爷曾在西安考中阴阳官，生有七子。其五爷名叫李恩魁，后来搬到县城南关，主持过城隍庙赛，有儿兰芳、玉芳（皆故）也曾参与办赛。其爷爷排行老三，名李文魁，也执阴阳业。至其稍长，因念过小学，读过“四书”，毛笔字写得不错，曾随其五爷办赛，写过书表，后来单独办过羌城村的小赛（现存文字抄本），也办过红白喜事（也有文字底本）。

二、关于潞城县城隍庙赛社：李老讲，城隍庙每年四月十五大赛。十三接神，要去城东瓦窑头接“东岳泰山黄飞虎”，俗称“接泰山”。半前晌去，接回后供三盏。晚夕（下午）供七盏，黑夜吹棚。十四日头场，演有队戏。三天演的队戏，记得有《小清河洗马招公主》《斩华雄》《过五关》《大会垓》，院本记得有《三眼齐》（按，应为《三人齐》音误），故驿村王起运（由平顺县西社村迁来的乐户）记得内容，又有《猜谜》《土地堂》。乐户有八家科头，记得有（平顺）西社，（潞城）阖社、故驿、坟上、羌城、微子镇等家。每赛，八家科头都要支应，赔钱干也得来，自己没人，花钱雇人也得来，不然就没有资格占有“坡路”（办事挣钱的村庄）。

三、回答具体问题

关于“打篆香”：乐户执家伙（乐器），站在庙院一旁奏乐，亭帏人等在院内转，依家伙奏乐转圈。

关于“哈哈戏”：唱时无字，（乐器）打一回，“哈哈依呀”地唱一次，共三次，算三回小戏。

关于“跳加官”：由一人穿戴丞相衣帽，类如前行装扮，手拿笏板舞跳，最后展开“天官赐福”四字。

关于“对山水”：正赛一天黑夜，由主礼和前行念，一递一句，主礼念上句，前行念下句。（按，其说的“句”，实应指“段”）

关于“跑太阳”：（届时）摆好供桌，开始先供盏三次，接着主礼也要念祭文。

关于祭文书表：主礼念的祭文，事前要写在黄表纸上，念时跪在神前，读毕，将祭文焚化。另有一种榜文，写好后张贴。

有关赛庙：北庄村有个玉皇庙，每年八月十五办（属小赛），也有全副銮驾。崇道村旁（即贾村南边）有个蝗王庙，每年三月十八转赛，平年由崇道、贾村、南舍、北舍、西天贡、羌城、翟店七村轮办，若遇闰月之年则加北庄，为八村。每年六月十八，各村还要轮着接蝗王爷。蝗王庙建在贾村岗上，有“刘金拐驾”一说。传说唐王当年游到山西，驾前有个刘金，说潞城有“铜崇道、铁贾村，珍珠玛瑙翟店村，糠打一座城（实指羌城村），五里厚（实指五里后村）”，骗得唐王驾至潞城，行到贾村南岗一惊，掉过魂，于是就在此建了唐王庙。（按，“拐驾”一说也见于陵川等县。实与明武宗到过山西有关,详后。)

选录三　采访高仁贵老人笔记(摘录)

时间:1996 年 2 月 8 日

地点:潞城北街高仁贵家

采访对象:高仁贵(时年 82 岁)

采访者:李天生

概述:当日早上搭车去潞城,先到北庄找见李过卖老人,其说距北庄二三里的西南山(村),有个厨师叫田狗子,可能会插祭。于是步行至田家,其不在家。其子讲,城关西街有个任碗根(兄名任碗枝)也是厨师。于是又去城关找见任碗根,才知北街有个高仁贵,正是当年插祭高手。于是又去北街,高老恰在家,立即进行访谈。由高老处又知北街有个李坤亨,原是该县中学校长(已退休),又与高老同去其家采访,直至下午五时寻访才结束。高仁贵老人从小随父学厨,不到 20 岁已技艺出众,办赛插祭又快又好。抗战时从军,后随傅作义队伍起义,参加革命工作,经过多年磨炼,能文会诗,1982 年离休回家,后进入县政协,与同仁创有诗社。1996 年受访时精神尚好,听说笔者准备在潞城贾村组织"仿古大赛",愿为插祭再试身手,并答应写成文字。此次仅作访谈,依录音整理如下。

高仁贵谈(时年 82 岁):潞城(城关)赛,全县办,费用在 24 里(里甲)征粮时就带回来了。四月十二下午"下请"。十三"接泰山",抬两个城隍(潞城、平顺),从庙里起身,全部音乐,半朝銮驾,标枪队马,上午 11 点左右到东关泰山庙接神。乐户在泰山庙装扮成真武大帝、龟蛇二将、仙宫桃花(女)、上下大夫、二十八宿,戴着"鬼脸"(面具),实际是一回队戏。迎回来,城隍登殿,队戏要在殿前表演一下。下午祭风,黑夜吹棚。四个棚,棚内摆有古玩、古器、古画。每棚三间大,摆三张方桌、六把椅子,绑有桌裙、椅垫。四个街轮着吹,十三黑夜东街先吹。

十四日(头场),清早盥洗,接供"珍珠寿面"。盥洗在寝宫门前,端有脸盆、毛巾。献罢"珍珠寿面",乐户"打太平鼓"。中午 11 点,供七盏,前三后四。前三盏,盏食为汤果,每盏一衬,乐台上要衬戏;后四盏上菜,每盏供两盘(两趟),四大盘、四大碗。午后结束。下午,主礼点戏,每年死规程。到时主礼把戏牌写出来,掂到乐台上,乐户按此开戏。庙外还有大戏。黑夜,也是先吹棚,十四轮南街吹。吹棚后,主礼又给乐台点有队戏。队戏结束,还要"对山水",先是乐户和亭帏迎上主礼和前行，同到关帝庙（按，相当于“寿场”），由主礼和前行“对山水”。我在厨上，未去关帝庙看过，具体情况不知（按，记忆或欠准确）。

十五、十六和十四差不多，规矩一样。

三天中午供盏，演有队戏。记得十四演《斩华雄》，关公将华雄赶下台，在神殿前面“比登”一下，再到账房、厨房转一下。账房给个饷钱，再给关公刀上挂个红，厨房给一块肉，最后转到台上斩了华雄。十六演《疯僧扫秦》，疯僧手执拂尘（追秦桧），也要下台转一圈。两个戏都没什么话，主要是表演。

十五日黑夜，吹棚后有个“煞宴盘”（按，院本表演），若是潞城贾村赛社，三天中每夜都有，城隍庙就此一夜。记得是三个人，其中二人戴着毡帽，“破脸”，一个左眼抹道黑，一个右眼抹道黑，中间一人坐桌后，不“破脸”。三人都穿“软行头”。

（按，接下来是对笔者提问的回答）

关于“八仙队子”：城隍庙供桌前有一套木制的八仙，未见八仙队子表演。

关于其他“队子”：乐户办白事时，见过一个“回回进贡”队子，身穿淡花衣，有各种颜色。头上帽子很特别，帽子上有金箍，金箍上缠黑纱，绕成螺旋状，歪嘴朝前，装饰和少数民族差不多。

关于“队戏衣饰”：衣服前短后长，前短及腰，另有两片遮腿，后边一片较长，像袍。腰系一条“疙瘩带”（带上镶有铜泡），不系后边一片。有的戴个鬼脸，扮王子又戴王帽。比如扮真武大帝，戴个加帽的大鬼脸，比大头娃娃还大。其他如《斩华雄》《疯僧扫秦》等，也都穿的队戏衣服。

关于“支官”：（该赛）主礼、乐户、厨子等都是义务支官。潞城乐户有八家科头，包括平顺西社乐户，都要支官。厨子主要有两家，除北街高家，南街也有一家，两家一递一年轮着掌厨，谁家掌厨，赛罢可分一份祭祀食品。县里衙役也支官，“接泰山”时他们扛牌、抬銮驾，可得二三十个麻钱，山上茶水招待，别无报酬。主礼是阖社（村名，俗因读“疙社”）家，人称“王先生”，其儿王平方，孙子王圪计（按，皆亡）。后期城隍庙办赛，被城关郭家阴阳顶替了，叫个郭殿孩，其儿叫郭起生。北庄姓李的阴阳，跟着郭家参加过，不主办。

办赛伙食：办赛人等（除乐户），由同一个厨师伺候。早上小米稠饭，就的是干黄菜（秋天腌的芥菜，晒干）用时水煮，配上豆腐、小葱、菠菜。中午每人两个卷子，和子饭是米汤里打上豆腐条，放上菠菜、调和，量不限。下午三点左右，每人一碗粉菜肉臊子,就是熬粉条带点肉,加五个小馒头。黑夜也是两个卷子。

关于“监斋神”:这是厨神,城隍庙就有个监斋殿,每年八月初三厨师都要祭。办赛时,厨房供其神位。(四月)十四日早上,盥洗毕,表演“调监斋”,也要下台祭厨,厨房供有监斋神。神前供有一盘馓子(油炸食品)、一块肉,祭毕,扮者戴上“头面”(面具),三头六臂,再出来表演。演罢,馓子归厨师所有,肉归扮监斋的乐户。

选录四　高仁贵老人《说插祭》

(按,此文由高仁贵老人撰写,附有绘图。1996年3月9日再访时,高老写上年月日,署名后交给笔者。其所画各图今略,仅以以下插成的实物图片表示效果,文字仍依高老当时所写。)

制密叶

配料:以每公斤面粉,按(配)饴糖200克,蜂蜜60克,水300克(暂定砝码),姜黄适量。

工具类:

1.5厘米×160厘米擀杖一支,3厘米×30厘米擀杖若干支。

2.24厘米×24厘米大方砖一块,12厘米×24厘米砖若干块。

3.2.5厘米×30厘米擀杖一支,熨板一块,麻纸若干张。

4.各式削刀一套。

操作程序:

1.以10公斤麦面为一次制作过程。将面调好(硬度和吃面片时面的硬度一样),用大擀杖处理成若干块,再用小擀杖处理成长条,宽度不得超过28厘米,厚度1.5厘米。

2.将面胚按顺序订(叠)在一起,用曲尺按图1的尺码规定,裁下等边四方形方块。

3.用削刀剜成“大心子”图案,放于油锅内炸,火候一般不准超过十成。

4. 压蜜：从油锅内捞起的蜜叶，要在盆边漏漏油，然后放在桌上，垫上麻纸，用熨板处理平整。将用麻纸包好的大方砖压上，待冷却后存盆备用。

大檐子的做法

将面胚照图 2 的尺寸裁下后，放桌上剜花，然后放油锅内炸（火候只需九成），处理平整后，照图上所示缺口将檐弯起，用砖挤压在一起，冷却后存盒备用。

（小檐子作法类同，略）

大小柱的做法

将面胚照图 5 规定尺寸裁下后，剜花，过油时火候要比炸檐子更嫩一点。处理平整后，用 2.5 厘米粗擀杖卷成筒，订（叠）于砖槽内挤紧，备用。

建基座，裁荻子

基座用黏土做。将泥调好后，根据需要定出长宽尺寸，厚度 15 厘米。基座要坐在适当的门板上，将炸蜜叶用毕的油纸，贴在泥基上，防止龟裂。抄平放线，计算间数，每间中至中的尺寸，依大小檐子的圆空（孔）中心间距为基准。荻子每四根为一组，以 13 间大祭计算，立竿 60 桩，共需立荻 240 根，横荻约需百根。

插纸柱

用纸质较好的各色纸，裁成 15 厘米 ×40 厘米块。事先在纸面上画好各类花卉，或者画龙，然后顺长边糊成纸筒，插在前排 14 根立竿上。用 26 根大柱子，按图式，插于两侧中间各三根；按图插，从左侧后拐角沿第二排转圈，各立竿内（内插 20 桩）。用门庭式大心子 19 个，从左至右，按图式，插于大柱子后边，拉衬纸，扎骨架，用纸绳绑紧。用大旋口檐子 17 个，左右两侧各扣三个，扣在第二排上 11 个。用小柱子 22 个，自左侧后第二根起拐弯，顺第二排，按图式，插至右侧后第二根。用小心子 21 个，自左至右，插在小柱子后边，拉衬纸，扎骨架。挂头拱，自左至右共 19 间，每间挂两个斗，三个穿板檐子。用大檐子（旋口）19 个，自左侧经前排至右侧，扣上。

第三层和第四层（用“八仙庆寿”装潢）：用大柱子 36 根，前排自第二根至第 13 根，按图式插。两侧各五根，按图式插。第二排带两侧共 14 根，按图式插。左右两侧各五个空间，朝外插梅花大心子，拉衬纸。第二排 13 间（个）空间，插门庭式大心子，拉衬纸，扎骨架。前排扣旋口檐子 13 间。用小齐檐子 10 个，分别扣在两侧大心子上。用小柱子 24 根，按图式，自左后第二根起，转弯插在右后第二根上。用小心子 23 个，插于各空间上，拉衬纸，扎骨架。用小檐子 21 个，自左至右，顺前排扣上。

第五、六两层突出抱厦厅：用大柱子 30 根，左右两侧带后边的第二根，按图式，各插六根。前排左右两边第二、三、四及第十一、十二、十三，按图式，插大柱子六根。第二排的第二、三、四、十一、十二、十三，按图式插大柱子六根。用梅花大心子 10 个，分别插于左右两侧前排。中间五间，按图式，插大柱子六根。第二排自左至右，插门式大心子 11 个，拉衬纸，扎骨架。左右两侧，扣大齐檐子 10 个。用小旋口檐子 19 个，左右各扣四间，第二排扣 11 间。用小柱子 30 根，左右两边各插九根，中间五间按图插六根。用小心子 23 个，左右两边的前面各插九间，中间插五间，拉衬纸，扎骨架。用大齐檐子 19 个，左右两边各仰上七个，中间五间扣上五个。

第七、八两层分出角楼：用大柱子 30 根，左右两侧按图各插四根，左右两边前排按图式各插六根，中间第二排按图式自左至右插 10 根。用梅花大心子六个，插于左右两侧。用门式大心子九个，自左至右，插于第二排九间。用小旋口檐子八个，分别扣在左右两角楼四周。用小齐檐子八个，分别仰上，在小角楼四周。各心子后，拉衬纸，扎骨架。用大齐檐子四个，扣在两侧的后两间。用大旋口檐子四个，扣在左右两边的靠抱厦厅左右两间。用小旋口檐子五个，扣在中间五间上。用小柱子 26 个，按图式，插于左右两侧八个；按图式，插于左右两角楼八个；按图式，插于前排第三、四及第十二、十三和中间第二排五、六、七、八、九、十各位置。用小心子 23 个，插于左右两侧各三个，两角楼四周各四个，前排三、四、十、十一各间插小心子，中间五间插小心子，拉衬纸，扎骨架。用小齐檐子八个，仰上在两角楼四周，同时上屋脊。用大齐檐子 13 个，左右两侧四间，前排第三、四、十、十一四间，用大齐檐子扣顶。中间五间，上小齐檐子。

装潢抱厦厅兼整理第九层：参照图中规定尺寸，装潢抱厦厅。注意中间五间与抱厦厅关系，从第七层起，可以斟酌情况操作。

关于潞城城隍庙迎神赛会日程的回忆：

十三日上午 10 时后接神出发，至下午一时许返回，队戏全部化装列队随行，到庙院安神后队戏调队表演。晚六时后祭东门风，乐户扮前行随行。晚八时起，乐户吹奏第一局棚（烛棚）并吹台演队戏，当天完。

十四日早，跑太阳，盥洗，打太平鼓，监斋下厨。上午 10 时后开始供盏，前四盏进馔，后三盏进食，一盏一衬队戏。《斩华雄》角色下台。下午开队戏，剧目由主礼挂牌指示。六时后祭南门风。八时后吹第二局棚,开队戏,出门对山水。当天完。

十五日早跑太阳、盥洗、打太平鼓、供盏和十四一样,开队戏二场。下午开队戏。祭西门风。吹第三局棚开队戏。完。

十六日一切照前,唯中午队戏剧目《疯僧扫秦》角色下台。夜里队戏(斗春工)。(今按,"斗春工"当指所演院本,因含有"荤话",涉及两性,故见高老加以括号)

说说供盏

供具:执壶、爵、供盒、盏具(两碟一盏)、毛巾。

仪仗队伍:执伞一人,执响杖一人,捧供盒一人,神位前接供一人。(今按,此为一个神位对应的人员,后期或又以此代表全体)

馔供:四盘四碗(随盏上)四次转完,后三盏衬队戏(一盏一衬)。(今按,其"馔供"所言,实为"前三盏"之规:先上"一茶三酒",故见"四盘四碗",其"盏"正指"前三盏")

供品:干果七种(如广支、福元、云片、旎〔今按,原字难辨,存疑〕生、桃仁、焦枣、瓜子等)。油食五种,面食一种,米饭,茶叶。

十四至十五三天,每日供七盏,前四后三。每日盥洗后,供金粥寿面、葡干茶。

每日换小菜(另有小茶盒,每盒装四样菜)。

(今按,接下又画插祭"图式"并标明尺寸大小,含"大齐檐子""大旋口檐子""大心子""门庭式大心子""小心子""大柱子""穿板檐子""斗拱架""角楼屋脊""九间祭大样"共10幅,今略)

制图说明

1. 后面所附构件式样、尺寸、花式都比较粗略,将来方家们集合在一起,根据实际情况和刀具样式,要作详细的研究。

2. 有两种小檐子,其样式与1、2两图的大檐子前半部完全相同,所以从略。

3. 祭花临时研究(包括油炸货)。

选录五　采访潞城西街吴德本老人笔记(摘录)

时间:1997 年 3 月 29 日

地点:潞城西街吴德本家

采访对象:吴德本(时年 82 岁)

概述:时已商定要在潞城贾村组织"仿古大赛",当日与贾村的杜同海先去潞城找见乐班负责人薛德昌,商量赛社用乐;之后同去北街找见高仁贵老人,邀其指导赛社插祭。听高老讲,西街的吴德本老人曾是城隍庙住庙道士,于是又去采访。

吴德本谈(依录音整理):潞城城隍庙办赛,过去主礼是阖社村的王圪计。东关的郭殿孩原来不主办,也不太通,但和大先生郭水兰关系好,想夺主办权;加上和当时科头朱扎根关系不错,向其请教过办赛规矩,后来就由郭殿孩主办。殿孩死后,又由王圪计主办过。

城隍庙原来有两个城隍,一个是潞城的,一个是平顺的。最早办赛要"投粮",阎锡山时,每一两银折合二元七角八。后来平顺成立了县政府,再不向潞城投粮。

潞城的城隍和其他地方不一样,和黎城县城隍有关。黎城的封为"直奉显左北城隍",潞城是"直奉显右北城隍"。平顺的城隍和潞城一样,戴的是天官帽,和"寇天官"(寇准)穿戴一样。

城隍庙赛社主礼,原来是阖社村阴阳,叫王平方,人称"老平方"。后来由其侄王圪计接替。

乐户原用微子镇朱家,后来由平顺西社五科头和其子王圪由在县里开"官房"接替。

城隍庙赛,每年是四月十五。十二下请,十三下泰山,十四、十五、十六三天大赛,十七结束。

插祭由高仁贵父亲主办,过去有底(底本)。

我在庙上属道家,光伺候烧香——点香、发烛、击磬、擂鼓。

四月十五会,不用"老师傅"(和尚)。贾村二月二香火会,城隍庙(道士)去五六个人"跟香";去史回村接"三嵕爷"时,有老师傅(和尚)去接香。

潞城八家科头,西社家有行头,每年来。该人家支应时来,不该人家支应也来，其他七家用人家行头要出钱。还有微子镇朱家、翟店一家、杨家庄一家、羌城一家、坟上一家、东邑一家等，共八家。

行户（按，包括与乐户相类的“红衣行”）敬“咽喉神”，也敬包公。（传说）老包陈州放粮，进不去城，混到行户队里才进去，所以行户也敬包公。

唱戏的（戏班）敬“老郎爷”，就是唱戏时抱的小孩。他是三花脸。（传说）唐明皇游西宫（按，实指游地狱），有弹歌小唱，心想：我到阳世就弄这个。后来闹戏，闹来闹去，他就顶了三花脸。

我12岁进庙，因家穷，30块大洋卖到庙上，学道艺。我师傅叫韩文虎，韩家院（村名）人，道号韩正华，属“正”字辈。师爷叫高宗河，原来住在东关白鹤观，后被请到城隍庙，教徒弟学艺，当了管事，立有“宗、正、德、礼、裕”五个字辈（按，吴德本属“德”字辈）。学艺主要学念经、学吹打……（按，吴老讲，自己学的吹笙，学的第一个曲子叫《三跪站》，哼了一遍，有录音；随后又录了一个“耍曲”、一个念经的“吹曲”；还会一些地方戏的曲牌，又唱又敲打，此处均省略。）

（按，以下为吴德本回答问题）

关于“对山水”：由主礼和前行说，对下来没事，对不下来不行，或是重说，或因卡住受罚。四月十六早上也要说一回，扮费仲、尤浑（属《封神演义》人物），不穿什么衣服（指戏衣）。

关于“煞宴盘”：也叫“耍宴盘”（按，疑是“耍院本”谐音），也叫“做本”（按，指院本表演）。记得有个《老王借担杖》，人们就叫“耍宴盘”。有个《张三棒推车》，加有“荤谜素猜”。都是“瞎八说”（胡说、乱说），瞎说哩。据说，猪八戒看馔（看守供品）时爱听荤，若是黑夜不煞宴盘，（送神）端不动位牌，不煞宴盘不行。

选录六　采访潞城东关郭八斤笔记（摘录）

时间：1997年4月4日

地点：潞城东关郭八斤家

采访对象：郭八斤（时69岁）

概述：早在1996年11月4日，笔者从平顺县牛岭村返回长治途中，曾在潞城东关寻访过办赛主礼郭殿孩的后人，先是想找殿孩之子郭计生，结果找见其孙郭双禄，再由双禄引领找到同族老人郭八斤访谈。当时已是下午，谈话仓促，故今再访。这次早上出发，与贾村杜同孩同行，先去潞城市政府找有关领导，谈在贾村组织"仿古大赛"事。然后去东关找到郭八斤访谈。以下根据两次所谈,以后者为主,记录如下。

郭八斤谈(摘记):郭家原籍安徽,迁到潞城已有18代。光绪二十六年(1900),皇帝圣旨封有阴阳官。老阴阳后继无人,由郭殿孩过继顶门,其子郭继生,其孙郭双禄,至今双禄的孩子仍执阴阳业。

郭家世居东关(又称古南关),我父亲叫郭水鹏,叔父叫郭水林,同族还有个郭水兰。听说水兰父亲原是小炉匠,在北京当徒弟,掌柜给皇宫做金银首饰,作了假,外金内铁(按,前次说是给皇宫做铜器,铜包铁,作了假)被发现,掌柜害怕,让徒弟(郭水兰父亲,当时30多岁)进宫领罪。水兰父亲会说,说是专门夹了铁,为表示皇帝"铁统江山"。皇帝一高兴,赏了水兰父亲一个"黄马褂",还有赏金。掌柜由于免了一灾,赏了水兰父亲半个铺子。从此水兰父亲发了,传票打回金驮。又说,(郭家)老阴阳死了,水兰父亲回来办丧,去京城迟了,皇上见问,答说老阴阳一岁丧父,其母守志不二,于是皇帝下圣旨,封了郭家个"阴阳官",主管潞城阴阳之事。到水兰这辈,弟兄三人,水兰为三,都是古南关"先生"(有头有脸的绅士)。据说,水兰曾有机会去山东做官,因其妻丑,未成。水兰家住在东关南头,每年正月初一,中堂挂起御赐的黄马褂,郭家要同往其家祭祖,先要祭拜黄马褂。

殿孩与水兰、水鹏、水林同辈,仍执阴阳业。

另有一个郭绵绵,原是平顺县小铎村人,因其姑父是潞城许家,是个拔贡……(讲其往事,今略)由其继承了姑父部分遗产,也迁到古南关,与水兰认了同族本家。这样一来,郭绵绵也成了我们郭家,互有来往。

潞城的城隍庙赛社,原由微子镇朱家乐户承办。抗战前是朱扎根,人称"二科头",在古南关立有"官房",与郭水兰来往较多,水兰的大孙子郭国成就认在扎根名下作义子(旧时迷信,认为贫贱人家的孩子好养)。

有一年,朱扎根在古南关办事,郭水兰、郭绵绵是办事先生。表账(结算工钱)时,这家给的钱少,扎根不满意,就说:"要不,咱换了吧?"(意思是,你们吹打试试)这就得罪了水兰他们,就把扎根从古南关赶了出去,再不准让其在县城立官房。之后,叫来平顺西社王家的王群苗(又叫群则),人称"五科头"(在王家排行老五),就由"五科头"顶了"二科头"。

王群苗也要与郭家搞好关系。比如郭水兰的侄儿郭子明,生了孙子,叫郭安堂，就认在群苗跟前为义子，群苗就送了“麒麟送子”的项圈和首饰，花了不少钱。

办赛时，群苗能说院本《闹五更》《小放牛》《老王借担杖》《土地堂》。

城隍庙办赛的主礼先生，原来是王圪计和王平方，后归郭殿孩办，北庄的李玉芳也办过。

【注释】

〔一〕此段记的“迎神接会”，正与潞城城隍庙赛社有关，俗称“接泰山”。届时，乐户扮有队戏《真武降十帅》各角，简称“十帅”，俗音误传误写，故见记为“血赛”。其“迎神到东上”，源于“东上西下”古规，正指前往东关泰山庙接神。后仍沿古规，庙外有“圆神地”，有“进庙”“安神”一套仪式。

〔二〕“讲小连”，指前行讲唱的小段诗赞，一般每为四句。

〔三〕所谓“说潞吏”，由前行讲说，用以夸说潞城县出了好官，仍有潞城县城隍庙赛社特点。与此相关，见潞城西留村王家乐户今存有《前后行讲古论有十论》一本，正记有“说潞吏”的具体内容。见今存的《听命文集》也有相类一篇，变成“壶关（县）老爷们”，也正用于壶关赛社“接寿”进门时。显然，此类讲说皆为迎合当地官府而加。

〔四〕所谓“篆寿”，实指上香庆寿。因香烟如篆而称“篆香”，而且要打“篆香鼓”，故记。

〔五〕所供“金粥寿面”，依办赛厨师说，因正赛之日属于主神诞辰，米粥又加寿面，故称。

〔六〕因原纸残损，最后“送神”一项缺字。参照他本所记，此段大致意为：“送神。早盥漱，打篆香，跑太阳，供早三盏。打彩以毕，主礼读表，送神。”

第三节　潞城县贾村赛社

潞城县贾村，旧称南贾村，村东北紧邻县城；村西有座小土山，山后紧接南舍和北舍两村；村南有个蝗王岗，岗西紧接崇道村；村东二三里为翟店村，南五六里有羌城（俗音“康城”）村，都是大村。旧有“铜崇道、铁贾村，珍珠玛瑙翟店村”之说，足见这一带早就商贸发达。贾村更有“八大街，九小巷，七十二条小疙廊（胡同）”之说，不但村大，而且古庙甚多，今仍存有碧霞宫、玉皇庙、关王庙、祖师庙等。其保留的祀神赛社，见有二月二香火会（祀玉皇）、三月十八的八村转赛（敬蝗王爷）、四月四大赛（敬碧霞元君）、六月六小赛（祀三嵕神）。至民国从简，各赛多在碧霞宫（庙）筹办，今将有关情况简介如下。

二月二香火会。俗言“二月二龙抬头”，或是此会所由。依规，正月十六放炮出榜，开始筹备，旧有“十七动，十八动，十九、二十去羌城（去该村崔府君庙请神）”一说。正月二十社首进庙，三十日开始活动，当日上午先到村南岗上接蝗王爷（唐太宗），接着由銮驾、大伞、锣鼓、社火等组成游行队伍转村，转至小天贡村（三里多），再由崇道村返回，庙前下马，读祭文，回庙，安神位。二月初一，又先本村转，再往史回村（十多里）接三嵕爷（有三嵕庙）。二月初二正式“圆神”（即上香会），既类赛社迎神，也在神场“里七外八”转圈。后期从简，当天仪式结束，接着唱戏三天。

三月十八“转赛”。旧由十二村分八大社轮办，后期日渐废弛，仍有遗存的规矩：三月十八前后，主办村也仍唱戏三天，第三天仍将蝗王大驾送至蝗王岗大庙，至六月十八，再到岗上唱戏三天。唱罢，另一村将蝗王大驾接回，下年主办，贾村仍遵此规。

四月四碧霞宫（庙）赛。村人俗传，“先有碧霞宫，后有潞城县”，说明其庙早有。见其庙门上今存长方形庙额，额题“九天圣母庙”，说明其庙供奉的“碧霞元君”与平顺县东峪沟的“九天圣母”同源，宋代早有。见其庙今存“正德元年”残碑一块，开头记有“沈府”，即沈王府，属朱元璋后裔分封潞州的府衙，说明该庙时属其管。接记“宋元至我国朝”云云，言“神之庇而逮于后世远也，自成化至兹正德纪元”早又重修。见当地俗传，嘉靖十三年（1534）皇帝亲到碧霞宫致祭，由此有了“每年一小赛、四十年一大赛”之规。见由北舍村曹占鳌保存的《周乐星图》本，封面虽换，却仍记为“万历二年正月十三”抄立，而嘉靖十三年（1534）至万历二年（1574）正隔40年。

与正德重修该庙相关，《明史·武宗本纪》言，正德十三年（1518）八月，武宗出宣府，入大同，次偏头关，至绥德、榆林等地，十二月回太原，“十四年春正月丙申朔，帝在太原”，且言其“巡两畿、山东，祀神祈福”直至南京。《武宗实录》言，“初，上在偏头关，索女乐于太原，有刘良女者，晋府乐工杨腾妻也，以讴进，遂当上意，及自榆林还，复召之，载以归，自是大宠幸”，时称“刘娘”。对此，明代沈德符《万历野获编》也有相关记述，见该书卷一“武宗游幸之始”条言，“武宗八骏

（按，又称八虎，指刘瑾等八位得宠的太监）之游，始于宣府，事在正德十二年矣……自是期门微行而不可问。至秋而出居庸，巡上谷，以至太原、榆林，皆发轫于此”。该书卷一“伶官干政”条记，“武宗之宠优伶，几同高齐及朱耶之季……惟臧贤以教坊司右司乐，请告疏云，病不能侍左右，上优诏勉留，仍升本司奉銮供职，其礼视朝士有加焉”，“先是，贤（即臧贤）奉命祀碧霞元君，所过州邑倨坐受谒，肩舆呼殿，官吏望风迎拜。至济南，三司出城郊劳，俱具宾主礼”。该书卷二一“佞幸·主上外嬖”条记，武宗“幸太原，娶晋府乐工杨腾妻刘良女，大爱幸。携以游幸，江彬及八党辈皆以母事之。及上南征，刘氏以一簪赠上为信，后（武宗）驰马失去，比至临清，召刘氏，刘以无信不肯行，上轻舸疾归，至潞河，挟以俱南”。该书卷二一“佞幸·武宗诸嬖”条记，“上南巡留南京时，凡寺观亲赐幡幢”，“同夫人刘氏并列名于上”，“所谓刘夫人者，盖即太原所纳妓女刘良女也”，“教坊奉銮臧贤，承武宗异宠”也见同去南京。综上，正德十三年（1518）武宗“幸太原，娶晋府乐工杨腾妻刘良女”，“载以归”京，“及上南征，刘氏曾以一簪赠之”，致武宗亲往“潞河”去接。“刘氏”原属太原女乐，正与“教坊奉銮臧贤”属于同类，同承武宗异宠，同又前往南京，“上南巡留南京时，凡寺观亲赐幡幢”，“同夫人刘氏并列名于上”，且见“先是，贤（臧贤）奉命祀碧霞元君”，正又牵涉济南，正该发生在武宗南巡之时，与其前往潞河亲接刘氏相关。

从而，碧霞元君属于玉女神，正有“在天为九天圣母，在地为碧霞元君”之说，正宜刘娘敬奉，乃至穿凿附会。又见上党有潞河流经潞城，为京杭大运河的支脉，正可与武宗潞河亲接刘氏牵涉。

今考，上党潞河又称浊漳河，经潞城、黎城、平顺县出省，在河北涉县与同出上党的清漳河相汇，由此统称漳河，属海河水系。于是，其流经河北、天津，早通北运河，至今北京通州仍有潞河（即北运河）遗迹，仍有潞城镇；漳河与出于上党的卫河在河北省馆陶相汇，形成漳卫河（又称卫运河），沿冀、鲁边界东北流，东至临清入南运河，元代已通大都。今见潞城有漳河流过，仍有村名“潞河口”，旁近的贾村仍有碧霞宫，明代“成化至正德十三年”早又重修。

从而，武宗由临清“轻舸疾归，至潞河”去接刘夫人，就有两种可能，或返回“通州”，或返至“潞州”。若是后者，刘夫人时在潞州，正与臧贤“奉命祀碧霞元君”有关，而且刘夫人正宜居“沈府”，正与潞城贾村碧霞宫有关。

或因此，当地早又流传着“刘金拐驾”故事，言其诓骗皇帝说，潞城见有“铜崇道、铁贾村,珍珠玛瑙翟店村,糠打一座城五里厚(指羌城、五里后两村)",曾诓骗皇帝到过潞城。而所谓"刘金",或又属"刘瑾""留京"的谐音误传。"刘瑾"为"八虎"首领,是武宗宠幸的宦官,因其图谋不轨,正德五年(1510)已被处死,正可演义出"拐驾"故事,且正谐音"留京拐驾",可与"刘娘"牵涉。

总之,由于潞州有潞河,潞城贾村有碧霞宫(庙),因正德十三年(1518)武宗曾亲至潞河去接"刘娘",又见该庙时已重修,其"刘金拐驾"故事正可与武宗、刘娘牵涉。或由此穿凿,就见当地有了嘉靖十三年(1534)皇帝亲来祭祀一说,而至万历二年(1574)正好相隔40年,就有了"四十年一大赛"之规。其大赛为官赛,仍留着大驾来临的痕迹。

因其"大赛"40年一办,一般人一辈子只能遇上一两次。据贾村老人牛根旺(小名牛黑豆,1994年时85岁)讲,民国八年(1919)办过最后一次,规矩和小赛一样,只是用的人多,格外热闹,不但庙内要演"龟戏"(乐户戏),而且庙外要搭三个戏台(小赛只有一台),唱三天大戏(梆子),届时人山人海,远至河北武安、涉县的人都来,房檐下、门洞里到处住着人。

该村六月六赛,主祭三嵕爷,亦属小赛。因贾村三大社又分八小社(如曹家社、王家社等),此赛的主办权见交小社。迎神日,每社先牵一只羊,放在庙里镬中洗净,领于神前,羊背用红绿纸糊有鞍子,羊角贴有红纸条,神前烧罢香,以酒灌羊耳,主礼喊"丢羊!"于是响锣放炮,各羊抖动,以掉下的鞍子决定小社次序,为首者有福,称头羊社,赛事由其主办。此赛后期从简,也已改成唱戏三天。

以上赛事,后期都在碧霞宫办,盖因其庙也有玉皇、三嵕等神殿。据原来住庙的曹和尚讲(1995年,时年66岁),其家由山东流落至此,其祖父看庙直至中华人民共和国成立。依其记,当年庙建的中轴线上,由南向北,依次为门楼上的乐台、石桥、香亭、大殿、寝宫;东廊由北向南,依次为三皇殿、东阎王殿、六丁殿、三嵕殿、眼光殿、蝗王殿、牛马王殿,共七殿;西廊由北向南,对应为八卦殿、西阎王殿、六甲殿、昭泽殿、子孙殿、龙王殿、五瘟殿,亦七殿;庙内原有"重修"碑至少七块,其中一块原嵌在献殿山墙,为大明正德年重修碑(即今残碑)。因该庙在新中国成立后一度被占为学校,其大殿、香亭、乐台均已折毁,仅后殿和两廊屋宇尚存。庙内原有的碑石,因用于修桥铺路、油坊碾石,多已难寻。

为见贾村办赛实况,以下以四月四赛社为例说明。

其赛历属官赛,民国初年仍有县府介入,与县里城隍庙赛的礼规实同,也曾由阖社村王家阴阳任主礼。直至民国时才由本村阴阳牛小喜(小名喜则)及其子牛金贵相继任主礼。1944 年,金贵还办过最后一次,今仍存《周乐星图》本、民国十四年办赛文本。该赛历由当地乐户支应,后期用的是平顺县西社王家乐户(原属潞城)。其筹备工作三月底就绪,乐户四月初一到庙,大赛乐户可达 125 人,小赛也有几十人。依规,四月初一“下请”,又称“上香会”,届时旗牌銮驾、大伞小伞、社火故事等要在本村转一圈;初二“迎神”,又称“接羌城”,届时往羌城村接“府君爷”(即崔府君,羌城村有其庙),早上出发,去时全副銮驾,“大摆驾”(由乐户装扮帝王和二十四员文武),有神椅、神马等,约 120 人,去时每人带两个大馍,午后接回“圆神地”,最后大庙“安神”;初三、初四羌城人前来烧香,献大蜡烛一对,每支高约两米,直径约一尺,赛毕也燃不完。贾村人以礼相待,管其吃喝。其间,初三属赛社头场,清晨仍有报晓、盥漱、接二仙、跑太阳一套,之后供三盏;中午供七盏,规矩较大,供盏时有队戏;下午祭风回庙后供“晚三盏”,供盏毕开演晚场队戏、院本。初四为正场,礼规类如头场,中午供十二盏,并有“堆八仙”“点故事”等。“堆八仙”又分大八仙、小八仙。“大八仙”扮有天官、上八仙、中八仙、下八仙,也称“群仙会”,扮者手中各执“云板”,上场拼个“寿”字,寿字最后一点由孙悟空拿寿桃堆成,天官再亮一幅“天官赐福”大字。“小八仙”属乐户扮的八仙庆寿,即八仙队子。之后或有许愿人家点唱“愿戏”,乐户称之“清戏”,也叫“小三出”,每点一次唱三段,唢呐吹奏,小锣小鼓伴奏,敲小锣者代唱;代唱者原应有词,但因唢呐伴奏,每以“哈哈依哈哈”哼唱应付,俗又称“哈哈戏”,三五分钟一次,随点随唱,不断重复,多在神前(香亭)唱,三几个乐户就可支应。“点故事”则在庙外,届时三大社共出六个“抬楼”(每楼三层,每层坐有女孩装扮的人物,每由 32 人分三班换抬),顺序由“马披”来“点”(其属神的“马弁”,由神汉担任,扮者光膀如醉,两腮穿一铁针,手执麻鞭,游行时每走队前),点后依次绕村转街,仍以清道飞虎旗导引,锣鼓社火伴奏。庙内则供午盏,并行不误。供午盏又有队戏《斩华雄》,届时关公由台上追至台下,八个小社的“香号”(即搭的“烛棚”)同时放炮,关公先追至东南角马王殿,往刀上系上红布(称“刀上红”),再追至东北角三皇殿,又绕正殿、八卦殿、香亭等,每处打斗一阵,人们争买“刀上红”(尤其有病人家),最后追上乐台斩了华雄。据老人们说,正赛最忙,晚场演罢队戏、院本,一直要忙到将近天明。初五末场,也和头场仪式相类,但卯筵三盏加有“打太平鼓”(或说每天卯筵都打)。初六送神,庙外接唱三天大戏。尤其大赛，庙外搭有三个台子，各有特色，东西二台搭如钟鼓二楼，中间一台要“起脊卧龙大跑坡”。

赛社六天，例行“刮街”，即“打地鼓”。每日清晨开始，分三趟，头趟四人、二趟六人、三趟八人，称“四六八打地鼓”，每趟要转遍全村。每晚（傍晚）供盏毕又加“吹棚”，也分两种，一种是在神棚（祭棚）吹奏，一种是在各社“烛棚”吹奏。烛棚由各社安排商号而搭，租赁有金银玉器、古董字画，供人观赏。依规，“吹棚”结束，乐台才开晚场。

贾村后期赛社的神厨制作，全由本村人员承担。据当年参与神厨制作的牛宝贵老人讲（1993年，时年88岁），插的“花祭”有一间房大，五尺多高；供盏食品数十种，分素供、荤供；神厨供有“监斋神”，厨师身手必须干净，不准乱语。

当年赛社演出，老人们回忆有《跳监斋》《斩华雄》《米粮川》《取荥阳》《关公出曹营》《五郎出家》《薛仁贵征东》等，正赛又有《猿猴脱壳》《八仙庆寿》表演。供盏队戏（衬队）较短，台上台下需互相配合，如主礼喊“跪”，台上止乐，台下前行讲酒（放盏诗），接献三杯，主礼喊“礼毕”，乐台才又接演，亭帏一行再端下一盏。每晚乐台演的院本，记有《闹五更》《老王借担杖》《三人齐》《土地堂》（按，《闹五更》《土地堂》已由乐户老人回忆，整理出全本），每加“荤说”，有的加上“猜谜”，借“打比方”说些荤话，俗称“荤谜素猜”，不让女人看，每晚先要清场。

为见其实，选录以下资料。

选录一　明代正德元年残碑抄记

（按，该碑今存贾村碧霞宫，残缺不全，字迹漫漶，仅能辨识部分文字。故凡缺字处，不论字数多少，皆以“省略号”代替，仅将可识文字标记如下）

……沈府……

……潞州城县平原乡南……汉置□。唐天佑……宋元至我国朝，咸□潞城。其所由也，历历灼见。但庙之建，事失记载，不知世代。其梁栋日朽，瓦石尽……无。□像污蔑，悉不足安神，不足昭敬。本乡耆士牛廒、任继祥等，慨然谓曰：我辈居是……旱疠疫，辄祷于神。神不我违，昭应若答，老稚咸宁，岁时丰稔，大有余年，沾恩佩泽，非一昕一夕也。兹庙貌……乃首出己资，倾囊不吝，城乡靡不乐竞相助。于成化丁未岁（按，明宪宗成化二十三年，即1487年）四月佣工，市材平基，重建正□（殿）三楹，绘塑其像，创建东西二殿六楹。又径丁巳岁居（按，明孝宗弘治十年，即1497年），屈玹祖忒事香火，终始一诚，民有请□者若接响应，感发城乡，捐材林集，复建皇天后土圣母后殿三楹、左右附殿四楹、东西殿各三楹、塑尽其像妆楼一座、三门殿三楹、东西廊坊一十二间。构饰合矩，殿室巍巍，金碧五彩而被乎土木，轮焕一新，光彩夺人目。且四顾庙之风候，有凤凰名山之倚、无影仙岗之据、甘泉出水之潮、明镜积水之川。乡人踵此之秀，托神之庇，而逮于后世远矣！自成化至兹正德纪元，丙寅岁（按，明武宗正德元年，即1506年）舍十月，屈指十有九载，工极百费，钱以万计，方会落成。噫，首者曹彪之志，敬奉信句之人又如彼。从此之后，人民悠久之安，供奉香火之祀，缅不可以岁月限也。众以肇工之由、灵感之实请予撰记，刻石用垂不朽云。

时正德元年冬十一月吉日立石

选录二 《周乐星图》本摘记

［按，该本高约23.3厘米，宽约14.5厘米，原由贾村牛家阴阳保存。至1953年，牛金贵病故，转手于南舍村曹满金（又名曹占鳌）老人，1986年献出，曾发表于《中华戏曲》第三期。发表时封面已换，称“迎神赛社四十曲宫调礼节传簿”（简称“礼节传簿”），不过内容仍旧。内容现存24个双面页，即48个单页，除首页见有残损，其余基本完整，由毛笔竖写，每页八行，字体工整。见其首页，题名“周乐星图本正传四十曲宫调”，正讲“周乐星图”的由来；见其所讲内容，由“周庄王天子即位”直讲到“后汉光武设朝”封官，东汉开国二十八将见封“云台”，正与二十八宿对应，且将“二十八宿值日开后”（古可按此计日），依次记有各宿对应内容。尤其“角木蛟”一宿，排在“二十八宿值日”之首，记有“潞城县南贾郜（村）维首同主礼生”云云，正留着贾村办赛曾用的痕迹，今摘其文如下。］

二十八宿值日开后〔一〕

乐台出排（牌）不写执（值）日姓名，只开形荣（容）、衣色、物件〔二〕。

角木蛟值日〔三〕

潞城县南贾郜维首同主礼生姓〔四〕为享祀神祇供馔献乐事。照得是日头场（或正赛、末赛）之期，系星宿值日。虎头女面，披发，白袖朱履，右手执曲尺子向东而立。置下筝〔五〕。正宫，第一品，行三曲：《粉妆》《夜叉》《梁州》〔六〕。好食素物[七]。上居天秤宫,下临郑地。分并前后两衙,队戏陈列于后[八]。

计开:前行说《三元戏竹》[九]

第一盏 《长寿歌》曲子[一〇] 补空 《天净沙》《乐三台》[一一]

第二盏 靠乐歌唱 补空 《大(太)清歌》

第三盏 温习曲破[一二] 补空 再撞再杀[一三]

第四盏 《尉迟洗马》 补空 《五虎下西川》

第五盏 《天仙送子》[一四] 补空 《敬德战八将》

第六盏 《周氏拜月》[一五] 补空 《尉迟赏军》[一六]

第七盏 合唱 补空 收队[一七]

正队《大会垓》 院本《土地堂》 杂剧《长板(坂)坡》[一八]

选录三 民国十四年赛社用本

[此本原由潞城市南舍村曹满金(即曹占鳌)老人保存,后由其孙曹绍令将其抄件提供给笔者(按,其抄件实由上党戏剧院栗守田老先生依原本所抄)。原本高约24厘米,宽约14.5厘米,麻纸双折页,毛笔竖抄,内容共32个双面页,实抄63个单页。封面题名已毁,仅存“阴历六月立”及“王宅”二字痕迹,“王宅”又被改为“王明远”三字。其开篇记有“大中华民国十四年”,“潞城县潞川乡里人氏”云云,从而判知,该本原由潞城阖社村(与贾村同属潞川乡)王家阴阳抄立,如《周乐星图》本的发现过程(详前),也与贾村赛社相关。由于王家阴阳曾经主持过该县城关大赛,其所抄并不只用于贾村赛社,故其月日处或空开,或记为“某月朔某日”,届时具体填写,就可用于不同赛社。以下顺次录校。]

正殿禀状[一九]

维大中华民国十四年岁次乙丑月朔越日之辰,今山西潞安府潞城县潞川乡里人氏,现在村居住士民合社人等,愚民微生,里社告虔,敬设岁时之祭。神明护佑,当遵往古之盟,诚惶诚恐,稽首顿首百拜,谨言:缘为庆贺雨泽,祭善雷风,春祈有望,秋报之诚。敬循旧例,今有下民社首人等,谨以清酌庶馐之奠,敢昭告于神位前,合行奏禀。伏为今 月 日幸遇请日神圣诞秋报之辰[二〇],资以届期诣于日,就于本境神祠内设立香坛,鼓乐致祭,三日期辰。禀奏尊神,圣凡灪纥[二一]匪肉眼以能通,礼法详明岂尘心而可测,赍此心香,遥空祈请。钦惟合境之诸神，同降宫庭（廷）而配享，未敢擅便。伏望圣慈，大赐灵贶，俯顺凡情，至期来格。为此恭具表奏，启达圣知之至。

右谨具牒奏禀

某年　　月　　日　　士民社首人等

［下请文］〔二二〕

又，头同前〔二三〕。敬循旧例，于今月日幸遇神圣诞秋报之辰，祈赛预祝合境诸神。盖闻，神圣往来必在杳冥之际，尘凡迎接应于影响之间。愚情难达于神聪，拜请必资于宰职。今者，下民社首人等，谨以清酌庶馐之奠，敢昭告于当境土地正神位前，曰：惟神，一郡之宰，百家之司，内怀正直之数，外执灾祥之柄，凡有所祈，必先预报。伏望正神速驭风驰，远达神宫，敬持诏请之明文，愿赴虔诚之共会。期以今　　月　　日在　　处神庙内，设乐致际（祭），献享三朝，豫陈配享，祭毕罢散。谨请诸神圣号于后自上下排神位〔二四〕。伏望奉迎诸神，不弃凡情，俯从愚愿，斩（暂）离天宫圣境，驾龙驹宝马而下降，乘鸾翼鹤羽以来临。实式之凭，鉴享斯诚。尚享。右谨具状以闻

民国某年　　月　　日　　士民社首人等

圆神文

又，头同前。祭善雷风，幸遇神圣诞秋报之辰。敬循旧例，昔年各有预愿。伏以下民蒙天地之洪恩，咸（感）神明之大德。图报难忘，专心拜请。今岁阴阳有序，风雨依时，夏秋将见于收成，百谷咸登于畅茂，暨（既）蒙厚德，宜答洪庥。是以率诸社众，丹诚虔恳，预择于今月日，就于神庙内设立坛场。普备香筵，动乐致祭。钦惟本境庙内之诸神，宜请宫庭（廷）而配享。以神主其祀事，土地为其知客，兹以预期是日，合行谨请诸神，于今月日诣于　　处或本村某庙。谨严导纵，奉迎诸神；诣于祭所，献享三朝。伏冀尊神不弃凡情，俯从愚愿，共赐来临。下民社首人等，下情无任激切拜迎之致，谨请诸神圣号于后自上而下排圣名。伏望奉迎诸神，乘鹤辂凤辇以来临，驾龙车宝马而下降。社首人等，无任瞻天拜圣激切屏营之至。右谨具状以闻。

年号

请寿文〔二五〕

又，头同前。敢昭告于南极注生大帝老人星君位前：恭惟星君，灵悟妙道，丹养贞元，清净法身。普照九天，亦有时而化现；浑[沦]全性〔二六〕，乃无日而不存。恭惟神圣诞秋报之辰，拜请君星身披鹤氅，头顶金冠，乘白鹤以下降，驾紫气而临坛。不辞黍稷之非馨，来享苹蘩而泊荐。伏望仙慈来临，圣驾早降，不胜屏营之至。伏惟尚享。右谨具表以闻

大中华民国十四年　　月　　日　　士民社首人等

寿星赠筵主表〔二七〕

（用红写，依此直写，不用乡贯）〔二八〕

南极注生大帝老人星君，表赠神位前：恭惟皇天后土、日月星辰、社稷祠庙、一切神圣，南极老人星君于民国年月日，幸遇神圣诞秋报之辰，合进寿表，敢不先祷于上苍，圣寿无穷。更愿神祇之安乐，上下清宁；日月循环，川岳效灵；风调雨顺，水火潜行；干戈偃息，边鄙和平；普天率土，田瑞安宁；万民乐业，五谷丰登；家给人足，永享太平。盖闻，天清地浊，阴阳有序；清风细雨，万物皆生。瑞气祥云，统神明圣诞秋报之辰；电光霞彩，霭圣寿长生之节。华祝南山之固，嵩呼北斗之坚。巍巍圣德，配乾坤之广大；永固皇图，与天地之长久。圣寿无疆福无疆，万寿万寿万万寿。右谨具表以闻。

年　　月　　日　　南极注生大帝老人星君

表赠西王母〔二九〕

社首奉筵主表〔三〇〕

由（又），头同前。敬循旧例，于今月日幸遇神圣诞秋报之辰。枢电呈祥〔三一〕之表，圣哲千龄之庆，布云示宴，睦交臣邻，四海之欢，共集神庭，同修善祝。臣人等俯罄（罄）愚诚，仰酬先愿。惟神圣慈，恩行万国，道冠百王。山河带励（厉），万国车书之同轨；九州八荒，一统乾坤之大柄。臣人等庸俗，冒渎灵聪。九品乐奏，声腾海阁（阔）之欢；一瓣香烟，赞祝天齐之寿。仰祝千秋千秋，嵩岳三呼：圣寿无疆福无疆。下情无任瞻天拜圣，激切屏营之至。右谨具表以闻。

年　　月　　日　　士民社首人等

老人星祝语〔三二〕

筵主回赠寿星表〔三三〕（不用乡贯）

某神〔三四〕回贺南极注生大帝老人星君：恭惟君等，得长生美酝，见黄河九度之清；服不老灵芝，更碧海三番之渴（谒）。灵龟白鹤衔天表，玉女金童列寿筵。仰谢尊神，再报宏庥，谨具表以闻。赞祝星君：寿星奉敕下天关（阙），按落云轩到此间，王母蟠桃来添寿，老君妙药献灵丹。休言彭祖夸年迈，谩（漫）说蟠桃不改颜。日月南山如松柏，纪（祀）神同率一时班。恭惟南极注生大帝老人星君，暂离星阙，即便还宫，伏望圣慈无任激切屏营之至。右谨见表以闻。

年　　月　　日　　（某）神回贺

东王母〔三五〕

社首奉寿星表〔三六〕

又，头同前。敬循旧例，于今月日幸遇神圣诞秋报之辰，谨以清酌庶馐之奠，敢昭告于南极注生大帝老人星君位前，曰：惟神，煌煌于（“于”字衍）在于混沌之前，郎郎（朗朗）于（“于”字衍）显于宇宙之内。神恩广大，与天地之齐年；圣寿无疆，同乾坤而永固。皇图永（“永”字衍）国祚，赖之安宁。伏望星君，万寿万寿。

太上玉皇（皇帝）诏〔三七〕，飘飘下九高（霄）。

仙童捧寿酒，玉女进仙桃。

来添神圣寿，国祚永坚固。

绿毛龟前引，朱顶鹤飞绕。

圣寿无疆福无疆，万岁万岁万万岁。

右谨具表以闻

年　　月　　日　　士民社首人等

东华帝君〔三八〕

普祝众圣表〔三九〕

由（又），头同前。于今月日，幸遇神圣诞秋报之辰，谨以清酌庶馐之奠，敢昭告于昊天玉皇上帝暨阖境诸神位前，曰：惟神，皇穷（穹）益算（筭），上帝（寿）增添，与天地之长久，共乾坤之齐年。握权宇宙，当北极造化之尊；抚掌华夷，享南山无疆之寿。皇图永固，帝道遐昌，使国祚长延，乃圣德难量，其功莫测。普济群生，早（旱）赐细雨清风，润稼墙（穑）之茂盛；年年风调雨顺，岁岁五谷丰登。

皇清瞻仰，设坛而重祀于南郊；历代钦崇，荐位而配于后帝。今者，兹逢神圣诞秋报之辰，愿神海岳之遐龄；幸遇圣辰，祝众神金石之弥寿。香烟起处，两厢摆列龟齐；瑞气分时，左右排班鹤羽。金童擎长生旨酒，玉女进益寿仙桃。巍巍圣德如日之恒，赫赫神庥如月之明。绵绵化化，同天地之长久；赫赫辉辉，共乾坤以延长。伏愿诸神，圣寿无疆福无疆。右谨具表以闻。

民国年　　月　　日　　士民社首人等　　汉钟离

祭太阳文

太阳普照星君位前，曰：惟神，明明在上，普照四方；赫赫在下，灵显万邦。辙迹不到之区，咸有金乌照耀；人烟不通之境，亦有赤乌翱翔。兹届生明生亮，敬具酒醴笙簧。尚享。

太阳文

朝出扶桑，随乾行而不息；暮薄虚泉，倡坤德而相旋。瑞应重轮之象，祥征合璧之年。庶民有感，赖德保全。兹当大祭，昭告神前。尚享。

太阳文

明明在上，众阳之宗。八方照临，无微不通。浴咸池而出扶桑，始终不二；夏可畏而冬可爱，刚柔互呈。兹当　　之朝，尚赖日旦之明。尚享。

太阳文

朝升震地，暮入兑宫。幹（斡）旋造化，照临仓（苍）生。上游周天之境，下临遍地之形。无影不触，有祷宜成。吹梅花之落落，献柏酒之清清。尚享。

祭风文

风伯雨师尊神位前，曰：惟神德化，古称君子，雄威久比大王。阜财解愠歌南方，万物赖以长养。时则无微不入，时则有感斯彰。酒醴豆边（笾）杂笙簧，明神来格来享。尚享。

祭风文

文明柔顺，律应八方。阜财解愠，惠我无疆。不遗冠婚宾宴，奚择士农工商。

兹当　　之期，敬具酒醴笙簧。尚享。

又[祭]风文

位列辰方，宅藏天宫之里；象居巽地，数归皇极之中。被四[野]而[息]鼓动，度五日而协太平。歌终风兮永(宁)息，赋谷风兮暂停。尚享。

祭风文

惟神，职当巽地，位列东南。去来无迹，变化多端。祈黄(狂)风之永息，求暴风而终安。八方享太平之福，四野乐恩惠之宽。神其有灵，来格凡筵。尚享。

三门外下马文〔四〇〕

头盏：伏以尊神，动劳圣驾，屈降凡尘。诚心遥空祈请，不胜屏营之至。伏望尊神，暂脱玉镫，款离金鞍，请诸神下马。

二盏：伏以迎接诸神，请诣行宫。聊备薄酌，祭献神明。乘鹤辂凤辇以来临，驾龙车宝马而降会。伏望尊神，暂离宝鞍，请诸神下马。

三盏：伏以尊神，同宫配亨(享)，不弃凡情。请诸神早降瑶阶，乞众圣须(徐)登宝殿。伏望尊神离鞍下马，俯从迎道。

升殿文〔四一〕

生跪玉皇前说伏以尊神，临于玉阶，宜升宝殿。今者华筵已展，绣幕皆齐，敬请尊神登殿上坐。西下请正主坐下〔四二〕。诸神及两班站。生跪正殿禀奏禀奏尊神，今有诸神在于阶下，未曾掺(参)礼，不敢自专，复后(伏候)圣意。进旨玉皇上帝旨赐，诸神参礼〔四三〕。生西下喝诸神参礼！再参！三参！已毕。生从东上奏禀尊神，诸神参礼已毕，未敢升殿，复后(伏候)圣意。进旨昊天玉皇上帝旨赐，诸神升殿上坐。西下，引东西各二位，共四位上坐。生唱谨参，再参，三参，已毕。次序上坐，节节依次，各神坐下奏禀尊神，今有五道、土地在于门外，伺候多时，不敢擅进，复后(伏候)圣意。进旨玉皇上帝尊神旨赐，五道、土地进门。生西下，引五道、土地到庙院内跪下生东上，奏禀尊神：今有五道、土地叩于阶下，未曾参礼，不敢自专，复后(伏候)圣意。进旨玉皇上帝尊神旨赐，五道、土地参礼。生西下，唱谨参，再参，三参！生东上奏禀尊神：今有五道、土地微臣，职卑位小，不敢升殿，礼当侍立，伏祈上位尊神，旨赐五道、土地升殿，下位侍立。生西下，引二位东上，总中间参礼，三参已毕，生引进殿内：先玉皇位，生作揖，二人执牌位打一肝

（躬）；一左一右参神，至天地位下，毕。

安神文〔四四〕

伏以明香一炷，千里遥闻。东方甲乙，展开山水之图；南方丙丁，摆列鸾歌凤舞；西方庚辛，卷起夤沉之帐；北方壬癸，高悬清翠珠帘；中央戊己，朵朵天花乱坠。铺陈绫锦，绣褥花毡。凡俗未知圣位尊卑，伏望尊神论职而坐。社众虔诚。初献礼〔四五〕伏以龙车暂降，凤辇初开，敢劳诸神而降会，伏愿圣意而开怀。东海日出金乌，西台蟾光玉兔。南观万象森罗，北望鸿门斗宿。上有天河雨露，下有黄河九曲。琉璃砌地旭光生辉，筵前洁净物器新鲜。社众虔诚。亚献礼伏以炉燃千（十）味，鼎焚百和，上达三天之圣众，下通四海之神灵。谨请诸神，降于祭所。尊者上位正坐，卑者下位升临。敬陈华筵，同宫配享。社众虔诚。终献礼

盥洗文

伏以金梳钦献，照耀珊瑚之影；玉笼（拢）上陈，动献碧霞之光。神鬓彩结于瑶台，圣容重整于天府。紫气辉煌，伏招（复昭）炳焕。下民无任虔恭之至。

省令文〔四六〕

香老、社首、停伟（亭帏）各执事人等听令〔四七〕：

伏以尊神，合行奏禀：今者，香老、社首、诸般执事人等参礼已毕，叩于阶下〔四八〕。听令打躬〔四九〕。须当省令：今者，下民修龙亭而祭献，设香坛而奉神。华筵已展，绣幕皆齐；执事摆列，伞扇张轮。正香老当前谨敬，众下民各要诚心。厅上厅下、神前神后、社首左右各局、诸般执事人等，各要斋戒沐浴净身；凡且大小祭祀，早晚须要尽诚。有其诚必有其神，无其诚则无其神。同心协力，侍奉尊神。凡在几席之间，谨守礼法，勿得非言苟且；衣冠整齐，忽得蓬头垢面。出（往）来有忠信之言，出入无暴慢之气。只当谨心，不可亵渎。若不预先省令，惟恐触犯天颜。虽目前不降于阳愆，过后必加于阴责。为此省令，殷勤慎行。

省令局长〔五〇〕：

伏以尊神，合行奏禀：今有膳夫参礼已毕，叩于阶下。听命打恭（躬）。须当省令：自从盘古初分，伏羲以来原有肴馔，始立庖厨。每逢祭祀之辰，戒酒断淫，沐浴净身，切莫怠慢，着意谨慎。变生造熟，务要精鲜；凡入厨司，必先净手；临于锜釜，堤（提）防咳嗽；合用器皿，洗刷洁净。造餐者闭唇胶口，作馔者仰面低声。

盏用羹趁谨依食次,烹蒸各物五味调和。造成品馔,堪为供养(献)。若不预先省令,惟恐丝毫之失,招愆惹祸。他未知神已先知,人不见而神先究。为此省令,殷勤慎行。

省令乐人:

伏以尊神,合行奏禀:今有乐人参礼已毕,叩于阶下,听命打躬。须当省令:掌乐之人、前行后行,需要管理男女整齐,各有精神。衣帽新鲜,古乐齐备。男记四十文(大)曲,下(女)记三千小令。谨按五音,宫、商、角、徵、羽;又按八乐八音,金、石、丝、竹、匏、土、木、革。按词章而动鼓乐,依宫调而歌舞和音。早不动商调,晚不动黄钟。早动商调神灵不悦,晚动黄钟不敢奉神。院本、杂剧、队则、词曲,早晚奉神不可差乱。各要诚心,切莫怠慢。坛上掌握之神,明明鉴察是非;神前书表之司,暗暗启奏善恶。为此省令,殷勤慎行。

开封文〔五一〕

造就清香异味,宴筵用酒开封。执壶者双手高举,倾台者〔五二〕低头打恭(躬)。并不敢未食餐破,并不敢抛撒伶仃。明有青天照见(鉴),暗有鉴(监)察神明。要诚心而供献,自上下而奉承。有其诚而必有其神,无其诚则无其神。敬神如在,希圣降临。奉神上献,无任虔恭。神前奏禀,才敢开封。

讲山文〔五三〕

头盏:夫山者,高不高顶磨(摩)云汉,深不深根彻黄泉。山前日暖,岭后风寒。山前日暖,千千岁草木常年不冻;岭后风寒,万万年冰雪永不消。一峰岭上仙鹤辽(缭)绕。二峰岭上藤来辿(缠)葛。藤葛相辿(缠),千千条青云瑞气,万万多(朵)紫雾毫光。松柏霭霭,树木森森,东西成行,南北成林。东西成行遮天地,南北成林彻云霄。且不说林中景致,只说地下走兽:獐狍、野鹿、猛虎、豺狼。獐狍野鹿寻(巡)山过,猛虎豺狼串山行。又只见树上飞禽,鸦鹊噪,孔雀鸣,杜鹃啼,黄莺叫。黄莺落在树梢头,百般飞鸟空中闹。一山未罢一山行,百里全无半里平。五湖云瑞安舟处,只看图画不看形。这山,朝是云、暮是雨,香的是花、流的是水。弄风虎,赤哩哩摇头摆尾;戏水龙,匆(忽)嗽嗽展爪翻身。恐君不信,有诗曰为证:

山高无可比,长在空云里。

樵夫失了脚,三年才到底。初献礼。

二盏：夫山者，遥望南山翠巍巍，遮藏着蓬莱仙岛；远观天台清洁洁，掩映着洞府仙宫。这山是群山之祖，这山是万[岭]之宗。翠巍巍高过岱岳，绿班班景接昆仑。清洁洁高山万丈，碧绿绿峻岭千层。钻天彻须弥山顶，嵯峨接碧岳天宫。高耸耸山冲牛斗，雾腾腾下彻黄泉。观山，山叠叠；看岭，岭层层。山掩隐(映)钟楼佛殿，岭摭(遮)藏古寺禅僧。绿竹攒僧寺道观，青松簇洞府仙宫。险峻路盘盘曲曲，之字道转转巡巡。看陡崖惊惊战战，观深涧摄了人魂。古青松湾湾(弯弯)形势，看见他(它)却似苍龙。山湖石框框尖尖，窟窿石窍窍玲珑。透碧天青松满眼，彻云霄绿竹无边。山巍恶(峨)陡岩(崖)难走，路崎岖凹凸难行。虎狼乱跑，獐狍成群；鹊噪林木，百鸟飞腾。能飞海青，三展翅飞不上山顶；快飞鹞子，五复羽飞不上山峰。这山巧，丹青难绘塑；这山[妙]，吴道子画不成。大罗神仙看(堪)赏玩，真人道众可居存。嵯峨险峻苍空接，自古从(至)今不变容。东西锦绣八百里，南北叠翠数千层。老松枝上猿猴叫，古石岩前虎狼声。多年尘土风来扫，自生云雾顶头笼。寿生(仙)今日来下降，祝赞南山万万松(春)。诗曰：

一来山绕路又深，二月山花发满林。
三景山雪飞片片，四时山水绿沉沉。
五更山鸡啼鸣叫，六月山蟾(蝉)守树鸣。
七返山僧寻山寺，八方山客绕山门。亚献礼。

三盏：夫山者，山南东有青松柏桧，山北西有绿柳红桃。闹哨哨(吵吵)山禽对语，舞翻(翩)[翩]仙鹤齐飞。香馥馥珠(诸)花千样色，青冉冉杂草万般奇。涧下有滔滔绿水，崖前有朵朵祥云。祥云笼山顶，碧沙(纱)罩山尖。红霓冲北斗，清洁照(青气罩)南山。万道霞光豹狼(射琅)苑，千条瑞气照瑶池。空谷传声山中应，恰似山中有人知。红石岩(崖)前，麋鹿衔万种之奇花；青松影里，猿猴献长生之异果。云端里，天仙进云鹤仙衣；碧霄中，飞仙奉延年寿酒。左右排金童玉女，前后有灵龟仙鹤。南山仙境，清幽而浪(琅)苑逍遥；妙道幢幡，风飘而飞扬宝盖。这山是天台三岛影，压尽了须弥昆仑峰。青松闪绿竹，桧柏映山林。桃花胭脂染，杏花粉妆成。正是仙家居住处，堪为道士可安身。诗曰：

翠岭苍空两接连，陡崖深漳彻黄泉。
嵩巍上钻昆仑顶，嵯峨直中(冲)到广寒。
颠倒倒颠颠倒岭，跳踢踢跳跳踢天。

青石养就千般玉，碧纱红(笼)罩万岁山。终[献礼]。

祝皇文〔五四〕

头盏：伏以皇帝万岁万岁万万岁：智同日月，寿并乾坤。万邦歌有道之长，四海乐无穷之化。恭惟太上皇帝圣体永安，太后皇后重增瑞算(筭)，文武官僚咸臻禄位。河清海晏，五谷丰登，干戈偃息，边鄙和平。伏乞圣寿无疆福无疆，万岁万岁万万岁。古论祝皇，女乐《普太平》。〔五五〕

二盏：伏以皇帝万岁万岁万万岁：乾坤并寿，日月齐明。常居九重之宫，永镇千秋之殿。天慈广传(博)，圣知(智)渊深。天元太后，福祉如海阔山高；中宫国妃，寿龄同天长地久。宏垂圣训，四维覃着于门庭；大布严风，八表皆成乎轨范。慈(兹)当保佑太子诸王，寿令(龄)并于山河，福祉通于江海。人民安堵，帝裔流长。朝中仪式，四海不动烟尘；阁下论文，一国咸遵法度。伏愿寿算(筭)延如太(泰)山，福禄坚如盘(盘)石。出言典之(则)，行事有规。风调雨顺，国太(泰)民安。家家享丰稳(稔)之年，户户贺太平之世。伏乞圣寿无疆福无疆，万岁万岁万万岁。女乐《拜君王》。

三盏：伏以皇帝万岁万岁万万岁：明并日月，德合乾坤。万邦仰一人之庆，兆民占(沾)无穷之恩。九重端拱，万国咸亨。正人正己，常行仁义之金章；为瑞为祥，永作(祚)国家之玉柱。皇图巩固，帝道遐昌。伏乞圣寿无疆福无疆，万岁万岁万万岁。女乐《朝靴》。

祝赞文〔五六〕

寿星与筵主上寿：一盏用表赠表西王母持来承献。二盏社首奉[筵]主表老人星祝语。三盏无表文，祝赞语〔五七〕：

头带(戴)冲天一字冠，未分天地我生前(先)。
南极圣君添人寿，年年下届上寿筵〔五八〕。
诸仙临宝会，众真降香坛。
宝鼎分瑞霭，金炉起祥烟。
一派仙音奏，两处歌舞弹。
星君奉寿表，王母献寿篇。
金童进寿酒，玉女捧灵丹。
祝赞星君寿，圣寿等齐天。

伏乞圣寿无疆福无疆，万寿万寿万万寿〔五九〕。

暂停乐部，慢品笙簧，贴边（篇）古论祝语，曹国舅致词〔六〇〕。

筵主与寿星回酒：一盏回贺表东王母持来承献。二盏社首奉寿［星］表东华帝君祝语。三盏无表，赞语〔六一〕：

望南山祥云霭霭，观南极紫雾腾腾。

空中里仙音响亮，彩云内仙乐齐鸣。

幢幡宝盖前头行，龙凤花扇后随身。

金线绿龟前引路，朱顶白鹤后随跟。

八仙扶老人星南极下界，排鸾（銮）驾乘凤辇早降香坛。

垂白发［寿］银眉胡须三绺，额楼高面红粉貌似童颜。

头带（戴）着透玲珑七星冠子，脚上穿云凤履踏着云端。

穿一领云鹤氅长生仙服，包天地日月星海岳山川。

取一根龙头杖喷烟吐火，持一本救苦经度道升仙。

上天宫下地府神通广大，游海角走天涯变化多端。

斩邪魔降妖怪神鬼皆惧，与人间降吉祥益寿延年。

有麋鹿衔天花竞来上殿，有猿猴献仙果来赴金銮。

有金童并玉女来谨表（来进）仙酒，有王母持寿表添寿遐延。

排两行窈窕女齐动仙乐，摆一行（堂）［风］流女歌舞吹弹。

宝鼎香百味香一炉三柱（炷），香烟起通圣意紫雾祥烟。

庆遵（尊）神年年添寿，愿尊神寿等（筭）齐天。

愿尊神寿同日月，万寿万寿万万寿。

暂停乐部，慢品笙簧，贴边（篇）古论祝［语］，吕洞宾持来承献。

与合庙诸神上寿〔六二〕：

一盏普祝［众圣］表汉钟离持来承献。

二盏赞语：伏以尊神，神心意感，天耳遥闻。敬焚百味之真香，共祝诸神添寿酒。

南极星君降，乘鸾下九天。

绿毛龟前引，朱顶鹤后边。

金童持丹诏，玉女捧寿篇。

王母奉寿酒，星君添寿筵。

八仙来赴会，祝神寿万千。

庆贺诸神寿，圣寿等齐天。

伏乞圣寿无疆福无疆，万寿万寿万万寿。暂停乐部，慢品笙簧。玉女寿词承献。

三盏赞语：伏以尊神专祈：天地气和，阴阳之正；国家道（通）泰，雨顺风调。诸虫不作，蝻蝗不生；田蚕万倍，五国（谷）收成。家家乐业，户户安康。人口进禄，牛马成群。托上天圣众布慈祥之德，赖下界诸神垂阴佑之恩。无物可酬皇天，无物可酬后土，天地之恩实难上报。只凭一柱（炷）明香，只凭三杯清酒；只凭金纸银钱，只凭花果灯烛。排一堂笙簧鼓乐承献，列两行歌舞吹弹奉神。谢皇天及时雨露，谢后土[五]谷滋荣；谢神佑八方宁静，谢神佑四海升平；谢神佑干戈永息，谢神佑盗贼不生；谢神佑舟船稳重，谢神佑境土安宁；谢神佑诸[灾]扫荡，谢神佑瘟疹不生。乞年年庆贺雨泽，愿岁岁鼓乐常明（鸣）。酬天地好生之德，报有感有应神明。伏乞圣寿无疆福无疆，万寿万寿万万寿。暂停乐部，慢品笙簧，寿词承献。

送神文

伏以[尊神]：上登云路，回马升天。今有下民祭祀已毕，筵中茶寒酒冷，案上食馔消疏；莲炬烛灭，炉内香消，不敢久留圣驾。伏望尊神，来时[有]下马之杯，去时送[上]路之酒。社众虔诚。

奉神规矩榜〔六三〕

切（窃）以生民蒙天地之洪恩，感神明之厚德，今同设祭圣宴之辰，合出明帘（廉）之榜。若不先行约束，惟恐误犯阴条。兹者下民社首人等，纠本处之蚁民，祭当今之众圣，祭神如在，获福无疆。告一社行礼之人，及两班执事之辈，各恭乃事，各谨乃职，同心协力，报谢神明。专祈天地气和，阴阳之正；国家道太（通泰），雨顺风调。故下民无亢旱之灾，皆上圣布慈祥之德。境无疫疠，户免瘟殃。豆麦皆赖于当岁，禾麻有赖于今秋。耕夫有托，织女存生。同享大有之年，共乐太平之日。常怀修省，报答无由。今　　月　　日，幸遇神之辰，诚心收买香信果品，诣于当境神祠内，陈设香坛。伏乞尊神暂离天宫，驾龙车凤辇而下降，乘鸾翼鹤羽以来临。奉神之处，社众可以致敬而殷勤。居之世上，必赖神明而默佑。

神居苍空，鉴察日行。晓谕合社人等，凡在几席之间，神前神后须要谨言而正色，亭上亭下勿得秽语而乱谈。切戒饮酒癫狂，不可贪淫作乐。勿得放肆喧哗，不要蹇裳裸袒。亦不可蓬头垢面，亦莫要赤足越规。往来有忠信之言，出入无暴慢之气。谨守礼法，[切]勿非为。社众当其谨敬，执事各任恭勤。严而（尔）言貌，慎而（尔）威仪，整其衣冠，尊其瞻视。殿上纠坛之神，明明鉴察是非；神前书表之词（司），暗暗启奏善恶〔六四〕。奠酒盏（者），倾竹叶之清。侍香者，炉焚烂（兰）煌[之]气。进食者，供珍馐之品。奉茶者，点（献）建溪之色〔六五〕。献果者，荐时[新]之物。燃灯者，[点]烛炬而明。纸马者，蔡伦之楮，唐世留风〔六六〕。钱财者，周室遗俗，邓氏之铜〔六七〕。寝位者，严陈绣褥、帐幔、帏屏。各存肃敬之心，勿起讪谤之意。有其诚必有其神，无其诚则无其神，可不谨乎？倘有怠慢之人，跪于阶下而罚；不服责者，对神奏闻，虽目前不降于阳愆，过后必加于阴谴。凡百（且）执事之人，各加谨慎。[示]为榜文，谕众通知。须至榜者。

年号　　各局社首　　人〔六八〕　　榜押

讲山文〔六九〕

夫山者，千峰列急（戟），万映（峡）开屏。日影蛮光（峦岗）青竹翠，雨收带（黛）色冷寒清。枯腾蟾（藤缠）老树，古杜（都）界幽城。奇花睡草，修竹乔松。[修竹乔松]，万载长青起伏地；奇花睡草，四时不舍赛萌英。幽鸟蹄（啼）声过，源泉响流清。重重谷壑芝兰瑶（摇），处处巉崖苔萱生。起伏莺（峦）头龙脉好，必有高人引（隐）姓名。高的是山，峻的是岭，陡的是崖，深的是涧，鲜的[是]花，响的是泉。么（眊）山高不高，顶上接青霄。着（看）涧深不深，底中（下）见地府。山前面有圪睹睹（朵朵）白云，圪磴磴怪石，说不尽千丈万丈却（怯）魂崖。崖后有弯弯转转藏龙洞，洞中有叮当叮当滴水岩。岩下有牙牙叉叉（枒枒杈杈）带角鹿，又有些迷迷凄凄看人獐，盘盘曲曲红鳞蟒，要要玩玩白[毛]猿，自晚把（扒）山寻穴虎，带（待）晓翻掩（波）出水龙。登（蹬）的洞门匆嗽嗽（觳觫觫）响，洞中紫雾圪朵朵生。草里飞禽扑卢卢（棱棱）起，林中走兽拘律律（趋溜溜）行。一群狼虫圪滚滚过，吓的人心圪噔噔惊。正是么：当倒动，当当倒动；动当当，倒动当声〔七〇〕。千石养就千般玉，碧桃红杏罩山林。

又山：

夫山者，山根连地脚，山顶接天心。山水滚浪响，山风咺尽声。东山云罩西山雾，南山雾所（锁）北山云。山前白莲（柏连）山后白（柏），左山松塌（沓）右山松。山顶上盖着山寺,山和尚念着山经。山涧下水长流盘盘曲曲,山顶上打柴人转转寻寻。山仙呼山伴,山客叫山人。山狍山头走,山鹿山下行。山虎山前卧,山狼山谷存。山狗邦邦咬,山鸡哏哏鸣。山农谋山地,赶着山牛耕。山妻送山饭,引着山孩童。一阵山风起,山云朵朵生。山上下山雨,山下水浪声。山林满山会,山花遍山红。青山如靛染,红山火炎(焰)生,白山粉妆就,黑山是墨精,黄山黄金样,五山五样行(形)。五岳名山不敢比,四大部州也有名。不说此山生的咸(险),山上林浪长的凶。

又山:

夫山者,东西墨(密)摆,南北成行。东西墨(密)摆遮天地,南北成行沉墨韩(陈墨翰)。墨尖经次(此)周逢脚(触峰角),了却(鸟雀)缠枝上下盘。腾(藤)来蟾(缠)葛,葛去蟾腾(缠藤)。腾(藤)来蟾(缠)葛,东西客旅难行走;葛去蟾腾(缠藤),南北京祥(商)哪过林。着(这)林中,住半年哪分日月,行数里不见斗星。你看那背阴之处千般景,向阳之所万重花。又有大虫摆尾,老虎搭(嗑)牙,多年狐貉装狼子,日久苍狼咺尽林。就是托塌(塔)天王来到此,总会降妖也失魂。诗曰:

山中山路转山林,山寺山僧念山经。
山客山旅看山好,山桃山果满山红。
山禽山鸟飞山舞,山客山鹿山下行。
山泉山水滚山浪,山云山雾罩[山]峰。

预　白〔七一〕

停(亭)子者何,停(亭)立神前以荐其馨香也。《书》曰:明德荐馨香。其齐(举)动轻狂,语戏言,或饮酒,或茹荤,或吃烟,无德矣!何荐馨为?须之(知)须之(知)。违者罚。

奉神晓谕各局社首、停(亭)帏、香老、一切执事人等知悉:每年敬神享赛,原为[祈]福保安。自本月某日起、某日止〔七二〕,凡百(且)执事者,须要小心谨慎,不可视为戏玩。侍候奉神,勿得失误。若遇供盏参神不到者,定行责罚。棍,又罚大元宝、大烛,再罚跪香,决不宽贷。倘有不服责罚,对神奏闻,虽目前不降于[阳]愆,过后必加于阴责。若不恭敬,恐加灾害。勿生致怨(怨),各宜懔遵。慎之慎之。为此,奉神晓谕,右仰通知。

实贴香停(亭),勿坏[七三]。

[祭文封皮][七四]

禀状皮:神位前,年月日,士民社首人等谨封[七五]。

请状皮:当境土地正神位前,年月日,下民社首人等谨封[七六]。

圆神皮:昊天玉皇上帝暨阖境诸神位前,年月日,下民社首人等谨封[七七]。

表赠皮:神位前,年月日,老人星君表赠谨封[七八]。

奉主皮:神位前,年月日,下民社首人等谨封。

回贺皮:南极注生大帝老人星君位前,年月日,神回贺谨封。

奉寿皮:南极注生大帝老人星君位前,年月日,士民社首人等谨封。

普祝皮:昊天玉皇上帝暨阖境诸神位前,年月日,士民社首人等谨封。

请(安)寿文[七九]

惟神,权秉天筞,职司斗钧;算握长生,纪历无垠。欲迓庥于群圣,先告虔于帝[君]。碧桃攀来,敷光华于天地;玉液进去,合日月以照临。祝星光兮灿烂,庆延寿兮军民。南极有灵,来格歆(来)歆。尚飨。

送神文疏[八〇]

诚祭三日已毕,筵中茶寒酒冷,案上食馔清疏。莲炬烛灭,一切荒荒。神无常享,圣不久留。驼舆献以阶前,海马留于案下。天神驾风辂祥云,上升碧落天宫;地祇乘宝马香车,归于华堂玉殿。谨献金纸银钱,以作酬恩微礼。达神明之感应,通圣德之昭彰。阳间凭花笺而通天下,阴府倚纸钱而达神明。酬雨露之洪恩,只凭纸钱而祭祀;欲减罪之消愆,亦用花笺而奉诚。乃唐朝之遗风,乃周氏之遗俗。遵以古圣之遗礼,时为今人之表意。天地之恩别无可酬,神圣之德金纸报应。伏望诸神,来时降福,去后留恩。年年风调雨顺,岁岁五谷丰登。家家乐业,户户安宁。右谨具状以闻。

年　　月　　日　　士民社首人等

疏样即内请状[八一]

[请状文][八二]

伏以阴阳有序,皆赖神明之德。风雨依时,总属天地宏功。是日率诸社众,丹诚虔恳，上请神。年月日行。

接神文

有感即应，无地不然。兹当大祭，旗旐导前。清宫除道，乐舞喧喧。望神早降，来享豆笾。尚享飨（“享”或“飨”字衍）。

队　名〔八三〕

《斩华雄》《战吕布》《过五关》《雅官（压关）楼》《封官》《拜帅》《大会垓》《长坂坡》《鸿（红）袍会》《征南》《征北》《征东》《勾捉》《问卜》《洗马》《皂刁旗》《跳涧》《扫秦》《戏判》《清戏》〔八四〕《泗（汜）水关》，（后加）〔八五〕《泗水关》《扫[秦]》《打招牌》。

（全本完）

选录四　邀贾村老人座谈笔记（摘录）

时间：1990 年 8 月 29 日

地点：潞城贾村

采访人：李天生

采访对象：张元吉（时年 65 岁）、牛贵宝（时年 85 岁）、秦连忠（时年 73 岁）、秦连生（时年 61 岁）。

概述：1986 年以后，随着《周乐星图》本的发现，笔者曾多次去贾村采访。时有张元吉老人（孤身，早年在碧霞宫看庙，记忆力强，会看病，是出名的“神汉”）与笔者已熟，由其引领，又邀其他老人一块座谈。这些老人都见过 1945 年碧霞宫最后一次赛社。张元吉曾住庙，牛贵宝曾任厨师，秦连忠、秦连生兄弟二人也是厨师后人，都记得一些办赛情况。座谈时围绕笔者提问，共同回忆，相互插话，整理如下。

访谈主要内容：

打地鼓：从初二（迎神日）开始，天不明（约六点）就打，第一趟四人，第二趟六人，第三趟八人。每趟绕村转一遭，回来稍事休息，接打二趟，共三趟。

赛社日程：初二这一天迎神，要接玉皇（又说也叫“香火会”，本来是玉皇庙二月办，后来合并到碧霞宫四月赛，统一放在迎神这天），有飞虎旗、大伞小伞、全副銮驾。初三，是正式赛社头一天，清晨先报晓、盥漱，然后祭太阳，接供早三盏，大伙早饭。10点左右开始供午盏（七盏），大伙午饭。饭后开始吹棚，再开队戏，黑夜送老爷（送神就寝）。三天（赛社）基本一样，正赛（初四）这一天规模最大，中间有“堆八仙”（戏班演），最忙。

祭太阳：又叫“跑太阳”，有12个亭子端盘、12个小伞相跟，有前行、主礼，到村外朝东南方，太阳刚出来祭祀。主礼喊礼，前行讲说。

祭风：在下午，形式和祭太阳相似，人员也一样，只是前行说的不同。

供盏：供三盏时，不论早晚，只有乐户吹奏，乐台无戏。供午盏（七盏）时，除神前细乐吹奏，乐台要演队戏，由粗乐（鼓、锣、钹）伴奏，唱为吟念，每句加打击乐。凡供盏，主礼站在（香亭）供桌旁，前行领着细乐行至供桌前，主礼喊礼，乐台停演，前行开说，说毕，细乐吹打，亭子进殿献供，再转回取供，乐台接演。每盏两趟，头趟献茶酒，二趟献饭食。第七盏最后一趟，取走供盘食品。

关于队戏：记得演过《斩华雄》《尉迟恭访河东》《米粮川》《五郎出家》《关公出曹营》《取荥阳》等。正场演《斩华雄》时，关公赶华雄从台上跑下，绕供桌、献殿跑一圈，再追上台去斩。

关于院本：都说当地叫“煞宴盘”。牛贵宝老人回忆，第一天（初三）演“破谜”（笔者插问，是否演的《闹五更》？微子镇朱家乐户有口传的抄本，加有“荤谜素猜”。答：两回事，分别演）。第二天演的《放牛》，大意是儿子向父亲要媳妇，儿子上茅厕留有两句诗：“小子今年二十五，裤裆破了无人补。”父亲也留了两句诗：“不怕你小子生得涨，叫你等到一百上。”第三天演《慌张三大闹土地堂》（按，今有西社村王家乐户口传本）。张元吉补充说，还演有《老王借担杖》；另有一回记不清剧名，记得说“瞌睡来么，瞌睡来么，两眼眵胡睁不开”。

关于乐户：过去请平顺西社的，后来有城关的疙由（人名）、坟上村的、故漳村的，原都是西社的。坟上景则（人名）当过前行。前行手里拿个竹竿，上系红布条，穿红蟒，戴丞相帽，黑靴，黑髯。

关于庙碑：张元吉回忆说，自己不甚识字，听人念（碑），记得有“元世祖五年重修”碑，“建隆十三年”“景德十三年”重修碑（按，庙碑已毁，依音而记，查“建隆”为宋太祖年号，“景德”为宋真宗年号，都只有四年，可见所说欠准。但其仍能说出“建隆”“景德”年号，说明该庙重修碑确曾有过相关记述）。

选录五　采访牛根旺等老人

时间:1994年11月10日

地点:潞城贾村

采访人:李天生

采访对象:牛根旺等老人

概述:当日上午骑车至贾村,先去牛贵宝家(去年曾采访),闻其去世,安慰过后,由其子牛俊林陪同,又去秦连忠、牛根旺家采访。秦连忠去年也曾采访,只是核实有关情况。以下主记牛根旺老人所谈(依录音整理)。

牛根旺(小名黑豆,时年85岁)谈:碧霞宫(庙)神像很多,主神是九天圣母,居正殿。后殿是二仙奶奶。再往后是"三皇治世"塑像,赤身露体,只是下身披有树叶,手拿谷穗,金漆得很亮。(解释)三皇之前(人)不吃五谷,由其治世才有了五谷。两边有马王殿、药王殿、十殿阎君、子孙殿、蝗王殿等。传言"先有碧霞宫,后有潞城县",说明此庙早有。每年一小赛,40年一大赛。

赛社由村里有权势的人主持举办。民国八年(1919)办过一次大赛。我是宣统二年(1910)生,民国八年已10岁。记得大赛有七台故事(抬楼)、七台"杠"(抬杠),有旗牌銮驾。每年小赛只唱一台戏,大赛要唱三台(梆子戏),庙里还有"龟戏"(乐户演出)、供盏。大赛时,河北武安、涉县的人都来,人太多,我父亲领我只看过一夜,怕丢了。大赛共六天,前三天香火会,有"马裨"(执马鞭的神汉),光脊背,有灵气。还有故事游街,香火会唱三天戏,然后开赛。

贾村过去也有阴阳先生,姓牛,也办过村赛。因无后人,其家的藏本都被南舍的曹满金(曹占鳌)收拾走了。可能羌城村的阴阳也拿了一部分。羌城村的阴阳名叫"六孩",忘了姓甚(今按,姓张),已故,其子名叫"泰子",官名叫"开泰",仍是阴阳。

(由于牛老提供了新的信息,当天午后又去羌城寻找"泰子",可惜时间仓促未能找见,至晚骑车返回长治。)

选录六　采访张枝群等人

时间:1995年3月5日

地点:潞城贾村

采访对象:张枝群(又名张元吉,神汉,时近70岁)、牛黑豆(时年86岁)、牛群秀(时年72岁)

采访人:李天生

概述:前一日,在南舍村采访,住曹绍令家(其为曹占鳌孙)。第二天吃过早饭,骑车去贾村(相隔二三里)。因之前访过神汉张枝群,先去其家。恰逢求神人多,只好在其门外等待,直到其出来晒太阳,才得访谈。张老小时家穷,曾住在碧霞宫看庙,中华人民共和国成立后又为生产队放羊,会接骨,识药草,最后竟成了当地出名的神汉。其记忆力很好,加之留心该庙的情况收集,谈得较详。据其讲,曹大发(已故)早年经商,有文化,办赛时当过司礼生,或许家有文字底本。于是又去曹家,其孙(时任村里会计)讲,前几年爷爷活着时,南舍的曹双枝(曹满金弟)早来找过,家里确实没有底本。之后又访牛黑豆老人(去年访过一次),其又找来牛群秀老人同谈。以下分别记述(依录音整理)。

张枝群谈:碧霞宫赛事早有。传说,嘉靖十三年(1534),皇帝还来上过香,当时就许下"每年一小赛,四十年一大赛"。碧霞宫的主神是九天仙女,平顺东峪沟敬的是其中四仙女。贾村赛共办六天,前三天主要是社火,有故事、抬杠,108匹神马,108把神椅,很是热闹。

办赛于旧历三月底进庙。若是大月,二十九进庙,若是小月,二十八进庙,就算开始。乐户是四月初一到庙。大赛时,乐户最多有125人,分担各种角色。

四月初二大摆驾,先到羌城接神,全部社火,满朝銮驾(庙上有),32柄伞,去接府君爷(崔府君),羌城管饭。去时,在西庙(玉皇庙)点人,108名算齐,包括乐户、神椅、神马等共108组,每人给个卷子(馒头)。下午返回,(神驾)摆到圆神地。接着入庙,主礼庙前读祭文,马禅发鞭三响,主礼接喊"请诸神下马",三眼铳(杆端绑有三个装火药的铁铳)响三声,接驾进庙,(神轿)放大殿东侧。接着维首(在香亭)烧香,鼓乐吹奏。然后主礼又喊"请神入殿",(之后)接着供盏。一切完毕,乐户吃饭,老奶奶(二仙奶奶)后殿休息。

初三(头场),清早有报晓、盥漱、梳妆、接老奶奶(二仙)一套仪式。太阳出山时,要到村东祭太阳(跑太阳),有清道飞虎旗、供桌、吹打、前行一行。至村东放下(供桌),前行念词,祭毕返回。然后殿外打太平鼓,供早三盏。每次供盏有前行。若是"双前行",两人穿着一样,轮着说,有时又称"前后行"。中午供盏规矩大,盏次多,加有队戏。太阳快落山时,要到村西祭风。回来再供晚三盏,供盏毕开演晚上的队戏、院本。

初四(正场)和初三大致相同,但有“堆八仙”“点故事”等,最忙。“堆八仙”由大戏班子搞,又分大八仙、小八仙。“大八仙”有上八仙、中八仙、下八仙,共24仙,又称“群仙会”。群仙各拿一块字,拼成一个“寿”字,寿字最后一点,由最后上场的孙悟空来堆。大八仙堆完,就由零家小户还愿堆八仙(小八仙)。所谓“点故事”,有六个抬楼,每楼三层,每层坐有女孩,每楼由32人分三班来抬,六楼抬的次序由马裨来“点”,先点的是第一。点完,按次序转村,加上銮驾、社火、32把伞,前有清道飞虎旗,伴以锣鼓吹奏,在村街转一圈。随着故事转街,庙里开始供盏(中午十二盏)。供盏毕,乐台开演《斩华雄》,关公和华雄先在台上打一通,再跑下乐台,这时八个小社的“香号”(烛棚)同时放鞭炮。关公先到东侧南端的马王殿,有人给刀上系好红布条,称“刀上红”,再追华雄,由东侧南头追至北头的三皇殿,再绕大殿、八卦殿、供桌,每至一处打斗一场,最后追至台上,斩了华雄。追的中间,有病魔的人家争买关公刀上的红布条。忙至午后,祭风、晚盏。毕,乐台开演晚上的队戏、院本。正赛当晚要忙一黑夜,将近天明(按,可能与“对山水”有关)。

初五(末场)和初三差不多。

初六、初七、初八,庙外再唱三天大戏(梆子戏)。搭有三个台子,同时唱三台大戏。三个台子各有特色,东西为钟鼓二楼,中间是“起脊卧龙大跑坡”。

赛社六天,每天早上吃罢饭先要“刮街”,又称“打地鼓”。共分三趟,第一趟四人,只有锣鼓;第二趟六人,加上唢呐;第三趟八人,全部细乐,所以又称“四六八打地鼓”。目的在于吆喝人上庙(按,原意是为驱邪)。

办赛乐户、执事人等,每天只吃两顿饭,太忙。

赛社三日,每晚都有“荤戏”(院本)。潞城城隍庙只有一天荤戏。演荤戏不让女人瞧,据说是给猪八戒演的。因为猪八戒从西天取经回来被封为“护坛正佛”,责任就是护坛看席(看守席棚),怕他瞌睡,就给他说个荤笑,不让猪八戒睡着。有说“二仙奶奶爱听荤”,那是误传。

黑夜演罢荤戏,“吹棚”,也叫“吹烛(ju)棚”。吹棚、吹烛本是两回事。办赛期间,大殿前面搭有“神棚”,由乐户“吹棚”。另外,社上安排有钱的商号,在庙里搭五六架“烛棚”,摆些金银玉器古玩(商号租赁),乐户也在每棚吹奏一番,叫“吹烛”。两者合起来名为“吹烛棚”。

贾村办赛时,潞城的县太爷也来上香,由主礼代念表文。主礼曾是本村阴阳牛小喜,又名喜则。其子牛金贵也办过,新中国成立以后去世,无后,埋葬时南舍曹满金帮着看了块坟地,把其家保留的抄本拿走了。

过去二月二,贾村还有个"香火会"。每年正月三十,先到村南"皇王岗"去接蝗王爷(唐太宗),也是大伞小伞、銮驾锣鼓、马裨老爷。上午去接,转至小天贡(村),由崇道村绕回,庙前下马,读祭文。二月初一前晌,先在本村转,再去史回村接"三嵕爷"。届时马裨在前,三套锣鼓家伙,还有潞城城隍庙赶来的道士参加。马裨口里扎着锥,光着上身。初三圆神,在圆神地转圈,里七外八(圈),转错了不行……

(按,之后去牛黑豆家,其又邀来牛群秀一块谈。二人先谈碧霞宫各殿名称、位置,接着回忆赛社演出等,简记如下)

牛群秀谈:我记得三天晚上演的院本。头天晚上演《小放牛》,第二晚演《慌张三上吊》,第三晚演《大闹土地堂》。(按,因其记忆欠准,答应以后再说,再回忆一下念词)

牛黑豆谈:我和牛小喜(主礼阴阳)是本家。其子牛金贵娶的是(本村)孙来发姊妹。我听孙来发说,金贵死后,曹满金帮着看了块坟地,把其东西拿走了。

(按,笔者去找孙来发,不在家,时未见)

选录七　采访西社老人王运来

时间:1995 年 6 月 21 日

地点:平顺县西社村

采访对象:王运来(时年 70 岁)

采访人:李天生、卫崇文

概述:当日乘车同去西社,去访病中的王运来老人。因其久病,先由其女儿(曹建国母亲)陪同,去了邻院王学礼家。10 点左右,探知王老已经起来,精神尚好,忙去其家。王老正在西屋门口晒太阳,访谈中因感身体不适,移到北屋又谈了一会。录音整理如下。

王运来谈:我记得四月十五潞城城隍庙、四月四贾村赛,再是平顺东峪沟赛。听我家老人说,还去过长子县三嵕岭,是长子(乐户)请去的。

问:你经历过哪些赛?

答:贾村、城隍庙、东峪沟都办过,不止一次,从小就跟着去过。过去办赛,我家有行头,由我经由(看管),(办赛时)早早就让车拉走了。潞城有八家科头,过去(乐户)办事有规矩。就像种地,这村我种就是我种,有事不能不去。

问:你说的是"坡路"吧?

答:对,不能乱。

问:队戏的行头和大戏的一样不?

答:总的说,多数一样,少数不一样。一般戏一样,队戏的行头不一样。过去兴办三天事,规矩大,我记得也是一两遭(次),一般人不行。三天全供果(供盏),他们(指时在其旁的女儿、女婿)闹不清。

问:队戏衣服和戏曲的一样不?

答:不一样。前短后长,腰里系个疙瘩带,衣服上绣有草花,无龙凤,腔调也不一样。

问:本子一样不?

答:字基本一样,腔调不一样。我还记得几句,(念)"我紫罗袍穿领仁义甲,(锣鼓)布噔布噔,每日只知三关把。镇守三关杨郡马(杨六郎),布噔布噔……"使的是锣鼓。还记得唱过《汜水关》,有姜子牙。

问:唱过《斩华雄》吗?

答:潞城城关、贾村都唱。有时间,是赛社正日的前晌。关老爷使的拖刀计,转上一圈,到台上斩。

问:演院本吗?

答:头一夜两人演《猜谜》《闹五更》,第二夜三人演《老王借担杖》,第三夜四人演《土地堂》。《闹五更》简单,我也会。《老王借担杖》(剧情)和秧歌《赶会》差不多,他(年轻人)去赶会,一个(店家)说"靠上墙根睡",他听说"叫上墙根(店家女儿名)睡",出弄下那事了,吵打起来,到公堂打起官司。他说"你跟这弄了一点红肉片"(指亲嘴);他(店家)说"你跟这弄了一道线"(指下边)。县官断:年轻人出来颠闹,(对店家)你给人家弄得挺头了,你给人家补闹补闹(用手抚摩抚摩)。他又说了些荤话,县官说"你给人家补闹下内伤了!"《土地堂》(剧情)黄张三会洪拳……第三黑夜演的,荤话少一点。

问:你记得唱"清戏"吗?

答:赛社没有,剧团听说过。清戏有吹的,在戏上是昆、梆、罗戏,演《封相》等。

问:咱们家唱戏的历史很久?

答:唱队戏,过去家里有本子,都丢了……(按,其兄王福云等之前献出过)

问:队戏分行当不?

答:分旦、丑等。粪蛋(官名王喜运,是运来大哥)唱旦,扎根(微子镇朱扎根)唱大花,运则(官名王福运,运来的二哥)唱生,坟上(村)的二秃(西社王家迁出者)唱二老花。羌城(村)的三秃(也是王家迁出者)听说唱过包头(旦角),我不理会(不清楚)。我老人(其父王根旺)唱《饯行》,顶过大净(单雄信);在潞城还唱过《烟波扫秦》,秦桧的戏。(过去)和微子镇家一块唱。三天行事(含红白事)"全供果""衬盏";(白事)"调访相",最后一天《大佛殿》是最大的规模,要出很多人(扮神),最后出个大头面具,是祖师爷,坐中间。大头面具现在不好找,我家有,上党剧院拿走过(用过)……

问:圆神地如何转?

答:转时像珍珠倒卷帘(里七外八),再转出来。东峪沟圆神时,中间不插伞,埋有香炉,阴阳知道埋在哪里。

问:赛社头场,主礼念"听命"吗?

答:这是死的(必须念)。东峪沟是黄池(村)阴阳,潞城城关是王圪计,贾村记不清了。

问:办赛写榜文、表文吗?

答:都是死的。潞城头一天接神要去泰山庙,乐户去的人都要穿戴起来,出的都是角色,穿行头,没有包头的(女的)。

问:说说接寿,如何搞?

答:正赛这一天接寿,五点就起,扮有八仙、寿星,没见(扮)王母娘娘。每扮一角,多挣200钱。穿甚念甚要清楚,我还记得张果老两句:"骑驴踏堆(倒)赵州桥,度脱华阳张果老。"

插问:在寿场吧?

答:那里有,就在村边。表演时有个前行,全凭他念,叫"穿前行",不然穿(串)不起来。这种人才不多,要会念。我家老二(其二哥王福运)家里有个前行本,他念过,下过两天功。我记得前行念:"尧王老爷坐了天下,过了七日,刮起陡岸狂风,掌殿官奏道……"(按,其所念与《周乐星图》本开篇一致)

问：寿星念不念？

答：也念，都一样（都念）。

问：说说接寿过程。

答：一伙人到了寿场，亮亮相，闪开，前行一个一个念（讲八仙）。科上人（扮八仙的乐户）有一回……接上回来，到老爷前（神前），主礼叫谁念，谁跪下将自己一段表一表（按，总称“八仙庆寿”）。

问：有无“对山水”？

答：前行词多了，都要用它。晚上还有吹棚。

问：有无扮的“二十八宿”？

答：没有。

问：有无“跳加官”“大赐福”？

答：办事（红白事）有。“跳加官”时，先加官后吹，办赛没有。“大赐福”也是办事用。

插问：有回回衣、回回帽吗？

答：办事没底，有用三疙节家伙、五疙节家伙。头疙节四人，二疙节八人，三疙节也是八人……（其中）有一疙节“摆回”，戴回回帽，穿的开氅。“回回帽”前头是尖的，不是布的，和戏上三花脸戴的尖帽差不多，还插两根翎子（雉尾），有的还穿靴。这是办事人家摆排场劲，也是乐户家抖行头。“开氅”和唱戏（小兵）穿的红褂差不多。还有一疙节穿着采莲衣，红的绿的，形状和戏上扮秦英穿的差不多。五疙节时就有采莲衣。

问：听说过“红衣行”吗？

答：属于“小吹打”，不参加赛场。

问：你们自称乐户吗，有这个叫法吗？

答：有，乱叫哩。村上看见低哒，一般人不干这一行，认为出了败家子。（乐户）见了老年人叫“爷爷”，见了年轻的要叫“爸爸”。新中国成立后，头一次去太原开会，我去了，裴丽生、王世英当省领导，那是1953年，1959年我也去过……（接着讲起自己的经历，今略）

问：再说说《猿猴脱甲》，何时演？

答：办事“跳方相”“封侯挂印”才有《脱甲》。一般人不愿干，脱下影子要挂起来……（王老身感不适，移到北屋）

问:能说说供盏吗?

答:主礼让讲,前行开始讲酒。(忽又补充)八仙穿的衣服都一样,就像戏上"把子"(扮小卒者)穿的,都一样,各顶各角,念的(词)有区别。前行穿蟒,戴官帽,有时拿竹竿。

(王老累了,录音结束)

选录八 采访贾村牛群秀等

时间:1996年4月7日

地点:潞城贾村牛群秀家

概述:当日清晨,骑车去贾村,先去村里大队部,支书正在开会,于是去找牛群旺老人,适逢牛老正在门口打煤糕。由于之前有过访谈,已是熟人,遂又找来牛黑豆老人一块谈。以下记录牛群秀老人回忆的院本表演(依录音整理)。

牛群秀(时年73岁)讲:头一天(头场)是《小放牛》,前边一个走,后边两个跟。前边那个"跌凉腔"(按,实指说荤话),后边二人发问。

问:你在那儿放牛?

答:在两奶尖山。

问:哟,(一走)那不跌下去了?

答:是一马平川。

问:在哪里喂牛吃草?

答:在蓑草两岸。

问:在哪里饮牛?

答:在没底黑泉。

问:那不把牛跌进去了?

答:我有探水竹竿。

问:那把竹竿跌进去呢?

答:我有一对把门判官。

这是一段荤话,指女人的两乳、肚子、阴部,和男人行房。接着表演《闹五更》。

甲唱:一更里来哪把一秀才,

好不该把老娘门拨开,

老娘不是那种人，

你拨你拨你只管拨。

乙说：屌，拨开门还不干那会事？

甲又唱：

二更里那把一秀才，

你不该站到老娘脚底来，

老娘不是那种人，

你站你站你只管站。

又唱三更：

三更那把一秀才，

你不该上到老娘炕上来，

老娘不是那种人，

你上你上你只管上。

又唱四更：

四更那把一秀才，

你不该爬到老娘肚上来，

老娘不是那种人，

你爬你爬你尽管爬。

又唱五更：

五更那把一秀才，

你不该给老娘揾(塞)进来，

老娘不是那种人，

你揾你揾你只管揾。

……

(按，此与《老王借担杖》有关)

第二天黑夜是《土地堂》。第三天黑夜是“讨三书”，三人表演。(按，依平顺西社乐户老人王来运讲，头一夜两人演《猜谜》《闹五更》；第二夜三人演《老王借担杖》；第三夜四人演《土地堂》，即《三枝花大闹土地堂》。)

【注释】

〔一〕此标题，指以下是依“二十八宿值日”顺序开列的乐次。其内容，“乐次文”“乐场榜文”“乐台出牌”均要用到,正式书写时均有固定格式。此处用于“乐台出牌”(详下),具后期赛社特点。

〔二〕此小段是针对“乐台出牌”所加的说明语。言指:乐台出牌时不写值日宿神的具体姓名(如“角木蛟”值日,不须写“邓禹”姓名),只开列该宿的“形容、衣色、物件”即可。

〔三〕此“角木蛟值日”,下写着“潞城县南贾郁维首”云云,正留着贾村办赛的痕迹。据今调查,该村赛社以碧霞宫(祀碧霞元君)最为正规,每年一小赛(小办)、四十年一大赛(官府参加大办),均以农历四月初四为期,前后六天。每逢大赛,周围各县乃至相邻的河北、河南等县亦有人前来观看,庙会甚隆,民国初年仍在举办。当地村民传言“先有碧霞宫,后有潞城县”,更见该庙历史悠久,赛社早已有之。

〔四〕“姓”乃旁批提示。届时要将主礼先生之姓旁填此处(可不写名)。

〔五〕赛社另本记有《前行分戏竹》一篇,言“二十八宿置了二十八般乐器”,每宿对应一种乐器。故角木蛟一宿“置下筝”。以下类似不注。

〔六〕此句言指该宿对应的宫调,可用的乐曲。“正宫”即正宫调,属二十八调之一,对应角宿。因角木蛟属东方苍龙七宿中的第一宿,依“七政”(木、金、土、日、月、火、水)序次排列,该调又属“第一品”。按《宋史・乐志》记,“正宫调”其曲三,曰:《梁州》《瀛府》《齐天乐》。与此处所记比照,三曲中唯《梁州》相同,至于所记的《粉妆》《夜叉》,或属《瀛府》《齐天乐》应用中的变名,或同属《梁州》变体,或为他曲,无考。

〔七〕“好食素物”,指该宿食性,由五方、五行、五味、五脏之类的对应关系而来。角木蛟一宿属木,对应春季,位东,喜酸,由酸而言其“好食素物”。以下类似情况不再细注。

〔八〕此句的“前后两衙”,指赛社的细乐、粗乐分前后两班。细乐用于神前供盏,笙、箫、笛、管,细吹细打;粗乐用于乐台表演,供盏时多演队戏,甚至以其代指供盏表演,故有“队戏陈列于后”一说。值得注意的是,之下所列的供盏剧目,已见可用南戏传奇的出戏代替队戏(衬队),留着明清赛社的痕迹。

〔九〕此“前行说”见于供盏开始,属较长的诗赋讲唱。依今见,可供选用的篇目仍有多个。一般“头场”多用《讲路台》《讲戏竹》之类,“正赛”多用《百寿赋》《百花会》之类。此处选用《三元戏竹》,当用在头场。以下类似不注。

〔一〇〕《长寿歌》,类似唐宋大曲《长寿乐》《长寿仙》,既属曲子,用于头盏“吹”,又可用于二盏“唱”,属“靠乐歌唱”。

〔一一〕《天净沙》属宋元令曲;《乐三台》类如《插花三台》,可插“花拍”。按“二十八宿”与“二十八调”对应关系,用于此宿皆为“正宫调”。以下类似不注。

〔一二〕“温习曲破”,指重复前两盏已用的大曲“曲破”,借以“舞三盏”。由于“曲破”伴舞的队戏早见于唐代教坊,与梨园弟子相关,因此又记为“梨园曲破”。

〔一三〕“再撞再杀”,即《唐乐星图》中的“再撞再煞”,指两个队戏片段;“再撞”属《大会垓》片段，“再杀(煞)”属《虎牢关》片段，届时可选。

〔一四〕《天仙送子》演董永故事。本事见于汉刘向《孝子传》、晋干宝《搜神记》等。写董永与七仙女成婚后，仙女虽返天庭，却将所生之子送还董永。宋元已有无名氏《董秀才遇仙记》戏文，今存残曲。明代更有《遇仙记》《织锦记》传奇，民间年画《天仙送子》正由此而来。按此，本目或属南戏传奇。

〔一五〕《周氏拜月》写战国苏秦事。其妻周氏，为使在外求官的苏秦早日衣锦还乡，遂于中秋夜焚香拜月。宋元南戏有《苏秦衣锦还乡》(见《南词叙录》载)，元明南戏又有《金印记》(苏复之作，见《古本戏曲丛刊》据明刊本影印)，明代高一苇又有改编的传奇本《金印合纵记》(又名《黑貂裘》或《黄金印》)。按此，本目乃南戏传奇中一出。

〔一六〕《尉迟赏军》，明刊本有《白袍记》，《古本戏曲丛刊》据以影印，写薛仁贵跨海征东事。依写，尉迟恭奉命犒赏三军，唯恐不周，扮作小军查访，终于发现张士贵冒领薛仁贵军功事。按此，本目也属传奇中一出。

〔一七〕此盏因是最后一盏，按规矩应演队戏。其结尾既有“合唱”，又有前行“遣队”诗赞，借以“收队”。故一般记为“合唱，收队”。

〔一八〕此项“正队、院本、杂剧”所记的剧目，用于晚上乐台演出，已无供盏乐规的限制，具体剧目可任选，此处所记为实例。

〔一九〕“正殿禀状”用于主神大殿禀告赛社之由，与当天“下请”(请神)有关。值得注意的是，此文见请主神“至期来格”。显然，主神也类客神，届时需请。见如贾村“六月六”赛，届时主神“三嵕”需到史回村三嵕庙去请，在其“正殿禀状”后，才又接回贾村碧霞宫(该庙见有三嵕殿)，属“至期来格”。余如贾村“二月二”“三月三”赛社，也皆类此，故见其不同一般“禀状”。

〔二〇〕“请日”二字，是对当日所请“主神”的批注说明，届时需具体填写。如贾村“六月六”赛，其“请日”的主神需写“护国灵贶王”，即“三嵕神”。其后所写“圣诞秋报”，意指：其赛或因主神“圣诞”而办，或为“秋报”而办，“请日”并不相同，届时还需填写具体月日。

〔二一〕“灊”，通“潜”，“纯”属俗写的“毫”字。“灊毫”为“纤毫”之误，意指纤细如毫毛。

〔二二〕此标题原无，今加。因其记有“当境土地正神”云云，属“下请文”。

〔二三〕“又”指“又一篇”。“头同前”，指其开头格式文字与上篇相同

〔二四〕“自上下排神位”，是对“谨请诸神圣号于后”的解说。依规，下请文最后，都要附上所请“诸神圣号”，以便土地神去请。由于各庙排神都从中间开始，依各神地位尊卑，向两边排列，故见此处也仍“自上而下”排列。

〔二五〕“请寿文”用于正赛“迎寿”。届时寿场供有寿星神位，念此文。

〔二六〕此句缺“沦”字，今补。《列子·天瑞》言：“气形质具而未分离故曰浑沦。”“浑沦”亦作“混沦”，未分明也。由于寿星源于天元之“气”，早又“形质”兼备，见为“注生大帝”，故言

其“浑沦全性”。

〔二七〕“寿星赠筵主表”用于寿星向“主神”祝寿时。依规，届时有“寿星与筵主上寿”“与合庙诸神上寿”“筵主与寿星回酒”等节次，每一节次供三盏，每盏或读表文，或念祝赞，礼节繁仍。此表用于“寿星与筵主上寿”第一盏。

〔二八〕此句属对该“表”说明，今置括号内，以下类似不注。所谓“红写”，即用红色写于黄表纸上。既需“直写”，又属寿星所用，开头“不写乡贯”一套。

〔二九〕“表赠西王母”一语，属提示说明。意指“寿星赠筵主表”并非寿星亲自呈献，而是由西王母代劳，交由主礼代读（属“用表赠表”），故有此语。

〔三〇〕此表，属社首代表社众向主神祝寿的表文，依规，用于“寿星与筵主上寿”第二盏。

〔三一〕“枢电呈祥”出自典故。按《史记·五帝本纪》言，黄帝之母见大电绕北斗枢星，感而怀孕，生黄帝。故每以“电绕枢光”“大电绕枢”以示吉祥。

〔三二〕“老人星祝语”乃提示说明。意指此表念毕，接有老人星（寿星）扮者念一段祝寿之语。类如前行“祝赞”，再接“寿星与筵主上寿”第三盏。

〔三三〕此表，属主神（筵主）“回赠”寿星的表文，用于“筵主与寿星回酒”第一盏。从而有来有往，也供三盏。

〔三四〕“某神”，即主神（筵主）。不同赛社填写不同神名。

〔三五〕“东王母”类如“西王母”，此表由其转呈。

〔三六〕此表，用于“筵主与寿星回酒”第二盏，属“士民社首人等”向寿星敬献的表文。

〔三七〕此句中的“玉皇”，依《唐乐星图》本所见，应为“皇帝”，故改。其“太上皇帝诏”云云，与宋徽宗诏令频频，“令赛社”有关。

〔三八〕“东华帝君”亦属提示，言指此表由其扮者呈于寿星位前。之后，也类“寿星与筵主上寿”第三盏，也见“无表”，也接“祝赞”。

〔三九〕此表，用于“与合庙诸神上寿”第一盏，属“士民社首人等”向玉皇、寿星、主神包括在位诸神祝寿的表文，故见“普祝众圣”。届时，由“汉钟离”呈于玉皇位前，仍由主礼代读。其二盏、三盏“无表”，以“祝赞”结束（详后）。

〔四〇〕此文，用于迎神之日。依规，迎神队伍游行至大庙门前（三门外），社火队伍散去，诸神仪仗（神桌神轿等）在庙门前作“下马”仪式。届时有土地、五道将军（亭子端其神位）由庙内迎出，献下马三盏，依次念此文。然后进庙。

〔四一〕“升殿文”，用于迎神进庙后的“安神”仪式。届时，亭子端着诸神位牌站立香亭前，主礼先生念此文，依次将各神位排安放大殿。此文，既有主礼先生的念词，又有相应的礼规说明，相互夹杂如下。

〔四二〕以上，是请玉皇首先登殿安坐。“生跪玉皇前说”属提示语（以下类似），意指，主礼（即“生”）先是跪在玉皇（神轿）前念，再由香亭“西下”而念，以遵“东上西下”之规。

〔四三〕此句，指主礼得到玉皇“旨赐”，已可命令诸神。所谓“进旨”，与前“生跪正殿禀奏”有关。届时主礼先在大殿跪拜，得到玉皇“旨赐”，再出来发令，即所谓“进旨”。于是令诸神依次升殿，具体详下。

〔四四〕此文用于安神之后的下马宴，供“三盏”，比较简单，三献酒即可，称初献、亚献、终献。每献伴有鼓乐（俗称“打拜鼓”），祭者上香，接以四叩拜，第四拜不起，祭者捧杯、酒司斟酒，接以前行讲酒（诗赞四句），再由主礼代读一段祭文（旁跪），然后奠酒、平身（起），是为一献。具体如下记。

〔四五〕“初献礼”属提示。以下类似不注。

〔四六〕“省令文”，即“听命文”，用于头场开始。届时，香老、社首、乐户、亭帏、厨师等办赛人员集齐香亭之下，主礼假借“神旨”发布有关命令。此为后期办赛所用，已见简化。

〔四七〕主礼念此“听令”毕，众人齐跪香亭之下。

〔四八〕此句，是主礼向“尊神”奏禀。届时，主礼需转向大殿跪奏。

〔四九〕此句表示，主礼已领受神旨，将要发布命令，故让众人“听令打躬”。

〔五〇〕宋元以来的赛社，每设四司六局，含厨局、酒局、茶局、棚局等。届时，主礼每念一局，该局人员先往神前上香，再由主礼假借神旨向其宣布命令，礼规同前。此处从简，唯以“膳夫”代表。以下“省令乐户”相类。

〔五一〕“开封文”用于神厨开酒坛时。因神厨供有“监斋神”，届时向其叩拜，念此启封文。类此，又有“开铛文”（用于油炸供品时）。

〔五二〕“台”指“台盏”，即酒杯。“倾台者”即斟酒者。

〔五三〕此“讲山文”，用于寿场“迎寿”时。届时，向寿星神桌献三盏，故也记有三段念词。

〔五四〕正赛祝寿时，香亭同时供有皇帝位牌，故又有此“祝皇文”。依笔者调查，清末民国仍然。见如长子县，仍供“当今在位皇帝”位牌，仍类宋徽宗将其神位列于“万寿宫”，仍要“祝皇”。届时供三盏，念此文。值得注意的是，以下所抄内容，竟与长子县发现的《唐乐星图》本所记的三个《祝皇文》全同，正见上党各地赛社相互关联。

〔五五〕此句属提示。所言“古论祝皇”，即上“祝皇文”，见于《唐乐星图》本，记称“古论对”，故见此处又称“古论祝皇”；所言“女乐《普太平》”，是指“头盏”念毕，接以“女乐”舞唱，所用曲目为《普太平》。以下类此不注。

〔五六〕此文，也用于正赛“祝寿”时。见如前记，届时“寿星与筵主上寿”“筵主与寿星回酒”“与合庙诸神上寿”各三盏，有的盏次“无表文”，则需念此“祝赞文”。

〔五七〕此段，属“寿星与筵主上寿”三盏的总提示。从而，见其“一盏”要念“寿星赠筵主表”，不但在前已记，且强调“表赠西王母”，故见此处提示“用表赠表”，由“西王母持来承献”；见其“二盏”又有“社首回筵主表”，不但见前也记，且需再接“老人星祝语”，故见此处提示“老人星祝赞语”，并记如下；见其第三盏“无表文”，不但也有“祝赞语”，且见也记如下。

〔五八〕以上四句，即其二盏时的“老人星祝语”。

〔五九〕以上一段，属其三盏时的“祝赞语”。按下提示，届时由“曹国舅致词”。

〔六〇〕此小段，既属上段提示说明，又属主礼“喝礼”之词。盖因每供盏伴有细乐，每“祝语”，需“暂停乐部，慢品笙簧”，所谓“贴篇古论”，即再加一篇“古论”，见如上记，属“祝语”，不但见由“曹国舅致词”，且见其词正属“贴篇诗赞”。以下类似提示不注。

〔六一〕此段，属“筵主与寿星回酒”的总提示，也供三盏。既见其“一盏”需要“回贺表”，即前所记的“筵主回赠寿星表”，正由“东王母持来承献”；又见其“二盏”需用“社首奉寿星表”，见前也正有记，与“东华帝君”有关，正可由其“祝语”；以至见其“三盏无表”，也有“赞语”如下。

〔六二〕以下所记的“与合庙诸神上寿”有关内容，见其“一盏”用的正是前记的“普祝众圣表”；见其“二盏赞语”既有散说的“语”，又有类诗的“赞”，不但提示“玉女寿词承献”，且见其“语”属主礼代读表文的念词，正属“祝语”；以至“三盏赞语”记为“伏以尊神专祈”云云，属主礼代念的“表文”，不但突破了“三盏无表文”之规，且见提示“寿词承献”，至于由谁“呈献”更加自由灵活。

〔六三〕此“榜”赛前写就，张贴于庙，告诫有关人员，需遵赛社“规矩”。

〔六四〕此上下两句中，所谓“殿上纠坛之神”，正指“二十八宿值日”者，正有“鉴察是非”之责；所谓“书表之司”，正指主礼，正可“启奏善恶”。

〔六五〕此处“建溪”代指名茶。盖因“建溪”出在福建，其茶著名。

〔六六〕此句中的“楮”代指纸；“纸马”言指神前供奉的“纸扎”祭品。盖因汉代蔡伦发明造纸之后，至唐“赛神”已有此风。

〔六七〕此句，言周代兴起钱币之后，至汉代已有邓氏铜钱。“邓氏”，指西汉邓通，汉文帝赐其铜山，自铸钱，于是邓氏钱见行天下。

〔六八〕“各局社首”之后，届时要填写具体“人名”，故空开一格。

〔六九〕此“讲山文”，也用于“迎寿”时，故所记有两次“又山”，为三段，分别用于“三盏”。与此相关，见前已记有“讲山文”，也正三段，也正用于三盏。依记，前者三段较文雅，当属主礼所念；此三段较粗俗，甚至错误较多，当属前行所讲。两者一递一接，正属“对山水”。或因此，才见分别记于两处。

〔七〇〕“当倒动”云云，乃象声语，借喻山中飞禽走兽的响动之声，犹如音乐一般美妙。正合乐户前行色讲唱的口吻。

〔七一〕预白，即预先告白，属告白文字。类如榜文，也要张贴于庙。以下所抄，为二则应用实例，一者告白“亭子”，一者晓谕“一切执事人等”。由于“亭子”也属执事者，故见原文连记，今将两者分开如下。

〔七二〕此句中的“某日”，届时要具体填写。

〔七三〕此句属批注说明,非正文。

〔七四〕此标题今加,盖因以下所记同属"祭文封皮"。其格式如同书信,读时打开。

〔七五〕此属"禀状文"的封皮。其文用于开赛时,向赛庙主神禀告办赛之意。其封皮格式,类其祭文一头一尾所写。届时,"神位前"须写赛庙主神之名,写如"××正神位前"。

〔七六〕"请状皮"用于"请状文"(即下请一天往土地庙所读祭文)。

〔七七〕"圆神皮"用于"圆神文"(即迎神一天在圆神地所读祭文)。

〔七八〕"表赠皮"用于"用表赠表"祭文,即寿星向筵主祝寿文。以下类此,皆属祝寿祭文的封皮,不再出注。

〔七九〕此篇为"安寿文",与前所记的"请寿文"用途不同。盖因迎寿类如迎神,先在寿场读"请寿文",回庙后再在香亭"安寿",读此文。

〔八〇〕此"送神文疏",类前"送神文",也用于最后一天送神时。区别在于:"送神文疏"用于送神仪式开始,向"主神"禀告,之后将诸神位牌请于香亭,焚化纸钱以祭,故有"只凭纸钱而祭祀"云云;"送神文"用于送神仪式结束时,届时将诸神送出庙外念,见有"送路之酒"。

〔八一〕此句属提示说明。所谓"疏样",指文疏开头、结尾的书写格式与内容,此文未写,故见提示。所谓"内请状"相对"请状皮"而言,指其格式与"请状文"(即下请文)相同。而请状文如前见,又同"禀状文"格式。

〔八二〕此标题今加,盖因文中见有"上请神"一语。与此相关,见前已记有"下请文"。显然,此篇以及下篇"接神文",皆属又记的应用实例。

〔八三〕以下所列"队名",不但与宋元"队子""队戏""队杂剧"相关,且类元代"搬演词话",多属"诗赞体"。其所列,应属当地赛社曾用的剧目,具体内容不再详注。

〔八四〕"清戏"非剧名,而是一种戏剧形态,详前注。

〔八五〕括号及其内容今加。盖因之下字迹与前不同,显系"后加"。故见其所记剧名也有重复上抄者。究其因,当属后期所写,或与民国十四年贾村赛社有关。或因此,不但新加了《打招牌》,且见支应贾村赛社的平顺县西社村王家乐户仍遗存着该剧的"丫环"角单。依其角单所记,其"唱"多为十字句,已属清末民初的民间小戏,大意写,一个员外为选女婿,出了个"招夫牌",被路过的杨小将把牌打碎,反而因此成亲。

第四节 潞城南舍村的"调家龟"

南舍村位于潞城城西南,村北紧接北舍村,村南二三里接崇道,村东为贾村。

这一带物产丰饶，人口稠密，相互影响，赛社繁兴。不但贾村有碧霞宫赛，村南蝗王庙有八大社（十村）转赛，且见南舍村后期自办小赛，称“调家龟”。依史，历代乐户被称“王八”“龟家”，或因南舍村原有乐户居住，其小赛原由本村乐户自办，才称“调家龟”，待考。

至民国，该村仍办小赛，每在玉皇庙举办，五年一次，村民自办。结合正月闹社火，祭祀仪式已经简化，以演队戏为主。其“五年一办”或与早初“转赛”有关，解体后才成小赛；或与“村民自办”有关，见元代赛社早多“农民市户良家子弟”“习学散乐（乐户），般唱词话”。加之清自雍正已废止乐户贱籍，一些乐户也已改业成了“良家子弟”，就见更多了村民自办的赛社，致如晋南的“锣鼓杂戏”、河北等地的“赛戏”，都属村民自办赛社的演出遗存，都在正月举办，都曾有过类似南舍村的规制。

显然，南舍村的“调家龟”又有其代表性，值得关注。

先说其办赛的玉皇庙。该庙位于村北，坐北朝南，依土岗而建，至今保存完好。庙前一条东西大道，与南北两街交汇，形成集市街口，多有店铺。庙门高出街口地面，门前建有高台；庙门上建乐台，正对大殿；大殿前为献殿，东西两侧的廊房上建“看楼”，楼以栏杆围护，供有身份的人登楼观看演出。大殿西侧今移石碑一统，记“大明崇祯十年三月吉日立”，额题《重修庙宇石桥碑记》。依其记，该庙建于宋治平年间（1064—1067），重修于元大德二年（1298）。按今见，该庙属于明清重修后的遗存。

再说该庙赛社。依村民传说，该村曾有 72 座“厅房院”（指其院内有出厦、明柱的正厅，属四梁八柱的高级屋院），出过 72 位秀才举人，明清发达一时，早有赛社；以至见有顺口溜：“南舍龟，北舍贼，铜崇道，铁贾村，珍珠玛瑙翟店村。”说明南舍“龟”（乐户）早在当地出名，早与“调家龟”相关。据村中老人回忆，民国以来至少办过四次赛社（五年一次），最后一次是 1938 年，正月办罢，正月十九，日寇的炮弹已落在村东的贾村岭上。

该村后期办赛，分四个小社。东社属王姓，只出两班乐队支应（疑其原是乐户）；财务开支，则由中社、西社、李家社承担。开支按亩摊派，俗称“卧社”。最后一次办赛，每亩收谷子五升、大麻二两、大豆一两（16 两为一斤），共收谷子 200 石（担）、大麻 500 斤、豆子 250 斤，仍不足用，村里又卖了几棵大杨树（公产）。

赛事筹备，由头年农历十月初一开始。届时，全村男人集齐大庙，每人两个烧饼一碗豆腐菜一吃，分工就算敲定，有“十月初一上大庙，一碗豆腐两火烧，吃了鳖也跑不了”一说。于是，由社首等分任总理、副总理、书记、采办等，配有杂役，在社房办公；由12个科头分管演出，台上八个科头主管赛戏排演，台下四个科头主管音乐吹打；主礼先生历由本村曹氏阴阳担任，最后一次是曹满金（1994年去世，享年87岁）；演员由村民分担，角色是父子相传，无子嗣者传近亲，一般不传外人，重要角色多由科头或有地位人家传承，穷家多演配角。据说传演“华雄”一角者后辈穷了（抽大烟），另有开饭铺者发了财，想接手，管了对方一段饭，才算将其角色“买”到自己名下。赛社中的“前行”由善言词的村民担任，不如乐户正规，常信口现编。比如“下请”时见念：“进了土地堂，塌成个窝圪囊，东边一只虎，西边一只狼，来请土地走一趟。”又如祭风时念：“前行来祭风，出门脸朝东（本应朝西），过上三两天，不管你刮什么风。”如此等等，信口而来。

该赛三天，演10本大戏，另有队舞一场，剧目固定不变。所用戏衣行头，后期多向平顺县西社村王家乐户租借，届时王家有人跟箱，最后一次跟箱的是王来运。排戏每请本县微子镇朱家乐户，最后一次请的是朱扎根及其子朱招群、朱群才，除帮排演化妆，或又配合村民加演地方戏。其敬神演出仍类乐户，身穿“龙褂”，腰系“疙瘩带”；前行也仍头戴丞相帽，穿红蟒，手执系有红布的竹竿；神前供盏音乐吹打，仍类乐户，仍穿绣花、堆花的开氅。

所演剧目，先依村中保留的“都本”（今遗）抄好角单，再分头学练。最后一次，见由主管科头李大金“拉角单”（分配角色），再由书记抄好“角单”（具体念词）分给各人，接到角单的村民就需每天背念，干活走路也常念念有词，每逢三、六、九日集中大庙排练，以“刮街”锣鼓为号。届时，四个十多岁孩子架一鼓（一人背一人打）敲两锣，沿村敲打。头遍约在下午三四点钟，通知人们早点吃饭准备；二遍是晚饭后，敲毕人员就要到庙，若有不到者，将锣鼓挂其门口，此人就需拿上锣鼓上庙认罚。罚金为香纸一串、皮油四两（点神灯用）、小鞭（炮）一挂；若屡教不改，抱厦厅（献殿）以大绳吊起。不过因属神事，无人受罚，不等二遍“刮街”毕人已到齐。排练至腊月，变为“四六八打地鼓”，头遍四人，二遍六人，三遍八人，逐次加入笙管和唢呐，既为号令，又属赛前演练，真乃“箫鼓追随村社近，衣冠简朴古风存”（陆游诗语），一派欢乐景象。

大庙排练时，先过“背词”关，逐个检验，背熟为止。之后再练场上动作，如“推三把”“调四角”“踏舞步”“对打”等。练熟之后配词排练，台上八个科头各有分工,有的拉场连排,有的分场细排。排到腊月后期,加入锣鼓伴奏,已不限于三六九上庙,几乎整天连排,直排到正月初八正式赛社。

正月初七,也先请神。届时主礼一人,配四个司礼生(唱礼),既有社首、执事、前行人等随行,又有四班(四小社)鼓乐吹奏,凡本村各庙之神直接上庙烧香去请,俗称"游庙"。另外,也类贾村所见,先往屯留县西山去接"三嵕爷",派两个社首提前去请,接回后暂置本村三嵕庙,游庙时再统一迎回玉皇庙。不过,其请神仪规已无繁仍的"安神奏禀",将各神位牌迎回玉皇庙后,前行说:"总管社首来烧香,各路老爷去那厢(指大殿)"。于是烧香安置神位。

之后三日赛社,每日也见盥漱、跑太阳、供盏、祭风。不过从简,主要是乐台演出。故从初七开始,演员乐队一律吃住大庙,社里买有芦席,自带行李,庙内管饭三天。每日早上小米稠饭,中午拉面,晚上"菜饭"(即米汤里煮有面条、瓜菜的"和子饭")。

以下,以 1938 年最后一次办赛为例,将三日演出再加介绍。

初八日。清早先有一场队舞,俗称"试赛"或"十大赛",实即《真武降十帅》的谐音误传。在村东头的"三圣庙"演出,类如县里城隍庙赛去东山"接泰山",也扮有真武大帝等,各戴面具舞跳,因无念词,俗称"哑巴队"。从上午开始,在玉皇庙演出,剧名《征西》,又名《拿银牙王》,扮有李世民、程咬金、马三保、谢映登、秦叔宝、徐茂公、西夏王等,写李世民平叛西夏凯旋。下午,演《长坂坡》,扮有赵云、诸葛亮、刘备、徐庶、张飞、关羽、糜竺、糜芳、甘糜二夫人、曹操、张郃、曹洪、李典、张辽等;写赵云单骑救主、张飞喝退曹兵。晚上演《取西川》,又名《气周瑜》,扮有赵云、周瑜、诸葛亮、张飞等;写周瑜定计假取西川实夺荆州,诸葛亮识破,令张飞在芦花荡捉周瑜气之。

初九日。早上演《秦琼跳涧》,又名《米粮川》,扮有秦琼、尉迟公,二人对打念唱,写秦琼跳涧救李世民事。上午先演《斩华雄》,接演《三战吕布》(又名《虎牢关》)。《斩华雄》供盏时开演,与贾村赛社类同,也见华雄被关羽追到台下,最后跑回台上被斩。接着鼓点不停,就开《三战吕布》。下午演《大会垓》,扮有霸王、刘邦、韩信、张良等,霸王唱词有 1800 多句。扮霸王的李大金老了,顶不下来,又配一个李明先,两个霸王同台,一替一句的演。这个戏很长,从午后一直演到黑夜上灯。吃过晚饭演《水战庞德》,人物有关羽、关平、周仓、于禁、庞德、曹操等。写关羽"水淹七军"事。

正月初十。吃过早饭开演《出五关》，又名《五关斩将》，写关羽事。该剧共分八场，头场《挂印封金》和末场《古城会》在庙内乐台演，其余六场走出庙外，沿街转村，走一段演一场。届时，庙门外的高台设为“灞陵桥”，沿街搭的草台设为“五关”，关羽及其皇嫂一行骑马坐轿，依次而行，每至一处表演一段。因五个草台搭在各街，大致转遍全村。最后转回庙内，上台演“古城会”。下午演《广武山》，人物有罗成、秦琼、林德台、程咬金、杨林、李渊、毛把虫。写罗成捉拿杨林大将林德台、秦琼与杨林打赌又战罗成事。晚上演《黄飞虎投西歧》，又名《黄飞虎出五关》，扮有黄飞虎、纣王、黄娘娘、五关守将等，大意类《封神演义》所见。

以上三天所演，除《真武降十帅》纯为面具舞跳，其余十剧有念有唱，属“诗赞”吟唱的“杂剧”，俗众仍称队戏，其“唱”类如晋南“锣鼓杂戏”、河北等地的“赛戏”，属吟诵念唱，句尾拖腔，大锣大鼓伴奏，无管弦乐器。南舍村演出用的是庙中“老鼓”（鼓高三尺多，鼓面直径二尺二寸许），打更的更锣。每唱一句，“布嘡、布嘡”两声，是为间奏；若对阵厮杀，以“布嘡嘡、布嘡嘡……”伴奏，胜者亮相时以“布得龙咚嘡”结束。若设朝升帐，先“布嘡嘡”连打三回，再接“布嘡，布嘡，布嘡……咚嘡，咚咚嘡，咚嘡咚”，称“帅鼓”。

其乐台演出，又有固定的开场。类如“设朝”，出来一王四臣，王者王冠，四臣二文二武，一如小丑、一如大净、一戴荷叶盔、一戴乌纱，代表文武两班。王者每唱：“头戴王冠是金龙，金瓜钺斧朝天登，东华龙门文官走，西华龙门武将行”。四臣也各四句，如文臣唱：“头戴乌纱黑顶顶，身穿圆领红映映，腰搂玉带不透风，足扎朝靴白生生。”每句毕，锣鼓“布嘡、布嘡”两声，最后以“布嘡、布嘡，布嘡咚嘡嘡”作结。武将出来，“扎武步”，且有“邀锣鼓”伴随，即由一人手执小锣（多由孩童担任）引其在台上转一圈，然后敲锣者退回台侧，武将开唱。其表演，类如大戏班的踩台子、坐场，俗称“铺地”。

正式演出的10剧，属诗赞体，散韵结合，每可“突破”整齐的七字句式。如《大会垓》中的霸王就有如下念唱：

人如七煞世无双，

拿军捉将王敢当。

穿一身革戎甲，沿了边、合了袖，是王家的皂罗袍；

骑一匹两耳尖、肚有鳞、四蹄圆、踢得山，爬得岭、走一千，过八百、日行千里抱月，是王家的乌骓马。

拿一杆常先行、居后合、抡的左、抡的右，抡开了好似乌龙摆尾，是王家的火尖枪；

拉一张稍不长、把不短、寒森森、冷飕飕、力大三石五斗米，是王家的宝雕弓。

又如《出五关》，关公绿袍红脸，类如戏曲装扮，且见“古城会”已用笙和巨琴伴奏，加有管弦。据当地老人说，该剧在潞城县城隍庙赛社亦演，“五关”也全变为乐台演出。这些“突破”正与戏剧发展有关。

值得注意的是，这种“突破”既有村民参与，又与乐户相关。见元代民间早在“习学散乐(乐户)，搬唱词话”；见南舍村后期赛社演的仍是“龟戏”，仍请乐户帮助排练；见每晚赛社演出结束，属于乐户的朱家父子每又配合村民演些上党梆子片段，曾演有《夺阿斗》《雁门关》等；以至村民所演的“龟戏”每也类如乐户院本，加有笑料。如其《广武山》，就见程咬金唱：“想起当年做的事，不如回家卖南瓜。”一旁伺者提醒最后三字应是“帝王家”，程咬金却说“对，不如咱当帝王家”，以至捉来隋将林德台时，见骂：“你是他妈的什么大将？是压马的墩子，穿衣的架子，装饭的篓子！说你是木匠，没有拿锛子刨子；说你是铁匠，没有拿锤子钻子……”类似的例子还有，皆出自生活，信手拈来。

为见其实，以下也选一些采访记录。

选录一　采访曹满金老人记录(整理)

时间：1990年7月11日

地点：潞城县南舍村

采访人：李天生

采访对象：曹满金老人(又名曹占鳌，时年83岁)

概述：曹满金老人世袭阴阳业，曾任南舍“调家龟”主礼先生。《周乐星图》本(时称“礼节传簿”)就是由其保存，由其弟曹双枝(曹占标)献出。之后，因在长子县东大关村发现了《唐乐星图》本。1987年秋末，笔者曾带着《唐》本复印件访过曹老，谈到赛社情况。当其看到《唐》本队戏角单中的《大会垓·一单舞》时，曾高兴地说：“和南舍的角单一样。南舍办赛也演，霸王台词有1000多句，一个角色顶不下来，要两个霸王轮着顶。”谈到“哑巴队”等。可惜当时没有录音。因此，这次笔者特意带了个较大的录音机，曹老一见，执意不允。故仍当场简记，再依问题整理如下。

曹满金老人谈：

关于《大会垓》：霸王（台词）有1800多句，两个霸王一替一场顶。

关于《哑巴队》：正式赛场（南舍玉皇庙）不演。是在另一个庙，属乐户家“试赛”，只表演不唱。微子镇朱招群、朱群才（乐户后人）知道。

关于队戏“驾头”：一般队戏出銮驾占班，例常有四个文臣武将，每人念四句占班诗。只记得三个。其一是：“头戴王帽是金龙，金瓜钺斧朝天灯。东皇龙门文官走，西华龙门武将行。”其二是：“云雾腾腾月西平，文武两班站丹墀。东皇龙门文官走，西华龙门武将行。”其三是：“头戴乌沙黑顶顶，身穿圆领红英英。腰搂玉带不透风，脚穿朝靴白生生。”

关于“打曲破”的前行念词：打完曲破（队舞结束），记得前行念：“八宝妆腰带，珍珠络臂鞲。笑杀梅宫妃，五马顶缠头（按，应为‘笑时梅宫怨，舞罢锦缠头’）。五谷丰登，国泰民安。高摇戏竹，乐声暂止。”

关于“跑太阳”“祭风”：一行人的前面，有四面黄旗开道，旗上有“清道飞虎”四字，四人扛着，每人旗杆尾巴挂有一面开道锣。

关于“办赛”：曹老说，“你若想办，缺什么，（我）补什么”。并说，他让古驿村王福堂（由西社迁出的乐户后人）把“金箍”（乐户头饰）保存好，就是为将来（办赛）好用。

关于参赛人员等，曹老除了一般介绍，特别提到贾村，说该村办过大赛，可以去访。

选录二　采访李元兴老人记录（摘记）

时间：1993年10月16日

地点：潞城县南舍村

采访人：李天生、姜士彬（美）、杨孟衡

采访对象：李元兴（时近70岁）

概述：姜士彬（中文名）是美国学者，由山西省戏剧研究所杨孟衡所长陪同，来长治考察民间赛社，由李天生接待。时因李元兴老人写过一篇《追述南舍村“调家龟”》的文字资料，特去采访。当日午后，三人同车先去潞城县城，见其文化局长说明来意，随之同往南舍村。到村后，村干部找来李元兴老人，先看了该

村办赛的玉皇庙,庙存乐台、献殿、正殿、两侧的看楼,保存完好;另有一块碑石,额题《重修庙宇石桥碑记》,记为“大明崇祯十年三月吉日立”。看过其庙,又在村办公室一块座谈,有问有答,具体如下(依录音整理)。

李元兴谈:本村玉皇庙,刚才见有一块“大明崇祯十年”碑刻,记着重修庙宇事,此庙早是村里办赛场所。由于过去常有山洪水灾,百姓认为是神龟作祟,为祈求平安(按,之前曹满金又对笔者讲,该村是个“金龟探水”的风水宝地)。本赛一村独办,不请乐户,俗称“调家龟”,属小赛。赛社开支,全村各家按地亩均摊,称“卧社”(集资于社)。每逢办赛之年,从农历(前一年)十月初一起,开始筹备。这天村中敲锣击鼓,全村男人集中于庙上,吃顿饭。每人一碗豆腐(菜)、两个火烧(烧饼)一吃,就算承担了赛社任务,有“十月初一上大庙,一碗豆腐两火烧,吃上鳖也跑不了”的乡谚流传。承担任务的有分工,分为台上台下两种,各由科头负责。台下一科的任务,主要是粗乐(锣鼓)、细乐(笙管之类吹奏)。台上一科,主要是扮演赛戏角色,按角抄出角单,分头记诵,逢“三六九”黑夜集中,庙里排练。共学11本戏,三天赛社演完。11本戏分别是《大会垓》《长坂坡》《斩华雄》《出五关》《气周瑜》《黄飞虎》《投西岐》《米粮川》《广武山》《银牙王》(演李世民征西)和一个叫《十赛》的戏。《十赛》演的是“封神演义”故事(欠准),中间一个祖师爷,戴金头面具,其他为龙虎狮子面具(欠准)。由真人戴在头上表演。这个戏只有舞蹈动作,不唱,舞蹈为拿着刀枪对打,中间祖师爷执剑而舞。此戏排练时,当年请的是微子镇乐户朱扎根(朱招群、朱群才的父亲)指导,脸上有疤,人称“疤扎根”。此戏开演之前,先要将面具行头放在台上(乐台),众扮者烧香跪拜,之后朱扎根按角色分配穿戴。此戏不在玉皇庙演,是在村东口的“三圣庙”表演。三圣庙供有三位神,坐的是青狮、白虎、朝天犼(怪兽)。三位神可能是赵公明的三姊妹(按,实即长子县发鸠山的“灵湫三圣”)。各角色穿好行头面具,配上金瓜钺斧朝天灯,全副銮驾,大刀长矛,黄罗伞盖,一行人整队行进,(从庙里)来到村东头三圣庙表演。村东头有王、武二姓人家,按过去村规,不参加“卧社”,办赛时出双对家伙(按,以两套吹打作为顶替)。

姜问:《过五关》怎么演?

答:村里赛戏叫《出五关》,记得是11场戏。“封金挂印”算一场(乐台演),其余在庙外演,搭有五个台子。关云长骑红马,黄马(车)拉娘娘。庙门口搭的是第一个草台,算是“霸陵桥”,演关公“刀挑红袍”,这是一场。演罢,全体演员随关公行进，到庙后另一个草台，算第一关，叫“东岭关”。五个草台搭在村里的上头街、杨家街、西小庄、苇池头、东头招房（在纸上画出位置，边画边说，略），最后一场戏又回到庙上，演“古城会”，古城会的“唱”和一般队戏不一样，要变调。一般唱调用老鼓、更锣伴奏，敲打起来也有板眼。前奏一般为（模仿声音）“布噔，布噔，布噔，布噔，噌噔噔，噔噌，噔噌噔”。接着念唱，再加过门。比如演员吟唱“东华龙门文官走，西华龙门武将行”，锣鼓“布噔，布噔”。吟唱一般只用“粗乐”（锣鼓），不用管弦。五个草台表演，随行带着乐队，老鼓由两人抬着，跟着四个更锣，还有堆鼓等。另外还有两队“细乐”和“锣鼓趟”。锣鼓趟用于开道，起召唤人的作用。乐台演出还有一种“邀锣鼓”，用于武将出台“扎舞步”（亮相），敲小锣者引其在台上转一圈，站于台口一侧，演员（武将）开唱。“锣鼓趟”敲击简单，排戏时用于召唤人，也用于接神、游庙、祭风、跑太阳、三献礼等仪式，排在队伍最前，起开道作用，是个响器罢了。“细乐”有笙管笛子唢呐，请人（乐户）教，学一冬天。

姜问：还有哪些人参加，有无主礼？

答：有。还有“书记”，帮着抄写角单。还有“维那”（社首）。扮角要按角单背诵一冬天，逢“三六九”到庙上统一排练，有制度。排练前“刮街”三遍，半下午开始敲锣，是第一遍，算是提醒准备；晚饭后第二遍刮街，正式集中。一般对神很虔诚，早早就自动来了。个别人如果要钱赌博迟来（三遍未到），罚油四两（用于神前点灯）、香纸一串、小鞭（小炮）一挂。这是轻的。重者吊起，用板子打，在“抱厦厅”（献殿）吊有大绳。当然，也没人犯过，因是给神办事。“前行”也是本村人，父子相传。早上“跑太阳”、晚上“祭风”也用“前行”，穿蟒袍、朝靴，手拿系有红布的竹竿，主管给神说话。比如祭风，前行说：“前行来祭风，出门脸朝东，过了三两天，不管你刮什么风。”又如到了土地庙（下请），见庙塌了，前行说：“进了土地堂，塌成个窝疙囊，东边一只虎，西边一只狼。”再如请老爷进了大庙，（安神时）前行说：“社头总管来烧香，瞧瞧老爷去哪厢。”都是顺口编的，但编得生动。这和正规的大赛不同。赛社三日，早午晚三开戏，按说共演九本戏。另有一本《米粮川》，（正赛）大清早演，未开饭就演。

姜问：看戏的人有多少？

答：满院，两边看楼上也有人。不仅本村，还有外村人。前边是男人，女人在后边。

杨问:请外边戏班吗?

答:没有。如果一天演完三本戏,天不算很晚,或加《夺阿斗》,或唱《藏舟》等等,都是“大戏”(梆子)。由请来的朱群才父子拉上丝弦,村里人打上家伙来唱。这不是赛社规定,属于娱乐高兴。

姜问:供盏同时演戏吗?

答:不矛盾。供盏是一早一晚,时间20来分钟,完了开演(按,仪式简化,主要演戏)。晚上开演前先响几声炮,然后两班细乐比赛(按,仍类吹棚),接着开演。如早上演《银牙王》,下午演《大会垓》,黑夜演《投西岐》。最后一天演《出五关》,吃罢早饭演出,演罢开午饭。社上有饭,早上小米稠饭,中午拉面,晚上和子饭,办赛人员吃。

姜问:供盏有人看吗?

答:,妇女不多。赛社有两种戏,南舍“调家龟”演的戏没有荤话,干净。贾村赛社演有一种院本,说有荤话。

杨问:“官赛”是否八个村办?

答:潞城官赛,有贾村碧霞宫和县里城隍庙两处,属于大赛,有乐户参加。“八村”赛社是另外一回事。八村是南舍、北舍、崇道、贾村、翟店、羌城、南贡、北贡、东西天贡,十个村,属八大社;敬的是“蝗王爷”李世民,八社轮着办。比如今年南舍办,三月十八写两台好戏,庙院(放有蝗王走像)唱“落子戏”,另搭一台唱乐意班(按,属上党梆子)。唱至第三天,要送蝗王爷,抬着一个非常好的小轿,里面坐的李世民,穿龙袍,戴通天冠,送到蝗王岗,岗上有蝗王大庙,把老爷放下,六月十八再在岗上唱三天戏。唱罢该轮北舍,北舍就在最后一天再把老爷接回,等到明年三月十八北舍再唱三天,再轮办。这个赛不唱“龟戏”,只唱“大戏”(按,属后期所见),大戏不唱“唐戏”(唐代内容)。

笔者问:《出五关》行进中不唱吧?

答:不唱。走的时候排队,关老爷骑着大马在前,一行人随后。关老爷刀上挑的有“五关锁络”。锁络就是红头绳上拴个小钱,买个五关锁络图吉利,小孩不生病,卖得很快。因为“出五关”,就叫作“五关锁络”。每到一关,表演时有唱。

杨又问:《大会垓》两个霸王怎么唱?

答:两个霸王一替一句唱。因为原来唱霸王的李大金老了,就由较年轻的李明先顶,两人同时扮,一替一句。演出时穿的“龙褂”,前面短(漏膝),后边长(拖地),背绣一条龙,腰里系条“疙瘩带”,带扣是木头疙瘩做的,雕的是龙头还是狮头记不准。霸王唱词有三字、五字、七子、十字(句)不等,比如唱“穿一件滚龙袍,黑了边,管了袖,是王家的战龙袍。是一杆把不长,啥不短,寒嗖嗖,冷冰冰,是王家的什么枪——(解释)记不住了。”

(接着,杨孟衡又提了一些其他问题。如问:是否有人为李元兴写过“传记”等,今略)

选录三 采访李君兴老人(摘记)

时间:1994 年 11 月 9 日(星期三,晴)

地点:潞城县南舍村

采访人:李天生

采访对象:李君兴老人(时年 81 岁)

概述:清早骑车出发,10 点左右至南舍村,原计划先去李元兴家,问路时恰遇其兄李君兴,因其当年在村赛中扮过角色,于是先至其家访谈。与其访谈时,知曹满金老人(时年 87 岁)去世,才埋三天,又忙去曹家慰问(笔者曾多次访问)。其子曹群旺、其孙曹绍令接待中,拿出一个办赛抄本,属“民国十四年”抄立,供我参考。之后,又找李君兴老人访谈,见其仅有一个患精神病的儿子,特为李老夫妻拍照,答应将照片送来。最后去了李元兴家,只是对前访谈作了一些订正和补充。至晚返回长治。

李君兴谈(依录音整理):(我)从小学过油匠、木匠,会做面具,参加过村里三次办赛:10 岁一次,15 岁那次村中未办,20 岁一次,25 岁一次。因为家穷,只演过丑角(三花脸),属于小角色。

村中五年一赛,因为自办,称“家龟”,队戏角色由村民担任。从正月初八开始,三天共演 10 本戏。

正月初八演三本。上午演《征西》,又叫《拿银牙王》,有李世民、秦琼、程咬金、马三保等,去捉银牙王。下午演《广武山》。黑夜演《气周瑜》,记得还扮有姜维,刘备东吴招亲,姜维也来气周瑜,问“还有花姑娘没有?”(按,所言姜维或是赵云,或是 1938 年演出时乱加)

初九演四本。早上演《秦琼跳涧》,秦琼和敬德比武,时间不长。上午演《斩华雄》。下午《大会垓》是大本戏，一直要演到天黑。晚上演《水战庞德》，周仓捉庞德。

初十演三本。上午演《过五关》。下午演《长坂坡》。黑夜演《黄飞虎出五关》，又名《投西岐》，是《摘星楼》中一段。

（接着谈自己扮过的角色，以及相关剧情）

《征西》中我扮程咬金，记得唱词有"头戴金盔明晃晃，身披铠甲赛似霜，胯下乌骓马一匹，宣花斧就在手内提"。接白："四弟五弟，宣我来有何事由？"说是要征西哩，就一块走了。还记得李世民几句词："马三保，你马上先行，秦恩公（秦琼）随后压营，左边程叔父，右边是罗成。"

《广武山》我也演个小角色，叫"毛霸虫"，是个三花脸，逗笑。秦琼战罗成时，杨林让毛霸虫观阵，记得唱词是："头戴金盔——是个疙漏漏，身披铠甲——是前后两溜溜，你要问我真名字，朝廷是我小舅子。"穿的就像穆桂英身边"木寡"一角。我先在后场喊"周文"，前场答"燕武"，出来说："元帅有令，叫我看是干啥。"接着"启禀元帅，叫我进来干啥，先打头仗？"杨林说："不用你打头仗，今有罗成战秦琼，你去高岗观阵。"我说："噢，叫我观阵，你传令。"杨林说："我传你一令。"我再唱："今日遵了元帅令，命我观阵走一程。低头出了营门外，拉马高岗——去他娘！"下场。最后上来还有几句，元帅问怎样，我答："一个使的明晃晃，一个使的晃晃明，我知道哪家败哪家赢？"元帅骂："你这个奴才，下去！"

《跳涧》我无角色，记得秦琼说："你打我三鞭，我还你两锏。"

《斩华雄》记得曹操说："吕布骂阵我惹不起，让桃园弟兄去杀吕布。若吕布杀了他桃园弟兄，也替我除了害了。上马金、下马银，十二美女来弹琴，也买不动关公一片心。若杀了吕布更好，就能除了董卓。"吕布骂阵时要亲自出马，华雄说"杀鸡焉用牛刀"，他出了马。这边关公出马，倒酒时关公就说"不用酒冷"就斩。斩了华雄，紧接着"三战吕布"，就是《虎牢关》。

《大会垓》我扮过三个小角色。第一个扮"陆贾"去楚营下书，记得唱词有："挑挑挑，挑挑挑，某某地方（地名记不清了，是霸王营地）来到了。门上谁在？下书人要见。"进去，霸王问："哪国来？"我故意说："那骨？骨可多来，眉棱骨，眼眶骨，大王你看，下边还有个黑屁股。"霸王："嗯，我问你家！"我说："你问下官我的架？架可多来，葫芦架，黄瓜架……小寡妇半夜生心啦，大王——""那叫什么？""那也是一架呀！""嗯，王家问你什么，说的全是淡话，拉下斩了！"我忙喊

"冤枉,冤枉!"霸王说:"拉回来。王家斩你,你有什么冤枉?"我说:"你这么大的大王,你怕刘邦,就先把来往之人斩了?两家交战不杀来往之人呀!你杀了来往之人,你好似不是大丈夫!"霸王:"啊,要是这样,不杀你。王家写上一信,你可敢捎?"我说:"你敢写我就敢稍。"霸王写信,带书返回。第二个扮的"天蓬元帅樊哙",记得唱:"我本是天蓬大帅,坐下马麒麟压寨,跟汉王殿前为臣,我本是大将樊哙。"白:"我主有令,待我上前去看。"刘邦说:"我命你九里山前排仗。"樊说:"末将排的什么,待我先打头仗。"刘说:"不用你打头仗,你到九里山上摩旗去吧。"是个摩旗官,下场唱:"辞别元帅出大营,搬鞍上马没久停,九里山前不用我,山上摩旗走一程。"第三个扮大将"闵子奇",弄了个小船,等霸王来到江边说:"我这小船连人带马不能渡,渡了马渡不了人,渡了人渡不了马。"霸王说:"那你先将我的马和枪渡过,再来渡我。"我说"行",拐到枪马,渡到江心大喊:"我是大将闵子奇,来拐大王的枪马来了,不过来啦!"逼得霸王乌江自杀。

《过五关》扮过"报子",是向各关通报情况。如到了"东岭关"(草台),先去通报关上:"报!关某云长,保定二皇娘出了许昌,策马要从此关经过,曹丞相命你小心在意。"然后跑到下一关去报。演时,庙门口搭有"霸陵桥",先"刀挑红袍",再过五关,最后庙台演《古城会》。五关搭在村中几个路口,关公一行沿村转,刀上系有"五关索络",孩子们拿个图吉利。每过一关,关公都有词唱和表演。"唱"和现在的唱口不一样,光有打击用的鼓和锣,无其他乐器。鼓用大庙的"朝天鼓",和北京皇宫的大鼓一样,我去过北京,见过。锣就用村里打更的"更锣"。

(以下是回答提问所讲)

十本戏中,《虎牢关》《长坂坡》《大会垓》也是三回大戏。

(过五关)关公是红脸,有台词。

过去村里有"都本",很厚。排戏按各家分配角色,代代相传。我家穷,只能演个小角色。(举例)村里有个演华雄的,后人抽大烟穷了,有个开饭铺的管了他一段饭,就把华雄角色"卖"给了人家。

排戏不请教师,"科头"手里有"都本"。万一谁家后继无人,科头有底,排演不误。我记得的科头叫李大金,还有个叫"大嘴"。办赛时,各家角色找科头抄词。

村东头有个奶奶庙(现存),演过"十大赛",是办赛第一天(初八)早上演。

扮有十个神，其中有“金头”佛爷，其他天兵天将有哪吒、杨二郎、雷震子、韦陀，再就记不清了。都戴面具，纸糊的。我从小学过油匠，会做面壳，就是拿纸在模子上裱糊，厚厚几层，晒干后揭下来，然后涂彩画脸开眉眼。一般闹红火的面壳，如孙悟空的面壳，可以卖。“十大赛”面壳不买卖，演后保存。做法都一样。孙悟空的面壳和现在买的差不多。“十大赛”光表演，不唱，老百姓叫他“哑巴队”。初八早上，在奶奶庙“舞”一通，还要出来沿村转，有三疙堆家伙（三班吹打）：头套（班）和“细乐”吹打一样（穿氅），第二套唢呐，第三套挎两个堆鼓（小鼓），有两个唢呐。

（赛社三天）每天早上“跑太阳”，下午“祭风”，中午还要加一趟“刮街”。

我一共参加过三次村赛。10 岁上一次。15 岁那年，村里无钱，开支大，未办成，结果死了两个“科头”。所以 20 岁那年村里再不敢不办，办了一次。25 岁那年，办了最后一次。我 22 岁那年，日本鬼子就来了，23 岁时日本鬼子有事走了，到 25 岁时村里抓紧办了一次，（钱不够）还卖了几棵大杨树。刚办完，五月日本鬼子又来了。我一辈子是在战乱中活，由清变民国，变了民国就打辽州（今左权县），打了辽州就是“红枪会”，打了红枪会就是“民国十九年，老将打老阎”，然后就是日本进攻……

《大会垓》霸王唱词很多。两个霸王轮着唱，也是培养新人需要，科头李金则（李大金）顶的霸王可好哩。

（打击乐举例）如霸王唱“头戴金盔，（打击乐）布挺，布挺”，这叫“单龟”（单槌敲打）。若是贾村大赛，是“双龟”，布咚仓。打法有区别。如《征西》，李世民唱“不是小将夸海口，布挺，布挺”，“两军阵前无双手，布挺，布挺”。如敬德唱“头戴紫金盔（布挺），穿革戎袍（布挺），胯下乌骓马（布挺），手提火金枪（布挺，挺，挺，呛）”，接白“敬德后帐遣兵演武，忽听元帅有令，上前进见（布挺呛，布挺呛，布挺呛），啊呀参见元帅！”“少礼。”“多谢。”大致如此。

跑太阳、祭风、供盏都有词。前行、后行穿戴一样，拿一根竹竿，系着红布。游街时还有个“老朝廷”，手拿拐杖，跟在前后行后边。

供盏有亭子、帏子，亭子端盘，帏子搭个小伞随后。

贾村大赛，也称“官赛”，我见过。乐户义务演出，不挣钱，光管饭。因为乐户支了官赛，这块地盘的红白喜事他就包了，能挣这些办事钱。乐户分有界线，各挣各的地盘钱。贾村大赛又有“故事”，很红火，现在没啦。有抬楼，分三节，32

个人抬着，上边坐七个人，都是女的，戴五六挂锁珠，最顶上坐一个人。两边还有挎桩（扛桩），另外还有抬杠。每年办是一台戏，40 年大赛是三台戏。

我还去（平顺）东峪沟看过一次赛，见过那里圆神地社火，有 132 把银伞，很好看。当时不到 20 岁，日本鬼子还没来。（按，接讲其所见，与笔者考察一致，今略）。

选录四 南舍赛社遗存角单

［按，南舍赛社的“都本”已佚，但因角色家传，李满仓家仍存当年角单抄本，由其子李连枝献出，并由李元兴老人提供给笔者。该本含封面共八个麻纸双折页（16 个单面），右侧以纸捻装订。封面残破，正中竖写“□□（民国）柒年拾月初一立至正月初八、九、十”，当是民国八年（1919）演出所用，其中所记《虎牢关》吕布、《大会垓》韩信两者角单，内容尚全；最后一页已残，仅存“领旨出朝，地动山□（摇）”“遇水架桥”等字，当属另一角单残存。显然，李满仓家传的属“生角”。今将前两角单校录如下。］

《泗（汜）水关》吕布〔一〕

赤兔马荡开海内泉，幡（方）天戟杀过夜明关。

董卓手下为甲（佳）将，姓吕名布字奉先。

吾乃吕布可表，祖居不远，家居庆元县人氏。先扶丁建杨（阳），后投董卓，梁（凉）王不敢轻代（待）于俺，加俺温侯二字。正在后帐稳坐，忽听三军营中呐喊，言说有一赤面长须之人将华雄斩了，哪一个敢与华雄状（复）仇？是我应声答曰：我敢与华雄伏（复）仇！未从上阵，看我披卦（挂）时候：

听三军方才道罢，恶狠狠把我的银牙咬下。

有华雄阵前苦死，到招我心下长卦（挂）。

众二（儿）郎听我吩咐，营门外被（披）就战马。

叫三军打开培（氆）笼，看我的全身披卦（挂）。

头戴紫金关（冠）三叉，莫亦（狻猊）战袍似梨花。

朵朵绣团花弓碗（挽），龙角面（内）箭插似梨花。

手使方天戟，转（纯）毛赤兔马。

吕布身披甲，勇往动杀法（伐）。

英伟世无双，雄才四海扬。

束发金冠簪未短（“未短”由“雉尾”误为“尾雉”来），

参差宝带兽平吞。

锦袍居身飞风（凤）起，龙驹跳踏起天飞。

胆（单）戟荣（荧）煌射秋水，诸侯胆裂心皇皇（惶惶）。

〔跃出燕人张翼德〕〔二〕，答话者你是何人〔三〕？

高骂刘备关张，道叫俺阵前追你。

大儿（耳）贼赤须面长，红脸汉投奔他乡。

只留你张飞清净，你亦层（曾）杀猪宰羊。

对青天发誓赌愿，活捉你刘备关张。

〔悬（旋）风送板〕〔四〕

汉朝天子当皇令（桓灵），眼眼（炎炎）红日降西郡。

奸臣董卓他交地（交替），刘备他亦蒙红辰（尘）。

述（护）法金纲（刚）曾知威（危），苏罗（束勒）战袍飞凤起。

龙驹插（乍）出巳（似）天飞，挂起人于（仁义）度秋水。

曹操高计传天下，各国诸侯称（逞）英雄。

温侯吕布世无双，英扎（勇战）四海把名扬。

阵前死战谁敢挡，诸侯见了心皇皇（惶惶）。

敢（酣）战未能知胜败，阵前一怒勇力献（显）。

好把张飞，咱二人马上武艺不过如此，干（敢）与我下马交战？

韩代（酣战）惊动天地反（翻），杀气泥满（弥漫）心胆寒。

吕布奉（飞）眼寻道路，眼望家乡（山）迫（拍）马还。

动开系缰走赤兔，乱走逍瑶（遥）古来反（五彩幡）。

到（倒）拖花干（杆）方天戟，吕布败走虎牢关。

《大会垓》韩信

扶立汉朝真天子，保助主公架海梁。

筑坛拜将显（悬）金印，淮阴韩信三齐王。

吾乃姓韩名信，字重英。祖居不远，淮阴人氏。先为楚臣，官封提牌执戟郎，那是（时）我嫌官小职轻，不愿到罢（霸）王手下庆（称）臣。自从罢（霸）王封官，张良把我计（记）在心上，卖剑访贤，顺说于我，辞楚而归刘。那是（时）我保（褒）

州投君,汉王见我身出寒贱,轻代(待)不用,是我力迫(拍)流马而去。行自(至)寒溪江边,寒溪水涨挡住去路,萧丞相月下追赶,将我赶回。使(是)我明修栈道,暗度陈仓,得了三齐王之位,保汉王咸阳为君。恐君不信,有诗为证:

我本是淮阴韩信,真乃是栋梁之材。

赶君喝马选将来,叫我作领先元帅。

萧丞相三反(番)举我,召我韩信挂印显牌。

筑坛台推论(轮)上将,曾受过高皇八拜。

方才升起宝帐,令只(字)旗无风自摆,必有贵客来也。

才坐下三军少叫,雾腾腾云遮龙(笼)罩。

叫三军守把营门,军情事禀我知晓。

●传出有请[五]。子房公在哪里?〔双笑〕

作(昨)日喜鹊迎头吵,盏内灯花朵朵开。

今有万年高士卧,月明之下贵客来。

子房公每路多受风寒,子房公身边可好?●有何德能敢劳子房公一问。●子房公发笑为何?●那些汗马功劳?●末将因造会垓图样,所以三选(宣)二召不下齐城。●造齐。●三军左右军,将会垓图样卦(挂)起,照(叫)子房公观看。●羊(央)你头行,末将点起人马遂(随)后就到。●三军左右军,本帅固陵见君,你们弓上弦,刀出鞘,每路上公买公卖,不可校(搅)扰黎民。本帅披卦(挂),捎(稍)才马上。营门外炮响三声,拔开起营!

炮响三声离齐城,会垓一战灭重童(瞳)。

五年心(辛)苦定天下,兴刘灭楚立大功。

(今按,唱毕下场,刘邦等众出场后再上,接以下念唱)

九里山前起雄兵,十面埋伏困重童(瞳)。

就地抱(刨)坑擒虎豹,满天撒网捉蛟龙。

来至固陵五凤楼前,正屯(整顿)衣冠,入朝见驾。〔朝廊时(朝郎侍)动曰(乐)〕●千岁在上,龙体安然。●身受荣驾,臣韩信见驾。●谢主隆恩。●谢坐。●千岁不必为忧,为臣自有安排。霸王生来性如烈火,九里山前大排战厂(场),修一封战书下在楚地,霸王必然来也。〔下厂(场)〕

〔二厂(场)〕

●臣自有安排。●分附大小三军,一个个遵令而行。一不许喧哗乱语,二不许乱走胡行，三不许踏怀（坏）田苗，四不许挍（搅）扰黎民，五不许交头结（接）耳，六不许私捐人情，七不许逢道破路，八不许临阵托（脱）逃，九不许临阵退后，十不许自回本营。分付将前军、将后军、左一军、右一军，起头雇尾，虎弃（弁）狼将，各擦（察）头目。摆下一支（字）长蛇阵，二龙出水阵，三山月而（儿）阵，四门斗（兜）底阵，五虎群羊阵，六丁六甲阵，七星玄武阵，八卦迷浑（魂）阵，九曲黄河阵，十面埋伏阵。一天生二日，二日生三才，三才生四相（象），四相（象）生五行，五行生六爻，六爻生七星，七星生八卦。八卦者，八八分为六十四卦，分为乾、坎、艮、震、巽、离、坤、兑。乾为天，坎为水，艮为山，震为雷，巽为风，离为火，坤为地，兑为泽。乾为天一支令箭，王陵听令：

我今领（令）你在阵前，领阵之人你当先。

行兵之人如虎豹，坐下战马龙出水。

上天天棚（蓬）龙凡世，威风凛凛斗英雄。

西北角上行人马，王陵守把乾为天。

坎为水一支令箭，卢绾听令：

头代（戴）儒林马（乌）翅飞，身披开（铠）甲层层垒。

豹壶之中银罩成，腰系代（袋）内铁雕翎。

银安（鞍）楼（篓）中双绣凤，右（又）插追箭似雕翎。

正北方内行人马，卢绾守把坎为水。

艮为山一支令箭，曹参听令：

黑暗暗，镇山岗，两条蛟龙出海棠。

立在前，去成功，

东北角上行人马，曹参守把艮为山。

震为雷一支令箭，英布听令：

头代（戴）凤翅紫金盔，身披铠甲是云飞。

胯下一匹追风马，手拿宣花斧一轮。

威风凛凛天神样，英雄可战千军将。

正东方内行人马，英布守把震为雷。

巽为风一支令箭，彭越听令：

猛力英魂志气高，威风杀气逞英豪。

胯下一匹红综（鬃）马，手提青龙偃月刀。

青骥红燕龙蛇动，要到山海呈（逞）英豪。

东南角上行人马，彭越守把巽为风。

离为火一支令箭，周勃听令：

元帅领兵登高望，临阵只（之）人守军队。

胯下一匹走阵马，杀气腾腾照九霄。

威风凛凛天神样，一个个打扮赛金刚。

正南方内行人马，周勃守把离为火。

坤为地一支令箭，张耳听令：

头戴金盔晃月光，身披铠甲赛雪霜。

胯下一匹追风马，手拿三尺大长鞭。

左挽雕弓秋月样，要到阵前九里山。

西南角下行人马，张耳把守坤为地。

兑为泽一支令箭，臧途（荼）听令：

八人八马八杆枪，八员大将在八方。

八杆大旗头领路，八员大将在中央。

八个小军来往报，一个个打扮赛虎狼。

正西方内行人马，臧途（荼）守把兑为泽。

末将带来大将樊哙，交（叫）他四魁山顶前去磨（摩）旗。一支令箭，樊哙来见！●差你到四魁山顶前去磨（摩）旗。旗往东倒，人马往东杀；旗往西倒，人马往西杀。杀他个旗倒兵散，不必（得）有误。●末将带来小将郦商，命他前去保驾。一支令箭，郦商来见！●差你到九里山前去保驾，莫可迟误！〔下厂（场）〕

［烧草牌楼］〔六〕

●何人烧了我草牌楼？就于（与）我草牌楼点形常命（典刑偿命）！●我只不的（值不得）于（与）你排兵，我亦只不的（值不得）于（与）你布阵，我手下有两员大将，一名周勃，一名王永（陵），差他二人于（与）你排兵布阵去罢。（完）

【注释】

〔一〕《汜水关》前接《斩华雄》，同属《虎牢关三战吕布》一剧片段，同为诗赞体。与此相关，见“虎牢关”唐代改名“汜水关”，唐宋艺人早在“说三分”；见由元而明的《三国演义》第五回正写“虎牢关三英战吕布”，结尾言“古人曾有篇言语，单道着玄德、关、张三战吕布”，仍引有“古人”诗赞，其诗赞正与此剧相似，乃至一些句子全同。这说明，该剧故事唐宋早有了讲唱、说唱的话本，早属诗赞体，早与金元民间“搬演词话”相关。南宋都城杭州早在刊印此类话本，流传各地。显然，南舍“都本”所演的《斩华雄》《汜水关》，正沿宋元“搬演词话”而来。

〔二〕“跃出燕人张翼德”一语，属张飞出场时念唱的一句。之所以抄于吕布角单，乃为提示扮吕布者，由此衔接以下表演。今将此类“提示”置于〔　〕内，以下类似不注。

〔三〕此句，与刘备、关羽相继出场有关。

〔四〕“旋风送板”属鼓板提示。言指双方交战时，鼓板如“旋风”一般，并加“送板”使其而下，旋又急上。

〔五〕此句之前，应有“报子”禀告，言张子房（张良）来到。为表示与前边内容有所间隔，今加“●”以示。以下类似不注。

〔六〕“烧草牌楼”也属全剧一场。与上党相邻的河北涉县，见存此剧全文（赠笔者复印件）。依写，韩信在九里山的城门竖一草牌楼，上写“七个大字”，言其在此要取霸王人头，项羽中计，火烧牌楼，引来伏兵。

第五节　长子县西关三嵕庙赛社

长子县城西关，有座三嵕庙（今毁），祀灵贶王。盖因其县北邻的屯留县有座三嵕山，传说是后羿射日处。至宋徽宗崇宁年间，敕封“灵贶王”。与此相关，长子县紫云山《灵贶庙记》宋碑（今存）言，“上自郡守县令，下逮乡党庶民，皆得通祀”，“灵贶之庙在在有之，或未庙者请神行马，大兴供献；仪仗法物僭拟王者，百戏伎乐所费不赀。官司莫之禁，习以为常”；见乾隆版《潞安府志·庙学》记，长子县城“三嵕庙在西郭外，元延祐六年（1319）达鲁花赤塔出重修。明弘治时又修，邑人阮勤记，金碧辉煌冠诸庙，露台下有舞楼五楹。国朝岁六月六日有司致祭。或谓神司冰雹，祷赛甚盛”。至今，该庙明清碑刻仍存，且类平顺东峪沟九天圣母庙，也见宋末建庙，历代重修，抗日战争爆发后其赛社活动才终止，今也有参赛老人可访。

1987 年以来，笔者曾走访过该县多位老人，并由张振南老人陪同考察过该庙旧址。

该庙早毁，旧址曾改为食品加工厂。由于张振南老人属该县人，早年经商，酷爱戏剧,赛时必至,由其引领介绍,仍可知其概貌。据张老现场指认,原庙坐北向南,北端为五间大殿,内塑三嵕主神,东配康惠昭泽王(属祷雨有应的地方神),西配一位女神(或说即嫦娥);大殿对面为香亭,木柱架构,六角亭顶,四面无壁,类如宋金舞厅,赛时置香案、摆供桌,置"常供",称"满汉全席";香亭与大殿之间,赛时插有"面祭"(花祭),屏障式,两侧有"月亮门"可通大殿;最南端为山门,上有五间大的乐台;大殿两侧为东西配殿,东配关圣殿,西配龙王殿;配殿向南各接三间平房,赛时东为主鬯室、西为主礼室;再南,又各有13间廊房,东边由北而南依次为接官厅五间、时雨厅五间、司馔室三间,西边对应迎宾厅五间、栖云厅五间、账房室三间,皆赛社所用;乐台两侧亦有房,赛时东为住持室,西为大厨房;出庙有座单孔桥,砌有花墙,称"兴云桥";过桥数十米,赛时搭两座戏台(对台),唱上党梆子,周围有店铺、饭棚、摊贩等。

该庙赛社,以农历六月六为期,前后六天,历属"官赛";由城关四街五社轮办,也属"转赛",直至民国年间仍然。依规,初三下请,初四迎神,接办三天赛事,初八送神。由于当地多旱,三嵕神祷雨有应,该赛下请日例有"接水"仪式。届时扮水官四至六名,穿素衣,戴柳帽,手捧细高水瓶,随香案人等,先往北关北高庙(地为土丘,称"熨斗台",上有神农炎帝庙)取水,至初五日头场,正式"送水"于正殿。由于该赛例有官府介入,格外隆重热闹。

据张振南老人讲,其"花祭"用五六百斤面粉做成,约3米高、5米宽,层层插戏剧人物(泥塑彩绘人头,妆以彩纸服饰,每个高七八寸),每层人物属一戏剧故事。其大庙两廊的"炬棚"(烛棚)比一般村赛更多古玩字画、玉石器皿、金银珍品。其迎神一天也称"上香会",既有四方香客远道而来,庙内香火如烟,又有迎神队伍沿街表演,前有衙役鸣锣开道、扛牌执旗、维持秩序,接有四街社火争奇斗艳,阵阵鼓乐、队队旗幡、金楼银伞、高跷旱船、举刀弄棒、扛妆抬妆,伴有"扒山虎""二鬼打架"之类表演,社首、香老、亭帏、水官等紧随其后,最后八抬大轿抬着三嵕坐像,其像金冠龙袍、红面长须、双手持笏,其轿全副銮驾,轿前标枪队马,轿伴黄罗伞盖,轿后又竖一面大红纛旗,上书"三军司命"四个大字。

三日赛事与一般赛社大体相同,也见报晓、盥漱、跑太阳、祭风,也见早午晚三次供盏。最后一天送神,先"划坛",由主礼在香亭前(神坛)用麦麸划一似篆非篆的符文,直径大约5米,以示驱邪,之后才要送神。据张振南老人言,有的赛社(如潞城)是将符文写在瓦上,打瓦即可,用意相同。

该赛演出由本县乐户支应，队戏演有《淤泥河》《岑彭马武夺状元》《斩华雄》等，也属诗赞体，每晚院本也有"荤谜素猜"，也见演过《土地堂》等。

另外，头场演有一目《鞭打黄痨鬼》，俗称"撵黄痨鬼"，与驱傩相关。届时扮一黄痨鬼，上身缠着黄布（或涂黄），穿个红裤头，被两位执戈的"镇殿将军"追赶（一红脸，一黑脸，或说称作"方相、方弼"），从庙内追到庙外，沿街而跑，黄痨鬼可以趁机抢抓街旁摊点的食物，街民也随之追打，由四街追至庙内，绕香亭大殿，追上乐台。台上早有扮阎王、判官者等候，将黄痨鬼"吊七斤"（吊在大梁上），由阎王开审，将其开肠破肚、挖眼割舌，最后放把烟火散场。或说，此目该县城隍庙赛社（四月十五）也演。

其乐户表演，也穿前短后长的龙褂，腰系疙瘩带（前有木扣作结）。唯扮关公者绿蟒、红脸、执刀，已类戏剧装扮。该赛也用"双前行"（即前后行），二人丞相帽、黑髯、红袍、乌靴，手执戏竹，与一般赛社一样。

与该赛相关，其城东又有小关岭，岭上也有三嵕庙，属周围十村"转赛"，例由东大关村牛家阴阳任主礼，传存有《唐乐星图》本，已献出，1993 年由笔者校注发表于《中华戏曲》第十三辑，可参考。

以下，再选相关资料。

选录一　宋长子县紫云山灵贶王庙碑（节录）

（按，长子县东南约五十里有紫云山，上有灵贶王庙，庙已破。此碑俯卧于大殿一侧，碑础已无。依此碑言，宋徽宗宣和四年在此建庙。或因金兵来犯，故碑末未写年号。此碑高三尺六寸，宽二尺，楷书，字迹清晰，今依拓片照录其文如下）

（碑额）

灵贶庙记碑

（碑题）

紫云山新建灵贶庙记

（碑文）

紫云山居士张曦撰

进士王翰书并篆额

下民之命，明神所司。有功于民则祀之，先王之法也。非所祀而祀焉，名曰淫祀,淫祀无福。从古以来,凡祀典所载,上自郡守县令,下逮乡党庶民,皆得通祀。是以崇建庙貌,春秋祷祀,为民祈福。潞之长子县紫云山灵贶庙者,实出屯留三嵕,盖山神也,或谓后羿,或曰三王,语尤不经,莫可考据。有司以灵应事上之朝廷,赐名庙额〔一〕。蘧村〔二〕陈彦以愿心建庙,先塑像于家。东西蘧、和谷三村共成之,择山林高胜地,鸠工度材,为殿三楹及左右廊庑,护以石阶,高敞宏丽,实宣和四年也〔三〕。由是,神有燕宁之位,民有归依之所,祈年谷、递时雨、救旱灾、弥疠疫,一乡之民禬禳祷祝无不如志,乃建庙之便利也。俗传,神主风雹,故民敬畏异于他神,灵贶之庙在在有之。或未庙者,请神行马,大兴供献,仪仗法物僭儗王者,百戏伎乐所费不赀。官司莫之禁,习以为常。夫神聪明正直,依人而行者也。徼福之民巧伪求媚,神岂易悦而私锡之福哉?幽冥之事吾不得而知之。设若主风雹,当祸淫罚恶如世刑官,禀主命、守国法,按罪施刑,不敢以私意轻重而为之。使国无滥刑,人无幸免,刑官之职耳!神监昭昭在上,岂不尔耶?又言神之威灵,苟不敬信,则出怪异以惊惧之。呜乎!以道莅天下者,其鬼则无所出,其灵响诏尔多福而已,何独与灵贶而疑之?乡首领孙发、张约砻石于庭,吾友和时蘧协谓:俗人附着,怪诡禨祥难以取信,属余为记。因辨事神之意,并作献神之歌,贻之使镵诸石。其词曰:

风黑兮云黄,叆霴兮飘扬。

金蛇掣兮激电光,雷车硠磕兮声连长。

神之怒兮猛马四张,白云飞兮流矢中伤。

草木縻烂兮积恶余殃,民畏威兮肃庄。

今也悔过兮允臧,神霁威兮降福祥。

晰昒隐兮飞龙翔,雹潜消兮甘雨其滂。

苗稼兴兮岁丰穰,羞嘉肴兮洁尔羊。

缩旨酒兮奠斯觞〔四〕,耆寿舞兮歌乐章。

神之乐兮血食一方,其德交归兮永永不忘。

乡首领孙发、张约立石

何深、庞应、王允、蘧旦、郭尹资刊

选录二　明长子县城《重修三嵕庙记》碑

（按，此碑现存于长子县北关的"熨斗台"，即"北高庙"，实由西关三嵕庙移来，属该庙原有的明碑。碑高六尺有余，宽约二尺二寸，其文如下）

（碑题）

重修三嵕庙记

赐进士第中宪大夫陕西按察司副使邑人刘永宁撰

赐进士第通奉大夫山东布政使司左布政使邑人朱卿书丹

赐进士第文林郎福建监察御史邑人鲍希颜篆额

（碑文）

粤自洪蒙至于陶唐，风气骎明，万化伊始。圣神君相，范围经理，然后天地之道开，斯民之报立，使天下后世得以遂其生而享其利〔五〕。此三嵕之累世圣德，神功其大者如此。县城之西不二里而近，旧有三嵕庙，所祀羿神也。羿神之称为三嵕，前侍郎阮公记之详也〔六〕。按史记，帝尧命神缴大风、射十日、杀猰貐、断修蛇、禽封豨而万民悦服〔七〕。夫神之佐尧岂特除民害已耶？其与四岳九官十二牧同时辅政，以成时雍垂囊之盛。故据羲皇于先，则有以维夫经野之续；视舜禹于后，则有以启夫迓衡之运，所以历代莫不袖袍而报其本也。庙之创始未详，邑有水旱冰雹疫疠则祷，祷輙应，乡人崇奉久矣。余自弱冠从逊庵老师杨公，治经于斯者十余年，时庙尚可观也。迩年以来倾圮荒移，日甚一日，非所以安神灵而祈鸿庥也。寿宫张承恩，省察马佩等思欲新之，各捐金庀材，用资工费；远迩闻之，咸为输助。众以耆士李天禄董其役，遂鸠工就事，经画智谋。凡规模制度、位序貌像，可宏可猛，可仍可革，可侈可约，虽成于众工之手，而一出于李之心。乃先事正殿，次缠腰，次夹室；之旁各加屋四楹，以庇碑颂。旧东西二祠，关王□居左、五龙居右，且在廊庑之下，甚为舛谬，乃更相移正。二祠之下，其廊庑各增为六楹焉。位序既昭，规度亦肃矣。已而于舞雩楼，以建设未久稍为修饰，其余仪门坊垣之属不久复兴。经始于隆庆五年（1571）三月十一日，落成于万历三年（1575）八月十五日。庙至是，腐易朽完，卑崇隘广，宏敞轩闼，辉焕璀灿，数年积废一旦改观。上足以严圣神歆享之栖，下足以展乡邦瞻仰之敬，不可以见诸公好古乐施、报赐祝厘之心哉？夫羿神，德开邃古，功维亟夏，海内之民难尽遡仰。顾诸公,相与兴作至于如此;乡耆常堪等,欲彰厥善美永示来。余虽荒蚀,良用饮服,遂次第其事,以广诸公之诚意如此。故写之以诗,俾凡有事于斯者,当益敬其而褒焉。诗曰:

漳城之西,有祠穹窿;谁其居之,羿神之宫。神时下临,

威灵烜赫;乡人具瞻,拜舞惊诧。神谋沉沉,神猷玄玄;

协赞国枢,陶唐之间。猛兽大风,民无阿护;神功汛扫,

翊我皇度。避凶趋吉,乡人祈禳;惟神之赐,时雨时阳。

沴气氤氲,或病我土;转祸为祥,惟神之嘏。严严新祀,

有翼有堂;乡人来享,钟鼓锽锽。时和岁丰,惟神攸赖;

眷我乡人,敬共无怠。汤汤?水,日夜趋东;惠流无穷,

惟神之功。

(按,以下乡耆,寿官、省祭、督工、玉工等共二十九人之名,今略)。

万历五年岁在丁丑仲夏吉旦。

选录三　清《长子县重修三嵕庙碑记》

(按,此碑今已不存,其文乾隆《潞安府志·艺文续》见记,题写"徐介"撰,未记立碑时间等,其文如下)

《祭法》:"山林川谷丘陵能出云为风雨、见怪物,皆曰神,诸侯在其地则祭之。"三嵕山,三峰巍然,峙屯留县西北三十里,潞之镇也。宋崇宁间岁旱,有司祷于山之神,甘霖响应,奏闻,敕封为灵贶王,凡潞之属邑皆建庙祀之礼也。长子与屯留接埌,其民之崇奉三嵕神,赫赫明明,由来旧矣。各村社皆有庙。其在西郭者,肇建已久,规制甚宏,有司春秋祀典。于是乎,在其正殿前舞楼五楹,尤为轮奂。康熙乙丑(1685)不戒于火,楼尽毁,其余亦以岁倾颓。余族兄起庵,宰是邦之二载,邑之废坠次第修举。凡所以图度其政事、安辑其民人者,虽不敢语于明德之馨,然而惕惕祗惧,无或敢咈民欲以干天和也。神或者其默鉴之矣。于是,从诸父老之请,谋所以鼎新兹庙者。岁进士赵蓝虹氏及邑之良士,也属以鸠工之役,俾劝其里人之好义者共襄厥事。经始于康熙甲申(1704)三月,落成于乙酉(1705)六月。起庵兄属于记之,余乃为迎神之歌曰:

风澹荡兮城闉,雾叆叇兮山阴。冉冉兮建霓旌,穹穹兮驾雕轮。神来止兮氤氲,众舞蹈兮扬尘。閟宫兮插青冥,画栋兮飞祥云。启鸾刀兮特牲,蒸浮浮兮印

盛。烂熳兮罗庶珍，苾芬兮酯盈樽。神燕衎兮居歆，命民力兮普存。

又为送神之歌曰：

神具醉兮颜酡，听和平兮笙歌。歌将阕兮喽啰，舞欲阑兮婆娑。赍福兮硕且多，锡嘏兮被万家。调玉烛兮时和，若雨暘兮罔差。绿畴兮映桑麻，西成兮降嘉禾。积粟粟兮山阿，载穰穰兮篝车。万礻冀兮永无颇，四境兮乐如何。

歌成并书以授蓝虹氏，俾漳之人岁岁飨吾神勿替焉。

选录四　办赛主礼冯贵钰采访笔记（摘录）

时间：1989年深秋一天（按，具体时间当时未记）

地点：长子县西关冯贵钰家

采访对象：冯贵钰老人

采访人：李天生

概述：冯贵钰老人，小名咪子，住在县城西关庆丰大队（村），原执阴阳业，曾任赛社主礼，办过县城西关、小张岭（即龙泉山）、八里洼等地的三嵕庙赛，先后10余年。“文革”中受过冲击，一度由生产队管制劳动。1989年初秋，笔者第一次采访时，其仍有思想顾虑，怕被说成“宣扬迷信”，要求笔者通过大队同意，有队领导在场才谈，谈时仍不敢畅所欲言。于是秋末再访。这次采访，情况已有了变化，老人胆子大了，且见有人请其“看坟地”，其又操起旧业。访谈时，冯老仍能记颂不少主礼念词，头场《听命文》仍能大段背诵，竟与《唐乐星图》本所记大体相同，其“功底”令人惊叹！采访其间，冯老先是介绍了一般办赛情况，接着回答问题。由于“十赛九不同”，冯老又以县城西关三嵕庙赛社为例，具体作了说明，今经整理，摘记如下。

冯贵钰老人谈（时年79岁）：三嵕神，即后羿，宋代已封“护国灵贶王”，六月六为其“诞辰”，办赛三天。初五头场，初六正赛，初七末场。从初三起，开始有事。

初三晚夕（下午），先去“接水”。执事人等抬着香案，有主礼、社首、亭帏和水官，往北关北高庙去接。水官穿素衣，头挽发髻，或又戴着柳帽（用柳枝编圈），类如祈雨。届时也要“跑太阳”“打曲破”，这是死规程，赛社每天都有。接水回来，土地庙“下请”，请土地神帮忙，邀请各路客神，主礼有念词，念毕也要“打曲破”。凡敬神仪式，都以“打曲破”结束，死规程。下请回来，还要“拈神”，就是将各神名字写在纸上，让担任亭帏者“抓阄”，以便分工，一对亭子、帏子负责一个神位。抓阄后，亭帏去领神的位牌、香炉、桌围等，按序摆好神桌祭器，准备第二天迎神。迎神时，每个神位有抬桌二人、亭子一人（端位牌）、帏子一人（打月罩，即小伞），都要事先备好。

初四“迎神”，俗称“上香会”。午前，各路客神，包括三嵕大驾，集中于北高庙神场。过午，将各神迎回西关三嵕庙，大殿“安神”，接供“下马筵三盏”，晚上又三盏。（按，以上讲述，言及迎神场面、具体礼规，今略）。

初五“头场”。清早报晓、出寝、盥漱、跑太阳（具体略），然后“上寿面”，衬有三盏（按，实即“卯筵三盏”）。中午也供三盏（按，已简化）。晚夕供七盏，中间有两个奏乐戏（按，指音乐伴奏的队戏，即“衬队”），用于三盏、七盏。每供完一盏，“后行”要念四句诗（按，因是双前行，前行、后行念词有分工）。供罢晚盏，接着“送水”。

初六“正场”，这天最忙。清早也要报晓、出寝、盥漱、跑太阳；之后“打转香”，乐户要绕香亭转一圈，各穿行头，配有打击乐。接着“验香”，先由维首、前行、香老等依次上香；最后主礼上香，由前行念“打拜鼓”“元揖”，主礼向执事人等打躬作揖。毕，主礼喝声“听命”，接念“听命文”。（按，“打转香”“念听命”仪式，一般在“头场”清早，或冯老记忆有误，或改变如此，今仍维持原说）。最后上寿面，先上茶酒，再衬三盏。午供四盘，衬三盏（按，实即七盏），前行还要“流卯筵”，念约半个钟头，歌颂三嵕神（按，“流卯筵”应在早三盏，此处疑指前行念的“迎寿诗赞”）。晚夕供十二盏，衬三回队戏，用于三盏、七盏、十二盏，其“放盏”诗仍由后行念。

初七“末场”，礼规与头场差不多。早供三盏，最后“打太平鼓”。早饭罢，又加“迎盘”，就是去城里各庙烧香，送上礼盘。迎盘回来，还要“交牌”，交接主办赛社的神牌，用于多村多社轮办的“转赛”。交牌后，就定下再年主办的村社了。当天晚晌供八盏，衬有两回队戏（衬队），用于三盏、八盏。

最后一天“送神”，有的赛社末场当晚就送。送神“划坛”，主礼念有祝文，最后要由后行念四句“贺赛”诗。

（以下是回答问题所记）

每赛社，必供“当今皇帝”神位。清朝不用说，就是民国也是，只是换了个叫法，写的是“大总统×××之位”，叫法变了就是。

（长子赛社）除演队戏，也有院本。如八里洼庙赛社，也演过《闹五更》，最后一晚也演过《土地堂》。院本多有"荤谜素猜"，说些荤话，不让女的听，所以演前要将二仙奶奶位牌送走，第二天清早再将位牌迎回。（笔者插话：有说"二仙奶奶爱听荤"）那是群众瞎说哩。按赛场规矩，就是男神也不听，演出时也要将其位牌扭转，背过身（表示不听）。

（笔者问，有无驱傩表演，就是驱邪）长子城隍庙赛社，迎神一天演过一个《鞭打黄痨鬼》，俗称"撵黄痨鬼"。扮鬼的上身缠个黄布，或者涂黄，穿个红裤头，代表病魔，由扮红脸、黑脸二将执戈追赶，实际扮的是方相、方弼，也叫"镇殿将军"，表示要把病魔赶走。从庙内追出，跑四街，扮黄痨鬼的可抓抢摊贩的东西，周围人跟着喊打，最后追回大庙，绕香亭大殿，直追上乐台。乐台上有阎王、判官早在等候，将其"吊七斤"（用钩子吊起），"开审"，台下站着很多围观的，连连喊打，于是将黄痨鬼开肠破肚、挖眼割舌、下油锅，放把烟火，台上人就不见了，散场。这也是队戏。（笔者插问，有无"哑队戏"）没听说过，只有队戏这个叫法，没听说还分哑不哑。

长子县三嵕庙很多，其他县也有。像（长子）小张岭（即龙泉山）、八里洼都有三嵕庙，也都办过大赛，都是几个村轮办，（我）都办过，礼规大致一样，但赛社日期不同。小张岭还分大赛、小赛，小赛年年办，定在二月十五；大赛定在七月七，但不是每年都办。当初是怎么定下的，说不清，都是按老年传下的规矩。各庙"排神"也不相同，请的神多少也不一样，每庙都有自己的"排神簿"，不能排错。

乐户唱的戏都差不多，（长子）南李村的闫家乐户当时最出名，闫根正是个好把式，会院本，能说"荤"，在八里洼演过《闹五更》《土地堂》。色头镇附近的"地河村"也有乐户，可能还有后人，可以去访。

（附记，1992 年笔者又去采访冯老，惊闻其已谢世）

选录五　张振南老人写的文字资料（摘录）

（按，张振南老人 1902 年出生于长子县西的小河村，幼读书，后经商，热爱戏剧，1954 年正式成了该县剧团编剧。1964 年，因剧团裁减人员，又回村成了农民。"文革"后，随着改革开放，其又当了编剧，且在抢救当地戏剧遗产中作出重要贡献。其间，张老写过一个文字资料，名"乐剧与赛"［后又加工，名《古上党民间“迎神赛社”俗规》,1993年曾交给来访的美国学者姜士彬]。由于笔者曾帮其落实政策[以“退休”对待],被其称为“忘年交”,故其文稿也曾交给笔者。因其写及其他赛庙情况,散而长[两万余字],今以其加工后的为准,摘录有关长子城关“三嵕庙”文字如下[括号中的文字为其原有,照录,个别误字加改,需解释处今加“按”]。)

(庙况)三嵕庙位于长子县大西关一里许的旷野,坐北向南,五间大殿。不知创建于何时。庙貌宏伟,飞檐斗栱,金碧辉煌。三嵕神(传说古代射九日之神)的塑像在3米之上。西侧坐的是他的夫人(即月里嫦娥),东侧坐的是康惠昭泽王,传说是当地农民成神的。大殿门外的两侧,各有月亮门一孔。殿前正中,是一个木筑彩绘六角大亭。大殿左右,各有三间配殿:东侧是关圣殿(汉末的关云长),西侧是龙王殿。在配殿两侧前,又各有三间矮屋,专供赛会的主㽞(维首)、主礼(阴阳生)办公用。大殿前的东西两边,各有软窗软扇规模整齐的厢房共36间。其称谓有“接官厅”五间,“时雨厅”五间,“栖云厅”五间,“迎宾厅”五间,“司馔室”和“账房室”各三间。庙院的南端正中,是往来出入的大山门。山门外左右两侧的屋檐下,有两尊泥塑彩绘的门神坐像,高4米左右。山门内向的上层,便是专演队子戏的舞楼。舞楼两侧,各有三间配房,东曰“主持室”,西曰“大厨房”。在舞楼的檐头中间,悬一金字匾额,曰“舞雩楼”。舞台的中间,亦悬一匾曰“声远楼”。这就是整个三嵕庙的全貌。

走出大山门10步之外,是一座独空大桥,曰“兴云桥”。桥北有砖石砌成的一排透明花墙。桥南50米外,有一幢正对大山门的七间舞台,檐头匾曰“娱神楼”。台内匾曰“听月楼”。这是庙外的戏楼和会场。

(插祭)在庙院拜殿前香亭之下,要插一幢像屏风似的“花祭”,需要五六百斤精粉制作(包括1000个麻糖和小麻糖、馓花、松桃等供品),内掺糖料(饧)取硬度、姜黄(取色)用水搅拌,擀成薄薄的面叶,再用锋利的小刀,裁成方圆条斜大小不等的透明花纹,放在大油铛里,炸成黄色硬片,挂在早已插好的屏风架上,片片垒砌,直挂到3米高、约5米宽,再用彩纸做成大小不等的花朵、叶片,嵌在花祭中间,这幢花祭竟变成层层楼阁亭榭,处处月台小轩,花枝招展,琳琅满目。在这幢屏风近两米高层,用泥头纸身糊扎的七八出古装戏剧人物,身高不过八寸,每个场景五至七人,被巧夺天工的妙手技艺塑造得活灵活现、栩栩如生。常见的剧目(按,指“每个场景”人物)有《大报仇》(刘备议征一场)、《雁门关》(八郎坐宫一场)、《牧羊圈》(春登扫墓一场)、《东门会》(崔抒刺秦王一场)等,几场戏剧人物,吸引着许多观众边看边议,妙趣横生。因它是神前祭品,故称"花祭"。

花祭的前边,挂一副黑底金字木制对联,其文曰:

雨不破块风不鸣条巍巍功德垂唐代;

麦生双穗禾秀九岐荡荡恩泽沛丹城。

大殿门口,也有同样一副对联,文曰:

佐治著功勋想当年缴风射日血食永垂万世;

封王昭圣典看今朝护国佑民威灵充冠熙朝。

(供盏)供盏的地址设在香亭之下、花祭之前。紧挨花祭要以24张方桌摆成两行(或用12张),作为供神餐桌,桌上供满汉全席32碗(满族和汉族形成食谱,此席三天不动),山珍海味,水陆架陈,干果羹衬,花样繁多,设在花祭之下,更显得珍馐奇异,惹人注目。

供盏开始,由主礼生(阴阳)指挥一切。开读听命文,朗诵祝禀文,盏盏不离念祭文。音乐吹奏,何曲何调;厨下上馔,荤素分清。每天早上朝太阳,傍晚要祭风。请神、安神、祭神、送神,斟酒、奠茶、烧香、叩头等等,都要动乐。礼节频繁,不得犯规。

全体奏乐人员(按,属乐户),头上都要戴一顶低矮金冠,鬓尖插一支雉尾。身穿一件红心绿边大领褂子。每在庙里游行一次(转个圈子),由前行带队(乐户的总科头)。前行的装束是相帽、紫蟒、长须、皂靴,手持一支带红布的竹竿,在前引导。仪仗队伍跟在前行的身后。主鬯用一支短杖挑一个古铜香炉,内插檀香,香烟缭绕。其次有司香四名、香老数名(持酒器、茶器者)、亭子多名(端被请来的神祇位牌)、帷子若干名(驱逐蚊蝇和整顿秩序)、水官(头上绾发髻,衣裤清一色,象征求雨)若干名等。这一列队容,都是衣帽整齐,姿态严肃。在(由)主礼生指导,遍游庙内的东西两庑,进出两边的月亮门,按规律(神路)左旋右转,音乐不绝于耳,最后落脚在院中心的神坛。由主礼朗诵祭文,向亭子安放下的神位(按,此句为前句的注释,意指面向神位读祭文)、指导执役人员频繁跪拜和斟酒、奠茶、烧化纸钱。每在主礼读完一篇祭文之后,前行也跟着念词(半似道白半似唱,仿佛他们在舞台上的唱腔)。然后,全体转至香亭之下,停乐,主礼朗诵颂文。(按,此段所记的"左旋右转"规矩,属"打转香",也称"打篆香";接着"转至

香亭之下”，才要正式供盏）

（迎神）长子三嵕庙的迎神仪式，是在三天正期的前一天（六月初五）。届时要用八抬龙轿抬着三嵕神的“行神”坐像（以木架装身，金冠龙袍，红面长须，双手抱笏，器宇威严），出外邀请八方诸神赴会。神驾落在早已选好的神场，静候周围的村庄把应邀的神位（牌位或神架）送至神场，下午一同返回神庙就宴。在邀神回庙的途中，其仪式比出驾时就威武壮观的多了。出驾仅有乐队吹奏在前，主礼带领的全部仪仗队，到回驾途中是长长的一列社火队伍和种种扮演的故事以及伞扇执事，笙箫迭奏，热闹非常。香会回驾的时间约在下午三点，这是他们古老的俗规。可是观众往往在一点左右就基本到齐了。一街两行的男男女女为看香会，都要穿上新装，像过春节一样愉快……（按，省略了一段较长的观众描写）

拥挤在街道上人群，都眼巴巴地凝望着香会早点上来大饱眼福。好不容易，忽尔（而）隐隐传来有锣鼓微声，人群一时非常活跃，赶急退缩到街道两侧，给香会让出街心。不一会走上一簇雷声般的香锣社鼓，社火队的健儿边走边舞鱼贯而上。刀剑撞击之声使人惊心动魄，舞双枪、滚单刀各显其能。武术队过去，紧接着是一起法铙大鼓震耳欲聋。在他身后跟着五尊神驾（俗叫小驾老爷），其神是泥头加冠，木身着衣，面分青、白、蓝、黑、黄。据传说是发鸠山上的五尊龙王。再往后排，是一簇八音会，笙箫迭奏引着四抬“硬杠”。其杠身，是用木料仿造宝塔式装制的，珠光彩绘华美异常，周围挂满了丝绸彩朵，顶端插着一支一米多高大鸡毛掸子，增加了塔的高度。接着又是一簇八音会引着一起“软杠”走上（每一起故事都要配一簇八音，下不赘述）。其杠身，都是用绫罗绸缎做成的，上下六面一米见方，再用古瓶菱镜和木制石雕的器皿装饰在表层和四个竖面，显得瑰丽新奇，两个抬杠的小伙子，用一条富有弹性的木杠穿在中间，迈着高抬低落的步伐，将杠身闪晃的上下跳动，也煞是有趣。接着又是一组“扛装（桩）”，扮的是一出戏剧故事。生旦净丑，行当俱全。每一名剧中人物，要用另一个青年人、用铁架子把演员绑在肩上，这个演员便能凌空起舞。该故事人数不拘，根据故事而定。（该故事不限多少）扛装（桩）之后是“抬装”，是以两个男女小演员扮演一出戏曲故事。用铁架子把这两个小演员固定在一张桌面上，另两个人抬着走。如扮《凤仪亭》，吕布站在桌面上，平端一支兵器——方天戟，戟杆上站着翩翩若舞的貂蝉。在杨宗保的降龙木上，站的穆桂英。吕洞宾的拂尘上，是白牡丹。若扮《断桥亭》那就需要三个小演员，在许仙的伞柄两端，站的是青白二蛇女。都是舞姿姗姗、飘若飞仙。（该故事在香会队里办三起、两起皆可，每一起也是四抬）在每起故事的中间都要掺两匹神马，或则掺些小故事，如金楼、银伞（以妇女的金银首饰装设而成），走起来发出清脆的撞击声，音形皆美。另有高跷、二跷、爬山虎、独龙驹、小儿拖笆、二鬼搏跌等等。最后，是三嵕的八抬龙驾。龙驾前边由乐队吹奏，引着一队"金鼓旗"，是衙门派来的服役队，有二人肩上扛着飞虎旗和清道旗，手里拿着大小锣，边走边响。"将领兵"是庙外大戏班派来的服役队，五人五马，一员金盔绿甲的大将，四名手举标旗的龙套。接着是赛社的全体人员，由（有）主礼率领的主俹、香老、亭子、水官等。龙轿后，由一人高举着黄罗伞盖，由一人高举着红心黑边两米高的座纛大旗，旗心嵌着四个大字"三军司命"。可谓威武壮观。

（按，以下又记"南七村的赛事""永安山一庙两赛""西南呈村的庄严神场""平顺县的跑车会""略述几处大赛的别枝""便赛与小赛杂谈"等，今皆略）

本章所举的赛社实例，仅属上党地区平顺、潞城、长子三县所见的几个典型。其他如长子县"小关岭""八里洼"庙赛，如壶关县"真泽宫"庙赛等，也都属于典型赛社，不但都属古传的"大赛"，其"伎乐"例由乐户支应，而且遗存资料仍多，仍有唐宋以来的多种表演形态，值得进一步展开探讨。

【注释】

〔一〕灵贶庙额由宋徽宗所赐（详后），与此处"新建灵贶庙"有关。

〔二〕此处所言的"蘧村"，今仍位于紫云山脚，分为东西两村，即下言的"东西蘧"。

〔三〕"实宣和四年也"一语，值得注意。依史，北宋宣和四年（1122）四月，随着金兵夺取辽的西京（洛阳），上党已降金，故有此语。或因此，该碑最后未有年号，仅借此语以记。

〔四〕"缩"，指"滤去酒滓"。

〔五〕此句与历史传说有关。此地古属"陶唐"，其君为尧，传说由后羿辅佐，正属"君相"，故言后羿"经营"此地，致"天地之道开，斯民之报立"。

〔六〕此句，实指明弘治时"邑人阮勤"所作碑文。据《潞安府志・庙学》（乾隆版）记，言该庙明"弘治时又修，邑人阮勤记，金碧辉耀，冠于诸庙，露台下有舞楼五楹"。

〔七〕此"史记"所言，出自《淮南子・本经篇》，西汉淮南王刘安撰。非指司马迁的《史记》。

第三章　上党赛社呈现的乐户伎乐

由于赛社礼乐沿唐宋而来，其神前供盏仍类唐宋宫廷“宴乐”，就见上党赛社仍由乐户支应，仍存唐宋大曲歌舞、宋金杂剧、金元院本等，与唐宋以来的佛道“俗讲”“讲唱”“说唱”“搬唱”相关，仍多民间色彩。以下分别举述。

第一节　神前供盏的礼乐规制

上党赛社的神前供盏，类唐宋帝王庆寿之制，如宋代宫廷“百官入内上寿”所见，仍存相关痕迹。今依上党赛社存本所记，按照后期仍见的“吹头盏、唱二盏、舞三盏”规矩，解说其礼乐活动的具体形态。

每供盏，主礼站于香亭，先令“各执仪”，于是社首、亭帏人等分别执熏炉、提炉、神盘、响杖之类。主礼接喊“排班，班齐”，随之细乐、社首、香老、亭帏人等分成东西两班，由手执“戏竹”的“前行”引领（多用双前行，也称前后行），鼓乐伴奏，排定于香亭之下。前行“高摇戏竹，暂止乐声”，前行接着“念起首”（属开场诗赞，伴有细乐敲打）如下：

尧王在位留主神，因祭南郊起根源。
周汉唐宋国朝内，三本乐星至今传。
礼从天生乐地长，礼乐相和奉社前。
主神若是高抬举，人人精神喜笑忻。

若是主神差一二，滚水泼菜也一般。

大小伙伴站立定，知音谐曲主神官。

念罢开始供盏，规矩是先献“一茶三酒”，接着每盏两趟，先果后食，“果为正盏，食为补空”。

今以清晨三盏为例具体说明。

开始“献茶”，前行导引细乐、亭帏一行，先往大殿对面“盏棚”端茶，返至香亭，前行“高摇戏竹，暂止乐声”，接着讲唱一篇有关清晨的念词（代替一般的“诗赞”），具体如下：

清晨起来不再忙，赛嘞打板按宫商。

鼓台架作攻书案，权宜勾栏作教坊。

（鼓乐间奏）

鼓乐宜成第一功，一声锣响唤仙朋。

笛吹美令如鸾叫，伶伦敕赐在扣中。

上告恩官齐雅静，打一拍，千里灵神侧耳听。

（白）暂停车马，略等片时，今日是广阳大赛。广者，呼为大也；阳者，按了阴阳二气。在上主礼官掌了大礼，在下我前行掌了大乐。礼云礼云，乐云乐云。礼云是玉帛云乎哉，乐云是钟鼓云乎哉！天攒五星，地攒五土，人有五德，乐按五音。天攒五星者，东西南北中，金木水火土。地攒五土者，常衡泰华嵩，青红白黄黑。人有五德者，温良恭俭誏。乐按五音者，宫商角徵羽。天气和，四时顺；地气和，万物生；人气和，五脏六腑皆安；乐气和，打八音皆响。回转过来，天气不和四时不顺，地气不和万物不生，人气不和五脏六腑不安，乐气不和打八音不响，要者胡为乱响。

（念）律吕调和按五音，按春按夏按秋冬。

休听小鼓偏喧闹，鼓乐响处必太平。

于是鼓乐又起，亭子上殿献茶，复下香亭，上下路线类如“8”字，仍与帏子分列两班。主礼再喊“献上三杯散酒”。一行再往盏棚端三酒，至香亭又立。礼规类前，前行“讲酒”，多为四句诗赞。亭子上殿献酒，细乐伴吹《倾杯曲》。至此“一茶三酒”结束。

接着主礼唱礼“供头盏”，类前礼规，一行复至香亭。从头盏开始，变成神前斟茶倒酒，前行先讲“放盏规矩”（前引），接念一篇较长诗赞，如《百花赋》《讲戏竹》《讲楼台》《古论赋》等，从中选用一篇。念毕起乐，亭子上殿，供果放盘，茶酒司斟茶倒酒，细乐伴吹《劝倾杯》。主礼接喊“头杯园了”，止乐，前行接念放盏诗赞：

华筵殿内酒食初分，一盏才开头杯满劝。

神前献琥珀之杯，乐奏了长生之曲。

“四拜三献”（规矩前引）毕，主礼喊“寿南山歌曲子呈献”。

前行又念：

江南数根竹，选就一笛材。

吹出天外曲，镇压八方灾。

吹一曲，小煞鼓三遍。毕，主礼喊“补空”，再取头盏二趟供食，仪如前，放盏时前行再念：

金殿上皇王进酒，御阶前文武公侯。

念吾王江山永久，[德过]三代夏商周。

主礼又唱礼“一盏周全，万花落三台呈献”。前行又念：

苏武和蕃十九载，休教寒雁捎书来。

前殿诸神献上寿，后行锣里献三台。

一声锣响，后行接念：

三台三台，百步照牌。

天上有三台之星，地下有三台之曲。

乐台随之舞跳一段，是为“衬队”。毕，主礼喝礼“完一盏”。

接供二盏。

头趟也仍供果，仪如前。前行放盏见念：

三皇氏五帝传朝，讲的是禹舜唐尧。

八方静干戈宁息，感天地雨顺风调。

放盏献酒毕，主礼喊“二盏就到，靠乐歌唱”。前行念：

地下伶伦，天上月雁，

二盏就到，歌唱呈献。

女乐中的“标首”（首领）唱一曲。主礼再喊“补空”。接二盏献食，仪如前。放盏时前行又念：

夜听古今三五论，猛风吹透风光寒。

知音可对知音操，不对知音不可谈。

放盏毕，主礼喊“果为正盏，食为补空”。前行接念：

唐明皇一人有庆，教坊司歌舞比并。

丹墀内击散梧桐，食变了慢词补空。

标首唱《慢词》，神前献食。毕，主礼喊“二盏完”。

接供第三盏。

仪式类前，也仍一盏两趟，先果后食。头趟行至香亭也仍止乐，每见前行念：

尧王圣明君，四海罢烟尘。

吾王多有道，上献舞乐神。

乐台随之起舞，神前献酒；接着献食，乐台“打侑盏锣鼓，妇人对舞”，歌舞不断，总称“舞三盏”。

由于这种规矩是由北宋而来，与宋徽宗亲制“大晟礼乐”有关，就见随着这位“赵王”被金北掳，上党赛社的前行曾念：

子楚打马到安筵，此地何能福里闲。

借问赵王无所处，黄金台上草连天。

吹头盏，唱二盏，少不得舞三盏。

也正因此，就见上党赛社至少仍供三盏，不但前三盏礼规仍严，仍类宋宫燕乐所见，仍用女乐歌舞，且类宋代勾栏所见，乐台仍有“乐床”。于是如前引，见前行（或后行）每又介绍说：“排下这堂女仙，各有花名”，既按照“十二元辰故事”念有“十二个队戏花名”，又令其“舞宫调一齐上来！”随之乐台“大鼓三煞，三回九转”，并见殿前“小鼓三煞”配合献酒，再接“补空”献食，第三盏补空时前行见念：

云梦山中鬼谷仙，教学孙膑共庞涓，

兄弟刖了哥哥足，三卷天书永不传。

仍类宋代“孙武子教女兵”表演。从而歌舞不断，是为“舞三盏”。

即使清代后期已无女乐，第三盏也仍见用男乐舞跳。故仍见主礼喊：“三盏已毕，少不得再撞再煞（杀）。”于是，前行（或后行）又可接念以下勾队诗赞：

楚霸王生得怒发，身披了乌油铠甲。

九里山遇见张敖，拨回马再撞再煞。

乐台则表演《大会垓》队子片段。或念：

汉张飞生得莽撞，忙把盔来戴上。

虎牢关撞见吕布，拨回马再杀再撞。

乐台则表演《虎牢关》片段。其表演皆属“衬队”，仍见“大鼓三煞，三回九转”。至此三盏完。

若只供“三盏”结束，至此就可遣队收场。

一般而言，若是午宴、晚宴，每供七盏、八盏或十二盏，前三盏类前，礼规仍严；“三盏以后俱无所管”，可舞可唱，比较自由，以至可用明清“出戏”代替队戏。不过，无论盏次多少，最后仍以“曲破”歌舞收场，仍以“合唱、收队”结束。以至为了“讨赏”，结尾时每见“妇人”（舞女）舞念：

拾遗（指白居易）怜，赠诗篇。

要甚么，胭粉钱。

即使清代后期已无女乐，仍以“打曲破”结束，仍见前行接念：

八宝妆腰带，珍珠络臂韝，

笑时花近眼，舞罢锦缠头。

社首仍要“赏红”，仍见前行接念：

万民乐业，五谷丰登。

高擂戏竹，暂止乐声。

于是，众人在香亭前打躬元揖，供盏结束。

第二节　前行讲唱的话本

见于上党赛社的前行（如图），除供盏时的“致语祝赞”，又多故事讲唱。从而，见类唐代佛道“俗讲”，《敦煌变文集》早记有此类话本；又与唐代“队子”歌舞相关，见宋代队戏早也从旁讲唱人物故事。唐宋民间艺人见将此类话本用于“说话”“说唱”，正与元代民间盛行的“搬说词话”“搬唱词话”“搬演词话”相关。为见其实，以下举例说明。

例一　前行讲《百花赋》

由于《百花赋》每用于赛会，或称《百花会》，又因每用于供盏时前行讲唱，或又称《百花盏》，宋金早用于“五花爨弄”，《辍耕录》所记的金元院本，其“诸杂院爨”类早列有《讲百花爨》一目。

正沿此，就见上党赛社《赛古赞本》《赛乐食杂集》等本皆仍记其具体内容，文字基本相同。今互相参校，摘录如下。

百花赋

神农设祭起根源，文王郊次（祀）祭龙天。

丙丁之日（地）安神位，茶果香灯奉神前（花奉献）。

扶（夫）百花头盏，[出在周文王手内]。昔日周文王因祭南郊，于丙丁之地，上七里之内、下五里之外，起盖神堂大庙一所。每年二八月丁日祭祀，祭的是谷（国）朝社稷、天地山川、风云雷雨、五土五谷、大成至圣文宣王、照（昭）烈武成王、威灵大乐（罗）元君，都是当今（祭）之神。祭祀神灵者：蒲州大龙王庙，解州义勇武安王，秦（泰）安州阜曲（曲阜）三灵侯，霍州出龙洞，滋（磁）州崔府君，平阳清江圣母，宁州伏祈（羲）大帝。昊昊的苍天上帝，明明（冥冥）的地府王官，烈烈的阳间真宰，滔滔的江海龙神。凡祭祀神灵者，离不了五般祭物。是那五般祭物？茶、果、香、灯、花。

夫茶者，有数茶好奉神：金桂茶、白丹茶、脑射（龙麝）香、只必（紫碧）御燕（玉芽）茶。茶有[三]岛真仙用，何况（堪）神前不献茶。

茶宴先钟（献盅）酒宴成（陈），
玉（御）宴长占（诚展）鹅宴唇（娥先炊）。
有人打破（得）清凉味，一盏清茶好奉神。

茶好奉神，敢（赶）不上果好奉神。

若论果者，各地而生。江（冀）州小枣，未（魏）府鹅梨，西川长（常）进琵琶（枇杷），河阴县大石榴，扬州常进花篮柿，广阳对（境）内出阳（杨）梅。四季看（堪）用桃杏梨，平卜李柰（干脯栗榛）好奉神。

桃枣樛(焦)梨柿饼臻,石榴龙眼梨(荔)枝新。

下卜李柰(干脯栗榛)枇杷果,四季成(呈)来好奉神。

果好奉神,敢(赶)不上香好奉神。

若论香者,有数般香奉神:金桂香、白丹香、瑙射(龙麝)香、苏州宁宁香、马牙香、万里终南地府香、云香、瑞香、木香、子母檀香。在神前献供,全凭一炷香。

谨法(发)虔心告上苍,年年享赛永无殃。

满斟御宴三杯酒,奉神全凭一炷香。

香好奉神,敢(赶)不上灯好奉神。

若论灯者,有四明灯好奉神,我佛面前万年灯,天子面前照岩(筵)灯,祭神享赛八仙灯,常明不灭绣球灯,金灯、银灯、水灯、转灯。日月光明照万里,晚间全凭一盏灯。

止(只)有灯光不顺(徇)情,不论贫富一般明。

有人识得灯光意,万里江山掌握中。

灯好奉神,敢(赶)不上花好奉神。

若论花者,有四季花。开头正月、二月、三月[为之春],[桃花、杏花]初开[初]放。土王用事一十八日,接土为尊。有(其)花蕊[心]大黄,堪[可]好奉尊神。[有崔护]作诗一首:

去年今日此门中,人面桃花相映红。

人面不知何处去,桃花依旧笑春风。

四月、五月、六月为之夏,有龙蛇花、石榴花初开初放。土王用事一十八日,接土为尊。其花蕊心大黄,堪可好奉尊[神]。有苏子占(瞻)作诗一首:

一枝花木出墙来,花出墙头遍地开。

若得一顶真纱帽,满川花色入城来。

七月、八月、九月为之秋,有黄白菊花初开初放。土王用事一十八日,接土为尊。其花蕊心大黄,堪可好奉尊神。有鲁秋胡(黄巢)作诗一首:

此花不发我不发,我发只是(之时)乱河沙。

等在来年花九月,满川都挂黄金甲。

十月、十一月、腊月为之冬,有广东(款冬)花、雪里梅花初开初放。土王用事一十八日,接土为尊。其花蕊心大黄,堪可好奉尊神。有苏东坡作诗一首:

代墨(黛梅)红光绉(㑳),其花落色黄。

可惜冬花意，不免收（受）恓惶。

今有天花、地花、盖世琼花恋诗一首：

尊花是当今天子，桂花是龙子龙孙。
牡丹花是正宫皇后，池塘（地棠）花是六院三官。
海棠花是三千美女，抹梨（茉莉）花八百娇容。
欲采就奇花万样，文武在万花丛中。
四时花常开不谢，八节景彩色花心（新）。
东收了花城百座，西边退（囤）花锦乾坤。
北收了花鲁之地，南收了花世清宁。
我佛座（坐）黄花（龙华）会上，传花言十代高僧。
黄花（龙华）会香花供奉，奉三清花难（里）真君。
都仲（中）过皇化（华）金榜，皇金榜书写花名。
官清正凭言花字，凭花言镇守花（化）民。
各花户人人安乐，柱（住）花梁斗拱房身（深）。
老爷爷花年高迈，老奶奶雪（萱）花年尊。
小哥哥花枝初放，小姐姐月貌花容。
花社首虔诚一举，排花宴聚合众神。
各家家花费钱粮，买办下花果香灯。
五花棚祥云笼罩，百花会安下尊神。
停则（亭子）们锦衣花帽，每人搭花布手巾。
伟则（帏子）们花花响杖，花响杖惊起龙（蝇）禽。
写下俺花名散乐，花腔鼓有似雷鸣。
吹号筒花声响亮，盏内名花影（应）之声。
扮八仙湘子献花，做杂戏花段（谈）古今。
院本是五花妆点（扮），五花棚奉献尊神。
男子穿妆花织锦，女乐们苗（妙）似花容。
说的是百花头盏，唱的是花柳争春。
普天下花祭神喜，喜花穗五谷丰登。
花芽（衙）茶牙（衙）天地献，花开何曾争早晚。
女人一似献花童，用手夺（托）开花箱（象）板。

笛内吹的花自(字)真,七窍里边花自显。

花花美美凤凰音,每每(美美)花花鹦鹉转(啭)。

锦上添花赠一曲,百花会上献头盏。

终,九十六句诗(按,此属传抄者加的说明语)。

需要说明的是,其"九十六句诗"属于"缴恋诗",各本字句有异,故见《赛古赞本》记:"百花赋缴恋,旧本百花赋前篇(边)可用,后边缴恋不清,抄在此本,日后照这个缴恋念上,与行院同。"接着该本将"缴恋诗"重抄,正如上录。由此,既见"百花赋"出自金元"行院",早属院本,早可用于赛会供盏,可称"百花会"或"百花盏";又见其"院本排五花般弄",正如宋金"五花爨弄",早又可称"百花爨",不但其"做杂剧花谈古今",正见宋金"院本、杂剧其实一也",且其"花谈古今"正与元代"般说词话"相关。

例二　前行讲《三元戏竹》

此篇类前《百花赋》,每也用于供盏,也属长篇讲唱,上党赛社各本也多记其内容,也见有详有略,不尽相同。之所以又录此篇,盖因其正讲"戏竹"的由来,正涉及"唐明皇",正留着唐宋"说话"痕迹。此处依《赛古赞本》所记,其"缴恋"诗赞已见从简,但前边故事相对完整。今与他本互相参校,摘录如下。

三元戏竹

三元戏竹古今留,先朝历代起根由。

黄帝春秋卫灵公,大唐明皇月中游。

虽无降龙伏虎艺,善治龙蛇振千秋。

当初不是伶伦造,鼓板全凭活语周。

夫三元戏竹者,有[三]根戏竹。何为三根戏竹?有天元戏竹、地元戏竹、人元戏竹。夫天元戏竹者,[出在轩辕黄帝手中]。昔日轩辕皇(黄)帝在位,有个蚩牛(尤)神作乱,吃得路绝人希(稀)。轩辕皇(黄)帝拜封侯(风后)为帅,亚服(父)孩儿作先逢(锋),受章(寿张)县降了蚩牛(尤)。轩辕皇(黄)帝心中大喜,就在金殿排酒设宴,赏贺封侯(风后)。酒至半干(酣),轩辕皇(黄)帝手拿班(斑)竹柱(拄)杖,望梧桐及(击)之。及(击)碎了三百六十根散头,按一年三百六十日。上有[九]节,按了九星。何为九星?一罗[睺]、二土、三水、四金、五太

阳、六火星、七计都、八太阴、九木星。上有一条肖(销)金头绳,一头长一头短,长者按天,短者按地。恐君不信,有诗为证:

轩辕[黄帝]摆尊号,蚩牛(尤)作乱山中闹。

先拜封侯(风后)为上将,亚服(父)孩儿都知道。

剥下皮,曼(鞔)成鼓,留下后人取还劳(欢闹)。

轩辕皇(黄)帝喜乐及(击)梧桐,天元戏竹衣(依)宫调。

夫地元戏竹者,出在尧王手中。昔日尧王在位,甲辰年即位,坐起天下七十二年,寿活一百零八岁,眼观不见龙楼凤阁,耳听不得万岁山呼。只因己子丹珠(朱)不肖,将天下让与鼓叟(瞍)之子,是(使)舜择[日]继位。尧王有二女,长是娥皇,次是女婴(英),赐与舜王为妻。尧王心中大喜,就在金殿排酒设宴,庆贺新君。酒至半酣,尧王手拿班(斑)竹柱(拄)杖,望梧桐及(击)之。及(击)开七十二根散头,按了七十二应候。上有七节,按了北斗七星:贪、巨、禄、文、廉、武、破。上有一条肖(销)金头绳,一头长一头短,长者按阳,短者按阴。恐君不信,有诗为证:

尧王传旨两三番,羲和文武在殿前。

有道之君让有道,舜王继位在金銮。

娥皇女婴(英)为皇后,文武百官排两边。

尧王大喜及(击)梧桐,地元戏竹按宫商。

夫人元戏竹者,昔日唐明王皇帝在位[所留]。其王,德过尧舜,为圣(威胜)汤王;八方拱手,四夷奉(服)宾;黎民乐业,五谷丰登。一日有南蛮前来,进了八件宝贝。明皇大喜,就在金殿排酒设宴犒赏。舞了一[个]盘中之曲,敢(感)得文武喝彩,不计唬退蛮王。诗曰:

明王皇帝真有福,八千蛮王进宝物。

金鸾(銮)殿上夸大口,喜杀(煞)朝中文共武。

有道之君来(蛮)进宝,走到席前歌舞好。

明皇喜乐及(击)梧桐,杨妃舞曲在其中。

那杨妃舞了一盘中之曲,明皇大喜,手拿班(斑)竹柱(拄)杖,望梧桐树上及(击)之,按其节[拍]。将柱(拄)杖及(击)了二十八根散头,按上方二十[八]宿。上有[五]节,按了金木水火土。上有一条肖(销)金头绳,一头长一头短,长者[按]一月三十日大尽,短者按一月二十九日小尽。恐君不信,有诗为证:

明皇戏竹古今传，大小文武拉(立)殿前。

戏竹开是臣使(施)礼，戏竹摇使奏管弦。

五音律吕要相和，二十八宿(调)要周全。

瑶池会上放头盏，祝赞梧桐(吾皇)万万年。

由所讲，"人元戏竹"与"唐明皇"有关，正与有关史实相合。如唐《教坊记》记有《击梧桐》一曲，与唐明皇有关，早可用于戏竹引领的"歌舞"；唐《霓裳》歌舞，与"杨贵妃"有关，正见《杨妃单舞盘中曲》(前引)所由；"明皇戏竹古今传"，也符合宋元以来的史实，不但宋代宫廷早见"参军色"手执"竹竿拂子"引领歌舞，且见其"参军色"或称"竹竿子"，金元已称"前行"，早也见于"赛社"。正因此，此篇早可用于"瑶池会上放头盏"，上党赛社早可用于"头盏"讲唱，且因其故事出自唐代，早用于相关"歌舞"，其歌舞早又可由"前行"讲其人物故事。为此，再举相关一例。

例三 《唐王游月宫》故事讲说

此篇故事，也与唐明皇有关，也由前行讲唱，不但也讲"戏竹"所由，且见早用于队戏歌舞。届时舞者扮其故事人物，由前行"勾队"上场，舞毕，人物坐立当场，宋代见称"歇帐"；接由前行从旁讲其故事，最后"遣队"收场。与此相关，见唐《明皇杂录》《开天传信记》《敦煌变文集·叶净能诗》等早有相关的故事记述，早与"说话"相关；见《水浒传》八十二回写及宋江受到招安，徽宗宫中设宴，正演有《玄宗梦游广寒宫》；见《辍耕录》所记的金元院本正记有《广寒宫》一目；见《录鬼簿》所记的元杂剧，早又有白仁甫作的《唐明皇梦游月宫》。从而见于上党赛社，不但《唐乐星图》本所记的"队子"正有《唐玄宗梦游月宫》一目(见后)，正属队戏，正由唐宋而来，且见其存的《赛古赞本》也仍记有此篇话本，正宜"队戏"时仍由前行讲唱。今录如下，并加注释，以见其仍存唐宋痕迹。

唐王游月宫

先谈古今，后论帝代。不论帝代今古，河(何)来话说那帝登基，何[人]立位。话说昔日唐玄宗登龙立位，那官里有感[一]：四方无士马，八下罢刀兵狼烟；风调雨顺，国泰民安；五谷丰登，万民乐业，不闭门睡，正是快活之年。那官里聚集两班文武、九卿四相，商议国事。至晚牛羊赶下山来，闭(备)了活(好)酒，握揽住钓鱼般（船），佳人归画阁，仙子赴蓬来（莱）。金乌西坠没，银蟾放毫光。文武臣僚散了，那官里朝（昭）阳寝睡，一更无事，二更肖言（悄然），三更时分，半夜子时，昨（作）南柯一梦，只（直）游至广寒宫内。忽见月里嫦娥，大惊而言曰："层问（曾闻）嫦娥之貌，今幸见之，果然颜色非常！"风流美貌，娇态百端，颜色如花，有倾国倾成（城）之[色]。生得额方顶圆，双眉入鬓，凤目铜铃（通灵），口鼻端正，长烟（胭）细项，恰似识（施）粉妆成。头代（戴）着金凤玲珑粉碎（翡翠）冠，脚穿着朱红乌油屡（履），身（上）穿着长生不老销（绡）衣，腰紧（系）着九宫八卦条（绦），身（下）穿着山河地理裙，臂带（戴）着长生筵（延）寿八方环。左手持着白玉桂（珪），右手侧着擎（擎着）云阳板。则（只）见那嫦娥轻移那（挪）步，钦感（款）金莲，走向金銮殿上，望宫（官）里花枝招展施拜。君臣礼毕，其（启）朱唇而言曰："万岁我主，接待不着（周），勾（勿）令见罪。"玄宗举目观看嫦娥，有芙蓉海棠之容，有东（冬）莲桃古（杏）之貌，穿一套鸾凤缥沙（缈）之仙衣，系一条吕公桃（玉虹绦）绣之珮带。那嫦娥其（启）朱唇而言曰："梓童闻知，我主好乐知音，故来助我王一曲。"言罢，那嫦娥双晚（挽）罗袖，恰似春风飘舞一枝花；款步金莲，有（犹）水面漂游海棠走。则（只）听仙音嘹亮，鼓乐齐鸣，游游样样（悠悠扬扬）舞罢一曲。又见手内侧擎檀板，纤步款撒之阳（样），俺（掩）朱唇，暗吕而祇祇（音语儿低低）阻出。樱桃上（张），喷出了嘹亮（绕梁）声唱一曲。那嫦娥歌舞罢，玄宗言曰："娘[二]才舞了一曲，寡人不解此曲。"嫦娥奏曰："歌舞者，一名[霓]商（裳）之曲，一名蟾宫之曲。"玄宗言曰："妙也！何不与寡人饮酒作乐。"嫦娥言曰："升（圣）上为人中之王，臣妾为仙中[之]女，我王其（岂）生一念之心，何动爱欲之意？我王且回，异日与我王相见。"玄宗撒（霎）然惊觉，原来是南柯一梦。玄宗作诗一首：

面颜芙蓉苦（若）海棠，身如花枝体酥香。
连面（联翩）娇婆（姿）真美色，美貌风流月里嫦。
头带（戴）凤凰金冠佩，脚穿朱红履一双。
柳眉凤目樱桃口，压尽天官窈窕娘。

玄宗梦游至月里，广寒宫妙舞霓商（裳）曲，喷朱唇唱出嘹亮声，按本传，明皇梦解蟾中（宫）曲。那官里巴明盼晓，恨不得拈（展）手唤出扶桑日，双手补（扑）落满天星。则（只）见东海海水潮，架上金鸡把翅摇。响罢冬冬聚贤鼓，巍（危）楼撞罢金阳钟，拨（排）开香丧（伞）御椅正扇，开廉（帘）卷，奉出帝来。那官里驾坐朝(昭)阳宝殿,聚集两班文武、九卿四相。官里传圣旨,宣业请(叶静)天师。天师则(只)听得传宣,有圣旨行至金銮殿上。只见身披着鹤厂(氅),头带(戴)簪冠,手执着玉圭,道袍双俺(掩),望官里其手之(稽首致)意曰:“万岁我主,宣贫道何用?”官里赐天师绣敦而(墩儿)坐定,言曰:“寡人三更前,半夜子时作南柯一梦,梦见游至广寒宫。忽见月里嫦娥之貌,生得容(雍)然体态,颜色如花。对寡人双挽罗袖,款步金莲舞了一曲;轻撒檀板,俺(掩)朱唇唱了一曲。那嫦娥言称霓商(裳)之曲、蟾宫之于(曲)。朕相见至今杳无音信,怎生得到广寒宫见月里嫦娥一面?”业靖(叶静)奏曰:“万岁我主,若要见嫦娥之面,我引教坊司黄番撒(黄幡绰)、武光头、刘色长动乐,急(及)近臣郭子仪、罗公远等排鸾(銮)。”业靖(叶静)手执宝剑,含法水,踏罡步斗,披头昨(作)法。望空中喷了三口法水,即天昏地暗、日月无光。则(只)见祥[云]霭霭,瑞气氤氲,代(载)道之娇(轿)奏肃朝(箫韶)细乐,只(直)至天宫。

玉皇大帝闻知玄宗至,设一御宴,令光禄司(寺)进酒奏乐。排八盏八趁(衬)御宴,动金石丝竹匏土革木,谨(进)霓商(裳)之曲。诞(筵)宴以毕,玄宗辞了玉皇大帝,问业靖(叶静)天师:“寡人偶游月宫,见嫦娥一面。”业靖(叶静)恐失漏天机,奏曰:“我主不可见嫦娥,嫦娥乃是昊天之仙女,恐犯天条。”保驾云头而还。至下方,玄宗作诗一首:

雨(两)廊秉烛照天究,蹉跎顺(费)思庙边口[三]。

御驾亲游至月宫,甘(干)闪嫦娥一场空。

玄宗言曰:“寡人宫内有三千粉代(黛),八百烟(胭)娇,内宣杨妃娘娘至金銮宝殿。”只见花枝招拈(展),拜罢官里。见那杨妃生得有沉净洛酒(沉鱼落雁)之容,闭日(月)羞花之貌,面如冬莲,唇似丹珠(朱),鼻如悬胆,眼似秋波,鬓如鸦翅,口似樱桃,鬓[插]金凤,耳坠金环,指如春笋,脚是(似)炉键(露垂),眉如(柳眉)凤目,有倾国[倾]成(城)之貌。乾坤少有,边(世)上全无。有诗为证:

美貌风流一家(佳)人,端的倾国有(又)倾臣(城)。

乾坤少有艳箕(奇)女,世上无比最娇容。

腰系九宫八卦条(绦),身穿山河地理裙。

御天仙女临凡世,赛过南海观世音。

玄宗言曰:“杨妃娘娘,你惠(会)舞霓商之曲?”杨妃奏曰:“梓童不知此曲,今(会)盘中之曲。”官里将丹盘来,令黄番撒(黄幡绰)、武光头、刘色长动乐,看

（着）杨妃舞盘中之曲。殿有一株梧桐树，玄宗用手取班（斑）竹柱杖，及（击）梧桐树按其节拍。那杨妃舞罢盘中之曲，及（击）散班（斑）竹九分，结末（束）了盘中之曲。柱杖长五尺六寸，五尺者按五音，六寸者按其律吕。及（击）散了散［头］三尺六寸，按一年三百六［十］日。下留二尺，按阴阳二气。及（击）散班（斑）竹二十八根，按上方二十八宿。明皇敕赐柱杖攒为戏竹，加黄幡撒（绰）引领官、教坊司大士，敕赐梨园戏竹谏（监）司。这戏竹上按天、下按地，付于伶伦，五声八音。上［有］七星于（与）八卦，下有九耀（曜）九宫。上有日月往来，是为左右君（真），左真为太阳，右真［为］太阴；上有金石丝竹，下有匏土革木，有八音八乐。上有二十八宿，戏竹按二十八根分其日月，各置乐器。有诗为证：

唐明皇竹急（击）梧桐，将班（斑）竹急（击）散九分。
敕封为银头（人元）戏竹，分散头二十八根。
四根按东方甲乙，谨按着春动七宫。
角木蛟置下银筝，悬（弹）起来美韶和音。
头木獬置下龙（夏）笛，吹起来好似雷（鸾）声。
井木犴置下弦（箫）管，声声而（儿）吹得分明。
奎木狼置下弦琴，操起来神鬼皆惊。
四时顺阴阳和合，结束了春动七宫。
春动《新水》实风流，急（及）至伶伦贯九刋（州）。
此曲依宫并合调，古来至今我当头。
四根按南方丙丁，夏按着七商之宫。
尾火虎置下云锣，打的是节泊（拍）之声。
室火猪置下凤笙，吹其（起）来幽哑（优雅）之声。
翼火蛇置下云镲，动其（起）来仙乐之音。
嘴（觜）火猴置下鹧鸪〔四〕，吹其（起）来美而中听。
四时顺阴阳和合，结束了七商之宫。
佛送《梁刋（州）》子开收，伫（注）定愿（原）来是根由。
堪叹节留（流）〔五〕居（俱）合用，尊神喜乐无尽头。
四根按西方庚辛，秋动着七角之宫。
牛金牛置下大鼓，擂起来好似雷声。
亢金龙置下方响，动起来诵念经文。

娄金狗置下丝弦,合和动丝弦之音。

鬼金羊置下杨(羯)鼓,手擂着盖(阖)境皆鸣。

四时顺阴阳和合,结束了七角之宫。

六禾(么)从来古法传,压尽三曲敢当先。

四时分了各行曲,方知合调喜神天。

四根按北方壬癸,冬动着七羽之宫。

箕水豹置下杖鼓,衣(依)宫调相打分明。

壁水貐置下双韵,吹其(起)来美音之声。

参水猿置[下]腔(羌)笛,吹其(起)来幽(优)雅之音。

轸水蚓置下凤管,和合着律吕五音。

四时顺阴阳和合,结末(束)了七羽之宫。

潮溃之相(象)出冬天,四季和合锦相连。

玄宗梦解蟾中(宫)曲,后人造此(次)莫乱传。

四根按中央戊己,正按着林钟之宫。

柳土獐置下月琴,弦(弹)起来调动五音。

氐土貉置下水盏,按仙乐奉献尊神。

胃土雉置下排箫,合正调吹的分明。

女土蝠置下琵琶,弹其(起)来入耳中听。

四时顺阴阳和合,结末(束)了林钟之宫。

杨妃妙舞盘中曲,明皇梧桐急(击)班(斑)竹。

展开罗袖舞《三台》,恰似观音水上来。

四根按太阳之星,谨按着商调之宫。

房日兔置下胡琴,噪其(操起)来和乐合音。

昴日鸡置下拍板,乐中[封]他为班头。

虚日鼠置下狐(孤)笛,按戏竹二十八根。

星日马置下头管,八音响大乐为尊。

四时顺阴阳和合,结末(束)了商调之宫。

四根按太阴之星,谨按着黄动(钟)之宫。

心月狐置下押篆,

噪其(操起)来幽(优)雅之声。

危月燕置下凤箫，吹其（起）来景（惊）动神灵。
毕月乌置下龙笛，吹其（起）来可献尊神。
张月鹿置下箫管，吹其（起）来丹凤之音。
四时顺阴阳和合，结末（束）了黄钟之官。
晚动黄钟神明感，动木依官合天心。
神感风调并雨顺，神灵保佑五谷丰。
戏竹分前名不（无）义，戏竹分着细分明。
周乐星二十八宿，三百六古调分明。
唐乐星四十大曲，依官调奉献尊神。
宋乐星珍馐百味，按四季奉献尊神。
春正月二月三月，谨按着春动七官。
夏四月五月六月，谨按着七商之官。
秋七月八月九月，谨按着七角之官。
冬十月十一腊月，谨按着七羽之官。
按四季官商角羽，结末（束）了五声八音。
祭神明可动阳乐，除非是古论乐人。
若还是动其阴乐，除非是和尚道人。
孔圣人文章之祖，置礼乐诗书为尊。
若还是叉（差）了曲调，教坊司灾祸临身。
占（至）晚间不动商调，早晚（晌）间不动黄钟。
若瞒时瞒过看得（的），瞒不过诸位神灵。
游月官终。

仅由此篇所记，也见“戏竹”与“唐明皇”有关，与“杨妃单舞盘中曲”牵涉；也见戏竹“散头二十八根”正与“二十八宿”对应，正与唐“二十八调”有关；也见明皇“敕赐梨园戏竹”，“加黄幡绰引领官”，早类赛社“前行”；其记的《六幺》《三台》等曲，早见于唐《教坊记》，属唐宋“四十大曲”，早可用于“大曲”歌舞。从而，既见《霓裳》歌舞可用“唐王游月宫”故事从旁“讲唱”，又见唐宋早多此类话本，早也可用于相关的“大曲”歌舞，或称“队子”，或称“队戏”，上党赛社仍有相关遗存。

【注释】

〔一〕“官里”，犹言“官家”，在此特指“天子”，属宋元流行用语。如元代乔吉甫（又名乔梦符，山西太原人）所作《唐明皇御断金钱记》杂剧（见《元曲选》），就见有“谁不知开元官里好奢华”语，其“官里”正指开元天子唐玄宗。另，“感”在此取感化、教化之义。“官里有感”，在此指唐玄宗实行德政，以德感教下民。

〔二〕“娘”，古可用称“少女”。如王实甫《西厢记》头折，就有“颠不剌的见了万千，似这般可喜娘的庞儿罕曾见”一语，见指崔莺莺。

〔三〕“庙边口”，属隐语，暗喻“月”。因繁体“廟（庙）”字的“边口”，正是一个“月”字。在此借指月里嫦娥。

〔四〕“鹧鸪”，在此指乐器名。见于《宋史·乐志六》，南宋姜夔言“雅俗乐高下（指乐律）不一”时就说：“今大乐外有所谓下宫调，下宫调又有中管倍五者。有曰羌笛、孤笛，曰双韵、十四弦……有曰夏笛、鹧鸪，曰胡卢琴、渤海琴。”由其说，不但可见当时雅俗乐律不一，且见民间俗乐已用有羌笛、孤笛、双韵、夏笛、鹧鸪等乐器，正宜编入讲唱，与二十八宿逐一对应，正类此处所讲。

〔五〕“节”与“流”相对，正言《梁州》应用。“节”指节拍、节制、节取一段。“流”言放开、放纵、延长，即所谓“乐胜则流”（见《礼记·乐记》）。此句意指，该曲可放可收，或放开见有慢板、散板而属“大曲”，或节取一段而成“曲破”“小令”，“俱合用”。

第三节　队戏表演形态

唐代“大曲”歌舞，因列队而舞，时称“队子”，因多含故事情节，又称“戏”。如唐《教坊记》，就有“楼下戏出队”云云，实已含有队戏。至宋，《东京梦华录》等书记有北宋“队杂剧”，“群队装其似像”；南宋史浩《鄮峰真隐漫录》记的“剑舞”等，早也从旁讲说故事。从而见于上党赛社遗存的抄本，不但多记有“队子”“队戏”剧名，且如《唐乐星图》本，正记有相关队舞的“排场角单”。为见其实，先摘其“角单”内容如下。

《齐天乐·鬼子母揭[钵]》一单舞

曲破。八大金刚八个，四揭神四个，诸佛子十个，佛留鬼二个，[鬼]子母一个，石头一个,观音一个,佛祖一个,飞天夜叉十个,驸马。上,散。

《巫山神女阳台梦》一单舞

舞。屈源(原)宰相,楚襄王驾头一个,九天玄女一个,崔怀保(宝)一个,长(张)子春一个,山神一个,土地一个,城隍一个,巫娥女。上,散。

《五岳朝后土》一单舞

《齐天乐》曲破。夜叉二个,开路鬼二个,盂(监)坛一个,关公一个,二郎一个,后土娘娘,五岳五个。四渎一个,江河一个,淮济一个。

《樊哙脚党(荡)鸿门会》一单舞

范增定计。陈平斟酒。雍齿,丁么(公)。项庄、项伯双无(舞)剑。樊哙喝开鸿门会。西楚霸王,八千子弟兵,韩信执战(戟)[郎中]。汉王,张良保驾。上,散。

《二仙行道老子开御》一单舞

毛女,蓝彩(采)和等八洞神仙,三清,汤药夫人,[二仙娘娘],老子,青牛。接舞《剑器今(令)》。上,散。

《关大王破蚩牛(尤)神》一单舞

三帝真宗驾头。寇准,紫金园,归伏臣。急脚鬼,宰相王钦[若],张天师,鬼怪,炳灵公,风伯,雨师,雷公,电母,揭地(帝)神,关公,关平,周仓,五岳阴兵,降蚩牛(尤)。上,散。

《习(悉)达太子游四门》一单舞

护法神四个,散花童子一个,净水瓶,梵王太子驾头,揭地(帝)神四个,八大金刚八个,菩萨,罗汉十八个,十地(帝)菩萨十人,木叉(吒)行者,童子二个,善(美)女十人:阳(杨)妃、西施、丽(骊)姬、昭君、保(褒)[姒]、姮[娥]、[妲]己、绿珠、巫山娥女、华山三娘。药青(叶净)君师,唐玄宗驾头,月宫婵(嫦)娥,掌扇官一对,俱天衣缓(绶)带,舞。上,散。

《王母娘娘蟠桃会》一单舞

青龙，白虎，朱雀，玄武，青衣童子，左辅，右弼，天蓬，天猷，太白金星，雷神，三清上圣，杜康，九天玄女，肖（萧）夫人，白莲皇后，献花童子二个，后土娘娘。上，散。

《炽盛光佛降九曜》一单舞

护法神二个，散花童子，九耀（曜）星官九个，二十八宿，金刚八个，四大天王四个，观音一个，木义（吒）行者，维摩行者，炽盛光佛（二十四颗头，本像四十八只手），铁车。上，散。

《周琼姬[王]子道（高）遇三清》一单舞

蓝彩（采）和。毛头女一对。八洞神仙八个，佩宝且（具）上。青龙，白虎，朱雀，玄武，金童，玉女，王子高，周琼姬，玉清，上清，太清。上，散。

《二仙行道[朝]后土》一单舞

毛头女，八仙，天逢（蓬），天猷，雷神，紫团先生，五岳仙，夫子，二仙，九天玄女，王母娘娘，后土娘娘。上，散。

《泾河龙王难神课》一单舞

唐太宗驾头，十宰总管，袁天罡，李淳风，袁守成（诚），四鱼（渔）夫四个，天佛使者，天曹，地曹，人曹，浴（泾）河龙王，清河圣母，四海龙王，四渎龙王，魏征承（丞）相，巡河夜义（叉）。上，散。

《曹公赐袍》一单舞

甘梅（糜）二夫人，阿头（斗）太子，关公，曹操，许褚，张僚（辽），曹千，曹方（万），曹龙，曹虎，曹胜，曹仁，夏侯墩（惇），一切军卒。上，散。

《李卫公夜看杨州（扬州）》一单舞

六丁六甲神将，四揭地（帝）神，披发爷爷，娘娘，接舞《长寿乐》。金童，玉女，青龙，白虎，贪、巨、禄、文、廉、武、破，左辅，右弼，十二元辰，玉皇，哪吒太子，李靖君（军）师。上，散。

《武王伐纣》一单舞

苏颜（护），费仲，妃妲儿（己）女，毕公高，召公失（奭），荣公，弘（闳）夭，秦（泰）颠，南宫适，散宜生，宜来，逢远。八士：伯达、伯适、仲宓（突）、仲忽、叔夜、叔夏、季随、季弱。周武王，周公旦，千邑寻，万邑降，管叔铎（鲜），蔡叔鲜（度），唐叔政（虞），梁叔季（康），别（伯）邑考，姜太公，内外诸侯将佐。取照妖镜。上，散。

《香山子斧辟（劈）华山》一单舞

真宗驾头，刘向秀才，西台御使。张抵家。八判官，千里眼，耳顺风（顺风耳），风伯，雨师，雷公，电母，张明承（丞）相，山神，土地，许季儿四真君，金化龙王，炳灵王，五岳圣众。辟（劈）开华山救母。华岳三娘，净水童子，木叉（吒）行者，观音。上，散。

《霸王设朝封官》一单舞

霸王驾头，封：范会（增）亚夫（父），左承（丞）相；项白（伯），尚书令；钟离［昧，左司马］；［龙且］，右司马；英布，武［英大将军］；丁么（公）、雍齿，镇［殿］大将军；刘季，前将军；刘存（孝），后将军；陈平，护国都御使；韩庄（生），左谏仪（议）；武涉，右谏仪（议）；［闵］子琦，为宫内大将军；桓楚，引战将军。［张］子方（房）献秦宝一十八件：厌马珠、夜明帘、逼（避）尘珠、照殿［珠］、夜明珠、温凉盏、珊瑚枕、定颜珠、如意珠、水晶帘、轩辕镜、雌雄剑、聚宝盆、磨沙（摩挲）石、龙发布、镇风石、照星宝、如斗印。百官上，散。

《徐福采菉（灵）芝》一单舞

秦始皇驾头，鬼谷子，徐福宰相，录（卢）生，绿衣使者，东吴先生，公安期先生，大力鬼，壁听鬼，五瘟使者，三灵猴（侯），娘娘，浮（孚）灵侯，浮夹（浃灵）侯，［威灵侯］，接舞右划（《瀛洲》）。

《王昭君和北番》一单舞

汉元帝驾头。和北番通使者迷达达，噤察地细（䌷）狗牵骆［驼］。驾（架）鹦鹉鹁鸳（鸪）的咒师央赤。毛延寿，妳（奶）母，二十一府君，内右（有）二番，王昭君。上，散。

《青铁（提）［刘］氏游地狱》一单舞

千里眼，顺风耳，牛头，马面，判官，［善恶二簿］，青铁（衣）童子二个，追魔大（太）尉四个，把金桥［大使者］。牛（刘）氏游十八［层］地狱。目连僧救母。十地（帝）阎君，净［水］瓶，童子，木叉（吒）行者，观音。上，散。

《四公子斗富》一单舞

齐国孟赏（尝）君，门下三千客，项廉（链），孔雀。魏（楚）国春申君，珍珠伞，各自提继（携），搡（操）乐部。楚（赵）国原安（平原）君，实（宝）马酒器，穿戴锦衣。晋（魏）国信陆（陵）君，极東安平，玉宝希（稀）［奇］。各与（夸）富象。《大明乐》。上，散。

《二十八宿闹天宫》一单舞

玉皇驾头，镇殿将军，十二元辰，四直（持）符，三官，关公，二郎，五斗星，九曜星，二十八宿，左辅，右弼，天蓬，天猷，雷神，真武，紫微星，六丁，六甲，上元将军刘忠信，哪吒，中元将军甲（田）季笃，下元将军赵进达，李天王。上，散。

《杨六郎大破天门阵》一单舞

宋真帝（宗）驾头，八王子，寇准，王强，孟良，焦赞，岳胜，张盖，木（穆）桂英，六郎，钟道人，杨和尚，扮［炽］盛光佛，九曜，硕（佘）太君，［梨］山老母，柴郡主，二十四指挥，肖（萧）太后，［吕］洞宾，韩延寿，韩延广，肖太（萧天）佐，肖大（萧天）佑，镇领八百万番兵，摆天门阵：按五斗星、四真星、紫微大帝、九天玄女，摆三百六十小阵、一百八十大阵。天宝大将，按五（接舞）《梁州》。上，散。

《关大王独行千里》一单舞

曹操，夏侯墩（惇），许褚，张辽，甘梅（糜）二夫人，阿头（斗）太子，关公。出

[许]昌，霸凌(陵)桥赐酒，刀挑红袍。上，散。

《大会坛(垓)》一单舞

刘沛公驾头，承(丞)相肖河(萧何)。汉八将：王凌(陵)、鲁管(卢绾)、曹参、英布、彭越、周勃、张耳、藏蔡(臧荼)。樊哙，韩信、粟高引战，陆角(贾)下书一个。张子方(房)一个，吹散八千子弟兵，领(令)五侯江边战霸王。闵子奇，王霸(霸王)，虞姬女。张敖、汉王、肖河(萧何)饮酒。霸王自刎乌江。上，散。

《二十八宿朝玉皇》一单舞

玉皇驾头，左辅，右弼，十二元辰，四帅，天蓬，天猷，雷神，二十八宿，舞夜叉(夜叉，舞)《梁圳(州)》。上，散。

以上角单，既记有扮演的角色，又记有表演提示，记有所用乐曲，如《瀛洲》《梁州》《大明乐》皆属唐宋大曲。显然，其表演由唐宋而来，为列队而舞的"队子"，且类唐宋宫廷"大曲歌舞"，属队戏。

与此相关，北宋陈旸《乐书》见记，由于宫廷"乐工不能遍习"，北宋早以"四十大曲为限"。从而见如《安乐》大曲，出自北周，隋唐沿用，宋代"四十大曲"却无。然而《唐乐星图》本所记的"队子"剧目，却仍见有《安乐・虎牢关破夏王》一目，表演的正是"夏王"窦建德故事，正该出自唐代，正说明宋代民间赛社仍不受"四十大曲"所限。类此，其记的"队子"还有，正与唐宋以来民间赛社传承相关。为此，今依《唐乐星图》本所记，再录其"队子"类剧名如下，并对其内容加以注释，以详其实。

队　子

贺皇恩・创立天子班〔一〕

顺圣乐・十八国临潼斗宝〔二〕

大圣乐・惧隙(据峪)口充(冲)八将复锁界丘(介休)县〔三〕

龙池会・坤(昆)阳大战汉光武〔四〕

千春乐・关大王千里独行〔五〕

清平乐・孙宾(膑)排九宫八卦〔六〕

安乐・虎牢关破夏王〔七〕

顺圣乐・六郎大破天门阵

遇乐・百花林作会[八]

长寿乐・老人星过关添寿[九]

中和乐・马践杨妃[一〇]

清平[乐]・四公子斗富[一一]

喜(泛)清波・诸葛亮赤壁熬(鏖)兵[一二]

剑器・湖(胡)渭州・中吕宫・鸿门会[一三]

体依嬴(瀛)府・五虎将下西川[一四]

呈王梁州・顺圣乐・李靖捕(甫)夜看扬州[一五]

新水二司・六么・道人欢・八仙朝三真[一六]

大明乐・七国七龙会[一七]

高平调・顺圣乐・镇(锁)五龙[一八]

平宫・万岁・梁州・悉达太子游四门[一九]

湖(胡)渭州・升平乐・五女混清堂[二〇]

带剑・湖(胡)渭[州]・宜和乐・郡鬼游九陵[二一]

范(泛)清波・越范蠡归湖

云归高梦・宋玉悲秋[二二]

锁(镇)幽关・湖(胡)渭州・齐公子出秦[二三]

倾杯乐・细腰单舞盘中曲[二四]

拨(插)花梁州・那(哪)吒太[子]降牛魔王[二五]

喜(泛)清波・水兵破肖铁(萧铣)[二六]

新水・降黄龙・潮(朝)清江圣母[二七]

保金支(枝)・十八学士明立文学官(馆)[二八]

桔(击)梧桐・杨妃单舞盘中曲[二九]

梦新妇・定(顶)针[三〇]

庆云乐・英(迎)[仙]客・三灵侯五瘟使者[三一]

传(得)胜乐・唐元(玄)宗梦进月宫[三二]

由上已见,《唐》本所记的"队子"皆有人物故事,皆属队戏,皆由唐宋而来,既类唐宋宫廷所见的"大曲"歌舞,也可从旁讲唱其人物故事;又因流行民间,用于赛社,早又不受"四十大曲"局限,可扮演不同的人物故事。

对于此类表演,今再举一实例。见于上党赛社《听命文集》等本,皆记有《祭楼台下厨讲监斋》一目,简称《跳监斋》,正演"监斋神"的由来。其故事出自元明之际,既与佛说牵涉,又与乐户相关,直至清末民国上党赛社仍在搬演,扮监斋者仍戴着面具舞跳(如图),仍由前行从旁讲唱其人物故事。其前行讲唱仍记于抄本,且记有表演提示等,属于完整的剧本。为详其实,今依《听命文集》等本所记,也仍摘录并加注释如下:

祭楼台下厨讲监斋〔三三〕

安排下香蜡果罩,众神煞一齐来到。

上堂乐击响御鼓,机揭(偈)神出鸟(马)先到〔三四〕。

掉(调)机揭(偈),监斋上殿参神,入厨脱壳,掉(调)罢正坐,前行开说〔三五〕。

皆道(脚到)乾坤窄〔三六〕,睁睛日月昏,

抬头天外看,四下长愁云。

东海似点水,泰山如捏尘,

天上和地下,可[有这尊神]?

此位尊神出在何朝,封在那帝?出于大元顺帝[在位天下]。辛卯十一年,红军(巾,以下径改)贼造反,杀官劫库,夺取州[郡,掳掠]良民。堪堪(看看)杀至少林寺不远,护法伽蓝三鼓时分于长老托一大梦。梦见伽蓝言曰:"长老休推睡,休推梦,吾乃护法伽蓝。今有红巾贼造反,堪堪(看看)杀至少林寺,火烧寺院,镢打泥胎,满寺僧人不留半个。"长老梦中答曰:"满寺僧人事小,毁坏我佛金身怎了?老爷何不[救]满寺僧人!"伽蓝答曰:"香积厨下有烧火小小行[者],[他生有]一身风癣疥癞,他可救你性命。"到了天明,香[积厨下]果有一小小行者。长老鸣动钟鼓,聚满寺僧人,来[香]积厨下言曰:"红巾杀至少林寺,菩萨何不显圣救我满寺僧人。"菩萨言曰:"我是小小行者,有何本领,救你满寺僧[人]。"众僧跪于地下则(只)是不起,苦苦哀告。逼得菩萨无奈,从火门进去,烟突出来,显出丈二金身,青脸红发,锯(巨)口僚(獠)牙。将破柴板斧削(揳)在敢(擀)面杖上,在肩上横担。高叫众僧:"跟我来!"众僧取棒,菩萨取斧,出离寺山门外。红巾贼领兵只(直)至鹅口岭上,离少林寺不远。菩萨带领僧兵大喝一

声："红巾还不受死，待等何时？"红巾抬头一看，青脸红发，锯（巨）齿獠牙，丈二金身，唬得心寒胆碎。言曰："你看元朝顺帝有福，感得天神下降。"不敢前进，将红包巾掷于地下，化乡民而去。众僧簇拥菩萨回寺，只（直）至寺院山门外。身躯教（较）大，难[以]回转，一只脚踏了嵩山，一只脚踏了玉寨，立化山门。长老报于登丰（封）县知县，知县写表申上。元顺帝一见，龙心大悦，敕封菩萨南无大慈大悲紧那罗王、天灵（龙）八部神、香积[厨下监]斋神。恐君不信，有诗为证：

此位菩萨住少林，威灵赫赫镇[乾坤]。
金容本是菩萨面，自幼削发做僧人。
顺宗皇帝失仁政，宠爱西域一番僧。
教养宫中天魔舞，天下荒荒（惶惶）起群凶。
李二老朋（彭）招军用，田贵毛凤住（驻）山东〔三七〕。
可恨山贼陈有亮（友谅），又反妖人刘福[通]。
称皇称帝三五载，为国为君十数[春]。
聚就凶兵数十万，反上中源（原）抢少林。
伽蓝托梦呼长老，红巾杀至少林门。
杀了僧人还则可，镢打泥胎坏金身。
长老回言告伽蓝，何不显圣救我们。
伽蓝回言说厨下，烧火小僧救你们。
长老醒来叫徒弟，大雄殿上叫连声。
徒弟法堂鸣钟鼓，聚就寺内许多僧。
来在厨下忙哀告，菩萨显圣救残生。
烧火小僧回言到（道），身小力微显神通。
火门进去烟突出，显出丈二一金身。
青脸红发神通大，锯（巨）齿獠牙唬杀人。
面（擀）面杖上削（楔）板斧，显出菩萨八部神。
肩上横担开山斧，统领寺内众僧兵。
出向寺出（山）门外走，鹅扣（口）岭上大交兵。
红巾一见心胆战，四散奔走各逃生。
顺宗皇帝多有福，感得天神下天宫。
众僧簇拥菩萨驾，回首只（直）至寺山门。

身躯教(较)大难回转,立化山门现(显)金[身]。
左脚踏住嵩山顶,右脚踏了玉寨林(门)。
增福财神前引路,判官小鬼随后跟。
长老报在登丰(封)县,知县写表奏朝廷。
顺宗一见心欢喜,敕封菩萨八部神。
大慈大悲紧那罗,嘱咐厨下要[用心]。
清油白面多爽利,那罗厨下监斋[神]。

失遣连(拾遗怜),赠诗篇,
监斋罢,要赏钱〔三八〕。

【注释】

〔一〕“贺皇恩”属唐宋大曲,又名“荷皇恩”,多用于歌颂皇帝功德。与此相关,《唐会要》记有“《圣寿荷皇恩》词四首”;《宋史·乐志》记,宋太宗曾作“黄钟宫《宇宙荷皇恩》”,并说“若《宇宙贺皇恩》……皆藩邸所作,以述太祖美德”。说明宋代《荷皇恩》又易名《贺皇恩》,借以歌颂“太祖美德”。正因此,此目仍用《贺皇恩》表演宋太祖“创立天子班”,属“队子”歌舞;“元杂剧”早有武汉臣作的《赵太祖创立天子班》,至今仍存。

〔二〕《顺圣乐》属唐代大曲,宋“四十大曲”未列,说明此曲正由唐代民间传来。《新唐书·礼乐志》记,代宗时“山南节度使于頔又献《顺圣乐》……(所舞)雄健壮妙,号《孙武顺圣乐》”。正因其曲宜演“雄健壮妙”故事,此处用于“十八国临潼斗宝”,仍属“队子”歌舞。

〔三〕《大圣乐》属“四十大曲”之一,依《宋史·乐志》记,正由唐代而来。所演“据峪口冲八将复锁介休县”故事,发生在唐初。依史,尉迟敬德原为刘武周大将,属宋金刚部下,武德三年(620),秦王李世民与宋金刚在介休附近曾有一场大战。《资治通鉴》记:“金刚尚有众二万,戊午,出(介休)西门,背城布阵,南北七里。世民遣总管李世勣与战,小却,为贼所乘,世民帅精骑击之,出其阵后,金刚大败……尉迟敬德收余众守介休,世民遣任城王道宗、宇文士及往谕之,敬德与寻相举介休及永安降。”此目所演,即尉迟敬德初战时冲李元吉八将,复败于李世民,退守介休事。

〔四〕“龙池会”出自《龙池乐》,唐属坐部伎。见《新唐书·礼乐十二》记:“初,帝(玄宗)赐第隆庆坊,坊南之地变为池,中宗常泛舟以厌其祥。帝即位,作龙池乐。”显然,此曲正可预兆龙兴称帝。用于“昆阳大战”,预兆汉光武中兴。

〔五〕《千春乐》也属唐宋四十大曲之一,唐《教坊记》与《宋史·乐志》皆记。剧情与潞城南舍村“调家龟”所演的《过五关》一样,仍属队戏。

〔六〕《清平乐》也属唐宋大曲。唐《教坊记》与《宋史·乐志》均记。所演“孙膑排九宫八卦”故事,与《唐乐星图》本“杂剧”所记的《庞涓夜走马陵道》同题材。另,元明杂剧见有《宋公明排九宫八卦阵》(见《孤本元明杂剧》),则演水浒故事。

〔七〕依《旧唐书·音乐志》记:“《安乐》者,后周武帝平齐所作也。”可见此曲创于北周,早属唐代大曲。所演“虎牢关破夏王”,写李世民虎牢关大战窦建德,将其擒拿事。显然,此目属唐代“队子”。值得注意的是,宋代宫廷“四十大曲”又未见列《安乐》,说明此目队戏由唐代民间传来。

〔八〕遇乐,即《君臣相遇乐》,是唐宋大曲。《新唐书·礼乐志》记,玄宗时,太常卿韦绍“制商调《君臣相遇乐》曲”;《宋史·乐志》所记“四十大曲”亦列。所演“百花林作会”,写北宋靖康时,洛阳城有位风流公子王焕,于清明郊外游园,与伎女贺怜怜相遇于“百花亭”,一见倾心,终成眷属。与其相关,元杂剧有《逞风流王焕百花亭》今存(简称《百花亭》,见《元曲选》),宋元南戏有《王焕》《百花亭》《贺怜怜烟花怨》等(见《宋元戏文辑佚》),说明其故事宋元早可用于“队子”歌舞。

〔九〕《长寿乐》,亦名《延寿乐》,是唐宋大曲。按《唐会要》记,“武太后长寿年作”,故名《长寿乐》。按《宋史·乐志》记,宋太宗曾作“仙吕调《齐天长寿乐》”,“四十大曲”中又记有《延寿乐》,属“仙吕宫”。所演“老人星过关添寿”,为老子李耳过函谷关故事。本事早见于葛洪《神仙传》,宋代《太平广记》卷一《老子》篇亦记,明代《警世通言》卷四十《旌阳宫铁树镇妖》的入话亦叙此事。依写,老子骑着青牛西出函谷关,欲往昆仑仙境,守关的尹喜求为众生“添寿”,遂得真经五千言,书为《道德经》,尹喜亦成仙。由于老子可以添寿成仙,又与南极星附会而称“寿星”,主寿昌,或称“南极注生延寿帝君”。加之唐奉老子为李氏远祖,宋真宗又处处效法唐明皇,宋徽宗更自封“教主道君皇帝”,可见唐宋早有相关的“大曲”,用于歌舞。上党赛社此目仍属大曲歌舞,“正赛”之日(正场)仍有“迎寿添寿”仪式,届时由乐户装扮成寿星、王母、八仙等,要为赛庙诸神、在位皇帝添寿,礼规又加表演,有念、有唱、有舞,属于“供盏”节次,统称“八仙庆寿”。

〔一〇〕《中和乐》属唐宋大曲。按《唐会要》记:“先时有太常乐人刘玠流落至潞州,虔休(昭义军节度使王虔休)因令造此曲以进。今《中和乐》起于此。”《宋史·乐志》记属“四十大曲”。“马践杨妃”,写杨贵妃死于马嵬坡事,唐史有记,白居易《长恨歌》有写。元杂剧有《唐明皇启瘗哭香囊》(关汉卿作)、《唐明皇秋夜梧桐雨》(白朴作),宋元南戏《宦门子弟错立身》言及的剧名也有《马践杨妃》。可见其故事宋元早用于“队子”。

〔一一〕《清平》即《清平乐》,见前注。“四公子斗富”,演春秋战国时平原君、孟尝君、信陵君、申春君四人携宝比富,属民间演义。

〔一二〕《喜清波》即《泛清波》,《宋史·乐志》记属“四十大曲”,应由唐而来。与此相关,见《开元天宝遗事》记,唐有《凌波曲》,玄宗作,其梦一女子拜而言曰:“妾凌波池中龙女,久护宫苑。陛下知音,乞赐一曲。"于是帝作此曲,奏之池上,神出波间。《明皇杂录》云,"女伶谢阿蛮善舞《凌波曲》"。《杨妃外传》言,"后于凌波池奏新曲,池中波涛涌起,有神女出池心,乃梦中所见女子,因立庙池上,岁祀之"。按此,《泛清波》当由唐代《凌波曲》而来,因其早用于"舞",见此目仍属"队子",且其又能招神,用于"赤壁鏖兵"也正相宜。

〔一三〕此目连用《剑器》《胡渭州》二曲,是宋元早见的带过体。所谓带过,可在同一宫调下连用二至三曲(不超过三曲,超过则属套曲),以解一曲之不足,因曲与曲之间常缀以"带、过、兼"字,故称。以上两曲,属唐宋"四十大曲",宋代早用于队戏歌舞,表演"鸿门会"故事(见南宋史浩《鄮峰真隐漫录》)。与本目相关,本目后面的《樊哙脚踏鸿门会·一单舞》,仍记有"范增定计""项庄、项伯双舞剑""樊哙喝开鸿门会"等情节(详下),正见连用二曲的原因。

〔一四〕《瀛府》属唐宋大曲,见于《宋史·乐志》。"四十大曲"中记有《瀛府》,由唐代而来,且"法曲部"记有《望瀛》,与唐代"法曲"有关,是《瀛府》的变体。或因此,此目强调"体依瀛府",即不用《望瀛》,留着宋代队戏痕迹。所演"五虎下西川"是三国故事,写张松向刘备献图,遂使五虎上将下西川事。

〔一五〕《梁州》,出自唐代《凉州》大曲(见《教坊记》),《宋史·乐志》所记"四十大曲"中有四种不同宫调的《梁州》。显然,《呈王梁州》也是其变体。《顺圣乐》见前注,也是唐宋大曲。两曲连用也属"带过"。所演"李靖甫夜看扬州",写唐李靖事。"甫"是古代对男子的美称,犹如今称"阁下"。其事见唐代李复言《续玄怪录》,写李靖微时捕猎山中,逐鹿迷途,夜宿山庄,乃龙宫所化,遂替龙婆行雨,属玄怪故事。李靖发迹后手握兵权,曾下江南、擒萧铣、荡吴越,故又演义其"夜看扬州",示其早有发迹预兆。其所遇的"龙婆"类如唐玄宗梦见的"龙女",与宋真宗泰山封禅牵涉,言山有"玉女池",池中波涛涌起神像,被真宗封为"碧霞元君"(见《古今图书集成·神异典》卷二一)。该本后有《李卫公夜看扬州·一单舞》,是此目队舞角单。古代上党地区奉李靖为神,宋金庙碑至今仍存,称其"显应王";平顺县东峪沟村有座九天圣母庙,今存宋、元、明、清重修碑。蒙古中统二年(1261)的《重修九天圣庙记》曰:"九天圣母者,在天为玄妙玉女,在地为太一元君。驱雷举电,叱风咤云……葛井乡之东社(东峪沟),曰圣母谷……卫公假宿之地也。其庙自隋唐以来有之。"可见该庙早有,与李靖"假宿"之地附会,由"龙婆""玉女"演义成了"九天圣母"。且该庙今存的宋徽宗建中靖国元年(1101)《重修圣母之庙》碑记,言时已"创起舞楼",可见民间祀神已用"舞"。可知,此目"队子"正由唐宋而来,见于上党赛社。

〔一六〕曲名《新水》,《宋史·乐志》所记"四十大曲"中有《新水调》,宋元已有《新水令》。"新水二司"或为"新水令"之误,或指《新水调》之后所接的《六么》《道人欢》二曲,属带过体,且此二曲同记于《宋史·乐志》。所演"八仙朝三真",指八仙一行朝拜玉清、太清、上清三真人。"八仙"一说宋代已有,已用于"队子"歌舞。

〔一七〕《大明乐》,也属《宋史》所记四十大曲。"七国",指战国七雄,故演义出"七龙会”。

〔一八〕《高平调》，指此目大曲《顺圣乐》所属宫调。其剧、曲见前注。

〔一九〕《平宫》，即《正宫》，指其曲所属宫调。《万岁》，即《万岁乐》，属唐宋大曲。依《碧鸡漫志》载，“唐时太簇商乐曲有《万岁乐》”，宋时“黄钟宫亦有《万岁乐》”。然而，宋“四十大曲”未见记，当属宋徽宗之前流行的大曲。此目《万岁》与《梁州》连用，亦为带过体。“悉达”，即“悉达多”，乃释迦牟尼为太子时之名。“悉达太子游四门”出自佛经，唐代已用于俗讲，《敦煌变文集》所记的《太子成道经一卷》《太子成道变文》均述其事。写其为太子时游都城四门，见生、老、病、死，厌世出家，终创佛教。抄本再下舞队角单有《悉达太子游四门·一单舞》，其中杂糅西施、杨妃、玄宗等人物，故事已中国化。

〔二〇〕此目连用二曲，也为带过体。《胡渭州》前注。《升平乐》亦属唐宋大曲，《唐会要》记有“《升平乐》，商调曲也”；元周德清《太和正音谱》录有《卖花声》一曲，其下注云“即《升平乐》”。与所演“五女混清堂”相关，上党赛社另本记有“十二元辰故事”（按十二元辰列的十二个歌舞剧情），第五个名《五花梁州》，并提示：“此出唐明皇戏巫山神母，崔怀宝、张子春戏西宫。着宫女扮五个州官为戏。”若此目故事源于《五花梁州》，则与金元时的“五花爨弄”相关，可由“宫女扮五个州官”表演“戏巫山神母”故事。因其表演早见于庙堂，或由此演义出“五女混清堂”。供参考。

〔二一〕此目中“带”指带过体，“剑”指《剑器》，“胡渭”即《胡渭州》，“宜和乐”似指《中和乐》，三曲均为唐宋大曲。“郡鬼游九陵”中的“陵”字，原本见于下目开头，应上属，乃传抄者断句之误。“九陵”似指北宋九个皇帝之陵，“郡鬼”当与北宋亡国有关。此目当作于金元之际，借以凭吊旧国，抒发亡国之悲。

〔二二〕此目与楚襄王牵涉，源于宋玉《高唐》《神女》二赋。《神女赋》开篇曰：“楚襄王与宋玉游于云梦之浦，使玉赋高唐之事。其夜王寝，果梦与神女遇。”言及《高唐赋》，且见其赋结尾曰：“（宋玉）情独私怀，谁者可语，惆怅垂涕，求之至曙。”其“惆怅”乃“宋玉悲秋”所由。与之相关，唐《教坊记》已记有《巫山女》《巫山一段云》两曲，《宋史·乐志》所记四十大曲有《彩云归》；宋官本杂剧记有《梦巫山·彩云归》（见《武林旧事》）；元杂剧有杨景言的《楚襄王梦会巫娥女》（见《录鬼簿》）、王子一的《楚阳台》（见《太和正音谱》）、佚名作的《巫娥女醉赴阳台梦》（见《也是园书目》）。显然，《巫山女》《巫山一段云》《彩云归》一脉相承，早属唐宋大曲，可用于“队子”歌舞，表演“巫山神女”故事，类此目的“宋玉悲秋”。此目所用的《云归高梦》与大曲《彩云归》相关，或是其变名、变体，已见于宋元。

〔二三〕“镇幽关”，似也是唐宋大曲的变名或变体，所演故事“齐公子出秦”相关。本事见于《史记·孟尝君列传》，写齐国孟尝君在秦为人质，被秦昭襄王幽禁难归，幸其门客有“鸡鸣狗盗”之术，骗得函谷关于天明前早开关门，才使孟尝君一行逃出秦国。

〔二四〕《倾杯乐》属唐宋大曲。《新唐书·礼乐志》记，唐太宗“诏长孙无忌制《倾杯》

曲”;唐《乐府杂录》载,“新《倾杯乐》,唐宣宗善吹芦管,自撰此曲”;《宋史·乐志》记,《倾杯乐》已用于多种宫调,并已有了由此而来的令曲。元代仍有《倾杯序》(见《中原音韵》),上党赛社或称《劝倾杯》,至今仍存。此目所演“细腰单舞盘中曲”,与唐《霓裳》歌舞有关。依上党赛社另本所记的《唐王游月宫》言,玄宗梦游月宫,梦见嫦娥舞《霓裳》甚妙,梦醒追思,遂使杨妃舞盘中之曲,玄宗以竹杖自击梧桐,按其节拍。与此相关,唐代有《霓裳》《拂霓裳》《看月宫》《望月婆罗门》等曲(见《教坊记》);宋人石曼卿“取作传踏”而舞(见《碧鸡漫志》);金元院本记有《击梧桐》(见《辍耕录》);元杂剧记有白朴的《唐明皇游月宫》等(见《录鬼簿》)。元人王伯成作的《天宝遗事诸宫调》仍存残曲(见明《雍熙乐府》),其引子云:“笑携玉箸击梧桐,巧称雕盘按霓裳。”与此目相关,元杂剧《唐明皇秋夜梧桐雨》今存(见《全元戏曲》第一卷),其第二折高力士云“请娘娘登盘演一回《霓裳》之舞”,仍由“正旦作舞”,正类此目表演。显然,此目由唐代而来,宋元民间已盛传。

〔二五〕“插花梁州”,即《梁州》大曲的“曲破”段。所谓“插花”,指其曲破段用以伴舞时插有“花拍”。正如《碧鸡漫志》言:“乐家者流所谓花拍,盖非其正也。”所演“哪吒太子降牛魔王”故事,《西游记》也记。

〔二六〕《泛清波》曲前注。所演“水兵破萧铣”故事,出于唐史,言李靖率领水军进击江陵萧铣,破而擒之,与前“李靖捕(甫)夜看扬州”有关。

〔二七〕《新水》曲前注。《降黄龙》,南宋张炎《词源》卷下记:“如《六么》,如《降黄龙》,乃大曲。”可见《降黄龙》也如《六么》,是唐宋大曲。与此相关,《新唐书·礼乐十二》记,“《大定乐》又加金钲”,《宋史·乐志》所记的四十大曲有《罢金钲》,与《六么》同属“南吕调”。上党赛社今存的《周乐星图》,所记的高平调为《六么》《降黄龙》二曲。显然,《降黄龙》即宋代《罢金钲》,由唐“《大定乐》又加金钲”而来。为何宋代《罢金钲》又称《降黄龙》,盖因辽金兴于“黄龙府”(今辽宁、吉林一带),“降黄龙”有“直捣黄龙”之意。后来,宋官本杂剧有《列女降黄龙》《双旦降黄龙》等五目(见《武林旧事》)。元代令曲有《降黄龙滚》(见《太和正音谱》)。本目所演“朝清江圣母”,其后所列队舞角单也记有《五龙朝圣母·一单舞》,可见本目全称为《新水·降黄龙·五龙朝清江圣母》,所演故事详后。

〔二八〕《保金枝》,属唐宋大曲,《宋史·乐志》见记。所演“十八学士登瀛洲”故事,出自唐史,言唐初李世民延揽杜如晦、房玄龄等人,起设文学馆,后令阎立本绘像,褚亮作赞,称“十八学士”,并题写每人名字与爵里,时天下慕向,谓之“登瀛洲”(比喻登天)。

〔二九〕《击梧桐》一曲,如前引,与《唐王游月宫》相关,由《霓裳》曲而来,因玄宗击梧桐伴“杨妃单舞盘中曲”得名。按《碧鸡漫志》考述,《霓裳》曲为“西凉进《婆罗门曲》,明皇润色,又为易美名,最明白无疑”。正因此,唐《教坊记》已记有《望月婆罗门》《看月宫》《霓裳》《拂霓裳》曲,《宋史·乐志》记宋太宗所制小曲中也有《游月宫》《月中归》等曲,金元院本有《击梧桐》一目(见《辍耕录》),元散曲亦有《梧桐树》(见《中原音韵》),《九宫大成谱》中更明确记有

《击梧桐》一曲,商调,多用于“过”(带过)。见于本目“杨妃单舞盘中曲”,正类前见的“细腰单舞盘中曲”,同演玄宗游月故事,从而用《倾杯乐》表现玄宗凭舞而饮,用《击梧桐》表现玄宗击节伴舞,正宜两者连用而属“带过”。

〔三〇〕《梦新妇》曲,与所演故事相关。本事见于《晋书·窦滔妻苏氏传》,言窦戍边,其妻织锦“回文诗”,诗用“顶针”手法,回环可读,借以寄情。正由此,就有了此目所用之曲、所演之事。

〔三一〕《庆云乐》属唐宋四十大曲。《迎仙客》,唐《教坊记》、元《中原音韵》皆记,上党赛社迎神时必用,今存曲谱,也仍吹奏。本目两曲连用仍属带过体。所谓“三灵侯五瘟使者”,依山西稷山县元至正十四年(1354)所立《三灵侯历代封号赞》碑记(见《山右石刻丛编》卷三十九),“三灵侯”乃周宣王所封唐、葛、周三人,分称孚灵侯、威灵侯、洪灵侯,宋真宗泰山封禅时,“驾幸泰山门,见三人道服仙装”迎接,加封三者为“真君”,且见封有“五方圣者”,按东西南北中,依青白红黑黄,即隋代所封的“五瘟使者”。此目或正演宋真宗敕封事。

〔三二〕与《得胜乐》有关,见元《中原音韵》记有《德胜令》,并注曰“即阵阵赢,凯歌回”。显然,《德胜令》即“得胜令”,正由《得胜乐》而来。与此相关,见唐代早有《破阵乐》《大定乐》,宋代又称《罢金钲》《降黄龙》,早属唐宋大曲,早含“阵阵赢,凯歌回”之意,都可称《得胜乐》。所演“唐玄宗梦进月宫”,改“玄”为“元”,与宋真宗诏令避讳其圣祖“赵玄朗”有关。即“唐王游月宫”。依南宋王灼《碧鸡漫志》卷三记,唐代《拂霓裳》与《霓裳》歌舞有关,表演“唐王游月宫”故事。宋代“石曼卿取作传踏”,仍属“转踏”歌舞。而石曼卿正是宋真宗时人,曾官至大理寺丞,其“取作传踏”须避讳。由此可见,此目应出于宋代。

〔三三〕此篇用于“监斋”队戏,属前行讲唱。所谓“楼台”,也称舞楼、乐台,是由宋元舞厅、露台演变而来,赛社时用以歌舞。故乐户先要“祭楼台”,以求“乐神”保佑。依佛说,此神又是“紧那罗王”的化身,原属“天帝法乐神,能作歌舞”(见《辞海·紧那罗》条),是为“乐神”。《古今图书集成·神异典》卷八九引《河南府志》记,元“至正初,忽有一僧至少林,蓬头裸背跣足,止着单裩,在厨中作务,数年殷勤,莫晓姓名。至十一年,颍州红巾贼率众突至少林,欲行劫掠,僧乃持一火棍出,变形数十丈,独立高峰。贼见惊怖遁。僧大叫:‘吾,紧那罗王也!’言迄遂没。人始知为菩萨化身,塑像寺中,遂为少林护法伽蓝”。少林寺至今仍存紧那罗殿。此神既为“乐神”又兼“厨神”,故见“祭楼台下厨讲监斋”,祭台、祭厨两义兼有。后期的上党赛社仍存其表演形态。如潞城城隍庙赛,直至民国初年,仍用于头场卯筵时。依笔者调查,届时扮者一行先在乐台作祭、起舞,继而下台祭厨,最后返回乐台造形(即宋代“歇帐”),再由前行“讲监斋”,所讲仍如此处所记。本篇所记属完整的“队戏”。

〔三四〕以上四句属前行致语,借以勾出“机偈神”舞跳。“机偈”,又称“机捷”或“急脚”,如戏曲中的兵卒,属随从的小神。

〔三五〕此小段是对整个表演的提示说明。大意是:前行念毕以上四句,先勾出“机偈”扮者（四人）舞跳一段，类如戏曲“调四角”（故言“调机偈”），随之与扮监斋者同“祭楼台”；接着一行下台，行至大殿，“上殿参神”；继而“入厨”，向神厨所供的“监斋”神位再拜，之后扮监斋者头戴面具，手执板斧，显出三头六臂的金身，鼓乐中从神厨走出，是为“脱壳”；最后，一行又上乐台，接舞一段，“调罢正坐”，类宋代队舞“歇帐”，扮者坐于当场，“前行开说”，由其手执戏竹从旁讲以下故事。

〔三六〕此句，赛社另本记为“展皆（脚）乾坤至”，亦通。

〔三七〕依史，“李二”即芝麻李，“老彭”即彭大，“招军用”为“赵君用”（又称“赵均用”）之误，三人属徐州起义者；“田贵、毛凤”则为“毛贵、田丰”之误，亦属红巾军首领。

〔三八〕此四句用于“要赏钱”，类花队讨要“胭粉钱”。

第四节　话本走向“搬演”

由于唐宋队戏早可从旁讲唱人物故事，早多相关话本，就见此类话本早又由“讲唱”“说唱”直接用于“搬演”。从而如前引，就见元代民间早又盛行“搬说词话”“搬唱词话”“搬演词话”，不但其“唱”仍类佛道“讲唱”、宋代卖物“叫声”，其话本仍类敦煌遗存的“变文”，多属诗赞体，且见随着泽州“孔三川首创诸宫调”，此类话本早多文人加工，早也与曲牌体元杂剧的形成相关。

对此，不妨先举一例，以加证实。

见于上党赛社今存的《赛乐食杂集》等本，记有一篇故事讲唱，称《十样锦诸葛论功》，简称《十样锦》。与其相关，见《辍耕录》所记的金元院本早也记有《十样锦》一目；见《孤本元明杂剧》（涵芬楼藏版）仍存《十样锦诸葛论功》一剧，已属曲牌体，然而其主要人物、主体情节正与上党所存的《十样锦》相同，仍存相类的“诗赞”。由此可见，其故事早有话本，早用于“搬演”，早属金元院本，不但早与元代民间“般说词话”相关，且见由此加工，早又有了同名元杂剧。为见上党赛社《十样锦》的原貌，也为与同名的元杂剧比照，先将上党赛社所见的《十样锦》摘引如下（因《赛乐食杂集》本残损而缺的字句，先留空白，再参照上党另本补其大意于括号内，并将全篇分段而记）：

十样锦诸葛论功

五代荒荒乱如麻，布衣箭籍（戟）稳（隐）深沙。

山河处处归明主，一统华夷属赵家。

这四句话，单提赵太祖陈桥兵变，周恭帝禅位，改年号建隆元年，立帝号一帝太祖。在位一日，太祖驾设早朝，太祖曰："朕自布衣而得天下，一赖祖宗积德，二赖神明保佑。朕与（欲）各庙行香，致谢神明，卿等意下如何？"班部中走出一人，红袍玉带，象简当胸，乃是丞相赵普，出班奏曰："我主乃圣贤之心。先到太庙祭木水土之恩，次后到东岳庙、文庙行香。以下各庙遣祝祭，不必劳我主贵体。"太祖准奏，备銮舆先到太庙行香。有诗为证：

曲柄黄罗手内擎，两般（班）文武众公卿。

云笼四野高高起，五彩云开万万重。

宽将盖天高阔意，蟠龙飞凤巧描成。

如何不见真天子，一轮红光顶上生。

驾行太庙、东岳庙，行香以毕，又至文庙行香，焚香以毕，太祖曰："中者圣像有何功德，受朕之祭？"赵普奏曰："正殿居中者，乃山东兖州府曲阜县人氏，姓孔名丘字仲尼，千古文章之祖，历代帝王之师，所以春秋祭祀。"太祖又问曰："两边坐十四位，是何神圣？"赵普奏曰："此乃四配十拆（哲），升堂入室。扶世之（有）功，所以祭祀。"太祖曰："两廊有（又）七十余位，是何神圣？"赵普奏曰："孔子有三千徒弟子。七十二贤人皆随孔子周游列国，受过困苦，皆是通明义道，德配其享。"太祖曰："孔子师徒有功，受朕之祭，这是文庙。武庙在于何处，朕去群香。"赵普奏曰："历代以来正（只）有文庙，并无武庙。"太祖曰："自古太平用文，离乱用武，如何有文庙无有武庙？朕欲修武庙，摭搠（摘溯）朝有功之臣，功大者可居上位，功小者可居下位。谁替寡人代劳？"[赵普奏曰："陛下乃圣贤之心，臣举一人堪任此事。"太祖曰："卿举何人？"]赵普奏曰："翰林院学士杨关（工，以下径改）部。"太祖速选（宣）工部。太祖曰："卿替朕代劳去修武庙，与文庙一般。宣（选）先朝有功之臣，功大者可居上位，功小者可居下位。不许错安坐位，日后有史官包（褒）贬，谈朕不明。"工部领旨，大驾还朝。工部入籍贤编修院，将历代功臣自上而下画成图样，奏于太祖。太祖曰："朕不知此事，卿在金殿宣读于文武知道。如何差错，却好更改。"工部读曰："正殿居中者乃周太公，姓姜名尚字子牙。

左一位，姓张名良字子房。右首(手)一位，姓孙名逊字武子。左手二位，姓管名仲字夷吾。右手第二位，秦武安君白起。左手第三位，汉武侯诸葛亮。右手第三位，燕国乐毅。以下约次而坐。”众文武道：“不差。”太祖赐黄金百斤，刻(克)日兴工，盖造武庙。未乃数月，功果将终。[杨]工部自觉神思恍惚，身边发困，已(依)几而卧。只见众神前来让位。见一老翁出而言曰：“老夫先论其功。我乃东海许(徐)州人氏，姓姜名尚字子牙，道号飞熊。文王夜梦飞熊入帐，渭水访贤，尊吾为师。三月十五日金坛拜将，戊午日兵临孟津，甲子日洫剪(血溅)朝歌，兴周灭纣，一定周朝八百六十七年天下，此是吾之功也。”有诗为证：

蟠(磻)溪岸上一抡杆，不吊(钓)鳌鱼只吊(钓)贤。

当初不是蟠(磻)溪叟，谁立周朝八百年。

太公言毕，众神让太公居中坐了。只见左手一位出而言曰：“吾乃韩国人也，姓张名良字子房。因与韩国报仇，才弃韩而归汉。自投汉王，垒见(累建)其功。保汉王鸿门得脱，救汉王成皋之准(难)，骗申杨吊六甲(调陆贾)，撒(散)谣言霸王迁都，吓[项伯]刘项成□(亲)，设(说)韩信返(反)楚归刘，一管箫吹散了八千子弟兵，数句言说六国反楚而归汉，得兴四百余年，吾之功也。”恐君不信，有诗为证：

红日初生(升)却半杆，谋成高奉机曾玄。

不是子房故卖剑，韩信怎得上将坛。

功成全赖黄金(公)法，养道须用俗间偏(篇)。

知己不受高皇笼(宠)，逍遥自在洛(落)深山。

张良言毕，就坐了[左手]一位。只见又一位出而言曰：“吾乃吴司马孙武子是也。威镇(震)吴国，自造兵书十三篇，教演女兵，此是吾之功也。”恐君不信，有诗为证：

斩首皇姤(妃)镇军情，战国春秋显吾名。

古来多少英雄将，谁似当初教女兵。

孙武子言毕，又一位出而言曰：“吾乃齐仲父管仲是也。先有分金之义，后有安邦之策，相桓公为霸，一匡天下，九合诸侯，吾之功也。”恐君不信，有诗为证：

开疆展土是英雄，能文会武有谁通。

仗义双(执)言危晋国，独佐齐桓第一人(功)。

管仲言毕，又一位出而言曰：“吾乃秦武安君白起是也。自幼熟读兵书，广习谋略，捉廉坡(颇)于阵前，斩武英于帐下，是吾功也。”恐君不信，有诗为证：

忘仇存义辅秦君，破楚沉舟刺越人。

虽然他仇无兑孤，一朝刺杀(赐封)武英(安)君。

秦武安君言毕，又一位出而言曰：“吾乃燕国乐毅是也。威镇燕邦，取齐城七十余座，吾之功也。”恐君不信，有诗为证：

运筹帷屋(幄)三千里，举手平收七十城。

一举能亵(泄)燕王恨，威镇燕邦第一人。

乐毅言毕，左手走出一位，羽扇纶巾，道服鹤氅，出而言曰：“贫道无功，只有八句诗，是平生之功也：

自幼躬耕在南阳，蜀主三顾请栋梁。

巴丘三气周瑜死，平蛮七擒孟获王。

散关八阵安天下，茅芦(庐，以下径改)一论定兴亡。

自从六出祁山吾死后，在(再)无人上卧龙岗。”

孔明言毕，太公言曰：“吾知汝功最大，相让坐了。”只见右手下一人韩信大怒：“诸葛亮，休得无礼！我是前汉开国功臣，汝是汉末蜀主之臣，汝居吾上是何道理？听吾道来：

气冲斗牛贯青云，君王捧毂臣推轮。

高皇亲捧黄金印，青史标名尧舜臣。

展土开疆三千里，一人掌握百万兵。

古今名士从头数，似我登坛有几人。”

韩信言毕，孔明哈哈大笑，说道：“上有尊师太公让吾此位，尔何多言。你说，似说(你)登坛有几人？上有张子房、孙武子、管夷吾、白起、乐毅、这几位尊师皆不曾登坛，未(为)何列于上座，道(倒)把你这位登坛的将军列于下位？不记当年之事，听吾道来：

自羡虽能夸大言，古今谁似你登坛。

只把英雄威风逞，不记当年危少年！”

韩信言曰：“你说我未遇之时，气食潭(漂)母，受辱胯下？大丈夫岂与他们小人作对。一日得地，职受齐王，人臣之位极矣！”孔明曰：“你职受齐王？听吾道来：

时来方才[遇]高皇，运退之时入未央。

你说你是大丈夫，当初何请假齐王？”

韩信曰：“大丈夫岂与他们小人作对。立名一时，垂名万世。听吾道来：

筑坛拜将是英雄，提兵吊（调）将有谁能？

饶你总有千般计，难比韩侯十大功。”

孔明曰：“筑坛拜将，是萧何三举三荐。张子房卖剑，你道（到）底不识［时］务。在楚为执戟郎，未（为）何不投汉？［不识］时务不为英雄。却不似刘皇叔三顾茅庐之恩，［比］你如何？听吾道来：

蜀主三顾出茅庐，贤者遇贤永不［求］。

休笑南阳耕夫叟，压碎（亚赛）韩侯夸大口。”

韩信不伏，却与（欲）回言，孔明曰：“你且住口。你说你有［十大］功劳，我虽无功，你说一件我对一件。”韩信曰：“□□□□（我差樊哙）明修栈道。”孔明曰：“我使赵云智取南郡。”韩信曰：“我引高皇暗度陈仓。”孔明曰：“我征孟获夜过高丕。”韩信曰：“我差周勃夺了散关”。孔明曰：“我差邓义取燕郑邦。”韩信曰：“我淹废丘逼章邯自刎。”孔明曰：“我阀（伐）白河水泼（淹）曹仁。”韩信曰：“我吊灯球夜斩龙沮（且）。”孔明曰：“我举火号力诛费足。”韩信曰：“我广武山小会［垓］大战项羽。”孔明曰：“我木林（门）道万弩射死张部。”韩信曰：“我吓燕邦收了赵国。”孔明曰：“我功（攻）白帝伏取巴丘。”韩信曰：“我席卷三秦。”孔明曰：“我平收四郡。”韩信曰：“我逼霸王乌江自刎。”孔明曰：“我武（乌）林智斩金宣王。”韩信曰：“数毕十大功劳，不信（伏）！”孔明曰：“你还有多少功劳？再数几件。”韩信曰：“平生只有这几件功劳，你还有多少功劳？”孔明曰：“我未出茅庐之时先安三分天下，博望坡火烧夏侯惇，在东吴舌战群儒，摆石阵惊伏陆逊，一奉（封）书气死曹真，数句言骂死王郎，骗张飞瑕盟（葭萌）关战马孟起，度黄忠定军山斩夏侯元（渊），上方谷司马懿受困，锦囊计斩首魏延，揭（渭）河南擒捉郭淮，巴丘城三气死周瑜，造木牛流马运马（粮），死诸葛喝（吓）走生仲达，出师表忠义凛然，这是几件微功。”韩信曰：“功不在多少，只要忠节。我只十件功劳，却立了汉朝天下。你功虽多，只落了三分天下。”孔明曰：“你说的不是。你归南郑之时，高祖有强兵十余万，战将数千员。我出茅庐之时，先主无容身之地，兵不满千。我立功胜似了你立功。高祖一统，先主三分，况且是天数，其（岂）在人乎！

你归南郑去包（褒）中，将军似虎马如龙。

自夸你有功十件，全赖别人是你功？”

韩信不伏:“我怎么赖人之[功]也? 当朝(面)言来。”孔明曰:“□□□□□(修栈道亏了)樊哙,渡陈仓靳强(疆)之能,淹废丘曹参用功,斩□□□□□□(龙且亏了王陵),广武山小会垓英布之勇,吓燕邦□□□□□(李左车之能),席卷三秦灌婴功首,取剑阁周勃之□□□□(智。逼蒯彻)自坠身死,逼霸王乌江自刎,皆是□□□□(诸将之能),这就是你的功劳么?”韩信曰:“似你这□□□□(等说起,我)管无有一件功劳?”孔明曰:“休说你有功,你还功(恐)□□(有罪)!”韩信曰:“我有何罪? 当面言来。”孔明曰:“听信蒯彻□□□□□(逼死郦生,不)等召(诏)命强挂齐王印,陈仓口杀了樵夫,[入]褒中恩放罪囚,既忠臣不该弃楚归刘,乌江岸臣逼君死,汉高皇乍(诈)游云梦你不该私怀歹意,这就是你的罪过!”一篇言语,语(说)的韩信默默无言,若若(诺诺)而退。

只见又一人言曰:“诸葛亮,你与淮阴侯争功,失(实)不如(与)我相干。你常说,巴丘城三气死周瑜。人之生死,皆系天定。当日颜回寿活三十二岁,夭寿而亡,是何人气死他来? 长自己威风,灭他人志气。当日赤壁鏖兵,不是我定(订)火攻之计,你们都死于曹兵之手!”孔明曰:“你听我说当日之事,便见何人之功。

折戟沉沙铁未消(销),自将磨洗任(认)前朝。

东风不与周郎变(便),铜雀台深锁二乔。”

周瑜不伏:“当日亏了我的火,亏了你的风不成?”孔明曰:“听我说当日之事,便见何人之功。当日你想东南风,就得了一场大病。是我前去看病,在你我掌上写了十六字的药方儿。是:要破曹兵,须用火攻,诸事都备,缺少东风。我许借东南风三日三夜。不得吾之风,汝何成得大事?

谈笑周郎不是(识)功,看来都是(似)[韩]侯能。

饶你总有千把火,全仗吾当一阵风。”

话说的周瑜着急,太公曰:“休得大惊小怪,倘若惊醒[杨]工部,岂不泄露天机。”周瑜闻言大怒,指[杨]工部骂曰:“都是这狗作备(弊),不论高低上下。”[杨]工部曰:“怎么无高低上下,姜太公先师至孔明先师,皆是有功之神,礼(理)该上位。”周瑜□□□□□(曰:“这诸葛亮)有甚么功劳?”[杨]工部曰:“你说他无功,不如你,却怎么□□□□(巴丘城气)死你来?”一言将周瑜说恼,丈(仗)剑在手,望□□□(着工部)一剑砍来。工部一闪,将剑应在共(供)桌以

□□□(上,咔嚓)一声,将工部惊醒,却是南柯一梦。

回□□□(到金殿)奏于太祖,太祖曰:"寡人有福,感得□□(诸神)降临。寡人择吉日,前到武庙行香。"

赵太祖立位登龙,修武庙□□□□(工部兴工)。

多(争)坐位韩侯斗智,十样锦诸葛论工(功)。

见于《孤本元明杂剧》(涵芬楼藏版),第二十二册仍有《十样锦》一剧,全称仍为《十样锦诸葛论功》,见分四折,已属曲牌体。然而,除改换了一些次要人物,加了曲唱,主要人物未变,主要情节仍靠诗赞念唱。譬如,将主持修庙者由"杨关(工)部"变为宋初名相"张齐贤",并由"正末"扮,"第三折"仍记其梦见姜太公、张良等人排座次,仍有如下表演(摘引):

……【诸葛亮云】……有八句诗为证:修真隐迹住南阳,蜀主三请出茅堂。吞吴三气周公瑾,平蛮七擒孟获王。散关八阵施某略,茅庐一论定兴亡。自从死却南阳叟,更无人守卧龙岗。……【韩信云】:诸葛武侯无礼也……此是某之功也。有诗为证:气冲斗牛贯凌云,能与前贤自出群。皇朝曾挂三齐印,青史标名八舜臣。谋略诸侯千条计,掌握英雄百万兵。高贤屈指从头数,似我登坛有几人!【诸葛亮云】……【韩信云】……【诸葛亮云】韩信你听者……你说你有十大功劳,我一件功劳对你一件。你明修栈道,我立取金牛。你暗度陈仓,我六出祁山。你席卷三秦,我庞掠四郡……(按,比完十大功劳,加有一段曲牌体"正末唱",重复以上诗赞大意,接下)【韩信云】……【诸葛亮云】兀那韩信,你听者。你虽扶立高皇,不如我功劳大也。我再数几件功劳你听。我不出茅庐,鼎足三分天下。博望烧屯,九败夏侯惇。隔江斗智,赤壁鏖兵……【韩信云】诸葛亮,你虽有功,不如我用兵英雄……有诗为证:立国安邦百战雄,升堂入庙果存忠。莫言武将千条计,不及韩侯十大功。(按,又加一段"正末唱",接下)【诸葛亮云】韩信,则知你有十件大功,不知你有十件大罪。你听者……

(按,诸葛数毕韩信十大罪,又与"周瑜"争论,最后"正末做惊觉科",梦醒再唱一段"尾声"下,全折完)

将其与上党赛社存本比照,不但故事情节、主要人物基本相同,且见其"有诗为证”仍类上党赛社《十样锦》所记。从而，由其故事宣扬“宋太祖”美德，由金元院本早也记有《十样锦》一目，说明其话本正该出自宋代；由上党赛社《十样锦》见多“听吾道来”，由同名元杂剧仍多“你听者”云云，又说明其话本宋元之际早也用于“搬演”，早与元代赛社“搬唱词话”相关。

正因此，《辍耕录》早将《十样锦》列于“诸杂大小院本”类，早与宋元民间“杂班”“杂扮”相关。上党赛社仍多存有此类话本，或仍用于队戏时的“讲唱”故事，或又直接“搬演”见称“杂剧”，早又形态多样。上党赛社今存的“杂剧”，见如《虎牢关三战吕布》《关云长千里独行》等，不但《孤本元明杂剧》也见记有同名元杂剧，且见上党赛社今存的剧本仍称“杂剧”，仍为诗赞体，仍类元代盛行的“搬演词话”，早也与曲牌体戏剧的形成发展相关。

第五节　上党赛社遗存的戏剧形态

见于上党赛社传本所记的戏剧，见有队戏、杂剧、院本以及元明出戏等，直至清末民国，仍有相关的遗存形态。为见其实，除前队戏举有《调监斋》实例，以下再举其他形态的实例说明。

一、与金元“五花爨弄”相关的院本《土地堂》

金元院本每由四人或五人表演，又称“五花爨弄”。见于上党赛社，不但《周乐星图》本记有“院本《土地堂》”，后期仍演，且见明代李开先“改窜旧作”曾作有《三枝花大闹土地堂》（依其戏剧别集《一笑散》记）。显然，《土地堂》金元早有“旧作”，“三枝花”正由“五花”改窜而来。正因此，就见上党《土地堂》仍类金元“五花爨弄”。依上党赛社今存的乐户口述本（由平顺县西社村乐户老人王福云生前口述，其子王雪仁记录整理），全剧有李月堂、刘二元、黄张三（谎张三）、家生孩（家奴）、老张（酒保）五人，其中李、刘、黄三人为结拜兄弟，正属“三枝花”。故事因李月堂生日引发。先是刘、黄二人前往李家祝寿，由礼仪问答闹些笑话，继而三人前往酒店吃酒，黄又诓骗了酒家老张钱财，最后“大闹土地堂”。今节录最后一段如下(其中或有“整理”时的加工)：

上党赛社遗存的《土地堂》(摘录)

(今按，前有酒店一段，写“黄张三”骗钱而去，于是酒保老张被其捆绑，挣扎着躺在路旁)

[李月堂、刘二元上，同被老张绊倒。

李月堂：哎哟，这是谁把我们弟兄两个绊倒了？

老张：是我老张。

李月堂：你躺在路上干什么？

老张：我上了你[家]黄张三当了。

李、刘：你起来吧。(拖张起)

张：不要拖，我起不来。还捆着哩，慢点给我解开。

李、刘：你怎么被捆起来了？

张：你俩走后，黄张三他说会小洪拳、套仙术，要把拳术教给我。教我套仙术时，就把我捆住了。打了我，把钱也全拿上走了。

李：我家三弟不是人。他拿了你多少钱？我以后补给你。今天三弟得罪了你，我和二弟给你赔情、喝酒、接风。

张：他把酒馆也敲砸了！(一想)我藏的还有好酒，再准备几个菜，喝它一场。

李：离这不远有个土地堂，那里背静，咱上那里喝吧。

张：(念)上住板搭门，走出酒馆来。

刘：(念)三弟他太坏，咱把他躲开。

李：(念)麦收三月雨，但怕四月大风吹。

张：说说话话，来者一时，到了。

刘：(念)进了土地堂，把门紧关上。

李：(念)咱们都坐下，痛快喝一场。

黄张三：(上，念)

进了赌博场，看见耍钱手发痒。

我想赢钱发大财，结果把钱全输光。

没钱离开赌博场，饿得肚叫心发慌。

身上无有分文钱，大哥二哥找不见。

老张酒馆在前边，我在远处偷眼看。

看见酒馆上了门，再到那边寻一番。（转场）

前边有个土地堂，平时里边无人烟。

耳听有人在里喊，我近前去看细端。

土地堂的大门关，他们里边在划拳。

越听肚里越叫唤，我把大哥二哥喊。

大哥，二哥，开开门！

酒保老张：（念）

只听外边有人喊，声音听来是黄张三。

黄张三你做事短，打了我老张抢了钱。

谁像你这赖皮旦，白白活在人世间。

李：三弟你，太无理，做的事儿丢了底。

刘：人活脸来树活皮，没皮没脸你啥东西。

李：今日丢了当哥的脸，兄弟情义从此断！

黄：大哥、二哥、老张，行个好。前边的（事）勾了，后边的抹了，不要再提了。我肚子还饿着，开开门让我进去吃上点吧。

李：黄张三，你做好事了，给你个猪指甲吃了吧（从门缝扔出）。

黄：人在矮檐下，不得不低头。猪指甲就猪指甲，猪指甲我也吃。猪指甲有没有了？再给扔出几个来。

张：猪指甲也没有了。

黄：大哥、二哥、老张，还是给我开开门吧。

李：不给你开。

黄：给兄弟开开吧。

李：不给开，像这样的兄弟不要你了。

黄：真的不要了？

刘：真的不要了。

黄：不要我怎么办？

李：你死了吧！

黄:你舍得叫兄弟死了?

李:舍得了!

黄:真要叫死?

李:真要叫你死!

黄:死就死吧。(走过场时有棍挑出一条套绳)哎,谁上吊就没解绳,就知道我黄张三要来死?死就死吧。大哥、二哥,真的不要我了?

李:真的不要你了!

黄:死就死吧。大哥、二哥,我死了!(将胳膊套在绳内)

李:他诡计多端。老张,到门缝瞧瞧,死了没有?

张:他吊了一个胳膊。

李:吊胳膊死不了!

黄:大哥、二哥,真叫我死?

李、刘:真叫你死!

黄:死了!(将一条腿套住)

李:老张,瞧瞧死了没有?

张:没有死了,不吊胳膊就吊腿。

李:吊腿死不了!

黄:大哥、二哥,真叫三弟死?

李、刘:真叫死!

黄:死就死吧,死了!(将后脑勺套住)

李:老张,他诡计太大,瞧死了没有?

张:没有死了。不吊胳膊就吊腿,这又吊住后脑凹。

李:吊后脑凹死不了!

黄:大哥、二哥,你们真要叫我死去?

李、刘:真叫你死了,不要你了!

黄:真不要兄弟了?

李、刘:真不要你了!

黄:真叫我死?

李、刘:真叫你死!

黄:真叫死,我就死了吧。死了!(假装吊死)

李:老张,再瞧瞧他死了没有?

张:死了!

李:死了?开开门。(出门)三弟呀三弟,因为个嘴头你就死了?(对刘)三弟他活着没吃上,把酒菜拿来,给三弟祭奠祭奠。(三人抬桌祭奠)

李、刘、张:(跪下哭诉)三弟呀三弟(张三呀张三),你因为个嘴头就死了,真不该呀!

[黄趁三人不备,悄悄吃菜、喝酒,碰了桌子,忙又装死。

刘:他死了又尸炸了?给他打个"模子"。

[三人拿土(或面粉)往黄脸上撒,又跪又哭。黄又如前吃菜、喝酒,桌子又响。

李:这次好好给他打个"模子"。

[三人又如前往黄脸上撒。同时李向刘、张使眼色,三人又跪下装哭。黄把脸上一擦,又去吃口菜、酒喝,被三人又抓胳膊又夺碗。

李:三弟你这是干什么?你不是死了吗?

黄:三弟舍不得死!

[三人笑。

黄:(念)土地堂已演完,赖皮鬼我黄张三。

张:(念)人活世上心要平,雁过留声人留名。

刘:(念)北斗七星拱南宸,日月熬得世间人。

李:(念)山里光有千年树,世上不见百岁人。

[众锣鼓中下。完。

二、与宋金"猜谜""比方"相关的院本《闹五更》

上党赛社后期,又演有院本《闹五更》。1985 年,山西省文化厅组织"戏曲志"有关调查,经上党戏剧院原双喜、栗守田二人采访,由潞城微子镇乐户老人朱招群、朱群才兄弟二人口述,整理出全本,并已表演录像。全剧角色二人,一扮"副末",俗称"扎桩汉";一扮"老张",实即"副净"。二人又说又唱,表演一个老秀才与老妈子的暧昧故事。其表演，既类唐宋“弄参军”，仍与金元“五花爨弄”相关，又类宋代勾栏“猜谜”“说诨”，加有“荤谜素猜”，与金元“比方”“说唱”相关，且类金元杜仁杰《庄稼不识勾栏》所写的院本《调风月》。今依录像资料，节录《闹五更》如下：

院本《闹五更》（节录）

［开场“锣鼓趟”中，副末与老张分头走上。

老张：哎，你是副末？

副末：噢，我怎么认不得你？

老张：咳，都是老朋友了，我是老张！

副末：你是老张啊？

老张：你来干什么？

副末：我来圪串圪串吧。

老张：圪串圪串吧？

副末：好了，你我素日交好，我有段笑话和你说说。

老张：什么笑话？

副末：什么笑话？（笑）有个老秀才呀，厮跟了一个老妈子，姓王。以前两个人就相好，很不错。后来这个老妈子呀咳，她的银钱挣得不少了，想跟这老头子离开了！

老张：老秀才该怎么想呀？

副末：这个老秀才呀，他想，你花了我多少银钱，翻脸就不认我这个旧相好了？今天我要试试你的心，是真改了呀，还是故意和我装相啦？

老张：他怎么去试她的心呀？

副末：不要急嘛，我访（按，即“说”）她的故事你听。

老张：你说吧。

副末：说着说着，该说到一更天了。

老张：到了一更天了？

副末：到了。我这里还有个小曲子呢。

老张：有小曲子？给咱唱唱吧。

副末：行，你听吧。

老张:我给你打住板。(拿出檀板,打拍)

副末:(唱有曲调,属干唱)

一更天,那么一秀才,

你不该叫老娘的门子来。

老娘我不是一个那样人,

你叫,你叫,你只管叫来!

[老张仍一直打板。

副末:老伙计,你是干什么?我都不唱了,你怎么一直啪喳啪喳?

老张:不是啪喳啪喳,是我听见扑嚓扑嚓的。

副末:老秀才想,这个老家伙还装哑巴了?我叫她的门,她还不搭理我了,我得想个办法。

老张:想什么办法?

副末:想什么办法?二更打过来了。

老张:到了二更天了?

副末:二更天也有一个歌,还得唱。

老张:你唱吧,我给你打。

副末:你听。(重复前曲唱)

二更天,那么一秀才。

你不该把老娘的门拨开。

老娘我不是一个那样的人,

你拨,你拨,你只管拨开。

老张:哎,拨开门了?

副末:咳,拨开门了,老家伙还装意思了。

老张:装啥呀?

副末:她还说她不是那等人。

老张:她还说她不是那等人?

副末:可不是吧。

老张:老秀才该怎么办呀?

副末:说说话话,又打过三更来了。

老张:打三更了?

副末:三更天也有一段歌,还得唱唱。

老张:你唱吧。

副末:(重复前曲又唱)

三更天,那么一秀才,
你不该坐老娘的炕上来。
老娘我不是一个那样的人。
你坐,你坐,你只管坐来。

老张:人都坐炕上了,老婆子还不愿意呀?

副末:咳,这个老婆子牙咬得可硬了。

老张:真是装她妈的相,都坐炕上了还……

副末:她是个吃肉不想腥嘴的。

老张:这老婆子怪有意思。

副末:是有意思,说说话话四更响了。

老张:四更还有歌吗?

副末:有,听我给你唱。

老张:我还给你打板。

副末:(唱)

四更天,那么一秀才,
你不该爬老娘我肚上来。
老娘我不是一个那样的人。
你爬,你爬,你只管爬来。

老张:哟,都爬肚上了她还装呢。

副末:有意思吧?

老张:太有意思了。

副末:她可牛得厉害。

老张:嗯,是牛得厉害。

副末:这老婆子就不吱声。

老张:就不吱声?

副末:老伙计,到了五更天了。

老张:五更了,五更还得唱。

副末:对。(又唱)

五更天,那么一秀才,

你不该给老娘我猥进来。

老娘我不是一个那样的人。

你猥,你猥,你只管猥进来。

老张:给她妈猥进去了!

副末:猥进去她好受了,她也不说啥了。

老张:嘿!

副末:实在说她还没有洗了手,前头都是装了!

老张:是装了,她还没有改好。

副末:是没有改好。

老张:这就叫——

副末:这就叫"五更"。

老张:五更?

副末:这就是唱五更,老秀才叫门。

老张:老秀才叫门?

副末:老秀才叫门。

老张:老秀才叫王大妈的门。她俩是老相好,旧有交往啊!

副末:旧有交往,她发老秀才的财可不少……到现在她不认他这个老朋友了。老秀才呀,发了火,我到底试试她是真是假。

老张:到底试出来了。

副末:这个老秀才呀,花了好多钱,也没有买住她的心。

老张:以后怎么来呀?

副末:以后老秀才不走这条道了。拉倒吧!你坑了我的钱,你发你的财。我穷了,我过我的穷天气。这个串门子呀、逛婆娘呀,没个好下场。

老张:没个好下场。相与亲家母,是条邪路呀!

副末:对。

老张:王老妈子也没改,还想发那个财?

副末:还想发那个财。

老张:把老秀才挖干了,她就不认他了?

副末:她就不认他了。

老张:还装好人了?

副末:还装好人了!“五更”唱完了,咱破几个谜谜吧。

老张:怎么破?

副末:咱这么破,我往“猪肉”上说,你往“豆腐”上猜。“荤谜”可要“素猜”。

老张:荤谜素猜?你说吧,我猜猜。

……

(按,接着类前,又说了几个谜语。这种“荤谜素猜”可多可少,最后“锣鼓趟”中二人下场)

三、与宋元队戏“搬演词话”都见相关的杂剧《大会垓》

见于上党赛社的杂剧,皆以“锣鼓节奏”“诗赞吟唱”为特征。不但见与唐代“俗讲”“说话”相关,宋元早多此类话本,且见北宋早用于“搬演”,早称“杂剧”。如《东京梦华录》就记,“构肆乐人,自过七夕便搬《目连救母》杂剧”,“观者增倍”,早受俗众欢迎。与此相关,既见《敦煌变文集》早记有“目连变文”等,早与唐代“俗讲”“说话”相关,早多此类话本,又见唐宋队戏歌舞早用此类话本从旁讲唱人物故事,不但早与“搬演”相关,且见宋元民间早多“搬说词话”“搬唱词话”“搬演词话”,仍受俗众欢迎,屡禁不止。正沿此,见如前引的《唐乐星图》本,既见其记的“大曲”歌舞仍多,其中仍记有“《大会垓》一单舞”,为队戏,仍可从旁讲唱人物故事,又见其记的杂剧仍类元代“搬演词话”,其中仍记有《九里山大会垓》一目。清末民初,上党赛社也仍见演《大会垓》,其“唱”仍类宋元卖物“吟叫”,也仍“干唱”,仍以大锣大鼓节奏。为见此类杂剧之实,今再节录其《大会垓》片段如下(依平顺县西社村乐户的演出角单原文整理,并加表演提示):

杂剧《大会垓》片段

[升帐锣鼓,韩信上。

韩信:(诗)扶立汉王真天子,保助主公架海梁。

筑坛拜将悬金印,淮阴韩信三齐王。

(白)吾乃姓韩名信,字重英。祖居不远,淮阴人氏。先为楚臣,官封提牌执戟郎，那是（时）我嫌官小职轻，不愿到罢（在霸）王手下庆（称）臣。自从罢（霸）王封官，张良把我计（记）在心中，卖剑访贤，顺说于我，辞楚而归刘。那是（时）我保（褒）州投军，汉王见我出身寒贱，轻待不用，是我力迫（拍）流马而去。行自（至）寒溪江边，寒溪水张（涨）挡住去路。萧丞相月下追赶，将我赶（追）回。使（是）我明修战（栈）道，暗度陈仓，得了三齐王之位，保定汉王咸阳为君。恐君不信，有诗为证：

我本是淮阴韩信，真乃是栋梁之材。

赶君喝马选将来，叫我作领兵元帅。

萧丞相三番举荐，召韩信挂印悬牌。

筑坛台推轮为帅，曾受过高皇八拜。

方才升起宝帐，令字旗无风自摆。必有贵客来也！

［**众将应声而上，各报家门列于帐外。**

灌婴：（随上。念）

自小英雄胆，谋略武艺高。

学会文武艺，敢把烟尘扫。

我，灌婴是也。元帅升帐，在此恭候。

韩信：（念）

才坐下三军少叫，雾腾腾杀气笼罩。

叫三军守把营门，军情事禀我知晓。

灌婴：（进帐）元帅在上，灌婴来参。

韩信：令你前去巡城，有事来报。

灌婴：晓得了！（绕场而下）

［**张良上。**

张良：（念）

定计铺谋运帷筹，何劳遣将取人头。

当日随何招英布，今看张良说韩侯。

城头上莫非是灌将军？

灌婴：（复上）你是哪个？

张良：在下我是张良呀。速报你见元帅，就说有子房公来见。

灌婴：你稍站一时，待我与你传禀。（转场）禀元帅，子房公张老爷现在城外。

韩信:传出有请!

灌婴:有请子房张老爷!

韩信:子房公在哪里?

张良:韩元帅在哪里?

[**相见,同笑。**

韩信:(念)

昨日喜鹊迎头吵,盏内灯花朵朵开。

今有万年高卧士,月明之下贵客来。

张良:(念)

元帅除邪扶汉室,神机妙算定乾坤。

我是离家失国逃难子,怎比元帅镇东破楚大将军!

韩信:子房公每路多受风寒。

张良:元帅有话藏于腹内。

韩信:子房公身边可好?

张良:何劳我当面言乎。

韩信:坐了说话。

张良:元帅请坐。

韩信:容告更衣。

张良:(旁白)我观元帅并无反心。自古道,人将语探,水将杖探;人将语探知好歹,水将杖探知深浅。我且故作哂笑,他有来言,我有去语。

韩信:在下有何德能,敢劳子房公前来一问。

张良:(顾左右而言他)这座齐王殿,当日是齐氏建都,乃姜太公所立齐城,好座齐氏宫殿也!(大笑)

韩信:子房公发笑为何?

张良:我笑元帅,慢了三代(军)之欢喜,枉费数年之辛勤!

韩信:哦?

张良:征人困倦,战马疲乏,武士想腰金衣紫,将军想要卸甲归乡了!

韩信:啊!

张良:且言秦失其鹿。刘项曾言,英雄者得之,足智者得之,元帅果有汗马功劳！

韩信：哪些汗马功劳？

张良：明修栈道，暗度陈仓；席卷三秦，直取魏赵；投西河虏了魏豹，取废丘斩了章邯！

韩信：你讲。

张良：这些功劳，你请得齐王倒也罢了。元帅，汉王三宣，不下齐城，主其何意？

韩信：（一愣一笑）子房公，末将因造会垓图样，所以才三宣二召未下齐城。

张良：怎讲？

韩信：韩信在九里山看好一个营盘，那是霸王命尽之处！

张良：好好好，快讲。

韩信：东至凤凰岭，西至定国山，南至大海，北至九里山，中间有四十五里平川。若用汉兵百万，战将千员，按了八卦，十面埋伏，擒霸王有何难哉！

张良：啊呀呀，我道是东临盂水，谁想是海纳百川！井底鱼，天边鹞，高可射，低可钓。万丈水深知深浅，唯有人心实难料。元帅不下齐城，倒将霸王临死之地画造成了会垓图样。造齐了？

韩信：造齐了。

张良：待我一观。

韩信：三军左右！将会垓图样挂起，照子房公观看。

［**鼓乐，作观图状。**

张良：好一个图样也！

（念）巧笔丹青画图样，谋在元帅心腹藏。

未离金殿兴高祖，不出齐城斩霸王！

韩信：此图按着《周易》八卦，八部列阵，让天下诸侯争功，名曰“十面埋伏阵”。

张良：果然布阵排兵雨滴不漏，蛇钻不透。霸王纵有拔山之力，也难脱韩侯的会垓。意犹未尽，作诗一首：

（念）有楚汉，各争雄，九里山，暗排兵。

困猛虎，斩蛟龙，会垓图上看得清。

八卦列阵千员将，十面埋伏百万兵。

韩侯神机天地转，霸王命尽九里山。

元帅，是我告辞。（试探）先将此图进献主公？

韩信：央你头行，末将点齐人马随后就到。

张良：（劝说）随同见主，好排人马。

韩信：三军左右，本帅固陵见驾。你们弓上弦，刀出鞘，每路公买公卖，不可扰乱黎民。将本帅披挂捎在马上，营门外放炮三声，拔寨起营！

[鼓乐，列队。

韩信：（念）炮响三声离齐城，会垓一阵灭重瞳。

五年辛苦定天下，兴刘灭楚立大功。

[齐下。

（按，接演韩信点兵“十面埋伏”等）

四、与明代土戏相关的“罗戏”《张三跑马》

“罗戏”也称“罗罗”“罗腔”“锣戏”，甚或其戏与傩有关。从而，既见其戏清代盛行南北各地，也仍“干唱”，仍类南方今存的傩戏，又见其清末盛行山西，仍有“加上唢呐是罗罗，不加唢呐是秧歌”之说。山西多干板秧歌，早也“干唱”，其“罗戏”也仍见加唢呐衬腔，属诗赞体，以锣鼓伴奏“干唱”，而且清末上党地区仍见“昆、梆、罗、卷、簧”五种声腔同台乱唱，说明上党梆子的形成过程正类乾隆时的《扬州画舫录》所记，也与乱弹有关。为此，今举上党《张三跑马》一剧，其剧本由高平沙壁村李家乐户献出，正与当地赛社有关，也仍“干唱”，不但正类当地干板秧歌所见，且仍见用唢呐伴“吹”，属乐户传存的“罗戏”。以下照录该剧（剧中提示原属旁批，今加括号）。

张三跑马

小丑：（上，诗）〔一〕

家住均州在湖广，离城十里有家乡。

不幸父母下世早，跑马卖泻度光阴〔二〕。

闻听人说广阳会〔三〕，我一来赶会二找妻。（下）

小旦：（上，唱）〔四〕

自从出府来夫妻失散，找不见奴夫主他在哪边。

有一日早见了奴夫之面，早见了奴夫主大谢苍天。

（白）奴家王氏，自幼配夫张三。夫妻失散一十二载，未有见面。闻听人说广阳大会，我不免一来赶会二来找夫，就是催马！

（唱）家住钧州在湖广，离城十里有家乡。

不幸父母下世早，家撇夫妻两个人。

闻听人说广阳会，我一来赶会二找郎君。（下）

小丑：（上，诗杂句）〔五〕

手扶棍，怀抱瓢，东家出来西家跑

当年俺是富豪家，如今叫咱弄颠倒。

（白）正走中间，迷困眼涩，就在此地，打盹片时。

小旦：（上，诗杂句）

南京收了南京走，北京收了北京游。

南北二京都不收，黄河两岸度春秋。（下）

小丑：（白）正在此地打盹，见一娘子搁我面前所过。我不免赶上烧（骚）他一皮〔六〕。烧（骚）不得，烧（骚）不得。我张三也有老婆，我烧（骚）人家的皮，人家烧（骚）我老婆的皮，岂不是一样？如此，就在此地还睡我的虾米觉吧。（又起）睡不住，睡不住。一定要烧（骚），一定要烧（骚）。若要不烧（骚），出些圪痨〔七〕。抠也抠不了，抓也抓不了。一定得烧（骚），一定得烧（骚）。他以大路而行，我从小路赶上，就是去也！（下）

[二人复上，圆场。

小旦：（白）你是什么人，挡住老娘去路？

小丑：（白）取的什么金银财宝，与咱家撇下！

小旦：如要不撇？

小丑：吃咱家一捶〔八〕！

（二人比武，临了，女打男三捶）

小丑：（白）且住！想咱张三，天下打捶，不数第一也数第二。今天来了一位女子，将我张三疼打一顿。一拳敌不上一拳，一脚敌不上一脚。噢，想是我妻王氏到来也是有的。是与不是，待咱家上前问过。（问）你是我的妻？

小旦：（**打一拳，白**）倒是你的妈！

小丑：（**以手比脸过场毕**）你看这一娘子，我说你是我的妻，他说到是你的娘。（**转对王氏**）呀，好把王氏，在此路途将夫不认，是何道理？

小旦：（白）要你将失散之事说一明白。一字道差，要尔狗命！

小丑：如此听道。（**吹《戏牡丹》圆场，起身拉，唱**）

有张三，未开言，王氏妻，你听全。夫妻离别十二载，又不得相逢那又相见。

以呀咳呀咳，以呀咳呀咳，咿咿呀咳咿呀咳，

嗷嗷呀咳呀咳，嗷嗷呀咳呀咳，晃令晃晃以晃晃〔九〕。

小旦：（**吹《戏牡丹》转圆场，起身拉**）

有王氏，未开言。张三夫，你听全。

夫妻离别十二载，又不得相逢又相见。

以呀咳呀咳，以呀咳呀咳，咿咿呀咳咿呀咳，

嗷嗷呀咳呀咳，嗷嗷呀咳呀咳，晃令晃晃以晃晃。

小旦：（白）你我夫妻离别十二载，你在外边干起何事？

小丑：如此听道。

（诗）东家出来西家跑，狗儿吃了把我咬。

白日挨门去乞讨，黑夜宿在土地庙。

小旦：干起何事？

小丑：要了饭了！

小旦：（白）问来问去，要了他娘饭了！不问我以前则可，若要问我，我就说下了水了。

小丑：（白）咱夫妻离别一十二载，你在外边干其何事？

小旦：（白）你不问也好。

小丑：（白）一定要问。

小旦：如此听道。

（诗）脸抹粉，头插花，东家出来到西家。

光棍见我哈哈笑，走的尽是富豪家。

小丑：干其何事？

小旦:下了水了[一〇]!

小丑:(将帽一丢,一蹬三脚)我说不问吧,不问吧,定要问。问来问去,将顶大帽问到我张三头上来了[一一]!我这顶大帽,九斤十二两半重,我张三戴它不动。(对台下)伙计,送与你们戴了吧?怕老婆,有酒喝。我张三还要戴哩!

小旦:从今以后,你也不要再要饭了。

小丑:从今以后,你也不要再下水了。

仝白:如此,咱夫妻卖武上来!

[拱家伙:《双头蛇》《沓坐观音》《凤凰单展翅》《横担一根梁》《朝天一炷香》。晃令,晃令,晃令,晃令,令扎,扎晃扎,晃晃的晃,扎,晃晃的晃,扎,晃扎晃,令晃令晃令扎晃[一二]。

五、与明清出戏相关的《捡柴》

上党赛社的供盏演出,既沿古制,又见“三盏以后俱无所管”,明清以来每以出戏取代队戏歌舞。《献戏榜文》见言,“今者,对越展诚……亚旅乐输南风之歌,则唱随之”。于是,随着明代“南风”北渐,就见上党赛社已演出戏,《周乐星图》《唐乐星图》等本皆有出戏见记,且随乐户搬演仍有存本。举如平顺县西社村王家乐户,就见其献出的存本记有不少“出戏”。其中如抄立于清咸丰八年(1858)的《捡柴》,乃《春秋配》中一折,为出戏。

校录如下(并加剧本提示):

捡　柴

[姜秋莲随乳母上

姜秋莲:(唱)羞答答出门来将头底(低)下,

止不出泪珠儿点点如麻。

乳母:(唱)你看那黄风起白(百)草齐呀(压),

叫女儿免提(啼)哭只把泪擦。

姜秋莲:(唱)奴好比□定花(头顶花)招风雨要(打),

与乳娘到荒郊来捡芦花。

乳母:(唱)可连(怜)你金莲小鞑鞋不大。

咱母女到荒郊来捡芦花。

女儿不必啼哭,来在荒郊,坐在一旁,代(待)老身与你捡柴。

姜秋莲:只是有劳乳娘了。(哭)

李春发:(上,白)现(闲)人朵(躲)路,小生拉马过去了!

(唱)如花女坐慌(荒)郊此事有差,

却甚(怎)么在荒郊两泪把把(吧吧)。

我看她好不相(像)小户人家,

她为何到荒郊来捡炉(芦)花。

我观妈妈一旁捡柴,大姐一旁啼哭,内里必有言姑(缘故)。代(待)我上前问过。妈妈请来,小生有礼。

乳母:有礼相还了。相公你要说什么?

李春发:我观大姐一旁啼哭,妈妈荒郊捡柴,她是你什么人?为这(着)何来?

乳母:她是我的女儿,我是她的乳娘。在此荒郊捡柴,何用相公动问?

李春发:是生无礼。代(待)小生拉马去了吧!

[姜秋莲哭

李春发:(唱)我观她年纪儿不过二八,

她为何到荒郊来捡芦花。

细看她流客宾(留云鬓)还为去(还未出)嫁,

与我个放不下赖代(懒待)回家。

到底要问个明白。妈妈请来。妈妈,这位大姐到底是你什么人?

乳母:方才无有对你说过?她是我的女儿,我是她的乳娘,在此荒郊捡柴。再要来问,必讨无取(趣)!

李春发:是生无礼。代(待)我拉马去了吧!

[姜秋莲哭

李春发:(唱)她那里恶限限(恨恨)言讲此话,

羞得我君子人无言对答。

在荒郊道交(倒叫)我放心不下,

我定要问一问内里根呀(芽)。

待我上前问过。大姐请来,小生有礼。

姜秋莲:君子休站路(住),休问奴受苦。非亲又非故,何必问小奴。

李春发:大姐莫假(介)意,听生说个里(理)。非亲也非故,丹(单)来问肖(消)息。

姜秋莲:往日荒郊男女有别,如(恕)礼有受(疏),君子莫怪。

李春发:大姐不必太迁(谦),待生拉马过去了。

姜秋莲:乳娘,随儿这里来。

(唱)那君子在荒郊在(再)三问咱,

惟(闻)言是男和女不各(隔)不□(答)。

李春发:大姐家住哪里?

姜秋莲:(唱)家住在□曲庄奎星楼下,

李春发:哪一巷口?

姜秋莲:(唱)我门口长几棵杨柳枝花。

李春发:你父是谁?

姜秋莲:(唱)我的父名字而(儿)——表字德化,

李春发:在家作何生里(理)?

姜秋莲:(唱)每日里贸易外游,走天呀(涯)。

李春发:大姐因何来在荒郊?

姜秋莲:(唱)在家下受不住恶娘考(拷)打,

因此上到荒郊来捡芦花。

李春发:我听大姐说了一番,也非是小户人家。这便怎取?有了,妈妈转来。

乳母:相公言讲什么?

李春发:这是一定(锭)银子,拿回家去,多买些芦花,免交(叫)大姐荒郊受苦。

乳母:相公荒郊以外莫非东(抖)富?将银子带上去了就是!

李春发:妈妈直(执)意,生将银子放在荒郊。生拉马去了——

姜秋莲:乳娘,将那相公留步着。孩儿还有话问他。

乳母:相公,走回来!

李春发:妈妈,你要说什么?

乳母:女儿,你要说什么?

姜秋莲:(唱)你问他因何是(事)来在荒郊?

乳母:相公,因何来在荒郊?

李春发:我是送朋友回来的。

乳母:女儿,他是送朋友回来的。

姜秋莲:(唱)你问他住□曲哪里有家?

乳母:相公家住哪里?

李春发:勇(永)寿街住。

乳母:女儿,他在永寿街住。

姜秋莲:(唱)在(再)问他姓名儿,细细留下。

乳母:相公,高名上姓?

李春发:姓李名花(华),字是春法(发)。

乳母:女儿,他是春发李相公。

姜秋莲:(唱)再问他可在学,可在科家(甲)?

乳母:相公,你可在学,在科哩?

李春发:早早入学,尚为(未)登科。

乳母:女儿,人家是个秀才。

姜秋莲:(唱)再问他春风楼(椿萱老)高堂肖耍(潇洒)?

乳母:相公,你一双父母可在?

李春发:父母双亏,只留孤身。

乳母:女儿,他一双父母死过了,只有他一个人了。

姜秋莲:(唱)再问他年已(纪)儿可有多大?

乳母:相公,你多大岁数了?

李春发:年方丹桂了。

乳母:是年方丹桂了。这一"桂",倒把我老婆"桂"住了!我看他也不过十七八岁。女儿,那相公十七八了。

姜秋莲:(唱)再问他——

乳母:再问他什么?

姜秋莲:(唱)出言来把乳娘一声高叫——

你问他在原郡可配昏(婚)姻?

李春发:你看大姐,问来问去,问去(出)这等言语。者(正)是:录(落)花有意连(怜)录(流)水,流水无意怜落花。(下)

乳母:好把小奴才,你问来问去,问去(出)那相公这等言语,羞得那相公满脸通红,拉马阳(扬)场去了。你我收担(拾)柴担,回家见你恶娘去吧!

[二人收拾柴担,乳娘捡起李春发放下的银子。

乳母:(唱)好一个直姓(性)人可佼(交)可夸。

姜秋莲:(唱)又舍财又丈(仗)义便(必)是豪家(杰)。

乳母:(唱)他一点自视(恃)心必真不假。

姜秋莲:(唱)咱与他又无有半点各卦(葛瓜)。

乳母:(唱)我女儿到后来必要去(出)嫁,

做一双锦元阳(鸳鸯)送在婆家。

姜秋莲:(唱)叫乳娘你不必言讲此话,

昏(婚)姻事全在那我的爹妈。

(同下,完)

由上所举各例,上党赛社早多唐宋大曲歌舞,仍存宋金杂剧、金元院本、明清出戏等。其赛社早与元代盛行的"搬演词话"相关,且见随着乐户搬演,其戏又在不断发展。

显然,与赛社相关的乐户也值得关注。

【注释】

〔一〕此提示,原为旁批。以下类似不注。

〔二〕"跑马卖泻",类如"跑肚拉稀",言其又脏又臭又瘦的狼狈状,实指讨饭,见下。

〔三〕"广阳会",指"赛会"之类的庙会。古时赛社,即称"广阳大会"。

〔四〕此处标明为"唱",实属"干唱"。不但与"诗"有别,可由"念"而"唱",已形成当地"土腔",而且已用唢呐衬腔。以下类此。

〔五〕所谓"诗杂句",既可类"诗"而"念",又可"杂"而有"唱",随意拖腔。以下类此。

〔六〕"烧"在此实应为"骚"。"骚他一皮"实即调情骚扰。以下类此。

〔七〕"圪痨"属俗语,即疥癣、疥疮,亦称疥骚,瘙痒难耐。

〔八〕"捶",在此实指以"拳"相捶。

〔九〕此尾句,实为提示语。即,随着演员"呀咳"声、唢呐声,最后锣鼓声如此。以下类此。

〔一〇〕"下了水了",指沦为"娼妓了"。

〔一一〕言其戴上了"绿帽子"。

〔一二〕此段属原本的提示说明,意指:全剧最后在锣鼓家伙伴奏下(拱家伙),作"卖武"表演,收场时以打锣鼓结束。

第四章　乐户的由来

由于民间赛社早类唐宋帝王寿宴，早与宫廷礼乐规制相通，就见其伎乐早也由乐户支应。这里可借助历史文献的有关记述，探讨乐户的由来。

今考历代乐户，既见其人类如奴隶，执乐为业，历代每称乐人、乐工、乐妓等，又见其男女匹配，户隶贱籍，早已形成一种乐籍制度。凡在乐籍者，子孙永执其业，或供役宫廷，或隶于官府、军队，或流布市镇乡野，明清仍然，早属特殊的贱民群体，成为历代伎乐文化的独特传媒和载体，对音乐、歌舞、戏剧、曲艺诸方面的发展有着独特的作用与贡献。

然而由于其“贱”，除历代“刑罚”涉及，其他历史状况难闻其详。这对了解民间赛社涉及的礼乐文化，显然造成一种缺憾。“礼失求诸野”，以下结合上党民间考察，逐步展开探讨。

第一节　乐户贱籍制度的由来

依今所见，乐户的正式出现始于北魏。《魏书·刑罚志》记曰：

孝昌(525—527)已后，天下淆乱，法令不恒，或宽或猛……至迁邺，京畿群盗颇起，有司奏立严制。诸疆(强)盗杀人者，首从皆斩，妻子同籍配为乐户。其不杀人及赃不满五匹，魁首斩，从者死，妻子亦为乐户。〔一〕

由此，北魏早有了乐户，早与“刑罚”有关。迁都邺城（今河北临漳）后，“京畿群盗颇起”，更立“严制”，“诸强盗”“首从皆斩”，将其妻室子女贬入贱籍，每与“同籍配为乐户”。

值得注意的是，由于孝昌以后“天下淆乱”，北魏政局已经不稳，其所谓“京畿群盗”“诸强盗”，多叛乱者，由此而来的乐户实已多属镇压叛乱后的俘获。对此，《魏书·闫元明传》早又附有景明年间的实例：

(景明初)河东郡(今山西运城一带)人杨风等七百五十人列为乐户。皇甫奴兄弟，虽沉屈兵伍而操尚弥高，奉养继亲甚著恭孝之称。[二]

显然，同时将“七百五十人列为乐户”，绝非一般“强盗”，而是镇压叛乱的俘获。如姓皇甫者（今运城市仍见其姓），兄弟同时为“奴”，不但“沉屈兵伍”，正与军队镇压叛乱有关，为军中奴隶，且类“诸强盗”“同籍配为乐户”，见有“奉养继亲”一说。由此可见，将战争俘获贬没为奴，隶于贱籍，再将同籍配为乐户，甚至仍隶军中，北魏早有。

这种“刑罚”从何而来？《周礼·秋官·司厉》早记：“其奴，男子入于罪隶，女子入舂槁。”不但先秦奴隶早属“罪隶”，早如北魏见有“刑罚”，且见早有了相关的“贱籍”制度。依史，先秦户籍每用竹木制作，见称“版籍”，不但奴隶早被打入另册，而且其籍每以朱砂书之，见称“丹书”。如《左传·襄公二十三年》就见记：

斐豹，隶也。著于丹书。

唐孔颖达对此释曰：

近世魏律，缘坐配没工乐杂户皆用赤纸为籍，其卷以铅为轴。[三]

可见“魏律”见记的“工乐杂户”仍类先秦“罪隶”，其“赤纸为籍”仍类“丹书”，“其卷以铅为轴”仍类朱砂书之，仍为永久保存，以便使其子孙永为奴隶。

说白了，北魏所见的乐户，仍是一种以伎乐为业的特殊奴隶，仍类先秦早有的乐人、乐工，早属优倡类。

与此相关，见《周礼》记，当时专管伎乐的机构称“大司乐”，所管的瞽者、舞者乃至乐师，正多执乐奴隶。见《史记·滑稽列传》记：“优孟，故楚之乐人也。”[四]见《礼记·乐记》记：“师乙曰：乙，贱工也。”[五]不但先秦“优倡”之类早属“乐人”，且见艺高为“师”者，如师延、师涓、师旷、师文、师襄等，实也类如师乙，多属“贱工”，即“贱籍乐工”。这些乐人、乐工“著于丹书”，早可凭此买卖。

这由西汉刘向《新序·杂事四》所记的楚国一事可窥一斑：

钟子期夜闻击磬声者而悲，旦召问之曰："何哉，子之击磬若此之悲也？"对曰："臣之父不幸而杀人，不得生。臣之母得生，而为公家隶。臣之得生，而为公家击磬。臣不睹臣之母三年于此矣。昨日为舍市而睹之，意欲赎之，无财，身又为公家之有也。是以悲也。"〔六〕

依史，钟子期与伯牙为"知音"，传有"高山流水"故事，故"闻击磬声"亦知其悲。而依击磬者言，其"父不幸而杀人，不得生"，早被处死，见其早也"击磬"而属乐人，其母也为"公家隶"，属"罪隶"，且见"舍市"而卖，无钱赎身，"身又为公家之有"。正与《魏书·刑罚志》所记的"妻、子"相类。

类此，《左传·成公九年》记有楚国一事：

晋侯(景公)观于军府，见钟仪。问之曰："南冠而絷者，谁也？"有司对曰："郑人所献楚囚也。"使税之(释放)。召而吊之(安慰)，再拜稽首。问其族，对曰："泠人(伶人)也。"公曰："能乐乎？"对曰："先人之职官也，敢有二事？"使之于琴，操南音。〔七〕

由此，钟仪原属"楚囚"，由郑而晋仍在军中，其"先人"早属执乐的"职官"，早属"乐师"类。其父子相承，不敢有二事，其仍善琴，仍类楚国钟子期。可见先秦乐人早依"丹书"制度，子承父业，不得有变，即使军中乐人也不例外。

何况，军队正是封建帝王争夺天下的利器，早多战争俘获，或献宫廷，或留军中，或充苦工杂役，或教习而为乐人。尤其女乐，早多来自女俘。宋高承《事物纪原·女乐》就记：

《列女传》曰：夏桀既弃礼仪淫于妇人，求四方美女积之后宫，作烂漫之乐。晋献公欲伐虞，遗以女乐二八。《左传》：郑略(赂)晋侯以女乐。《论语》：齐人归鲁女乐。自周来皆有，而桀为之始。〔八〕

女乐是否始于夏桀且不论，至少"自周来皆有"无疑。就如齐国，《论语》有"齐人归鲁女乐"云云，《战国策·东周》记，"齐桓公宫中七市，女闾七百"，早类楚国"舍市"而卖。类此，《史记·冯唐传》说，"李牧为赵将居边，军市之租皆自用享士"，早立"军市"而卖，其"租"早又用来奖励将士，足见当时买卖奴婢之盛。

由此而下，《三国志·魏志·毛玠传》记，"汉律，罪人妻子没为奴婢"，一如先秦。汉文帝时，云中(今山西大同)太守魏尚，仍类李牧所为，仍以"军市租尽以享士卒"。前汉丙吉、后汉祭遵等，见都作过"军市令"。汉武帝时，穷兵黩武，李陵军中见有“群盗妻子徙边者,随军为卒,妻妇大匿车中”(《汉书·李陵传》),其“群盗妻子”早类北魏所见,且见“汉武始置营妓,以待军中无妻室者”(见《万物原始说》),早多“营妓”。从而,“魏晋相承,死罪重者妻子皆以补兵”(《隋书·刑法志》),见“营妓”更加泛滥。

至南北朝,《梁书·诸夷传·东夷》记,“在北狱者,男女相配,生男八岁为奴,生女九岁为婢”。“男女相配”,所生子女仍为奴婢。《宋书·沈庆之传》早又记,“庆之前后所获蛮,并移京师以为营户”,已由“营妓”形成了“营户”。北魏延兴元年(471),“沃野、统万二镇敕勒叛……斩首三万余级。徙其遗迸(逆)于冀、定、相三州为营户”〔九〕。不但早也有了“营户”,且见直至北齐初年,仍“发山东寡妇二千六百人以配军士,有夫而滥夺者什二三”〔一〇〕。正是这种战乱中的滥杀、滥夺、滥充、滥配,北魏官府、地方豪强也类军中设立“营户”,有了相类的“官户”“府户”“杂户”(详《魏书》),统属“工乐杂户”。“近世魏律,缘坐配没工乐杂户,皆用赤纸为籍,其卷以铅为轴”,类如先秦“罪隶”,早又有了乐籍。由此,正见乐户制度的所由。

正沿此,就见北魏以下的乐户仍类奴隶,属贱民,隶贱籍。唐宋或仍用“营妓”“营户”代指“乐妓”“乐户”,类奴婢,仍可买卖。历代乐籍仍类“丹书”,用“赤纸”,称“红契”。

【注释】

〔一〕《魏书·刑罚志》,中华书局,1974年版,2888页。

〔二〕《魏书·闫元明传》,版同前,页1884。另《山西通志》(光绪版,中华书局1991年印,一八册,9483页)亦载,且明记为“景明初”事。

〔三〕《十三经注疏》,中华书局,1980年版,1976页。

〔四〕《史记·滑稽列传》,中华书局,1982年版,3200、3202页。

〔五〕《四书五经》,岳麓书社,1991年版,页576。另《史记·乐书》亦载。

〔六〕详石光瑛《新序校译》卷四,中华书局,2001年版,611—613页。

〔七〕《春秋左传注》,中华书局,1981年版,844页。

〔八〕《事物纪原》卷二“女乐”,《四库全书》(台湾版),九二〇册,51页。

〔九〕《魏书·高祖纪》,版同前,135页。

〔一〇〕《资治通鉴》,中华书局,1974年版,5153页。

第二节　历代乐籍制度的沿革

由于乐户的贱籍制度是由先秦奴隶制度而来，早与帝王“淫乐”有关，历代典籍语焉不详，讳莫如深。然而，由于统治者仍要管理这些乐户，故其典章制度仍留痕迹。以下由此入手，先对历代乐籍制度加以考究。

一、北魏至唐，乐籍制度见趋完备

依《魏书·乐志》记，北魏“自始祖内和魏晋，二代更置音伎”。天兴六年(403)冬，“大享设之于殿庭，如汉晋之旧”，随其疆域扩大，或“获古雅乐”，或“得江左所传中原旧曲”，“方乐之制及四夷歌舞，稍增列于太乐”。永平三年(510)，诏曰“舞可用新”。显然，北魏宫廷的乐制，沿“汉晋之旧”，又类“方乐之制”。而其“方乐之制”，见如相州，延兴元年(471)“沃野、统万二镇敕勒叛”，“徙其遗逆于冀定相三州为营户”，详见《魏书·高祖纪》所引，且见北齐亡后相州“乐户之家移实州廓”(《隋书·梁彦光传》)，其所谓“营户”早多属于乐户。北魏宫廷早类“方乐之制”，早类各地军队、官府所见，有了“刑罚”制度，且见孝昌时“法令不恒”，“或宽或猛”，更立“严制”，其“乐籍”制度尚不完善。这由《魏书·食货志》所记也可印证：

> 先是，禁网疏阔，民多逃隐。天兴中，诏采诸漏户，令输纶绵。自后诸逃户占为细茧，罗谷者甚众。于是，杂、营户帅遍天下，不隶守宰，赋役不周，户口错乱。始光三年诏一切罢之，以属郡县。[一]

该志还记载逃隐者之所以愿被地方豪强占为细茧，愿属私有的杂户、营户，盖因“荫附者皆无官役”。“杂、营户帅遍天下”，“不隶守宰”，“户口错乱”，可见其乐籍制度也仍“疏阔”，尚不完善。

至北齐、北周，仍见“法令不恒”，乐籍制度也仍“或宽或猛”。譬如北齐后主高纬好淫乐，武平七年(576)二月诏曰：“括杂户女年二十以下十四以上未嫁者，悉集省。隐匿者，家长处死刑。”（《北齐书·后主纪》）第二年，北周武帝平齐，因其不好声伎，见又诏令：“凡诸杂户，悉放为百姓。”（《隋书·刑法志》）至周宣帝继位，却又“广召杂伎”，“好令城市少年有容貌者，妇人服而歌舞相随，引入后庭”（《隋书·音乐志》），以至“朝夕征求，唯供鱼龙烂漫；士庶从役，只为俳优角抵”（《北史·乐运传》）。北齐、北周仍见“法令不恒”，反复无常，包括滥括“士庶”为乐户，且见受宠乐人可以加官封爵。如北齐后主高纬，《隋书·音乐志》曰：

后主（高纬）唯赏胡戎乐，耽爱无已。于是繁手淫声，争相哀怨。故曹妙达、安未弱、安马驹之徒，至有封王开府者。遂服簪缨而为伶人之事。〔二〕

类此，见《隋书·裴蕴传》曰：

初，高祖（杨坚）不好声技，遣牛弘定乐，非正声清商及九部四舞之色，皆罢遣从民。至是（炀帝时），蕴揣知帝意，奏括天下周齐梁陈乐家子弟皆为乐户。其六品已下至于民庶，有善音乐及倡优百戏者，皆直太常。是后异技淫声咸萃乐府，皆置博士、弟子，递相教传，增益乐人至三万余。〔三〕

《隋书·音乐志》曰，隋宫有位乐人白明达，时为乐正（乐官），受炀帝赏识，与其语曰：“齐氏偏隅，曹妙达犹自封王。我今天下大同，欲贵汝，宜自修谨。”有位“赵行枢，以太常乐户，家财亿计。（宇文）述谓为儿，多受其贿，称其骁勇，起家为折冲郎将”（《隋书·宇文述传》）。可见直至隋代的乐籍制度，也仍宽严不一。

不过，即使富贵如曹妙达、赵行枢者，仍“为伶人之事”，低人一等，称“儿”。为见当时一般乐户的处境，今举北齐至隋的宫廷乐户万宝常为例，摘引《北史》其传如下：

万宝常，不知何许人也。父大通从梁将王琳归齐，后谋还江南，事泄伏诛。由是宝常被配为乐户。因妙达钟律，遍工八音。与人方食，论及声调……大为时人所赏。……（隋）开皇初，沛国公郑译等定乐，初为黄钟调。宝常虽为伶人，译等每召与议，然言多不用。后译乐成……宝常因极言乐声哀怨淫放……其声率下郑译调二律。并撰乐谱六十四卷。且论八音旋相为宫法，改弦移柱之变，为八十四调，一百四十四律，变化终于一千八百声。时以《周礼》有旋宫之义,自汉以来知音不能通,见宝常特创其事,皆哂之。至是,试令为之,应手成曲,无所疑滞,见者莫不嗟异。于是损益乐器,不可胜纪。其声雅淡,不为世人所好,太常善声者多排毁之。又太子洗马苏夔以钟律自命,尤忌宝常。夔父威,方用事,凡言乐者附之,而短宝常……宝常贫而无子,其妻因其卧疾,遂籍其资物而逃,宝常竟饿死。将死,取其所著书毁之曰:"何用此为。"见者于火中探得数卷,见行于世。开皇中,郑译、何妥、卢贲、苏夔、萧吉并讨论坟籍,撰著乐书,皆为当时所用;至于天然识乐,不及宝常远矣。安马驹、曹妙达、王长通、郭令乐等,通造曲,为一时之妙,又习郑声,而宝常所为皆归于雅。此辈虽公议不附宝常,然皆心服,谓以为神。〔四〕

这位万宝常,是历代正史中唯见立传的乐户。由所记,既见其父原为梁将,后投北齐,因谋反"伏诛",致其"被配为乐户",仍类北魏所见,又见其技艺虽精,贡献多有,仍受欺凌,以至病饿而死。杰出如万宝常者尚见如此不幸,当然一般乐户的处境更惨。

因此,随着隋炀帝滥括乐户,多数乐户仍如牛马,处境仍惨。于是,见类北魏"诸强盗",多又卷入反隋斗争。如隋义宁元年(617),李渊在太原起兵时,就见多有乐户参与。如攻占霍邑(山西霍州)时,就见李渊论功行赏曰:"岂有矢石之间不辨贵贱,庸勋之次便有差等?以此论功,将何以劝?黥而王之,亦何妨也。"(《大唐创业起居注》卷二)又如"舞胡"安叱奴,武德元年(618)已官居五品(《资治通鉴》卷一八六),《大唐新语》记:

高祖即位,以舞胡安叱奴为散骑侍郎。礼部尚书李纲谏曰:"臣按《周礼》,均工乐胥,不得参士伍。虽复才如子野(即师旷),妙等师襄,皆终身继代,不改其业。……唯齐高纬,封曹妙达为王,授安马驹为开府,有国家者俱为殷鉴。今天下新定,开太平之运,起义功臣行赏未遍,高才硕学犹滞草莱,而先令舞胡置位五品,鸣玉曳组,趋驰廊庙,因非创业规模,贻厥子孙之道。"高祖竟不能从。〔五〕

由李纲所谏,先秦师旷、师襄之辈"终身继代,不改其业",早属执乐奴隶,北齐高纬"封曹妙达为王,授安马驹为开府"只是特例,正如"舞胡安叱奴为散骑侍郎","置位五品",李纲加以劝谏。然而,"高祖竟不能从",为何?盖因大唐初创,战争仍在继续,仍需此辈殊死效力,仍需"不辨贵贱"加以奖励。武德四年

(621)再次下诏,“诏以太常乐工皆前代因罪配没,子孙相承,多历年所,良可哀愍。宜并蠲除为民,且令执事。若仕宦入流,勿更追集”(见《资治通鉴》卷一八九),仍在争取人心。于是,唐代“乐工杂士自兹始也……自是声伎入流品者盖以百数”(见《唐会要》卷三四“论乐”)。

不过,这种“哀愍”只限于“前代乐工”,只“百数”人,即使“蠲除为民”,仍见“且令执事”,仍执旧业。见如舞胡安叱奴,仍类宫廷乐户“趋驰廊庙”。而依《唐会要·杂录》记,武德二年(619)八月早见“太常乐人蠲除一同民例诏”曰:

> 太常乐人,今因罪谪入营署,习艺伶官。前代已来,转相承袭,或有衣冠胤绪、公卿子孙,一沾此色,后世不改,婚姻绝于士类,名籍异于编氓,大耻深疵,良可矜愍。朕君临区宇,思从宽惠,永言沦滞,义存刷荡。其大乐、鼓吹诸旧人,年月已久,世代迁移,宜得蠲除,一同民例。但音乐之技积学所成,传授之人不可顿缺,仍依旧本司上下。若已仕宦,见入班流,勿更追呼,各从品秩。自武德元年以来配充乐户者,不在此例。〔六〕

由此,既见前代乐工的悲惨处境,“一沾此色,后世不改,婚姻绝于士类,名籍异于编氓”,又见唐初“矜愍”之实,不但“大乐”仍有“旧人”,仍类太常乐户,“仍依旧本司上下”,且见“武德元年以来配充乐户者,不在此例”。就是说,凡属新的“配充乐户”不再“矜愍”。为示新旧有别,旧人又称“音声人”。对此,《唐律疏义》卷议“名例”说:

> 太常音声人,谓在太常作乐者。元(原)与乐工、乐人不殊,俱是配隶之色,不属州县,唯属太常。义宁以来,得于州县附贯,依旧太常上下,别名太常音声人。〔七〕

该书卷十七“盗贼”又记,“太常音声人名附县贯,受田、进丁、老免与百姓同”;该书卷十四“户婚”更记,其可“婚同百姓”。从而,既见太常音声人“原与乐工、乐人不殊,俱是配隶之色”,其中正多前代乐户,又见随着“矜愍”,“宜得蠲除,一同民例”,其户籍已附州县,受田、进丁、老免、婚姻已类百姓。不过“依旧太常上下”,所谓“音声人”实也仍类太常乐户。

由于“音声人”在户婚等方面已类普通百姓,唐代从宫廷到地方多了“音声人”,有了“寺庙音声人”之类,且见太常借以滥括,其中更多了“良家子”。对此,《唐会要》卷三三曰:

> 自唐虞迄三代，舞用国子，乐用瞽师。汉魏皆以贱隶为之，惟雅乐尚选良家子。国家（唐）每岁阅司农户，仪容端正者归之太乐（也属太常乐人），与前代乐户总名音声人，历代滋多，至于万数。〔八〕

该书卷三四"杂录"条又说："音声人……非征讨得勋，不在除簿之列。""音声人"仍有"前代乐户"，且"历代滋多，至于万数"，早有滥括。《新唐书·礼乐志》曰：

> 唐之盛时，凡乐人、音声人、太常杂户子弟，隶太常及鼓吹署，皆番上，总号音声人，至数万人。〔九〕

可见李渊之后，借口先秦"雅乐尚选良家子"，早又滥括"音声人"。不仅扩及"司农户"，早有"良家子"，且见"乐人、音声人、杂户子弟"相类，仍类北魏"工乐杂户"，不得"除簿"。就是说，除唐初"征讨得勋"者外，"总名""总号"的音声人，包括滥扩的"良家子"，仍以"赤纸"为籍，不得"除籍"，仍类北魏所见的乐籍制度。

这就涉及唐代乐户的来源。

按《新唐书·百官志·都官》记："凡反逆相坐，没其家配官曹，长役为官奴婢。"所谓"官奴婢"，既类先秦奴隶，"身为公家所有"，为"官户"，又类北魏"诸强盗"，正多"反逆"而来的叛乱者，其中正多乐户。对此，《新唐书·百官三·司农寺》记："官户奴婢，有技能者配诸司，妇人入掖庭，以类相偶。"《新唐书·百官二·掖庭局》记："无伎能者隶司农。"《新唐书》卷八三"和政公主"条记："阿布思之妻隶掖庭，（肃宗）帝宴，使绿衣为倡。"而阿布思为唐玄宗时反叛的"逆人"，早见被杀，其"妻隶掖庭"，隶属"司农寺"，且见其"绿衣为倡"仍类乐户。正如前引，"国家每岁阅司农户，仪容端正者归之大乐"，早可由"大乐署"教习，隶于乐籍。

至于各地，更多掠夺、买卖而入乐籍者。举如"掠夺"，唐初幽州都督王君廓"尝遣玄道婢，乃良家子所为掠"（《新唐书·李玄道传》），且见唐末"关畿之内，掠夺颇多，遂令黔首之徒或被丹书之辱"（见《唐大诏令集》卷五"改元天复赦"）。又如"鬻卖"，德宗时，"魏州饥，父子相卖"（《旧唐书·张万福传》）；文宗时，"两河之间频年旱灾，贫人得富家数百钱、数斗粟，即以男女为之仆妾"（《册府元龟》卷四二"仁慈"）。杜甫《岁晏行》诗云："况闻处处鬻男女，割慈忍爱还租庸。"（《全唐诗》卷二二三）于是，见如"薛涛，字洪渡，本长安良家女，随父宦游流落蜀中,遂入乐籍”(《全唐诗》卷八〇三);见如张红红,本“风尘丐者”,流落长安,先被将军韦青纳府为妾,继被代宗“召入宜春院”,早成了宫中乐妓(《乐府杂录》);长安“北里”的乐妓,“诸女或自幼丐育,或佣其下里贫家”,“妓之母多假母”(《北里志》)。

这些由刑罚、掠夺、买卖而来,且“被丹书之辱”者,正是唐代乐户的重要来源。加之乐户的子孙不能“除簿”,“唐之盛时”乐户多达“数万人”,并有了一套日趋完备的乐籍制度。

就如帝王“矜愍”而来的“放免”,唐玄宗时的《唐六典》卷六已言,“凡反逆相坐,没其家为官奴婢”,“一免为番户,再免为杂户,三免为良人,皆因赦宥所及则免之”,“年六十及废疾,虽赦令不该,亦并免为番户。七十则免为良人,任所居乐处而编附之”,“凡配官曹,长输其作;番户、杂户则分为番”,“男女既成,各从其类而配偶之”。并加以解释,“反逆家男女及奴婢没官,皆谓之官奴婢”,“凡免皆因恩言之,得降一等、二等,或直入良人”,“有言官户者,是番户之总号,非谓别有一色”。《唐律疏议》卷三“名例律”又说,所谓“官户”,“谓前代以来,配隶相生,或有今朝配没,州县无贯,唯属本司”,“工属少府,乐属太常”;所谓“杂户”,“谓前代以来,配隶诸司职掌,课役不同百姓,依令‘老免、进丁、受田依百姓例’,各于本司上下”,“亦附州县贯”,“散属诸司上下”。综上所记,“官奴婢”正与“反逆”相关,全家“没官”,皆如奴婢“配官曹,长输其作”,为“长役”,其中“乐属太常”为宫廷官府的乐户;又见“配隶相生”或“今朝配没”而“州县无贯”者,仍类“官奴婢”,这些乐户也属“官户”。随着“放免”制度的出现,即使“一免为番户,再免为杂户”,这些番户、杂户仍要“轮番”供役,“有言官户者,是番户之总号”。说白了,唐代“官户”“番户”“杂户”,就乐户而言,只是分等有次,隶属不同。正如宋代费衮《梁溪漫志》卷九“官户、杂户”条言,“(唐)诸律令格式,有言官户者,是番户、杂户之总号,非谓别有一色”。当然,与“长役为官奴婢”相比,“得降一等、二等”的番户、杂户,处境稍好,“直入良人”者更近于平民。

然而就“户婚”言,不论官户、番户、杂户,皆不准与良人通婚,与“官奴婢”无异,仍如李渊诏令所言的前代乐户,“一沾此色,后世不改,婚姻绝于士类,名籍异于编氓”。

而封建社会分别良贱的重要标志,正是“户婚”制度,故见唐代对此仍有严格规定。依《唐律疏议》卷十四“户婚”记:

诸杂户不得与良人为婚,违者杖一百。官户娶良人女者,亦如之。良人娶官户女者,加二等。

其疏议曰:

杂户配隶诸司,不与良人同类,止可当色相娶,不合与良人为婚,违律为婚杖一百。"官户娶良人女者,亦如之",谓官户亦隶诸司,不属州县,亦当色婚嫁,不得辄娶良人,违者亦杖一百……

其"户婚"条接记:

……即奴婢私嫁女与良人为妻妾者,准盗论;知情娶者,与同罪。各还正之。

又疏议曰:

奴婢既同资财,即合由主处分。辄将其女私嫁与人,须计婢赃,准盗论罪,五匹徒一年,五匹加一等。知情娶者,与奴婢罪同;不知情者,不坐。自"杂户与良人为婚"以下,得罪仍各离而改正。其工乐杂户、官户,依令"当色为婚",若异色相娶者,律无罪名,并当"违令"。既乖本色,亦合正之。太常音声人,依令婚同百姓……〔一○〕

显然,除已入仕宦的少数人"依令婚同百姓",其他"工乐杂户"皆类"官户","当色为婚",同类匹配,皆隶贱籍。这种"户婚"制度,正是唐代乐籍的核心内容。

由于唐代乐户隶属不一,分官户、番户、杂户等类,又有一套"轮番供役"制度。按《新唐书》记:

凡反逆相坐,没其家配官曹,长役为官奴婢。一免者,一岁三番役;再免为杂户,亦曰官户,二岁五番役。每番皆一月。三免为良人。六十以上及废疾者为官户,七十为良人。每岁孟春上其籍,自黄口以上印臂,仲冬送上都官,条其生息而比之。乐工、兽医、骗马、调马、群头、栽接人,皆取焉。〔一一〕

对此,《唐六典》卷六"都官"条也有相同记述,并解释:"十六已上当番,请纳资者,亦听之。其官奴婢长役无番也。"除"纳资"替役者外,《唐会要》卷三四"杂录"又记,唐高宗乾封元年(666)五月敕:"音声人及乐户父母老病应侍者,取家内中男及丁壮好手者充。若无所取中丁,其本司乐署博士,及别教子弟应侍者,先取户内及近新充。"不但类隋"皆置博士、弟子,递相教传",见唐早也有了"乐署博士”“别教子弟”，且见有了“新充”乐户。

为使“轮番供役”者都有相应的执业能力，确保宫廷官府能用，早又规定了相应的“轮番教习”制度。《新唐书》曰：

凡习乐，立师以教，而岁考其师之课业为三等，以上礼部……（习者）以番上下……博士教之，功多者为上第，功少者为中第，不勤者为下第（皆对博士而言），礼部覆之。（接记考核、业成、擢用等具体规定）〔一二〕

对受教习的年龄也有规定。如《唐六典》卷六就记，“每年十月，都官按比，男十三以上，在外州者十五以上，容貌端正送大乐；十六以上，送鼓吹及少府教习”，“官户例令番，其父凡先有伎艺堪传习者，不在简例”；该书卷十四还规定有教习大曲、小曲、燕乐、鼓吹、龟兹乐、西凉乐之类的日数。通过轮番教习、轮番供役，既保证了宫廷用乐，又使各地伎乐可与宫廷交流，有了统一的用乐标准，刺激了各地俗乐的发展。尤其唐玄宗时，随其别立教坊，将民间俗乐引入宫廷，用于“宴享”，更有了上下统一的“燕乐”规制。

这又牵涉到唐代礼乐制度。

唐初类前代，仍由太常寺统管乐户。既见置有太乐署，掌管郊庙朝会用乐，多用雅乐，又见置有鼓吹署，掌管仪仗鼓吹，多属军乐，置有“内教坊”，专司内宫，已用“俗乐”。故玄宗以“太常礼司，不宜典俳优杂戏”为由，“别立教坊”，使其脱离太常，专管“俗乐”。对此，唐《教坊记》有记，《新唐书》也说：

（高祖）武德后，置内教坊于禁中。武后如意元年，改曰云韶府，以中官为使。（玄宗）开元二年，又置内教坊于蓬莱宫侧，有音声博士、第一博士、第二博士。京都置左右教坊，掌俳优杂伎，自是不隶太常，以中官为教坊使。〔一三〕

上行下效，各地官府亦然。这从《唐会要》所记一事可窥一斑：

（唐敬宗）宝历二年九月，京兆府奏：伏见诸道方镇，下至州县军镇，皆置音乐，以为欢娱。岂惟夸盛军戎，实因接待宾旅。伏以府司每年重阳、上巳两度宴游，及大臣出领藩镇，皆要求雇教坊音声，以申宴饯。今请自于当已钱中，每年方图三二十千，以充前件乐人衣粮。伏请不令教坊收管，所冀公私永便。从之。〔一四〕

由所记，诸道方镇、州县军镇“皆置音乐”，“以为欢娱”，正多“俗乐”，正为

"宴饯"而设,正类宫廷"宴乐";京兆府类此而为,正为"公私永便"。加之唐代实行府兵制,州县已由"营妓""营户"多了"乐营"。举如《归唐书·董晋传》所记,孟叔度"数至乐营,与诸妇人嬉戏";《云溪友议》记载,"池州杜少府慥,亳州韦中丞付符,二公皆长年务释道,乐营子女厚给衣粮,任其往外,若有宴饮方一召来"。由此,乐营子女"衣粮"皆由官府供给,为"官户",其可"往外",类如"番户、杂户",流动于民间,统属"散乐",等同"俗乐"。宋人程大昌《演繁露》卷六说:

开元二年,玄宗以太常礼乐之司,不应典倡优杂伎,乃更置左右教坊以教俗乐,命左右骁卫将军范及(按,《教坊记》见称范安及)为之使(中官)。又选乐工数百人,自教法曲于梨园,谓之皇家梨园弟子。至今(宋)谓优女为"弟子",命伶魁为乐营将者,此其始也。〔一五〕

正因玄宗亲置教坊,自教梨园,身体力行地倡导,各地见类教坊有了"乐营",其"乐营将"正类"中官为教坊使",且见玄宗早令教坊"不隶太常",成了统领各地"俗乐"的中央机构。

这些由教坊统领的"俗乐",既有来自"官户""番户""杂户"者,其中早多乐户,又见豪绅显贵仍多"私乐",仍有家妓,以至京城"北里"早多青楼卖艺者。其共同之处,都属"倡优"类,都为欢娱宴饮所用,都由罪罚、掠夺、鬻卖而来,散见各地,流散卖艺,统属"散乐"。与此相关,玄宗在藩邸时早有"散乐一部"(《教坊记》),称帝后曾赐李林甫"女乐二部"(《新唐书》卷二二三),玄宗"天宝以后,宴席以喧哗沉湎为乐……公私相效,渐以成俗"(《旧唐书·穆宗纪》)。类其所为,唐懿宗"咸通间诸王多习音声,倡优杂戏,天子幸其院,则迎驾奏乐"(《新唐书·礼乐十二》),白居易"黄金不惜买蛾眉,拣得如花三四枝,歌舞教成心力尽,一朝身去不相随"(其《感故张仆射诸妓》诗),杜牧"十年一觉扬州梦,青楼留得簿姓名"(其诗《遣怀》)。中唐以后多有"赠妓""别妓""怀妓""伤妓"之类诗作。这些遍及各地的乐妓,或出自宫廷,或来自乐营,或属世袭乐户,或由奴婢教成,或赠或买,或公或私,属"散乐""俗乐",每见"俳优歌舞"。因玄宗别置教坊、亲加倡导,早又成为公私宴乐的主体。

以上,对唐代乐户的来源、放免、户婚、轮番(教习、供役)、管理、流布的勾陈,大致可见,至唐玄宗时,其乐籍制度已趋完备。

当然,这种制度仍可随着统治者需要而变。即使制度未变,执行中仍见或宽或猛、言行不一,甚至有令不行,实际情况并未尽如制度所言。

就如“放免”，虽然唐初李渊曾见“矜愍”，甚至不从李纲所谏，还要一并“蠲除为民”，但到唐太宗时早又变了。如马周上疏言及前代乐工“今超授高爵”，“苦朝命不可追改，尚宜不使在列”，“帝称善”（《新唐书·马周传》）。如“将军侯贵昌”之辈的前代乐工，早又“诏隶太乐”（《新唐书·礼乐十二》）；如隋宫乐人白明达，高宗时仍为宫中“乐人”（《教坊记》）。即使赦免，也多难执行。如文宗太和二年（828）言：“诸司所有官户奴婢等，据要典及令文，有免贱从良条。近年虽赦敕，诸司皆不为论，致有终身不沾恩泽。”（《唐会要》卷八六“奴婢”条）。

从而，“一免为番户，再免为杂户，三免为良人”的轮番制度，执行中早也各取所需。如唐律规定，“短番散乐一千人，诸州有定数。长上散乐（长役）一百人，太常自访召。关内外诸州分六番，关内五番，京兆府四番”（《唐六典》卷十四“大乐署”注）。然而，唐太宗贞观二十三年（649）已有诏曰：“诸州散乐，太常上者留二百人。”（《唐会要》卷三三）唐中宗时，李峤早又谏曰：“太常乐户已多，复求访散乐，独持大鼓者已二万员。愿量留之，余勒还籍。”（《新唐书·李峤传》）不但太常“长上散乐”早已超规，早多“诸州散乐”，且如前引，早借“音声人”滥扩乐户，“唐之盛时”宫中乐户“动以数万”，其中早多“散乐”。因此，唐中宗时“太常乐户已多”，一免再免很难执行，文宗时仍有“终身难得恩泽”者。

与此同时，又有受宠无度者。就如玄宗时的宫廷艺人，李仙鹤善弄参军戏，“明皇特授韶州同正参军”（《乐府杂录·俳优》）；黄幡绰善俳优，仍类朝官“假衣绯衣”（唐《松窗杂录》）；李龟年、彭年、鹤年三兄弟皆受宠，“于东都大起第宅，僭侈之制逾于公侯”（《明皇杂录》）。之后，或见敬宗亦好俳优，或见文宗也仍厚赏教坊，或见懿宗滥封教坊“教官”，或见僖宗“赏赐乐工所费动以万计”，武宗曾曰：“京畿诸县太常乐人及金吾角子，皆是富饶之户，其数至多。今一身属太常金吾，一门尽免差役。”（《文苑英华》卷四二三）当然，这些受宠的乐人仍是帝王玩物，仍需“为伶人之事”。如唐宣宗就曾对宠优周汉贞正色曰：“我养汝辈，供戏乐耳，敢干预朝政耶！”（《唐语林》卷二）。随着变乱失宠，其境也惨。如“安史之乱”时，玄宗宠爱的李龟年“流落江南”，每“为人歌数阙”（《明皇杂录》）；教坊歌者许永新早又“为一士人所得”，“没于风尘”（《乐府杂录》）。尤其唐末，即使僖宗赏赐“动以万计”者，随着黄巢破长安，“乐工四散”（《新唐书·礼乐十一》）。

不过，唐代毕竟是我国封建社会发展的高峰，其乐籍制度已趋完备，并见通过“轮番”早又促进了“俗乐”发展。与此相关，玄宗任潞州别驾时早有“散乐一

部”,开元二年(714)早又诏曰:

> 散乐巡村,特宜禁断。如有犯者并容止,主人及村正决三十。所由官府考奏,其散乐人仍递本贯,入重役。〔一六〕

可见玄宗之前各地早多“散乐”,早“由官府考奏”,不但早与轮番有关,且见早多“巡村”演出了。从而,随着玄宗别置教坊的示范倡导,加之商业发展的刺激,就见各地散乐的商业性演出日趋活跃。见玄宗时的常月非《咏谈容娘》诗已言:“马围行匝处,人簇看场圆。”之后如元稹,元和十四年(819)为河南虢州(今属河南三门峡市)长史时,作《哭女樊》诗言“腾踏游江舫,攀缘看乐棚”(《全唐诗》卷四〇四),卖艺者早又搭有“乐棚”;见唐僖宗时范摅《云溪友议》记,有“俳优周季南、季崇及妻刘采春,自准甸而来”,为流动卖艺的散乐。从而随着“散乐巡村”,流动卖艺,“乐棚”作场,就见唐代已多了此类“歌场”“戏场”〔一七〕。“乐棚”卖艺者早类宋代“勾栏”所见,且见由此兴起了“乐厅”“乐楼”,正与唐宋“赛神”“赛社”相关,正也涉及乐户及其乐籍制度。

二、五代至宋的乐籍制度

唐末五代,战乱相迭,乐籍制度一时颠乱。如唐末的司空图,就有诗曰:“处处亭台只坏墙,军营人学内人妆。太平故事因君唱,马上曾听隔教坊。”〔一八〕如后唐,见“后唐庄宗起于朔野,所好不过北鄙郑卫而已,先王雅乐殆将扫地”(《宋史·乐一》)。致如相州,不但北魏“徙其遗逆于冀定相三州为营户”,北齐仍有“乐户之家移实州廊”,且见后晋时“相州管内所获盗贼,皆籍其财产,言是河朔旧例”(《五代史·桑维翰传》),仍类北魏、北齐所见。从而见如相州安阳人王峻,其“父丰,本郡乐营使”,实属“乐营将”;见其“善歌”,正属乐户子弟;见其战乱中历经后汉、后周,竟然累迁高官(《宋史》其传)。由此已见五代乐籍制度的颠乱。对此,时有孙光宪《北梦琐言》更说,“名倡伎儿,皆为强诸侯有之”,见举唐宫乐妓关小红为例,言其为后梁朱温所得,因受宠而称“关别驾”;见举时称“石司马”的乐伎,言其唐末入蜀,“不隶乐籍,多游诸大官家,皆以宾客待之”,慨叹“丧乱以来,冠履颠倒”〔一九〕。

这种“冠履颠倒”,尤以后唐庄宗为甚。见其为晋王时,早有杨婆儿“以俳优幸”,赐卫州刺史;见其称帝后,宠信优伶,委以重任,令掌实权,致使将佐每投优伶门下。如其宠优周匝，竟荐投靠者为刺史；如其宠优敬新磨，与庄宗同场为戏，敢批其颊；如其宠优景进，庄宗引为心腹，官至银青光禄大夫，“常屏左右而问之”；如其宠优史彦琼，“威福自姿，陵忽将佐”；如其宠优郭门高，不但官封亲军指挥使，且见危疑生变，终使庄宗死于叛军之中（以上所引，详《资治通鉴》卷七二一到七二五，及《五代史·伶官传》）。仅由后唐庄宗所为，已见五代乐籍颠乱之实。

需要指出的是，五代乐籍如此颠乱，撇开战乱原因，又与唐代以来的“时尚”有关。见如前引，唐玄宗亲教梨园，尤擅羯鼓，早与倡优同场为戏，不但“天宝以后，宴席以喧哗沉湎为乐”，“公私相效，渐以成俗”，且见“咸通间诸王多习音声”，类如“音声人”，早也不限观赏。正沿此，就见后唐庄宗“自傅粉墨，与优人共戏于庭”，“日闹优场”，早又优名“李天下”（《五代史》）；就见其“宫中暇日，自负蓍囊药箧，令继岌（其子）破帽相随，似后父刘叟以医卜业”，扮作“刘山人省女”，借以调笑刘皇后（《北梦琐言》）。类此，见五代吴国重臣徐知训，“尝与王（杨隆演）为优，自为参军，使王为苍鹘，总角弊衣执帽以从”（《通鉴》卷二七〇）。南唐重臣韩熙载“不拘礼法，尝与舒雅（臣）易服燕戏，猱杂侍婢，入末念酸，以为笑乐”，“著纳衣负筐，于诸姬院乞食，以为笑乐”，伶人歌曰：“南唐天子爱风流。”（见于《南唐书》卷二二、二五）可见五代君臣早沿唐代“成俗”，亲躬扮演，早也视为一种“风流”。流风如此，类如“票友”，正与“时尚”有关。

从而，随着五代君王与优伶同场为戏，相互调笑，“冠履颠倒”，就见同气相投的优伶早又得宠。不但后唐庄宗见引优伶为心腹，且如后汉高祖石敬瑭，因“优人一谈一笑称旨，往往赐束帛万钱，锦袍银带”（《通鉴》卷二八五），早也类唐代帝王所为。

不过，即使五代一些优伶得宠升迁，大部分仍如牛马，战乱中也仍随意籍没。就如后唐庄宗，见其洛阳宫成，“命宦者王允平、伶人景进，采择民间女子，远至太原、幽、镇，以充后庭，不啻三千人，不问所从来”，致由兴唐府（魏州）还洛阳时，“载以牛车，累累盈路”，“诸营妇女亡逸者千余人”，其余“皆入宫”（《通鉴》卷二七四）。就如其刘皇后也正类此而来，见《北梦琐言》就记：

> 庄宗刘皇后，魏州成安人，家世微寒。太祖（庄宗之父李克用）攻魏州，取成安，得后，时年五六岁。归晋阳宫（在太原城），为太后侍者，教吹笙。及笄，姿色绝众，声伎亦所长。太后赐庄宗，为韩国夫人侍者。

后诞皇子继岌，宠侍日隆……（庄宗死后）明宗闻其秽，即令自杀。〔二〇〕

由所记，见刘氏五六岁时已被掠于晋阳宫，“为太后侍者，教吹笙”，早属女乐类的奴婢；见其“姿色绝众”，长于“声伎”，由声色升为皇后，也属“冠履颠倒”一例；因其出身卑贱，最终仍“令自杀”。至于一般乐人的命，见如南汉主刘晟“尝醉”，“戏以瓜置乐工之颈，试剑，遂断其头”（《通鉴》卷二八七）。

总体而言，五代各国的乐籍制度，都见颠乱失准。

因此，随着宋代一统中原，早又着意效法唐代乐籍之制。为见其实，先摘引《宋史·乐志》相关记述：

（宋太祖）乾德元年……（因）五代以来（宫廷）乐工未具，诏选开封府乐工八百三十人，权隶太常习鼓吹。（乾德）四年……按视教坊，开封乐籍选乐工子弟以备其列，冠服准旧制。

宋初循旧制，置教坊，凡四部。其后平荆南，得乐工三十二人；平西川，得一百三十九人；平江南，得十六人；平太原，得十九人；余藩臣所贡者八十三人，又太宗藩邸有七十一人。由是，四方执艺之精者，皆在籍中。

教坊本隶宣徽院，有使、副使、判官、都色长、色长、高班、大小都知……把色人（各色乐工）分三等，遇三殿应奉人阙，即以次补。诸部应奉二十年，年五十已上，许补庙令或镇将，官制行，以隶太常。

云韶部者，黄门乐也……令于教坊习乐艺……皆命作乐于宫中。

钧客直，亦军乐也……诏籍军中之善乐者……初用乐工，同云韶部。（真宗）大中祥符五年……增龟兹乐，如教坊。诸军皆有善乐者……或军宴设以奏之。诸州皆有衙前乐。〔二一〕

仅就“军乐”言，见《宋史·太宗纪》言，宋灭北汉“夺其妇女随营”，“继元献官妓百余，以赐将校”，军中早也有了营妓、乐营、官妓、私妓；见北宋陈旸《乐书》说，“诸营皆有乐工”，“凡天下郡国皆有牙（衙）前乐营，以籍工伎焉”〔二二〕。见邓之诚先生在《骨董琐记》中说：

宋太宗灭北汉，夺其妇女随营，是为（宋）营妓之始。后复设官妓，以给事州郡官幕不携眷者。官妓有身价五千，五年期满，归原寮；本官携去者，再给二千。盖亦取之勾栏（散乐）也。营妓以勾栏妓轮值一月，许以资觅替，逐及罪人之孥及良家系狱候理者；甚或掠夺，诬为盗属

充之，最为秕政。南宋建国始革其制。[二三]

然而，即使“南宋建国始革其制”，也仍见有乐籍制度。举如天台（属浙江）郡守唐仲友，“悦营妓严蕊，欲携以归，遂令落籍”，就仍见朱熹对其问罪（《齐东野语》卷十七、二十）。可见南宋乐妓仍难脱籍。

总体而言，北宋乐籍制度仍见类唐。宫廷仍设太常、教坊，各地仍有官妓、私妓，民间仍有散乐，乐妓仍多俘获、罪属、掠卖者，不但年五十以上“隶太常”，仍类唐代“太常音声人”，且见“营妓以勾栏妓轮值一月”，仍类唐代“轮番”，大体仍沿唐代“旧制”。

至于“南宋建国始革其制”，其来有因，以下具体考述。

见如前引，随着唐代“散乐巡村”，元和时浙东早有冲州撞府者，河南虢州沿河卖艺者早又置有“乐棚”。从而，随着河道贸易，兴起“河市”，早又多了“河市乐人”。见宋刘攽（1023—1089）《中山诗话》记“盖唐元和时《燕吴行役记》，其中已有‘河市’字，大抵不隶军籍而在河市者，散乐名也”；见宋王曾《王文正笔录》言，河南商丘去汴河五里处，“舟车交会，居民繁夥，倡优杂户厥类亦众”；见宋王巩《闻见近录》更记，“南京（地名，在商丘附近）去汴河五里，河次（河畔）谓之河市，五代国初，官府罕至，舟车所聚，四方商贾孔道也，其盛非宋州可比，凡郡有设宴，必召河市乐人”。而“河南商丘”为宋州，正与虢州（即陕州）都在黄河沿线，不但早与隋唐大运河相通，这一带早有了“河市”，且见宋州正与开封相近，正有汴河相通。从而，既见后唐、后周曾改宋州为归德军，赵匡胤曾任节度使，在此“陈桥兵变”，立国称“宋”，建都开封而称“汴京”，又见其“诏选开封府乐工八百三十人，权隶太常习鼓吹”（前引），正该与“河市乐人”相关。随着汴河贸易繁兴，宋太祖早令汴京夜市“不得禁止”（详《宋会要辑稿·食货》），见由“乐棚”早又兴起“勾栏”。于是，随着宋太祖接受前代亡国教训，一改府兵制，将军权集于中央，劝有功将佐“歌儿舞女，以终天年”（《宋史·石守信传》），既见京畿常驻重兵，又规定“营妓以勾栏妓轮值”。南宋《梦粱录》仍记：

> 瓦舍者……顷者京师（汴梁）甚为士庶放荡不羁之所，亦为子弟流连破坏之门。杭州绍兴间驻跸于此，殿岩杨和王，因军士多西北人（今按，相对南宋偏安东南而指中原人），是以城内创立瓦舍，招集妓乐，以为军卒暇日娱戏之地。今贵家子弟郎君因此游荡，破坏尤甚于汴都也。[二四]

显然，汴京勾栏瓦舍早类杭州所见，早是“军卒暇日娱戏之地”，早多“贵家子弟郎君因此游荡”。而两宋勾栏正多“散乐”艺人，北宋陈旸《乐书》曰：

> 女妓百戏之属，皆隶左右军而散居焉。每大宴，宣徽院按籍召之。〔二五〕

《东京梦华录》记有皇帝寿宴，为皇宫大宴，正可“按籍召之”，不但有“左右军百戏”，还说：

> 所谓左右军，乃京师坊市两厢也，非诸军之军。〔二六〕

显然，散居“京师坊市两厢”的“女伎百戏之属”为“散乐”，平时勾栏卖艺，宫廷用时“按籍召之”，或又以“勾栏妓轮值”军中，不但仍为乐户，且如前引，早见“四方执艺之精者，皆在籍中”。

值得注意的是，既言“精者”在籍，当然早也有不在乐籍的艺人。正如唐代“音声人”，北宋早也见有此类“良人”。《东京梦华录·京瓦伎艺》就记，时在勾栏瓦舍卖艺者，既有教坊弟子、“教坊减罢并温习”者，为在籍乐人，又有“外入”者，如“孙三神鬼，霍四究说三分，尹常卖五代史，文八娘叫果子”等〔二七〕。所谓“外入”，正指乐籍之“外”而“入”勾栏卖艺者。可见随着唐宋商业发展，类如“市卖”，一些“良人”早也习艺、卖艺，“外入”勾栏。既然这些“良人”可与乐户同场卖艺，当然会冲击良贱分明的乐籍制度。

于是，就见汴京“中下之户不重生男，生女则爱护如捧璧擎珠”，“随其资质，教习艺业”；就见“吴下风俗尚侈，细民有女必教之乐艺，以待设宴之呼使”〔二八〕。至南宋，更见勾栏有称“许贡士”“张解元”“戴书生”“周进士”“王六大夫”者，也在“讲说《通鉴》、汉唐历代史书文传、兴废战争之事”〔二九〕。南宋下层文人自立书会，既编又演，类如勾栏散乐，早也粉墨登场。南宋杭州早有“书会才人”，且浙江永嘉（温州）立有“九山书会”，由其编演的南戏《张协状元》至今仍存，仍留着“宦裔”搬演的痕迹。

对于这种“外入”现象，还可从市民阶层的形成再加深究。早在唐代，随着经济发展，原有的社会结构、阶级关系早见发生变化，旧有的法规制度早受冲击。就如“户婚”制度，随着中下地主阶层的兴起，科举制度的出现，唐已“取士不问家世”，“婚姻不问阀阅”（郑樵《通志·氏族略》），早就动摇着固有的门阀制度。至北宋，见蔡襄在其《福州五戒》中更记：“今之俗，娶其妻，不顾门户，直求资财。”（吕祖谦编《宋文鉴》卷一〇八）这种“直求资财”的思想，正与唐宋商业发展有关，是市民阶层的婚姻观、价值观。虽然这些市民来源不同，经历各异，但追求“资财”却是其共同点。正因此，就见一些“良人”也在习艺，下层文人早也卖艺，早又冲击着良贱分明的乐籍制度。以至南宋袁采在温州乐清县作县令时，写的《袁氏世范》见记：“以人之妻为婢，年满而送还其夫；以人之女为婢，年满而送还其父母；以他乡之人为婢，年满而送归其乡。此风俗最近厚者，浙东士大夫多行之。”〔三〇〕显然，属于浙东的杭州、温州一带，奴婢制度早也松动。南宋赵彦卫（约1195年在世）在《云麓漫钞》中针对《宋刑统》说：

> 《刑统》……如“奴婢不得与齐民为伍”，有“奴婢贱人，类同畜产”之语，及五代“私酒犯者处死”之类，不可为训，皆当删去。〔三一〕

正因这些士大夫认为奴婢制度“不可为训”，不但勾栏早有文人卖艺，且见“书会才人”既编又演，一些“宦裔”也与乐户为伍，正也属于“时尚”。

需要强调的是，之所以有了这些变化，又是南宋救亡图存的形势使然。见《宋史·乐志》就记，“高宗南渡，经营多难”，“以保境息民为务”，“始蠲省教坊乐”，以示接受宋徽宗淫乐失国的教训，借以换取民心；见至孝宗时“更不用女乐，颁旨子孙守之”，即使南北议和后，“北使每岁两至，亦用乐，但呼市人使之，不置教坊，止令修内司先两旬教习”〔三二〕。对此，南宋末年赵升《朝野类要》更具体说：

> 本朝增为东西两教坊……（南宋）中兴以来亦有之。绍兴末，台臣王十朋上章，罢之。后有名伶达伎，皆充德寿宫使臣，自余多隶临安府衙前乐。今虽有教坊之名，隶于修内司教习所，然遇大宴等，每差衙前乐权充之；不足，则又和雇市人。近年，衙前乐已无教坊旧人，多是市井路歧之辈。〔三三〕

该书撰于理宗端平三年（1236），基本反映了南宋真实。从而，既见南宋初年已“蠲省教坊”，“自余多隶临安府衙前乐”，又见理宗时“虽有教坊之名”，宫廷“大宴”也已“和雇市人”。所谓“和雇”，就是和人商量雇佣，需要花钱，已属“市场交易”，故见多属“市人”，已多“市井路歧之辈”。所谓“路歧之辈”，即路途卖艺者流，仍类北宋“京师坊市两厢”所见，属“散乐”，多勾栏艺人，而且已含“外入”者，已由“和雇”取代了“按籍召之”。

说白了，之所以“南宋建国始革其制”，既与唐宋商业的发展、市民阶层的兴起、人们观念的变化有关，又是形势发展的必然。虽然北宋仍见效法“旧制”，但随着人们“直求资财”，其贱籍制度早受冲击；加之南宋“经营多难”，不但勾栏早有“外入”者，而且“和雇”时早已不辨良贱。

就是说，两宋的乐籍制度日渐宽松。

或因此，见宋代史料鲜有直称乐户者，每只笼统称为乐人、乐工、营妓、路歧等。

当然，直至南宋仍有贱籍制度。不但营妓严蕊蕊仍难“脱籍”，且见孝宗时罗愿《罗鄂州小集》卷五仍记，“今世所云奴婢，一概本出良家，或迫饥寒，或遭诱略，因此终身为贱”，力主“脱贱还良”〔三四〕。显然，南宋时仍多贱籍乐户。正因此，曾与两宋对峙的辽金元，就见仍沿旧制，仍多乐户。

三、辽金元的乐籍制度

五代时，石敬瑭建立后晋，契丹于 947 年建立辽。《辽史》记：“晋天福三年(938)，遣刘昫以伶官来归，辽有散乐，盖由此矣。”宋仁宗时，曾巩《隆平集》卷二十“夷狄耶律隆绪传”记：

……(辽)宗真庙号兴宗，在位凡二十五年。尝与教坊使王税轻十数人结为兄弟，出入其家，或拜其父母。尝夜宴，与刘四端兄弟及王刚等数十人，入乐队，命后妃易衣为冠。后父肖磨只言：“汉官皆在此，后妃易衣，非所宜也。”宗真击碎父首，曰：“我尚为之，若女何人也！”〔三五〕

可见其仍类五代帝王，“命后妃易衣”为戏，又与教坊艺人“结为兄弟”，以至有名“王税轻”者，早已减免其税。至于一般乐户，多属于“二税户”。如元好问《中州集》卷二“李晏传”曰：

初，辽人掠中原人，及得奚、渤海诸国生口，分赐贵近或有功者，大至一二州，少亦数百，皆为奴婢，输租为官，且纳课给其主，谓之“二税户”。〔三六〕

总之，有辽一代类五代各国，乐籍制度仍见颠乱。

继而又有女真族兴起于北方，国号大金，先灭辽，继灭北宋，仅对汴京就曾掳掠多次。徽钦二帝和诸工百伎皆掠而北，其中正多宫廷乐人，且见金人李天民《南征录汇》记：

天会时，掠致宋国男妇不下二十万……妇女分入大家，不顾名节，犹有生理；分给谋克以下，十人九娼，名节既丧，身命亦亡。邻居铁工以八金买娼妇，实为亲王女孙、相国侄媳、进士妇人。甫出乐户，即登鬼录。余都相若。[三七]

依史，金人实行军政一体的猛安谋克制，一谋克大致三百户，十谋克为一猛安，并规定："凡汉人、渤海人不得充明安穆昆(猛安谋克)户。"(《续文献通考》卷一二一)正因此，见"掠致宋国男妇"皆如奴婢，即使"亲王女孙、相国侄媳、进士妇人"也命运相类，"分给谋克以下，十人九娼"，"甫出乐户，即登鬼录"，早多贬为乐户，且见"以金银、奴婢、羊马为博"，"主家私自黥涅，虽杀之不禁"，"屠奴杀婢官不问"[三八]。显然，金代的乐籍制度又类南北朝，趋于酷滥。

之后，蒙元兴起，先灭金，继灭南宋，分蒙古人、色目人、汉人、南人为四等，以蒙古人作"达鲁花赤"(长官)，其统治者仍逞铁骑之威肆意掳掠。既见"元初诸将莫不多掠人民为私户，以阿尔哈雅为最甚"(《元史·世祖本纪》)，又见"阿尔哈雅行省荆湖，以降民三千八百户没入家奴，自置吏治之，岁收其租赋，有司莫敢问"(《元史·张雄飞传》)。仍类金代所见，且见直至元末，陶宗仪《辍耕录》"奴婢"条仍记：

今蒙古、色目人之臧获，男曰奴，女曰婢，总曰驱口。盖国初平定诸国，日以俘到男女匹配为夫妻，而所生子孙永为奴婢。又有曰红契买到者，则其元主转卖于人，立卷投税者是也……又有曰陪送者……奴婢男女止可互相婚嫁，例不许聘娶良家……然奴或致富，主利其财，则俟少过犯，杖而锢之，席卷而去，名曰"抄估(占)"。亦有自愿纳财以求脱免奴籍，则主署执凭付之，名曰"放良"。刑律：私宰牛马，杖一百；殴死驱口，比常人减死一等，杖一百七。所以视奴婢与牛马无异。[三九]

该书"官奴"条曰："今以妓为官奴，即官婢也。"这种"官奴"类唐代"官户奴婢"，其"妓"正多"乐妓"，类金之"娼"者，仍多战争俘获，仍见男女匹配、当色为婚、子孙永执贱业，其中正多乐户，且见仍凭"红契"买卖，类北魏"赤纸为籍"，仍有相类的乐籍。对此，《元史·礼乐二·制乐始末》也有相关记述，今依时序摘引如下：

(元)太祖初年……征用西夏旧乐。太宗十年十一月，宣圣(孔子)五十一代孙衍圣公(孔)元措来朝，言于帝曰："今礼乐散失，燕京、南京(金时开封)等处，亡金太常故臣及礼册、乐器多存者，乞降旨收录。"于是降旨，令各处管民官，如有亡金知礼乐旧人，可并其家属徙赴东平，令元措领之，于本路税课所给其食。十一年，元措奉旨至燕京，得金掌乐许政、掌礼王节及乐工翟刚等九十二人。十二年夏四月……肄习于曲阜宣圣庙……

（宪宗三年，1253 年）敕乐工老不堪任事者，以子孙代之。不足者，以他户补之。

（世祖忽必烈至元三年，1266 年，时已迁都燕京）先是东平万户（官名）严忠范奏："太常登歌乐器、乐工已完……请以东平漏籍户（即逃亡而来者）充之……"制可。……（同年）十有二月，籍（燕京）近畿儒户三百八十四人为乐工。先是，召东平乐凡四百一十二人，中书省以东平地远，惟留其户九十有二（艺精者），余尽遣还，复入民籍。

（至元十三年，1276 年）以近畿乐户多逃亡，仅得四十有二，复征用东平乐工。〔四〇〕

同年（1276），由于元兵攻入临安，南宋恭帝赵显已降，见《续资治通鉴》又有如下记述：

（至元十三年，1276 年）元人索宫女、内侍及乐官，宫女赴水死者以百数。

（至元二十三年，1285 年）徙江南乐工八百家于京师。〔四一〕

由上索引，既见元承宋金旧制，宫廷仍多乐工、乐户，又见其来源不一，或为"亡金"旧人，或属"东平乐工"，或以"漏籍户充之""他户补之"，不但滥扩"近畿儒户"，且见元灭南宋，"徙江南乐工八百家于京师"，早也多充宫廷。

于是，《元史》卷七七"祭祀六·国俗旧礼"记，京都"正月十五日"，"教坊司云和署掌大乐"，"兴和署掌妓女杂扮队戏"，"祥和署掌杂把戏"，"首尾排列三十余里"，仍类南宋京都所见，不但仍多乐妓，且见女乐等同妓女，仍类金之"娼"者。对此，明代郭勋《雍熙乐府》所辑的元人散曲正多写及，不但卷七《赠妓》见写"朝朝宴乐，夜夜佳期"，"每日家逢场作戏强支持"，"唤官身无了期"，且见其卷五《复落娼》套曲更写：

【点绛唇】风月佳期，云雨活计，等不到十余岁，将歌舞攻习。妆旦色，为娼妓。

【混江龙】担着个女娘名器，迎新送旧觅衣食。止不过茶房赶趁，酒肆追陪。……每日价,坐排场做勾栏纂筝象板,迎官员接使客杖鼓羌笛,招盐商留茶客过从情意,应官身供散唱费尽精力……〔四二〕

可见元代女乐为"官身",仍类"官户奴婢",与"娼妓"无异,这种"官妓"早又泛滥。对此,见《马可·波罗游记》说:

(元)新都城和旧都近郊,公开卖淫为生的娼妓达二万五千余人。每一百个和每一千个妓女,各有一个特别指派的宦官监督,而这官员又受总管管辖。管理娼妓的用意是这样的:每当外国专使来至京都,并负有关系大计利益的使命,照例由皇家招待;为了对外客表示盛情的款待,特别命令总管给使节团的每一个人,每夜送去一个高等妓女。每夜换一个人。〔四三〕

元末夏伯和在《青楼集·志》中说:

内而京师,外而郡邑,皆有所谓勾栏者……我朝混一区宇,殆将百年,天下歌舞之妓,何啻亿万。〔四四〕

这"亿万"乐妓,见如前引,既多俘获而来者,又有红契买卖者,不但其中早多乐户,且见关汉卿《金线池》一剧借剧中人言:

贤弟不知,乐户们一经责罚过了,便是受罪之人,做不得大人妻妾。〔四五〕

见如《青楼集》所记的元代名妓李芝秀、顾山山等,即使被显贵霸占,每也"侧室置之","置之别馆",多又"复为娼""复居乐籍",终身难得从良。

而如前引,见东平(山东曲阜)早又以"漏籍户充之"。而这,正与"孔元措"相关。依史,金章宗明昌二年(1191),孔元措已袭封衍圣公,授东平府通判,兼曲阜县令,继赴汴都开封,任太常博士、太常寺丞等职;当元蒙军队攻克开封后,为笼络人心,仍封其为衍圣公,命其重返故里,主持孔庙祭祀,借以整理、制定礼乐制度。故如前引,就见"亡金知礼乐旧人,可并其家属徙赴东平,令元措领之";就见"征用东平乐工"入宫,早又"以他户补之","以漏籍户充之"。对此,《续资治通鉴》卷一六九一说,"金亡,士人多流寓东平","四方之士,闻风而至",仅一次特许"校试",就"得东平杨奂等四千三十人,免为奴者四之一"。其卷一七六说:"时淮蜀士,遭俘虏者皆没为奴。"〔四六〕可见当时"四方之士"早多籍没为"奴"者,不但早可"补之""充之"乐户,且见蒙元统治者籍没成风,即使一些儒士流寓东平,除少数"免为奴者"得以升迁,其余早类"近畿儒户",早也贬为乐户,正如关汉卿所写，早是“受罪之人”。

蒙元统治者如此对待文人，又有其特定的历史原因。一方面，与文人自身有关。见如唐代元稹、白居易、杜牧等，早多与“妓”相染。宋代文人追求“时尚”，卖艺勾栏，自立“书会”，早也又编又演，正如“九山书会”编撰的《张协状元》言：

> 但咱们，虽宦裔，总皆通……苦会插科使砌，何吝搽灰抹土，歌笑满堂中。〔四七〕

既然南宋“宦裔”早也扮演不怪，当然元代早可将此类文人籍没，贬为乐户。

另一方面，元蒙统治者原属奴隶主，又以马上得天下，视汉人、南人如奴隶，认为宋儒“高而迂”，“不能成事”，将其籍没为奴，贬为乐户，就不足为奇。除了最初的“校试”，少数儒士得以升迁，之后 70 余年再未科举。不但“贡举之法废，士无入仕之阶，或习刀笔以为吏胥，或执役以事官僚，或作技巧贩鬻以为工匠商贾”（《元典章》卷五七“刑部”），且见南宋遗民谢枋得《叠山集》卷二在“送方伯载归三山序”中说：

> 滑稽之雄，以儒为戏者曰：“我大元制典，人有十等。一官二吏，先之者，贵之也；贵之者，谓有益于国也。七匠八娼九儒十丐，后之者，贱之也；贱之者，盖无益于国也。”嗟呼，卑哉！介乎娼之下、丐之上者，今之儒也！〔四八〕

其说虽然出自滑稽人之口，但说儒者类如娼优、乞丐，“无益于国”，大体符合元初实际。

就以关汉卿为例。元人钟嗣成《录鬼簿》记其为“玉京书会，燕赵才人”，又说是“大都人，太医院尹”，该书另本又记作“太医院户”。王季思先生主编的《全元戏曲》为关汉卿作传，考金元无院尹，力主院户说，认为他“可能是属于太医院户籍的一位作家”〔四九〕。所谓“太医院户籍”，今考，见隋唐已设太医署、太医局，户在太常，正与乐户相类；见金代改称太医院，隶属宣徽院，其户籍仍类宋代“宣徽院按籍召之”的乐户。元初仍承金制，直至至元二十二年（1285）太医院才从宣徽院分出，才可能有了独立“户籍”。可见元初的“太医院户籍”仍类宋金，隶属宣徽院，为工乐杂户类。而关汉卿正是金末元初人，即使金代早在“太医院”，也见隶于宣徽院，早与行院艺人为伍；即使其金代已是“儒士”，已属“书会才人”，金亡后也类东平“漏籍户”，也已为“奴”；即使其金代已属“大都人”，也类“近畿儒户”，也见元初早有贬为乐户者。由此可见，金元之际的关汉卿，实类其写的行院艺人，也属“贱之者”。

何况，随着宋代商业发展，执医者早属市肆一行，早属行户，为“按籍召之”的勾栏艺人。南宋《都城纪胜·诸行》就记：

市肆谓之行者，因官府科索（今按，指官府分类索取）而得此名。不以其物大小，但合充用者，皆置为行。虽医卜，亦有职医克择之差占（今按，指职医、占卜者也要支差），则与市肆当行同也。内亦有不当行而借名之者，如酒行，食饭行是也。〔五〇〕

由此可见，宋代市肆早已分行执业，早与“科索”相关，“但合充用，皆置为行”，“职医”属于市肆一行，为勾栏卖艺者。对此，南宋《梦粱录》也有相关记述，其“团行”条言，“市肆谓之‘团行’者，盖因官府回买而立此名”，“虽医卜工役，亦有差使，则与当行同也。然虽差役，如官司和雇，支给钱米，反胜于民间雇倩工钱，而工役之辈则欢乐而往也”，并举有花团、果团、梳行、菜行、布行等，皆与“官府回买”有关。该书卷一八“免本州商税”条，记有南宋“蠲免临安府（杭州）”各种赋税情况〔五一〕。可见，随着宋代商业发展，行业日多，早又统一变为收取“商税”；若宫廷官府需要实物、差役，早也以钱“回买”“和雇”。从而，既见南宋宫廷用乐早也“和雇市人”，又见“医卜工役，亦有差使，则与当行同也”。不但“医卜”也有“差使”，正类勾栏艺人，也可“和雇”，且“与当行同也”，为“行户”，正类金元行院艺人。正因此，元初“太医院户籍”仍隶宣徽院，即使关汉卿早属“院户”，为“书会才人”，也属“贱之者”。明代臧晋叔《元曲选·序》说，关汉卿“躬践排场，面敷粉墨，以为我家生活，偶倡优而不辞”。这也说明，关汉卿早类南宋“宦裔”所为，与“倡优”为伍，与“行院”有染。

正因元代文人地位低下，或曾为奴，或类行院艺人，一些文人对于“倡优”十分怜悯。南宋遗民谢枋得有“七匠八娼九儒十丐”之说，且如元初的王恽，写有《乐籍殷氏醵金疏》：

量珠买笑，空忆当时。糊口为生，重归故里。李美玉几年西迈，杜秋娘未老东归。载瞻光禄池台（宫廷光禄寺主宴乐），总是旧游桃李。乐籍殷氏者，名香佳丽，天赋芳温。曾将两字“风流”占断八州烟月。此日纷华都识破，向来心事欲谁论？凤凰台上有伴吹箫，鼓笛场中何堪弄色。与行丐歌妓之院（行院），且少分邻烛之光。万水千山得得来，一瓶一钵垂垂老。桑涧游女固能怜暮雨之诗，芳草王孙尚不弃春风之

面。倘露雨润,尽富归装,多寡随定,以疾为妙,谨疏。[五二]

依史,王恽为河南卫州汲县人,金末曾流寓东平。中统元年(1206),姚枢宣抚东平,辟其为详议官,至元五年(1268)拜监察御史,之后历任诸道提刑按察副使、正使等。由此判断,此疏当是其流亡时所写。依写,殷氏时隶乐籍,曾献艺光禄池台,原属金代宫廷乐户,老来"重归故里",沦落民间,正类留落中的王恽,或因同病相怜,写此"醵金疏"。然而,像王恽之类文人仍可升迁,而如殷氏之类的乐户,沦落行院,形同乞丐。

总之,辽金元的统治者,皆由边地兴起,皆挟奴隶主的余威,其乐籍制度比之两宋更加酷滥,尤其女乐,等同娼妓,处境尤惨。

四、明代乐籍制度

就乐籍制度言,明代仿唐宋,宫廷仍有太常、教坊,地方仍有官妓、私妓。既见"没官子女,例发功臣为奴","叛臣妻女赐勋臣"(《万历野获编》),又见"凡本司老疾不堪承应之人,旧例,悉放原籍为民,一体为差"(《明会典》),更见其"户婚"规定,"凡官吏娶乐人为妻妾者,杖六十并离异。若官员子孙娶者,罪亦如之"(《明律·户律》)。以至规定,"凡官吏宿娼者杖六十,媒合人减一等。若官员子孙宿娼者亦如之"(《明律·刑律》)。至于其教坊之制,《明史·职官三》记:

> 教坊司。奉銮一人,正九品;左、右韶舞各一人,左、右司乐各一人,并从九品。掌舞乐承应。以乐户充之,隶礼部。[五三]

《万历野获编》记:

> 我朝教坊之长曰奉銮,虽止正九品,然而御前供役亦得用幞头公服,望之俨然朝士也。按祖制,乐工俱戴青卍字巾,系红绿搭膊,常服则绿头巾,以别于士庶。此《会典》所载也。[五四]

明末遗民余怀在《板桥杂记》中有如下记述:

> 乐户统于教坊司,司有一官以主之。有衙府、刑杖、签牌之类,有冠有带,但见客不敢拱揖耳。[五五]

所谓"奉銮",仍类唐宋以来的"教坊使""乐营将",既是教坊主管之官,又属乐户同类,故"见客不敢拱揖耳"。由此可见,明代的乐籍制度仍刻意效法唐宋。

问题出在具体执行。明代帝王以乐籍惩罚叛逆,且见滥施刑罚,早又将其作为一种惩罚异己的政治手段。

在朱元璋立国前后，已借乐籍滥施惩罚，借以报复元蒙统治者。如清代瀛若氏《三风十愆记·记荒色》就言：

明灭元，凡蒙古部落子孙流窜中国者，令所在编入户籍。其在京省谓之乐户，在州邑谓之丐户。丐户多在边海之邑。其隶于常熟者，男谓之贫子，妇谓之贫婆，其聚族而居之处谓之贫巷。初无姓，任取一姓以为姓，而各以种类自相婚配。〔五六〕

显然，明代在州邑的丐户也如京省的乐户，不但"自相婚配"，其初都属"蒙古部落子孙流窜中国者"，且与元蒙籍没儒户而为乐户相类，早属一种政治报复。《儒林外史》五十三回见言，"将那元朝功臣之后都没入乐籍，有一个教坊司管着他们"。可见包括汉人的"元朝功臣"，不问是否有罪，都可没入乐籍。对于这种报复，由当时京都（南京）设置的"富乐院"又可窥其一斑。据明初刘辰《国初事迹》记：

太祖立富乐院于（南京）乾道桥，男子令戴绿巾，腰系红褡膊，足穿带毛猪皮靴，不容街中走，止容道旁左右行，或令作匠穿甲。妓妇戴皂冠，身穿皂褶子，出入不许穿华丽衣服。专令礼房吏王迪领管，此人熟知音律，能作乐府。禁文武官及舍人不许入院，止容商贾入院内。夜半，忽遗漏火，延烧脱欢大夫衙，系寄收一切赃物在内。太祖大怒，将管库及院内男子、妇人处以重罪，复移武定桥等处。太祖又为各处将官妓饮生事，尽起赴京，入院居住。〔五七〕

直至清初，王士禛《池北偶谈》仍记：

金陵旧院，顿、脱诸姓，皆元人后没入教坊者。顺治末，予在江宁，闻脱十娘者，年八十余尚在，万历中北里之尤也。〔五八〕

由此，既见"富乐院"仍类金元行院，男女匹配，为教坊管理的乐户，又见其属官置的妓院，与"脱欢大夫衙"相邻，早又容"商贾入院"。"顿、脱诸姓"为元蒙子孙，其先辈早被朱元璋籍没，早类相邻的脱欢大夫衙寄存的"脏物"，且如"脱十娘"者，正是"脱欢大夫"后人。而"脱欢"正是元世祖忽必烈第九子，是元灭南宋的重臣，故朱元璋在其衙区设立"富乐院"，含报复之义。类此，朱元璋早又用来惩罚臣下，如胡惟庸案杀三万余人，如蓝玉案杀一万五千人，将这些"叛臣妻女赐勋臣"，滥杀、滥罚、随意籍没。

于是,就见朱棣(明成祖)以"靖难"为名,夺取其侄建文皇帝宝座后,更有发挥。不但滥杀忠于建文皇帝的众臣,而且滥施"族诛",凡受株连的亲属子女也如对待"元朝功臣",多也贬为乐户。对此,《明史·刑法二》就记:

成祖起靖难之师,悉指忠臣为奸党,甚至加族诛、掘塚,发浣衣局、教坊司。亲党谪戍者,至隆万间犹勾伍不绝。〔五九〕

这种视异己为叛逆,用乐籍作惩罚,比朱元璋更见过之。其中"亲党谪戍者",即受株连的充边者,不但多为军中乐户,且见其后"勾伍不绝","世世不得自拔为良民"。关于当时法外用刑的酷滥,今依清人俞正燮《癸巳类稿》所记,罗列明代史料如下:

(明)王世贞《弇州史料·南京法司所记》云:永乐二年十二月十二日,教坊司题,卓敬女杨奴,牛景先妻刘氏,合无照(按,合验乐籍而无凭照),依谢昇妻韩氏例,送淇国公处,转营奸宿……"南京法司所记"又云:永乐十一年正月十一日,教坊司于右顺门口奏,"齐泰姊及外甥媳妇,又黄子澄妹,四个妇人,每一日一夜二十余条汉子守着,年少的都有身孕,除生子做小龟子,又有三岁女子",奏请圣旨,奉钦"依由他,不的到长大便是个淫贱材儿"。又奏,"当初黄子澄妻生一个小厮,如今十岁",也奉钦,"依都由他"。《国朝典故》(按,明邓士龙编辑)、《立斋闲录》(按,明宋端仪所著)同又云:铁铉妻杨氏年三十五,送教坊司。茅大芳妻张氏年五十六,送教坊司。张氏病故,教坊司安政于奉天门奏,奉圣旨:"分付上元县,抬出门去,着狗吃了,钦此。"〔六〇〕

以上见列的卓敬、牛景先、谢昇、齐泰、黄子澄、铁铉、茅大芳等,皆属建文皇帝重臣,不仅本人被杀,其家属子女皆遭残害。除以上所列,如文学博士方孝孺、御史大夫练子宁等,也都类此。株连九族,祸及门生之门生,有所谓"瓜蔓抄"(《明史·景清传》)。

按《清文献通考》言,"建文末不附燕兵被害,编为乐户,世世不得自拔为良民"(见卷一九"户口考一"),"靖难后诸臣有抗命者,子女多发山西为乐户"(见卷一二"王礼考·泰陵圣德神功碑")。证之山西,《五台县志》记:

明洪武间,五台有乐户十五家。建文末年,又有京城(南京)官绅被贬为乐户,逐于五台。〔六一〕

《万历野获编》记:

> 大同府为太祖第十三子代简王封国,又纳中山王徐达之女为妃,与太宗(成祖)为僚婿。当时事方繁盛,又在极边,与燕辽二国鼎峙,故所蓄乐户较他藩多数倍。今(万历)以渐落,在花籍者尚二千人,歌舞管弦昼夜不绝。今京师(北京)内外不隶三院者(不属宫廷者),大抵皆大同籍中溢出流寓,宋所谓路岐、散乐者是也。〔六二〕

大同府乐户如此之多,其原因并不尽如作者所言。依《明史》,早在朱元璋时,对诸王赐拨乐户已有规定,以"二十七户"为准。其后或有增减,但大致仍遵祖制。如建文四年(1402)六月,燕兵攻占南京后,成祖刚登基,七月下诏:

> 敕礼部曰:"昔太祖封建诸王,其仪制服用俱有定制,乐工二十七户。原就各王境内拨赐,便于供应。今诸王未有乐户者,如例赐之。有者仍旧,不足者补之。"〔六三〕

大同代简王即使特殊,也不致超拨至数千人,其中另有原因。究其因,成祖为燕王时,坐镇北京,大同早由燕兵驻守(大同城就是燕王主持复修的)。燕兵正是成祖夺权的主力,战时可掳掠,论功行赏,所占乐户早多。迁都北京后,大同成京畿门户,加之"当时事方繁盛,又在极边",有谪戍充边者,且与口外瓦剌部或争战,或商贸,仍多掳掠、鬻买而来者。正因此,大同乐户多达数千人,北京也多了"大同籍中溢出流寓"。

至于当时宫中,乐户更多。举如英宗,继位之初为示仁政,"择堪用者量留",尚"释放教坊乐工三千八百余人"(《万历野获编》卷一"释乐工夷妇")。其帝位失而复得后(中间因被瓦剌部所俘,由代宗执政七年),又将忠于代宗的于谦等人诛杀,籍其家小为奴。天顺三年(1459),复又选地方乐户赴京应役。《(清)续文献通考》曰:

> (天顺)三年十月,选山西、陕西乐户赴京应役。教坊司奏"恭遇大祀天地山川,导驾迎引,及正旦、冬至、圣节,合用乐工两千余人。今本司止存乐户八百,余乞行南京并顺天(北京)等府、陕西等布政使,于乐户内选娴习乐艺者,送京备用。"帝曰:"南京乐户不必取,第山西、陕西精选,送来应役。"〔六四〕

之后又如武宗,《明史·乐一》记:

> 正德三年(1508),武宗谕内钟鼓司康能等曰:"庆成大宴,华夷臣功所观瞻,宜举大乐。迩者音乐废缺,无以重朝廷。"礼部请选三院乐工

年壮者，严督肄之；仍移各省司，取艺精者赴京应役。顾所隶益猥杂，筋斗百戏之类日盛于禁廷。既而河间等府奉诏送乐户，居之新宅。〔六五〕

对此，《（清）续文献通考》记：

河间等府奉诏，送乐户至京，择其艺业之精者留应役，给与口粮，工部仍相地为之居室。时教坊乐工既得幸，诉朝夕承应为劳，外郡乐工不宜独逸，请召礼部移文天下，取精于诸伎者送教坊。于是有司遣官押送，乘传续食又数百人。〔六六〕

《万历野获编·佞幸》说，“国朝士风之敝，浸淫于正统（英宗时），而糜溃于成化（宪宗时）”，臣下“献房中秘方”以邀宠，士宦“争谈秽媟”已成风。如武宗，设豹房，君臣通宵狎饮，游幸宣府、榆林、太原、南京等地时，或私幸民女，或强娶臣下妻妾为妃，游幸太原时“娶晋府乐工杨腾妻”，封为“刘夫人”，随其游幸南京，由教坊奉銮扈从，从臣“与诸优并列”为戏。其“征高丽女、色目人女、西域舞女，至扬州刷处女寡妇，仪真选妓女，又不可胜数也”〔六七〕。

于是，“一时教坊妇女竞尚容色，投时好以博赀财”（《香艳丛书》二集卷一“严思庵先生闲笔”），“皇城外娼肆林立，笙歌杂沓”（《梅圃余谈》），“缙绅羁宦都下及士子卒业辟雍，久客无聊，多买本京妇女以伴寂寥”，“购妾者多以技艺见收”，竟称扬州来者为“瘦马”（《万历野获编》卷二三）。北京如此，南京亦然，不但有“南教坊”，有“旧院”，秦淮河“十四楼”名噪当时，明末仍见“其间风月楼台，樽罍丝管，以及娈童狎客杂妓名优，献媚争妍，络绎奔赴”（《板桥杂记》）。

“国朝士风之敝”不绝，乐户也等同娼妓，南北各地皆然。如明孝宗时曾任应天府通判的祝允明，在《猥谈》一书中说：

奉化有所谓丐户，俗谓之大贫，聚处城外，自为匹偶，良人不与接，皆官给衣粮。其妇人稍妆泽，业枕席。其始皆宦家，以罪杀其人而籍其牝。官谷之而征其淫贿，以迄今也。金陵教坊称十八家者亦然。〔六八〕

如万历时累迁郎中的谢肇淛，在《五杂俎》一书中说：

今时娼妓满布天下，其大都会之地动以千百计，其他穷州僻邑在在有之。终日依门卖笑卖淫为活，生计至此亦可怜矣。两京教坊官收其税，谓之“脂粉钱”。隶郡县者则为乐户，听使令而已。唐宋以官伎佐酒，国初犹然。至宣德初始有禁，而缙绅家居者不论也。故虽绝迹公庭，而常充牣里閈。又有不隶于官，家居而卖奸者，谓之“土妓”，俗谓

之“私窠子”，盖不胜数矣。[六九]

其所言的“宣德初始有禁”，指明宣宗时“百僚日醉狭邪，不修职业，为左都御史顾佐奏禁”一事（见《万历野获编·补遗卷》）。然而，其禁也只限于“公庭”，“家居者不论”。加之其后英宗、武宗等早无禁止，万历时“娼妓布满天下”，直至明末清初仍然。山西《蒲州府志》曰：

蒲当明时，乐户并聚居东城门外关厢间。州守行春，则浓妆骑马以供役；其缙绅与客宴饮，则召之佐酒。至国朝康熙犹然。[七〇]

其仍类“唐宋以官伎佐酒”，且见仍类奉化丐户，“聚居城外”。这些遍及南北各地的乐户，偏聚一隅，自为匹偶，卖笑卖身，随时应差，官府还要收其“脂粉钱”的官税，正是有明一代多数乐户的生存写照。

而其来源，有元蒙子孙、“靖难”籍没者，“其始皆宦家”，也有鬻卖而来者。如“孝宗时号为极治”，“彭城千户吴能，有女名满仓儿，托张媪鬻之，媪私售之乐户”[七一]。“极治”时尚见如此，可见“士风之敝”盛行时又当如何。隶于官者为官妓，转卖于私者属私妓，于是多了家居卖奸的土妓。

纵观有明一代的乐籍制度，最受世人非议、最见酷滥者，则是内斗中的法外用刑，借以籍没。即使一时为官的显贵，也有贬为乐户的危险。或因此，明代官员多了兔死狐悲的怜悯，不时有谏，“勾伍不绝”，尤其女乐“卖淫卖笑”，涉及风化，更见随着官员奏请，明末崇祯时已着手裁汰。

五、清代乐籍制度的废除及其遗存形态

清由女真族兴于东北，初号后金，仍类金元，掠卖战俘为奴者，多贬为乐户。至崇德元年（1636）四月，皇太极登基，改国号为“清”，为示仁政，开始裁汰女乐。依《癸巳类稿》卷十二记，时有降清汉官祝世昌上疏：“言俘获敌人妇女，有籍入乐户者，请概释。”同年七月，帝曰：“礼部承政世昌奏请，禁止阵获良人妇女卖充乐户一疏。祝世昌岂不知乐户一事，朕已禁革。”于是交汉官会议此事，竟议“世昌心获敌人，与奸细无异，应论死籍没”，致祝世昌终被“流徙西北边境”。显然，这种“禁革”仍类明末裁汰乐户，为示“仁政”，为一时表面文章。正因此，崇德元年（1636），清军又掠内地人畜 18 万以还。崇德四年（1639），清军又分道入塞至山东等地掠人口 40 万，实仍“阵获良人妇女卖充乐户”。顺治时，朝制初创，仍沿

袭明代乐籍制度,至康熙时也仅限于裁汰女乐。对此,《癸巳类稿》罗列了相关资料,今依时序排列,如下:

> 顺治元年,沿明制设教坊司,以掌悬大乐。(《钦定八旗通志·职官》)
>
> 顺治八年改女乐,用太监四十八名。(《康熙会典·教坊司》)
>
> 顺治八年奉旨,停止教坊司妇女入官承应,更用太监。(《大清会典·乐部·典乐》)
>
> 顺治壬辰(九年),禁良为娼。以丧乱后良家女被掠,展转流落乐籍,其误落于娼家许平价赎归。(《簪云楼杂说》)
>
> 顺治十二年,复用女乐四十八名。(《康熙会典·教坊司》)
>
> 初制分太常、教坊二部,教坊则由各省乐户挑选入京补充。顺治八年停止女乐,用太监,十二年仍改女乐,至十六年复改用太监,遂为定制。(《皇朝(清)文献通考·乐考·乐舞》)
>
> 康熙十二年,覆准直省府州县:拜迎芒神、土牛,勒令提取伶人娼妇者,严行禁止。(《雍正会典·礼部·进春仪》)〔七二〕

由以上摘引可见,清初仍仿明制,宫廷仍有太常、教坊,教坊乐工仍由各地乐户补充。即使之后禁革女乐,顺治十六年(1659)"遂为定制",虽然"京师教坊并无女子",却见康熙十二年(1673)州县打春仍禁"伶人娼妇"参加,说明地方女乐仍多。加之"三藩之乱",朝廷无暇顾及废禁女乐,就见八年后随着"三藩之乱"结束,接又整饬风俗,仍有要求废止乐妓的呼声。举如山西,康熙四十八年(1709)所修的《隰州志·风俗》,仍有如下议论:

> 晋之乐户,不知所自始。或云:故明时值承王府,后散居各地,其业至今不改云。夫"邯郸挟琴,河间数钱"自昔所有,然及其一身而止耳。未有其人其家别为一类,不齿于四民之列,孝子慈孙百世不改者也。今之为乐户者,亦有田宅,亦有丁徭,亦务稼穑,亦知勤俭,与良民无异,而独驱之为寡廉鲜耻之徒,置至于光天化日之外,且有形如嫫姆、名在籍中、一生鳏旷、身执贱役者,岂不可哀,岂不可怪乎?盛世化行俗美,长吏崇厉风教,如金陵所谓花月春风十四楼者今皆下令驱逐,绝无一人。而唯此地之乐户,以其土著,行差既不能驱之远徙,又不能令其改业。倚门献笑,无地不有。如膻之聚蝇,如堑之陷马,所关于风化人心非浅

> 鲜也。诚藉上宪威令革去通省乐户名色，果能改头换面便于齐民一体，许以自新，谁甘下贱？就目前而论，去数千百之倡家，狂且息念，地方宁静；就他日而论，增数千百之良家，拔之苦海，永免沉沦。此善政之最亟，亦阴德之最大者矣。〔七三〕

由这段议论，既见康熙时“崇厉风教”，如金陵十四楼者已遭取缔，又见地方乐户仍多，也仍“依门卖笑”，“其业至今不改”。主修《隰州志》者大胆提出：希望“革去通省乐户名色”，以与“齐民一体”，彻底废止乐籍。今考，当时主修《隰州志》者，乃知州钱以垲（1664—1732），浙江嘉善人，康熙二十七年（1688）进士，康熙四十八年（1709）主政隰州，这篇“序”正该由其所作。雍正元年（1723）调通政司，雍正五年（1727）升礼部侍郎，雍正八年（1730）升礼部尚书，其间或又“上疏”皇帝。或因此，从雍正元年始，由山西引发了“废除乐籍”的重大变革。

按《清文献通考》记，雍正皇帝登基，雍正元年三月，御史年熙奏请削除山西乐户贱籍，帝称“此奏甚善”，并说：

> 山西等省有乐户一项。其先世，因明建文末不附燕兵被害，编为乐籍，世世不得自拔为良民。至是令各属禁革，俾改业为良。又浙江绍兴府之惰民，与乐籍无异，亦令削除其籍，俾改业与编氓同列。至五年，以江南徽州府有伴当，宁国府有世仆，本地呼细民，其籍业与乐户、惰民同，甚有两姓丁户，村庄相等，而此姓为彼执役，有如奴隶，究其仆役起自何时则茫然无考，非实有上下之分，特谕并除为良民。八年，以苏州之常熟、昭文二县丐口，与浙江惰民无异，准其削籍除丐。〔七四〕

该书还记，雍正三年（1725），“律例馆奏准，令各省俱无在官乐工”，削籍直至广东的“蜑户”，以至雍正七年（1729）“改教坊司为和声署”。之所以如此大刀阔斧地采取措施，依清《世宗圣》卷六记，雍正帝言：“朕以移风易俗为心，凡习俗相沿不能振发者，咸予以自新之路。如山西之乐户、浙江之惰民，皆除贱籍，使为良民，所以厉廉耻广风化也。”

从此，延续千年的乐籍制度终于废除。

不过，由于统治者仍需宴享，仍有相关的礼乐规制，就见仍有名去实存的乐户。举如宫廷，《清文献通考》曰：

> 和声署本前明之教坊司，由各省乐户挑选应差。顾民间耻隶教坊，召募不应，于是改为和声署，始有五城鼓手应差，然世业子弟仍是

乐户。[七五]

随着“教坊司”改称“和声署”，宫廷乐户改称“鼓手”，“世业子弟仍是乐户”，而且其“鼓手”类如唐代“音声人”，借着召募滥扩“良家子弟”。

宫廷如此，地方亦然，虽“俱无在官乐户”，却见将其遣散民间，仍要“支官应差”，仍有相关的规定。如山西，依今考，将乐户遣散民间，官府不再供其衣食，而是分别为其划一执业地盘，使其借以谋生。其仍需轮流支官应差，有支官应差的“官房”；仍有官收其税，类明代“脂粉钱”，见称“胭粉钱”。说白了，执旧业的乐户，以及相类的“鼓手”，社会地位大致不变。

当然，除籍后的乐户名义上也属“良民”，也可改业从农、从商等。不过，即使改业从良，仍有一些歧视性规定。《清文献通考》曰：

> （乾隆）三十六年，礼部会同户部议准陕西学政刘墫奏，山陕等省乐户、丐户请定禁例……应请以报告改业之人为始，下逮四世，本族亲支皆系清白自守，方准报捐应试，该管州县取具亲党邻里甘结，听其自便，不许无赖之徒藉端攻讦。若系本身脱籍，或系一二世，及亲伯叔姑姊尚习猥业者，一概不许滥厕士类，侥幸出身……疏入，从之。[七六]

从雍正元年（1723）至乾隆三十六年（1771），废除乐籍尚不足50年，若“下逮四世”，皆清白才准应试，等于除籍的乐户子孙仍不准入仕。至于仍习“猥业”者，当然更不能“侥幸出身”，仍为贱类。直至民国年间，山西仍多遗存的乐户。

六、历代乐户的隶属形态

历代乐户隶属不同，或隶宫廷、官府，或属军中乐户，或由豪绅私蓄，或见流散民间，致其执业状况亦有差异。以下对此再加梳理。

（一）宫廷乐户

见如前引，先秦宫廷早有了专职的乐人、乐工，包括乐师在内，多属“贱隶”“贱工”，早有了“贱籍”制度，执乐的奴隶早类乐户。春秋战国时的女乐仍类奴婢，可买卖、贿赠；北魏乐户仍类奴隶，“男女匹配为户”，已形成乐籍制度；唐代乐籍制度更趋完备，地方乐户“轮值”宫廷，而且唐玄宗别立教坊，专蓄来自民间的“俗乐”，宫廷伎乐已有雅俗之分。

唐代雅乐仍循古制，隶太常，多用于祭祀大典，如郊庙祭祀、封禅活动等。其俗乐由教坊管理，多用于宫廷宴享，属于“燕乐”。教坊有内外之分，其乐妓也分次有等，外教坊分左右，“右多善歌，左多工舞”，内教坊分为宜春院、云韶院，宜春院有称“十家”者最受恩宠。对此，《教坊记》曰：

> 妓女入宜春院，谓之“内人”，亦曰“前头人”，常在上（玄宗）前头也。其家犹在教坊，谓之“内人家”，四季给米。其得幸者，谓之“十家”，给宅第，赐无异等。初，特承恩宠者有十家；后继进者，敕有司赐同十家，虽数十家，犹故以“十家”呼之。每月二十六日，内人母得以女对；无母则姊妹若姑，一人对。十家就本落（宅第），余内人并坐内教坊对……

又曰：

> 楼下戏出队（即队舞队戏），宜春院人少，即以云韶添之。云韶谓之“宫人”，盖贱隶也。非直美恶殊貌，居然亦辨明：内人带鱼（因居宜春院），宫人则否。平人女以容色选入内者，教习琵琶、三弦、箜篌、筝等者，谓之“挡弹家”。〔七七〕

宫廷女乐也有“内人”“宫人”之分，分属宜春院、云韶院；其等级分明，受宠不同，“内人带鱼（带装‘鱼符’），宫人则否”，内人中有称“十家”者更赐“宅第”。然而，即使受宠如十家者，“其家犹在教坊”，仍由教坊管理。“平人女”可因“容色选入”宫中，加以“教习”，使成女乐，犯罪子女、民间乐户子女也可挑选入宫，如“开元中内人有许和子者，本吉州永新县乐家女也，开元末选入宫，即以永新名之，籍于宜春院”〔七八〕。又如“天宝末，蕃将阿布思伏法，其妻配掖庭，善为优，因使隶乐工”，肃宗时仍在宫中，仍令其“绿衣秉简”作假官戏〔七九〕。当时宫廷乐户之多，宋陈旸《乐书·教坊乐》记：

> 唐全盛时，内外教坊及千员，梨园三百员，宜春、云韶诸院及掖庭之伎不关其数。太常乐工动万余户……〔八〇〕

正因其多，一些宫廷女乐或也住在“坊中”，“行艺街市”，卖唱酒楼，类如“北里”所见。《教坊记》中，时有“苏五奴妻张四娘，善歌舞，有邀迓者，五奴辄随之前”，唐代早多了“五奴”现象。

唐之后，历代宫廷大体仍循唐制，宫廷亦设太常，仍有教坊。“宋因之”，其乐制大体仍旧，民间散乐仍可“按籍召之”宫廷。金元类此，宫廷仍有教坊。明

清仍有教坊司,负责管理乐户。《清文献通考·乐考·俗乐部》有如下记述:

> 教坊之名,昉于唐元(玄)宗置左右教坊,以教俗乐,后世因之。我朝初制分太常、教坊二部。……教坊则由各省乐户挑选入京补充。凡坛庙祭祀各乐,太常寺掌之;朝会宴享各乐,教坊司承应。〔八一〕

即使清雍正以后废除了乐籍制度,"改教坊司为和声署",见如前引,"世业子弟仍是乐户",宫廷乐户仍多。

(二)军中乐户

军中见有乐人,亦由先秦始。见如前引,由楚而郑而晋一直隶于军中的钟仪"不敢有二事",早属军中专执伎乐的乐人;见两汉军中已有"鼓吹""横吹",皆属"军中之乐"(《乐府杂录》);见自汉武帝始,军中更多随营女妓,不但"汉武始置营妓,以待军中无妻室者",且见北魏由营妓而营户,专执伎乐者已属乐户,致如杨风、皇甫奴等七百五十人同时列称乐户,"沉屈兵伍",仍在军中。正沿此,既见北齐的《兰陵王入阵曲》、唐代的《破阵乐》、宋代的《迓鼓》等,皆由军中兴起,早与军中乐户相关;又见由唐而宋,军中仍有"营妓""乐营",不但仍类"教坊"用于宴享,且见宋代宫中的"东西班""钧容直"仍为"军乐"。对此,北宋时陈旸《乐书·东西班》记:

> (东西班)每骑从车驾奏焉;或巡狩,则夜奏行宫之庭。又诸营军中皆有乐工,率五百人得乐工五十员。每乘舆奉祠还宫,则诸工杂被绛绿衣,自帷宫幔城至皇城门,分列驰道左右,作乐迎奉,丝竹鼙鼓之声相属数十里。或军中宴,亦得奏之……凡天下郡国皆有牙前乐营,以籍工伎焉。〔八二〕

见该书"钧容直"条又记:

> 圣朝太平兴国五年(980),诏籍军中之善乐者,号引龙直。淳化三年(992)改为钧容直,以内侍统之……每巡省游幸,则骑导车驾而奏乐焉。〔八三〕

见于《宋史·乐志》,既说"钧容直亦军乐也","初用乐工,同云韶部";又说真宗"大中祥符五年(1012),因鼓工温用之请,增龟兹部,如教坊",其后"虽间有损益,然其大曲、曲破并急慢诸曲,与教坊颇同矣";以至说"诸军皆有善乐者,每车驾祀回,则衣绯绿衣,自青城(汴京城南祭天地处)至朱雀门,列于御道之左右，奏乐迎奉”，“或军宴设亦奏之”，或皇帝“园苑又分用诸军乐”〔八四〕。

证于《东京梦华录》，见北宋末年元宵节，宣德楼下仍有“教坊、钧容直、露台弟子、更互杂剧”；见“三月一日开金明池琼林苑”，“驾幸临水殿观争标锡宴”仍有“诸军百戏”，不但“驾登宝津楼”仍见“诸军呈百戏”，且见“驾诣青城”祭祀，“诸军有紫巾绯衣素队约千余，罗布郊野，每队军乐一火（伙）”〔八五〕。

由上举述，既见宋代军队仍“籍工伎”，“诸营军皆有乐工”；又见“天下郡国皆有牙前乐营”，军中仍多“营妓”；以至京城军中见有专供皇帝巡省游幸、祭祀奏迎的“军乐”，“与教坊颇同”，仍类唐代的“乐营”之制。

唐宋以下，如前引，见金元军队肆意掳掠，军中乐妓更多；见明代籍没者赐予将校、徙边充军，军中仍多乐户。清初仍见“俘获敌妇女，有籍入乐户者”，军中乐户也仍延续未绝。

（三）官府乐户

各地官府，包括皇帝子孙封藩各地的王府，早也有隶籍于官的女乐、乐工、乐户。如前引，见由北魏而至北齐，相州“乐户之家移实州廓”，其官府早有乐户；见隋炀帝封藩晋阳时，其王府早也有一批乐工，不但李渊在太原起兵灭隋时早有“安叱奴”之辈参与，且因唐代实行府兵制，见其官府遍有“乐营”，玄宗时更类“教坊”乐妓。对此，见唐《明皇杂录》已记：

> 唐玄宗在东洛，大酺于五凤楼下，命三百里（内）县令、刺史率其声乐来赴阙者，或谓令较其胜负而赏罚焉。时河内郡守令乐工数百人于车上……时元鲁山遣乐工数十人联袂歌《于蔿》……（西京长安）每赐宴设酺会，则上御勤政楼……府县、教坊，大陈山车旱船、寻橦走索、丸剑角抵、戏马斗鸡……〔八六〕

何况，唐代各地乐户早又“轮番”教习，早如宫廷所见。于是如前引，见各地“府县”也仿“教坊”，可“命三百里（内）县令、刺史率其声乐来赴阙”，同场献艺，“较其胜负”；见如“开元中内人有许和子者，本吉州永新县乐家女也”；见如张好好，原属江西乐籍，随“故吏部沈公”前往宣城，也仍“复置好好于宣城籍中”。

至宋，仍类唐制，仍见“天下郡国皆有牙（衙）前乐营”，不但各地官府仍多“营妓”，且类“教坊”之制，仍有一套乐籍制度。见如南宋杭州，不但“临安府”仍有“衙前乐”，且见宫廷大宴“每差衙前乐权充之”，仍类北宋宫廷“按籍召之”，正见其“衙前乐”仍类“教坊”所见。又如南宋台州，时有“营妓”严蕊，说明其官府仍有“乐营”，且仍有乐籍制度，其仍难以脱籍。

至金元，不但各地官府乐户仍多，早属“行院”乐妓，且如前引，“朝朝宴饮，夜夜佳期”，“唤官身，无了期”，仍可“按籍召之”。

至明代，又如前引，既见朱元璋早在南京设有“富乐院”，仍类“教坊”，“金陵称十八家者亦然”，又见开封、太原等地类此，皆有“富乐院”，“皆官给衣粮”，“官谷之而征其淫贿”，仍类金元行院、宋代“衙前乐”。朱元璋早又将自己子孙封藩各地，建有王府，早也例赐乐户，不但“昔太祖（朱元璋）封建诸王，其仪制服用俱有定制，乐工二十七户，原就各王境内拨赐”，且见明成祖仍依其制，“有者仍旧，不足者补之”。

因此，即使藩王死后，仍有“供祀”乐户，见《明史·诸王三》就记：

> 安惠王楹，太祖第二十二子，永乐六年就藩平凉。十五年薨，无子除封。……（武宗正德十二年）礼部言：亲王有乐户，郡王别城居者有事假鼓吹于有司。因并革除安王供祀乐户……（世宗）嘉靖二年……帝曰：乐户为安王祀也，给如故。〔八七〕

甚至破例，早又恩赐。见《（清）续文献通考》就记：

> （明）襄王瞻墡奏：本府例有乐人二十七户，已蒙拨赐。臣在京时，蒙大兄宣宗皇帝特恩，除原例外，另赐乐人二十户。太监阮岳传旨，未见施行……伏乞追念大兄皇帝遗言，如数拨赐。帝（英宗）命湖广布政司，于属府州县乐户内，拨二十户与之。〔八八〕

由这些记述，既见藩王府中的乐户早有定制，早与府州县乐户属于同类，可由“境内拨赐”，又见可以额外“另赐”，大同的代简王“所蓄乐户较他藩多数倍”。

至清代，即使“雍正三年，律例馆奏准，令各省俱无在官乐户”，见如前引，不但宫廷仍有“和声署”，“世业子弟仍是乐户”，且如山西，见州县府衙仍置“官房”，仍由在境乐户“照旧伺候”，仍类唐代“轮值”。

（四）私蓄乐户

私蓄乐户，主要指豪绅显贵的“家乐”。其中封王开府者，如明代藩王府的乐户，实也属于家乐，只是其亦官亦私，特殊一些。一般而言，豪绅显贵的家乐，除皇帝恩赐，多由买卖奴婢而来。而如前引，见买卖奴婢先秦早有，不但早见立

“市”而卖,且见汉代更多了“军市”。于是,见《汉书·张禹传》记,“禹将崇入后堂,饮食妇女相对,优人管弦,铿锵极乐,昏夜乃罢”;见《后汉书·卢植传》记,“禹融外戚豪家,多列女倡,歌舞于前”。显然,这些显贵家中的优人女倡,早属私蓄的家乐。类此,见西晋显贵如石崇者,其家妓“绿珠”名噪当时(详《晋书·石苞传》);见北魏豪强大户“罗縠者甚众”,致“杂营户帅遍天下,不隶守宰”(前引);见北齐显贵如魏收,“有东山与诸优,为猕猴与狗斗”(《北史·魏收传》)。而如前引,北魏已有了乐籍制度,其显贵家中的优人、娼女之类,属“工乐杂户”,其中执“乐”为业者已属乐户。

到了唐代,豪绅显贵私蓄家乐更成了一种时尚。见如太宗时,不但其子承乾“使户奴数十百人习音声”,且见其弟滕王元婴早“鸠合散乐,并集府僚”(见《新唐书》)。又如玄宗时,其任潞州别驾时早有“散乐一部”,称帝后曾赐李林甫“女乐二部”,各级显贵早也类此,“黄金不惜买蛾眉”以教歌舞(俱前引)。与此相关,唐代曾有如下敕令:

(中宗)神龙二年九月,敕三品以上听有女乐一部,五品以上女乐不过三人。

(玄宗)天宝十载九月二日,(敕)五品以上正员清官、诸道节度使及太守等,并听当家蓄绿竹以展欢娱。行乐盛时,覃及中外。[八九]

由此而至五代,豪绅显贵的家乐仍盛。举如南唐韩熙载,当时顾闳中所绘的《韩熙载夜宴图》至今仍存,正是其家乐写照,且如前引,见其“不拘礼法,尝与舒雅(臣)易服燕戏”,类如后唐庄宗所为,也见“纳衣负筐,于诸姬院乞食,以为笑乐”。由此,可见五代家乐兴盛之一斑。

至于宋代家乐,不妨由“河市乐”引发的一段笔墨官司说起。北宋王曾《王文正笔录》言及“驸马都尉高怀德”说,“(河市乐)率多鄙俚,为高之伶人所轻诮。每宴饮作乐,必效其朴野之态以为戏玩”。北宋刘攽(字贡夫)《中山诗话》又说:“世语,优人为‘河市乐’,说者谓南都石驸马(石守信)家乐甚盛,诋诮南市中乐人。”南宋章渊《稿简赘笔》辩说:“乃高驸马非石也。”这至少说明,当时显贵如石驸马、高驸马之类,皆有家乐,也都供其“宴饮作乐”。类此,再看南宋朱弁《曲洧旧闻》中所记的北宋仁宗时一事:

宋子京(宋祁)修唐书,尝一日逢大雪,添帘幙,然(燃)椽烛一、秉烛二,左右炽炭两巨炉,诸姬环侍。方磨墨濡毫,以澄心堂纸草某人传,未成，顾诸姬曰："汝辈曾在人家，曾见主人如此否？可谓清矣。"皆曰实无有也。其间一人来自宗子家，子京曰："汝太尉遇此天气，亦复如何？"对曰："只是拥炉，命歌舞间以杂剧，引满大醉而已，如何比得内翰。"子京点头曰："也自不恶。"乃阁笔掩卷，起索酒饮，之几达晨。明日对宾客自言其事，后每燕集屡举以为笑。[九〇]

由此可见，宋代仕宦之家皆多家妓，"歌舞间以杂剧"，平日亦如宴集。

至金元，豪绅显贵家乐仍旧。金人将北宋俘获人口"分给谋克以下，十人九娼"，"甫出乐户，即登鬼录"，早多私占乐户（前引），且如元代，《续资治通鉴》仍记：

时北人酷爱江南伎艺之人，呼曰巧儿，其价甚贵。至于妇人，贵重尤甚，每一人易银二三百两。尤爱童男、童女，处处有人市，价分数等，皆南士女也。[九一]

这些江南伎艺之人，或由掳掠而来，或由"人市"转卖，仍类历代"立市"而卖，且类金代所见，仍多南宋亡国后的士女，仍多沦为"北人"家伎。

至明清，山西上党地区的明代封藩有沈王府，早有官赐的乐户，且见一些达官告老还乡时也有恩赐的家乐，直至清代仍存。依今考察，壶关县麻巷村有位杜斅，明洪武十四年（1381）召为"四辅官"，"兼太子宾客"，告老归乡时就仍带回一班家乐，直至清雍正之前仍旧，至今该县仍存后裔。襄垣县肖家垛村有位刘龙，明孝宗时官至尚书，弘治十二年（1499）告老还乡，也带回一班家乐，今也见存后裔。可见由明而清，豪绅显贵仍类前代，仍多家乐。

（五）流散民间的乐户

历代民间乐户，来源不同，散居各地，每又泛称"散乐"。与此相关，《周礼·春官·旄人》早记"旄人掌教舞散乐"，东汉郑玄早又注曰："散乐，野人为乐之善者，若今黄门倡矣。"显然，先秦"野人为乐之善者"早属"乐人""优倡"类，早类乐户，早称"散乐"。从而，随着乐籍制度的出现，就见"散乐"每可借指"民间乐户"。举如北宋陈旸《乐书》，见其"散乐下"条记："隋炀帝收周齐故乐人及天下散乐并萃乐府。"该书"剑戏·燕戏"条记同一事，却又言："（隋炀帝）从臣奏，括天下周齐梁陈乐家子弟皆为乐户。"[九二]两相对比，不但"散乐"实指民间"乐家子弟"，且见"皆为乐户"。于是，唐代"散乐"仍类秦汉角抵、百戏，仍有吞刀吐火、跳丸走索、鱼龙曼衍等,“非部伍之声,俳优歌舞杂奏”(《旧唐书》卷二九“散乐”)。又如前引,见与“散乐巡村”有关,玄宗任潞州别驾时早有“散乐一部”。玄宗“以其非正声,置教坊于禁中以处之”,早又形成一套管理民间俗乐的“轮值”制度,且见随着商业发展,类如周季南、刘采春之辈冲州撞府流动作场,早又有了“河市乐”。

由此至宋,既类五代,仍有沿唐而来的“河市乐”,仍属“散乐”,又见《东京梦华录》《梦粱录》《武林旧事》等书记载,宋代城镇更多了商业演出的勾栏瓦舍。致如南宋,既见《武林旧事·瓦子勾栏》记,杭州“或有路岐,不入勾栏,只在要闹宽阔之处作场”,又见《都城纪胜·市井》条说,杭州“执政府墙下(原注,旧名南仓前),诸色路岐人在此作场,尤为骈阗。又,皇城司马道亦然。候朝门外殿司教场,夏月亦有绝技作场。其他街市如此空隙地段,多有作场之人”。

值得注意的是,这些市井乐人,除勾栏卖艺,早又参与民间各种节日庆贺、祀神活动,不但早与赛社相关,且多各种表演。举如北宋汴京,仅《东京梦华录》所记,就见“四月八日佛生日”,“六月六崔府君生日、二十四日神保观(二郎神)生日”等,“自早呈拽百戏,如上竿、趯弄、跳索、相扑、鼓板、小唱、斗鸡、说诨话、杂扮、商谜、合笙、乔筋骨、乔相扑、浪子杂剧、叫果子、学像生、倬刀、装鬼、砑(迓)鼓、牌棒、道术之类,色色有之”,不但“构肆乐人”早见搬演《目连救母》之类“杂剧”,且见每岁十二月“即有贫者(属路岐类)三数人为一火(伙),装妇人神鬼,敲锣击鼓,巡门乞钱,俗呼为‘打夜胡’,亦驱祟之道也”〔九三〕。至南宋,都城杭州仍多“圣诞”酬神的“社会”(即民间赛社);“都城自旧岁孟冬驾回,则已有乘肩小女,鼓吹舞绾者数十队,以供贵邸豪家幕次之玩”;其“(元夕)节后,渐有大队如四国朝、傀儡、杵歌之类,日趋于盛”,“翠廉销幕,绛烛笼纱,遍呈舞队,密拥歌姬,肥管清吭,新声交奏,戏剧粉婴,鬻歌售艺者纷然而集”〔九四〕。仅两宋京都所见,已见当时散乐兴盛之一斑。

随着商业演出日盛,宋代散乐早属市肆一“行”,金元散乐时属“行院”,多流动于民间。举如元明杂剧《蓝采和》,就见仍说勾栏艺人蓝采和“你是什么好驰名的行院”;明代汤显祖的《邯郸梦》传奇,其“仙圆”一出仍说“蓝采和他是个打院本的乐户官身”。可见直至元明,散居民间的行院艺人为乐户,其人仍类先秦乐人,“身为公家所有”,为“官身”,且见隶籍官府,支官应差,随时听唤,仍类唐代“轮值”、宋代“按籍召之”,每仍“唤官身”。

另外，由于金元行院演出盛行民间，不但早也用于“祈神赛社”，且见元代“良家子弟”早也“习学散乐，般唱词话”，早又屡禁不止。见如《元史·刑法志四》，就言“诸民间子弟，不务生业，辄于城市坊镇演唱词话，教习杂戏，聚众淫谑，并禁治之”；见如《元典章》卷五七“刑部”，不但记有禁止民间赛社的相关禁令（前引），且见记有如下实例：

> 至元十一年(1274)十一月二十六日，中书兵刑部承奉中书省札付：据大司农呈河北河南道巡行劝农官申，顺天路束鹿县（今河北省辛集市）头店（镇），见人家内聚约百人，自搬词传，动乐饮酒。为此，本县官司取讫社长田秀井、田拗驴等各人招伏，不合纵令侄男等，攒钱置面戏（面具）等物。量情断罪外，本司看详：除系籍正色乐人外，其余农民市户良家子弟，若有不务正业，学习散乐，般（搬）说词话人等，并行禁约。是为长便。乞照详事都省准呈，除已札付大司农司禁约外，即依上施行。〔九五〕

由此，元代“良家子弟”早已“学习散乐”成风，又见“除系籍正色乐人外”官方早又严令禁止。而其所谓的“系籍正色乐人”为乐户，正指“行院”艺人。正因此，就见流动民间的行院每见标明“大行散乐”，言其为大型行院的散乐，既为标明其属“系籍正色乐人”，演出合法，不受“禁治”，行院又可借以宣扬其演出正统，比“良家子弟”演出更显正规。也因此，这种行院演出，金元文人仍多写及。如杜善夫《庄稼不识勾栏》、睢玄明《咏鼓》、高安道《嗓淡行院》、无名氏《拘刷行院》（又作《稍刷行院》）等散曲，虽对民间行院演出每多讥讽，从中仍可见到一些真实情状。如言当时文人“向棚阑玩俳优”，如见行院“沿村串疃走”，犹似“钻山兽”等等。从中，既见金元行院艺人为“俳优”，仍类唐宋民间乐户，多见于乐棚、勾栏，又见流动乡野，早与民间“祈神赛社”有关，早多见于乡野庙台。

从而由宋元民间庙台之多，既可旁证当时散乐演出之盛，又可由其庙台形制的变化，结合相关碑石记述等，说明其演出也在不断演进。

举如山西，今仍见有许多宋元遗存的庙台、碑石、壁画等。现将有据可考者，依其时序，举述几端：

一、今属运城市万荣县的乔上村，有座圣母庙，今仍见存宋真宗景德四年(1007)所立碑，记有“修舞亭”一事。其“舞亭”正与祀神赛社有关，正由“露台”“勾栏”发展而来。

二、今长治市沁县城关,见存北宋神宗元丰三年(1080)创建关帝庙碑,记修“舞楼一座”。更见由“亭”而“楼”,又有发展。

三、今长治市平顺县东河村,宋徽宗建中靖国元年(1101)重修“九天圣母庙”,其庙与碑皆存,见由“佾舞亭”早也“创修舞楼”一座,正可作为由“亭”而“楼”的实证。

四、今长治市长子县南鲍村的汤王庙,宋徽宗大观三年(1109)重修,其碑也存,记有“古建舞楼新修”。更说明这种舞楼时已遍见于民间。

五、今晋城市高平市王报村二郎庙,见存金大定二十三年(1183)所修的舞楼式戏台(见图),不但旧貌仍存,且见其台基仍存当年石刻,更是宋金舞楼的实证。

六、今运城市芮城县东营村,仍存金泰和三年(1203)《岳庙新修露台记》碑,正见祀神早与“露台”相关。

七、今运城河津市北寺庄有座禹王庙,其舞楼台基原有金元间的石条(今佚,民国时仍存),见刻“庆楼台,大行散乐,古弄吕怪眼、吕宣、旦色刘春、刘元”。不但正见当时“大行散乐”多在此类“楼台”表演,且见所谓“古弄”正由唐宋“弄参军”而来,为金元流行的院本。

八、元代至元八年(1271),今运城市万荣县太赵村后稷庙石碣(存),仍见刻写“创建修盖舞厅一座”。这种“舞厅”又称“乐厅”“乐亭”,既与“乐舞”有关,又类“香亭”“献殿”,位于庙内正殿之前。

九、元大德五年(1301),今运城市万荣县孤山的风伯雨师庙石柱,见刻“尧都大行散乐人张德好在此作场”(今存残块,中国艺术研究院收藏)。依记,“张德好”实属领班,既领着一班“大行散乐”,仍属“行院”艺人,又见其班出自“尧都”,不但来自“尧都平阳”,且见流动作场,早又见于周围他县。

十、元至元二十年(1283)直至治元元年(1321),今临汾市魏村三王庙(供牛王、马王、药王)曾相继修建乐亭、乐台,有刻写具体年月、施主姓名的乐台石柱,仍立于再修后的戏台之上,正见其一脉相承。

十一、元泰定元年(1324),今临汾市洪洞县广胜寺旁的“明应王殿”(供水神),见已绘成“尧都见爱大行散乐忠都秀在此作场”的大型壁画(存)。不但“忠都秀”也领着一班“大行散乐”,而且“尧都见爱”,也与平阳有关,也属当地行院散乐。

十二、元泰定五年(1328),芮城县东吕村真君庙,仍有《创修露台记》石碣,今存。

十三、元至正十四年(1354),万荣县西景村东岳庙,仍刻有修“舞厅”一事的戏台基石,今存。

以上所举,只是部分见有实物或文字的存留者。至于一些虽无确切文字却存金元构件的庙台,甚或也有碑石旁证者更多。如晋南地区(属运城、临汾两市)的翼城县武池村乔泽庙戏台、曹公村四圣宫戏台、万荣县四望村后土庙戏台,如晋东南地区(属长治、晋城两市的上党地区)沁水县郭壁村崔府君庙戏台、阳城县屯城村东岳庙戏台、泽州县冶底村天齐庙戏台等,不但今存的戏台皆类宋元“舞楼”,而且皆有相关碑石可考,尚未详列。可以说,宋元时的山西,几乎无乡无庙,无庙无台,无不与当地赛社相关。从中,既见宋元散乐活动的连续性,又见金元“大行散乐”早已遍及乡野。平阳地区(今临汾市)金元墓葬发现的戏剧砖雕,仍类宋杂剧“四人或五人”的表演形制,不但正见宋元“杂剧、院本其实一也”,且如元代“尧都见爱大行散乐忠都秀在此作场”壁画,早又突破“四人或五人”表演,正与元代民间盛行的“搬演词话”相关,正见金元“散乐”仍在民间发展。正因此,就见元代“良家子弟”早也在“习学散乐,搬演词话”,即使禁令频下,也仍屡禁不止。

到了明代,如前引,见“蒙古部落子孙流窜中国者,令所在编入户籍”,早又皆为乐户,致如南京、太原、开封等地,仍有与行院相类的“富乐院”。明成祖早又将一批建文旧臣及其家人贬为乐户,致如山西大同,不但万历时在“花籍”者尚有数千人,“流寓”北京者仍类“宋所谓路岐、散乐者”,万历时,谢肇淛在《五杂俎》中说:“今时娼妓布满天下,其大都之地动以千百计,其他穷州僻邑在在有之,终日依门卖笑卖淫为活。”于是,就见穷州僻邑仍多散乐,仍演着由宋元而来的“杂剧戏文”,仍与民间赛社相关。《大明律讲解》卷二六“杂犯”条见记:

> 凡乐人搬做杂剧戏文,不许妆扮历代帝王后妃、忠臣烈士、先圣先贤神像,违者杖一百;官民之家,容令妆扮者与同罪。其神仙道扮及义

夫节妇、孝子顺孙、劝人为善者,不在禁限。〔九六〕

正因明代"乐人搬做杂剧戏文"早已遍及"官民之家",除"妆扮"见有一些限制,仍见"劝人为善者,不在禁限",就见由宋元而来的"戏文"早也见于民间赛社。不但上党赛社早也见有相关的"出戏",且见明人王穉登《吴社编》记:

凡神所栖社,具威仪箫鼓杂戏迎之曰"会"。优伶伎乐、粉墨绮缟、角抵鱼龙之属,缤纷陆离,靡不果陈。香风花霭,迤逦日夕,翱翔去来,云屯鸟散,此则会之大略也。会有松花会、猛将会、观音会……(其余会名今略)。会所集处,富人有力者捐金谷、借乘骑、出珍异、倩妓乐……(接记有杂剧名、故事妆扮、舞队等,今略)。〔九七〕

其记的"吴社"实与吴地赛社相关,其"会"正沿宋元"赛会""社会"而来,不但其"杂戏"仍类唐宋"百戏",仍含"杂剧""舞队",且类上党赛社所见,其"妓乐"仍为"散乐"。由此可见,明代各地赛社仍盛,民间乐户仍多,属民间散乐,且如前引,仍见"穷州僻邑在在有之"。

至清,见《大清律例》卷三四仍有"凡乐人搬做杂剧戏文,不许妆扮历代帝王后妃"云云,竟与明代规定一字不差〔九八〕。这至少说明,清初仍类明代,民间散乐大体仍旧。从而如前引,随着雍正废除乐籍制度,"教坊司"改称"和声署",虽然"世业子弟仍是乐户",却见已称"鼓手"。如山西上党地区,民间乐户剧增,一些走投无路的"良家子弟"仍可买卖变为乐户,乐户也称"官鼓手",且多了与其相类的"小鼓手""红衣行""八音会"艺人。这些艺人仍类先秦"野人为乐之善者",仍都属于"散乐"。

由以上分类梳理,大致可以看出,各类乐户的历史延续。

需要说明的是,历代乐户并未有过严格的类别。见如前引,宫廷乐人也多来自民间,民间乐户也有从宫廷官府溢出者,官妓也可私赠,私妓也可入官;即使民间乐户,仍由官府管理,属"官身",要按照要求"支官"。凡此种种,千丝万缕,千差万别,当然不是简单分类可以明晰的。

【注释】

〔一〕《魏书·食货志》,版同前,2850—2851页。

〔二〕《隋书·音乐志》,中华书局,1977年版,331页。

〔三〕《隋书·裴组传》,版同前,1574—1577页。

〔四〕《北史·万宝常传》,中华书局,1974年版,2982—2983页。另外,《隋书》(版同前)

亦载其传,1785—1786 页。

〔五〕《大唐新语》,中华书局,1984 年版,18—19 页。《新唐书·李纲传》亦载,中华书局,1975 年版,3908—3909 页。《资治通鉴》亦记。

〔六〕《唐会要·杂录》卷三四,中华书局,1955 年版,263—264 页。另见于《唐大诏令集》卷八一“礼乐”第一条,中华书局,2008 年版,亦记有“太常乐人蠲除一同民例诏”。

〔七〕《唐律疏议》卷三,中华书局,1983 年版,57 页。

〔八〕《唐会要》卷三三“清乐”,中华书局,1955 年版,611 页。

〔九〕《新唐书·礼乐志》,中华书局,1975 年版,477 页。

〔一〇〕《唐律疏议·户婚·杂户不得娶良人》,版同前,卷一四。

〔一一〕《新唐书·百官志》,版同前,1200 页。

〔一二〕《新唐书·百官志》,版同前,1243 页。

〔一三〕《新唐书·百官志》,版同前,1244 页。

〔一四〕《唐会要》卷三四,中华书局,1955 年版,631 页。

〔一五〕《演繁露》卷六“乐营将弟子”条,见四库本,版同前,13 页。另见于《辞海》“乐营将”条,上海辞书出版社,1979 年版,181 页。

〔一六〕《唐会要》,版同前,629 页。

〔一七〕详参《唐戏弄》第六章“剧场”,任半塘著,上海古籍出版社,1984 年版,961—985 页。

〔一八〕转引于《唐戏弄》,版同前,1016 页。

〔一九〕《北梦琐言》,中华书局,2002 年版,144—145 页。

〔二〇〕《北梦琐言》,版同前,332—333 页。

〔二一〕《宋史·乐志》,中华书局,1974 年版,2940、3347—3348、3358、3359、3360、3361 页。

〔二二〕《乐书·东西班》,《四库全书》(台湾版),二一一册,849 页。

〔二三〕《骨董琐记》卷四,中国书店出版社,1991 年版,125 页。

〔二四〕《梦粱录》“瓦舍”条,见于《东京梦华录·外四种》本,中华书局,1962 年版,298 页。

〔二五〕《乐书·百戏上》,《四库全书》(台湾版),二一一册,836 页。

〔二六〕《东京梦华录·外四种》,版同前,53 页。

〔二七〕《东京梦华录·外四种》,版同前,29—30 页。

〔二八〕转引于朱瑞熙等著《辽宋西夏金社会生活史》,中国社会科学出版社,1998 年版,265 页。原出洪巽《旸谷漫录》、陈郁《藏一话腴》。

〔二九〕见《西湖老人繁胜录》“瓦舍”条、《梦粱录》“小说讲经史”条,载于《东京梦华录·

外四种》本，版同前，123、313 页。

〔三〇〕转引《辽宋西夏金社会生活史》，版同前，107 页。

〔三一〕《云麓漫钞》卷四，中华书局，1996 年版，57 页。

〔三二〕《宋史・乐志》，版同前，3029、3030、3345、3359 页。

〔三三〕《朝野类要》卷一"教坊"条，转引于杨荫浏《中国古代音乐史稿》，人民音乐出版社，1996 年版，414 页。

〔三四〕转引于《辽宋西夏金社会生活史》，版同前，107 页。

〔三五〕转引于《唐戏弄》下册，版同前，1305 页。另见《社会科学战线》1983 年第二期，蒋星煜《辽兴宗为后妃演戏而伴奏》一文。

〔三六〕元好问《中州集》，中华书局，1959 年版，100 页。

〔三七〕见《靖康稗史笺证》所收的《南征录汇》，中华书局，1988 年版，199 页。

〔三八〕《辽宋西夏金社会生活史》，版同前，129 页。

〔三九〕《南村辍耕录》"奴婢"条，中华书局，1997 年版，208 页。

〔四〇〕《元史・礼乐二・制乐始末》，中华书局，1976 年版，1691—1699 页。

〔四一〕《续资治通鉴》，中华书局，1986 年版，4981、5095 页。

〔四二〕《雍熙乐府》卷五《复落娼》，商务印书馆，民国十九年影印本，50、51 页。

〔四三〕陈开俊等译《马可・波罗游记》，福建科学技术出版社，1981 年版，97 页。另，参见陶慕宁《青楼文学与中国文化》，东方出版社，1995 年版，114—115 页。

〔四四〕《中国古典戏曲论著集成》所收《青楼集》，中国戏剧出版社，1982 年版，7 页。

〔四五〕王季思主编《全元戏曲》第一卷《金线池》，人民文学出版社，1990 年版，122 页。

〔四六〕《续资治通鉴》，版同前，4605—4807 页。

〔四七〕钱南扬《永乐大典戏文三种校注》，中华书局，1979 年版，1 页。

〔四八〕转引陶慕宁《青楼文学与中国文化》，版同前，112 页。

〔四九〕《全元戏曲》第一卷，版同前，1 页。

〔五〇〕《东京梦华录・外四种》，版同前，91 页。

〔五一〕《东京梦华录・外四种》，版同前，238—239 页。

〔五二〕《四库全书》所收王恽《秋涧集》，版同前，四〇一册，256 页。

〔五三〕《明史・职官三》，中华书局，1974 年版，1818 页。

〔五四〕明沈德符《万历野获编》卷一四"教坊官"，中华书局，1959 年版，367 页。

〔五五〕余怀《板桥杂记》上卷"雅游"，商务印书馆，1955 年《丛书集成初编》补印本，1 页。

〔五六〕清宣统《香艳丛书》第二集卷一，所收《三风十愆记・记荒色》，1 页。

〔五七〕转引王书奴《中国娼妓史》，上海书店出版社，1992 年版，194 页。

〔五八〕《池北偶谈》卷一二，中华书局，1982 年版，287—288 页。

〔五九〕《明史·刑法二》,版同前,2321页。

〔六〇〕《癸巳类稿》卷一二,台北世界书局,1970年版,《读书札记丛刊》第一集四册,485—486页。

〔六一〕转引《中国戏曲志·山西卷》,文化艺术出版社,1991年版,140页。

〔六二〕《万历野获编》卷二四"口外四绝"条,版同前,612页。

〔六三〕《(清)续文献通考》卷一〇四"乐考·历代乐制",商务印书馆,1936年版,3719页。

〔六四〕《(清)续文献通考》卷一〇四"乐考·历代乐制",商务印书馆,1936年版,3721页。

〔六五〕《明史·乐一》,版同前,1509页。

〔六六〕《(清)续文献通考》卷一〇四"乐考·历代乐制",商务印书馆,1936年版,3723页。

〔六七〕见《万历野获编》中"武宗游幸之始""伶官干政""士人无赖""武宗诸嬖""主上外嬖""教坊官一品服"等条所记,版同前,29、33、541、543—545页。

〔六八〕《说郛三种》所收《猥谈》,上海古籍出版社,1988年影印版,2100页。

〔六九〕《五杂俎·人部四》,台北伟文图书出版社,1977年版,199页。

〔七〇〕《蒲州府志》卷二四"识余",清乾隆版,94页。

〔七一〕《万历野获编》,版同前,459—460页。

〔七二〕《癸巳类稿》卷一二,版同前,475页。

〔七三〕《隰州志》卷一四"风俗",清康熙四十九年刊本,1982年重排铅印本,90页。

〔七四〕《皇朝(清)文献通考》卷一九"户口考一",商务印书馆,1936年版,419页。

〔七五〕《皇朝(清)文献通考》卷一九"户口考一",商务印书馆,1936年版,6375页。

〔七六〕《皇朝(清)文献通考》卷一九"户口考一",商务印书馆,1936年版,419页。

〔七七〕《教坊记》,见《中国古典戏曲论著集成》(版同前),一册,11页。

〔七八〕《乐府杂录》,见《中国古典戏曲论著集成》(版同前),一册,46页。

〔七九〕见《因话录》,转引于《唐戏弄》(版同前),上册,395页。

〔八〇〕宋陈旸《乐书·教坊乐》,《四库全书》(台湾版),二一一册,849页。

〔八一〕《清文献通考》,版同前,818页。

〔八二〕陈旸《乐府·东西班》,《四库全书》(版同前),二一一册,849页。

〔八三〕陈旸《乐府·东西班》,《四库全书》(版同前),二一一册,848页。

〔八四〕《宋史·乐志》卷一四二,版同前,3360、3361页。

〔八五〕《东京梦华录·外四种》,版同前,35、40、42、58、61页。

〔八六〕《明皇杂录·唐玄宗大酺》,中华书局,1994年版,26页。

〔八七〕《明史·诸王三》,中华书局,1974 年版,卷一一八。

〔八八〕《(清)续文献通考》卷一〇四,商务印书馆,1936 年版,3719、3721 页。

〔八九〕转引于唐文标《中国古代戏剧史》,中国戏剧出版社,1985 年版,121 页。

〔九〇〕引自《四库全书》(版同前)所载《曲洧旧闻》卷六。

〔九一〕《续资治通鉴》卷一九一,版同前,5213 页。

〔九二〕陈旸《乐书》,引自《四库全书》,版同前,二一一册,835、837 页。

〔九三〕《东京梦华录·外四种》,版同前,47、48、49、52—55、61、62 页。

〔九四〕《东京梦华录·外四种》,版同前,348—350、369—371 页。

〔九五〕转引于王晓传辑录《元明清三代禁毁小说戏曲史料》,作家出版社,1958 年版,3、4 页。

〔九六〕转引于王晓传辑录《元明清三代禁毁小说戏曲史料》,版同前,10 页。

〔九七〕转引于《说郛三种》续卷二八,版同前。

〔九八〕转引于王晓传辑录《元明清三代禁毁小说戏曲史料》,版同前,16 页。

第三节　山西历代乐户概况

之所以将山西乐户再作考述,原因有三:一者,山西乐户自北魏以来历代不绝,直至清末民国,遗存乐户仍多,具有代表性。再者,山西赛社史料较丰,正与乐户相关,正可印证乐籍制度的历史延续。其三,上党赛社正是本书考察研究的重点,对其乐户历史的再梳理,正可揭示其与赛社相关的文化内涵。

山西作为黄河文明的重要发祥地,表里山河,位置特殊。不但与古都长安(西安)、洛阳、开封、北京相近,山川险要,为其屏障,历代属于兵家必争之地,且与边地民族为邻,早因异族入侵历经战乱,早多贬入乐籍者。就如北魏,初都大同,不但景明初年已见"河东郡杨风等七百五十人列称乐户"(前引),且见太平真君九年(448)"诛潞(上党)叛民二千余家","徒西河、离石民五千余家于京师(大同)"(《魏书》卷四),多按"刑罚"贬为乐户。如北齐,相继弄权的高欢父子以太原为其龙兴之地,即使后来立都邺城,仍以太原为离宫。北齐后主高纬出生并州,在太原起有"十二院","广召杂伎","士庶从役,只为徘优角抵",好"胡戎乐”，队舞歌舞时“必在俳儿之首”，时人呼其“郭公”。且见“大面（面具表演）出自北齐”，民间时已盛行歌舞戏《踏摇娘》。从而如前引，北齐时“宝常被配为乐户”，至隋仍在宫廷。隋炀帝类北齐后主高纬所为，“奏括天下周齐梁陈乐家子弟皆为乐户”。至隋炀帝封晋王，太原仍有离宫，隋末李渊由此起兵，仍有“舞胡安叱奴”之辈效命疆场。可见由北魏直至隋末，山西乐户仍多。

由此至唐，《新唐书·礼乐十二》记，“贞观中，将军侯贵昌，并州人，世传北歌，诏隶太乐”。《旧唐书》更记：

（玄宗）开元初，以问乐工孙元忠。云自高祖以来，代传其业。元忠之宜，受业于侯将军，名贵昌，并州人也，亦世习北歌。元忠之家世相传如此，虽译者不能通其辞。盖年岁久远，失其真矣。〔一〕

《新唐书·礼乐十二》言，“后魏乐府初有北歌”，“都代时命宫人朝夕歌之”，“至唐存者五十三章，而名可解者六章而已”。唐代，山西仍多乐户，且“家世相传”，“世习北歌”，仍类北魏，多有“胡戎乐”，“舞胡安叱奴”之类。

唐代山西乐户之多，既有北魏以来的旧人，又有新的“反逆相坐”者。因属“龙兴之地”，更多了显贵所用的乐户。与此相关，唐封太原为北都，与长安、洛阳并称三都，其乐户如“侯贵昌”“孙元忠”辈早也见于京都。武则天祖籍并州，神龙二年（706）三月，并州清源县尉吕元泰上疏曰：

比见方邑城市，相率为“浑脱队”，骏马胡服名曰“苏莫遮”……胡服相效，非雅乐也；“浑脱”为号，非美名也。安可以礼义之朝，法戎夷之俗；军队之势，列庭阙之下……〔二〕

就是说，并州一带仍多“浑脱队”之类，为“胡戎乐”，且见“礼义之朝”“列庭阙之下”，也仍见于宫廷，正见唐《教坊记》所记的“醉浑脱”“苏莫遮”曲名所由。何况，玄宗任潞州别驾时早有“散乐一部”，《长治县志·杂志》记曰：

明皇在潞州。襄城（属河南省）张暐为铜鞮（今长治市沁县）令，性豪殖，喜宾客弋猎事，厚奉明皇，数集其家。山东倡人赵元礼，有女善歌舞，得幸明皇，止第暐。其后生子瑛（太子）者也……〔三〕

而其所记，正与《新唐书》一致。按《新唐书》言，张暐等人随玄宗入京，成了“定韦后之难”功臣；赵元礼之女被封为“赵丽妃”，其父兄“皆美官”。《新唐书·礼乐十二》言，“玄宗为平王，有散乐一部，定韦后之难，颇有预谋者。及即位，命宁王主籓邸乐，以亢太常，分两朋以角优劣。置内教坊于蓬莱宫侧，居新声、散乐、倡优之伎”,正与其别立教坊有关。

正因此,玄宗时的“教坊”仍有来自山西的侯贵昌、孙元忠之辈,且见山西仍多乐户,仍与“教坊”乐舞相通相关。为见其实,今举浮山县“庆唐观”一例。《浮山县志》记:

唐武德二年二月,老子见于大树下……谓里民吉善行曰:“吾,唐皇帝之远祖也。”言讫不见。遂诣长安奏闻,命左亲卫杜昂于羊角山致祭。老子再现,复命有司于其地建祠。改羊角山为龙角山,并改浮山县为神山县。开元十四年,诏改“庆唐观”,御书额及碑文赐之。命高力士重修前老君殿,次三清殿,又次三皇殿……

并有“附录”言:

唐高宗自以李氏老子之后,命乐工制“道调”。(玄宗)诏道士司马承徽制《元(玄)真道曲》,茅山道士李会元制《大罗天曲》,工部侍郎贺知章制《紫清上圣道曲》,以合奏于庆唐观。及(长安)太清宫成,太常卿韦縚制《景云》《九真》《紫极》《小长寿》《承天》《顺天乐》六曲,亦偕奏焉。〔四〕

其“附录”内容,《新唐书·礼乐十二》也正有记,见言“帝(玄宗)方浸喜神仙之事,诏道士司马承徽制《玄真道曲》,茅山道士李会元制《大罗天曲》,工部侍郎贺知章制《紫清上圣道曲》。及太清宫成,太常卿韦縚制《景云》《九真》《紫极》《小长寿》《承天》《顺天乐》六曲”,其中虽无“以合奏于庆唐观”“亦偕奏焉”等语,却言这些“道调”属于“法曲”,时由玄宗亲教“梨园”。

从而,唐皇早尊老子为“远祖”,早在浮山县为其建庙;玄宗时,其庙改称“庆唐观”,已类长安“太清宫”祭祀老子,所用“道调”已属“法曲”;玄宗天宝三载(744)《庆唐观金箓斋颂碑》记,“三月表辰,八月降诞,每至是日,展法于斯”,其“法”早类玄宗“庆寿”之制,且如前引,与浮山县相近的闻喜县时有“太平乐府教坊”,俗称“梨园”,正与“庆唐观”祭祀老子有关。为何将此梨园设在闻喜?因唐初李世民在这一带大破敌军,早有了“老子见于大树下”一说,又与兴唐有功的裴寂早封闻喜县公有关,见唐代闻喜的裴氏家族正多将相,正也应用方便。与此相关,元宪宗九年(1259),在闻喜梨园旧址又建兴真观,仍为祭祀老子,且见时立的《兴真观记》碑言:

梨园太平乐府,李唐之教坊也。……英王(唐中宗封名)避暑台,矗矗乎其后；裴相（唐代裴耀卿、裴度皆为相）读书堂，峨峨乎其前。朝移代革，仿佛七百余年矣。苔飞□（残）栋，芜没颓垣，化为民居。其居民之贤者，聚席而谋之曰：此一规地，古帝王练习歌舞之离宫也……（以下言建观事，略）[五]

由此可见，唐代闻喜确有“梨园”，为“教坊”，与“庆唐观”祭祀相关；“古帝王练习歌舞之离宫”，唐中宗也曾避暑于此；“裴相”也曾在此设有读书堂，正也方便应用。

而按《浮山县志》（同前）记，由唐而宋，“庆唐观”也仍崇祀有加。宋真宗大中祥符七年（1014），“遣宰相王旦奉玉册玉宝”，为老子再加封号，再修老君殿、三清殿、三皇殿等。宋仁宗天圣五年（1027），诏令“庆唐观”改称“天圣宫”，再加扩建。何况，宋徽宗自称“教主道君”，其“大晟”礼乐早也用于民间祭祀，故见虽经金元战火，闻喜仍存梨园遗迹，元代所建的“兴真观”仍类“庆唐观”，有祭祀活动。

从而由“庆唐观”一例，已见由唐宋而金元山西赛社之一斑。

何况如前述，由唐宋而金元，民间早多此类庙祭，唐称“赛神”，宋称“赛社”，早已广泛传播于民间，与乐户相关。如山西上党等地，清末民国仍有赛社遗存，其伎乐表演与乐户相关。

对此，从有关史籍记述，也可旁证。

就如唐代神山县（浮山县）所属的晋州（今临汾市），古称平阳。依史，“尧都平阳”，当地早有音乐歌舞；汉代平阳“卫子夫”善歌，得宠于汉武帝而封皇后；唐代李渊之女嫁平阳人柴绍，时称“平阳公主”。唐诗早又称颂平阳歌舞，如王昌龄《春宫曲》诗云“平阳歌舞新承宠”，如孟浩然《美人分香》诗云“舞学平阳态”。白居易《寄明州于驸马使君三绝句》（《全唐诗》卷四五五）诗云：

有花有酒有笙歌，其奈难逢亲故何。
近海饶风春足雨，白须太守闷时多。（之一）
平阳音乐随都尉，留滞三年在浙东。
吴越声邪无法曲，莫教偷入管弦中。（之二）
何郎小妓歌喉好，严老呼为一串珠。
海味咸腥损失气，听看犹得断肠无。（之三）

白诗所写的“于驸马”即于季友，唐宪宗时尚永昌公主，拜驸马都尉，曾任明州刺史，历穆宗、敬宗，至文宗大和时仍在任。与此诗相关，见白居易祖籍山西太原，生于河南新郑，宪宗元和时正在朝中任职，与于驸马相识。穆宗长庆二年（822），白居易外放，先后任过杭州、苏州刺史，直至文宗大和元年（827）才又回京。由此判断，该诗当是白居易外放时写于“近海”的杭州任上。白居易自称“白须太守”“难逢亲故”“闷时多”，可能与同在“浙东”的于驸马交往；白居易祖籍山西，遇到“平阳音乐”正宜视如“亲故”；其所言的“法曲”，早也用于“庆唐观”祭祀，不但出自教坊，早宜见于闻喜县的“太平乐府梨园”，且与“平阳歌舞新承宠”“舞学平阳态”相关，正见“平阳音乐”早与宫廷相通。

又如唐代蒲州（今山西永济市），位于黄河边，时置河中府，正在长安、平阳之间，见玄宗宠爱的“黄幡绰”为“河中府”人。因隔河即同州（今陕西大荔县），南宋王灼《碧鸡漫志》卷三先引北宋《嘉祐杂志》云“同州乐工，翻河中黄幡绰《霓裳谱》”，又引北宋《笔谈》（《梦溪笔谈》）云“蒲中（永济市）逍遥楼楣上有唐人横书，类梵字，相传是《霓裳谱》”。所言《霓裳》即《霓裳羽衣》歌舞，唐代早多相关记述，早与玄宗相关，唐《教坊记》早记其属“法曲”，白居易早也作有《卧听法曲〈霓裳〉》诗，正见于“太平乐府梨园”，且见其“舞”曾由玄宗宠妃杨玉环表演，正演“仙家”故事，正宜用于“庆唐观”祭祀老子。

再如唐代潞州（上党地区），玄宗任潞州别驾早有“散乐一部”（前引）；“民间以帝（玄宗）自潞州还京师”，又制《还京乐》（《新唐书·礼乐》十二）；“安史之乱”以后，王虔休节制潞州时，“尝得太常乐家刘玠，撰《继天延圣乐》”献于德宗，改称《中和乐》（《新唐书·王虔休传》）。由此，潞州散乐早与宫廷歌舞相关。又如前引，至今上党赛社藏本仍记着由《霓裳》而来的“队舞”，仍记着涉及唐玄宗、杨玉环、黄幡绰的讲唱之词。

正基于此，山西类如“庆唐观”早多神庙，各庙春祈秋报类如祭祀老子，早属“赛神”。仅《山右石刻丛编》所录碑文，唐大历十一年（776）娘子关《妒神颂》碑就记，“春祈秋赛，庶乎年登”；又如乾宁元年（894）潞州壶关县《乐氏二女（二仙）父母墓碑》，见言“乐女二神”“庙立兹川”，“岁俭求之即丰，时旱求之即雨”，早也“名传九府，声播三京”，不但该庙见类“庆唐观”，且言二仙父母“重葬”类如“春祈”，“仕庶相从”，“排比威仪”，仍类娘子关《妒神颂》碑所记。显然，春祈秋报时已遍及山西乡野，既类“庆唐观”所为，早属“赛神”，又类“李唐之教坊”所见，正可旁证唐代山西乐户之多。

至五代，后唐、后晋、后汉、后周的开国皇帝均由山西发迹，视山西为其龙兴之地，山西乐户仍多。后唐庄宗，“好俳优，又知音，能度曲”，“汾晋之俗往往能效其声”，其所宠的敬新磨仍是“河东人”。后晋开国皇帝石敬瑭，立国太原，向契丹称臣割“燕云十六州”，且向契丹献了一批乐妓，辽宫始有散乐。再如北汉，都太原，宋太宗灭北汉掠其乐妓以赐将校，且见“执艺之精”入宫者，由“太原得十九人”。至于民间，闻喜县在唐代早有“李唐之教坊”，且见后周显德五年（958），该县《董池圣母庙碑》仍记：“笙竽不歇，鼓瑟长擂。”（《山右石刻丛编》卷十）由此可见，五代山西妓乐仍盛，乐户仍多。

至宋代，举如“孔三传”，“熙丰元祐间……泽州孔三传者，首创诸宫调古传，士大夫皆能诵之”（《碧鸡漫志》卷二），徽宗“崇、观”（崇宁至大观）时其仍在“京瓦”（《东京梦华录》卷五），仍“编撰传奇、灵怪，八（入）曲说唱”（《都城纪胜·瓦舍众伎》）。“孔三传”来自山西泽州，其“首创诸宫调”正受毗邻的平阳音乐影响，且如前引，这种“首创”正基于当地艺人的不断创造，正与元杂剧兴起相关。

类此首创，上党地区（含泽州、潞州）早又创起舞楼，比之勾栏、露台、舞亭、乐厅已有改进（前引），且见用于赛社，其“乐”早又流行“缠令”，至今上党赛社存本仍记。而依宋人笔记言，“缠令”正由宋代民间“吟叫”野唱发展而来，属令曲，早可用于说唱。且见两曲如“缠”，时称“缠达”，早类套曲而用，正与诸宫调相关，正见孔三传“首创”出自民间。说白了，孔三传只是山西诸多艺人的杰出代表，包括与泽州相邻的平阳等地，早也有了缠令、缠达、诸宫调。

或因此，金代唯存的《西厢记诸宫调》《刘知远诸宫调》皆出自山西，其作者、版本皆与平阳有关，且见由诸宫调而来的元杂剧，其作家早多平阳人。

这又说明，由两宋直至金元，山西乐户仍多，其伎乐仍在发展。

对此，还可再加旁证。举如《靖康稗史笺证》（含宋金编著七种，即宋人钟邦直《宣和乙巳奉使金国行程录》，宋无名氏《瓮中人语》《开封府状》《呻吟语》，金李天民《南征录汇》、王成棣《青宫译语》、无名氏《宋俘记》，今由崔文印笺证），其中《呻吟语》引《燕人尘》说，金“天会时，掠致宋国男妇不下二十万”，又引随徽、钦二帝北去的司马朴语，言“帝自四月朔，（由汴京门外）青城起程……初四日入郑州……初十日由巩县渡河……五月十四日次代州……六月初二日抵云中（大同）……初五日复自云中起程。七月初九日抵燕山”。其中《南征录汇》引《秘钞》说，金天会五年（即靖康二年，1127）“四月一日，国相退师，分作五起……

从河东路出发”。其中《宋俘记》说,“北行之际,分道分期,逮至燕云,男十存四,妇十存七”〔六〕。综上所记,既见徽宗、钦宗等众“分道分期”都从汴京出发,都曾“北行”“渡河”经过河东路,大体都沿太行山两侧北上,至燕山会合,才又再迁上京(黑龙江阿城)。“逮至燕云,男十存四,妇十存七”,沿途多逃亡,流落山西者,其中正多宫廷乐人。且如前引,即使其他逃亡者,在“猛安谋克”制下,早也多成乐户。

举如金章宗的元妃李师儿,《金史》卷六四“后妃下”记,“其家有罪,没入宫籍监。父湘,母王盼儿,皆微贱”,其随之籍没入宫,受宠为妃,章宗死后“赐自尽”,其母“正典刑”,其兄喜儿、其弟铁哥“复系监籍”。与此相关,《山西通志》(光绪版)更记,“旧志,泽州有章宗元妃李氏墓”,或其原是泽州人。从而,既见其类后唐庄宗的“刘皇后”,也“赐自尽”,又见其全家仍类“宋俘”,“甫出乐户,即登鬼录”。贵如李元妃一家尚且如此,金代乐籍之滥,山西乐户仍多。从而如前引,金皇统二年(1142)立于忻州城南独担山的《灵显王庙碑》仍记:“每岁春秋二时,开筵设席,命倡优之妙者,奏钟鼓笙篁之音。”潞州长子县上坊村立于金天德三年(1151)的《成汤庙碑》仍记:“祭祀祈赛,殆无虚日。”长子县紫云山《灵贶庙记碑》见记:“灵贶之庙,在在有之。或未庙者请神行马,大兴供献,仪仗法物,僭拟王者;百戏伎乐,所费不赀。官司莫之禁,习以为常。”

与此相关,忻州繁峙县今存的岩山寺金代壁画,仍绘有酒楼卖唱的乐人。长子县南邻的高平,其西李门村二仙庙仍存金代露台和乐舞石刻,其王报村二郎庙仍存金大定二十三年(1183)建造的祀神乐台。与上党相邻的平阳地区,今更发现了诸多金墓伎乐砖雕。这些也都旁证着金代山西伎乐之盛,乐户之多。

至蒙元,见山西又成其最先占据的军事重地,早又多了一批籍没为奴的乐户。仍以平阳为例,旁临汾河(今称临汾),随着唐宋兴起“河市”,当地商贸发达,人文荟萃,金代设刻书局,流行平水版、平水韵,由平阳刊印的《刘知远诸宫调》《西厢记诸宫调》至今仍存,且见元太宗八年(1236)仍立经籍所于平阳,仍与燕京同属文化中心,仍有乐伎聚居的燕尔巷。对此,墨遗萍先生所作的《蒲剧史魂》有如下考述:

燕尔巷,在临汾城内西北角,莲花池处,好大一片,早成荒墟。俗多诬之为“王八坑”,实则金元“散乐大行院”之所在也。旦色“大行首”先后有刘春秀、刘元、忠都秀,皆其名者。据河津北寺庄于金元时建的禹庙，其“舞楼”台基刻有“庆楼台，大行散乐，古弄吕怪眼、吕宣，旦色刘春秀、刘元”的石条；据万泉（今按，万泉县与荣河县合并，今称万荣县）柏林庙，大德五年（记）“尧都大行散乐人张德好在此作场”，且还（记）有“三月清明施钞十贯”的石柱；据洪洞（县）广胜寺，有元泰定元年（1324）“尧都见爱大行散乐忠都秀在此作场”的壁画；据《青楼集》，有元路岐“平阳奴、姓徐氏，一目眇，四体文绣，精于绿林杂剧……驰名金陵”的记述。此皆“进了燕乐巷，吹弹又歌唱”的传说之内容，亦即元人郭嗣兴《咏临晋》（今按，临晋、猗氏今合并，称临猗县）“士庶薄文章”“歌舞盛优倡”的当时之实况。〔七〕

文中所举的金元实物，除河津北寺庄石条今佚，余皆存，正与所记相合。其中每见的“大行散乐”，即“大型行院”所属的“散乐”，故见墨遗萍又称“散乐大行院”；由于“尧都见爱”，流动作场，致如“平阳奴”早又流于外省，正见平阳乐妓之盛；由元代文人所言的“士庶薄文章”“歌舞盛优倡”，正见当时文人地位卑贱如优倡，正如关汉卿所言，正与平阳兴起元杂剧有关。

正因此，既见元钟嗣成《录鬼簿》所记的元剧知名作家，如石君宝、于伯渊，赵公辅、狄君厚、孔文卿、郑光祖、李行甫等，皆出自平阳地区，又见王国维《宋元戏曲考》言：“元初除大都外，此为文化最盛之地，宜杂剧家之多也。”

其中，甚至包括关汉卿。依史，其籍贯历有大都说（《录鬼簿》）、河北祁州说（《祁州志》）、山西解州说（《元史类编》卷三六）。对此，赵景深、张增元合编的《方志著录元明清曲家传略》（中华书局 1987 年版），汇考史志，言其实属解州人。出生于运城地区河津的墨遗萍先生，从方言入手，既举关汉卿作品“晋南之土音极多”，力主解州人一说，又举晋南“老学究传留的佳话”，认为关汉卿正与平阳大行院有关〔八〕。若此，关汉卿出生解州，寓居平阳，正与“士庶薄文章”“歌舞盛优倡”世风有关，不但早与平阳“燕尔巷”优倡有染，且类石君宝等人，早也属平阳杂剧家。从而如前引，即使其执医为业，曾隶于宣徽院，早也与乐户为伍；即使其属“儒士”“才人”，又曾寓居祁州、大都，也类元初流寓东平的文人、燕京儒户，或贬为奴，或又籍没而为乐户。或正因此，就见其“偶倡优而不辞”，也属“贱之者”。

何况，元代山西乐伎之盛，并不限于平阳一区。《录鬼簿》所记的元杂剧作家，如李寿卿、乔吉甫、刘唐卿皆属“太原人”，且见仍有遍及乡野的“散乐”。见如上党地区，元延祐七年(1320)立于长治县《亚岳庙外门记》碑就言："其事神也……巫觋优乐杂然而前。祷谢日丰，乖礼越分，鄙俗相传，不以为过。"〔九〕不但其"事神"正沿唐宋"赛神""赛社"而来，其"优乐"仍含唐宋大曲、宋金杂剧、金元院本，且见山西各地类此，今存的金元庙台仍多，属全国之最。这些也都旁证着当时山西伎乐之盛、乐户之多。

至明代，不但如前引，类如籍没"元代功臣之后"，明成祖早又将一批建文忠臣子女籍没，"多发山西为乐户"，且见《万历野获编》仍记：

> 今上(神宗)癸未、甲申间(1583—1584，属万历时)，籍没故相张江陵(张居正，江陵人)……江陵长子敬修为礼部侍郎者，不胜拷掠，自经死。其妇女自赵太夫人而下，始出宅门时，监搜者至揣及亵衣脐腹以下，如金人靖康间搜官掖事。其婴稚皆扃钥之，悉见啖于饥犬。〔一〇〕

其惨状一如金代所见，"籍没"仍类明成祖所为，且见其家属子女也仍贬为乐户，发往山西。以至近年考察发现，河津仍存张姓乐户后裔，"至今还供奉着张居正神位"。

正因明代籍没不绝，多又发往山西，就见山西乐户尤多。举如晋北，既见明代早有"京城(南京)官绅被贬为乐户，逐于五台"，又见万历时大同的代简王"所蓄乐户较他藩多数倍"，不计流溢北京者，仍有2000余人。举如太原，既见封藩于此的晋王也有例赐的乐户，又见类如南京，早也有了"富乐院"，武宗正德年间早又"纳晋府乐工杨腾妻"。见于上党地区，不但封藩潞州的沈王也有例赐乐户，且见一些显贵早又从京城带回一批家乐，如壶关县杜斅，见朱元璋召为四辅官，告老还乡时早赐有一班家乐；如襄垣县刘龙，孝宗时官至尚书，弘治十二年(1499)告老还乡时亦带回一班家乐。见于晋南地区(今临汾、运城两市)，既有类如张居正一家贬为乐户者，又见"蒲当明时，乐户并聚居(蒲州)东城门外关厢间"，类如江浙丐户，群聚一隅，卖笑卖身。这些遍及山西各地的乐户，不但也仍供役官府、卖笑宦家、行艺酒楼歌馆，且多见于民间赛社。举如洪洞县广胜寺旁的水神庙，不但元代"大行散乐"早见在此作场，且见明万历四十八年(1620)所立的《水神庙祭典文》碑(今存)仍有如下记述(摘引)：

> 每月初一日一祭……男乐四名，银一钱六分……
>
> 清明、端午、六月、九月四节令……八月十五日已有公祭
>
> 三月十八日(水神明应王)圣诞……吹手四名，口饭工钱银二钱四

分；享赛男女乐二十人，银三两。

辛霍峪龙王四月十五日圣诞……乐户杂剧，银二钱。

八月十五日（中秋）……乐人四名，银二钱四分。

以至规定：

乐户享赛，已有公费（官府承办），不许照旧绰收秋夏（办赛粮银）。其乐妇止供妆扮（承应歌舞），不许寅夜入庙亵神。

由此，该庙每月皆要祭神，皆要用乐，水神明应王“圣诞”规模更大，用乐更多。这种“圣诞”祀神，沿宋代而来，为民间赛社；见明代仍用“乐户享赛”，有“乐妇”，所演为“乐户杂剧”，仍有女乐装扮的歌舞。女乐“不许寅夜入庙”，正类上党赛社所见。依上党考察，不但夜晚演有金元院本，正类河津禹庙“庆楼台”所见的“古弄”，正由唐宋“弄参军”（参军戏）而来，且类宋代勾栏的“猜谜”“诨话”，多又涉及两性说些脏话，不宜妇女观看，每晚演出先要清场，禁止妇女入庙，正与女乐“不许寅夜入庙”相关。由此正见，明代山西赛社仍沿宋代“圣诞酬神”之规，既有官办的大赛，又有村社自办的小赛，也用乐户，其开支早又“照旧绰收秋夏”，且如前引。明代山西乐户早又“赴京应役”，“京师内外不隶三院者，大抵皆大同籍中溢出流寓，宋所谓路岐、散乐者是也”。显然明代山西乐户仍多，仍要支应官差。

正因此，清雍正废除乐籍制度时，诏令特别提到“山西之乐户”。按此，至少山西“除籍”应较彻底。然而如前述，名去实存。尤其乡野山村，多数乐户仍执旧业，为贱民，也仍称其“乐户”“龟家”。

举如晋北，定襄县有个樊先瀛，乾隆庚子科中举，曾向皇帝上有《保泰条目疏》，其第八十六条说：

乐户中有种最下人，其所生子女并不出嫁，使习妓乐，以养其父母。甚至买良家子女，使为妓接客。地方官姑之勿论，谓其由来已久，而吏役及地方土棍又多为护符，时作引线，致富贵子弟败丧身家。此风俗之大害也。令设乡官，查其乡中。如旧有无良无耻乐户，则举其所生女及买养者，逐名禀官，勒令从良；责惩乐户，永为禁止。[一一]

显然，晋北乐户仍然如旧，仍含“所生子女”，仍有“良家子女”，仍见“为妓接客”。如前引，直至民国，晋北仍有乐户组班行艺，不但仍类宋元女乐坐“乐床”，仍见“坐台子”“压板凳”，且如定襄县史家班、五台县褚家班、大同县赵家班、朔县刘家班、应县侯家班、宁武县彭家班、岢岚县蔡家班、五寨县吕家班等，皆属当地出名的乐户班子。

又如上党地区，依近年考察，各县也有遗存乐户，也见组班谋生，而且受访的乐户后裔仍有数十姓、百多家，民国年间的社会地位、执业状况也仍大体如旧。

不过，由于清雍正以后再无在官乐户，皆已遣散民间，官府不再供其衣食，因而管理上也有一些变化。就如上党地区，既见官府也仍用乐，仍需执业乐户“照旧伺候”，官府仍设有供其支官的“官房”，仍需按年按月轮值，仍类唐代的“轮值”制度；又见为使境内乐户维持生计，官府为其各划一块执业地盘，以便其在地盘内村庄承办红白喜事，借以取得衣食报酬。因此，乐户或直称地盘为“衣饭”，或称“坡路”“乡道”，不但地盘皆由官府赐拨，乐户仍要交纳税收，仍沿明代旧例称“胭粉钱”，且见乐户视其地盘如私产，可类土地买卖、租赁于同行艺人，如若越界，视为违法，所属乐户可没收办事者所得，重者可禀官追究。为见其实，今录上党几件相关文书（皆存），并稍加说明。

平顺县衙所断的分乡文字

立分乡文字人王三有、王双全。自（兹）因主家爷台红白喜事不均，兴讼在案，已蒙堂讯。断：王三有分乡河西岸（接写具体村名，今略）；王双全分乡河东岸（接写具体村名，今略）。日后凡有红白喜事，各照村名办事，不许乱行。如若不遵，禀官究处。平顺县城文武衙门，逐年照旧伺候，两家一第一年。倘有祝贺喜事，票唤两家均到。城并外乡，一第一年办事（按，借以挣钱糊口，作为支官义务的报酬）。两家各执一纸，不得乱行。恐口无凭，故立分乡文字存照。

道光七年三月初五日（按，上盖官府大印） 立分乡文字人王三有、王双全

依今考察，清乾隆至道光年间，平顺县时已降属潞城县，只有西社村王家乐户“照旧伺候”平顺县衙官差。加之王家道光七年（1827）已分为东西两院，故见“红白喜事不均，兴讼在案”，官府重立“分乡文字”，将两家执业地盘再行划分，平顺县衙的官差仍由两家“一第一年”支应。类此，晋南地区的河津，“民国十五年（1926）以前，凡河津乐户，每年均有一个月到县衙义务服务，名为‘听差’”（《中国民间器乐集成 · 山西卷》“河津条”），其支官制度与上党一致。

平顺县西社村王家乐户分家合同

立合同文字人王天禄、王天同。情因所遗衣饭，邀请中人说合，今将“衣饭”分清。天禄分得立李、庄河（皆村名）一带衣饭，至（自）今以后各走各乡，不许扰乱。所有门外地基，各经各业。同中说明，二股衣物一切行头（**按，执业演出所用**），于（予）天同所管，于（与）天禄无关。恐口无凭，故立合同为证。

咸丰三年十一月廿四日

（立合同人、中见人、亲友、家长，人名今略）

这是“王三有”一支后来分家所立的合同，正与前见的“分乡文字”有关，正见其地盘早属“衣饭”。

类此，见如高平，更有自典自卖地盘所立的文契，也再照录两件：

之三，高平乐户李跟庄典衣饭文

立转典遗（衣）饭文字人李跟庄同母李氏，因乏用不便，央中说合，情愿将遗（衣）饭转于韩双宝名下。言明侯庄、毕家院、寨平村、丹水村共四庄，言定价钱壹百贰拾千文正，一典十年为满，钱到赎回。如有过后本族人等争端者，与韩双宝无涉，李跟庄一面承管。当时典价一并交足，无少分文。恐口无凭，故立转典遗（衣）饭文字为证。

道光十九年十一月二十六日

（立转典文字人、中人共五人，人名今略）

（**按，该文最后又有如下附批**）咸丰元年算计，共使过大钱三百千文整

原文的“附批”，乃李跟庄十年期满后所写的“共使过”钱数。以至因其到期无钱赎回，由“典”转“卖”，见重立文契如下：

李跟庄由典转卖衣饭文

立卖遗（衣）饭人李跟庄，因无钱使用，央中说合，情愿将遗（衣）饭卖于韩双保（宝）名下为永远死契。当日同中言明，侯庄、毕家院、寨平、丹水共四村，即日受过死价钱贰百捌拾千文整。日后倘有户族人等争端者，尽有（由）李跟庄一面承当，与韩双保（宝）无干。恐口无凭，立

死契为证。

咸丰元年十月二十六日

（有关人名今略）

此类文契，在上党调查中还见到一些。从中，可见官府所划地盘对后期执业乐户的重要，又从其变动中可见乐户之间家庭状况的变化。有的乐户或经营不善，或后继乏人，或遇天灾人祸，见将唯一活命的"衣饭"忍痛租卖；另外一些乐户则可趁机扩大地盘，一时较富，买房置地，有车有马，雇人耕作。一些赤贫农民，包括外来逃荒者，或被收留，或佣来作工，其人其户或也变成了乐户。如长治市郊区的暴马村，有个邹金水老人（1995年，时年67岁）就曾谈及其家如何变为乐户，今依笔者采访记录整理如下：

我的老爷爷（曾祖父）叫邹来柱，有五个孩子，当时家里生活很困苦。我们郊区店上乡神下村（**按，与暴马村相接**）的临街庙内（住）有一家姓李乐户，当时是潞安府（**按，今长治市**）负责"支官"的总科头，是当地很有名气的吹鼓手。像官府打春、求雨等官事，都由他负责领头。他还负责从各家乐户收税，然后交给官府。（**按，于是发家**）他家除干吹打外，当时种着几十亩地，有车马牲口。我老爷为养家糊口，就去给人家种地、喂牲口、帮着打杂。人家对我老爷也不错，经常给一些钱花。可惜这李家乐户绝后，断了香火。由于我老爷在他家干活时间长了，也学会点艺道，觉得人家这手艺不错，起码能混上饭吃，就让我五个爷爷都跟着人家学吹打。当李家绝户后，我四爷爷经店上、神下两村主事的"干部"同意，把李家门头顶了。不但继承了他家财产，还把李家"坡路"继承分了。从此，我家由爷爷辈也成了乐户，干起了吹打这一行……

其他如平顺县西社村王家乐户、晋城市大阳镇薛家乐户等，也见清末民国有过一段"发家史"，有的家中至今仍遗存着当年置买房产土地的契约文书。不过，即使一时较富，却因抽大烟、赌博等原因，也多败落，以至为免"绝户"，仍多招婿、收养现象。

正因此，就见上党地区的乐户历代不绝，不但民间赛社直至民国仍存，仍由乐户照旧支应，且见当地赛社仍保留着由宋元而来的古朴形态，至今仍有相关遗存。依今考察，既见一些乐户之家（后裔）仍有赛社衣物、工尺谱本等，又见一些赛社主礼之家仍保存着赛社文字资料，其中所记的赛社礼乐也仍涉及唐宋大曲、宋金杂剧、金元院本、元明以来的出戏等，仍有办赛老人可访，仍可得到相关的口头资料。

也因此，以下有关乐户的考述，每也引举上党地区的实例，以与相应的史籍比照。

【注释】

〔一〕《旧唐书·音乐志》，中华书局，1975 年版，1072 页。

〔二〕《新唐书》，版同前，4277 页。

〔三〕《长治县志》卷八“杂志”，清光绪二十四年版，卷页 58。

〔四〕《浮山县志》卷三三“寺观·天圣宫”条，清乾隆十年版。

〔五〕《山右石刻丛编》卷二四，山西人民出版社，1988 年影印版，卷页 48—49。

〔六〕《靖康稗史笺证》，中华书局，1988 年版，173—174、199、201 页。

〔七〕见墨遗萍著《蒲剧史魂》，山西省文化局戏剧工作研究室于 1988 年编印（内部发行），45 页。

〔八〕见墨遗萍著《蒲剧史魂》，山西省文化局戏剧工作研究室于 1988 年编印（内部发行），51—52 页。

〔九〕《山右石刻丛编》卷三二，版同前，卷页 4。

〔一〇〕《万历野获编》卷八，版同前，212 页。

〔一一〕《定襄县补志》卷一二，清光绪六年版，卷页 42。

第五章　历代乐户的生存状况

历代乐户类如先秦奴隶，户在贱籍，属贱民，尤其女乐，卖笑卖身，更受社会歧视。即使自清雍正以后名义上废除了乐籍制度，见如山西上党地区，多数乐户流落民间，仍执旧业，受歧视，以至民国年间仍有乐户遗存，其社会地位、生存状态仍无大变化。这种大体如旧的延续性，就使我们可通过社会考察，感知历代乐户的生存状况，借以验证、补充相关的历史记述。因此，本章结合上党考察，拟对乐户的个人命运、婚姻家庭、社会歧视、行业信仰等再加以揭示。

第一节　隶于贱籍的牛马人生

前曾引述，随着先秦奴隶"著于丹书"，隶于贱籍，视如牛马，早见北魏"缘坐配没工乐杂户，皆用赤纸为籍，其卷以铅为轴"，其中执乐者已属乐户，已有乐籍，其人仍类先秦奴隶，有一套"刑罚"制度。至唐，乐籍制度更趋完备，在"户婚"和"轮番"供役等方面更有了严格规定，不但其人仍如牛马，且见每年"印臂"核籍，买卖奴婢更有了"合法"依据。《唐六典》卷二十记："凡买卖奴婢，用本司公验之卷。"《唐律疏议》卷二十六"杂律上"言："买奴婢牛马……依令，并立市卷而和市卖。"按此，唐代买卖奴婢要用"公验之卷"，其卷用"赤纸"，类丹书，以证买卖合法，而且交易后再立"市卷"，类如红纸写的契约，称"红契"，其人仍可凭此转卖。正如元末陶宗仪《辍耕录·奴婢》所言："有曰红契买到者，则其元主转卖于人，立卷投税者是也。”如此一来，即使买卖“良人”，只要交税立有“市卷”，可借“红契”打入另册。正因此，就见唐代早有的掠卖、鬻卖良人子女，便成了乐户的重要来源。如唐《北里志》就记：

妓之母多假母也，亦妓之衰退者为之。诸女或自幼丐育，或佣其下里贫家。常有不调之徒，潜为渔猎。亦有良家子，为其家聘之，以转求厚赂，误陷其中，则无以自脱。初教之歌令，而责之甚急，怠则鞭扑备至。〔一〕

唐代北里乐妓早多鬻卖而来的“良家子”，且见《北里志》作者孙棨在该书序中言，“京中饮妓，籍属教坊”，早与教坊乐户有着相同的贱籍。从而如前引，薛涛“本长安良家女，随父宦游，流落蜀中，遂入乐籍”；张红红“本与其父歌于衢路丐食”，先是鬻卖于人，后又转入教坊。

正因唐代从宫廷到地方的乐户有着相同的贱籍，如同牛马，有着相同的命运。见于宫廷教坊，如梨园弟子有位“胡雏”，善吹笛，受恩宠，因得罪洛阳令崔隐甫，玄宗令“杖杀”（《唐语林》卷二）；如玄宗宠爱的乐人黄幡绰，也见“怒必挞也”（《羯鼓录》）；如文宗时“内弟子郑中丞，昨以忤旨，命内官缢杀”（《乐府杂录》）；如宣宗时教坊乐工辛骨餂，帝吹管令其作拍，因“不中（节拍不合），上瞋目瞠视之”，竟吓得“一夕而殒”（《乐府杂录》）。见于京都“北里”，如“美奴绛真者，住于南曲中，善谈谑，能歌令，常为席纠（骚扰）”；如“楚儿者，素为三曲之尤，以退暮，为万年捕贼郭鍜所纳，置于他所”，竟见“曳至中衢，击以马棰，其声甚冤楚”；有名“小润”者，“少时颇籍籍者，崔垂休常题记于小润髀上”，任人蹂躏（均见《北里志》）。见于各地官府，不但见类教坊置有“乐营”，而且所蓄“营妓”仍类“北里”所见。如杜牧《张好好诗序》就记，“牧太和三年佐故吏部沈公江西幕，好好年十三，始以善歌来乐籍中，后一岁，公移置宣城，复置好好于宣城籍中”（《全唐诗》卷五二〇），正见各地乐妓皆隶属乐籍；如《北梦琐言》记，“张裼尚书典晋州（今山西临汾市），外贮所爱营妓，生一子”，正见各地乐妓实属营妓，来自乐营，等同私妓。如前引，即使杜慥、韦任符“务求释道”，乐营子女可以“任其往外”，也见“若有宴饮方一召来”，不但要陪客“宴饮”，而且“往外”仍类“北里”所见，要卖笑卖身，如牛马一般。

至宋代，乐籍制度比唐可谓宽松了。然而直至南宋，见如台州营妓严蕊，因与郡守唐仲友有染，牵连入狱，仍难脱籍（前引），巡按岳霖为其开脱，令其自陈，其《卜算子·不是爱风尘》之词曰：

> 不是爱风尘，似被前缘误。花落花开自有时，总赖东君主。去也终须去，住也如何住。若得山花插满头，莫问奴归处。〔二〕

由此一例，既见宋代仍有“乐营”，又见其“营妓”命运仍类唐代，流落风尘，卖笑卖身，任人摆布，仍如牛马。

见于金元，由于乐籍制度比宋严酷，乐户的命运更为凄惨。如前曾引，既见金代“以金银、奴婢、羊马为博”，逃亡者“刺字”，“虽杀之不禁”，“甫出乐户，即登鬼录”，又见元代乐妓等同娼妓，“朝朝宴乐，夜夜佳期”，“唤官身无了期”。仅《辍耕录》所记，不但有“红契买到者”，更有“奴婢与牛马无异”（前引），且记有如下实例：

> 姚文公燧，为翰林学士承旨日，玉堂设宴，歌妓罗列。中有一人……泣而诉曰：“妾乃建宁（属福建）人氏，真西山（即真德秀，号西山，南宋时曾知福州、泉州，《宋史》有传）之后也。父官朔方时（言其父出使金国时，金在南宋之北故称朔方），禄簿不足以给侵贷（南宋权相史弥远与其作对），公帑无偿，遂卖入倡家，流落至此。”……〔三〕

此类“歌妓”，元夏庭芝《青楼集》记的更多，如杨买奴、司燕奴、平阳奴等，皆为“奴”；如顾山山，“本良家子，因父而俱失身”，仍类“北里”之妓。即使一时见为显贵所宠，纳置别室，如顾山山、天然秀、李芝秀、张玉莲等，后来年老色退“复落为娼”，“再入乐籍”，仍类唐宋所见。

至于明代乐户的命运，如前引，或见宫廷乐户“著狗吃了”；或见地方乐户聚居一隅，卖笑卖身，形同乞丐，江南直称“丐户”。乃至于如牛马，随便打杀，《万历野获编》记有相关实例：

> 礼部致仕左侍郎杨宣妻王氏，素妒悍，杖杀奴婢十余人，宣不能制。东厂上其事，命逮治，刑部拟赎如律，宣则赎杖，仍致仕。上曰：王氏虽命妇，例应纳赎，但肆意残酷，仍命刑部杖之五十，使知所儆。此成化末年（宪宗时）事也。此例若行于今（万历时），足使士绅之妻渐惧不敢恣。……（孝宗）弘治十一年，泗州知州许弼妻孙氏，妒妾朱氏有娠，以药毒之不死，用铁椎击其脑。朱惧，自缢死，复以石压其腹，羊毛塞其口鼻，以棺载出复活。事发，上命杖孙氏八十离异。（宣宗）宣德六年，御史傅敬妻殴妾中其要害，妾自缢死，当治罪。有司以敬曾受封为疑，上

曰:妇妒已是恶行,况以妒杀人,其恶甚矣。命罪之如律(即如律杖之,依例仍可纳赎)。[四]

以上“如律”而治者,皆因朝臣之妻妒悍太甚,皆是皇帝“以儆效尤”的典型。依律也只杖罚,且见可以“赎杖”。这与金代“屠奴杀婢官不问”,“殴死驱口,比常人减死一等”,“视奴婢与牛马无异”如出一辙。该书作者还发出了“此例若行于今”的感慨,可见万历时就连“所儆”之例也难见了。何况,明成祖时早见乐户任人欺辱、打杀、“著狗吃了”。显然,明代乐户仍如奴婢,命运仍类前代。

至清,即使雍正时已废除乐籍制度,见如前引,执业乐户不许“侥幸出身”,被视为贱民。上党地区沿袭旧俗,歧视如旧,仍称遗存乐户为龟、龟家、王八,直至民国其命运仍无大变化。

正因此,就见上党地区仍有乐户可访,仍能见到有关的遗存文字。举如高平沙壁村李家乐户,就见仍存清末赵家卖子契约如下:

立记(继)单文字人赵雷豹、赵小闵,今因父母之故,袍(胞)弟年幼,家中贫寒,度日难过。今同伯父赵宽、父[赵]量,协同亲族商仪(议),央中说合,将胞弟小坊出记(继)与(于)上沙壁乐户李新保名下,作为亲子看代(待)成人。同中言名(明),日后赏(倘)若有子,家业居(均)分,不许两心代成(待承)。所有天灾流刑(行),各有(由)天命。不复(服)家归(规),至(致)李姓处法(罚),与赵性(姓)无干。赏(倘)户族人[争]端,与李性(姓)无干,赵性(姓)一面承当。同中言明,受过礼金市钱拾贰千文,作为报与赵性(姓)照应成人则(之)恩矣,与父兄则(之)情。恐口无凭,立字存正(证)。

(以下,写有立文字人两名、赵氏族人两名、同人两名、李氏族长两名。具体人名今略)

同治八年三月贰拾九日吉立

类此,同治九年(1870)又有高平自卖自身者,投师于相邻的陵川县乐户,其文如下:

立投师文字人高平县石末镇许黑曲,今因身无度用,央中说合,自出情愿,拜张来旺(陵川乐户)名下为弟子之用。如有户族人等争端,与来旺无干,黑曲一面承当。倘若日后投河、背(奔)井、病故,与来旺无干,并无拖扯之说。恐口无凭,立投师文字存证。

（许黑曲签名画押，中人六，同族人四，及年月日，今略）

民国时，陵川县还有寡妇卖身乐户的婚书如下：

自立婚书文字人王门宋氏，因氏夫病故身亡，家撇母子老幼，家中赤贫，无粮度活，今同家长、娘后、中人说合，言明改嫁另姓附城村（乐户）侯锁成名下为媳，代养幼女，随母成人。婆母同次子孝孩，三子三山，得过氏身价大钱贰百肆拾千文正。笔下，人价两交不欠。日后掌家立地，母子与王姓毫无异言。同中三面言明，永无反悔。恐口无凭，特立婚书文字存证。

民国十四年四月十一日

自立婚书文字人王门宋氏

家长王庆祥

同中人（四人名，今略）合证

今见的此类文字还有很多。由此，既可印证历代乐户早多鬻卖而来者，直至清末民国仍然，又见言及天灾流行、受师处罚、投河奔井等，乐户命运仍很悲惨。至今采访一些乐户老人时，仍有相关陈诉。见如晋城市的大阳镇，采访乐户后人薛××（今隐其名，1995 年时 60 岁）时，其仍说（依记录整理摘引）：

我家祖上是从高平县马村镇古寨村迁到晋城县（今属晋城市郊区，称泽州）大阳镇的，原来就是乐户……我家迁到大阳时就住在村外的土地庙里……（之后迁移村里，生活也有了起色）我爷爷第一个老婆死后，娶了第二个妻子毛孩（约 1882—1954）。毛孩本不姓赵，是山东人。（清末）因父亲作官犯罪，父亲和大哥被斩，毛孩的大姐领着弟妹五个，逃到了晋城的来村，最小的当时才十来岁。毛孩大姐对人说：谁想娶我，就得连弟妹一块收留，不拆开。于是，毛孩的大姐跟了来村乐户科头赵猴马。毛孩后来也嫁了赵庄的同行郭铜孩，铜孩死后才又嫁了我爷爷。毛孩的几个兄弟也都认猴马为大哥，姓了赵……我原本也不姓薛，亲生父母是本县（晋城）李村人。1935 年生下我，因为家穷吃不饱，几十天上就把我给了薛家。我五岁时，继父薛根儿又去世，当时叔叔薛续根（也是收养的）妻子也早死了，母亲（继母）就又和叔叔（薛续根）过成了一家……

由其陈述，就可见到乐户的诸多不幸。薛家曾住土地庙，正类乞丐，又见乐户中仍多良家子女，或因犯罪，或因家贫，仍类前代鬻卖，以至叔嫂同居，仍与同行为婚。类此，又见于其他各县。如采访长子县石哲村牛××（今隐其名，1994年采访时78岁），见其也讲（依口述整理摘引）：

我家祖辈为乐户，到我这一代至少有四五辈了，都住在石哲村。那时家里穷，房无一间，地无一垅，全靠吹打谋生。家里几代人又都染上抽大烟、赌博的恶习，挣点钱也全被抽完赌光了……我从小和父母亲就住在石哲村外河边一座没人再住的土窑里。父亲死后，无依无靠，后来就搬到石哲东村，住在舅父杨二秃（也是乐户）那儿一孔破窑里。几年后，这窑又破得不能再住，只好又搬回本村，住在乐户振成家一间破房里……我从小随父亲牛起风学艺，十岁左右又投师伯父牛龙则，和堂兄牛猫娃一块练。那时候师傅管得严，练功苦，天不亮就得起床，得跑到野地练（吹奏）。尤其冬天，天不亮就起床，越冷越得练，要练出一身"冬功"，才好冬天出门办事。练一会儿手脚就冻麻了，还得练，常常冻得嘴和唢呐粘在一起，嘴唇一动就会把嘴皮扯破。手被冻破，脚被冻烂，是常有的事。父亲有时也陪我出去，帮着指导练习。真是说不出的艰苦，说不尽的辛酸……父亲死得早，我后来又随舅父杨二秃、杨三秃学过艺。长大后和石哲乐户臭鸡、二秃、三秃、振成、喜成、猫娃、娃狗等一块办事，这些人不是本家就是亲戚，我母亲和其他两三个女人也参加过。当时我们石哲的乐户班子在当地很有些名气……由于家里穷，社会地位低，又加上我也抽大烟、赌博，到三十岁还没讨上老婆。那时，邻居有个女人叫李××，她丈夫祖上是河南逃荒来的……我常去她家串门，有时买点东西送给李××……她丈夫三十来岁死了，她就带着儿女和我过到了一起，算嫁了我……

采访中多听到类似的口述，或言学艺艰辛，或言贫困潦倒，或言受人欺凌，或言孤苦无后，或言几不欲生，以至许多辛酸的往事不愿细谈。如在平顺县北社村采访时，有位西社村迁来的乐户（两村仅隔一沟）老人，原名王过发（小名寒磣，后名汉臣），已故，见其位牌上记着一段文字（写于1957年6月），节录如下：

我本西社村人，后迁居北社村。我出生六个月，慈母见背。行年五岁，父又去世，零丁孤苦，蒙堂叔（按，西社乐户王言会）抚养。至十三岁，不幸堂叔亦逝矣，苦楚难言。年十六岁，不让同居，自力更生。操作不分明黑,苦难不分昼夜,饥寒颠波(沛)不堪,余不想再存于世也。是(实)无法生活。于是,于民国五年十一月十一日迁居北社。那时我年方二十岁,虽独一人,颇能顾生。二十一岁,成家娶亲魏氏。不及三年,因分娩母子双亡。又遭挫折,不能谈了。虽是这样,志气不拙(挫)屈。又继娶周氏(今考,实姓邹,乃长治市郊区乐户之女),复兴家务……(中略)又走社会主义,幸福生活,平等自由。像我这儿孙满堂,丰衣足食,我真愉快,难形容矣。回忆我当初,梦也梦不到有今日这样的一天。为此,了录数言,以志不忘。

依写,王过发生于清光绪二十二年(1896),父母早亡,由同为乐户的堂叔抚养,"苦楚难言";民国时,仍"饥寒颠沛","无法生活","不想再存于世",仍有"不能谈了"的诸多不幸。正因此,就见其对"社会主义,幸福生活,平等自由"有着"真愉快,难形容""梦也梦不到"的满足;就见将其经历写在位牌上,"以志不忘"。一个偏远山村的乐户老人,就以如此独特的方式为我们印证了乐户的诸多不幸。

【注释】

〔一〕《说郛三种》卷一二所载"北里志",版同前,卷页14。

〔二〕《宋词选》,中华书局,1962年版,336页。

〔三〕《南村辍耕录》,版同前,271页。

〔四〕《万历野获编》,版同前,896—897页。

第二节　同籍为婚的家庭悲剧

周秦以来,婚姻早被视为个人和家庭的大事,《周礼》《礼记》等书早有相关记述,不但依"礼"而行,而且尊卑有别,早有"士庶不婚""良贱不婚"之类规定。因此,随着北魏兴起乐籍制度,多了"工乐杂户",就见文成帝和平四年(463)十二月有诏令如下:

夫婚姻者,人道之始。是以夫妇之义三纲之首。礼之重者,莫过于斯。尊卑高下，宜令区别。然中代以来，贵族之门多率不法，或贪利财贿，或因缘私好，在于苟合，无所选择。令贵贱不分，巨细同贯，尘秽清化，亏损人伦，将何以宣示典谟，垂之来裔？今制：皇族、师傅、王公、侯伯及士民之家，不得与百工伎巧婢姓为婚。犯者加罪。[一]

从而如前引，《北魏·刑罚志》已记，没入贱籍者“妻子同籍配为乐户”；《唐律疏议》卷一四“户婚”仍记，奴婢之类“止可当色相娶”，“不可与良人为婚”，仍有相关的刑罚；《宋刑统》也仍规定，“奴婢不得与齐民为伍”，“奴婢贱人，类同畜产”；元末陶宗仪《辍耕录》仍记，“奴婢男女止可互相婚嫁，例不许聘娶良家”，“所生子女永为奴婢”；明代乐户也仍“自为匹偶，良人不与接”，“世世不得自拔为良民”。清代雍正废除乐籍以后，仍执旧业的乐户“及亲伯叔姑姊尚习猥业者，一概不许滥厕士类，侥幸出身”，仍类前代所见。

从而见于山西，北魏早多“同籍配为乐户”者，且见唐宋元明清不绝，直至民国也仍“同行为婚”。近年考察的上党地区，仍可见到“同行为婚”的乐户老人，仍多此类“行亲”，不但各县乐户可借此织成一张复杂的行亲网，且因“良人不与接”，乐户择亲对象有限，导致乐户之间亲上加亲、同族为婚的悲剧。如平顺县西社村的王姓乐户与潞城微子镇的朱姓乐户，世代交往，就见西社乐户王××举例说，他的一位姐姐先嫁于朱家，该称朱××为姐夫，之后朱××妹妹却又嫁给了王的父亲，又称朱××为舅舅了。如高平南诗午村乐户×××，娶的是舅舅闺女。如晋城市来村乐户×××，竟相继娶了族妹、堂妹。这种亲上加亲、辈分颠乱的现象，在乐户方面实属无奈；在“良人”看来则属乱伦，更对乐户多了鄙视，不愿与其通婚。于是，或见其男终生无妻；或同族为婚，血缘太近，所生子女痴呆，面临“绝户”；即使乐户有女招婿，也只能在同行中选择，如北魏“奉养继亲”的乐户，仍多家庭不幸。如陵川县佳祥村乐户老人侯××（1995 年，时年 68 岁），原是相邻的高平部庄乐户张东发之子，招赘侯家，仍存“儿婿两当”的文契如下：

张东发、侯保成因时道不均，保成乏嗣无后，业产无靠。今邀亲族乡支，共同议和，双方甘心情愿，张东发将自已次子××，年二十三岁整，承继于侯保成名下为亲子；（保成）膝下有子女年十八岁整，与××为媳，儿婿两当。家产等物，日后皆由子经管。自继之后，改名侯××（**按，后又改名**）。日后跳河、投井等情，与张姓毫无干涉，侯姓承当。

当日同亲族言明，以后不许损曾骂祖，扰乱宗派，反继出继。倘若族中人等争端者，与张姓无干，有侯姓一面承当。上系各方情愿，空口无凭，特立承继合同文字，各执一纸为据。

民国三十二年二月初一日

承继合同文字人：张东发、侯保成

（最后写有侯张两方的族兄、族长、合证人、舅父、娘后人等，人名今略）

可见直至民国年间，上党地区的乐户仍类前代所见，不但“同行为婚”仍类“自为匹偶”，且见仍多“跳河、投井等情”的家庭悲剧。

这种家庭悲剧，不但如前引，见北齐至隋的宫廷乐户万宝常“贫而无子”，“其妻因其卧疾，遂窃其资物而逃，宝常竟饿死”，且见唐《教坊记》早又记有如下实例：

苏五奴妻张四娘，善歌舞。有邀迓者，五奴辄随之前。人欲得其速醉，多劝酒。五奴曰：“但多与我钱，吃糙子亦醉，不烦酒也。”今呼鬻妻者为“五奴”，自苏始。[二]

仅看现象，其夫妻关系还算不错，夫随妻便，同为挣钱。然而，其夫“吃糙子亦醉”，为何？见时“呼鬻妻者”皆为“五奴”，其妻为卖笑卖身者，正类前引的北里乐妓。

由此而下，宋元明清女乐更多沦为娼妓（前引），清人瀛若氏所撰《三风十愆记·记荒色》有如下记述：

明灭元，凡蒙古部落子孙流窜中国者，令所在编入户籍。其在京省，谓之“乐户”；在州邑，谓之“丐户”，丐户多在边海之邑。其隶于常熟者，男谓之贫子，妇谓之贫婆，其聚族而居之处谓之贫巷，初无姓，任取一姓以为姓，而各以种类自相婚配……（妇）受役于殷实高贵之家，所获常百倍于男。司晨之势，积重于牝鸡，由来久矣。

厥后家计日足……当有事而出，则令其夫或携小囊，或负筐，相随于后。道遇所熟识，妇则趋迎面前，殷勤欢语移时，夫则俯之道旁，不敢与其人举手，然亦不知其何许人也。至大户家，妇则直入闺闼，与主人宴语饮啖，日旰未及出。夫则跼蹐于门外，不敢他往，亦不敢迫促，必俟妇出乃偕归。岁时糕粽，喜庆酒肉，给赏频来，醉之饱之，皆拜妇

之赐。[三]

并见举有吴家娘被"逼以非礼",有"宿氏之妇,以诱奸而致污夫名",有称"草头娘"者"大类人妖,列之淫风"。由其所记,既见明代南方丐户仍属乐户类,又见其中仍多"五奴"现象,不但仍类唐代所见,"由来久矣",且如前引,清代"为妓接客"者仍多,以至"依门卖笑,无地不有"。

为此,不妨再举明清女妓所敬的"白眉神"为例,以见其实。对此,李峤先生《行业神崇拜》一书辑有相关史料,先集中摘引如下(今加按语):

《万历野获编》卷四:"近来,狭邪家多供关壮缪像(**今按,关羽塑像**),余窃以为亵渎正神,后乃知其不然,是名白眉神。长髯伟貌,骑马持刀,与关像略肖,但眉白而眼赤。京师相詈,指其人曰'白眉赤眼儿'者,必大恨,成贸首仇。其猥贱可知。狭邪讳之,乃驾名于关侯。坊曲倡女,初荐枕于人,必与艾豭(**今按,艾豭原指老公猪,借喻嫖客**)拜此神,然后定情。南北两京皆然也。"

《如梦录·街市纪第六》(**今按,该书为明末清初佚名作,孔宪易校注,中州古籍出版社,1984年版**)记明代开封所见:"(城中五胜角大街路东)向南,三间黑大门,匾曰'富乐院',内有白眉神等庙三四所。钦拨二十七户(**今按,属当时藩王例赐乐户**),随驾侍候奏乐。其中多有出奇美色妓女……每日王孙公子、文人墨士坐轿乘马,买俏追欢,月无虚日。"

《金瓶梅》中也有描写,第五十二回……说到妓院里的"乐星堂"供奉着白眉神。

蒲松龄《增补幸云曲》(又名《正德嫖院》)……写明武宗逛妓院道:"万岁爷进院来,睁龙眼把头抬,白眉神庙中间盖。南北两院分左右,穿红着绿女裙衩,铁石人见了心也爱。一边是秋千院落,一边是歌馆楼台。"(**今按,《正德嫖院》正与山西太原富乐院有关,正写及武宗嫖娶刘娘**)

明田艺蘅《留青日札》卷二一"白眉神"条载:"教坊妓女皆供白眉神,每至朔望,则以手帕汗巾之类扎神面一遭。若遇子弟有乖空头者,辄以帕撒拂其面,一晃而过,则子弟之心自然欢悦,相从留恋不已,盖花门魔术也。"

明谈迁《枣林杂俎·和集》引《花锁志》云:“教坊供白眉神,朔望用手帕、针线刺神面,祷之甚谨。谓撒帕着人面,则或溺,不复他去。”

清褚人获《坚瓠集·广集》卷一“娼家魔术”条云:“《客座新闻》(今按,明代沈周撰)载,妓家必供白眉神,又名袄神,朝夕祷之。至朔望日,用手帕蒙神首,刺神面。视子弟奸猾者,佯怒之,撒帕着子弟面,将坠于地,令拾之,则悦而无他意矣。”

《清稗类钞·迷信类·娼家魔术》条云:“娼家魔术,在在有之。北方妓家必供白眉神,又名袄(轩)神,朝夕祷之。至朔望日,用手帕蒙神首,刺神面,视子弟奸猾者,佯怒之,撒帕着子弟面,将坠于地,令拾之,则悦而无他意也。”〔四〕

由这些摘引,可见明代女妓从宫廷教坊到富乐院,到“坊曲娼女”,“必供白眉神”,又见“白眉神庙”设有“乐星堂”,说明其神属于“乐星”,早与乐户有关,“驾名于关侯”。清代仍见“北方妓家必供白眉神”,“朝夕祷之”。

正因此,就见上党地区仍存相关痕迹。举如陵川县陈丈沟(村),今存一座清代乐户集资修建的“咽喉庙”(见图),正殿供奉着乐户的行业祖神,俗称“咽喉爷”,且有一侧殿,俗称“关王殿”,今无神像,虽无法确证“驾名于关侯”,却见该庙遗存的木牌楹联中仍有一副涉及“白眉”,刻写如下:

雪艳精莹映白眉而神光耀彩,

梅花香馥拂金体以圣泽流晖。

显然,该木联正为歌颂“白眉神”,说明该庙有其大殿。然而,该庙唯见“关王殿”。由此推断,其“关王殿”实由“驾名于关侯”而来,正如明代“富乐院”所见,与明代“教坊妓女皆供白眉神”有关。

依今考证(详后),既见“白眉神”源于先秦的“乐星”崇拜,隋唐早已牵涉“关王”,早与乐户相关,又见上党乐户所敬的行业祖神称“咽喉神”,正由“白眉三郎”而来,早与“白眉神”牵涉。关羽早称“关三郎”,唐玄宗称“唐三郎”,都称“三郎”,且见宋真宗为“宋三郎”,

正又敕封“咽喉神”。由此可见，乐户所敬的“白眉神”“咽喉神”实一，同源于“乐星”崇拜，同与“白眉三郎”相关，早与“关三郎”牵涉，“驾名于关侯”。正因此，即使陵川县乐户不知“白眉神”“咽喉神”“关王”是何关系，却仍一同祭祀。据原住该庙的乐户老人侯成有（1996 年去世，享年 69 岁）生前讲，每年腊月初八，为咽喉神“圣诞”日，直至抗战前夕，全县乐户皆要赴庙，包括“关王”仍要同祭。而与陵川县相邻的泽州县，据大阳镇乐户后人薛银旺讲，其地虽无咽喉庙，却见乐户组织过“咽喉会”，每年腊月初八祭祀“咽喉爷”。届时“有一张大布画，和中堂差不多，画有五个老爷：关爷、财神、咽喉、张仙、火星。也叫五棚像”，祭时张挂，平日保存在一个红漆木匣内，以便传存，“一年轮一家”主持。对此，晋城市城区乐户老人苗凡林（1995 年，时年 79 岁）更说，“关爷、咽喉爷与乐户有关”。从而正见，陵川咽喉庙所见的“关王殿”，也类晋城乐户所敬的“关爷”，不但“与乐户有关”，而且“假名于关侯”。也正因此，陵川县的“咽喉庙”仍类明代“白眉神庙”，其祭祀仍类晋城乐户“咽喉会”，“关爷、咽喉爷”同由乐户祭祀。考察中发现，高平、沁县等地仍存“咽喉庙”遗址，平顺、潞城等县的乐户也曾有过祭祀咽喉神的活动，都与“北方妓家必供白眉神”有关。

由明清女乐所敬的“白眉神”一例，已可见当时“为妓接客”的真实。

值得注意的是，这种现象早见于唐代，唐《教坊记》见记，“坊中诸女，以气类相投，约为香火兄弟”。“坊中诸女”正指女乐，正多“五奴”现象，且见“气类相投”，“香火”相约，早与敬奉“白眉神”相关，与“白眉三郎”“关三郎”“唐三郎”牵涉。正沿此，就见明代女妓仍敬“白眉神”，“假名于关侯”；就见明代“乐户”或称“丐户”，仍类“贫丐”，多“五奴”现象；就见清代上党乐户“咽喉会”祭祀“关爷”。在上党考察时发现，当地乐户染上抽大烟、赌博的恶习，愿“速醉”。

尤其抽大烟，更多造成家庭悲剧。究其因，固然与清末民国毒品泛滥有关，但遍及乐户群体更有其深层原因。

首先，历代乐户地位卑贱，人如牛马，家多不幸，早对人生不抱幻想，江湖行艺中自轻自贱、得过且过，染上诸多恶习；即使清雍正以后废除乐籍制度，其社会地位仍未有大的改变，仍受社会歧视，同行为婚，家庭多不幸。因而仍多借吸毒自我麻醉。

其次，后期乐户执业吹打，仍需听从事主支使，办事不避寒暑，不论远近，风雨无阻，每要连明彻夜地连办三至五天；尤其领班的出名把式，每场主吹，体力难支，所以抽几口大烟，借以提神。而一些有钱人家办事，不但每要加演，而且还要几班人"打对"，输者还要扣钱，出名把式更要借大烟提神，以至有累倒身亡者。如此的执业环境，自然容易染上毒瘾。就连"红衣行"（同属吹打行业）艺人苏黑人也说，"过去干这一行，一是挣钱少，二是普遍抽大烟"，"抽大烟原因，一是生活苦，夜间也得干，抽上能提神，不然没劲；二是主家为让你出力干，有时也白送你大烟抽。有的人正办代号（吹打）烟瘾犯了，急得把锣塞给旁人，先去抽上几口，办完事再还钱。比如我哥哥白孩，是个好把式，就抽大烟，他攒不下钱，我挣的钱他也常拿去用"。所以，乐户中普遍存在的吸毒现象，包括赌博，乃其社会地位卑贱导致的顽症，旧社会当然无法根治。即使个别艺人尚能自持，其家一时发达兴旺，也类前举的晋城市大阳村乐户、长治市郊区暴马村乐户，难逃家庭悲剧，以至孤寡绝户。

【注释】

〔一〕《魏书·高宗纪》，版同前，122 页。

〔二〕《教坊记》，版同前，13 页。

〔三〕《三风十愆记·记荒色》，见《香艳丛书》二集卷一，版同前，卷页 1—2。

〔四〕详见李乔《行业神崇拜》一书，中国文联出版社，2000 年版，535—538 页。

第三节　被称为"龟"的社会歧视

由于历代女乐早多"为妓接客"，就见其夫每被贱称为"龟"，俗称"王八"。致如山西，既有"王八乐人"一说，又称"乐户"为"龟家"，考其渊源，正见历代乐户所受的社会歧视。

见于《辞海》（民国版）"王八"条，不但见举《五代史·前蜀世家》言，"王建少无赖，以屠牛、盗驴、贩私盐为事，里人谓之贼王八"，且引明代郎瑛《七修类稿》言，"今詈人曰王八，或云忘八，讹言忘孝、弟、忠、信、礼、义、廉、耻也"。可见骂人为"王八"早有，言其出自"忘八"实属"讹言"，是一种穿凿附会。其义何来？不妨就从《七修类稿》说起，见其"绿头巾"条具体说：

吴人称妻淫者为“绿头巾”。今乐人，朝制以碧纱之巾裹头，意人言拟之此也。原唐史，李封为延陵(即江苏丹阳)令，吏人有罪不加杖罚，但令裹碧绿巾以辱之，随所犯之重轻以定日数。吴人遂以著此服为耻。意今吴人骂人妻有淫行者曰“绿头巾”，及乐人朝制以碧绿之巾裹头，皆此意从来。但又思，当时李封何必欲用绿巾？及见春秋时有货妻女求食者谓之娼夫，以绿巾裹头以别贵贱。然后从，知来以远。李封亦因是辱之，今则深于乐人耳。〔一〕

对此，《分类古今笔记精华》卷十五“绿头巾”条亦有相类引述：

《陔余丛考》云：明制，乐人例用碧绿巾裹头。故吴人以妻之有淫行者，谓其夫为“绿头巾”，事见《七修类稿》。又《知新录》云：明制，伶人服绿色衣，良家带用绢布，妓女无带；伶人妇不戴冠子，不穿褙子。然则伶人不惟裹绿巾，兼着绿衣。按唐史及《封氏闻见记》：李封为延陵令，吏人有罪不加杖，但令裹碧绿巾以耻之，随所犯重轻以定日数，吴人遂以此服为耻。明之令乐人裹绿巾，或本指此也。〔二〕

由上可见，乐户被称为“龟”正指“妻有淫行”，正与其“绿头巾”有关，不但唐代早用此示人为贱，且见出自“春秋时”，“知来以远”。

与此相关，《左传·哀公十三年》记有“余与褐之父睨之”云云，晋杜预注曰：“褐，寒贱之人。”见《史记·季布传》记，刘邦悬赏捉拿季布时，濮阳周氏“乃髡钳季布，衣褐衣”，扮如奴隶而逃。可见直至汉初，贱籍奴隶仍沿先秦古制，“衣褐衣”。不过，汉武帝时已见奴隶头裹“绿帻”，即“绿头巾”。如《汉书·东方朔传》就记：“董偃(武帝之姑馆陶公主的家奴)绿帻傅韝，随公主前伏殿下。”唐颜师古早又注曰：“绿帻，贱人之服也。”可见汉武帝时，“绿帻”已成贱隶之色的标识，早“以绿头巾以别贵贱”。

从而，唐代乐户早也类此，唐《因话录》就记有如下典故：

德宗初登勤政楼，外无知者。望见一人衣绿，乘驴戴帽至楼下，仰视久之，俛而东去。上立宣示京尹，令以物色求之。尹召万年(京畿之县)捕贼官李镕，使促求访。李尉伫立思之，曰：“必得。”及出，召干事所由，于春明门外数里内，应有旧司诸职事，使艺人悉数罗之，而绿衣者果在其中。诘之，对曰：“某，天宝教坊乐工也。上皇(玄宗)时数登此，每来，鸱必集楼上，号随驾老鸱。某自罢居城外，更不复见。今群鸱盛

集，又觉景象宛如昔时，心知圣人在上，悲喜且欲泣下。”以此奏闻，敕尽收此辈，却系教坊。〔三〕

搜寻者何以“必得”？盖因当时教坊乐工“衣绿”“戴帽”，其帽仍类汉代“绿帻”。唐代获罪官吏也见衣绿，如杨炎贬道州时就见“禄袍木简”；如李训因诛宦事败，也见“被绿衣，诡言黜官”而逃（俱见《新唐书》其传）；如唐代宫廷演的“参军戏”，扮犯官的参军色也仍“绿衣秉简”（《因话录》）。正因此，就见唐“李封为延陵（江苏丹阳）令，吏人有罪不加杖罚，但令裹碧绿巾以辱之”。由此，既见唐代乐人也仍“衣绿”，仍类先秦奴隶“衣褐”，又见其“帽”仍类汉代“绿帻”，早属“碧绿巾”。这种“绿帽子”早与“妻有淫行”相关，早成了乐户特有的卑贱象征。

到了宋代，乐籍制度相对宽松。加之商业发展，市民阶层的涌现，就见原本等级分明的服饰制度有些混乱。不但市民、文人也入构栏卖艺，早属“外入”者，且见北宋沈括《梦溪笔谈》言：“苏州有不逞子弟，纱帽下着青巾。孙伯纯知州判云：巾帽用青，屠沽何异。”以至宋徽宗时，见如丁瑾也仍奏言：“倡优之贱，不得与贵者并丽。”（《宋史·舆服志》）显然，宋代贵贱分明的服饰制度早多不遵者。

正因此，直至元代，仍在强调贵贱有别的服饰。“至元五年（1268）中书省札：娼妓穿皂衫，戴角巾儿；娼妓家长并亲属男子，裹青头巾”（《元典章》）。又见至元八年（1271）规定，优人“（男）裹青巾，妇人紫袜子（角巾）”（《通制条格》）。至元末也强调：“禁倡优盛服，许男子裹青巾，妇女服紫巾。”（《元史·顺帝本纪》）加之元代女乐与娼妓无异，就见“男子裹青巾、妇女服紫巾”更成了“倡优”的代指。如元末陶宗仪《辍耕录》卷二八“废家子孙诗”条，就有如下记述：

> 秀（即大户）之斜塘，有故宋大姓居焉。家富饶，田连阡陌。宗族虽盛衍，而子孙多不肖。祖父财产，废败罄尽。郡人金方锁，谈辞滑稽，为赋诵好嫚戏，因摭其事成近体一律云：“废兴从未固有之，尔家忒煞欠扶植。……宅眷皆为撑目兔，舍人总作缩头龟……”夫兔撑目望月而孕，则妇女之不夫而妊也。〔四〕

所记“故宋大姓”之户，因“子孙多不肖”，“祖父财产，废败罄尽”，见其女眷实已为娼，与头戴“紫袜子”的女乐无异，被讥为“撑目兔”。按陶宗仪言，将其讥为“撑目兔”，是因母兔可“望月而孕”“不夫而妊”。其实，将其比作“撑目兔”，正与女乐头戴“紫袜子”相关。所谓“撑目兔”，指瞪着两眼的兔子，而兔子眼睛正红，正类“紫袜子”，正可喻其女眷为娼。也因此，就见将其男子比作“缩头龟”,正类“裹青巾”的乐户。由此可见,由宋而元的乐户,不但女者与“娼妓”无异,而且男者早也称“龟”。

到了明代,见《明史·舆服志》仍记:

教坊司冠服,洪武三年定。教坊司乐艺,青卍巾,系红绿褡褳。乐妓(女乐),明角冠,皂褙子,不许与民妻同……教坊司伶人,常服绿色巾,以别士庶之服。〔五〕

不但其“教坊司冠服”仍见男戴“青卍巾”,女有“角冠”,仍类宋元所见,且见明《国初事迹》已记,“太祖立富乐院于乾道桥。男子令载绿巾,腰系红褡褳,足穿带毛猪皮靴。不许街中走,只于道边左右行”(前引)。万历时,谢肇淛的《五杂俎》更记:

今人以妻外淫者,目其夫为乌龟。……隶于官者为乐户,又为水户(指沿海蜑户类)。国初之制,绿其巾以示辱,盖古赭衣(即褐衣)之意,而今之矣。然里闬尚以“绿头巾”相戏也。〔六〕

可见明代乐户仍戴“绿头巾”,仍有“古赭衣之意”,仍类“衣褐”的奴隶。不但仍可借此戏辱“以妻外淫者”,仍“目其夫为乌龟”,且如前引,见乐户“生子令作小龟子”,“世世不得自拔为良民”,其子孙永受歧视,世世为“龟”。

类此,南方又有称“鸭”者,也与“绿巾”有关。唐代崔颢《通俗篇》已记“鸭曰王八”,且见南方早又将娼者之夫,甚至娼家男女,泛称为“鸭”〔七〕。

至清,虽然雍正时名义上已废除乐籍制度,但因仍有执业乐户,就见仍有相关歧视。乾隆三十六年(1771)规定,执业乐户也仍“不准滥厕士类,侥幸出身”(前引),且见乾隆时仍有分别贵贱服饰的诏令。如《定襄县补志》记的乾隆三十五年(1771)“保泰条目疏”,就见言:

今诏,乡官遵定制。凡士农工商与无常业之人,以及书吏、衙役、长随、门卒、乐户、优伶,各别衣冠殊服色,令人一望而知为何等。〔八〕

可见乾隆时的“今诏”,仍令各地“遵定制”“别衣冠”“殊服色”以别贵贱,“令人一望而知为何等”。从而,执业乐户的衣冠仍与常人不同,为贱隶之色,社会地位依旧,直至清末仍然。

见于上党地区,举如清代《陵川新志》仍记:乐户“修房不准起门楼,屋顶不准安兽头,坟墓不准竖旺柱,子孙不准下考场”。歧视如旧,民国仍然。笔者在上党进行乐户考察时,仍能听到乐户后人的相关陈诉。如前举引的晋城市大阳镇

乐户后人薛××,在其陈诉中又有如下一段内容(仍依采访记录整理):

……过去我们(乐户)这一行,常被人称作王八、鳖、龟疙瘩。就连名字也成了"王八"的意思。巴公镇有个乐户叫猴马,是我奶奶的姐夫,郜村有个乐户叫小金,是我母亲的爷爷,当地人骂谁是王八,就干脆叫他"猴马""小金",就等于骂其"王八"。比如谁发誓赌咒,就说:"我要是如何如何(不好),我就叫个猴马。"……过去不允许干吹打的上书房。想识字,除非把老师请到家里。进京赶考要查祖上出身,吹打的不能进考场,当然更不能当官。下煤窑、讨饭的还可以上学当官,但打莲花落、卖唱、干了我们吹打这一行,即使攒了钱、置了地也不行。真是狗皮膏药粘上去了。一般人不干我们这一行,只有外地逃荒上来的,没办法才跟上我们混。民国以前,我们穿的衣服也不能和平常人一样,是用粗布染上毛蓝缝制的。出门办事,远远就让人认出是"行户"家。走路得让人,平常日子溜边走,中间大路留给别人。下雨了,让别人走在屋檐下,我们又走在雨里、泥里。民国以后,这些讲究慢慢少了。但直到抗战(1937年)前,和人讲话仍要称大爷、二爷、少爷;办"代号"(指在划定地盘办事)仍要戴龙抹(头插雉尾的帽饰)、穿鳖(有领无袖的长褂),吃饭只能蹲在墙角,事主打发我们住的仍是磨房、牛圈,或者有邪气的"凶屋"……

薛××识字不多,更未见过历代典籍有关乐户的记述,而其陈诉却与明清以来的记述一致,正可验证相关歧视的历史真实,及其延续。为见其延续的普遍性,不妨再举潞城微子镇乐户朱扎根一例(据其子朱群才口述,并结合调查整理),以见其实:

朱扎根(1886—1951)是当地出名的乐户艺人,因小时出过麻疹,脸上留有疤痕,人呼"疤扎根"。又因排行为二,任过乐户科头,人也称"二科头"。扎根从小学艺,执业吹打,既精通乐器,又擅长古剧扮演,名噪一时,以至与县里显贵也有交往。然而,卑贱的乐户地位仍难改变。一次,其居的微子镇要修关帝庙,让村民捐资,事前明言,依捐钱多少,将名字列刻碑石。当时村民最多捐到五块银元,扎根索性捐了七块,一心想把名字刻在前面。然而碑石刻成,其名未列第一,且未与村民同列,只在碑末另附一行小字,浅淡不清地刻了"朱扎根施洋七元"。

扎根不服，告到县衙，但村里宁可不要其钱，也不让破坏规矩。又一次，扎根领班在县城为财主家承办红事，账房先生也是个有头面的，与扎根相熟。事后“表账”（结算酬金），账房偏袒事主，压价克扣。扎根凭着自己有声望，又与账房相熟，不由说了句玩笑话：“要不咱换工吧。”意思是钱我不要了，轮到我家办事时你们来吹打。这种将显贵与乐户倒置的言语，无疑犯了大忌，闯了大祸。于是，扎根设在县城的“官房”（为支应办事而设），及其县城周边的“坡路”，一概被没收，只好流落他乡办事……

对于乐户需要遵守的“规矩”，平顺县西社村的乐户后人王双运（1995 年，时年 61 岁）讲，其小时随父办事也曾亲经亲见。依其讲，乐户只要出门，遇见普通人开口先称“大爷”“爷爷”，即使对方年龄很小也得称其“小爸”；走路得让道，说话先弯腰，绝不能平起平坐。尤其办事“表账”，更得低声下气，弯着腰，半跪着，才敢和账房说话。届时，账房先生坐在炕上，甚或躺着，乐户科头（班主）最多一腿支在炕沿或锅台边，也仍弯腰似跪，说些乞求怜悯的话。至于乐户办事待遇，上党各县早又流传着大体相同的顺口溜：

头戴七折八扣（乐户帽），身穿有领无袖（氅褂）。脚踏五蝠捧寿（鞋），手拿一尺不够（吹管）。走在街上，排成两溜（行进吹打）。锅旮旯伙（吃饭），棚匠（亦属下等人）伺候。动在人前，吃在人后，连毛芽菜（长毛的剩菜），点心（馒头）不馏（冷的）。

当地流行着“下九流”歌谣：“一流玩马二玩猴（马戏团、要猴类），三流割脚四剃头，五流幻术六流丐，七优八娼九吹手。”最后三者皆属乐户类，俗称“下三烂”，且见执业吹打的乐户（吹手），比优人（唱戏）娼者地位还低。当地以吹打为业的“红衣行”（只穿红褂办红事）、“八音会”（平民爱好者组班），直至民国时，也仍不愿与传统乐户相混，看不起“龟家”。如高平市米山镇红衣行老人苏黑仁（1917 年生），也是吹打好手，也曾领着一个吹打班子，就最忌将自己混称为“龟”。据其讲，一次去相邻的沁水县办事，当地误将其称为“龟家”，从此发誓再也不去沁水行艺了，说“丢不起人”。又如长治市城区八音会老人陈富有（1915 年生），酷爱吹打，学得一身本领，其领的八音会班子更不与乐户班子照面、打对（比赛），即使办事时路遇，宁愿避开，唯恐误会失了身份。这些事例无不说明，直至民国年间，乐户仍被视为“龟家”，仍被一般人歧视。

时至今日，上党乐户的后人早已翻身解放了，即使执业吹打，也都统称“八音会”。然而，一些旧的风习仍见，一些执业吹打的乐户后人仍被人背地称为“龟疙瘩”“龟家”。笔者采访中听到这样一件事，前些年，有个乐户后人已是大学生，谈了个对象，女方家长一打听，说是个龟家后代，便坚决反对。由此可见，旧社会对于乐户的歧视是多么普遍，又是多么根深蒂固。

【注释】

〔一〕见《四库全书存目丛书》子部“杂家类”所引明朗瑛《七修类稿·绿头巾》，齐鲁书社，1995 年版，子部一〇二册，644 页。

〔二〕《分类古今笔记精华》卷五“谚语·绿头巾”条，上海古今图书局（广益书局）编印，民国三年版，卷页 2。

〔三〕唐赵璘《因话录》卷一，古典文学出版社，1957 年版，71 页。

〔四〕《南村辍耕录》卷二八“废家子孙诗”条，版同前，348 页。

〔五〕《明史》，中华书局，1974 年版，1654 页。

〔六〕《五杂俎·人部四》，版同前，200 页。

〔七〕详吴晓光《说“栈”与“鸭”》一文，载《文史知识》，1997 年 11 期，103—108 页。

〔八〕《定襄县补志》“保泰条目疏”，版同前，54 页。

第六章　与乐户相关的民俗

由于民间赛社类如帝王寿宴，亦礼亦乐，其伎乐例由乐户支应，影响所及，就见上党诸多民俗也与乐户有关。以至“良家子弟”见类乐户，也有组班卖艺者，也都参与相关的民俗活动。为见其实，以下按其行业组织、行业历史、相关的民俗活动分别举例，并加考述，以见其彼此关联的文化内涵。

第一节　相关的行业组织

随着唐宋商业发展，市民阶层的出现，见如前引，宋代市肆早已分行执业。其中卖艺者，包括乐户，属民间散乐，也属一行。金元乐户统称行院，仍由大行散乐支应赛社。沿此如上党赛社，有主礼先生，属阴阳行业，又有厨师、茶房、棚户等，类宋代“四司六局”，也皆分行。民间流传有“赛社赛三行，厨子、王八、鬼阴阳”之说，乐户被称为“龟家”“王八”，仍属行户，而且仍类金元大行散乐。

由于广义而言的“散乐”，先秦泛指“野人为乐之善者”，包括执乐的“良家子弟”，故见唐宋以来的散乐或代指民间乐户，或泛指民间表演，统称俗乐，仍含秦汉以来的角抵百戏、民间社火等，多良家子弟。正因此，宋代勾栏见有“外人”者，元代良家子弟也在“习学散乐，自搬词传”，且见清末民国的上党地区，平民子弟也仍习学“吹打”，仍类乐户组班行艺，有“八音会”“红衣行”等。以下分别考述。

一、八音会

时至今日,上党仍有“八音会”,既属民间“吹打”表演,又可指其成员,为“俗乐”。所谓“八音”,见《周礼·春官·大师》早记:“(五声)皆布之以八音:金、石、土、革、丝、木、匏、竹。”不但乐分五声,早施于八类乐器,且见《尚书·舜典》早又说,“八音克谐,无相夺伦,神人以和”,早又强调各种乐器声音和谐,涉及“宫调”理论。上党地区八音会借此而名,其“会”仍与“赛会”相关,早期成员为“良家子弟”,绝非“贱民”。依今考查,见其起于村民自娱自乐,原非靠此谋生。随着清代乐籍废除,一些八音会艺人才类乐户,每也承办民间红白喜事,借以挣钱,至今仍然。

自娱自乐是人的天性。《诗经·国风》早有“坎其伐鼓,宛丘之下”云云,《周礼·春官》早又记“以乐舞教国人”,从中早见一种自娱风韵。沿此,见两汉魏晋仍有采自民间的“乐府新声”,见南北朝早又盛行胡人歌舞,见唐代民间仍多“散乐”。从而随着商业发展,就见宋代“每遇神圣诞日,诸行市户俱有社会”,“富豪子弟绯绿清音社”之类每也参与〔一〕。不但宋代民间“子弟”早多参与各种“社会”“社火”活动,早也“外入”勾栏卖艺,且见元代“诸民间子弟不务正业,辄于城市方镇演唱词话,教习杂戏,聚众淫谑”,屡禁难止。至明清,既见民间“土戏”仍多平民参与,又见民间“社火”仍类宋代“社会”,仍与赛社相关。

举如山西平阳。康熙四十六年(1707),知府刘棨曾邀孔尚任(因作《桃花扇》牵连免官,时已还乡)编《平阳府志》,其观当地元宵社火后写有《平阳竹枝词》50首。既写及“演春”“迎春”“试灯”“踏灯”等活动,又言及“舞肩”“踏歌”“西昆”“乱台”“平话”等表演,不但有“女优”参与,且类宋代“社会”,有“秧歌竹马儿童戏”“山羊牛车载美人”“暂借郎肩作画楼”之类社火表演,以至类如赛社迎神,其各种表演仍见“雨点花攒鼓衬锣”〔二〕。

见于上党地区,也举康熙时一例。如时任文渊阁大学士的陈廷敬(曾参与编纂《康熙字典》),在其阳城县老家(旧称午亭村,今成旅游景点,称“皇城相府”)过元宵时,作有《午亭村灯火》一诗,也正写及社火表演〔三〕。见言“良宵烂漫正三五,追欢是处轰金鼓”,也多“鼓乐”;见言“千枝百炬奚足数”“碎熔镔铁盈洪炉”,为当地社火“打铁花”表演;见言“乡傩尤多傀儡忙”,仍类宋元面具舞跳;见言“村词野调乖宫商”，仍如《南词叙录》言，“不叶宫调”，为“土戏”。可见午亭村灯火也类平阳社火，也如宋元所见，仍多村民自娱色彩。

正因此，随着清雍正以后废除乐籍制度，打破良贱分明的界限，就见上党八音会也类乐户组班卖艺，也承办红白喜事之类谋生。尤其一些偏远山区，缺少乐户，更为八音会的营业活动提供了有利机会。

举如上党地区的平顺县，地处深山，城关一带早无乐户，既见其县衙仍用距城较远的西社村王家乐户“照旧伺候”（前引），又见其县城周边村庄办事已靠八音会支应了。如八音会老人陈富有（1995 年，时年 80 岁）就讲（据采访记录整理）：

我家原住平顺县城关野峪村，一岁时丧父，十多岁时母也改嫁，靠祖父母抚养。十六七岁时，祖父母相继去世，我已成家（结婚）。因我从小酷爱吹打，花钱四处求教，就把仅有的一点家业也花光了。但学了一身本事，便也组班、带徒，承办红白喜事，也成了八音会出名的把式。我师父是平顺大曲人（距野峪村七八里），叫王发科，平时务农，也是八音会把式。

八音会不同于乐户，最初只是图个高兴耍闹，是农村有家有业的子弟出于爱好，才学了吹打。我师傅王发科因领班办事，收徒传艺，曾住在长治市东关办班授徒，后来他回村当了村长，又推荐我去接替。后来全面抗战爆发，县里成立剧团，我在剧团待了两年，直到长治解放，才又落户长治东关，继续授徒，并将授徒范围扩大至襄垣、长子、潞城、壶关、平顺等县。我授徒不挣钱。因为我学艺就曾弄得家里破产，所以只要愿意学，我就教。我教的徒弟很多，他们挣了钱也紧我花，不说多少。（按，接讲自己儿孙学艺等，今略）

很早以前，红白喜事也是“龟家”（乐户）、“小吹打”（类似乐户）办，八音会只闹个红火，后来也办老人庆寿、儿子娶亲、小孩过满月，都属“红事”，“白事”仍然不办，嫌丢人，怕被人低待。若逢赛社一类的庙会，最初八音会只支应社火吹打，如扛妆、踩跷之类的故事装扮，每一队表演可用一班八音会相伴；或又在庙上吹个“愿戏”，支应事主向神还愿，只吹短曲，不吹大戏。八音会办事，穿戴和平民一样，不像乐户穿着行头，帽上插根雉尾，让人一看就是“行户”，低人一等。八音会用的乐器，除锣鼓属于“粗乐”，据老人说，早年也用笙、箫、笛、管，连唢呐也少吹，属于“细乐”；后来唢呐成了主奏乐器，定调仍与乐户不同，八音会一般定的是“三眼调”（B 调），调音高，乐户用的“下调”，要低一个音调……

笔者采访时，陈富有老人仍住在长治东关，有徒弟，其孙辈仍领着一班八音会办事。

类此，见如长治市郊区的原大飞（小名），也是个八音会艺人，早年家境不错，酷爱吹打，不仅家中常留乐户艺人居住，也借机学艺，且为多学本领，四处投师，曾混迹于屯留等县剧团。笔者于 1995 年前后曾对其作过两次采访，其已 70 多岁，仍领着以儿女为主的班子，承办红白喜事。

按笔者调查，由于八音会定调与乐户不同，即使同一曲牌，两者所记的工尺谱也为两样。另外，八音会多吹各种小曲、小戏（如秧歌等），乐户则不然，多吹古传曲牌，绝少吹奏民歌小调。尤其“吹戏”时，乐户多吹“大戏”，如昆曲、梆子（上党梆子），也吹一些古传的罗戏、卷戏、簧戏（二簧）曲牌，至于民间小戏，如上党落子、秧歌之类，在乐户眼里属业余玩闹，旧时不吹。总之，在八音会艺人眼里，乐户为“行户”，比自己低贱，因而办事时不愿与其为伍（恐也有技术稍逊的原因）。在乐户眼里，八音会纯属不入行道的业余玩闹，闹红火可以，上不了正经场面。平心而论，八音会也都承认乐户的功底深、家底厚，虽然看不起乐户，却又明里暗里向乐户偷学一些东西。发展至今，除老辈之间还有门户之见，在一般人眼里，凡执业吹打者早已统称八音会了。

二、红衣行与小吹打

见于上党地区，又有称“红衣行”者，主要分布于长治市以南的晋城、高平一带（今统属晋城市），即古泽州范围。长治周围及其以北各县，古属潞州（明嘉靖以后称潞安府），虽不见红衣行，却有“小吹打”，或称“小鼓手”，据老艺人讲，两者叫法不同，实质相类，都是介于乐户与八音会之间的一种执乐群体。

关于“红衣行”的来历，又有两种说法。一说，红衣行早期只办红事，穿的行头都是红色(类如大戏中的军卒装扮,头戴小军帽,身穿小军褂),故称红衣行。另一说,因红衣行不是正统乐户,艺道本不深,却仿乐户行艺,借以“混饭”,原被讥为“混艺行”,后才谐音为“红衣行”。何说为是,无从确考。但清光绪三年(1877)前后,晋城、高平一带确曾发生过严重旱灾,饿殍遍野,至今存碑仍记有当年人吃人的现象。或因此,当地乐户锐减,才有了仿类乐户的执业者,借以混饭。

然而考察中发现,红衣行见称为“行”,或有些来历。不但见与宋代分行执业相关,与金元乐户每称“行院”相类,且见也有行业祖神,或敬“包公”,或敬“乐音大师”〔或误称“陆(六)音大师”〕。敬包公者还有一个说法,言包公陈州放粮,受阻不得进城,最后混到吹打队里才进去,故被奉为行业祖神。与此相关,宋代见有包拯上奏仁宗《请免陈州添折见钱疏》,且见元杂剧已有《陈州粜米》一剧。按此,红衣行或早出于宋元,早有包公救灾说,艺人头戴小军帽、身穿小军褂,正类宋代军乐,或早称之“红衣行”。

1995 年,笔者曾采访过高平两个红衣行老人,一是米山镇的苏黑人,一是建宁村的高保富,两人当时都在 80 岁左右,都是当地出名的把式,都居住在该县大村大镇,都与乐户有来往。据说,当地乐户原来对于红衣行有所戒备,怕艺道外传,被抢了饭碗。后来随着乐籍制度废弛,彼此有了姻亲关系,才在技艺上有了交流。如建宁村的高保富,先作了本村余家乐户女婿,后又娶了米山镇苏黑人的姐姐,苏黑人收的徒弟也有了乐户后人。

见于高平一带,既有乐户,又有红衣行,甚至同居一村,执业上不免竞争,但两者办事仍有区别。首先办事衣着不同,乐户每穿各色开氅、龙褂,龙褂背后绣有一条竖龙,头上又戴龙抿,所以乐户每夸自己与龙有关,受过皇封,为伺候皇帝的大乐;红衣行则不然,只有简单的红帽、红褂,自然无法相比。其次,办事的内容、礼规也不尽同,红事都可承办,但红衣行一般不办白事(这与八音会相近)。依当地所见,白事礼规较多较严,多用乐户;即使主家大办,见有红衣行参与,其也多在主家门外或灵棚外面吹奏,一般不进院,更不在灵前“加礼”(三献礼)。加礼时不但仪式烦琐,而且要分别穿着白氅、红氅、黄氅等依次接大宾、迎先生、献供馔,要吹古曲古戏,甚至要代孝子哭灵。红衣行既难支应,也不愿降低身份。有时也有例外,有的主人摆阔,不但请有乐户、红衣行,各执其事,而且要求两者“打对”,当街比赛。若遇祀神赛社一类庙事活动,红衣行既类八音会,可参与社火吹奏,又类乐户,可参与吹戏、吹棚。但若敬神供盏,仍非乐户莫属,仍要用笙箫笛管之类“细乐”，吹奏一些古调曲牌；除非请不到乐户，庙事活动已经简化，才可由红衣行包揽以代。依今见，红衣行与八音会的吹奏乐器相类，只用唢呐，不用叽呐（小碗唢呐）、管子（筚篥），同属粗乐，乐户则粗乐、细乐兼备。在定调、记谱上，红衣行与八音会基本相同。不过，红衣行与乐户更靠近一些，也属一“行”，也有行业崇拜，衣饰上也有简单标识。

与红衣行地位相当的又有“小吹打”，或称“小鼓手”，与除籍后见称“官鼓手”的乐户也有区别。小鼓手多见于长治以北的襄垣、沁县一带。这些县后期乐户已少，加之多属山区，就见民间红白之事多由小鼓手承办。见其也由家庭组班，不但技艺多由乐户手中学来，而且执业地盘多从乐户手中租赁。因其只办红白小事，故称“小吹打”或“小鼓手”。但其执业却无特殊衣饰，这一点又与八音会一样。如住在襄垣县城关的乐户老人陈凤远（1995 年，时年 72 岁）就讲，他家原住县北的善福村，周围再无别的乐户，这一带原属他家办事的“坡路”，后因自家办不过来，就将部分地盘租给了“小吹打”，每年收一定租金；若不办租赁手续，或越界办事，陈家则可没收办事者所得，甚至禀官追究。至于官府应差，则仍由陈家乐户照旧支应。正因陈家曾将“坡路”租赁他人，有过所谓“剥削”行为，在新中国成立前初次土改时（当地早在抗日战争时期已属八路军的根据地，土改较早），曾将他家误划为地主。所以笔者采访陈凤远老人时，说到此事，其仍忿然激动。

总体而言，八音会、红衣行、小吹打，既与乐户不同，又有一定联系，皆属广义上的民间散乐。其中，乐户地位最低，八音会最具平民色彩，红衣行、小吹打则介于两者之间。若论技艺，乐户最为正统。

【注释】

〔一〕《梦粱录》“社会”条，见《东京梦华录·外四种》本，版同前，299—300 页。

〔二〕郭士星等《孔尚任平阳竹枝词浅释》，山西省文化厅戏剧工作室编，1982 年版，35—66 页。

〔三〕《泽州府志》（雍正版），1979 年重印，卷四八“诗”部载《午亭村灯火》一诗。

第二节　相关行业的形成历史

见于唐宋，随着商业发展，乐户艺人，包括“外入”勾栏卖艺者，乃至歌妓，早属“同行”。对此，见唐《教坊记》已记：“坊中诸女，以气类相似，约为香火兄弟，每多至十四五人，少不下八九辈。”〔一〕见唐《北里志》更记，其妓“皆冒假母姓，呼以女弟女兄，为之行第，率不在三旬之内”〔二〕。不但唐代乐妓早以“香火”结拜，“兄弟”相称，且已称“行”论“第”，分等有次，已经形成“行第”。由此而至北宋，就见《东京梦华录》记，“雇觅人力”等已有了“行老”，勾栏卖艺者也在诸行之列，以至“士农工商，诸行百户，衣裳各有本色”〔三〕。至南宋，《西湖老人繁盛录·诸行市》记，市肆仍有“歌舞、歌琴、歌棋、歌乐、歌唱”之类〔四〕。《都城纪胜·诸行》条说：“市肆谓之行者，因官府科索而得此名。不以其物大小，但合充用者，皆置为行。虽医卜，亦有职医，克择之差占，则与市肆当行同也。”《梦粱录》“团行”条说：

> 市肆谓之“团行”者，盖因官府回买而立此名，不以物之大小，皆置为团行，虽医卜工役，亦有差使，则与当行同也。〔五〕

显然，所谓“团行”正指各种行业团体，“歌舞、歌琴、歌棋、歌乐、歌唱”早也形成团行。从而，既见北宋乐户早有“差使”，早“按籍召之”（前引），早属“科索”，又见南宋也已变成“回买”，早也“和雇”，以至见其类如“诸行”，每也参与“社会”。如《武林旧事·社会》就见记有南宋杭州实例如下（小字为原有的旁批）：

> 二月八日为桐川张王生辰，霍山行宫朝拜极盛，百戏竞集。如绯绿社杂剧、齐云社蹴球、同文社耍词、角抵社相朴、清音社清乐、锦标社射弩、锦体社花绣、英略社使棒、雄辩社小说、翠锦社行院、绘革社影戏、净发社梳剃、律华社吟叫、云机社撮弄。〔六〕

对此，南宋《梦粱录·社会》也有类似记述，不但记有“二月初八日，霍山张真君圣诞”等祀神活动，仍见“锦体社”“台阁社”“遏云社”“女童清音社”“苏家巷傀儡社""豪富子弟绯绿清音社"之类参与,且言"每遇神圣诞日,诸行市户俱有社会,迎献不一"〔七〕。由此,既见南宋"社会"仍类"赛社",也仍"圣诞"酬神,又见各种艺人早也分类结社,如"绯绿社"同属演"杂剧"者,如"同文社"同属"耍词"说唱者,如此等等。"翠锦社"标属"行院",已如金元所见,所演已属院本。显然,唐代"行第"、北宋"行老"、南宋"团行",直至金元"行院""大行散乐",一脉相承,与唐宋以来"赛神""社会""赛社"相互关联。正因此,既见金元"行院""大行散乐"为乐户团体,参与民间祀神活动,又见其类如其他行业,早也敬有"行业神",以至见类唐代"香火兄弟",早又结帮成伙,类如行帮。

举如明代女乐,不但其敬的白眉神早属"行业神",且类唐代北里女妓"约为香火兄弟",为图资财结帮成伙。如清人严思庵所编的《香艳丛书·艳囮二则》就写,"明万历之末……教坊妇女,竞尚容色,投时好以博赀财。后且联布羽党,设局诓骗,妙选姿色出众者一人为囮,名曰打乖儿。其共事者,男曰帮闲,女曰连手",由此"构成机巧",骗人钱财,以至"崇祯中御史风闻其状,奏请裁汰在京乐户"〔八〕。既然明代"教坊妇女"早也"联布羽党,设局诓骗",多有"共事者",当然民间乐户乃至同类,早也类此,形成行帮、行会。

见于山西上党地区,直至清末民国的遗存乐户、红衣行、八音会之类,仍多"共事者"。

仅就乐户而言,举如陵川县,官府为执业乐户划有地盘,照受其税,仍需"支官应差""照旧伺候"。全县划为12块地盘,各地盘乐户设有"科头"(一般由家长担任),总科头例由城关的张家乐户担任(以便与县衙接头),更有了官方认可的行业组织。加上乐户间的"行亲"关系,以及行业活动的需要,就见全县乐户集资,在陈丈沟修有"咽喉庙",俗称"打鼓庙"。庙有坡地,属全县乐户公产,可供败落乐户住庙耕种,可为庙事活动积些资金,成了全县乐户活动重地,可处理内部大事,也可一致对外。据最后住庙的乐户老人侯成有(1928年生)讲,因其父辈家道败落,住在庙内,该庙每年仍有三大祭:五月五祭瘟神、七月七祭娘娘(高禖)、腊月初八祭咽喉神(庙中皆有其殿)。每祭全县乐户齐集,张灯结彩,吹打供盏三日;见县衙各种庆典活动仍由乐户支应,也先在此集中演练;见庙中置有花椒木大板、猪毛绳,供总科头使用,用以惩戒所属乐户,其总科头仍类明代教坊奉銮;见全县乐户又立有"公议会",会长另由乐户推选,可协助总科头处理乐户间的事务,以便办事公允。侯成有举例说,光绪年间,总科头仍由城关乐户张

小元担任，而公议会的会长则由西窑村乐户宋永发担任。今该庙仍存道光五年(1825)“公议会沐手立”的大匾，上书“神恩默佑”四个大字，可见其公议会至迟清道光时已有。据侯成有说，乐户内部问题，一般先由公议会协商解决，必要时才由总科头出面与县衙交涉。比如本县乐户权益受到侵犯，公议会可随时通知开会，共同对外，维护所属乐户的权益。侯成有举例说，其家住庙时，曾将属于自家“衣饭”的10个村庄典租给相邻的高平建宁村余家乐户，后来侯成有弟兄们长大，想要赎回，余家不肯，就是靠公议会动员全县乐户施压，才得如愿。对此，笔者又曾采访过建宁村乐户老人余和气(1995年，时年72岁)，其也含笑承认，当年确有其事。由陵川乐户集资修建的咽喉庙及其活动，已见清代后期上党乐户行业联系之一斑。

又如相互组班办赛。当地大赛每用乐户几十人甚至上百人，一些有钱人家红白喜事每也大办，都非一家乐户能够胜任。因此，若用到其他乐户，乃至红衣行之类艺人，每由事主与乐户“科头”或“揽头”签立一份办事“筹帖”，类如合同，言明有关要求。从而，由对乐户的有关要求也可旁证其同行交往。为见其实，今举几份相关的遗存文字，并加说明。

长子县小关岭三嵕庙办赛筹帖

立筹帖文字乐人科头：闫双会、闫女成、杨富群

今承揽到十村在于小关馆护国灵贶王神前享赛事。定于闰三月初四日迎神，初八日送神。享赛三朝，迎送五日。迎神：四文四武走队，细乐八名，粗乐四名；前行早乐三场，壮士前后拾扮，接头在外。卯筵三盏照规：前后行二名，鉴(监)斋、值宿二扮，报食二名。三场：衬队九个，吹戏九出，晚乐院本、杂剧三场。下厨祭台、八仙迎寿、八仙安寿、猿猴脱壳、太平鼓板齐整，细乐八名，前后行二名。细乐细氅，红大帽，额则，

接挂(褂),尾则。笙、箫、笛、管、锣鼓等事,一切乐器俱要新鲜,皆鸣响亮。男乐俱要精壮,衣甲务要新鲜。神厂(场)上马队戏一场。一应吹打等事,听主礼先生调用。合社公议,赐腔价大钱肆拾千文整。赛事以毕,照数领取。如有临时缺少一名,跌钱壹千文。如要不听调用,轻则神前责处,重则禀官究治。恐口无凭,立筹帖为证。

光绪二十四年前三月十七日　立筹帖文字乐人科头闫双会、闫女成、杨富群

后批:吃油二斤,黄黑茶叶半斤,正赛每人吃面半斤。

社首　苗永明

主礼先生　牛东林

今考,“立筹帖”的闫姓乐户居于长子县南李村,杨姓乐户也非小关岭所在范围,故见由其“承揽”,先商定办赛要求和“腔价”,然后组织同行承办。

襄垣县白龙庙办赛筹帖

立筹帖乐户:赵成林

今搅(揽)到护国义济王尊神春祈报赛祭祀之大典。自古额定:明年二月二十八日,到土地庙下请,白龙淹下禀,本庙演乐摆驾;二十九,石室村接神;三十日头场,三月初一日正场,初二日末场,初三日送神。下请头一日:有八人鼓地一次;本庙细乐八名,前后行二名、马前乐四名,本庙演乐队(队戏)一场。迎神之日:马前乐四名,四文四武,驾头一个,扢然狮虎(引狮的舞者)三名,细乐八名,前后行二名,十狮十九名(十个狮子的扮者,其中一小狮由一人扮)。四文四武、粗乐细乐、六名走队、神场杂队,石室村一场;安神,大杂队一场。头一场之日:卯筵,监斋、值宿、报食、两班前行随盏到底;细乐八名,狮虎排场,比方一个,下厨祭台,衬队四个,大杂剧一场。晚乐,本院大杂队一场。到关帝庙迎寿。正场之日:八仙安寿祝寿,猿猴脱角(壳),讲山表水,狮虎卯筵,值宿、报食,杂队四个,正队一场。晚乐,本院大杂队一场。末场之日:太平鼓板,卯筵狮虎,衬队四个,正队一场。晚乐,本院大杂队一场。初三日到关帝庙送神:奏乐一场,细乐八名,前行二名。安新社首(即轮办时新旧社首交接仪式),细乐八名,前行二名。以上宴筵三朝、迎神之

日，细乐、队戏、前行、后行可穿龙褂；蟒袍、朝靴、帽，俱新鲜齐正，不得破旧顶补。二月二十八日，地鼓七遭。每日五更发（伐）鼓三通，听钟为令，不得失误。捎代（带）吹后台、迎盘、迎供，三天六次。一切吹打杂事，一切祭风、祭太阳、讲路诗、迎送二仙，每日听主[礼]调用。迎神之日，本村、石室村游庙。锣鼓二名，三天鼓地。细乐俱以主礼调用。合议（社）公议，乐户米一石八斗，白面三百斤，贡尖茶七斤，牛烟十包，煤炭社内领取，牲口料豆每口一斤，水草足用。言明，抱（包）干调和、颜色、纸张、一应杂赏，写头（指写立筹帖的赵成林）腔价钱六十五千文。恐口无凭，立筹帖为据。

中华民国二年阴历十二月□□□（立筹帖）乐户赵成林具

同维首（六个社首人名，今略）证

今考，白龙庙位于襄垣县石室村旁，"乐户赵成林"为襄垣县人。不过，见其只是"揽到"此事的"写头"，即"揽头"，揽后还需找人帮忙。因而，此筹帖是在平顺县西社村王家乐户发现的，可见具体办事实由王家协助或承办。

平顺县苗庄镇办赛筹帖

立承揽人：郭辅清

今揽到本村赛场事。三月二十日下请起，二十五日送神止。用人口三十名，俱要精壮。衣服新[鲜]齐整，合事妆扮。接神走队，细乐六名，赛场队戏，四文四式。当日言明，价钱拾陆千整。总催、接寿、下厨，赏钱壹千五百文。料豆三斗。赏红布二匹。定钱壹千整。恐口无凭，立献揽为证。

乾隆五十年十月初十日立　　承揽文字人□□□

维首人　郭师辙　郭　瑛　王积现　马　省　刘校卒　郭正考　程义顺　刘校仁

今考，"承揽人郭辅清"乃平顺县苗庄镇乐户。依规，"本村赛场事"例由郭家乐户义务支应，但因"用人口三十名，俱要精壮"，绝非郭家所能胜任，故见筹帖中又言"献揽"，既有义务"献"，又需"揽"后请人帮忙。因而，该筹帖也仍发现于西社村王家乐户。由于郭、王两家乐户同属一县，世有姻亲关系，故见苗庄赛社多由王家协办，至今王家还存有清嘉庆二年、六年、七年、九年所立的四张筹帖，也仍类此，由郭家承揽，王家协办，仍用“乐人三十名”，或加“如有失误，罚白米五石”，或写“如有失误，遵社议罚”。又因郭家承揽的是本村赛事，仍遵旧规，无需细言办赛的具体要求，故见其筹帖都写得比较简略。

平顺县苗庄镇办“红白事件”契约

立承揽文字人：郭小乞

今揽到羊井底大社红白事件。于四月初二日午前到社，初四日午后回。言明工价钱二千五百文，社内管饭，茶酒足用。响器俱全，风雨无阻。恐口无凭，立契存证。

同治元年三月初十日立承揽文字人郭小乞

中见人社首捌名（人名今略）

后批：有误与王五则相干

今考，文中的“王五则”属西社王家乐户，羊井底村属苗庄镇郭家乐户的坡路。因此，苗庄镇“红白事件”仍由“郭小乞”承办，仍由其“承揽”其事，又见“与王五则相干”，可见请西社王家乐户协助。该契约仍是从西社王家乐户发现的，其仍类“大赛”筹帖，“言明工价钱二千五百文，社内管饭，茶酒足用”，仍强调“响器俱全”，为大办“红白事件”的筹帖。

平顺县西社王家乐户与村社所立契约

五社公议，用王新会办事。无论迎神赛会、喜忧之事、应理办事，以遵规条。言明在黄牛村立下官房，以备五社定（订）事。两出情愿，今将规条开后：

十里以下娶亲，乐户六名，工钱贰千文。十里以上娶亲，乐户六名，工钱贰千贰百文。白事当日，乐户六名，工钱壹千壹百文。

黄牛村

南桃村

王家庄　大社同具

赵庄村

韩家园

光绪二十年二月十九日五大社同具

今考，西社王家乐户见分东西两院，东院一支又不断分家，"王新会"正是东院后人，因怕所分坡路被人抢占，故与坡路五村立此办事契约。其所写内容，既含地盘各村的"迎神赛会"，又含"喜忧之事、应理办事"，包括红白喜事、老人庆寿、小儿过满月等。其中"娶亲""白事"是其主要收入，故见商定了通行的规格和价钱。若破例大办，不属其"应理"之事，届时则需面议。至于"迎神赛会"，不但重要，见列于条规之首，且因为官差，仍属地盘内乐户应尽的义务，故未言定价。当然，如若办赛规模较大，用人较多，又需雇请他人，届时仍立"筹帖"，村社仍要"赐"以酬金。

由上举引，既见清末民国上党地区仍多乐户遗存，仍要支官应差，支应民间赛社，又见其仍类历代散乐，也仍承办民间红白喜事之类，甚至是其主要收入。从而如前引，就见清末民国的上党乐户已与红衣行、八音会之类艺人多有来往。尤其乐户与戏班，更因有着历史渊源，早被视为同行。因此，既见当地乐户皆会"吹戏"，戏班临时缺人可去"救场"，又见一些戏班艺人每也参与乐户活动，甚至乐户祭祀行业神时也去。见如平顺县西社村王家乐户，还曾领头办过戏班。见如高平城关咽喉庙(今毁)，每逢腊八祭祀咽喉神，不但该县戏班也来献戏，且见上党梆子有名演员赵清海(1881—1939)等，虽不属该县戏班，也来献演。

上党乐户早又形成一种行风，凡遇落难的同行，不论认识与否，都要帮衬。尤其在外办事遇到时，总要送点费用，甚至比参与办事者挣的还多。乐户艺人说"人不亲行亲"。

"红衣行"也是如此。比如高平苏黑人(1917年生)1997年受访时就讲(依记录整理，并节录)：

……我们年轻时好结拜烧香，拜过把友，换过帖子，就"兄弟"相称了。年轻人好耍，说到一处了，就结拜，也为办事互相帮忙，多学点艺道。我十七八岁，结拜过五个兄弟(具体人名今略)，都是红衣行的人……相传，红衣行是由八音会演变来的。八音会原来只娱乐，不办白事，不挣钱；挣钱后就有了恶名，成"红衣行"了。在吹打行道里，"龟家"(乐户)原来只能找"龟家"结亲，红衣行不一定，也可与其他行道结亲，我外公就是个教书的。到我这一辈，红衣行和龟家也开始通婚了，也在一起共事。比如，我的一个姐姐先是嫁给了本村"茶房"白狗(人名)，后又嫁给建宁村红衣行的高保富，另一个姐姐就嫁了建宁村的龟家余二扁。我哥(名苏白人)和鲁村龟家李水业还是把友,换过帖子,兄弟相称。……龟家祖传的地位低,别人叫他们“龟疙瘩”“鳖”(举例今略)。龟家班主叫“科头”。红衣行班主叫“揽头”,办事称办“代号”……过去办事规矩大,龟家和红衣行穿的不一样,用的乐器也不完全一样(具体举述今略),龟家属“细乐”,红衣行属“粗乐”,一起办事时,各干各的,绝对不能乱,粗乐先办,细乐后办;粗乐在上手(居左),细乐在下手(居右);行进时粗乐在前,细乐在后;吃饭也是红衣行先吃,然后才叫龟家吃。在没有龟家时,红衣行也办白事,粗细乐一齐顶,我就干过。主家要求粗细两疙节家伙,又怕花钱,我就把班子一分为二,一半粗,一半细,没有细乐的衣服,就叫上一个龟家,租上他们的行头。粗细乐干一样的活,挣钱却不同,龟家多,红衣行少。办完代号,账房说“他们拿五串,给你四串吧”。表账后,又可要些上路盘缠,或给几个赏钱,和唱戏的一样。过去我们这一行,只能伺候自己“坡场”的事主,不能乱走,除非别的揽头叫你帮忙。我住米山镇,坡场就是周围的十来个村庄,如果在我家坡场办事,有谁想用细乐(乐户),得先用我的粗乐,不经我的同意用了细乐,我就敢把细乐的家伙夺了。坡场是祖传的,如果日子过不去,可以把坡场的村子租给别人。在坡场办代号,除红白事,我还伺候过做寿、过周年(属白事)等。过去吹打少,代号多,有时一天跑两三家,有时一班分两班,反正不能误事。人数不够了,拉个穷汉,穿上行道衣服,打个镲,敲个梆,总比讨吃要饭强;一两回下来,他也就入行了。若临时缺了把式,我就去旁处叫,你要好唱家、好拉家,我都能请到(举例今略)。过去行道间关系密切。比如,吹打、厨子、茶房,过去是三大行,称“老三门”,都是低贱行当,办代号谁也离不开谁;主家给了赏钱,是因厨子制作好、茶房端的好、吹打的家伙好,就三一三剩一,平分。又如戏班,红衣行也去,主要是帮着打家伙;冬天戏班散了,他们也帮着办代号。过去庙会时,要演一种“神戏”,剧团每请我们帮忙,我在晋城、陵川、壶关等县的庙会上都打过神戏,还穿袍戴帽上台唱过。再如“支官”,过去是一种义务,属于“官差”,既有戏班,又有龟家、红衣行等,绝不能误。不然,就失了办事资格……

由其所讲,既见“红衣行”类如乐户,也有“坡场”“官差”,又见吹打、厨子、茶房、戏班等同属低贱行当，每也相互来往。

清代晋城县城关（泽州府所在地）早又设有“五聚堂”，见咸丰元年（1851）所立《五聚堂纪德碑》（今存）记曰：

五聚堂者何？梨园寓所也。梨园何以有寓？为支差而设也。堂何以五聚名？五属梨园皆得寓于斯也。中奉开元皇帝（唐玄宗），梨园所自始也；左祀三官（天、地、水三神），祈赐福也；右配财神，祝多福也。曲辨铿锵，人苦爬涉，是以大王、咽喉、山神附焉。……

依今考察，“五聚堂”实为“官房”，正为“五属梨园”的艺人支官应差而设。为何称“堂”？见如前引，明代女妓所敬的白眉神早属“乐星”，早供在“乐星堂”，正与上党乐户所敬的“咽喉神”相通，不但后期晋城乐户也仍祭祀咽喉神，且见挂有“一张大布画，和中堂差不多，画有五个老爷：关爷、财神、咽喉、张仙、火星。也叫五棚像”，其“五棚像”正类“五聚堂”所见。正因此，就见唱戏、说书、吹打之类“五属梨园”者仍类乐户，“皆得寓于斯也”，仍要支官，同祭唐明皇、咽喉神等。何以又立“纪德碑”？见该碑接记，道光三十年（1850），当地以九个戏班为首，联名投诉官府，言“差事日增，苦累不堪”，“官戏每年增至六十余台”，“所增官戏，皆是以先不列祀典，后来在官人员偶起社会，朦混增添之戏”，加之“胥吏更加舞弊”，“纷纷滋扰”，“几于酿成案件”，恳请当地官府“大施裁割”。经知府、知县先后审定，共裁 23 台，故于咸丰元年（1851）“五属戏班同勒”碑石，以纪“二公德政”，称“纪德碑”，将联名投诉的“禀状”、府县两级批文、审批后“应支官戏”的名单俱列，立为存照。显然，其所谓“纪德”实为防止官府再变。

该碑还传出以下信息：见其乐户、戏班等“五属梨园”，不但正如唐《教坊记》所见，早属“同行”，早多交往，且类宋代“勾栏”所见，包括说书、卖唱之类艺人，早与“女乐”相关；见其“五聚堂”正由“乐星堂”而来，不但说明乐户、戏班之类同源，有着相同的“乐星”崇拜，且见“中供开元皇帝”，正说明“唐玄宗”早与“白眉神”“咽喉神”牵涉；见其支官应差仍与“偶起社会”有关，不但其“社会”正如宋代所见，正与“赛社”相关，早由乐户支应，早也演“戏”，且见其清代“差事日增，苦累不堪”，联合抗争，竟取得小小胜利，更留着时代发展的印记。

【注释】

〔一〕《教坊记》，见《中国古典戏曲论著集成》，版同前，一册，13 页。

〔二〕《北里志》，见《说郛三种》，版同前，卷一二，243 页。

〔三〕《东京梦华录·外四种》,版同前,22、27、28、29页。

〔四〕《东京梦华录·外四种》,版同前,125页。

〔五〕《东京梦华录·外四种》,版同前,238—239页。

〔六〕《东京梦华录·外四种》,版同前,377页。

〔七〕《东京梦华录·外四种》,版同前,299—300页。

〔八〕《香艳丛书》二集卷一"艳囮二则",版同前,10—13页。

第三节　相关的民俗活动

在前曾述,民间赛社发端先秦"社日"活动,沿此"春祈秋报",唐初明立典制,已见"兼存宴酺之义,用洽乡党之欢"。随着唐宋帝王的不断倡导,亦礼亦乐,不但民间赛社见类唐宋宫廷"宴乐"规制,且见这种礼乐早又影响着乡风里俗,早与民俗相关。为见其实,今举上党几例加以考述。

一、由驱傩形态的"打夜胡"说及上党乐户"讨正月"

所谓"驱傩",即驱邪逐疫,先秦早有。《周礼·夏官》已记:"方相氏掌蒙熊皮,黄金四目,玄衣朱裳,执戈扬盾,帅百隶而时难(傩),以索室殴疫。"《论语·乡党》更记有"乡人傩",南朝梁皇侃《论语义疏》曰:"傩,逐疫鬼也。为阴阳之气不即时,厉鬼随而为人作祸,故天子使方相氏黄金四目,蒙熊皮,执戈扬盾,衣朱裳,口作傩傩声,以欧疫鬼也。"随着南北朝佛教盛行,南朝梁宗懔《荆楚岁时记》言:"十二月八日为腊八。谚云'腊鼓鸣,春草生',村人并击细腰鼓,戴胡头,及作金刚力士以逐疫。""腊八"指"蜡八",与驱傩有关,佛家已借"金刚力士以逐疫","戴胡头"者正类北朝的"胡人",其表演正类"驱胡"。与此相关,北魏"尧暄,本名钟葵,字辟邪",曾"赠安北将军、相州刺史"(见《魏书》卷四二)。隋将更有名乔钟馗、杨钟馗者,其"钟馗"正与"钟葵"谐音,正含"辟邪"之义。唐代已借"钟馗驱傩",北宋沈括《梦溪笔谈·补笔谈》卷三就记,"(宋)禁中旧有吴道子画钟馗,其卷首有唐人题记",言"唐明皇痁作,将逾月,巫医殚伎,不能致良",

"忽一夕,梦二鬼,一大,一小","其大者戴帽,衣蓝裳,袒一臂,鞹双足,乃捉其小者,刳其目,然后擘而啖之",其病即愈,"上问大者曰:尔何人也?奏云:臣钟馗氏,即武举不捷之进士也",于是诏吴道子"告之以梦曰:试为朕如梦图之",画成,明皇批曰:"灵祇应梦,厥疾全瘳。烈士除妖,实须称奖。因图异状,颁显有司。岁暮驱除,可宜遍识,以祛邪魅,兼静妖氛。诏告天下,悉令知委。"证之于唐,见玄宗时张说已撰有《谢赐钟馗及历日表》,见之后刘禹锡也写有《为李中丞谢钟馗历日表》《为杜相公谢钟馗历日表》。证之《敦煌变文集》,既存唐代《除夕钟馗驱傩文》,又因敦煌盛行佛教,唐代仍有"胡人"侵犯,见存《进夜胡词》仍言"岁岁夜胡儿",其除夕"驱傩"仍类"驱胡"。晚唐李义山(即李商隐)《杂纂·酸寒》条记,时有"乞儿打驱傩",就是说,当时参与驱傩活动者,已多酸寒如"乞儿"的艺人。

正沿此,《梦溪笔谈·补笔谈》卷三接前"钟馗画"又记,宋神宗熙宁五年(1072),"上令画工摹搨镌板,印赐两府辅臣各一本",仍类唐代所见。《东京梦华录·除夕》记北宋宫廷驱傩如下:

> 至除日,禁中呈大傩仪,并用皇城亲事官、诸班值戴假面,绣画色衣,执金枪龙旗。教坊使孟景初身品魁伟,贯全副金镀铜甲,装将军;用镇殿将军二人,亦介胄,装门神;教坊"南河炭"(**今按,属诨名**)丑恶魁肥,装判官;又装钟馗,小妹、土地、灶神之类,共千余人。自禁中驱祟,出南薰门外,转龙湾,谓之"埋祟"而罢。〔一〕

由此,北宋宫廷驱傩"戴假面",类先秦傩舞、傩队,其"教坊"乐人扮"钟馗"之类,类唐代驱傩。北宋杨彦龄《杨公笔录》说:"唐敬宗善击毬,夜艾,自捕狐狸为乐,谓之打夜狐。故俗谓岁暮驱傩为打夜胡。""打夜胡"仍类唐代"岁岁夜胡儿",且见《东京梦华录·十二月》记,"自入此月,即有贫者三数人为一火(伙),装妇人神鬼,敲锣击鼓,巡门乞钱,俗呼为'打夜胡',亦驱祟之道也",类唐代"乞儿打驱傩"。对此,南宋《梦粱录》"十二月"条说:

> 自此入月(十二月),街市有贫丐者三五人为一队,装神鬼、判官、钟馗、小妹等形,敲锣击鼓,沿门乞钱,俗呼为"打夜胡",亦驱傩之意也。〔二〕

沿此而至明代,方以智《通雅·谚源》仍说:"今民称跳鬼为打夜狐,讹为打野狐。"明代"跳鬼"称"打夜狐""打野狐",类唐宋"钟馗捉鬼""打夜胡",且如前引，明代江南乐户亦称“丐户”，与唐宋“乞儿打驱傩”相关，江南仍多傩舞、傩戏遗存。

见于山西上党地区，直至清末民国，既如前引，民间乐户仍存，其赛社仍有“钟馗镇宅”“鞭打黄痨鬼”之类驱邪表演，又见仍类唐宋“钟馗捉鬼”“打夜胡”，乐户仍有类似活动。依今考察，见从旧历十二月直至正月，当地乐户也仍沿门逐户形同乞讨，不但仍类唐代“乞儿打驱傩”，俗称“讨正月”，且见仍类宋代“打夜胡”，也仍“三五人”一伙，“敲锣击鼓”，扮钟馗、小鬼之类，仍类“钟馗捉鬼”，或称“抓凶”“踏凶”。届时，其中一人戴个“鬼脸”（即假面），穿红蟒，手执三尺铁锏（俗称铁疙垛），扮如“钟馗”，多由后生小辈为之，俗称“小鬼”；另一人官帽长髯，穿红蟒，扮如财神，仍类赛社“前行”，负责祝颂念“词”，或兼敲锣；再有一人击鼓，不化装，穿乐户平时衣服即可。除此之外，又有一二相随者，或背褡袋，或挑箩筐，以便存放主家送予的食物。这三五人沿村逐户，敲锣击鼓，每至一家门首，装官者先要高念四句祝语。

或见念：

钟馗进门来，添喜又添财。

打出恶鬼去，迎进喜神来。

或又念：

奎星进门来，带进财神来。

安下财神位，添喜又添财。

此类念词，既类赛社时的致语祝赞，又类唐代“进夜胡词”，有驱邪纳吉之意。扮官敲锣者先进，一行人随入。进到院中，又可根据情景随敲随念。比如念：

进了大门进二门，当中安的活财神。

财神老爷坐得高，八个回回来进宝。

两个进的是珍珠，两个进的是玛瑙。

或见念：

大门盖得高，骡马两边拴。

高门出贵子，辈辈出状元。

或沿用旧词，或临时现编，总之说些吉利话，以惊动主人出屋。主人出屋迎接时，装官敲锣者念：

小鬼生得恶，手拿铁疙朵。

打出恶鬼去，家里喜神多。

每念，仍类赛社所见，句间皆有锣鼓节奏，结尾敲击较长，见类赛社表演的“钟馗镇宅”，扮“小鬼”者也要进屋舞跳，以示驱邪，以取吉利。主人早有准备，每在灶台等处放些核桃、花生、柿饼之类，只待“小鬼”舞跳时自取。有的还特意往炕席边藏上几枚小钱，故意让“小鬼”翻找，借找小钱将邪祟抓走。有的人家炕上躺有病人，更要让“小鬼”在病人身上用锤轻捣几下，将病魔赶走。但凡“小鬼”上炕，有个规矩：从哪厢爬上，还得从哪厢爬下，不得乱窜。甚至有的“小鬼”进屋时手执一把笤帚，类如“大扫除”，在屋中四角舞动，示将邪祟扫除驱净。总之，此类表演形式相似，意思相同，都沿驱傩而来。临出门，主家每又将年节备好的白馍、黄蒸（用小米面做的蒸糕）之类端出一些，送予背褡、担筐者。

旧时乐户乐此不疲，转遍地盘各村，可积许多干粮，晒干后可吃上几个月。一般村庄为图吉利，竟成了承揽“坡路”乐户不可或缺的一项活动。比如高平建宁村乐户老人余和气就说，有一年其父没去坡路内的常山村“讨正月”，该村社首不依，认为是瞧不起，嫌其村小，几乎要免去余家在该村办事的资格。余家说了不少好话，并答应下次到该村庙台演出时多加一回“赛戏”，才算平息了此事。

与“讨正月”相似，年节还有一种“打开市”活动。旧例，商行店铺正月初五都要开业，为图开市大吉，每请乐户吹打一番。尤其晋城、高平一带的煤窑、铁矿，“打开市”请有大型乐班，且因皆敬“老君爷”，每年二月十五、十月十五、腊月二十三更要类如赛社大办；有的流散乐人不请自到，借机讨几个赏钱。即使街市小铺，“打开市”未请乐班，也有不请自到者，以至一伙一伙不绝。有的乐户一人带杆唢呐，或引个小孩，对着商铺吹上一曲，说几句吉利话，也可得到四五百文赏钱。一般而言，“打开市”仍类“讨正月”，三五人为一伙，念些“金字招牌，挂在门外，买卖兴旺，四季发财”之类，有的现走现编现念，如念：“一步趁两步，趁到饼子铺。饼子铺火里求财，豆儿馍馍拿出来。”竟有些强取的意味。这种习俗，早也见于宋代，如南宋《都城纪胜·瓦舍众伎》条记：

今街市有乐人三五为队，专赶春场、看潮、赏芙蓉及酒座祗应。与钱亦不多，谓之荒鼓板。〔三〕

显然，这种“赶春场”之类，仍类“三五人为一队”的“打夜胡”，仍多贫如丐者的“路岐”，早类上党乐户的“讨正月”“打开市”。

二、由"打春"活动说及乐户"支官"

农历进入腊月以后，随着驱傩，年味日浓，见如打春、除夕、正旦、元宵等节，其况更盛，不但皆有民俗活动，且多涉及乐户。今再举"打春"为例，以见其实。

谚云：春打六九头。从农历冬至开始数九，六九头一天称立春，寓意春天来临，万象更新，农忙开始，古时要祭农神。届时做有土牛，要用鞭打，故"立春"又称"打春"。对此，《礼记·月令·季冬元月》记："令有司，大难（傩）旁磔，出土牛，以送寒气。"早与宫廷"大傩"有关。《后汉书·礼仪志》亦记："是月（季冬之月）也，立土牛六头，于国都郡县城外丑地，以送大寒。"其所谓"丑地"正对应"东边"。南宋高承《事物纪原》更说："周公始制立春土牛，盖出土牛以示农耕早晚。"不但其源也古，且因古代帝王立春之日每祭神农、后稷、句芒之类农神，故见《礼记·月令》又记，"孟春之月，其神句芒"。"句（音勾）芒"也称"芒神"，属于春神；按五行对应，春属木，位东，色青，故其又称木神、东神、青神，每往东郊去迎。举如唐代，《新唐书·礼乐四》记，玄宗开元二十三年（735）"亲祀神农于东郊，配以句芒，遂躬尽垅止"；元稹所作《生春》诗20首，其中见有"鞭牛县门外，争土盖春蚕"云云，不但"鞭牛"仍属"打春"活动，仍打"土牛"，且见人们"争土"，即争抢打碎的土牛之土，以图蚕桑吉祥。

沿此至宋，宋仁宗颁有《土牛经》，对土牛制作、鞭牛者的服饰等皆有规定，打春活动更盛。举如《东京梦华录·立春》条，就仍记有汴京所见：

> 立春前一日，开封府进春牛入禁中鞭春。开封、祥符两县（属京城），置春牛于府前。至日绝早，府僚打春，如方州仪（指与地方州府仪式相同）。府前左右，百姓卖小春牛，往往花装栏坐，上列百戏人物、春幡雪柳，各相献遗。〔四〕

南宋《梦粱录·立春》条，所记杭州情况更详：

> 临安府进春牛于禁庭。立春前一日，以镇鼓锣吹妓乐迎春牛，往府衙前迎春馆内。至日侵晨，郡守率僚佐以彩杖鞭春，如方州仪。太史局例于禁中殿阶下，奏律管吹灰，应阳春之象。街市以花装栏坐乘小春牛，及春幡春胜，各相献遗于贵家宅舍，示丰稔之兆。〔五〕

至明嘉靖时，田汝成《西湖游览志余》卷二十"熙朝乐事"仍记：

立春之仪，(杭州)附郭两县轮年递办……前期十日，县官督委坊甲，整办什物，选集优人、戏子、小妓，装扮社夥(火)。如《昭君出塞》《学士登瀛》《张仙打弹》《西施采莲》之类，种种变态，竞巧争华。(之前)教习数日，谓之"演春"。至(立春)日，郡守率僚属往迎(即"迎春")，前列社夥(火)，殿以春牛。士女纵观，阗塞市街，竞麻、麦、米、豆抛打春牛。其优人之长，假以冠带，骑驴叫跃，以隶卒围从，谓之"街道士"。过官府豪门，各有赞扬致语，以献利市。……至府中，举燕(宴)，鞭牛而碎之，随以彩鞭土牛分送上官乡达。而民间妇女，各以春幡春胜，镂金簇彩为燕蝶之属，问(间)遗亲戚，缀之钗头。〔六〕

明崇祯时，刘侗《帝京景物略》卷二"春场"条见记："(北京)东直门外五里为春场，场内春亭万历癸巳(1593)府尹谢杰建也。故事，先春一日，大京兆迎春，旗帜先导，次田家乐，次勾芒神亭，次春牛台，次县正，左耆老、京师儒。府上下衙役皆骑，丞尹舆。官皆衣朱，簪花迎春，自场入于府。是日(立春)塑小牛芒神，以京兆生舁入朝，进皇上春，进中宫春，进皇子春。毕，百官朝服贺。立春候(指立春时辰到)，府县官吏公服，礼勾芒，各以彩仗鞭牛者三，劝耕也。"仍类宋代所见。

沿此至清，山西仍然。《晋政辑要》卷十九"礼制·迎春"条仍记，"凡通省府州县迎春之礼，均遵定制举行"，仍有如下诠释：

《(大清)通礼》内载直省迎春之礼：先立春日，各府州县于东郊造芒神、土牛：立春在十二月望后，芒神执策(即鞭)当牛肩；在正月朔后，当牛腹；在正月望后，当牛膝。示民农事早晚。届立春日，吏设案于芒神、春牛前，陈香烛果酒之属。案前布拜席，通赞、执事者(即祝赞时的主礼、执茶酒之类)于席左右立。府州县正官率在城文官丞史以下，朝服毕诣东郊；立春时至，通赞赞行礼，正官一人在前，余以序列行，就拜位，赞跪叩兴，众行一跪三叩礼；执事者举壶爵，跪于正官之左，正官爵，酌酒、酹酒三，授爵于执事者复行三叩礼；众随行礼，兴(平身)。乃舁芒神、土牛，鼓乐前导，各官后从，迎入城，置于公所。各官执彩杖环立，乐工击鼓，击土牛三，乃各退。〔七〕

证于山西各地，《山西通志·岁时》引《大同府志》云：

(大同)立春前日，优人乐户各扮故事，乡民携田具、唱农歌，演春

于东郊。各府州悉同。雍正初奉文,乐户娼妇归良,仍雇人为之。[八]

乾隆版《蒲州府志·识余》记:

山西旧多角妓,诸郡有之,称之乐户。蒲当明时,乐户并聚居东城门外关厢间。州守行春,则浓妆骑马以供役;其晋绅与客宴饮,则召之佐酒。至国朝康熙中犹然。《临晋县志》云:"腊月十五以后,乐户中择黠辩者假为官府,袭官带,从以吏役,名曰春官、春吏,因入官署并豪绅富家,宣语赞扬,以求赏劳,谓之报春。先期一日,县官勾集里甲社伙,杂以优人小妓,妓名(扮)毛女,鼓乐前导,春牛居后,官与其僚盛服舆从,诣东郊迎春。"自雍正初禁革乐户,于是在城厢者徙去矣。[九]

民国时《浮山县志·风俗》仍记:

立春。先期一月用乐户,假之官带,曰春官、春吏,又装春婆一人,叩谒于官长及合邑荐绅之门,诵吉语四句,一"报春"。至期,先一日集优人、妓女及幼童扮故事,谓之"演春"。次日,率僚属,朝衣朝冠,侈仪从,"迎春"于东郊。旧则鼓吹导前,土牛、芒神居后,升之公堂而宴之;至五更礼毕,鞭牛使碎,名曰"打春"。是日,人家取春牛土,书吉利字于门,并啖萝卜数片,名曰"咬春",取荐辛也。雍正元年,令乐户娼妇归良,春官、春吏、春婆仍旧焉。民国成立,此俗遂除。[一〇]

由上摘引,"打春"活动早有,早已盛行民间,历代相承,清代山西仍"遵定制举行",其制仍类唐宋所见,仍"用乐户",由其装扮春官、春吏、春婆之类,仍需"支官"。

对此,康熙四十七年(1708)客居平阳府(今临汾市)的孔尚任,所作《平阳竹枝词》(同前引)更有具体记述。见其立春前一日仍称"演春","青旗尚未出东郊,百戏呈来一样同","暖阁前头十二钗,看春踏脱几人鞋",类如赛社迎神,仍有乐户参与的百戏,俗众早已围观如堵。第二天往东郊"迎春","太守衙前缚彩棚,春风春吏把衣更,青旗引导滔滔去,人似东流水上萍",官僚"都插春花都上桥",仍有"阴医僧道驿巡仓"之类,有"马上驮来舞袖红"的名优,不但观者如堵,"春鞭打着也风流",且从东郊返回,"头踏排来十里长",仍有乐户参与的"踏歌"舞队,"行行队队过公堂,拜献讴歌让教坊",仍类前代所见,公堂前也仍鞭打土牛,致作者感叹:"谁家吃打谁家戏,世上堪怜是土牛。"[一一]

见于相邻的上党地区,直至民国初年,打春活动仍有乐户参与。如 1995 年笔者在襄垣县考察时，乐户老人陈凤远（时年78岁）就讲（根据录音整理节录）：

我家祖上是武乡（县）人（**按，南接襄垣县**）。七世前，我家祖爷生计困难，在襄垣城关宋家乐户手下当帮手。学成手艺后，不甘心总当帮手，于是写了文书，向县衙申请，不久批准，正式宣布当了"官鼓手"。（**按，以此推断，时在清雍正前后**）从此，就和宋家一样，并属两家科头。宋家管县南一片，我家管县北一片（**按，县南较富有，县北多山区**）。"官鼓手"是官府承认的乐户，每年要支官差，但也有权利。比如我家，分的是县北坡路，北片的红白事均由我家包揽。谁想承办某村红白之事，需向我家交一定租金。这些人属"小吹打"……每年打春属支官，前后三天。第一天"迎春"（**按，实为演春**），乐户班子在前吹打，各行各业排成长队；县太爷坐着八抬大轿，衙役簇拥，出城到东郊，烧香礼拜，再返回游街，几乎在县城转一天。第二天叫"点春"，也在县城，由东往西，县府每点到一行，应声"有"，吹打而过。如点到"官鼓手"，领头的科头应声"有"，一行人吹吹打打，在县太爷面前而过，"小鼓手"也随着经过。区别是，官鼓手"挎鼓"吹打，小鼓手打个"二黄鼓"（类如戏上的板鼓），一手执，一手敲，"叭叭叭叭"而过。还有"氓人"，即种地的，扛着一张犁，一脚穿鞋，一脚不穿，代表农民。七十二行都要点到，如油漆行、刀把行（卖肉的）、锥把行（做鞋的）等等。点春就像扮"故事"，各行各业都有装扮的人物，各配一班吹打。除乐户外，其他行业多配的是小鼓手或八音会。第三天"打春"，众人集于一个场地，场中立一个竹筒竿子，一人多高，内放鸡毛。等到×时×分，宣布"打春"，鼓乐吹奏，鸡毛从竹筒缓缓飞出（**按，与《梦粱录》所记的南宋宫廷"奏律管吹灰，应阳春之象"相类**），众人围观。这天，襄垣不游街，游街是在"迎春"一天。打春活动的开销，由各行分摊，每行支钱两串。乐户以及地位相类的铳手（放炮）、轿夫等，既要义务支官，又要分摊一份开销，如若伺候不当或有闪失，还要升堂问罪，动辄"二百小板"。有一年迎春，县太爷起轿放炮三声，有个铳手叫祁兆孩，放到第三声未响，以为纸捻（引火）出了问题，忙又点了一个，结果第三个哑炮也响了，变成四声（谐音"死声"）。县太爷立即问罪，"你这炮该放几声？""回老爷，三声。""你为啥成了四声？""回老爷，你这官要往上升，我的炮就响了四声。"县太爷一听，心里高兴，反赏了五吊钱。这是会说话。若说"老爷，噎捻了"，至少二百小板……（按，接又谈及赛社礼规、供盏音乐、吹戏、罗戏、勾腔、红白事、八音会等，今略）

又据长治市郊区暴马村乐户老人邹金水（1995年，时年68岁）讲，旧时，潞安府、长治县衙均住在长治城，府台大人、县太爷同参加"迎春"活动。前一天往东郊迎个神牌位（句芒神），乐户吹打前引，后面有浩浩荡荡的社火队伍，从东郊迎上神后游街，几乎活动一天。第二天也才"打春"，不过不用土牛，而是备好一头黄牛，当×时×分宣布打春开始，立即将酒浇在牛耳，牛一抖擞，就表示打春了，之后再将神位送出东郊，烧香叩拜，全部活动就告结束。

由于上党地区清末民国仍见乐户支官打春，故见潞城乐户传存的用本今仍保留着打春所用的"春词"，照录如下：

今日迎春春水流，只见春童牧春牛。
春牛赶在春山上，春鸟又落春树头。
春山开，春水流，春来春去春回头。
今日迎罢新春节，春官春吏叩春头。
有老爷喜添鸿福，潞城县广收五谷。
祝老爷新春有喜，禀老爷加官进禄。

今考此词，平顺、潞城两县乐户都曾用过，盖因平顺县一度属潞城所管（见前），其乐户也曾在潞城县"支官"打春。这里的"春官春吏叩春头"云云，仍类平阳所见的"行行队队过公堂，拜献讴歌让教坊"，仍如浮山县所见的"升之公堂而宴之"，"春官春吏"由乐户装扮，且类宋代"府僚打春"，还要"祝老爷新春有喜，禀老爷加官进禄"。

历代乐户除支官打春外，类似的官差仍多，以至"晋绅与客宴饮，则召之佐酒"，"康熙中犹然"（前引）。据襄垣县陈凤远老人讲，直至民国年间，县府年节庆典、官员升迁、祀神求雨、迎神赛社，乃至犯人行刑时的鼓吹，仍由乐户支应。据长治郊区暴马村邹金水老人讲，潞安府过年前后，除打春外，大年三十至初一，官府又要"接喜神"（驱邪纳吉）；初一从五更起，府台大人、县太爷又要往城隍庙烧头香;初一至初五,各位老爷又有宴饮;到了初五,老爷们又要到各庙上香,诸如此类活动都需乐户支应,一直忙到元宵节后,才算告一段落。正因此,即使清雍正以后已废除乐籍制度,上党乐户仍多,各级官府仍设“官房”,乐户要“支官”,“照旧伺候”。

三、由民间赛社说及相关的庙会

如前引述,先秦民间早见立社而祀,早有了“社日”活动;秦汉民间早见“春秋泮涸祷塞”“冬塞祷祠”,“塞”通“赛”,随着“春祈秋报”,百神共祀,唐称“赛神”,宋称“赛社”,早见各地遍建神庙。从而,见如宋代“社会”“浴佛会”之类,早与儒释道“三教”相关,早都属于“庙会”。正沿此,见如上党地区,不但民间赛社仍与儒释道相关,且见早多“三教堂”,早也百神共祀,早有庙会。举如长子县义合村的三教堂,今存正殿为金代遗构,中殿为明代遗构,东西耳殿为清代建筑,可见其“三教堂”金代早有,历代延续不绝。又如长治市郊区梁家庄的观音堂,建于明万历十年(1582),至今保存较好,见其殿内释迦牟尼像居中,老子、孔子像分列左右,四壁与屋顶又彩绘悬塑着各种神仙故事,共有神像约500尊,实也属“三教堂”,至今仍有庙会。

当然,上党地区的庙会,如前引,更多见由赛社嬗变而来。即使赛社活动延续时间最长的潞城、平顺、长子、壶关等县,除了一些古老大赛清末民国仍在坚持古规古例,仍由乐户支应,保留着一些古朴的表演形态,一般赛社早都从省从简。尤其民国以后,随着遗存乐户减少,即使传统的大赛,也难请到乐户。缺者为贵,遗存的乐户借机要价。如长子县崔庄乐户老人宋怀英(1995年,时年62岁)就讲,全面抗战爆发后,其师傅阎根正(本县南李村乐户)曾为该县八里洼三嵕庙办过最后一次赛事,当时庙外同时唱有两台大戏(上党梆子),其中有名的“乐意班”唱戏三天,戏价为十担米;庙内乐户班子人员虽少,工价也是十担米。正赛晚场要请阎根正加演一回“说队戏”(指院本类的“说诨”,其中多有“荤谜素猜”),竟额外加了100斤白面。从而,随着明清以来赛社“献戏”、庙外“戏班”搭台唱戏,加之乐户、戏班艺人早是同行,早多来往,就见随着时代发展,一些乐户后人早也加入了戏班,就见民间赛社最终变成了唱戏三天的庙会。

四、由红白事说及民间其他庆典

如前引，随着清雍正以后官府乐户皆遣散民间，见如山西上党地区，执业者主要靠承办“坡路”内的红白事谋生，以至称其内的村庄为“衣饭”。与此相关，南宋《梦粱录·四司六局筵会假赁》早又记：

……如富豪士庶吉筵凶席，合同椅桌、陈设、书画、器皿、盘合、动事（按，指办事时跑腿帮忙者）之类，则雇唤局分人员，俱可完备……且如筵会，不拘大小。或众官筵上喝犒（犒赏），亦有次第：先茶酒，次厨司，三伎乐，四局分，五本主人从……〔一二〕

此类“吉筵凶席”，不但类如“筵会”，早也花钱“雇唤”各种办事人员，且见分为“四司六局”，早包括“伎乐”“厨司”之类，依次“喝犒”，每有赏钱。沿此而至清末民国，见上党地区的“吉筵凶席”仍如筵会，有伎乐支应，雇有厨司、茶房、棚户、轿夫、铳手之类，仍类“四司六局”，也要“喝犒”。所雇人员皆类乐户，同属低贱行业。以下结合史籍记述，对上党地区红白喜事之类的民俗加以举述，以见此类礼乐活动的历史延续。

1. 先说红事婚娶

婚者，昏也，古时嫁娶女子每在昏时（夜晚）行礼。如汉代班固的《白虎通义·嫁娶》就言：“昏时行礼，故谓之婚也。”至唐，仍流行夜间婚娶，如《旧唐书·舆服志》卷四五就记：“士庶亲迎之仪，备诸六礼，所以承宗庙，事舅姑。当须昏以为期，诘朝谒见。”不但仍见“昏以为期”，仍在夜间婚娶，且见“诘朝谒见”，次日早晨才拜公婆（舅姑）。沿此，见如上党地区高平，直至新中国成立后仍有晚上娶亲的遗风。

不过，宋代已见白天娶亲，娶亲用车已类花轿，时称“花檐子”。对此，《东京梦华录·娶妇》《梦粱录·嫁娶》见有大体相同的记述〔一三〕。前者记北宋汴京娶亲，“前一日女家先来挂帐，铺设房卧”谓之“铺房”，“迎亲日”起“花檐字”往女家，回来又有“拦门”“撒谷豆”“牵巾”“交杯酒”“新妇拜堂”等仪式，直至第七日“洗头”。后者记的是南宋杭州情况，也见娶亲前一日女方遣人先往男家“暖房”。第二日男家“顾借官私妓女乘马，及和倩乐官鼓吹”，“迎引花檐子（花轿）”前往女家，“女家以酒礼款待”，“然后乐官作乐催妆”，“茶酒司互念诗词，催请新人出阁登车”;“迎至男家门首,时辰将正(午时),乐官妓女及茶酒等人互念诗词,拦门求利市钱红(封赏)”;进门“撒谷豆”,“诣中堂参堂”,“挑盖头”,“参拜堂次诸家及家庙,行参诸亲之礼毕”,新人回房,“行交卺礼”(吃“交杯酒”),“换妆”后“请两新人诣中堂,行参谢之礼,次亲朋讲庆贺,及参谒外舅姑已毕”,然后“礼筵”。第三日女家送“三朝礼”,新人“三日或七朝九日,往女家行拜门礼”,名曰“会郎”,“自后迎女回家”也见“洗头”。

这种红事礼规,见于清末民国的上党地区,用乐仍为三至四天。迎亲前一天,上午乐班必到,下午先要举行“接祖”仪式(新郎家要接祖宗神位供奉),类如赛社“迎神”,也由乐户吹打导引,茶酒司“接候把盏”(可代主礼之职,向祖宗神位喝礼供盏),并由新郎依次上香、端盘供、献三盏;每盏两趟,头趟献茶酒,二趟献馔食,三盏六趟,称“三献礼”;每盏之间或加“吹戏”,则属“加礼”。每接祖,或先往同族各家神前三献,或又到祠堂三献,最后才到祖坟去接祖宗神灵;去时抬着神桌供品,到祖坟上先祭“后土”,再向祖坟“三献礼”;之后游街“祭门”,进门后把祖宗神位供于正堂,仍类赛社“安神”,也念祭文,再三献,才算完成“接祖”。有的人家大办,还请有老和尚,当晚还要“观灯上座”(老和尚上法台诵经),最后“烘房”(暖房)。第二天迎亲,清晨先拜西天,依次焚香奠酒,吹一回戏;早饭毕,或先“游庙”(到村中各庙烧香),然后往女家接亲;到女家仍有拜门、念祭文等仪式,仍有吃酒讨赏一套;迎亲回来,也撒五谷、拜天地、入洞房、吃交杯酒、众宴;众人宴饮时有“吹戏”,多由客人“点戏”,也见“喝犒”。有的人家大办,当日每加“福禄寿”三星表演,扮者每念:“今日××新郎和××淑女结婚之日,驾起祥云去矣。”类如赛社队戏歌舞,唱些吉庆之词,每可多得赏钱。第三天接“梳头”(请女方来为新娘梳髻挽发),清早或类赛社“祭太阳”,由乐户吹打引领,出村朝东南方祭拜,焚香三献,早饭后才往女家。去时仍抬大轿(接女客),由乐户吹打,或加和尚(穿红衣)要铙钹;在女家用过酒饭,“请女客上轿登鸾”,接回女客,为新娘梳头毕,又请新人拜天、拜地、拜公婆,才又开宴。宴罢送走女客,三天红事基本结束。有些人家或又加“酬客”一天,宴请义务帮忙者,也或用乐。对此,见潞城任过主礼的李过卖老人(前见)说:

(娶亲)头一天上午,家伙(吹打)来。接祖时,由司礼生(茶房)接候把盏,新女婿端盘。烧香时,奠茶酒,(细乐)吹叽呐(小唢呐),打小钢镲,伐鼓上香。三献礼,头次奠茶,二次上食,三次奠酒,有几家(同族)跑几家。下午去坟上(祖坟),先祭后土,再三献礼,司礼生负责奠茶,新郎上香,仍是伐鼓、上香、参神、吹进酒曲、复位。然后供盏,去时抬有"食箩",先奠茶、再干食、再奠酒。回来游街,走至门首,门是关的。因为祖宗回来了,有挡门大神看守门户,扫挡妖邪,祭了以后才能进。回来奠茶、奠酒、念祭文,把祖宗位牌放到供桌上。黑夜三献礼,要绕供桌转:把供桌放到前边,家伙(吹打)分两班转,头遍转三次,二遍两次,三遍一次,大致一样。奠酒完献戏。有的人家还请有和尚,黑夜则加"观灯上座",请和尚念经。

第二天娶亲,早上也先早奠、吹戏。吃过饭出发,到女方门首,先拜门,念祭文,再进家。迎回来,吹打中也或"衬队戏",和"堆八仙"差不多,扮有"福禄寿"三星,老寿星说:"我是天上××神下界,今日××新郎和××淑女结婚之日,驾起祥云去矣!"叫板,唱上几句。闹洞房时只吹,不唱。第三天"接梳头",要接女方人来。有钱的,去时坐上几顶轿,丫环使女也都坐轿,有吹打,有和尚(穿红衣),有的前边还加耍铙钹的。到女方家,也是三献,先茶、再干食糖果、再酒。然后"请女客上轿登鸾"。回来也先敬拜天地,然后又有媳妇拜见公婆的一套。

见潞城办过红事的乐户后人王进支说:

(红事)加礼供馔全用细乐,有小鼓(挎鼓)、小镲、叽呐、管子、笙、锣,共八人。"加礼"时先跪拜,然后供馔三次。第一供,先酒再盘(类如赛社供盏,两趟为一盏)。先端一趟酒,至棚前(喜棚),主礼喊"新郎,分班!"新郎和伴郎各站一边;再喊"歌诗先生进场",歌诗先生至棚,接喊"打躬、启函、展卷、挪脚、词章",歌诗先生随声而动,念诗句,如"关关雎鸠,在河之洲……"念毕四句,歌诗先生退场,新郎合班;接端盘食,乐户吹一回戏。再接二供、三供,礼规相同,只是念词不同、吹的戏不同。三供毕,女儿献茶,乐户吹茶曲。若无女儿,由儿媳等人代替。最后新郎献三杯散酒,乐户吹《劝倾杯》。这样三供三献,称作"加礼",也叫"三献礼"。然后,送祖先(神位)入正房,吹打一通,称"响房"。

由于各地风俗不尽相同,红事礼规也不尽一致,但都见存赛社痕迹。

2. 再说白事丧葬

历代丧葬属于“凶礼”，随着佛教传入，受生死轮回说的影响，更多了招魂、超度亡灵一类仪式，不但也用伎乐，且早形成厚葬之风。举如唐代，见玄宗开元二年(714)就曾诏曰：“自古帝王皆以厚葬为诫……近代以来，共行奢靡，递相效仿，浸成风俗。”(《旧唐书》卷八“玄宗纪上”)。穆宗长庆三年(823)，李德裕仍奏，“缘百姓厚葬，及于道途，盛设祭奠，兼置音乐等”，“生无孝养可纪，殁以厚葬相矜”，“祭奠奢靡，仍以音乐荣其送终”(《唐会要》卷三八“丧”)。至宋，依《宋史·礼志·士庶人丧礼》记，见宋太祖开宝三年(970)又曾诏令开封府，“禁丧葬之家不得用道、释威仪，及装束异色人物前引”；见宋太宗太平兴国七年(982)，李昉早又奏请，“其用音乐及栏(拦)街设祭，身无官而葬用方相者，望严禁之”；太平兴国九年(984)，仍见“丧葬之家，有举乐及令章者”，也仍“举奠之际歌吹为娱，灵柩之前令章为戏”〔一四〕。正沿此，不但宋代厚葬之风依旧，也仍沿用佛道威仪，仍置音伎，仍见歌吹为娱、优伶为戏，上党地区清末民国仍然。

依今考察，上党地区办白事每也三至四天。届时，每由棚户搭一“灵棚”(多在门外宽阔处)，再在对面搭一“对棚”，以便举行祭祀仪式。第一天先要“安灵”，多在下午，必有吹打。安灵时先将棺木迎于灵棚，再从对棚迎引纸扎祭品，最后作“安灵祭”。每祭也见“三献”，也可“加礼”，可加老和尚“念经”。于是，其“三献礼”多又变成三酒、三馔、三念经、三献戏。或类赛社，也加“祭风”“取水”；或类红事，也有“开门祭”。与红事不同的是，红事每喊“鞠躬跪拜”，每见“四拜三献”；白事则喊“叩首”，并有一跪九叩、三跪九叩之分。至于吹奏用曲、所献戏目，更见红白有别。有的白事大办，安灵当晚每也“登坟祭祖”，也见闹到半夜结束。第二天主要是“招魂”活动，清早先烧纸，乐户吹打“哀思鼓”(套曲)；早饭后出门“招亡灵”，吹打导引，和尚、孝子等依次而行，每在大街举行“过桥”仪式。其“桥”多由桌子木板临时搭成，两边蒙以和尚所带的桥布，孝子们过桥时每撒些金银铜钱，围观者可以抢拾，既含积福行善之义，又示买通鬼路，亡灵过了奈何桥可以升天。有钱人家多撒真钱，一般人家每撒纸钱。之后来到坟前，先“破地狱”，由老和尚领着孝子，绕灵桌念经，不吹打，最后转至灵桌前念经超度；回家时孝子扬幡，示将亡灵已经招回，在灵棚供起牌位。有钱者大办，供位牌加有“穿神点主”仪式。届时，孝子由吹打导引，分别去请主礼(阴阳先生)、大宾(当地官绅)，请到对棚后，随着喝礼节次，先“落主”“插垛”“研墨”“润笔”(均由孝子亲为)，大宾老爷将新笔开启，或蘸金或蘸红，将位牌神、主二字各缺的一竖、一点依次补起，每补一下用一支新笔，铳手放炮，炮响笔落，先“穿神”，再“点主”，再接“寿圣起”（孝子扶起位牌），再接“落垛”“盖红”“抱主”（由孝子插位牌、盖红布、抱位牌至灵棚就位），最后孝子“谢大宾”“送大宾归馆”才算结束。接着“供灯”，将长明灯供在位牌前，表示亡灵已正式在位。当晚开正祭，三献礼时每加老和尚念经、乐户吹戏，交替不断，最后还要在棺上加以睡觉的被盖，以示亡灵安寝。第三天正式安葬，清早先有“醒晨”仪式，由孝子往灵棚“探帘”三次，伴以亡灵三“吟晨”（借吹奏模拟咳嗽），示亡灵睡醒；接下来“撤寝就”（撤去棺上被盖），再接“盥漱”“已盥洗梳”“接吹”“净几”“扶位”等节次，之后“小三献”（比一般三献礼稍简，连端三酒三馔，并连吹三回极简单的“清戏”，俗称“小三出”），表示亡灵吃早点。时近中午，由老和尚领孝子“转供”，不但三酒三馔三念经，而且每次要绕灵桌而转。午后“辞灵起丧”，乐声震天，嚎声动地，行在大街，围观者每又拦街吹打；若有钱人家雇有几班乐人，则在当街“打对”比赛。下葬时也伴鼓吹，也仍“喝犒”。葬毕返家，将亡灵位牌安放正堂，又有“安主”仪式，类如赛社“安神”，也要烧香祭拜。安葬当晚，每由老和尚“坐法台”，端坐在叠起的高桌之上，诵一篇长经，超度亡灵升天。若用乐三天，当晚乐班即可离去。有的人家往坟地“送灯”也要用乐，甚至立碑、酬客也用，或见用乐四天。

大体而言，白事比红事礼规更严，用乐更繁。就如“叩首”，又分软叩和硬叩，软叩每跪不起，可“一跪三叩”或“三跪九叩”；硬叩每跪一叩，三跪三叩，每见磕头如捣蒜，以至孝子“起立”时要由“茶房”相扶。又如“三献礼”，不但白事“加礼”每也“点戏”，且见壶关、高平、陵川等县每加“调方相”，或又加有“猿猴脱壳”表演，以至三天可加三回队戏，全戴面具。尤其仍用乐户大办者，每又要求乐户迎孝子穿白氅，迎和尚穿黄氅，迎大宾穿红氅，迎一般客人穿青氅。因而，乐户家中每备有各种行头、面具。依笔者考察，见如阳城中庄的段家、晋城鲁村的李家、高平建宁村的余家、平顺西社村的王家、壶关鸦村的李家、沁县南池村的陈家，这些乐户都曾备有各种衣饰行头，都有过“二十四副”为一套的演出面具。

总之，见于上党地区的红白之事，直至清末民国的礼乐规制，大体仍类宋代吉凶筵席所见，不但多由乐户承应，且见礼规仍与赛社相类。就如红白事都见的接祖、祭祖一套，仍类赛社迎神、安神仪式，或也祭风、祭太阳、祭门，或又有面具舞跳。又如“三献礼”，仍类赛社“供盏”，也有“拈香”“燃香”“上香”“跪”“拜”等节次，也见每盏头趟献酒、二趟献馔食，仍由乐户“献戏”，如宋代“喝犒”。

当然，具体办事因人而异，可因时因地而加变通。同是上党地区，有的仍用乐户，有的已用“红衣行”“小吹打”之类取代，礼规也可从简。即使大办，也见形式不一。比如，见于长治以北的襄垣县，乐户老人陈凤远讲：

白事头天，清早移灵，吹打。午饭后，先“压庙”——因有和尚来，先要到各庙烧香；再“取水”，到水井或河里取水迎回。黑夜“招请”，把其先祖招回来，然后“过桥”，用七块木板（前三后四）搭桥，和尚吹打，闺女跪在桥上撒钱，哭几声。过桥回来，接着“吹棚”，和尚“坐法台”念经。第二天，早上“迎供”，打“哀思鼓”。早饭后祭奠。午饭后，和尚到坟地“跑幡”，坟地四角四桌，挂有四幡，中间三张大桌，挂一大幡，放在坟茔，整个称为“幡场”，和尚引着孝子转，不吹打。黑夜，和尚上坐念经，灵前细乐吹打。这天黑夜，有的加有“调方相”，先在院里一角穿好衣服，方相、方弼二人，戴面具，头戴没檐官帽（无帽翅），穿蟒衣。穿好衣服，先至灵房（停尸的正房），放鞭炮，至灵棚，支有两张方桌，二人在桌上跳来跳去，只有打击乐，曲牌称“一封书”。第三天埋人，早上“迎供”同前。饭后送走“大宾”，然后起丧。县城“大宾”请的是副县长，只管“点主”。点主在第三天起灵前，属加礼。到时候有六个或九个牌位，每点一个牌位用一支新笔。孝子戴个麻冠，类似官帽，白的，帽前有麻疙瘩，挡着眼，意思是今天花多少钱都不管了。

见于长治南边的高平，见红衣行的苏黑人老人又说：

白事第一天，前晌移材（棺材）、迎纸扎、安灵祭。后晌祭风，回来后“开事”（灵前办事）。（灵前）迎供，由礼教先生（主礼）喊“开祭”，三酒三馔、三献戏、三奉经，念三回经、唱三回，吹三回，最后“烧纸”已是黑夜。第二天清早，若用细乐（乐户），打“哀思鼓”；若用红衣行，则是“八仙”（之曲）。吃罢早饭“开祭”，也是三酒三馔、三献戏，若有老师傅（和尚），就接着“破地”、“扬幡”、转桌子（转祭桌），迎上和尚转。结束后，又是三酒三馔、三献戏、三奉经。第三天“起丧”。吃过早饭，三酒三馔，和之前一样，这是大祭；若是小祭，就是本家亲戚都来敬献。然后“辞丧”“起灵”，送到坟地。有钱的给几个小钱，下葬时再吹几下。然后回来，路上“过桥”，“桥”是用布画的，和尚家带的，搭在桌椅上，先是老和尚过，接着是孝子，要撒钱、吹家伙。回来“按主”，有钱人家仍要三酒三馔,有的黑夜还要(往坟地)“送灯”。埋后,有钱人“扶碑”“拉石”也吹。“三酒三馔三献戏”比较麻烦,龟家和红衣行也不一样。比如,清早到棚底,主礼喊“起帘”,搭起灵棚门帘;主礼又喊“孝子起葬出祖”,孝子跪;又喊“起立”,茶房扶孝子站好;又喊“盥洗”“以盥洗漱”“接吹”“净几”“扶位”“拈香”“燃香”“上香”“跪”,孝子跪地准备叩头,又分硬叩、软叩。软叩每叩一下不起,可以接叩;硬叩每一下都要站起,然后跪下再叩,更麻烦。接着“三献”,主礼喊“初献礼”“以酒追上”,从对面棚里端上酒,再到灵棚去献。红衣行迎酒不迎馔,到此为止。接着“中祭馔”,要用细乐迎献,走到棺材前,主礼喊“迎馔上”,细乐灵前吹奏。三酒三馔,每馔罢,(孝子)四叩头。叩头罢(孝子)哭完,喊“提杖”“归伍”或“归丧墀”。每馔罢“献戏”,先是红衣行,接着龟家,各是三回,共六回,像是比赛。三酒三馔罢“迎灯”(佛家燃弥灯),老师傅坐法台念经。有的加有“点主”,是在中一天的中午。先把“灵牌”由灵棚端到“对棚”。主礼依次喊“落主”“插垛”“研墨”“润笔”,细乐吹着,“点主官”用红、黑两种笔来点。主礼再喊“落垛”、“盖红”(将写好的位牌盖上红绸)、“抱主”(孝子抱位牌)、“谢大宾”(孝子叩头),最后“送大宾归馆”,又由细乐送走大宾。

一些乐户老人还谈,有的人家大办,同时可请几班家伙(不一定全是乐户),每又“打对”表演。有的则由乐户牵头,雇请多人,每组成“三圪节家伙”,头节大锣大鼓(或加长筒号角),穿杂色旧氅,类如鸣锣开道者;二节唢呐鼓吹,穿稍好的印花氅子,为“粗乐”;三节笙箫笛管,穿最好的堆花缎氅,则属细吹细打的“细乐”。前两节可雇非乐户者充数,头饰不太讲究,类如“红衣行”,戴如走卒的“小军帽”即可;第三节必是乐户,龙抿额翼,头插雉尾,或又戴一种“回回帽”(尖顶毡帽),总之要有“龟家”特色。这种“三圪节家伙”,有钱人家大办才能见到,主要见于乐户仍多的平顺、潞城一带。在事主一方,为抖排场,以显尊贵;在乐户一方,也趁机抖亮办事的家底,借以扬名。从而,事主与乐户科头每也事前商定,立有文契,类如赛社筹帖。见如前举的平顺县苗庄镇郭家乐户,与羊井底(村)大社所立“红白事件”契约就是一例,既写有“立承揽文字人郭小乞”“言明工价钱贰千五百文”云云,又见写“有误与王五则相干”,为与平顺西社王家乐户合办、大办的契约。

一般而言，越到后期乐户越少，红白喜事的礼规越简。尤其红事，若几家同择一个吉日，事主更得迁就，不但红衣行、小吹打、八音会的班子也可办事，且见承揽坡路的乐户也可分成几班，分头支应。平顺县西社的乐户后人王学礼(1995年，时年60岁)讲，他小时候曾独自一人，一天连办过几家红事。当时日寇入侵，兵荒马乱，婚嫁本来就不太讲究，事情又都挤到一天，于是和事主商定，让对方准备一面锣，自己拿支唢呐，跑到一村吹打几下，把轿送出村，忙赶第二家，一天连跑几村。在乐户一方，属其"坡路"都得支应；在事主一方，虽属无奈却也省钱。由此特例，也见后期红白喜事的变化趋势。

3. 简说其他礼乐活动

除红白喜事，其他如老人庆寿、小孩过满月、向神还愿等，每也见用伎乐。上党旧时俗规，80岁以上的老人过寿属大喜，每要大办。据办过庆寿的乐户讲，后期礼规简单，多只用乐一天。届时老寿星坐在寿堂，由小辈夫妻儿女依次参拜，伴以吹打，献上寿桃寿礼，老人即可回房，寿宴时吹《五福堂》《满床笏》之类寿曲。大办者类似堂会，或扮演《八仙庆寿》《福禄寿三星》之类队戏，或吹或唱，或也"点戏"。

至于小儿过满月、过12岁(或过15岁)，因邀亲朋宴饮，也或雇请伎乐。届时随主人喜好、赏钱多少，或吹或唱。

再说向神还愿。多与向神求子、大病大灾有关，每见烧香许愿，答应给神唱戏。因此，即使后期的庙会，不但烧香许愿者仍多，且见乐户仍在吹唱一种"愿戏"，或称"三出戏"。按此，其戏该有三出，实际却只有一个固定短曲，反复吹唱三次，竟成固定套数。据亲办者讲，届时一人吹唢呐，一个小孩敲锣，两人就能办事。其"唱"见由敲锣者依曲而哼，只听见"哈哈依哈哈，哈哈依哈哈……"，百姓俗称"哈哈戏"。依当过主礼的李过卖老人(前见)讲，早年有词，记得唱有"真武赶太阳"云云，后来只吹不唱，才成了"哈哈戏"。据乐户老人陈凤远讲，"赛社中前行说完后，唱那么几句，唱调简单重复，老是'56767—|56767—'，再加个小锣敲击，你也听不清唱什么，敲完又唱，共三回。有的老师傅就教徒弟，干脆数房檐的椽头，'一棵两棵呀，三棵四棵了'，就变成了"哈哈依哈哈，哈哈依哈哈……"据平顺西社乐户后人王双云讲，他记得唱有"刘秀十二走南阳"云云。可见上党庙会所见的"愿戏"应出自"清戏""罗戏"之类，不但早有了"三出戏"，且因俗众沿用乱唱，形成固定套数，才又成了"哈哈戏"，给点赏钱就可"哈哈"一场。当

然，还愿者若加赏钱，还可点选其他曲目，以表虔诚。

总之，民间红白喜事、老人庆寿、小儿过满月、向神还愿之类，或见设有宴席，或见祭祀祈祷，不但所用伎乐仍与乐户相关，且见其礼规用乐多受赛社影响。此类民俗现象，涉及“天人合一”的理念，源于古老的神灵崇拜，也与历代帝王倡导有关，属于民间礼乐活动。

【注释】

〔一〕《东京梦华录·外四种》，版同前，62 页。

〔二〕《东京梦华录·外四种》，版同前，181 页。

〔三〕《东京梦华录·外四种》，版同前，96 页。

〔四〕《东京梦华录·外四种》，版同前，34 页。

〔五〕《东京梦华录·外四种》，版同前，140 页。

〔六〕《西湖游览志余》，中华书局，1958 年版，354—355 页。

〔七〕《晋政辑要》(光绪十四年版)卷一九“礼制·典礼五·迎春”条。

〔八〕《山西通志》(光绪版)“风土记·岁时”条。

〔九〕《蒲州府志》(乾隆版)卷二四“识余”，94 页。

〔一〇〕《浮山县志》(民国二十四年版)“风俗”条，6 页。

〔一一〕《孔尚任平阳竹枝词浅释》，郭士星等三人释，版同前，1—28 页。

〔一二〕《东京梦华录·外四种》，版同前，302—303 页。

〔一三〕《东京梦华录·外四种》，版同前，30—32、304—307 页。

〔一四〕《宋史·礼志》卷一二五，版同前，2917—2918 页。

第七章 乐户的神灵崇拜及其文化内涵

神灵崇拜,源于先民“万物有灵”的古朴认识,先秦已形成一种泛神信仰,早见百神共祀。随着社会发展,又见各行各业早都敬有行业祖神,如铁匠敬老君、木匠敬鲁班等,早反映着一种文化心态。仅就艺人而言,见先秦以来早有乐人、乐工、乐师、女乐、营妓之类,北魏已属乐户;此类艺人早又参与唐宋赛神、赛社。明清女乐敬白眉神,上党乐户敬咽喉神,不但皆由唐宋而来,且如戏班见敬唐明皇,“红衣行”见敬包公等,也属类似现象,都有其历史成因。以下,就以乐户所敬的行业神为例,结合上党地区所见,探讨相关的神灵崇拜,及其历史成因、文化内涵。

第一节 乐户敬奉咽喉神的由来

笔者在上党地区考察时,见乐户所敬的行业祖神称“咽喉神”,或又称“三王爷”“三郎爷”“疮疙瘩爷”。每年腊八为该神诞辰,清末民国仍见祭祀,一些乐户家中仍存该神塑像。问其所由,乐户都说祖传如此;或说乐户吹打要用唢呐,俗称“喇叭”,用其吹奏又与咽喉有关,所以腊八每敬“咽喉神”。至于其神的真正由来,谁也说不清。按说,咽喉神作为乐户行业祖神,该如木匠敬鲁班、铁匠敬老君,也应有其代表人物及相关传说。何况如前引,明代女妓敬的白眉神也仍供在“乐星堂”内,清末上党乐户所敬的咽喉庙仍存白眉神痕迹,正见“咽喉神”“白眉神”相通相关,值得关注。

为此,笔者曾对上党地区有关遗存作过考察,见过咽喉庙遗存的碑石、牌匾,且在原属乐户的平顺县西社村王双云家、沁县南池村陈二狗家,均见到保存尚好的咽喉神像。两家咽喉神像均为泥塑,大小相近,高不过尺余,形态大体相同,均为身着战衣,面带杀气,双目圆睁,左手执锤,右手支于大腿的坐像。稍有区别的是,王家仅有咽喉神独塑(左图);陈家咽喉神两旁还有侍者四人,分别为牵马、持剑、捧衣、捧印者,同供于木制神龛内(右图)。笔者将两家咽喉神像拍照,拿照片给别的乐户老人看,都说与其见过、供过、家藏过的大体一样,只是庙中的咽喉神像更大。有的乐户老人还说,当年庙中所塑的咽喉神,坐的是只“大公鸡”,有“坐的鸡子,手拿锤子”一说,为何如此,却也不知。据笔者调查,许多乐户家中都曾有过咽喉神像,多为泥塑,亦有铜塑,有的乐户家中今仍有藏,只是不肯示人。

既然上党各地咽喉神造型基本相同,又如此独特,按理应该有个独特“人物”,被当地乐户敬为行业祖神。与此相关,见有两段来自民间调查的记述。其一,载于《中国戏曲志·山西卷》,见说:

据传咽喉神为楚国卞庄,被伍员战败后逃入乐户队中死去,从而为乐户所敬。〔一〕

这个“据传”正由上党而来,《上党傩文化与祭祀戏剧》(中国戏剧出版社,1999年版)更有具体记述。依其记,当地调查者听阳城县有位乐户老人说:“听祖上说,(咽喉神)是戏曲《禅宇寺》里带兵和伍子胥作战的那员大将。”于是,调查者依该剧人物推断,认为咽喉神是“楚国卞庄”。显然,这个“据传”不足为凭。

其二,见于上党地区的《襄垣民间音乐》书稿,由襄垣县调查者完成,时未正式出版，见其“综述”中说：

> 无论是寺庙音乐，还是八音会及吹鼓手，都共同信仰一个祖师，即“三郎爷”，一说“疙疙瘩爷”或“咽喉爷”，实际是一个人。据老艺人陈秃回忆，每年腊八是三郎爷生日，音乐吹鼓手均要烧香礼拜。关于三郎爷的来历，传说战国时期韩赵交兵，韩屡战不胜，军师求贤，忽三郎献良策，遂用口笛为号指挥兵卒，神速制胜。自此从皇宫到民间尤其是吹打乐者，均拜三郎为师。因他身患疮疖又以咽喉取胜，故称为咽喉师。[二]

其说“无论是寺庙音乐，还是八音会及吹鼓手，都共同信仰一个祖师”欠准确。见如前引，不但“八音会”原是民间业余组织，本无行业神，而且“红衣行”或敬“包公”，或敬“乐音大师”，可见“共同信仰一个祖师”欠准。不过，襄垣乐户老人陈秃（陈凤远胞兄，已故）的回忆仍值得重视，其说“咽喉爷”或又称“疙疙瘩爷”“三郎爷”，“每年腊月初八”是其生日，正与笔者调查一致；其说咽喉神出自战国时，与前“据传”一致；其说“三郎”早与“韩赵交兵”相关，而战国时襄垣一度属韩，之后归赵，或也有一定关系。

笔者在陵川县陈丈沟（村）咽喉庙考察时（神像已毁，庙碑也失），见该庙仍遗存有当年挂于神殿两旁的木牌对联（下图），存有与“白眉神”相关的一副木联，正见“白眉神”与“咽喉神”相关，且见与咽喉神直接相关者仍存四条木牌对联。其中两条，恰为完整的上下联，见写：

> 昊天上帝钦命都使者，
>
> 宋帝真宗敕封咽喉祠。

另有一条属上联（已失下联），见写：

> 宋帝深恩常护咽喉路，

又有一条属下联（已失上联），见写：

> 报真宗调理咽喉之恩。

另外，由原住该庙的乐户老人侯成有提供线索，笔者又在陵川县南窑头杨家乐户（即侯成有生父家，侯从小过继于陈丈沟舅家）发现一副木联，也与乐户敬奉咽喉神相关，见写：

> 三十三天都教主，
>
> 七十二司咽喉神。

类此，在沁县南池村乐户陈二狗家，见仍保存着供奉咽喉神的木龛，形同神殿，其殿檐刻有“彰善瘅恶”四字，殿前木柱刻的木联分别写：

真宗敕封咽喉祠，

玉帝钦赐都御史。

由这些木联，既见咽喉神属于玉帝使臣，早也“彰善瘅恶”，类如“方相”“钟馗”，早与“驱傩”相关，又见其封在“三十三天”“七十二司”，早与佛、道两教有关。“宋帝真宗敕封咽喉祠”，可知宋真宗封其为“咽喉神”。那么，此神之前是何称谓，因何又由宋真宗敕封，以至乐户竟要“报真宗调理咽喉之恩”、感谢“宋帝深恩常护咽喉路”呢？

不妨就由“宋真宗”说起。依《宋史》记，见其属于“第三子”，正可称作“三郎”；见其自幼“好作阵战之状，自称元帅”，称帝后又曾亲自征辽订有“澶渊之盟”，正可身着战衣，旁有牵马、捧印之类的侍者；见其“或为杂剧词”，正也喜爱伎乐，正与乐户相关，正宜由其“敕封”乐户所敬的“咽喉神”；见其处处效法唐明皇，也曾封泰山、祀汾阴，大搞圣祖临凡、天书下降的闹剧，“外议藉藉”，臣下以为“陛下事事慕效唐明皇”欠妥，且见其说“不可以（明皇）天宝之乱谓为非也”〔三〕。

这又涉及唐明皇。依史，唐明皇时称“三郎”，为“第三子”。见其酷爱伎乐，设立教坊，唐《教坊记》已记，“诸家散乐，呼天子为‘崔（崖）公’，以欢喜为‘蚬斗’”。见宋王谠《唐语林》卷一“政事上”也说，玄宗时“散乐呼天子为‘崖公’，以欢为‘蚬斗’”。所谓“蚬斗”属隐语，隐喻玄宗欢喜女乐；所谓“崖公”亦隐语，喻其类如早已成仙的“洪崖先生”，早与“伶伦”牵涉，与“娼家”相关，早属“乐星”转世的“白眉神”。玄宗时的李白作有《赠僧崖公》一诗（见《全唐诗》卷一六九第十七），见有“昔在朗陵东，学禅白眉空”云云，不但有“僧”也称“崖公”，也类“洪崖先生”，且见“学禅白眉空”，也与“白眉神”牵涉。由此可见，随着佛家“转世”说流行，唐代早视玄宗为“乐星”降世，不但“诸家散乐”“梨园子弟”视其如“洪崖先生”，且类“娼家”敬的“白眉神”，早可称其“白眉三郎”。从而“事事慕效唐明皇”的宋真宗，当然也类“白眉三郎”，也与“白眉神”牵涉。

为何又由宋真宗“敕封”而称“咽喉神”呢？《续资治通鉴》记，真宗天禧四年（1020）“时帝不豫，艰于语言”，不但“帝久不豫，语言或错乱”，且见乾兴元年（1022）二月“帝不豫浸剧，戊午，崩于延庆殿”。《宋史·真宗本纪》更记，乾兴元年“帝不豫增剧，祷于山川神祇”。既然其“艰于语言”曾“祷于山川神祇”，其敕封一位“咽喉神”顺理成章，而且这位神灵早该见于“山川”。

且看一则来自“山川”的信息。

1998 年春节期间，笔者曾参加河北省邯郸市举办的“傩文化”学术活动，有幸观看了武安县固义村的正月社火，并得到邯郸文化馆杜学德先生撰写的《燕赵傩文化初探》一书（以下简称《初探》）。该书正对固义村社火作了考述，并附录着该村遗存的文字资料；尤其附录的《点鬼兵》队戏，文字基本完整，正由赛社而来，其中所写的“白眉三郎”正与宋真宗牵涉。

河北武安县今属邯郸市，与山西上党地区相邻，战国时都曾属赵，有名的秦赵“长平之战”就发生在上党。固义村位于邯郸通往长治的古道旁，今仍见有车马店、饭店、商铺遗存，村旁仍有通往长治的公路。据固义村老人讲，该村过去多有人曾到山西做生意，村中传承祭祀演出的丁、李、马三姓更是明代的山西移民。依笔者见，该村仍与上党民俗相近，文化相通，其正月社火仍类上党赛社遗存。据《初探》所录，见该村原有的《捉黄鬼》《月明和尚戏柳翠》《开八仙》等皆称队戏，见其《岑彭马武夺状元》《虎牢关》等更称“赛戏”，不但这些剧目上党赛社皆见，且见其村民自办、年节上演、角色由各家传承的规制，正类上党地区潞城南舍村遗存的“调家龟”。显然，固义村的社火也由赛社而来，也属村民自办之后的遗存形态，原也与乐户相关。

这由《初探》也可证实。依其言，见固义村社火原也有“请神、迎神、祭祀和送神等”仪式，仍类赛社所见；见其“从年前的十月上旬”开始，“到年后的正月十三日，为准备阶段”，先“请西大社全体参演人员”前来“坐席”，“一进腊月，就开始集中”排练，正类南舍村“调家龟”的准备过程；见其“面具”皆由西大社保管，用前皆要“擦拭干净”，正类上党乐户所为。

尤其“白眉三郎的面具”，见“年前腊月初一之前”，“从库房中取出，掸去灰尘，用湿布擦过”，“腊月初一上午，西大社社首领该社全体参演人员，把白眉三郎的面具，请到前街西阁旁边的卷棚中”，“供在石墩上”；见其石墩类如石桌，“方柱形”，正面刻有“皇帝万岁，太子千秋”八个大字，两旁刻有“风调雨顺，国泰民安”两行小字，其内容正如上党赛社所见；见其全体参演人员祭毕面具后，村人说“三郎爷进村了，不要胡来了”，正类上党赛社“肃静榜文”所言；见其“有的家户经西大社社首同意”，平日“可把这副面具请到自己家中”用以驱邪禳灾，正类上党乐户对于面具的崇拜。显然,“白眉三郎的面具”正代表“三郎爷”,将其面具“供在石墩上”犹如将其神位置于供桌,不但腊月初一全体参演人员皆要祭祀“三郎爷”,正类上党乐户腊八祭祀“咽喉神”,且类上党赛社要求参赛人员“斋戒沐浴”,见《初探》也有如下记述:

正月十二日上午,西大社要把社内所有参演上装人员集中到卷棚下白眉三郎面具前举行净身子仪式。从这天起直至正月十七日(今按,结束日),男演员要和妻子分居,禁止房事。〔四〕

再看其正月十四“请神”,既请有玉皇、城隍、关公、五道、土地等,仍类赛社“迎神”,又见“到村南奶奶庙里请三位三郎”,要“把白眉三郎、白面三郎、赤峰三郎的木雕坐像移到抬椅上,抬到前街西阁卷棚内”。这里“三郎”变成了“三位”,皆以“木雕坐像”取代了“面具”,且见“白眉三郎的面具”又可作为“道具”,用于正月十五晚上所演的《点鬼兵》队戏,其“掌竹”人仍类上党赛社“前行”,也仍致语、勾队、讲唱,正讲及“真宗敕封”,正见“白眉三郎”可称“咽喉神”。今依《初探》附录的“都本”,照录其文如下(其文原已校正,凡笔者又加校正的字句和按语,均加“今按”,以示区别,也置括号内):

《点鬼兵》都本

点鬼兵身十(神是)三班身

(今按,题下此句属说明,意指“点鬼兵”之神实有“三班身”,故“身十”应为“神是”二字之误。接下“掌竹”人出场,先念如下致语祝赞)

一树梨花开满园,金(旌)旗不动搅旗幡。

若知太平无司马(厮杀),太平人贺太平年。

少打伤人剑,常磨克己刀。

万物凭天理,灾祸自然消。

打鱼人手执竹竿,遇樵夫斧押(掖)腰间。

二人相见到江边,说了半谈寒宴(半天寒暄)。

说不尽古今心肺(兴废),

(难)免二字饥寒。

你归湖去我归山,劝君把闲事少管。

一言未尽,探神来也(今按,此句属“掌竹”人所念的“勾队”语,所勾“探神”即“鬼兵”，多由四人上场，舞一段，掌竹者再念下文)。

将军上阵纳(拿)姚(铫)期，浑身上下紧相随。

两条腿一似追风马，报告威灵上圣知。

奉祭尊神(今按，原文有加框，意指念毕以上四句，接有“奉祭尊神”仪式。届时将“白眉神”面具置于乐台神桌，其扮者随上，焚香化表而祭，之后面具就变为道具，扮者戴在头上，手执金锤，再与四个探神舞跳一段，坐之当场，掌竹一旁开讲，开始讲说此神故事。具体如下)

金骨朵银樽玉把，单行动鬼神皆怕。

因为他正直无私，白眉神当坛坐下。

奉祭尊神，做一鬼兵对(队)戏。此段对(队)戏出在何朝？出在战国春秋演义时(史)。这老爷，秦庄王十三太子(今按，“十”或应为“是”，若此，“秦庄王是三太子”，正属“三郎”)，起名唤英雄殿下。老爷幼而一好寻园(今按，“寻园”应为“行围”，下同未改)，寻园行在晋国。晋国有一人名唤拦街虎，将人打死。这老爷好抱不平，一怒上前，将拦街虎打死。晋国报子报与朝廷知道，欢差(今按，应为“钦差”)一支人马，前来捉拿老爷。这老爷跨起轰浑马(今按，应为“红浑马”，言马浑身红毛)，周游天下逃命。行来行至顺德府(今按，故治在今河北省邢台市，金时置府，元称路，明清仍见称府)唐山县镇殿(今按，应为“镇店”，下同未改)村庄。忽听前边鸣锣鼓响，老爷上前动问：“锣鸣鼓响此是作何？”殴门(今按，应为“偶们”，指戴着面具类如木偶的表演者，下同未改)答曰：“乡赛(今按，应为‘享赛’，下同未改)天地，祭赛龙神。”这老爷说：“此乃一庄(桩)善事，我是行不改名坐不改姓，我乃秦庄王十三太子。我在晋国将人打死，晋兵追我甚紧。将我隐藏，日后得地(今按，应为‘帝’)不可忧(有)忘。”殴门答曰：“无计可承(呈)，怎能救得老爷？哈哈有了，要得救的老爷，头戴脸戏(今按，即面具)，身穿彩衣，方可救得。”老爷自思，蝼蚁[尚且]贪生，为人何不惜命。随急(即)说罢，头戴戏脸，身穿彩衣，隐藏药和(今按，应为“乐伙”，下同未改)，这且不讲。晋兵追来追去，追至顺德府唐山县镇殿村庄。晋兵上前动问：“鸣锣鼓响，此是作何？”乡民答曰：“乡赛天地，祭赛龙神。”“真乃一庄(桩)善事，只可收兵，不可扰乱。”晋兵回去，这且不讲。这老爷

[被]轰浑马踢与(于)地下,殴门献上白马一骥,老爷跨上白马,云游天下逃命。路过雀(鹊)鹅山(今按,此山正在固义村旁),偶得一身疯(风)疮疥癣,药王药圣老爷送来赤白二丸药,一丸搽在身上,一丸用在腹内,浑身都好,指(只)留下白眉二道,颏下二唇,坐画(化)在鹊鹅山上。三第争宗(今按,应为"三帝真宗",下同未改,即宋真宗)身旁无子(今按,宋真宗正宫确实无子),沿庙降香求子,路过鹊鹅山。老爷在空中刮起一阵古怪狂风,马銮铃响亮,三弟(今按,应为"三帝",即真宗,下同未改)问道:"空中何神?"老爷答曰:"战国春秋将前来保驾。"三弟回至朝前,选(今按,应为"宣")王强上殿,沿庙计(稽)查老爷打(行)宫。并无老爷行宫。七十二司内加一司,出报现报司,勒(敕)封为咽喉司都巡按,阳间大急神(今按,应为"大吉神",并将以下诗赞,皆依前面加改如下)。

战国春秋将,起名换(唤)英雄。

打死拦街虎,云游天下行。

晋兵来追赶,隐藏药和(乐伙)中。

殴门(偶们)献白马,老爷得逃生。

路过鹊鹅山,疯(风)疮疥缠身。

儒医(今按,应为"巫医")来点化,喉咽一点疼。

白眉留两道,颏下留二唇。

坐画(化)鹊鹅山,显化与(于)争(真)宗。

争(真)宗回朝转,并无爷行宫。

司内多加一,敕封咽喉宫。

(今按,以下为"遣队"诗赞,最后一句属"题目正名")

好骑白马身穿红,鹊鹅山前显威灵。

手执骨朵催香烟,白眉三郎点鬼兵。[五]

这是一个基本完整的"都本",除加有"奉祭尊神"仪式,仍类宋元流行的队舞队戏;舞跳后当场坐下(宋代见称"歇帐"),再由掌竹讲说所扮人物故事;结尾所念的四句诗赞,仍类宋元话本的"题目正名",最后"白眉三郎点鬼兵"一句即该剧题目,故可简称《点鬼兵》。依其所讲,见"白眉三郎"原是战国人,早见成神,早关乎"喉咽一点疼",于是"显化于真宗","敕封咽喉宫",成为"咽喉神"。

而这既与《宋史》相合，又与上党乐户的说法相通，不但该村正月社火仍类上党“调家龟”，正由赛社而来，且见《初探》说，旧时固义村社火，正月十六(结束前一日)要祭“虫蛹王”，祭毕，村民笑说：“今年虫灾往山西(那)边走了!”正与上党有关。显然，两地赛社同源，有关“咽喉神”的传说正该出处相同。

从而结合上党考察，就可获得如下认知。

首先，“白眉三郎”实即“白眉神”，既牵涉“三郎”，可称“三郎爷”“三王爷”，又患有“风疮疥癣”，可称“疮疙瘩爷”，还因关乎“咽喉一点疼”“显化于真宗”“敕封咽喉宫”，才称“咽喉神”。

其次，上党木联见写“宋帝真宗敕封咽喉神”，属“三十三天都教主，七十二司咽喉神”，既与《点鬼兵》所言的“显化于真宗”“敕封为咽喉司都巡按”“七十二司内加一司”一致，又与《宋史》所言的真宗“艰于语言”，曾“祷于山川神祇”呼应。可见“咽喉神”正由“真宗敕封”，出自宋代。

其三，见于《点鬼兵》队戏，直称“三帝真宗”，比之上党木联见称“宋帝真宗”，前者更像宋代艺人讲说本朝故事的口吻，不必言“宋”。就是说，宋代早在讲说“真宗敕封”故事，早有话本属于“都本”，早可用于《点鬼兵》队戏，以至早见于河北“顺德府唐山县”。今考该府该县，宋称“邢州府尧山县”，金称“顺德府唐山县”，元已改“府”为“路”，明清才又复称如金。而元代禁令见记(前引)，河北“束鹿县头店，见人家内聚约百人，自搬词传，动乐饮酒”，已“攒钱置面戏等物”用于“祈神赛社”，已多“民间子弟”参与，不但其“面戏”正类《点鬼兵》所见，且见正类“顺德府唐山县镇殿(店)村庄”“乡(享)赛天地”。由此判断，金元之际已有《点鬼兵》队戏流行民间，用于赛社。不但流传河北，固义村早将其故事发生地与该村隔河而南的鹊鹅山牵涉，且见山西上党地区襄垣县早又与“韩赵交兵”附会(前引)，多了地方色彩。

其四，与这种加工演义、穿凿附会相关，见明谈迁《枣林杂俎》引《花锁志》言：“白眉神即古洪涯先生也。”〔六〕所谓“洪涯”，或记作“洪厓”“洪崖”，既属地名，又借指由此得道的仙人。如江西有座“洪厓山”，见《辞海》“洪厓”条(民国版)说，“相传洪厓先生得道于此”，属上古仙人，“即黄帝之臣伶伦”。而依《吕氏春秋·古乐》《汉书·律历志》记，“伶伦”恰是黄帝“乐官”，始创“乐律”，为“乐祖”。从而，见其“得道”而称“洪厓先生”，属上古仙人，早可升天；见东汉张衡《西京赋》写及“总会仙倡”，言“女娥坐而长歌，声音畅而委婉；洪涯立而指麾，被毛羽之襳襹”，三国时薛综早又注曰“洪涯，三皇时伎人，倡家托作之”[七]。可见至迟两汉三国，“洪涯”已与“伶伦”穿凿，不但已由仙人升天，已被“倡家托作”为主乐的“乐祖”，已在表演“总会仙倡”，已见“洪涯立而指麾”，且见其中的“女娥”为“仙倡”，正类“女倡”，其“声音畅”早已关乎“咽喉”。于是如前引，见言唐玄宗喜欢女乐，时称“崖公”，正类“洪涯先生”，为“乐祖”转世；见言宋真宗“事事慕效唐明皇”，不但也可比附“乐星”降世，且见其“艰于语言”，正关乎“声音畅”，曾“祷于山川”，正宜祷于由“洪涯”而来的“白眉神”“白眉三郎”，正宜由“真宗敕封”而称“咽喉神”。正因此，既见明代娼家仍敬“白眉神”，仍供在“乐星堂”，又见其与“咽喉神”实一，正如上党所见，为乐户行业的“祖神”，仍属“乐星”。

其五，由伶伦而洪涯，而白眉神、咽喉神，既与“乐星”说有关，又与“转世”说牵涉，以至儒释道杂糅，其文化内涵早又丰富多样。见于先秦，随着农耕文明兴起，人们不断观察天象，已由日月运行有了“二十八宿”之说，其中“翼宿”（共二十二星，状如鸟翼）早属“乐星”，早有了“翼，天乐府”“翼主天倡”之说。见于汉代，既与道家五行八卦相关，已见五音与五行、十二律与十二辰次、二十八调与二十八宿关联对应，又随着东汉佛教传入，见有了“转世”说，不但由“伶伦”而来的“洪涯”早又“总会仙倡”，早与“翼，天乐府”“翼主天倡”有关，且见东汉早又将开国二十八将绘形“云台”，视如二十八宿“转世”，其中邳彤早也与“翼宿”关联对应。正因此，就见唐玄宗时称“崖公”，已属“乐星”降世的“天子”，可称“白眉三郎”；就见唐《开元占经》又说“翼从天子举兵征伐”，类如邳彤的“将军”也可转世；就见宋真宗也类唐玄宗，不但也与“白眉三郎”牵涉，且见有了《白眉三郎点鬼兵》队戏，其掌竹人也仍念有“将军上阵拿铫期”一语，语出典故，其“将军”正指“邳彤”，正与“翼从天子举兵征伐”有关。与此相关，见于上党赛社今存《尧庙山赛社用本》记的《二十八宿姓名》诗仍言：

> 双女宫（翼宿）中佛法奢，人间祭祀扫凶邪，
> 安身不见生楚地，姓邳名彤翼火蛇。

“双女宫”正指“翼宿”，邳彤为神灵，且因对应“楚地”，虽其“不见生楚地”（生在冀州），仍见“人间祭祀扫凶邪”。于是与“翼宿”对应，与“转世”说相关，就见由伶伦而洪崖，而白眉神、三郎神、咽喉神，不但早与唐玄宗、宋真宗牵涉，且因牵涉“将军”，早又有了《点鬼兵》队戏。

基于以上认知，以下继续探讨。

见类《点鬼兵》队戏，上党赛社早又有了《跳监斋》。见其“机偶神”先上场舞跳，正类“鬼兵”；见其接着“祭楼台”，也类《点鬼兵》中“奉祭尊神”；见其“前行”从旁讲说人物故事，也类《点鬼兵》的“掌竹”所为；见说“监斋神”原是佛家“紧那罗王”，早属“乐神”，元末转世少林，曾患“一身风癣疥癞”，正类“一身风癣疥癞”的“白眉三郎”。可见随着“佛法奢”引入“转世”说，即使同属乐神，也可因时因地因需演义出不同的人物故事。

正因此，就见固义村祭有三位三郎神。依《初探》记，该村正月十四请神，“把白眉三郎、白面三郎、赤峰三郎的木雕坐像移到抬椅上，抬到前街西阁卷棚内”，“抬来后，白眉三郎坐右侧，面向南；白面三郎和赤峰三郎坐左侧，面北”〔八〕。从而，既见一神三像，为“三班身”，即佛说的法身、应身、报身，正含过去、现在、未来的“三生”之义，正合“转世”说，又见白眉三郎的坐像“向南”，为祭祀的“法身”，不但“过去”早有，早称“白眉神”，且见另两位属其“应身”“报身”，“面北”背享，却居白眉三郎“左侧”，同处上位，地位更显尊贵，正该与唐明皇、宋真宗牵涉。按此，其中“白面三郎”当指唐明皇，“显化于真宗”时正属“现在”“应身”；“赤峰三郎”当指宋真宗，不但其“赤峰”可谐音“敕封”，可象征“洪崖”，正可与“真宗敕封”关联，正可由“洪崖”而与白眉神、三郎神、咽喉神牵涉，且见上党乐户仍在“报真宗调理咽喉之恩”，说明真宗为三郎神的“报身”。

而与“三郎”相关，《初探》又见附录有《吊掠马》队戏〔九〕。也类《点鬼兵》见称“都本”，也属面具舞跳，也见掌竹念有“将军上阵拿姚期”四句，却见“武安王当坛坐下”，演的是“关羽”故事。考其所由，也与佛教有关。见于南北朝，不但《荆楚岁时记》见记，南朝梁早借金刚力士以逐疫，且见南朝陈废帝光大年间，智剀禅师至当阳（今湖北省当阳市）玉泉山，欲建寺，无基可卜，俗传金甲神曰“余汉寿亭侯也，愿舍此地为挂锡处，请安禅七日，以观其效”，至隋开皇十二年（592），正式在玉泉山建寺，寺西北仍存关羽遗庙（见清代《秋镫丛话》）。这至少说明，南北朝至隋，湖北当阳一带早奉关羽为神，不但早与道家有关，早已建庙，而且已与佛家牵涉。于是，既见唐德宗贞元年间董侹作有《重修玉泉关庙记》，言关羽“生为英贤，没为神明，精灵所托，此山之下，邦之兴废，岁之丰荒，于是乎系”（见《全唐文》卷六八四）。唐末范摅《云溪友议》卷上记：“玉泉祠，天下谓四绝之境。或言此祠鬼助土木之功而成。祠曰‘三郎神’，三郎即关三郎也。”从而，就见“关三郎”类如“唐三郎”，与“白眉神”牵涉；就见五代孙光宪《北梦琐言》卷一一言，“唐咸通乱离后，坊巷讹言关三郎鬼兵入城”，其言的“关三郎鬼兵”早又与“白眉三郎点鬼兵”相关。由此至宋，既见宋徽宗自称“教主道君”，已封关羽武安王（见《解州志》），又见时有宰相张商英也仍信佛，作有《重建当阳武庙记》碑文（见《全宋文》卷二二三一），不但仍类《云溪友议》记有关羽传说，且言“是三非一，是一非三，即一是三，即三是一，随众生根而设教”，正涉及儒释道“三教”以及佛家“三身”之说。于是，“武安王当坛坐下”，就有了《调烈马》；就见宋代“杭州灵隐寺，在十八伽蓝旁加塑关羽之像”（见《中国民间诸神·附关羽》），关羽早又属佛家“护法伽蓝”；与“三教”相关，关羽早也成了“三郎”神，不但早类“唐三郎”，且见其带着“鬼兵”，早与“捉鬼”有关，其中正多文化内涵。

以下逐次考述。

与“捉鬼”相关，不但宋代沈括《梦溪笔谈·补笔谈》卷三言，“钟馗捉鬼”早与唐玄宗有关，且见其说“后魏有李钟馗，隋将（有）乔钟馗、杨钟馗”，“钟馗之名从来亦远矣，非起自开元之时”。而“钟馗”正又源于先秦“终葵”，正见其远。对此，见《周礼·考工记·玉人》已记，“大圭，长三尺，杼上终葵首，天子服之”；见西汉扬雄《方言》又说，“齐人谓椎为终葵”，说明先秦早有“终葵”，其形如“椎”（chui）如“锤”，“大圭”（玉器）上端类此，见称“终葵首”，“天子服之”早为避邪；见《后汉书·马融传》记有《广成颂》，言及驱傩，仍见“导鬼区，径神场，诏灵保，召方相，驱厉疫”，“翚（挥）终葵，扬关斧”，仍类先秦方相驱傩时执戈而舞，后汉早又挥动如椎的“终葵”。从而随着东汉佛教传入，就见南北朝已用金刚力士驱邪逐疫，也仍执锤而舞，仍类“翚终葵”；就见《魏书》卷四二已记，“尧暄，字辟邪，本名钟葵，后赐为暄，上党长子人”，“太和十九年，卒于平城”，“赠安北将军、相州刺史”。不但其名“钟葵”为“终葵”“钟馗”谐音，正为“辟邪”，正与驱鬼有关，且见后魏已有了李钟馗，隋将也有了乔钟馗、杨钟馗，早与“钟馗驱鬼”有关。于是，见与唐三郎、关三郎、宋真宗牵涉，不但“白眉神”早又见称“白眉三郎”，早有了《点鬼兵》《调烈马》队戏，且因唐末五代早有了“关三郎鬼兵”一说，就见宋代早又有了“关公斩蚩尤”故事。依《关帝圣迹图志全集》《三教源流搜神大全》等书言，宋真宗大中祥符七年，山西解州盐池一带（今运城市）有灾，言属蚩尤作怪，于是真宗令张天师收服，天师又借助关羽显灵，才斩蚩尤于盐池。对此，见北宋沈括《梦溪笔谈·辩证一》记，解州盐池“卤色正赤，在阪泉之下，俚俗谓之蚩尤血”；见《大宋宣和遗事·元集》也记有“关公斩蚩尤”故事，则说与宋徽宗相关；见上党赛社《唐乐星图》本仍记有《关大王破蚩牛(尤)神·一单舞》，为队舞，其角单仍列有“三帝真宗”，仍见“关公、关平、周仓、五岳阴兵降蚩牛”；见《孤本元明杂剧》也记有《关云长大破蚩尤》一剧，言关羽原是玉泉山土地，因破蚩尤有功，才由宋天子封为武安王，不但其宋天子指徽宗，且如前引，其宰相张商英也仍信佛，关羽早也涉及佛说。

而宋代崇佛，早又牵涉宋太祖。见南宋朱弁《曲洧旧闻》卷一记，“五代割据，干戈相侵，不胜其苦。有一僧，虽佯狂而言多奇中，尝谓人曰：‘汝等望太平甚切，若要太平，须在定光佛出世始得’。至太祖一天下，皆以为定光佛后身，盖用此僧之语也”。见《宋史·太祖本纪》言，赵匡胤出生时“赤光绕室，异香经宿不散，体有金色，三日不变”，正类“定光佛”降世，且言其早年“漫游无所遇，舍襄阳僧寺”，有老僧顾曰“吾厚赆汝，北往则有遇矣”，正与其北投后周、陈桥兵变有关，正如《曲洧旧闻》所言的“定光佛出世”。所谓“定光佛”乃佛祖又一化身，也称“炽盛光佛”。见如北宋汴京相国寺，属宋皇祭祀重地，就见绘有《炽盛光佛降九曜鬼》百戏，歌颂宋太祖“一天下”之功，且因与天子、将军牵涉，早也与“白眉三郎点鬼兵”相关。

这又牵涉到相国寺历史。见宋初高僧赞宁撰的《宋高僧传》卷二六，有篇“唐东京相国寺慧云传”，言北齐天保六年(555)早在开封信陵君故宅创立“建国寺”，至唐变为“池沼”，慧云僧见其“澜漪中有天宫影”，“决拟建梵宫答其征瑞”，于是在“弥勒像前泣泪焚香”，“少顷像首上放金色光照曜天地，满城士庶皆叹希有”，当时“奏闻睿宗”已改名“相国寺”。至宋，随着“宋太祖重修”，更见“翰林待诏高益笔迹壁画，时推笔墨之妙矣”。与此相关，见北宋欧阳修《归田录》卷一言，“太祖皇帝初幸相国寺，至佛像前烧香，问当拜与不拜，僧录赞宁(即《宋高僧传》作者)奏曰‘不拜’，问其何故，对曰‘现在佛不拜过去佛’”。于是欧阳修曰：“其语虽类俳优，然适会上意，故微笑而颔之，遂以为定制。”显然，宋太祖早被视为佛祖降世，早被敬作“现在佛”，不但相国寺早成了皇家寺院，且有定制，宋代各帝仍要佛像前烧香。从而，既见《东京梦华录》“相国寺内万姓交易”中记，北宋末年仍见“相国寺每月五次开放”，“凡有斋供，皆取旨方开三门”，“大殿两廊皆国朝名公笔迹”，仍见其左壁绘着“《炽盛光佛降九曜鬼》百戏”，又见《大宋宣和遗事·元集》说，赵匡胤早又属火德星君霹雳大仙，“诞生时分，红光满室”,早又与宋徽宗提倡道教有关。见于上党赛社《唐乐星图》本,也仍存有《炽盛光佛降九曜鬼 · 一单舞》,不但“炽盛光佛”领着“金刚、观音”之类佛神,其中“护法神二个”为“护法伽蓝”,且见领着“二十八宿”“四大天王”之类,也仍佛道杂糅,仍类“翼从天子举兵征伐”。

正因此,不但关羽早也成神,早与佛道两教相关,且见相国寺早多“名公笔迹”,早与儒家有关,早又借《炽盛光佛降九曜鬼》宣扬着忠君思想。

从而见如上党地区的沁县,早在宋神宗元丰三年(1080),其城关早也建有“关侯庙”,至今庙碑仍存。依其碑记,“交阯入寇廉白”,神宗熙宁九年(1076)“诏元戎举兵问罪”,沁州 237 人应募为前锋,兵至邕州(与廉白同属广西),祷于关羽“将军之祠”,“果而立功,归而建庙”,不但见言“迄今江淮之间,尊其庙像,尤以为神”,且言“不独取其临战却敌之威,而取其佐君之忠”,早又在宣扬儒家的忠君思想。

致如宋代“精忠报国”的岳飞,也类关羽,早也成神。依史,见岳飞也曾坐镇鄂州,统辖荆襄,正类关羽把守荆州;见其死后宋高宗曾以“精忠岳飞”四字增之,正为倡导“忠君”。见岳珂(岳飞孙)编有《金陀续编 · 百氏昭忠录》,其中辑录的南宋孙逌《纪鄂王事》记,“(岳)飞常与人言:使飞得与诸将齿,不在偏校之外,而进退禀命于朝,何功名不立? 一死焉足勒哉! 要使后世书策中知有岳飞之名,与关、张辈功烈相仿佛耳!”正因此,既见岳飞也类武安王关羽,死后追封“鄂王”,南宋临安早也建有岳王庙。又见传说,岳飞是由关羽“转世”(或说由张飞转世),关王庙或也附有岳飞神像,见称关岳庙。举如北京,不但清代仍存关岳庙,也称“双关庙”(位于西四北大街),且见清末《燕京岁时记》言,北京有座东岳庙,原存“元翰林院承旨赵孟頫”所书碑言,“庙有七十二司,司各有神主之,相传速报司之神为岳武穆,最著灵异”。而如前引,宋真宗敕封的咽喉神正封在“七十二司”的“速报司”,正由“白眉三郎”而来,正与“关三郎”牵涉,不但其“假名于关侯”正类“速报司之神为岳武穆”,早也见于宋元,且见北宋张商英早言,“是三非一,是一非三,即一是三,即三是一”,宋代“三教”早都在宣扬忠君。

至此,再看《点鬼兵》的历史成因。

依《点鬼兵》讲,其故事出自“战国春秋演义史”,与“秦庄王”牵涉。而与“战国春秋演义史”相关,见明代冯梦龙早将余邵鱼编写的《列国志传》改编为《新列国志》,清初修订为《东周列国志》,又称《东周列国志演义》(见于台湾版

《中国历史全演义》,以下简称《演义》),正有相关记述。依《演义》讲,秦赵“长平之战”后,秦军乘胜围赵邯郸,赵求救于魏,魏国信陵君凭“朱亥袖四十斤铁椎,椎杀晋鄙”,就有了“窃符救赵”一幕。至秦庄襄王登基后,假意与魏修好,借以离间信陵君与魏王,朱亥又曾替信陵君奉璧赴秦,见秦曾置朱亥于“虎圈”,后又“欲封朱亥为官”,继而“命拘于驿舍,绝其饮食”。朱亥曰:“吾受信陵君知遇,当以死报之!”以头触屋柱,并“以手自探其喉,绝咽而死”[一〇]。对此,北宋苏轼早有《朱亥墓俗谓屠儿原》诗言,“昔日朱公子,雄豪不可追。今来游故国,大冢屈称儿”(见《苏轼诗集》卷二八),且见朱亥故里时称朱仙镇,正有岳飞抗金的“朱仙镇大捷”。从而,见朱亥早也忠君,宋代早有名公歌颂;见其“绝咽而死”,早也关乎“咽喉一点疼”,不但见其早也成仙,可与“咽喉神”比附,且见相国寺正建在信陵君故宅,其中仍有“信陵亭”,朱亥正可为佛神,正类手执铁椎的“金刚力士”。

再说相关的秦庄王,即“秦庄襄王”。依《演义》说,其属秦孝文王次子,庶出,其母早丧,初名异人,或称子异,曾质于赵都邯郸,在此结识吕不韦。依吕谋,讨好其父宠妃华阳夫人,遂改名子楚(华阳夫人无子,楚人),衣楚衣,奉如亲母,得封太子,终逃离赵国,继承王位。吕不韦视子楚如“奇货”,自与善歌舞的赵姬私通,孕后嫁于子楚,生子于赵,初名赵政,后名嬴政,即统一天下的秦始皇(秦赵同源于嬴姓)。按此,不但子楚正与楚地牵涉,正与“翼宿”相关,且见其娶的赵姬正类“娼女”,正可比附洪崖指挥的“仙倡”,正合“翼,天乐府”之说。

从而,就见《点鬼兵》出自“战国春秋演义史”,言“秦庄王十(是)三太子”,不但正类唐明皇、宋真宗为天子,正可比附“白眉三郎”,且见“白眉三郎点鬼兵”仍类《炽盛光佛降九曜鬼》,其“鬼兵”仍合“翼从天子举兵征伐”之说。

为何如此演义?答案仍要从宋史去找。

依史,北宋末年,金兵愈犯,宋徽宗传旨天下“享赛土神”,且见汴京招募方士守城,终致徽、钦二帝被掳。当时,既见上党人王彦领着义军,面刺“赤心报国,誓杀金贼”(或作“誓竭心力,不负赵王”),号称“八字军”,活动于太行山一带,其属下正有岳飞;又见与金人决战的战场正在开封、邯郸一带,为“窃符救赵”故地,康王赵构时称“河北兵马大元帅”为赵王,正肩负“救赵”重任,人们对其正抱着期望;更见其属徽宗“次子”(第九子),庶出,曾赴邯郸金营为人质,恰类“子楚”,他接了“大楚”皇帝张邦昌送来的传国玉玺,在应天府(河南商丘)称帝,正属与“楚”相关的天子，且见《宋史·高宗本纪》言，其生时“赤光照室”，一如宋太祖，也可类比“炽盛光佛”乃至“火德星君”。或因此，就见时人“救赵”心切，有了“泥马渡康王”故事，言其赴邯郸金营时，躲于河北磁县崔府君庙，神灵显应，以泥马渡其过河，逃至“应天府”，才类宋太祖“应天”称帝。对此，不但《大宋宣和遗事·贞集》已有记述，且说被俘的徽宗曾遣人对康王言，“便可即真，来救父母”。于是，康王“真”作了皇帝，不但逃至杭州建立南宋，且见《梦粱录》卷四记，杭州时也建有“崔府君庙”，并由高宗赐额“显应”，封其“护国显应兴福普佑真君”，“崇奉香火，以褒其功”。

既然高宗皇帝如此褒奖崔府君，当然岳飞“朱仙镇大捷”也可说成神灵“显应”，认为“朱仙”又来“救赵”，会类“翼从天子举兵征伐”“炽盛光佛降九曜鬼”，演义出“白眉三郎点鬼兵”队戏。尤其邯郸、上党等地，原属赵国，更会祈神“救赵”，会借“子楚”说事。或因此，就见上党赛社今存一段“前行”致语，仍与“子楚”有关（见于《听命文集》等本），照录如下：

子楚打马到安筵，此地何能福里闲。

借问赵王无所处，黄金台上草连天。

所讲的“子楚”正暗指“康王”，所言的“打马”正与“泥马渡康王”有关，所言的“安筵”正指其作了皇帝，不但“赵王无所处”正指徽、钦二帝被掳，正也暗指其逃往江南，而且“此地何能福里闲”正与其偏安江南、重用秦桧、加害岳飞有关，故见时人借用“黄金台”典故早又发出“草连天”感慨。所谓“黄金台”，见与“战国”时燕昭王招贤复国有关，不但燕昭王曾在韩国为人质，正类在赵的“子楚”，也可喻指“康王”，且见时人已借“子楚”说事，发抒不满，正该出自宋金之际，正与“救赵”有关。

正是这种历史诱因，就见类如“讲史”，《大宋宣和遗事·贞集》已记“泥马渡康王”故事；就见按照“战国春秋演义史”，河北又有了《燕赵傩文化初探》所记的《点鬼兵》，不但正与“燕赵”有关，且见其中所言的“晋国”正涉及上党，上党赛社也仍见存以上“致语”。

可见原属晋国的韩、赵、魏一带，宋金之际早借“子楚”说事，随需“演义”，早有一种“随意性”，早又多了地方色彩。

因此需要强调，以上只是依照“演义”的推想，以见《点鬼兵》早与“三教”相关，早可因时因地因需演义，由此穿凿附会的“上圣”“将军”早不止一个，早有一种“随意性”。或因此，见与《点鬼兵》相关的“咽喉神”今仍只见于邯郸、上党一带。而如江南诸省，相关艺人至今只敬“三郎神”“三田都元帅”，就未见敬“咽喉神”，未必有过《点鬼兵》。即使北方艺人，也或见敬“周庄王”“楚庄王”等，也仍各取所需。

举如周庄王（姬佗），见也与乐星崇拜相关，也有相关的演义。依史，既见其属于东周第三位皇帝，也可称“三王爷”，又见其称帝后才进入战国时代，才有了“二十八宿”分临的郡国，才可与“二十八调”对应，才见唐《乐府杂录》记有“五音轮二十八调图”。上党赛社今存的《周乐星图》本，其开篇仍由周庄王说起，也仍涉及“乐星”说，为“前行”讲唱，今摘其开头一段如下：

昔日周庄王天子即位，驾坐金銮宝殿。大宝三年九月十七日（按，因其登临“大宝”的第三年曾平灭篡位之谋，所言“九月十七日”当指其重登宝殿的吉日），设起早朝，众卿议论国事已毕，御驾回宫，两厢摆列三千粉黛、八百娇娥，奏乐□□□曲。光位丙申时，忽起狂风一阵，吹沙走石，屋瓦飞翻，土雾遮天（按，以下缺失约八行，200余字），君臣不解其意。诗曰：

鼓乐从来按五音，喜春喜夏喜秋冬。
吹动教坊四十曲，感动神灵侧耳听。
上禁了一宫二调不行曲。

（按，此语与宋代“教坊四十曲”有关。于是接讲“宫调”与“乐星”的对应关系，先讲“八乐星君”与“八音大乐”对应关系，再讲东汉开国“二十八将”与“二十八宿”的对应关系，最后仍以诗赞结尾，今略）

或因此，就见说书者仍敬周庄王。依李乔先生《行业神崇拜》一书言，既见“北方评书业多奉周庄王”，或敬楚庄王等，并举有实例，又见言及戏曲行业，转引《玉匣记》言：“唐明皇梨园祖师，南方翼宿星君。”〔一〕显然，由于“翼宿星君”早属“乐星”，早与“伶伦”牵涉，早可“转世”，不但各种艺人崇拜的偶像早又多样、随意、混杂，且都有其历史成因、演义过程、丰富的文化内涵。

【注释】

〔一〕见于《中国戏曲志·山西卷》，版同前，143页。

〔二〕见于《襄垣民间音乐》，襄垣县文化馆搜集编写，1989年稿，内部刊印本。

〔三〕可参阅《宋史·真宗本纪》《宋史·乐志·教坊》有关内容。

〔四〕以上有关咽喉神的引文,见杜学德著《燕赵傩文化初探》,甘肃人民出版社,1998 年版,14、45、46、56 页。

〔五〕杜学德著《燕赵傩文化初探》,甘肃人民出版社,1998 年版,70—72 页。

〔六〕见《枣林杂俎·和集》所引的“白眉神”条,中华书局,2006 年版。此处转引于“笔记小说大观”版。

〔七〕萧统《文选》所载《西京赋》,中华书局,1977 年版,48 页。

〔八〕《燕赵傩文化初探》,版同前,14、46 页。

〔九〕《燕赵傩文化初探》,版同前,72、73 页。

〔一〇〕《东周列国演义》,此处引自《中国历史全演义》丛书第二册,台湾远流出版社,1983 年版,1136—1137 页。

〔一一〕《行业神崇拜》,中国文联出版社,2000 年版,488—495,518—520 页。

第二节　乐户祭祀咽喉神的活动

前面曾说,后期的上党乐户仍敬“咽喉神”,仍视腊八为其诞辰,每年仍要为其庆诞,仍类宋代“圣诞酬神”的赛社。为见其文化内涵,以下再加考述。

早在先秦,十二月已称“腊月”,不但早有“腊祭”用于祭祖,且见已有“蜡祭”用祭农神。秦汉以下,既见腊、蜡相通,百神共祀,早与民间“驱傩”相关,又见随着佛教传入,南北朝已有腊八节,既属“佛祖成道日”,见类皇帝“庆诞”而会,又见已借金刚力士驱邪逐疫,仍与“驱傩”相关。举如南梁宗懔《荆楚岁时记》就记:

> 十二月八日为腊八。谚云:“腊鼓鸣,春草生。”村人并击细腰鼓,戴胡头,及作金刚力士以逐疫。〔一〕

依史,梁元帝(梁武帝第七子)称帝前曾为荆州牧,宗懔得其重用,曾为江陵(今湖北江陵县)令。而梁武帝晚年早崇尚佛教,可见宗懔记的“荆楚”风俗应属亲见。从而,既见当时荆楚“腊八”已借“金刚力士以逐疫”,又见其“戴胡头”者正类北朝“胡人”,不但其表演正类“驱胡”,且类“方相”驱傩,早与“翼从天子举兵征伐”相关,其金刚力士早类天子所领的“将军”。于是如前引,就见北魏“尧暄，本名钟葵，字辟邪"，"钟葵"实即"钟馗"，隋将早又有乔钟馗、杨钟馗；就见唐代已用"钟馗驱傩"，已称"岁暮驱傩为打夜胡"；就见宋代腊月"三五人为一队"，沿门逐疫，仍称"打夜胡"。佛教也有此类活动，见《东京梦华录》就记：

> （十二月）初八日，街巷中有僧尼三五人作队念佛，以银铜沙罗或好盆器坐一金铜或木佛像……排门教化。诸大寺作浴佛会，并送七宝五味粥与门徒，谓之"腊八粥"。〔二〕

举如南宋，见《武林旧事》也有类似记述，并说：

> （十二月）八日……医家亦多合药剂，侑以虎头丹、八神、屠苏，贮以绛囊，馈遗大家，谓之"腊药"。〔三〕

显然，宋代"腊八"驱邪早又多样，既有"打夜胡"者，又有"僧尼三五人作队念佛""排门教化"者，或互送"蜡药"，或"诸大寺作浴佛会"见送门徒腊八粥。

值得注意的是，这种由佛祖"成道日"形成的"浴佛会"，见类"圣诞酬神"，早又与北宋"赛社"、南宋"社会"相关。从而如前引，既见宋太祖属"现在佛"，相国寺早属皇家寺院，其"浴佛会"早该类如"圣诞酬神"，又见宋太祖属"火德星君"，与"翼火蛇"相关，早属"翼宿星君"降世，早可比附"白眉神"。更见宋真宗晚年"艰于语言"，曾"祷于山川"，早又与"白眉三郎"牵涉。既然宋真宗曾经"祷于山川"，当然更会祷于相国寺，求于"现在佛"。于是，就见由其敕封的"咽喉神"与佛、道相关，封在"三十三天""七十二司"；就见上党乐户仍在"报真宗调理咽喉之恩"，也仍祈祷"宋帝深恩常护咽喉路"，每逢"腊八"仍会，既类宋代"浴佛会"，又类宋代"圣诞酬神"的民间"赛社"，清末民初仍然，一些乐户也仍在家自祭。以下分别举例介绍。

一、上党乐户的庙祭

依今考察，上党地区的陵川、高平、晋城、长治、沁县、襄垣等，原来都有咽喉神庙，有的还不止一处。见如高平，不但县城曾有咽喉庙，且见浩庄村也有咽喉祠（均毁）。其建于县城者，见存同治四年（1865）重修残碑，言"创建不知何年"，"世远年湮，墙垣渐形颓圮；风剥雨蚀，廊庑日就凋零"，"募化四方"重修，并记有"高平县知县龙汝霖捐钱拾千文"。由其"世远"，说明该庙早有，创建或在清代之前，当地乐户早该"腊八"祭祀咽喉神；由其"募化四方"，"知县"大人也见捐资，说明其影响早不限于乐户，正类宋代“浴佛会”，俗众早也参与。见于陵川县，如前引，陈丈沟至今仍存一座咽喉庙，直至民国，每年“腊八”全县乐户也仍祭祀于庙，仍为咽喉神庆诞而会。

以下就以陵川的“庙祭”为例，具体考述。

陵川陈丈沟的咽喉庙，位于该村东北角，坐北朝南，为三进院落式。据曾在该庙居住的乐户老人侯成有（右图）说，其庙最外一进院落，清光绪时续建，主要供住庙者使用，其余为较早的原庙建筑。今之中院，即原庙前院，东西两侧分别有社房、客房各三间，供祭祀活动使用；其东侧社房北端接有一间山神土地殿，西侧北端对应为一间牛马王殿，从而中院两侧实各四间。最后一进院落（左图），属原庙主体，东侧三间称“关爷殿”，与白眉神相关（前述）；西侧三间为库房，祭祀时的神厨制作可临时占用；院北端，坐北朝南共五间，中间三间为咽喉神正殿，殿东一间为五瘟神殿，殿西一间为奶奶殿（求子）。侯家住庙时，既有看庙义务，又以种庙地为生，收入归公，主要用于每年庙祭。每年三大祭，五月五祭瘟神、七月七敬奶奶、腊八祭咽喉神，由全县乐户十二家“科头”轮流主办，每祭都供有咽喉神，仪规大体相同，尤以腊八祭祀隆重。

每腊八祭祀前，主办科头先行到庙，与住庙乐户共同筹备，要把平日存于社房的灯笼、牌匾取出张挂，将烛台、祭器等整洁安放，将祭神食品等置办停当。初七午前，全县乐户必须到庙，路远者提前动身，迟误者受罚；吃过午饭，一齐动手陈设帐幔、设置香案，准备工作基本就绪；午后烧香敬神，祭祀活动就算开始。其祭祀礼规见类赛社，主要仍是神前“供盏”。据侯成有回忆，后期供盏简化，每供三盏，每盏两趟；每趟仍由细乐导引迎供，每盏之后加一回“吹戏”，已与民间红白喜事的“三献礼”大体相同。不过，初七午后供盏，仍类赛社头场，先吹《八仙庆寿》，以示寿星、八仙一行来为咽喉神祝寿，其余吹戏见有昆腔、簧戏、当地梆子等剧目，较自由；七日当晚，除烧香供盏外，或为娱人，或也为乐户之间交流，供盏后常又连续吹奏，由各家乐户轮流献艺。第二天腊八，属咽喉神诞日，最为隆重，清晨先烧香，早、中、晚各有三次供盏，每供皆三盏，早上供盏时间有限，可不吹戏，其余每盏有戏，晚上也要吹奏表演，一直延续到深夜，甚至凌晨才见结束。初九清晨“辞神”，仪式简单，供盏后烧香放炮，就算结束。之后收拾祭祀用物，将灯笼、牌匾、祭器等统一装箱，仍存社房。接着“破账”，即祭祀开支的“缺额”要由各家乐户分摊。分摊时，依当时全县583个大小村庄计算，乐户各依自己“坡路”范围的村庄多少，认摊一份。以至高平建宁村乐户租赁有侯家坡路，不但破账时也要认摊一份，且如前引，借助全县乐户之力，侯家才又要回坡路。因此每破账之后，还要处理乐户间一些纠纷，商量相关的大事。诸事毕，才都急急赶路回家。

此类“庙祭”其他县也有。如与陵川相邻的高平，依今考察，其城关咽喉庙每也腊八祭祀，也由当地乐户举办，以至戏班也来庆贺演出（前引），村民多也参与、围观。

二、乐户转祭

清末民国时，平顺、壶关、潞城等县虽无咽喉庙，却见当地乐户腊八也仍集体祭祀咽喉神。届时见类“转赛”，由各家乐户轮流主办，周围乐户同往主办村，临时搭棚祭祀，姑且称为“转祭”。依今考察，这种转祭也见共同置有祭器，共有咽喉神像，轮转保存。据说，其咽喉神像原来多为铜制，大小形态与乐户家中所供的泥塑神像一致。见如壶关县，乐户转祭就有共用的铜像，最后轮转于鸦村李家乐户，据说至今仍存（笔者调查时已不示外人）。陵川县陈丈沟咽喉庙神像腹内原也藏着小铜像（后来毁其庙像时发现，今佚），似乎其建庙前早也有过转祭。或因此，就见各县转祭形态仍与陵川庙祭相仿，仍类赛社而“会”，也称“香会”。

现以平顺县西社村王家乐户主办转祭的情况为例，具体说明。

西社王家乐户原由潞城王曲村迁来，后期也仍承揽潞城坡路，仍与潞城乐户交往。随着王家人口增加，由东西两院分成多户，又有迁往潞城县城关、故漳等村者。因此，王家乐户曾参与潞城县腊八转祭，今仍有西社村王家乐户主办的文字资料。其中有本《社物帐》，抄立于“民国二年十二月初九日”，封面写“此本流

传香会”,显属该年“腊八”事后所立,以备“香会”再用。故见首篇题为“每年香事序”,原文如下:

每年香事序

当思人所凭依将在神,神所凭依将在敬。孔子曰“祭神如神在”,又曰“一在如齐”,正所神之敬也。即古十二月初八日逢(奉)神。神寿诞之辰,敬神焚香,同会首随香资壹千文。初七日午后到,若要不到者,公议罚之。初八日早,庆寿焚香奉神,六合香壹束,万寿香三束。午前,满汉席壹桌,神前盘食贰拾个(按,属神前摆列的供品)。神前器物开□(后),香油大烛壹对,半斤。奉神以毕,太平鼓(按,乃一套固定吹打曲牌,以示神佑太平)。有海参、鲍鱼、边(鞭炮)。五百头边(鞭炮),天地炮四个,小炮四架。

由所记可知,这个《每年香事序》实属其定的会规。从而,既见其“会”仍类陵川乐户的腊八庙祭,仍由“同会首随”的乐户举办,又见其仍类赛社日程,从“初七日午后”开始,仍见“初八日早,庆寿焚香”,“奉神以毕”也打“太平鼓”,也要放炮。不过,其仪程更简,只见记有“腊八”活动,似乎当天就可结束。至于供盏礼规、用曲等,属于乐户熟套,该本未见详记。

接下,该本记有一篇“祝文”如下:

祝　文

维中华民国年十二月初八日,山西潞安府平顺县三池南乡里人氏,　　又同现在居住等(按,空开处依次可填“某县”“乐户”)。谨以香楮酒礼之仪,敢昭告于当境在位诸神位前曰:神,食(施)布恩德,屡降佳祥,威灵显赫,合境□□(安康)。将以庇神功之护佑,仰凭上圣之恩光。今值神圣会之期,敬备香楮,敢献称觞。沐□(浴)捧寿酒、香味、果品,供寿宴,庆贺□□(神圣)寿。伏愿圣寿齐地天。再祈家家而□(护)佑,户户以均安,财福兼至,诸神(家)安全,年年□(有)庆,岁岁增添。伏乞神通有灵,尚飨。

由此,既见民国时的上党乐户仍在祭祀咽喉神,仍以“腊八”为期,又见“圣会之期”仍类赛社,“各里人氏”也仍参与,仍在求神护佑“家家”“户户”。如其序文所言,“一在如齐”,咽喉神可以代表“当境在位诸神”,其“香会”仍类宋代“社会”“浴佛会”,也仍“沐浴”敬神,仍祝“圣寿齐地天”。

该本之所以见称《社物账》,盖因接又记有公用的“社物”,即“流传”共有的祭器,祭毕仍由“社房”登记于账,以便交接时查对,以防轮转中流失。从而,由其《社物帐》又可窥知当年祭祀情况,故再录原文如下:

社物账开列于后

神像三尊。损(捐)对(按,指捐来的木牌对联)一副。香炉、烛台叁件。执壶壹把。台盏叁个。檀香炉壹个。堆花桌裙壹个。红缎绣花桌裙壹个。堆花哔叽幔则壹个。哈喇绣花沿(按,指帐幔的额沿)壹个。哔叽桌裙五个。洋布桌裙四个。洋布桌单壹个。洋布墙单□□(×个)。花布手巾两条。尖旗壹对。

添香炉、烛台叁件,贾中孩敬送。

宣统元年十二月初八日:

添桌裙洋布(洋布桌裙)贰个,王根秃、王根旺敬送。

宣统二年十二月初八日:

贾中孩添洋布桌单壹个。

所记“社物”,皆属“神棚”用物。可见其棚类同神殿,也仍内挂帐幔,外挂额檐,门挂木联,旁插“尖旗”一对;“神像三尊”,仍类陵川县咽喉庙所见,当属“咽喉神”“五瘟神”“奶奶神”,故见香炉、烛台、台盏皆为三件。另外,其社物除乐户公置,又有捐赠者。今考,其中“王根秃、王根旺”皆属西社王家乐户,见“宣统”时已有捐赠,早与腊八祭祀相关。其中,“贾中孩”并非乐户,也仍两次捐赠,正与村民参与相关。

与《社物帐》同年抄立,西社王家又有一本《买杂物流水帐》,封面见写“东院腊八社置”“壬子年(即民国二年)十二月吉日立”,为该年腊八祭祀的“流水账”(内容今略),记有采买主副食物、祭祀用品的细账,以及腊八祭祀时乐户的捐物、供品等,罗列更详,正可与《社物帐》互补印证。

由此一例,既见这种“香会”在乐户中的延续性,直至民国初年腊八也仍祭祀,又见其规模、形制仍类乐户庙祭,仍类“赛会”“浴佛会”;“一在如齐”,仍类百神共祀,仍与先秦“腊祭”相通,仍与家家户户相关,仍有社众参与。

三、乐户自祭

见于上党的“咽喉神”因属乐户的“行业神”，不但乐户家中供其神位，逢年过节也要上香，且见“腊八”类如祭祖，更要摆放供品。因此，见如平顺县西社村王双云家、沁县南池村陈二狗家，这些乐户家中至今仍存着泥塑的咽喉神像；见如晋城市大阳镇薛银旺家、长子县南李村闫根正家，原也见有布画的神像（今佚）；见如高平寺庄村乐户毕财顺家，竟还保存着一块木板雕刻，浮雕两个面目慈祥的人物，称疙瘩爷、疙瘩婆，“疙瘩爷”为“咽喉神”，正由佛说的“乐神”而来，早又配着“疙瘩婆”，且见其讲，所制的“木板”正为拓印赠人（不限乐户），仍类宋代互送“腊药”驱邪，仍与“浴佛会”相关。考察中发现，以“吹打”为业的祖传乐户，即使家中已无神像，也仍用纸写个“咽喉神位”，贴于屋内墙上，逢年过节也仍焚香以祭。

笔者在平顺县西社村考察乐户时，还曾访过王双云母亲（1995 年，时年 81 岁），不但老人仍见保存着泥塑的咽喉神像，每逢腊八仍要祭祀，且见其说，每月初一、十五也要烧香，若按旧时规矩，每月“逢八”（初八、十八、二十八）皆要祭祀。为何“逢八”而祭？引起笔者注意。考其所由，见唐《北里志・泛论三曲中事》早有如下记述：

> （长安）平康里入北门东回三曲，即诸妓所居之聚也……诸妓以出里为艰，每南街保唐寺有讲席，多以月之八相率听焉……故保唐寺每三八日（按，即每月初八、十八、二十八）士子极多，盖有期于诸妓也。[四]

何况如前引，见南北朝寺庙早有“浴佛会”，“至于大斋，常设女乐”，早与“诸妓”相关；见唐《教坊记》言，“坊中诸女，以气类相似，约为香火兄弟”，正与敬神烧香有关；见女妓所敬的“白眉神”早与佛家相关，早又与唐玄宗、宋真宗牵涉而称“咽喉神”，正与“腊八”驱邪相关，正如宋代“腊八”所见，仍与“浴佛会”相关。

正沿此，就见上党乐户也仍“腊八”祭祀咽喉神，仍存“逢八”而祀的遗风，仍类宋代“浴佛会”所见，仍向咽喉神拜药。见如陵川县城关乐户后人张喜山（1995 年，近 60 岁）就讲，他小的时候，家里常年将咽喉神供在住屋的土楼上，每逢家人有病有灾，就让他爬上小楼烧香叩拜，求药治病。当笔者将平顺县西社村王双云家的咽喉神像照片拿出让其看时，他说他家也有咽喉神像，也是泥塑，大小造型与此相似,因"文革"中害怕遭毁,仍泥封在老屋墙内。依高平建宁村乐户老人余和气(前引)讲,还可向其他面具求药,且不限于乐户,周围邻里也去,早又涉及泛神崇拜。

【注释】

〔一〕《荆楚岁时记》不同版本文字稍异,此依《辞海》"腊鼓"条,商务印书馆,1982年版,2576页。

〔二〕《东京梦华录·外四种》,版同前,61页。

〔三〕书同〔一〕,384页。

〔四〕引自《说郛三种》卷一二,版同前,243页。

第三节 乐户泛神崇拜的文化象征

乐户作为一行,也和其他行业一样,除敬有行业神,也有着泛神信仰,以至有些神灵信仰还有其特殊的文化象征。以下举例说明。

一、相关的"泛乐星"崇拜

如前所述,先民出于"天人合一"的思想理念,早将人间之"乐"与天上之"星"关联对应,不但早与"二十八宿"相关,早见翼宿属于"天乐府",早由五声、七声、十二律形成"宫调"理论,且见日月又加五星形成七政,与二十八宿关联、与东汉开国二十八将附会,早又形成一种"泛乐星"崇拜。致如《尚书·舜典》,既言及"五礼""七政""十二州",又见舜命夔"典乐"曰:"诗言志,歌永言,声依永,律和声。八音克谐,无相夺伦,神人以和。"〔一〕不但其"乐"正含歌舞,其"声"正涉及五声、七音,其"律"正指十二律,其"八音克谐"早已涉及"宫调"理论,且见依"典"敬神已有了"五礼"。于是,就见有了《周礼》《礼记》,就见《礼记·月令》已将五音与五行、七政与七音、十二律与十二月对应,早已涉及"泛乐星"崇拜,以至《礼记·乐记》见言:

是故治世之音安以乐，其政和；乱世之音怨以怒，其政乖；亡国之音哀以思，其民困。声音之道与政通矣。

又言：

宫为君，商为臣，角为民，徵为事，羽为物。五者不乱，则无怗懘之音矣。宫乱则荒，其君骄。商乱则陂，其官坏。角乱则忧，其民怨。徵乱则哀，其事勤。羽乱则危，其材匮。五者皆乱，迭相陵，谓之慢；如此，则国之灭亡无日矣。

并说：

大乐与天地同和，大礼与天地同节。和，故百物不失。节，故祀天祭地。明则有礼乐，幽则有鬼神。〔二〕

见于《周礼》，不但早也言及“礼乐”，且见由“巫”而“舞”，早又涉及《周易》，其中更多了“图谶”色彩，早与“乐星图”相关。

于是，就见上党赛社存有《周乐星图》本，已将东汉开国二十八将与二十八宿对应；就见唐《乐府杂录》记有“五音轮二十八调图”说，正与上党赛社《唐乐星图》相关；就见宋徽宗自称“教主道君”，集历代礼乐之大成，亲制“大晟”礼乐，颁行天下，施于庙享，崇严祭祀，上党赛社又有了《宋乐星图》本。

从而见于《宋史·乐志》，仍有“为图十二”的具体陈说，仍言“金石并用，以谐阴阳”〔三〕。见于南宋陈元靓《事林广记》，也仍绘有“乐星图谱”，仍言“鼓板清音按乐星”〔四〕。不但宋代“乐星图谱”仍类唐代“五音轮二十八调图”，仍有“为图十二”之说，仍与二十八宿相关，且见仍为“以谐阴阳”，杂糅着阴阳八卦，由“乐星说”而来。

正沿此，不但上党赛社有了“三本乐星”，当地乐户仍有相关的泛神崇拜，且因北魏早有了乐户，就见早也有了相关记述。

见如《北史》，既记有北齐至隋的乐户万宝常，听见隋太常乐声“淫厉而哀”，泣曰“天下不久将尽”，又记有隋宫乐人王令言，听其子弹琵琶“宫声往而不返”，也预言隋炀帝游幸江都将不返，劝子“慎无从行”〔五〕。其所记，既如《礼记·乐记》所言，“亡国之音哀以思”，“声音之道与政通矣”，正沿“宫为君”一套而来，正与“乐星”崇拜相关，又如《礼记·月令》所记，仍牵涉五星、七政、二十八宿，仍与《易经》相关，仍合“图谶”之说，正见北魏以来的乐户早有了“泛乐星”崇拜。

正因此，见如上党赛社的《唐乐星图》本，就仍有“春动七宫，夏动七商，秋动七角，冬动七羽”云云。其言的宫商角羽，属于乐器定调的基音，见称“四宫”，每宫七调，理论上仍有“二十八调”，仍类唐代“五音轮二十八调图”，仍与二十八宿对应。该本又记有“二十八宿值日”的具体规定，当日该用何“调”仍要与十二月、十二辰次、十二律吕对应；若遇宫调不合，仍需“旋宫转调”，否则触犯神灵，仍如《周易》所说，仍见犯忌，“罪责非轻”，支应赛社的乐户仍要受罚。因此就见赛社用乐时，乐户每先神前祈祷，念一篇祭文（由“主礼”代读），求神宽赦。举如“大清嘉庆二十三年”在“山西潞安府屯留县”办赛时，就见其“头场乐次”文仍写（摘录）：

……两班尊神位前：夫乐者，宫商异韵，丝竹音声。八音克谐，无相夺伦。现将见备物告虔，合百神而禋祀。居韵赓歌，敛五福以锡民。恐惧中间丝竹乖音，遗漏脚数（即拍数），触犯神祇，尚期神明宽赦罪愆。尚享。

其“三场乐次”文又写（摘录）：

……诚惶诚恐，稽首顿首百拜上启诸神位前：乐奏宫商异韵，丝竹音声。先验日之于辰，次验星之于宿，绥调律吕，欢奏笙簧。须舞治世之音，呈献安阜之曲，聊为节次或然。……丝毫失度，罪者非轻。各谨伺候，神明照鉴。尚享。〔六〕

这种“乐次文”，既属赛社祭文，又类榜文，也可榜示于庙，以起告诫作用。可见直至清代，上党赛社用乐仍依“乐星图”说，“先验日之于辰，次验星之于宿”，仍不敢“丝毫失度”；以至“神明照鉴”，乐户害怕疏漏有错，仍见烧香祷告，“尚期神明宽赦罪愆”。

为了表示“神明照鉴”，上党赛社或仍由乐户装扮“值宿”神，站于殿前，作“监察”状；或将有关内容写于“乐牌”，放置乐台，意思相同。正因此，既见上党赛社藏本多有“二十八宿值日装扮”的具体记载，又如《周乐星图》本，见由潞城南贾村赛社传存，就将有关内容写于“乐牌”，届时挂于乐台。今举其中“角木蛟”一宿为例，将其有关内容摘录（并加说明）如下。

角木蛟值日

潞城县南贾邨维首同主礼生　　为享祀神祇供馔献乐事（按，空开处填写具体人名）。照得是日头场（按，与“头场”二字并列，上下又写

"正赛""末赛",意指其值日"三场",皆类头场)之期,系星宿值日。虎头女面披发,白袖朱履。右手执曲尺子,向东而立,置下筝。正宫,第二品,行三曲:《粉妆》《夜叉》《梁州》。好食素物。上居天秤宫,下临郑地。分并前后两衙(按,赛社用乐,有粗乐、细乐之分,乐人见分前后两班,一并支应演出,故称),队戏开列于后。(按,接下见依盏次列有该宿值日所演的队戏、杂剧、院本等)[七]

类此《角木蛟值日》所记,既见《周乐星图》所记的二十八宿有着不同装扮,不同"食性",居于不同"天宫",下临不同"郡国",对应着不同"宫调",又见其各宿对应的"乐曲"仍类《宋史·乐志》所见,总数仍与其"四十大曲"基本相合。如前引,见与宋徽宗亲制"大晟"礼乐相关,上党赛社仍有相关的规制。

举如上党赛社的"前行"讲唱,有篇《前行戏竹放盏规矩讲说》,属于每天供盏开始时的"书帽"式小段,之后可接不同的长篇讲唱,可从《讲戏竹》《讲楼台》《讲古论》之类中选用一篇,从而每天讲唱有别。因其仍属"赵上皇(徽宗)传留"的"规矩",仍见宣扬着"泛乐星"崇拜。今摘其"书帽"如下:

前行戏竹放盏规矩讲说

清晨起来不再忙,塞勒打板按宫商。

鼓台架作攻书案,权且勾栏作教坊。

鼓乐宜成第一功,一声锣响换(唤)先锋。

笛吹美令如鸾叫,板撒六扇凤凰音。

金钉钉就驼皮鼓,伶伦之字(敕赐)在扣中。

上告恩官且雅静,打一怕(拍),千里灵神侧耳听。

暂停车马伫,略等川(片)时间。今日是广阳头场(或正赛、末场)。广者,呼为大也。阳者,按升(阴)阳二气。在上主神官掌了大礼,在下我前行掌了大乐。礼云礼云,乐云乐云。礼云是玉帛云乎哉,乐云是钟鼓云乎哉。天攒五星者,东西南北中,金木水火土。地攒五土者,常衡泰华嵩,青红白黑黄。人有五德者,温良恭俭让。乐按五音者,宫商角徵羽。天气和,四时顺;地气和,万物生;人气和,五腑六脏皆安;乐气和,打八音皆响。回转[过来],天气不和,四时不顺;地气不和,万物不生;人气不和,五腑六脏不安;乐气不和,打八音不响,要者胡谓(为)

乱响。

律吕调和偕（谐）五音，按春按夏按秋冬。

休听小鼓偏悬（喧）闹，鼓乐响处必太平。[八]

由此，前行“掌了大乐”，引领歌舞，每供盏先讲“放盏规矩”，仍“按阴阳”讲着五音、五星、五土之类的对应，仍在宣扬“泛乐星”崇拜；又见其讲，“权且勾栏作教坊”，正留着宋代痕迹。见如前引，不但《东京梦华录》见记，北宋“教坊”早可将勾栏艺人“按籍召之”，且见宋徽宗亲制“大晟”礼乐，“与天下共之”“以严奉祀”，民间赛社规制早类徽宗“上寿仪”，早又“传留后世”。

于是，就见清末民国的上党赛社仍类宋代宫廷燕乐之制，其乐户仍有着“泛乐星”崇拜。

二、相关的“面具”崇拜

见于上党赛社，不但二十八宿戴着面具，装扮如神，且如《二十八宿闹天宫》《钟馗镇宅》《调监斋》《八仙庆寿》《月明和尚驮柳翠》《真武降十帅》之类队戏，皆属面具表演。此类面具（如图）平时皆被视如神灵，见称“神面”；乐户表演启用时，先要烧香跪拜，甚或念文放炮，才可作为道具使用；用毕归箱或平时晾晒，也仍跪拜如仪。如前引，乐户或邻里有病，类如求神，也向“神面”拜药，祈祷平安。总之，在乐户乃至一般民众心中，这些面具犹如神像，仍可视作神灵象征。

考其所由，实源于先民“图腾”崇拜，故见先秦早多面具舞跳。见如先秦的方相驱傩早戴着“黄金四目”面具，见如唐宋“钟馗驱鬼”之类的队舞队戏，不但用于民间赛社，也仍戴着面具，且见南宋朱彧的《萍州可谈》更记：

于赛时，张乐弄傀儡。初用楮钱爇香祈祷，犹如祠神。至弄戏，则秽谈群笑，无所不至。[九]

其“赛”正指“赛社”，其“张乐弄傀儡”正指扮如傀儡的面具舞跳，“弄戏”为戴着面具的队戏歌舞，见其用时先“爇香祈祷，犹如祠神”，仍视面具如神，之后作为导具戴于头上，才可“秽谈群笑”。其所记，虽为南宋赛社情况，因沿北宋而来，与北方赛社同源，故见南北各地仍有相关遗存。

遗存北方者，见如河北固义村沿赛社而来的社火，仍类上党赛社所见，仍见“所有参演上装人员集中到卷棚下白眉三郎面具前举行净身子仪式”，演出《点鬼兵》队戏时仍先“奉祭尊神”，之后才将面具戴在头上舞跳。

遗存南方者，不但今存的傩舞、傩戏仍戴面具，且见王兆乾先生在安徽《贵池傩舞〈伞舞〉考析》一文中言：

> 贵池傩戏的演出，必先举行社祭活动……面具，是傩戏、傩仪所祀奉的神。其中，有社公面具或土地面具，乃是社祭的主神，也是本社的保护神。面具平日保存在祠堂或附近庙宇特设的神龛中，正月初六傩戏演出的前一天，在执事者率领下，各户男丁毕齐，举行“迎神（面具）下架”仪式，将面具“请”至演出场所（祠堂或人家堂屋）……正月初七傍晚，举行祭社仪式……表示社神已首先降临了。随即举行迎请众神的“请阳神”仪式……请神词的内容是请他们“下马”……是以本社社神名义，邀请他的“同僚”和上司前来聚会，顺便降福于他的信士子弟们……请神毕，执事人等沐手焚香，虔诚地打开面具箱，将面具依次放在“龙床”上。演员们开始穿装，演出便开始了。
>
> ……贵池的傩祭是把面具视为神的依附物的，所以面具必须依神的品位……按代代相因的秩序排列，不得更改。

接着又言：

> 面具……在傩祭中，它被虔诚地供奉、礼拜，并且戴面具者必须遵守很多禁忌，不得亵渎。例如，演出前数日，必须集中食宿不得与妇女同房；面具必须焚香祷告沐手更衣后才能触动，只许演出时戴于脸上，不得触及下身及污秽之物。[一〇]

由所述，见贵池的傩祭仍有面具崇拜，仍“把面具视为神的依附物”，仍如《萍州可谈》所言的“犹如祠神”；见其傩祭也称“社祭”，正沿宋代社日、社会、赛社活动而来；见其“社公面具或土地面具”仍代表“祀奉的神”，仍是“社祭的主神”；见其“社祭仪式”开始前先将主神面具“请”于类如赛庙的演出场所，再“迎请众神”（面具）作客，请客神也有“下马”仪式和念词，之后将诸神面具列于“龙床”（相当于将神位排列供桌）才作敬神演出，正类上党赛社所见。如前引，见上党赛社的赛庙大殿早供有“主神”，之后也要迎请“客神”，也有“上马”“下马”

"安神"仪式和念词;见其客神、主神的位牌依"排神簿"安放大殿,也是"按代代相因的秩序排列,不得更改";见其赛社表演例由乐户承应,仍有面具崇拜,不但"奉神诸众人等"皆须"戒斋沐浴",皆不许"身带腥臊秽臭,亵渎系社众贤(神)",且如南舍村的"调家龟",正类河北固义村所见,皆与贵池傩祭相似,也都村民自办,也都正月十五前后演出,都程度不同地成了"社火"。说白了,贵池的傩祭也由赛社而来,只是流变中仍多"傩"的痕迹。不但其面具舞跳仍称"傩舞""傩戏",其礼规仍称"傩仪",且见其"社祭活动"仍类《萍州可谈》所记,仍存赛社痕迹。

类如贵池傩祭,见如湖南、广西、贵州等省的傩舞、傩戏,依笔者所见,或类驱傩,或类赛戏,也都"视面具为神的依附物",仍如"祀奉的神",仍类《萍州可谈》所记,"犹如祠神"。

从而可见,南北各地的面具表演同源,同源于先民的图腾崇拜,都与驱傩、社祭相关,早又用于宋代社会、赛会,乐户早视面具如神,早有了相关的泛神崇拜。宋徽宗亲制"大晟"礼乐,"以严奉祀",早有了相关的"规矩"。

三、乐户衣饰的文化象征

见于上党赛社中的乐户,依规要穿"龙褂"。所谓"龙褂",前短后长,"前似马褂后像袍",背绣一条竖龙,故称(如左两图)。后期多穿开氅,头上围有"龙抿",再插一根"雉尾"(如右图)。"龙抿"指其头戴的帽子沿额抿的一带,额前配有饰物,状如"二龙戏珠",故称。"龙抿"旁插的一根雉尾则称"额翼"。在乐户看来,这种有"龙"的装饰,是其历代承应皇宫大典、伺候过皇帝的特殊标志;在一般人眼里,则视为乐户"低贱"的标识,认为"雉尾"正象征"野鸡",示属"娼家",其男仍类戴着"绿帽子",属于"龟家"。两种看法截然相反。

考其由来,则仍出于“翼宿”崇拜。

见如前述,翼宿由22颗小星组成,形如雉鸡展翼欲飞状,正与乐户头插“雉尾”相关;翼宿又称“翼火蛇”,“蛇”正类“龙”,正与乐户简称的“龙褂”“龙抿”牵涉。可见乐户的特殊装束也仍象征翼宿。

对此,何昌林先生写有《乐王·祖师·拳宗·医圣》一文(以下简称“何文”),正谈“翼宿星君与中国艺术神系”的关系〔一一〕。“何文”说(括号为原有):

> 翼宿,是二十八宿中南方朱鸟七宿的第六宿,由二十二要颗恒星组成,遥悬夜空,隐现灵光,如雉鸡欲从九天而降,故呈展翅欲飞之状。公元前433年入葬的曾侯乙一号墓中,已有二十八宿的图像。战国时,石申《天文》(即《石氏星经》)指出:“翼,天乐府也”,“翼主天倡,以戏娱故,近太微并尊嬉”(引文见《唐开元占经》卷六三)。后来,《史记·天官书》及《汉书·艺文志》皆载:“翼为羽翮,主远客。”而《晋书》《隋书》《宋史》三家“天文志”,俱曰:“翼,二十二星,天之乐府,主俳倡戏乐,又主夷狄远客、负海之宾。”《开元占经》更曰:“翼从天子举兵征伐。”

由其征引,见先秦已有“二十八宿”概念,已有“翼,天乐府”记载,已言“翼主天倡”,正说明“翼宿星君”早属“乐星”,早与“娼家”牵涉,如前引,正与女乐所敬的“白眉神”相关;见唐《开元占经》已记“翼从天子举兵征伐”,如前引,“天子”正与唐玄宗、宋真宗牵涉,“白眉神”早又可称“三郎神”“咽喉神”,早与乐户相关;见由《史记》直至《宋史》,或记“翼为羽翮,主远客”,或又言翼“主夷狄远客、负海之宾”,不但“翼为羽翮”正与乐户头插“雉尾”相关,且见“夷狄”和“海”正又牵涉“远客”。对此,“何文”又有如下征引:

> 《春秋公羊传·庄公二十四年》:“赤者何?曹无赤者,盖郭公也。”具名西汉东方朔撰、西晋张华所注《神异经》载,“东南方有人焉……头戴鸡父魌头,朱衣缟带,以赤蛇绕额”,“朝吞恶鬼三千,暮吞三百”,“名曰赤郭,今世有黄父鬼”。

对于这段征引,需要作些补充。见于《春秋公羊传·庄公二十四年》,先说“戎将侵曹”,曹羁劝君“勿自敌”,“三谏不从,遂去之”,接说“戎侵曹,曹羁出奔陈。赤归于曹,郭公”。才又说“赤者何?曹无赤者,盖郭公也。郭公者何?失地之君也”。可见“戎侵曹”之时,“郭公”才类“曹羁出奔陈”,才见“赤归于曹”,不但“曹无赤者”,其属“远客”,且属“失地之君”,才又“名曰赤郭”。就是说,

"郭公"原属某国之"君",姓"郭",因"失地"来到曹国,名"赤",为"远客",且因曹地正在其国东南方,正对应"翼宿",就见《神异经》早又言其成"神","朝吞恶鬼",与"驱傩"有关。

今考《神异经》,实仿《山海经》而属魏晋冒名伪作,存有不同版本,其中《汉魏丛书》本所记较详,不但《神异经·东南荒经》仍记有"东南方有人焉……头戴鸡父魌头,朱衣缟带,以赤蛇绕额",且记"此人以鬼为饭,以露为浆,名曰尺廓,一名食邪。道师云吞邪鬼,一名赤黄父。今世有黄父鬼"。其言的东南方正对应"翼宿",故见"有人"扮如"翼火蛇","头戴鸡父魌头,朱衣缟带,以赤蛇绕额",早类乐户装扮;见其"名曰尺廓"实即"赤郭",不但"一名食邪"为吞邪鬼,且见"一名赤黄父",正类"黄父鬼"。这至少说明,至迟魏晋时已有此说。与此相关,见《后汉书·栾巴传》早又记,东汉栾巴"素有道术,能役鬼神,乃悉毁坏房祀,翦理奸巫",唐代李贤(即章怀太子)引东晋葛洪《神仙传》注曰:"时庐山庙有神,于帐中与人言语……巴(栾巴)未到十数日,庙中神不复作声。郡中常患黄父鬼为百姓害,巴到,皆不知所在,郡内无复疾疫。"这恰说明,汉代已有"黄父鬼",已属"庙中神",已类"赤郭"可以"吞邪",可称"赤黄父"。于是,就见魏晋时"东南方有人""头戴鸡父魌头,朱衣缟带,以赤蛇绕额",已作驱邪表演。而"魌头"为驱傩面具,汉代早有,不但"鸡父"指其扮若"雄鸡",且见其"朱衣缟带,以赤蛇绕额",正象征朱鸟七宿中的"翼火蛇"。可见至迟魏晋时,已借"赤郭"表演着"吞邪鬼"。

显然,"赤郭"的由来更早。以下具体考析。

依《辞海》所记,见其"郭"字条引《正字通》言,"郭之有虢音者,周文王季弟封于虢国,或称郭公,因为氏";见其"郭公"条引《公羊》《穀梁》两传并谓"郭公名赤,即归曹之君,失国而归曹"。见其"曹"字下条引《周礼正义》云,"就听讼之地言之,则曰曹","周武王封弟振铎于曹"。见其"曹州"条记,古之"曹国"在山东定陶、菏泽一带,今有"曹县"。依史,"虢""曹"皆为西周封国,同源姬姓;虢国后又分为东虢、西虢,分别于公元前767、公元前687年被灭,均在"戎侵曹"(公元前670)之前亡国。由此正见"郭之有虢音"之由,不但"郭公名赤,即归曹之君,失国而归曹",正见"郭公"属于虢国逃亡的国君,且见"郭公名赤",其"赤"犹言被"灭",类如"赤族","赤郭"实指"赤虢",正与虢国被灭有关。

与此相关,见西虢故地陈仓(今陕西宝鸡市东)原有一小虢国,公元前687年

被秦所灭,秦于是迁都于雍(今宝鸡凤翔),致见《史记·封禅书》也仍涉及陈仓而记:

(秦)文公获(神鸡)若云石,于陈仓北宝城祠之。其神或岁不至,或岁数来,来也常以夜,光辉若流星,从东南来集于祠城,则若雄鸡,其声殷云,野鸡也雊。从一牢祠,命曰陈宝。〔一二〕

对此,见《汉书·郊祀记》也有相同记述,见北魏《水经注·渭水》更说,昔秦文公"游猎于陈仓,遇之于此坂,得若石焉,其色如肝,归而宝祠之,故曰陈宝。其来也,自东南,晖晖声若雷,野鸡皆鸣,故曰鸡鸣神";见唐代已改陈仓为"宝鸡县"。按此,"鸡鸣神"早见于"虢国"旧地,其"若雄鸡"为"鸡父","得若石焉"正类"石鸡",不但"其色如肝"为"赤"色,正与"赤虢""赤郭""郭公"牵涉,且见其鸡"从东南来","曹"正在"虢"之东南,"郭公"为"归曹之君",为"远客",正与《史记》《汉书》皆记的"翼为羽翮,主远客"相合。于是,就见"郭公"与"翼宿"关联,与"雉鸡""野鸡"牵涉,不但前引的《神异经·东南荒经》见记,"东南方有人"早可扮如"翼火蛇"驱邪,且见《神异经·东荒经》记,"东海之外荒海中,有山焦炎而峙""巨洋海中升载海日,盖扶桑山。有玉鸡。玉鸡鸣则金鸡鸣,金鸡鸣则石鸡鸣,石鸡鸣则天下之鸡鸣"。显然,其言的"玉鸡""金鸡""石鸡"都属"鸡鸣神"的化身,都与"天下之鸡"相关,都涉及"神异"。因此,不但"玉鸡"牵涉东海扶桑山,也仍涉及"山石",仍类"石鸡",正见玉、石同源,且由"东海"言及"升载海日",正合翼"主夷狄远客、负海之宾"一说,正又涉及太阳神,正与金鸡相关。或因此,就见上党赛社有篇《前行讲金鸡》(今存于《赛古赞本》),所讲的"金鸡"也仍"若石",仍属"神异",节录其文如下:

前行讲金鸡

混沌初分不记春,女娲伏羲立人伦。
神农创业立天下,留下金鸡报时晨。

夫金鸡者,出于神农皇帝手内。自从神农皇帝立起天下,昆[仑]山上有一青仙洞,内有子杨(紫阳)公老仙,修行万万余载,不知其数。洞内有聚仙石,上造先天太极之数。石下有一昆仑空石,此石者方圆九九之数,卯酉相交方成一器。子杨(紫阳)公一见,将此石捧于手中,传其仙法,此石才得了先天真数,在此青仙洞中不拿自动,内显出声音。

正遇神农皇帝步量天地之间，行至昆仑山上青仙洞中，见此石段(霞)光万道，瑞气千条，内有声音辽尧(缭绕)。皇帝曰说："此石真乃是贵宝。"便问山(仙)人。山(仙)人答曰说："此石，内有八卦阴阳之气。九九之数，合成天地气象，内有金鸡一只。"帝问曰："如何他不出来?"山(仙)人答曰："无有真人到来，仍(为)此他不出来。"皇帝曰："朕当今到来，听朕封过：子午卯酉，出酉(兮)入息(兮)。普照日光，九州大吉。太阳星君，日应时刻，夜应宿度。能有五德，善知人性。"皇帝封罢，扬常(长)去了。行走至三五之里，只听的青仙洞中霹雳响亮，飞出一只金鸡来。此鸡者，上知天文，下知地理，中知人[伦]。明夜周转，过了九九之数，所生下一群凡鸡。此鸡归天而去，头(投)入日光之内，封为太阳星君。若论鸡者，能晓五德。鸡头有文(纹)，上通天向(象)，只(之)为信也；足下有爪，能舞腾空，即为智也；口内餐食，有相让之道，只(之)为义也；能知阴阳交勾(媾)，只(之)为仁也；两翅捞(仆)地，只(之)为礼也。鸡有四时六候八节齐鸣，上应天星，下合人形(性)。恐君不信，有诗为证。

(按，以下接记"十四句"诗赞，今略)

依讲，见此"金鸡"原出"昆仑"，藏于"仙石"，早属"石鸡"；见"此石真乃是贵宝"，正与陈仓"宝鸡"相关；见此鸡实属"太阳星君"，正与"升载海日"有关，正也与"东南方"牵涉。"生下一群凡鸡"，正如前述，"金鸡鸣则石鸡鸣，石鸡鸣则天下之鸡鸣"，不但金鸡为"鸡鸣神"，正也"若石"，正类石鸡，正可与郭公牵涉，且见至迟魏晋"东南方有人"戴着"鸡父魌头"，扮如"雉鸡"，象征"翼宿"，类如"赤郭"，早可"吞恶鬼"，类此早又有了"赤黄父""黄父鬼"。

而与"黄父"有关，汉代百戏早又扮演着"东海黄公"，依东汉张衡《西京赋》、东晋葛洪《西京杂记》言，"东海黄公"生于秦末，会法术，能伏虎降蛇，老来法术失灵反被虎噬。唐《乐府杂录·鼓架部》所记的"钵头"表演，言"昔有人父为虎所伤，遂上山寻其父尸"，不但其"钵头"正类汉代"魌头"，其"父为虎所伤"正也类"虎噬""东海黄公"，且见"其父尸"正与"黄父鬼"牵涉。何况如前引，唐代李贤所注的《后汉书·栾巴传》见引《神仙传》也正言及"黄父鬼"。由此可见，唐代戴着"钵头"扮演的"其父"，仍类"东海"的"黄父"，仍与汉代表演的"东海黄公"有关。从而，就见"黄父"类如"黄公""郭公"，都见于"东南方"；就见"赤黄父"

类如“赤郭”，也可“吞恶鬼”；就见随着佛教盛行，“魌头”变成了“钵头”，都类“和尚”头，“赤”光光；就见“赤郭”变为“发正秃”的滑稽状，又称“郭秃”或“郭郎”。对此，见南北朝的颜之推（原籍琅邪临沂，为东海郡人）《颜氏家训·书证》已记：

或问，俗名傀儡子为郭秃，有故实乎？答曰，《风俗通》（今按，东汉应劭著）云：“诸郭皆讳秃。”当是前代有姓郭而病秃者，滑稽戏调，故后人为其象。〔一三〕

唐《乐府杂录·傀儡子》条说：

其引歌舞有郭郎者，发正秃，善优笑，闾里呼为“郭郎”，凡戏场必在俳儿之首也。〔一四〕

两者同言“傀儡子”，一称“郭秃”，一言“郭郎”“发正秃”，正见实一；前者用于“滑稽戏调”，后者“歌舞”时“善优笑”，也正相类。显然，“傀儡子”正指人戴面具，扮如傀儡（木偶）的表演，为“滑稽戏调”，正见“郭秃”“郭郎”仍类“郭公”“赤郭”，正由“赤虢”而来。

于是如前引，就见“郭公名赤”，其“赤”早有“赤灭”义；就见其由虢逃曹，来在“听讼之地”，类如受过“髡刑”的奴隶，其头早也赤光光，可称“郭秃”；就见其类如先秦隶属“贱籍”的乐人，早可与“翼宿”牵涉；就见东汉《风俗通》说“诸郭皆讳秃”，魏晋驱邪早也有人扮如“翼火蛇”；就见唐代仍有沿此而来的“钵头”表演，已属队戏歌舞，其“引歌舞有郭郎者”“凡戏场必在俳儿之首”。

而这，又见北齐早有典故。

依《北史》记，北魏分为东魏、西魏，正类虢国分东虢、西虢；东魏高欢发迹于山西，其子高洋始建北齐，虽建都邺城（今河北临漳，属邯郸市），却仍以并州为大本营，多居于太原离宫；北齐武成帝高澄小名为“雉”，其子后主高纬正属“雉子”；高纬之母“梦于海上坐玉盆，日入裙下，遂有娠”，“生帝于并州邸”，正类《神异经·东荒经》所言（前引），正见高纬与“海中”之“日”相关，仍与“金鸡”牵涉；高纬称帝后，“行幸晋阳，雉集于御坐”，正与“雉鸡”相关；高纬“雅好傀儡”，在“晋阳起十二院，壮丽逾于邺下”，正与扮演“傀儡子”有关；其败亡时，“颜之推”等人劝谏，“若不济，南投陈国”，从邯郸逃至山东青州南邓村竟被北周俘获。何况如前引，颜之推曾言“傀儡子为郭秃”，高纬正“雅好傀儡”，正属“雉子”，其逃往山东正类“郭公”逃亡曹地，正在“东南方”，且见时人作有《邯郸郭公歌》，宋代郭茂倩《乐府诗集》记其辞如下：

邯郸郭公九十九，伎俩渐近入滕口。大儿缘高岗，雉子东南走。不信吾言时，当看岁在酉（今按，高纬死于"丁酉"鸡年，即557年）。

该书"乐府广题"又有如下解释：

北齐后主高纬，雅好傀儡，谓之郭公。时人戏为《郭公歌》及将败，果营邯郸。高、郭声近。九十九，末数也。滕口，邓林也。大儿，谓周帝，太祖子也。高岗，后主姓也。雉，鸡类，武成小字也。后败于邓林，尽如歌言，盖歌妖也。〔一五〕

正因后主高纬"雅好傀儡，谓之郭公"，时人《郭公歌》将其与"雉""鸡"牵涉，正与翼宿相关。唐代山西人温庭筠作有《邯郸郭公词》（见《全唐诗》卷五七七），言"金笳悲故曲，玉座积深尘。言是邯郸伎，不见邺城人"。"邯郸郭公"正指北齐后主高纬，正与唐代仍见的"邯郸伎"相关，且如前引，唐《乐府杂录·傀儡子》言，"其引歌舞有郭郎者"，"凡戏场必在俳儿之首"。两者比照，唐代"傀儡子"仍类"邯郸伎"，其扮"郭郎"者仍类"邯郸郭公"高纬，其属"雉子"与"翼宿"相关，且见其属"天子""凡戏场必在俳儿之首"，正可与"翼从天子举兵征伐""翼为羽翮"牵涉。

何况如前引，先秦由"巫"而"舞"，早有"羽舞"，与"翼，天乐府"相关；由"白眉神"而来的"咽喉神"，与唐玄宗、宋真宗牵涉，上党所见的咽喉神或仍坐只"大公鸡"，仍与"雉鸡"相关。宋代"诸军百戏"手执"雉尾"，其"诸军"也与"翼为羽翮""翼从天子举兵征伐"牵涉。举如北宋，《东京梦华录·驾登宝津楼诸军呈百戏》曰：

驾登宝津楼，诸军百戏呈于楼下。……及上竿、打筋斗之类讫，乐部举动，琴家弄令，有花妆轻健军士百余，前列旗帜，各执雉尾、蛮牌、木刀，初成行列，拜舞，互变开门过桥等阵，然后列成偃月阵……〔一六〕

由此，宋代"诸军百戏"仍类"倡优百戏"，仍有上竿、打筋斗之类，"军士"变换阵法的表演仍类队戏，"前列旗帜，各执雉尾"等，其"雉尾"象征"雉鸡"，与"翼宿"相关。且见"驾登宝津楼"，楼上有"天子"，类"俳儿之首"，仍含"翼从天子举兵征伐"之义。

类此，就见周庄王、楚庄王、唐玄宗、宋真宗之类天子皆可附会"翼宿星君"，皆与"倡优""乐户"相关。上党乐户头插雉尾，与"龙抿"合称"额翼"，与"翼火蛇”相关,仍类“赤蛇绕额”;身穿“龙褂”为“赤色”,背绣“竖龙”正类“赤蛇”,与“赤虢”“赤郭”相关,与“天子”牵涉,早又由“神鸡”牵涉“雉鸡”。郭公来在“听讼之地”,与“刑罚”的战俘、罪犯、奴隶属于同类,早有了相关的“贱服”之制。

从而如前引,就见先秦奴隶“衣褐”,唐宋乐人“衣绿”,元明乐户仍有类似的贱服规定。见称“绿头龟”,清代上党乐户仍被称作“龟家”。

四、相关的竹崇拜

上党赛社“前行”,手执一根“戏竹”,长三尺余,上端为散枝状,形似拂尘,故见宋代早又称其为“竹竿拂子”或“竹竿子”。举如《东京梦华录·宰执亲王宗室百官入内上寿》记的宋代皇帝寿宴,依“盏次”歌舞时,已有如下记述:

第四盏……参军色执竹竿拂子,念致语口号,诸杂剧色打和;再作语,勾合大曲舞。

第五盏……参军色执竹竿子作语,勾小儿队舞……〔一七〕

其引领歌舞者之所以称“参军色”,盖因其原属“参军戏”的角色,与唐宋“弄参军”相关。如唐明皇宠爱的乐工“黄幡绰”,既见其擅长“弄参军”,又见其歌舞时早也“赞扬之”〔一八〕。从而“宋因之”,“参军色执竹竿子”也仍引领歌舞。沿此,《元史·礼乐·制朝仪始末》言,元初搜访金代教坊乐工,已得“前行色刘进”,且见《元史·礼乐·宴乐之器》绘有“戏竹”图,一如上党所见,并言:

戏竹,制如籈,长二尺余,上系流苏香囊,执而偃之,以止乐。〔一九〕

显然,由唐宋而金元,引领歌舞的“参军色”称“前行色”,手执的“戏竹”如“竹竿拂子”,“制如籈”,用以“止乐”。

而“籈”古代早有,为击“敔”的竹棒。由于“敔”的形状像只伏虎,背有锯齿,“籈”的一端劈成数根细茎,逆刮其齿用以“止乐”,称“戛敔”,与“击柷”用以“作乐”呼应。《尚书孔传》有“戛击柷敔”,孔颖达疏曰:“乐之初,击柷以作之;乐之将末,戛敔以止之。”《新唐书·礼乐一》记的“吉礼”节次,更记有“偃麾,戛敔,止乐”云云。沿此而下,北宋陈祥道《礼书》说,“本朝(宋)依唐制,以竹为籈,长二尺四寸,破一端为十二茎,乐将止先击其(敔)首,次三戛之”。故见元代仍言“戏竹,制如籈”,其长短、形状、作用之“制”仍类古“籈”。

值得注意的是,唐代“偃麾”也类“戛敔”,用以“止乐”。所谓“麾”原指古代

"旌旗",多以"竹"为杆,用以指挥军队进退,且通"挥"、"戏"(hui)、"翚"。"翚"指"锦鸡",即五彩之"雉",与"羽翼"相关。《诗经·小雅·斯干》有"幽幽南山,如竹苞也""如翚斯飞,君子攸跻""乃寝乃兴,乃占我梦"云云,早言及"竹""翚",且见"乃占我梦",涉及"占卜",与古"巫"相关。从而如前引,就见有了"竹崇拜";就见"翼宿"如"雉",与"翚"牵涉,早属"乐星";就见由"巫"而"舞",其"帅而舞"者早类赛社"前行";就见"麾""翚"与"戏"(hui)早也相通,不但元代仍见"戏竹,制如籈",且见其"执而偃之"仍类"偃麾"。正因此,唐宋执戏竹者与"戏"相关,原属"参军色",又见金元已称"前行",已类上党赛社所见。

从而如前引,就见上党仍多相关遗存。如高平西李门村,今存一座二仙庙,存金代露台、石刻,其中一块石刻正绘着前行手执戏竹引领乐舞。如前行讲唱的《三元戏竹》(详前第三章所引),不但《听命文集》《赛古赞本》等本又记为《前行分戏竹》或《讲戏竹》,且记有一篇《唐王游月宫》,内容大致相类。仅由前引的《三元戏竹》也见其早与《易经》八卦有关,不但"天元戏竹""地元戏竹"见与轩辕黄帝、卫灵公牵涉,且见"人元戏竹"早由"唐明皇所制",并已用于《霓裳》歌舞,早与其"梦游月宫"相关,故事虽然荒诞,却见唐宋早多相关记述。见如唐代白居易、元稹等人诗作,宋人编撰的《杨太真外传》,皆已言及《霓裳》歌舞;见如南宋王灼《碧鸡漫志》卷三,已对"霓裳羽衣"有所考述,既言其"曲"正与"明皇"有关;见言"杨太真进见之日,奏此曲导引,妃亦善此舞"。何况如前引,歌舞时"黄幡绰"早可"赞扬之",早与宋代"参军色执竹竿拂子,念致语口号"有关。

由此可见,上党赛社前行所讲的《三元戏竹》正由唐宋而来,正与唐代《霓裳》歌舞有关。

值得注意的是,"霓裳羽衣"演的正是"羽化成仙"故事。于是如前引,就见唐玄宗类如成仙的"洪崖先生",时称"崖公",为"翼宿星君",正与"天乐府"牵涉;就见唐《乐府杂录》早又记有"五音轮二十八调图",正又涉及"乐星图";就见唐《教坊记》已记有"霓裳""拂霓裳""看月宫""望月婆罗门"等曲,正与唐玄宗"梦游月宫"相关。显然,"人元戏竹者,出自大唐明皇所制"正含有历史真实,其故事早该见于唐代。正因此,"明皇手取斑竹杖,击梧桐树按其节拍""分散头二十八枝"云云,正类唐代"以竹为籈""破一端为十二茎"所见,且见所言的"赐于梨园戏监司、教坊司黄幡绰","凡奏乐者,此竹当先引领",由史演义而来。

说到底,所谓"天元戏竹""地元戏竹""人元戏竹",都出自古人的"竹崇拜”,都由唐宋“说话”“讲史”而来。故事虽然荒诞,却都类如神话,有其历史影子。

对此,不妨进一步考证。

由于远古先民出于自然崇拜,早已演绎出许多神话。就见其中的“建木”神话早也与“竹崇拜”相关。对此,袁珂先生校注的《山海经·海内经》就见记:

> (海内)有九丘,以水络之……有木,青叶紫茎,玄华实黄,名曰建木,百仞无枝,上有九欘,下有九枸,其实如麻,其叶如芒。大皞爰过,黄帝所为。〔二一〕

对于这种“建木”,袁珂先生又说,实类一种叫作“竹柏”的树,似竹而又长寿。于是,见其上有蜿蜒的九枝(九欘),下有盘曲的九根(九枸),“高达百仞”,就成了上可通九天、下连九州的“神树”;就见“黄帝所为”如“大皞(伏羲)爰过”,都像猴子爬树,“爰过”升天,早都成神。对此,汉代《淮南子·地形篇》更说,“建木在都广”,早见“众帝所自上下”,“众帝”都类“黄帝”早也成神;袁珂先生在《中国神话传说》一书又说,“建木在西南的都广之野”,都广“有人说就是如今的四川成都”,建木其实是一种“像竹子般有枝节的叫做‘灵寿’的树”,其“茎干可以给老人们做拐杖”〔二二〕。按此,“建木”出自四川成都一带,是一种像竹子叫做“灵寿”的树,不但其树正类竹柏,早与“众帝”牵涉,且见其“茎干”可作“拐杖”,正类《讲戏竹》所说的“斑竹杖”。

对于“建木在都广”一说,王兆乾先生在其《贵池傩舞(伞舞)考析》一文也有考述。不但如前引,见贵池傩祭正与民间赛社相关,且见此文考析“神伞”来历时举有南方诸多“竹崇拜”现象,既见举四川广汉三星堆遗址发现的“青铜神树”,认为与“建木在都广”有关,又举唐末五代人司空曙所作的《送柳震还蜀》诗,引其“竹节竟祠神”语,证明四川“竹崇拜”五代时仍在延续〔二三〕。

笔者还想强调,“竹节竟祠神”正与“占卜”有关,早与古“巫”牵涉,早不限于四川。举如屈原《离骚》,就有“索琼茅以筳篿兮,令灵氛为余占之”云云,早也请善卜的巫师(灵氛),结草折竹(筳篿),占卜以问。这说明,江南早多“竹崇拜”,早与巫者占卜有关。于是,就见有了“建木”神话,早与伏羲牵涉,早由“伏羲八卦”有了《周易》;就见又有了相关的《周礼》,由“巫师”有了“舞师”,不但见其“教帗舞,帅而舞社稷之祭祀;教羽舞,帅而舞四方之祭祀”,且见“司巫掌群巫之政令。若国大旱,则帅巫而舞雩”〔二四〕。

按此，先秦“帅巫而舞”的“司巫”早类宋元引领歌舞的“前行”。或因此，就见与“巫”相关的“羽舞”“帗舞”之类早都用于“祭祀”，早与古“塞”（赛）相关；就见《辞海》“羽舞”“帗舞”条绘的两者舞具皆为伞状，不但都属祭祀而舞的“神伞”，且说“帗舞者全羽，羽舞者析羽”，区别只在散枝上“羽”的多少。而如前引，“翼为羽翮”，“羽”与“翼宿”早见相关，早又与“雉”与“竹”牵涉，不但与“麾”与“戏（hui）”相通，且与“戏竹”相关，早也涉及“竹崇拜”。《吕氏春秋·古乐》见说，“黄帝令伶伦作为律”，“取竹于嶰溪之谷”，“制十二筒”，“以别十二律”，其说早也出自“竹崇拜”，也与古“巫”牵涉。于是，就见先秦“十二律”早与“黄帝”关联；就见类如“建木”神话又有了“三元戏竹”故事，其中“人元戏竹者，出自大唐明皇所制”，其“戏竹”正与唐代“以竹为籦”相关，仍类“偃麾”“戛敔”用以“止乐”，且见赐予“黄幡绰”引领乐舞，也仍与史相合。

而与上引的《吕氏春秋·古乐》所记相关，见南宋时王应麟在其《玉海·杂乐·黄帝笛》又说，“黄帝使伶伦伐竹而作笛”。从而，“竹笛”类如“律管”，就见也有了神性。致如上党赛社，神前乐舞每用竹笛引领吹奏，届时前行仍有如下致语（按《听命文集》等本记）：

江南数根竹，选就一笛材。

吹出天外去，镇压八方灾。

显然，其前行致语仍在宣扬“竹崇拜”，所言之“笛”仍类“黄帝笛”，也仍牵涉“伶伦”。从而由“伶伦”而“洪崖”，早与“白眉神”“三郎神”相关，且类唐三郎、关三郎，早有了一位“竹王三郎”。对此，南朝宋人刘敬叔在《异苑》中说：

汉武帝时，夜郎竹王神者名兴。初有女子浣于豚水，见三节大竹，流入足间，推之不去，闻其中有号声，持破之，得一男儿。及长，有才武，雄夷獠氏，自立为夜郎侯，以竹为姓。所破之竹，弃之于野，即生成林……今夜郎县有竹王三郎祠，是其神也。〔二五〕

依史，“夜郎”古国时含贵州西北部、云南东北部、四川南部，北邻巴蜀，东近楚地（湖北、湖南）。因此，就见其类巴蜀、湖南“竹崇拜”“竹节竟祠神”，早由“三节大竹”演义出“竹王三郎”，不但南北朝时仍见“夜郎县有竹王三郎祠”，且因其早属楚地，见《史记·西南夷》早有如下记述：

始楚威王时，使将军庄蹻将兵循江上，略巴（蜀）、黔中以西。庄蹻者，故楚庄王苗裔也。蹻至滇池，方三百里……以兵威定属楚。欲归

报，会秦击夺……道塞不通，因还，以其众王滇，变服，从其俗，以长之。〔二六〕

对此，唐玄宗时的司马贞索隐说，庄蹻乃楚庄王弟；见同期的张守节正义说，“郎州（夜郎）、昆州（昆明）即庄蹻所王”；见《后汉书·南蛮西南夷列传》早也有记。依《后汉书》记，“夜郎者，初有女子浣于遯水，有三节大竹流入足间”云云，不但正类南北朝《异苑》所言，且说“（汉）武帝元鼎六年，平南夷，为牂柯郡，夜郎侯迎降，天子赐其王印绶。后遂杀之。夷獠咸以竹王非血气所生，甚重之，求为立后。牂柯太守吴霸以闻，天子乃封其三子为侯。死，配食其父。今夜郎县有竹王三郎神是也”。由此可见，夜郎古国之王实出自“楚庄王苗裔”，属庄蹻后代，早见“以竹为姓”，属于“竹王”，不但汉代早已言其“非血气所生”，早演义出“三节大竹”故事，早与“竹崇拜”相关，且见汉武帝早“封其三子为侯”，死后“配食其父”，早属“竹王三郎神”。

不仅如此，由于庄蹻属于“楚庄王苗裔”，就见夜郎古国类如楚地，也与“翼宿”牵涉，不但“竹王三郎”正合“（翼）主夷狄远客”之说，且类唐三郎，也可比附“白眉三郎”“洪崖先生”。于是，既见江西洪崖山早与“洪崖先生”相关（前引），又见“湖北省咸宁县东南亦有洪崖，俗亦传为洪涯先生修炼处”（同见于民国版《辞海》洪崖条）。而湖北为楚地，不但楚庄王为戏曲、曲艺行业的祖神，正与“翼宿星君”相关，且见“竹王三郎”正类“唐三郎”，正可比附“白眉三郎”，正也与宋真宗牵涉。

事有凑巧，就在笔者写此书稿时，2011 年 5 月 20 日《光明日报》有篇报道，题名为《千年“红崖天书”可破译》〔二七〕。依其说，“红崖天书”发现于“贵州省安顺市关岭布依族苗族自治县境内”，当地“晒甲山西侧岩壁上”有一块红色石刻，刻“有 20 余个非镌非刻，非阴非阳，似隶非隶，似篆非篆，形若古文的图画符号，字迹红艳似火，虬结怪诞”，“无人能识”，当地见称“红岩碑”“诸葛碑”，晒甲山也被称之“红岩山”。至 2008 年，经学者多年考察，先在贵州民间发现了《九天大濮史录》，见由“汉字和仡佬古文字符号”书写，属“对应记述仡佬族历史的手抄本”，“内容主要记载了仡佬先民的起源、建国、兴衰经过及南宋以前一些重要历史人物对仡佬先民的评说”，“包括夜郎国建立的背景、经历的时限、大致范围等，是较为难得的历史资料”。后又在民间征集到两部仡佬族古籍，一为手抄《濮祖经》，一为“全部由仡佬文”书写的《九天大濮史录》，于是对比、翻译、研究，最后专家推断，所谓“红崖天书”实乃“朱砂”书写的“仡佬古文”，属“夜郎国初期竹王的子女所为”，“书写的时间是在公元前468年（即周贞定王元年）”，“距今约2500年时间”，与《九天大濮史录》《濮祖经》记述一致。按《九天大濮史录》记，“夜郎国疆域漫莽，竹王常往返于各府，战国初期周贞定王元年的一个冬天，竹王在巡游中，死于夜郎国的柯王府（即今安顺市镇宁和关岭自治县一带）”，“由其柯王府所在地的八个子女共同立碑祭祀，盟告族人”，且言“宋真宗与辽国签订缴纳岁币的‘澶渊之盟’，为掩人耳目，宋真宗便授意宰相王钦若假称天意，以百字仡文诈仙人书，挂于承天门，被刚烈忠直的张咏识破，‘知假告主’，说这是仡佬文不是天书，宋真宗笑曰：‘仡佬，九天之子，仡文如天书，天书如仡文，何来有假？’”该报说，“红崖碑”又称“红崖天书”，“有关专家指出”，“仡佬族是西南地区最为古老的世居民族，自古就有‘地盘业大，古老前人’之称，仡佬先民作为西南最大帝国——夜郎国的王族，早在春秋战国时期，就用自己的特产——朱砂、水银结盟于中原王朝”，“自然也成就了西南地区悠久的历史文化和诸多神奇传说”。

由此，既见“夜郎国疆域漫莽”涉及云贵两省，正与四川、湖南、湖北为邻，“战国初期”已出现“竹王”，早有“竹崇拜”，又见其“红崖天书”所用的“朱砂”早与道家炼丹有关，早也与巫牵涉。

何况如前引，见“天师教”发端四川，东汉末年其圣地早由四川迁往江西龙虎山；见江西、湖北都有“洪崖山”，都“传为洪涯先生炼丹处”，都与道教有关。

为何“红崖天书”又称“诸葛碑”？既与“诸葛亮七擒孟获”的传说有关，又因洪涯山对面有座“关索岭”，早又传说关索恰是关羽之子。

基于以上原因，就见夜郎国类如四川“竹崇拜”“竹节竟祠神”，早也敬有“竹王三郎神”；就见其王属于“楚国苗裔”，来自楚地，正与湖北有关；就见贵州“红岩山”也称“红崖山”，正类湖北、江西的“红崖山”，也与道教有关；就见其“红崖天书”原由“夜郎国初期竹王的子女所为”，属“仡佬古文”，用“朱砂”书写，正也可与“洪涯先生炼丹”牵涉；就见其“红崖山”对面又有“关索岭”，正与关羽牵涉，“竹王三郎”正类“关三郎”。《九天大濮史录》见记宋真宗说，“仡文如天书，天书如仡文”云云，正与宋真宗大搞“天书下降”的史实相合。从而正如《光明日报》报道所言，“西南地区悠久的历史文化和诸多神奇传说”早与“中原王朝”牵连相关。

总之，各地诸多与乐户相关的现象与传说，早与“儒释道”三教相关，不但都有其历史成因，而且其中正多文化内涵。

【注释】

〔一〕《四书五经》，岳麓书社，1991 年版，216—218 页。

〔二〕《四书五经》，岳麓书社，1991 年版，566、567 页。

〔三〕《宋史·乐四》，版同前，3005—3009 页。

〔四〕见于《事林广记》，中华书局，影印元至顺本，后集卷一二“音谱类”及续集卷七“圆社市语”。

〔五〕详《北史》卷九〇“万宝常并附王令言传”条，中华书局，1974 年版，2982—2983 页。

〔六〕引自李天生《唐乐星图校注》，原载《中华戏曲》第十三辑，1993 年，80—82 页。

〔七〕该本曾由寒声先生等人校注，称《迎神赛社礼节传簿四十曲宫调》，发表于《中华戏曲》第三期，1987 年，录文见其 72—73 页。可参考。

〔八〕此文录于上党赛社藏本《听命文集》。另，其他如《赛乐食杂集》等赛社藏本，有关长篇讲唱的开头亦见，基本相同。

〔九〕见《萍州可谈》卷三，引自《四库全书》（台湾版），一〇三八册，307 页。

〔一〇〕王兆乾《贵池傩舞〈舞伞〉考析》，载《中华戏曲》第十二辑，1992 年，194—195 页。

〔一一〕详何昌林《乐王·戏祖·拳宗·医圣》一文，载《中华戏曲》第十五辑，1994 年，31—36 页。

〔一二〕《史记·封禅书》，版同前，1359 页。

〔一三〕转引《辞海》“郭秃”条，民国版，1340 页。

〔一四〕《乐府杂录》，见《中国古典戏曲论著集成》一册，版同前，62 页。

〔一五〕《乐府诗集》，中华书局，1979 年版，1220 页。

〔一六〕《东京梦华录·外四种》，版同前，42—43 页。

〔一七〕《东京梦华录·外四种》，版同前，53—54 页。

〔一八〕分别见于《中国古典戏曲论著集成》所载的唐《乐府杂录》和《教坊记》，中国戏剧出版社，1982 年版，49、12 页。

〔一九〕《元史·礼乐志》，中华书局，1976 年版，1665、1772 页。

〔二〇〕此讲唱，上党赛社其他藏本亦见记，互有增删，大体一致。

〔二一〕见袁珂《山海经校译》，上海古籍出版社，1985 年版，298 页。

〔二二〕见袁珂《中国神话传说》，中国民间文艺出版社，1984 年，90 页。

〔二三〕转引于王兆乾《贵池傩舞〈舞伞〉考析》，载《中华戏曲》十二辑，1992 年，198 页。

〔二四〕《十三经》，北京燕山出版社，1991 年版，415、443、450 页。

〔二五〕转引于袁珂《中国神话传说》,版同前,213 页。

〔二六〕《史记》,中华书局,1982 年版,2993 页。

〔二七〕详见 2011 年 5 月 20 日《光明日报》第五版,由该报记者程伟光、通信员郑继强撰写的《千年“红崖天书”可破译》一文。

第八章　赛社文化的再探讨

通过前面几章探讨，既见民间赛社源远流长，内涵丰富，又见其礼乐制度与宫廷相通，早类唐宋帝王的庆寿之制。赛社伎乐例由乐户支应，早与音乐、歌舞、戏剧之类的发展有关。为了揭示民间赛社传承的文化艺术，以见相关艺人的历史贡献，以下结合有关史料再作探讨。

鉴于上党赛社清末民国仍然，仍有较多的遗存资料，以下探讨也仍从其入手。

第一节　上党赛社传递的历史信息

见于上党赛社今存的诸多抄本，仍存宋元特征，含诸多历史信息。如清抄的《唐乐星图》本，开篇为"听命文"，属主礼先生（阴阳家担任）假借"神旨"对于参赛人员发布的命令，不但其言的赛社礼规仍类唐宋所见，与"大乐教坊司"有关，且对属于"散乐"的民间乐户及其"前行"，仍见相继命令如下：

> 大小散乐。古论，自今以后奉祀神筵，比方、院本、行队、杂剧，从人索唤。诗按太平古传，曲依乐府梨园。男记四十大曲，女记小令三千。但事承应节次，务要衣甲新鲜，诸般乐器俱要完全。供盏挨次索唤，不违妆扮伺候，神灵喜庆开颜。寿词寿曲，奉神前献，莫得蒙头盖面。科头首当前谨慎，锣鼓谨奏喧天。笙簧嘹亮，奉神法筵，勿得欺神怠慢。

若是作威把神瞒哄，招灾星显验。

三日前行。古论，自今以后，开呵立盏务要分明。亘古至今，乐星古圣遗留，礼仪先人规定。今朝圣会，邀请尊神坐于宝殿。而为领袖，率领伙伴，动乐三日，承应依时。按“乐星图”内，春动七宫，夏动七角，秋动七商，冬动七羽。上有凤鸣之声，中有律吕之韵。承应四十大曲，十七宫调，奏八天乐事：金、石、丝、竹、匏、土、革、木。天行曲、地行曲、年行曲、月行曲、日行曲、时行曲，俱按着二十八宿、五音律吕。花帽整齐，衣甲新鲜。歌舞承（呈）献供盏，承应吹打官商。前衙按文，丝竹管弦：韵（埙）、虎（篪）、龙笛、筝、纂、琵琶、响铁。晚衙（即后衙，指粗乐）按武：播（百）戏跳索，蛮舞杖鼓。各调奉神，谨慎殷勤。母（毋）生怠堕之心，自护（获）怠慢之罪。

由此已见，直至清代的上党赛社，仍借“神旨”强调着“先人规定”，仍依“古论”严守古规，不但其伎乐仍由乐户承应，且以“把神瞒哄，招灾星显验”相威胁，追究“怠慢之罪”。正因此，就见上党赛社在音乐、歌舞、戏剧诸方面保存着沿古而来的诸多信息。为见这些信息的文化内涵，以下参照有关文献，并结合上党赛社今存的有关记述，先对其中涉及的各种概念作一历史钩沉和解说，以便进一步探讨乐户类艺人的历史贡献。

一、乐星、乐律与宫调

古代先民出于“天人合一”“天人感应”的思想理念，认为“乐”可通“神”。于是，就见有了相关的礼乐活动；就见随着“王者功成作乐”，先秦早有了《周礼》；就见汉代的《礼记·乐记》已记“大乐与天地同和，大礼与天地同节。和，故百物不失。节，故祀天祭地。明则有礼乐，幽则有鬼神”[一]。与此相关，见《汉书·律历志》说，黄帝的乐官“伶伦”截竹为管，效“天地之风气”，已制有“十二律”，“是为律本”[二]。见春秋时左丘明《国语·周语》更说，西周时已由十二律形成七声音阶的“宫调”[三]。所谓“十二律”，属于十二个标准音，由低到高，依次称黄钟、大吕、太簇、夹钟、姑洗、仲吕、蕤宾、林钟、夷则、南吕、无射、应钟（皆属半音关系），或将奇数者称“律”、偶数者称“吕”，分称六律、六吕，合称“十二律吕”。由于十二律是效“天地之风气”而来，与十二个月的气候变化有关，制成十二个长短不同的“律管”，每月对应一“律”作为“宫”音定调，“旋相为宫”早又涉及“宫调”理论。理论上讲，十二律皆可为“宫”（基音），再依七声（宫、商、角、徵、羽、变宫、变徵）成“调”，可得八十四调（调式）。对于十二律的制定，按《汉书·律历志》记，早又有了“黍垒”之法，见“以子谷秬黍（一种黑黍）中者，一黍之广，度之九十分，黄钟之长”〔四〕。由此确定黄钟管长，再按“三分损益法”计算，就可确定其他律管的长度。由此铸钟，就有了“钟律”；用弦定音，早又形成“弦律”。不过“管律”仍属“律本”，历代帝王仍遵古制，仍取“子谷秬黍”校正钟律。那么，“子谷”又指何处？《宋史·乐志》记，直至宋仁宗时，为校准钟律，仍“别诏潞州取羊头山秬黍”〔五〕。显然，“子谷”正在上党羊头山周围。为何要取此地秬黍为准？盖因传说有记，神农炎帝在此始获“嘉谷”，“日中为市”，始以“垒黍”之法制定了度量衡标准，早属“律准”。对此《汉书·律历志》早也有记，说“度者，分、寸、尺、丈、引也，所以度长短也。本起黄钟之长。以子谷秬黍中者，一黍之广，度之九十分，黄钟之长”，“五声之本，生于黄钟之律。九寸为宫，或损或益，以定商、角、徵、羽”，“律十有二，阳六为律，阴六为吕”；又说“黄钟为天统”“林钟为地统”“太簇为人统”“三统相通”“继天顺地，序气成物，统八卦、调八风，理八政，正八节，谐八音，舞八佾，监八方，被八荒，以终天地之功”〔六〕。从而，既见人间之“乐”早与天上之“星”关联对应，早有了“乐星”，先秦已有“翼主天倡”之说（前引）；又见十二律与十二月、五音（宫、商、角、徵、羽）与五星（金、木、水、火、土）、七音（五音加变宫、变徵）与七曜（五星加日、月）、二十八宿与二十八调也皆对应，早形成“乐星图”。正沿此，就见上党赛社今存《周乐星图》本，开篇正由“周庄王”讲起，正将“八音”与“八位天星”附会，正与《汉书·律历志》所记的“统八卦，调八风，理八政，正八节，谐八音，舞八佾，监八方，被八荒，以终天地之功”相关；就见唐代已有“五音轮二十八调图”（前引），上党赛社仍存《唐乐星图》本，仍依“古论”而行，也仍涉及乐星、乐律、宫调等。

然而由于朝代更迭，战乱频仍，随着历代帝王考订乐律，每借稽古早又发挥，以至“宫调”理论愈演愈繁，深奥难测，莫衷一是。举如《资治通鉴》所记的后周“世宗显德六年”考订雅乐，南宋胡三省作有如下批注（今加按语）：

> 时（后周）兵部尚书张昭等议曰：“昔，帝鸿氏（即黄帝）之作乐也，候八节之风声，测四时之正气……故凫氏铸钟，伶伦截竹，为律吕相生之算……然月律有旋宫之法，备于太师之职。经秦灭学，雅道陵夷。汉

初制氏所调，惟存鼓舞；旋宫十二均更用之法，世莫得闻。汉元帝时，京房（西汉学者）善《易》别音，探求古义，以《周官》均法，每月更用五音，乃至准调，旋相为宫，成六十调。又以日法析为三百六十……律吕无差。遭汉中微，雅音沦缺……（南朝）梁武帝素精音律，自造四通十二笛以叙八音，又引古五正、二变之音，旋相为宫，得八十四调，与律准所调，音同数异。侯景之乱，其音又绝。隋朝初定雅乐，群党沮议，历载不成。而沛公郑译因龟兹琵琶七音以饮月律，五正、二变，七调克谐，旋相为宫，复为八十四调。工人万宝常又减其丝数，稍令古淡……唐太宗爰命旧工祖孝孙、张文收，整比郑译、宝常所均七音八十四调，方得丝管并施、钟石俱奏，七始之音复振，四厢之韵皆调。自安史乱离，咸秦荡覆……知音殆绝。……臣（张昭）等据枢密使王朴条奏，采京房之准法，练梁武之通音，考郑译、宝常之七均，校孝孙、文收之九变，积黍累（垒）以审其度，听声诗以测其情……得备数和声之大旨，施于钟虡，足洽箫韶。……”（后周帝）从之。〔七〕

由“张昭等议”，既见历代帝王莫不重视乐律考定，每仍“探求古义”，后周仍沿先秦“黍累（垒）以审其度”，又见秦汉以来“雅道陵夷”“雅音沦缺”“咸秦荡覆”，不但汉初早已不知“旋宫十二均更用之法”，且见隋时“群党沮议，历载不成”，早又不知前代乐律为何物。那么，隋唐乐律从何而来？“张昭等议”正如前引，盖因北魏宫廷早用“龟兹乐”，与“龟兹琵琶七音以饮月律”相关。北齐至隋的“工人万宝常”“旧工祖孝孙、张文收”等辈早又“整比”。北周武帝曾聘过一位突厥皇后，随身带的“苏祇婆”也是龟兹乐人，善弹琵琶，也懂得“调式”〔八〕。正由此，北周而至隋唐，“丝管并施、钟石俱奏，七始之音复振”。由此而来的乐律以及“旋相为宫，复为八十四调”的理论，正与北魏以来万宝常、祖孝孙、张文收之类的乐户有关，直至后周仍依其“备数和声之大旨，施于钟虡，足洽箫韶”，宫廷所用仍类隋唐所见。

由此至宋，按《宋史·乐一》记，由宋太祖至徽宗“凡六改作”，不断改定乐律。“徽宗锐意制作，以文太平”，“主魏汉津之说，破先儒累黍之非，用夏禹以身为度之文”，竟以自己手指为度改定乐律，记有“为图十二”，正见《宋乐星图》所由，且言其亲制大晟礼乐，“颁之天下，布之教坊”，早又诏令“荐郊庙、享鬼神、和万邦，与天下共之，其旧乐勿用”，违者“坐罪”〔九〕。按杨荫浏先生考证，徽宗以其手指为度形成的“指律”，实属“民间的音高标准”，故见“大晟律所以经得起考验，合于长期应用”〔一〇〕。说白了，宋徽宗力主的“魏汉津之说”，推行的正是唐宋民间乐律，早与隋唐“龟兹乐”有关，早由前代乐工“整比”，早用于唐代“俗乐”，且仍流行宋代民间，最终借徽宗之“手”，使宫廷雅乐、民间俗乐有了统一的乐律，结束了历代帝王每为“探求古义”引发的争论。于是，就见“合于长期应用”，“传留后世”，上党赛社仍存“三本乐星”，就见其《周乐星图》《唐乐星图》《宋乐星图》皆存宋代痕迹，仍与唐宋“四十大曲”有关，违规者仍获“怠慢之罪”。

这就涉及“宫调”应用。由于十二律可以旋相为宫，每宫七音，理论上可得八十四调，实际上并不全用。盖因十二律是半音关系，七声也有半音和全音，由此形成的“宫”和“调”的音高难免重复，加上适用的音调不宜过低或太高，故见唐代只用二十八调。见如唐《乐府杂录》不但记有“别乐识五音轮二十八调图”，且言“其徵音有其声，无其调”〔一一〕。实际只用“宫、商、角、羽”四声为宫。至宋，随着“徽宗锐意制作”，见《宋史・乐志》已记，“所奏凡十八调，四十大曲”，“十八曰正平调，无大曲，小曲无定数”〔一二〕。宋代宫廷用的“四十大曲”正沿唐而来，且由“二十八调”改为“十八调”，其中的“正平调，无大曲”，实际其“四十大曲”只用“十七宫调”。于是，就见上党《唐乐星图》本仍言，“承应四十大曲，十七宫调”；就见其《周乐星图》本也存“四十大曲”痕迹，实也类《宋乐星图》本所记；就见上党赛社所存的“三本乐星”都与“赵上皇”牵涉，不但“传留后世，至今不绝”，且如杨荫浏先生所言，其“乐律”为唐宋“民间标准”，故见“大晟律所以经得起考验，合于长期应用”。

二、“八音乐器”与“工尺乐谱”

“八音”是按乐器材质分类的八种声音。《尚书・舜典》已记，“八音克谐，无相夺伦，神人以和”。《周礼・春官・大师》说，“大师掌六律六同，以合阴阳之声”，“皆播之以八音：金、石、土、革、丝、木、匏、竹”，东汉郑玄注曰：“金，钟镈也；石，磬也；土，埙也；革，鼓鼗也；丝，琴瑟也；木，柷敔也；匏，笙也；竹，箫管也。”沿此，见唐代宫廷宴乐早又分为两部，堂上属于“坐部”，每用丝竹管弦；堂下属于“立部”，每用鼓笛拍板。白居易诗作已言：“堂上坐部笙歌清，堂下立部鼓笛鸣。”由此至宋，更有了“细乐”“粗乐”之分。致如南宋《都城纪胜・瓦舍众伎》

见记,“散乐传学教坊十三部,唯以杂剧为正色”,其“细乐比之教坊大乐”“每以箫管、笙、纂、稽琴、方响之类合动”〔一三〕。显然,与“细乐”对应的应该还有“粗乐”,也属“散乐”。从而,既见宋代散乐早以“杂剧”为主,正多沿唐而来的队戏歌舞,又见其仍如“教坊”所见,仍类唐代“坐部”“立部”。正沿此,就见上党赛社的《唐乐星图·听命文》记其神前供盏仍言:“前衙按文,丝竹管弦:埙、篪、龙笛、筝、纂、琵琶、响铁。晚衙按武:百戏跳索,蛮舞杖鼓。”其“前衙”因供盏时排列在前而称,仍类唐之“坐部”、宋之“细乐”,较“文”,仍多用于神前供盏;其“晚衙”也称“后衙”,排列细乐之后,每用于“乐台”舞跳,仍类唐代“立部”、宋代“粗乐”,不但其“百戏跳索,蛮舞杖鼓”早也见于唐代,且类其“堂下立部”,仍多用于男乐队舞,也仍较“武”。正因此,就见《唐乐星图·听命文》所记的各种乐器仍沿唐代而来,仍类宋代“瓦舍众伎”所用。

举如其前衙见记的“响铁”,也称“方响”,属一种敲击的铁制乐器,功用类如编钟,早也流行唐宋。见《旧唐书·音乐志》记:“梁有铜磬,盖今方响之类。方响,以铁为之,修八寸,广二寸,圆上方下。架如磬而不设业(‘业’为乐器架子横木上的大板),倚于架上以代钟磬。”见唐代方干《新安殷明府家乐方响》诗言:“葛溪铁片梨园调,耳底丁东十六声。”(《全唐诗》)见唐代牛殳《方响歌》唱,“乐中何乐偏堪赏,无过夜深听方响”,“长短参差十六片,敲击宫商无不遍”(《全唐诗》)。显然,唐代流行的“方响”早属“响铁”。对此,南宋赵彦卫《云麓漫钞》卷十二仍言,“古之礼乐,于野人尚有可仿佛者。今之响铁即编钟,今之舞蛮牌即古武舞,舞三台与调笑即古文舞”,且见《辞源》“方响”条记其“南宋时犹盛行”,其后“久已失传”〔一四〕,既然宋代之后早已失传,可见《唐乐星图》本所记的“响铁”正留着宋代赛社痕迹,正与当时“瓦舍众伎”相关。

又如其前衙所记的“纂”,见《旧唐书·音乐二》记,唐代称“轧筝,以片竹润其端而轧之”;南宋曾三异的《同话录》记“世俗有乐器,小而用七弦,名轧筝,今乃谓之纂”〔一五〕。由此可见,“轧筝”唐代早有,宋代早又称“纂”。以至两宋间的张元干更见作有《瑞鹧鸪》词云:“回波偷顾轻招拍,方响底敲更合纂。豆蔻梢头春欲透,情知巫峡待为云。”〔一六〕正是对“方响”“纂”合奏伴舞的写照。至元代,随着胡琴兴起,见“纂”早也渐被取代,也类方响早已失传,留着宋代赛社痕迹。

不仅如此,见《唐乐星图·听命文》又有一段专讲“大乐教坊司”,其中更讲到琴、瑟、拍板、鼗鼓、羯鼓、笙、笛、箫、琵琶、筝、阮、月琴之类乐器的由来(此处略),说"凡乐器皆是圣人置造,传留下享赛奉神",说明这些乐器都曾用于赛社,且见其早都见于唐宋民间,正如南宋《都城纪胜》"瓦舍众伎"言,正与民间"细乐比之教坊大乐"有关,也正留着宋代赛社痕迹。

对此,见上党赛社《听命文集》本又有一篇《前行分戏竹》(或称《三元戏竹》),其中恰记有"月琴""排箫""羯鼓""杖鼓""鹧鸪""孤笛""双韵""夏笛""水盏""羌笛"等乐器,也仍留着宋代痕迹。就如"水盏",见于上党地区高平西李门村二仙庙,今存两幅金代石刻乐舞图,其中一幅见属"打太平鼓"写照(前引),另一幅见属"番人"巾舞线刻图,共五人,二番对舞,一番吹笛,一番拍手击节,一番拍鼓(仍属杖鼓,侧挎腰间,右手拍之),一番仍见"敲水盏"。又如"鹧鸪""孤笛""双韵""夏笛""羌笛"等,见《宋史·乐志》记,南宋理宗朝姜夔仍说,"有曰羌笛、孤笛,曰双韵、十四弦,以意裁声,不合正律","有曰夏笛、鹧鸪,曰胡卢琴、渤海琴,沉滞抑郁,腔调含糊",正言这些乐器皆属宋徽宗早已禁止的"旧乐",也仍建议依照大晟规制,"悉禁之"[一七]。与此相关,南宋初年吴曾《能改斋漫录》卷一"禁蕃曲·毡笠"条见记:徽宗"崇宁、大观已来,内外街市鼓笛拍板,名曰'打断'。至政和初有旨,立赏钱百五千,若用鼓板改作蕃曲子并著蕃服之类,并禁止支赏"(前引)。且见《宋史·乐志》记,徽宗政和三年(1113)已"令尚书省立法",凡"高下其声,或别为他声,或移改增损乐器,旧来淫哇之声如打断、哨笛、呀鼓、十般舞、小鼓腔、小笛之类与其曲名悉行禁止,违者与听者悉坐罪"[一八]。由此,既见宋代民间早有羌笛、夏笛、鹧鸪、双韵、水盏之类乐器,早多"番"乐,早可"移改增损乐器",又见随着徽宗制成大晟乐,即使如"禁蕃曲·毡笠"所说,禁止民间"淫哇","违者与听者悉坐罪",也仍屡禁不止,南宋时仍有"不合正律""腔调含糊"者。

从而与乐律、乐曲、乐器相关,早又涉及"工尺谱"。据杨荫浏先生《中国古代音乐史稿》言,"敦煌出现的后唐明宗长兴四年(933)所写的唐代乐谱(今按,其书最后附有原谱图片),就是属于工尺谱体系,宋人称这种工尺谱为'宴乐半字谱',是当时教坊中间通用的记谱符号"[一九]。就是说,这种"记谱符号"早有,唐宋已见"教坊中间通用"。考其由来,前引的《北史·万宝常传》见记,由北齐入隋的乐人万宝常早"撰乐谱六十四卷",正见这种乐谱早有,源于乐人实践。且见唐代王建《温泉宫行》诗曰:

梨园弟子偷曲谱,头白人间教歌舞。[二〇]

显然，唐代民间歌舞早用曲谱，故见后唐时早又远传敦煌。正因唐代早有了曲谱，就见《宋史·乐志·教坊》记，其宫廷仍有沿唐而来的“四十大曲”，仍可用“旧曲造新声”，且见民间“散乐传学教坊十三部，唯以杂剧为正宗”，更以“队杂剧”为主。于是，见如上党赛社的《唐乐星图》本，不仅宋代宫廷“四十大曲”基本全有，也仍用于队舞队戏，且有超出者，正由唐代民间流传而来。

举如《唐乐星图》本所记的《安乐·虎牢关破夏王》一目，见属队子歌舞，演李世民破窦建德（夏王）事，其用的“安乐”《旧唐书·乐志》早记，为大曲，早用于队戏歌舞，且见宋代“四十大曲”未列，宫廷未用，正由民间传来。《唐乐星图》本所记的队子又有用唐代大曲《顺圣乐》《龙池会》《击梧桐》者，也见“四十大曲”未列。这说明，《唐乐星图》本所记的大曲歌舞，正沿唐代而来，不但早有曲谱，且因宋代民间不受“四十大曲”所限，仍用于赛社，才见之后也用于上党赛社。

于是，见于上党乐户传存的“工尺谱”本，《倾杯乐》《迎仙客》《出队子》《普天乐》《朝天子》《一枝花》等，正如元《中原音韵》所记，为唐宋“大曲”变来的“令曲”，早属“乐府新声”；《山坡羊》《豆叶黄》《刮地风》之类，元《中原音韵》记属“令曲”，且如明代《万历野获编》所言，“其谱不知从何而来”，正由宋元民间“叫声”野唱加工而成。正因此，就见上党赛社仍类宋元所见，“曲依乐府梨园”，乐户仍存此类“工尺谱”。

三、关于大曲、小令

先说“大曲”。东汉蔡邕《女训》已记：“琴曲，小曲五终则止，大曲三终则止。”〔二一〕与此相关，汉魏已有“相和大曲”用于歌舞，南朝《宋书·乐志》已记有“大曲十五曲”（详郭茂倩《乐府诗集》卷四三），见《魏书·乐志》言“撰合大曲，更为钟鼓之节”。于是，就见隋唐时大曲骤增。仅唐诗提及的大曲，就有《六么》（又称《绿腰》或《乐世》）、《凉州》（又称《梁州》），以及《伊州》《甘州》《熙州》《剑器》《薄媚》《浑脱》《柘枝》等，唐《教坊记》已记有“大曲名”46 个，且多用于歌舞。如《霓裳》《破阵乐》《龙池乐》《鸟歌万岁》等曲，由宫廷制作，已用于歌舞；如《凉州》《甘州》等，由边地传入，早也用于歌舞，且如《胡僧破》《醉浑脱》等，更见属于“胡舞”。而按有关记述，唐代大曲仍分三大段，第一段称“散序”，节奏徐缓，属散奏；第二段称“中序”，又称“拍序”，属慢板，每用以伴唱；第三段称“破”或“曲破”“入破”，节奏较快，多见列队而舞。唐代大曲实分器乐、声乐、舞蹈三大段，属综合艺术；每段可分若干“遍”（或称“叠”），用时颇长，早已有了“摘遍”用法。若“摘遍”而歌，已类宋元“令曲”而用；若摘“曲破”而舞，已类宋代“四十大曲”而用。

值得注意的是，随着宋代“因旧曲创新声”，“大曲”也可加工为“令曲”，用于歌唱，也属“乐府新声”，又见用其“曲破”伴舞时早多装扮故事人物，早称队戏，属“杂剧”，且见早可加有“花拍”。举如南宋官本杂剧所记的《王子高六么》，如前引，“王子高”故事出自宋代，早用于歌舞，且见《六么》大曲由唐而来，宋代早加“花拍”，与上党赛社所见的《王子高六么花十八》相关。

对于这种变化，宋徽宗时礼部员外郎陈旸《乐书·教坊部》言：

> 圣朝（宋）循用唐制，分教坊为四部……自合四部为一，故乐工不能遍习，第以大曲四十为限，以应奉游幸二燕（宴），非如唐分部奏曲也。〔二二〕

《宋史·乐志·教坊》正列有“四十大曲”的曲名及其宫调，正多用于队戏歌舞，为“杂剧”，正多见于“春秋圣节三大宴”〔二三〕。《宋史·乐志五》说：

> 自历代至于本朝（宋），雅乐皆先制乐章而后成谱。（徽宗）崇宁以后，乃先制谱，后命词，于是词律不相谐协，且与俗乐无异。〔二四〕

南宋《梦粱录·妓乐》说：

> 散乐传学教坊十三部，唯以杂剧为正色。……向者（北宋）汴京教坊大使孟角毬曾做杂剧本子，葛守成撰四十大曲，丁仙现（按，其属北宋教坊名妓）捷才知音。〔二五〕

由此可见，自徽宗制定大晟礼乐，早以“四十为限”，唐代以来的大曲并不全用，而且一改“先制乐章而后成谱”的先例，变成“先制谱，后命词”。于是，既见“葛守成撰四十大曲”，又见“教坊大使孟角毬曾做杂剧本子”，“先制谱，后命词”，正见大曲歌舞已属“队杂剧”。且如前引，徽宗早“与天下共之”，已“与俗乐无异”，故见“散乐传学教坊十三部，唯以杂剧为正色”。正沿此，就见上党赛社《唐乐星图》本也仍要求“男记四十大曲”，仍记着相关的队戏剧名、曲名、角单。

再说“小令”。相对“大曲”而言，体制短小、结构简单的乐曲统属“小令”，也称“令曲”。既与民间小调相关，多为单曲，又因文人介入，也包括双曲、不成套的“散曲”。见于唐宋，不但民间已多歌谣类的短曲、小调，且随文人介入，由

“诗”而“词”,由“念”而“唱”,已形成相关的“曲牌”“词牌”。由宋而元,更多了来自民间的“令曲”,以及与文人相关的“散曲”。与此相关,元《中原音韵》所记的令曲,如《倾杯乐》《六么遍》《六么令》《新水令》等,明显是由唐宋大曲摘遍而来;如《阳关三叠》《念奴娇》等,明显是由唐宋诗词的“曲牌”而来;如《叫紫苏丸》《货郎歌》《卖花声》等,明显是由宋元民间“歌物叫卖之声,采合宫调”而成。这些令曲,既可依乐而唱,又可伴之以舞,宋代宫廷早多用于女乐,且见青楼歌馆、勾栏瓦舍,民间赛社早也类此。正因此,就见上党赛社供盏时也仍“靠乐歌唱”,以至供盏结尾“收队”时也仍伴以“妇人唱”。故仍强调“女记小令三千”。

需要指出的是,上党赛社“听命文”所言“男记四十大曲,女记小令三千”,只是遵循“古论”的要求,实际情况早不相符。尤其清代后期,随着裁汰女乐,这种要求更不切实际。或因此,另一些存本所记的“听命文”已有变化,已无“古论”云云的要求。

不过,这种“男记四十大曲,女记小令三千”的要求,出自宋元的“古论”。依《宋史·乐志·教坊》记,宋太宗“亲制大小曲及因旧曲创新声者”,“总三百九十”,其中“小曲二百七十”;见教坊乐人加工创制的《鸡叫子》之类正由民间“叫声”加工而来,并言“民间作新声者甚众”[二六]。于是,就见宋代早有了诸多“令曲”“曲牌”“词牌”,早又形成诸宫调说唱;就见元代散曲、套曲大量流行,《青楼集》已记有诸多卖唱的名妓;就见类如宋代卖物“吟叫”“叫声”,宋元民间已多了“唱陶真”“唱琵琶词”“货郎儿”之类,元代“聚众赛社”也仍“搬唱词话”;就见元人有称“燕南芝庵”者,早又作有《唱论》,不但见有“男不唱艳词,女不唱雄曲”之说,且见已说:

> 词山曲海,千生万熟,三千小令,四十大曲。[二七]

由其署名“燕南芝庵”推断,作者该是元代燕京之南的艺人,甚至属于乐户,至少也是“燕南”精熟此道者,其《唱论》正该来自实践。从而,其言的“词山曲海,千生万熟”正反映了宋元词曲之多,正需艺人熟记;其言的“三千小令,四十大曲”,正与“男不唱艳词,女不唱雄曲”相关,正与上党赛社所记的“男记四十大曲,女记小令三千”一致。由此,不但正见《唱论》来自艺人实践,且见上党赛社正由宋元而来。

为见上党赛社大曲、小令应用之实,以下再各举例说明。

就“大曲”而言,仅《唐乐星图》本所记的队子歌舞,既有《贺皇恩·创立天子班》《顺圣乐·十八国临潼斗宝》等,共36个,又有队舞“角单”,如《齐天乐·鬼子母揭钵·一单舞》等,共28个,与前不尽相同。总其所列,与《宋史·乐志》所记比照,不但“四十大曲”基本全有,曲名基本相同,且见总数超出“四十”。其超出者,如《龙池会·坤(昆)阳大战汉光武》《安乐·虎牢关破夏王》,依《旧唐书·音乐志》记,见“龙池乐,玄宗所作也”,见“安乐者,后周武帝平齐所作也”〔二八〕。由此可见,上党赛社所记的大曲,不仅出于唐宋,早用于队戏歌舞,而且比之宋代宫廷超出者,正由唐代而来,正与唐宋“赛神”“赛社”的传承有关。

至于“小令”,见于上党赛社《听命文集》等本,今仍存有一篇前行讲唱,以《四边静》曲名为题,记有《尧民歌》《山坡羊》《刮地风》《上小楼》等90多个曲名,并串成一个含有赛社情节的故事(类如今天相声表演中,以电影名、地名串联的故事)。这些曲名,元《中原音韵》皆记,为宋元令曲,其故事正含赛社情节,正由前行讲唱,与乐户艺人参与民间赛社相关。以至如前引,上党乐户今仍传存有相关的“工尺谱”,许多令曲仍可吹奏。

由此又见,“男记四十大曲,女记小令三千”早与宋元赛社相关。

四、关于队舞、队戏

列队而舞,先秦早有。从而如前引,商周已有帗舞、羽舞之类,早用于祀神,汉魏南北朝已有大曲歌舞,唐宋更多此类队舞队戏。依《旧唐书·音乐志》记,见其立部有《安乐》《太平乐》《破阵乐》等,“凡八部”,每用男乐,属于“武舞”;见其坐部有《长寿乐》《天授乐》《鸟歌万岁乐》等,“凡六部”,多用女乐,属于“文舞”〔二九〕。见于唐《教坊记》《乐府杂录》等书,记有大曲歌舞,又记有“胡旋舞”“浑脱队”之类,扮如“羌胡状”,仍属“胡舞”,正由南北朝而来,以至见如《踏摇娘》,沿北齐而来,踏歌而舞,早属“歌舞戏”。

此类列队歌舞,或见统称“队子”,或因行进表演见称“行队”,或竟简称为“队”,其“队”正指“舞队”,其“舞”为“队舞”,其装扮人物者早属队戏。因此,见唐《教坊记》已有如下记述:

楼下戏出队,宜春院人少,即以云韶添之……

至戏日,上令宜春院人为首尾……宜春院亦有工拙,必择尤者为首尾。既引队,众所属目,故需能者。乐将阕,稍稍失队,余二十许人舞曲终，谓之“合杀”，尤要快健，所以更须能者也。

……

凡欲出戏，所司先进曲名。上以墨点者即舞，不点者即否，谓之“进点”。戏日，内伎出舞，教坊人惟得舞《伊州》《五天》，重来叠去，不离此曲，余尽让内人也……

……于是，内妓与两院歌人更代上舞台唱歌。内妓歌，则黄幡绰赞扬之；两院人歌，则幡绰辄訾诟之……僄弄百端。

以至见记：

大面——出北齐。兰陵王……乃刻木为假面，临阵著之。因为此戏，亦入歌曲。

踏摇娘——北齐有人姓苏……嗜饮酗酒，每醉辄殴其妻。……时人弄之。丈夫著妇人衣，徐行入场，行歌，每一叠，旁人齐声和之云：“踏摇和来，踏摇娘苦和来！”以其且步且歌，故谓之“踏摇”；以其称冤，故言苦。及其夫至，则作殴斗之状，以为笑乐。今则妇人为之（**按，丈夫也由女扮**），遂不呼“阿叔子”，调弄又加典库，全失旧旨。〔三〇〕

而如前引，唐代教坊正由玄宗设立，正多来自民间俗乐。从而就见其早也列“队”歌舞，既类北齐兰陵王，仍有此类面具表演，又见此类“假面戏”“亦入歌曲”，早也属“歌舞戏”，更见歌舞戏《踏摇娘》已有发展，不但“踏摇”而舞，“且步且歌”，且见“时人弄之”“妇人为之”“调弄又加典库，全失旧旨”。宫廷有了“戏日”，“出队”歌舞可装扮人物故事，早也属“歌舞戏”，且见“黄幡绰赞扬”时早又“僄弄百端”，正如《踏摇娘》所见的“调弄”，正与“弄参军”有关。而如前引，见黄幡绰为“参军色”，早可参与“弄参军”；见其早又集“古领”“古弄”于一身，早类赛社中的“前行”。

正沿此，就见类如唐代列“队”为“戏”，宋代已称队戏。北宋时，刘斧编有《青琐高议·隋炀帝海山记》，在写隋炀帝梦游北海遇见陈后主时，见有如下记述：

后主曰：“忆昔与帝（隋炀帝）同队戏时，情爱甚于同气。今陛下富有四海，令人钦佩不已。”〔三一〕

宋人记述前朝故事，当然不能断言隋代已有队戏，但其随手而用，至少说明北宋初年早已流行队戏。正沿此，就见宋官本杂剧记有《王子高六么》之类队戏,南宋《太平清话》《东维子集》皆言及“队戏为李瑞娘”〔三二〕。但南宋民间祀神每也“复为优戏队”(见前引《上赵寺丞论淫祀》),且见元代仍沿宋金“国俗旧礼”,见“岁正月十五日……兴和署掌妓女杂扮队戏”〔三三〕。显然,其“妓女”实即“女优”,其“妓女杂扮队戏”仍属“优戏队”,不但其队戏仍类南宋所见,仍沿北宋而来,且如前引,正与宋徽宗亲制大晟礼乐有关,早“与天下共之”。正因此,就见上党赛社《唐乐星图》本仍记有“队子”“行队”,由乐户装扮,多装扮人物故事的队戏。

需要指出的是,唐宋“队子”可分三类。第一类,仅列队而舞,可不装扮特定人物。见《武林旧事·元夕》记,宫廷“内人及小黄门百余”时也“缭绕于灯月之下”(前引)。第二类,已扮各种人物,仍未展开故事情节。见如《武林旧事·元夕舞队》所记的《乔三教》《乔迎亲》等。第三类,见如宋官本杂剧所列的《王子高六么》《崔护六么》等,不仅装扮人物,可由“竹竿子”(前行色)从旁讲唱人物故事,且见舞者已可自念、自唱,已类戏剧角色。对此,南宋史浩的《鄮峰真隐漫录》记有相关实例。

依史,史浩在南宋孝宗时官至相位,其“真隐”所记来自宫廷。为见其实,今先举其所记的《剑舞》,节录其文如下:

剑　舞

二舞者对厅立裀上,竹竿子勾念(按,念词为四六体骈文,属开场致语,今略)。

二舞者自念(按,亦属开场致语,今略)。

竹竿子问:既有清歌妙舞,何不呈献?

二舞者答(按,因接上问而称答,以下类似):旧乐何在?

竹竿子再问:一部俨然。

二舞者答:再韵前来。

乐部唱《剑器》,“曲破”乐作,舞一段。二舞者同唱《霜天晓角》(按,唱词今略)。

乐部唱曲子,作舞《剑器》曲破一段。舞罢,二人分立两边。别两人汉装者出(按,亦二人,分扮刘邦、项羽),对坐,桌上设酒果。

竹竿子念(按,念讲“鸿门设会”故事,今略)。

乐部唱曲子，舞《剑器》曲破一段：一人左立者（按，扮项庄）上舞裀，有欲刺右坐客（刘邦）之势，又一人（扮项伯）舞进前，翼蔽之。舞罢，两人舞者并退，汉装者（刘邦、项羽）亦退。

复有两人唐装者出（按，分扮张旭、杜甫），对坐，桌上设笔、砚、纸。一人（舞者）换妇人装（按，扮公孙大娘），独立裀上。

竹竿子念（按，讲公孙大娘舞剑竟使“张长史草书大进”“杜工部丽句新成”。其词今略）。

乐部唱曲子，舞《剑器》曲破一段：作龙蛇蜿蜒曼舞之势，两人唐装者起。二舞者一男一女对舞，结剑。《曲破》曲彻。

竹竿子念：

项伯有功扶帝业，大娘驰誉满文场。

合兹二妙甚奇特，堪使佳宾釂一觞。

霍如羿射九日落，矫如群帝骖龙翔。

来如雷霆收震怒，罢如江海凝青光。

（接念）歌舞既终，相将好去（从而遣队收场）。〔三四〕

观其《剑舞》规制，正类宋代宫廷所见。既见其“竹竿子”也仍致语祝赞，勾队、遣队，又见其仍类宋杂剧的表演体制，前有“艳段”，再接“一场两段”，皆“舞《剑器》曲破一段”，更见其故事大意已由竹竿子从旁讲说，为队戏。

不仅如此，见该书又记有《采莲舞》《太清舞》《拓枝舞》《渔夫舞》等，也属“大曲”歌舞，也扮有仙家、胡女、渔夫之类人物，不但也属队戏，且见舞者自勾、自念、自唱，已集“念、唱、舞”于一身，已具角色特征。如其记的《采莲舞》，《东京梦华录》所记的北宋“百官入内上寿”条已记，南宋《武林旧事》也仍记属官本杂剧。由此可见，史浩“漫录”的大曲歌舞，既属宋杂剧范畴，又含有宋代队戏的不同形态，正与当时戏剧的发展有关。

正因此，队舞队戏统属“队子”，早可踏歌而舞，列队而转，唐《教坊记》早记有《踏队子》《缭踏歌》曲，刘永济先生辑录的《宋代歌舞剧曲录要》正记有“转踏九种”〔三五〕。按其“九种”所记，既类史浩“真隐漫录”所见，仍有勾队、遣队之词，仍以一诗（念）一词（唱）为一叠（一段），又见多叠共用一曲，或共演一事，或每叠各演一事，类“大曲”歌舞，仍属队戏，且见其中六种皆用了《调笑令》。如毛滂作的《调笑》、秦观作的《调笑令》，不但见属宋代文士之作，且见唐代白居易《代书诗一百韵寄微之》诗中言“打嫌调笑易,饮讶卷波迟”,自注云“抛打曲有《调笑令》,饮酒曲有《卷白波》”,说明唐代早有了《调笑令》,并已用于酒宴“抛打”,借以“调笑”。于是,见如唐代韦应物、戴叔伦、王建等,依曲填词,其作已称《古调笑》《宫中调笑》《转应曲》(详郭茂倩《乐府诗集》);五代时南唐冯延巳作的《调笑令》,早又称作《三台令》(见其《阳春集》);南宋赵彦卫的《云麓漫钞》卷一二言,“舞三台与调笑即古文舞”(前引)。由此可见,“调笑令”早类“舞三台”,唐代早有文人介入,早属宫中“文舞”。

正因此,就见唐代文人所作的《调笑令》早又见称《转应曲》,早可“转踏”而舞,早类“舞三台”。

也因此,就见《东京梦华录·宰执亲王宗室百官入内上寿》记,北宋宫中宴乐仍有“三台舞”。如其“第八盏”,既见“歌板色一名,唱踏歌”,为靠乐歌唱,又见“百官酒三台舞,合曲破舞旋”,为队戏歌舞〔三六〕。显然,其“唱踏歌”所接的“三台舞”也仍“转踏”,仍类唐代宫廷所见的“文舞”,正如南宋赵彦卫的《云麓漫钞》所言,“舞三台与调笑即古文舞”。

对此,南宋王灼《碧鸡漫志》更有相关考述。如其所举唐代的《拂霓裳》曲,就言宋初“石曼卿”早也“取作传踏”;如其又举唐代《菩萨蛮》曲,既言唐代“李可及作菩萨蛮队舞,文士亦往往声其词”,又言“其舞队不过如近世传踏之类耳”〔三七〕。其“传踏”即“转踏”,且如前引,唐代早有了《踏队子》曲,此类队舞早多“转踏”。于是,类如《菩萨蛮》队舞,就见唐代又有了《霓裳》歌舞;就见唐代《拂霓裳》,宋初早又被石曼卿“取作传踏”;就见宋代毛滂、秦观之类文人所作的《调笑令》仍类唐代韦应物、戴叔伦、王建等人所为,也仍“转踏”。

从而见如“转踏九种”,每篇多叠,每叠一诗一词,一念一唱,早又两腔交替,早与宋代“缠令”“缠达”相关,且其“缠达”实即“传踏”“转踏”,宋代正有相关记述。

按南宋《都城纪胜·瓦舍众伎》《梦粱录·妓乐》记(两者所言基本相同),见北宋卖物的叫声早又有了“散叫”“唱叫”“小唱”“嘌唱”,早与“缠令”“缠达”“诸宫调”相关,涉及“唱赚”;见“唱赚在(北宋)京师日,有缠令、缠达,有引子、尾声为缠令,引子后只以两腔递且循环间用者,为缠达”;见南宋“唱赚”受到民间“太平令”启发,也仍“赚鼓板”〔三八〕。

从而,就见北宋由“缠令”而“缠达”,早也“两腔递且循环”,正类“转踏九种”所见；与其相关的“唱赚”也仍可唱可舞，且见其也仍“赚鼓板”，与北宋民间“鼓板之戏”（前引）相关。

这就涉及宋代民间与鼓相关的“迓鼓队”“鼓子词”“肉傀儡”等。

所谓“迓鼓”，或记作“讶鼓”“砑鼓”，宋代已多“讶鼓队”“舞讶鼓”“讶鼓戏”，早属队舞队戏，可装扮各种人物，以鼓伴奏，早属民间“鼓板之戏”。对此，北宋彭乘《续墨客挥犀》卷七“教军士为讶鼓”见记：

> （北宋神宗时）王子醇初平熙河，边陲宁静，讲武之暇，因教军士为讶鼓戏，数年间遂盛行于世。其举动舞按之节与优人之词，皆子醇初制也。或云：“子醇尝与西人对阵，兵未交，子醇命军士百余人，装为讶鼓队，绕出军前，虏见皆愕眙，进兵奋击，大破之。”〔三九〕

以至流行民间，南宋朱熹《朱子语类》卷一三九见言：“如舞讶鼓，其间男子、妇人、僧道、杂色，无所不有，但都是假的。”从而，既见宋代“讶鼓队”仍属队戏，仍戴“假面”，仍类唐代“傀儡子”装扮各种人物，又见其以“鼓”伴奏，其“优人之词”为宋代流行的“鼓子词”，“迓鼓戏”正也属于宋代民间的“鼓板之戏”。正沿此，南宋官本杂剧仍记有《迓鼓儿熙州》《迓鼓孤》（见《武林旧事》），且见《辍耕录》所记的金元院本仍有《迓鼓二郎》《河转迓鼓》。上党赛社仍存“迓鼓队”，至今壶关县也仍“打迓鼓”，仍以大鼓、拍板节奏，其鼓与板仍类宋代所见；就见山西平定县所存的“武迓鼓”仍类宋代“迓鼓戏”，其存的《朱仝上梁山》《赵匡胤下河东》等仍类宋代“舞讶鼓”，也仍击鼓说唱，仍类宋代“鼓子词”。

宋代的“鼓子词”，类唐代佛道“讲唱”，属诗赞体，又经过文人加工，有了曲牌体。举如北宋赵令畤所作的《商调蝶恋花・会真记》，就见其开篇自言，唐代《会真记》写的莺莺故事“至今世大夫”“无不举此以为美谈”，“倡优女子皆能调说大略”“惜乎不被之音律”，由其加工“分之为十章，每章之下，属之以词”“又别为一曲，载之传前”“调曰商调，曲名蝶恋花”，并见加有引子、尾声，共 12 段，每段先说后唱，仍属鼓子词〔四〇〕。由其言，可知莺莺故事早被“倡优女子”用于说唱，所谓“不被之音律”正类佛道击鼓讲唱，为诗赞体；见其加工后“别为一曲”，才成曲牌体。值得注意的是，其言“倡优女子调说大略”，“调”正有“调配”之义，其“调说”正可又说又唱，且类唐代《王昭君变文》所见，讲唱时早可伴之以舞（详后），正类唐代“调笑”又称“转应曲”，早也“转踏”。从而见如宋代“转踏九种”（前引），其中六种属“调笑”，且见秦观作的《调笑令》、毛滂作的《调笑》都有一段写"崔徽(崔莺莺)"事,正类赵令畤所为,其作也仍"转踏",属队戏歌舞。何况如前引,由唐而宋的《拂霓裳》早见"石曼卿取作传踏",宋代宫廷《采莲舞》早属自念、自唱、自舞的队戏。又何况,宋代话本正有《莺莺传》(见南宋罗烨《醉翁谈录》),正与"倡优女子皆能调说大略"相关;宋官本杂剧又记有《莺莺六么》,为队戏歌舞。说白了,赵令畤正类石曼卿、秦观、毛滂等人所为,正类宋宫所见,其词也可"搬演"。于是,有了雅俗之分。其俗者仍类佛道"俗讲",宋代统称"陶真",多为诗赞体;其雅者,唱依曲牌,句可长短,宋代统称"涯词"。"唱涯词只引子弟,听陶真尽是村人"(南宋《西湖老人繁盛录》语),且见由此用于"搬演",早已雅俗两途。其雅者正与曲牌体元杂剧兴起相关,其俗者正如元代赛社"搬说词话""搬唱词话"所见。

再说宋代"肉傀儡",实类唐代"傀儡子",仍见人戴假面,扮作"傀儡"状。只是为与宋代"杖头傀儡""悬丝傀儡""水傀儡"之类区别,为强调"人扮",故言"肉"。有人认为,"肉傀儡"类似今存的"扛妆""抬阁",特指人扛小儿的表演。其实,宋代"肉傀儡"泛指人戴面具的各种表演,包括"队子"歌舞。举如南宋耐得翁《都城纪胜・瓦舍众伎》所记,有杖头傀儡、悬丝傀儡、水傀儡,正类今见的木偶表演,皆非人扮,又记有"肉傀儡",强调"以小儿后生辈为之",正由"人扮",类唐代"傀儡子",正多见于"队子"歌舞,强调"凡傀儡敷演烟粉灵怪故事、铁骑公案之类,其话本或如杂剧,或如崖词"〔四一〕。由此,"肉傀儡"也仍借助话本讲唱人物,正类队戏所见,又见"其话本或如杂剧,或如崖词",其话本可类唐宋"俗讲""说话",仍属诗赞体,且类文人加工的"崖词",可为曲牌体。何况,见唐《乐府杂录・傀儡子》早言,北齐"引歌舞有郭郎者,发正秃,善优笑","凡戏场必在俳儿之首"〔四二〕。"俳儿"唐代早属"傀儡子",早类宋代"肉傀儡",且见其列队歌舞早类"讶鼓队",其"优人之词"早类"鼓子词"。又何况,《东京梦华录・除夕》见记,北宋"禁中呈大傩仪""诸班直戴假面",仍类"傀儡子"表演;南宋《武林旧事・元夕》仍记,杭州元夕街市"大小全棚傀儡""连亘十余里""终夕天街鼓吹不绝",致见宫廷"内人及小黄门百余"也"效街坊清乐傀儡,缭绕于灯月之下"。"内人及小黄门"正多"小儿后生辈",正类"街坊清乐傀儡",为"肉傀儡",其"缭绕"正指"转踏",正与唐代《踏队子》《缭踏歌》相关,且见其街市"大小全棚傀儡""鼓吹不绝"为"傀儡子"表演,正多"讶鼓队"之类。可见,唐宋"傀儡子""肉傀儡"一脉相承,早可列队而舞,宋代队戏早属宋杂剧,借话本讲唱其中人物故事，早多诗赞体，且因文人加工有了曲牌体，其词或称“崖词”，早为宋官本杂剧，故见相关的傀儡表演“其话本或如杂剧，或如崖词”。

顺便指出，由于人戴面具不便说话，宋代队戏歌舞每由参军色从旁讲说人物故事，又见其面具渐被化装取代，舞者早可自念、自唱，以至宋代队戏已属“杂剧”范畴，已称“队杂剧”。

从而如前引（详前第三章），上党赛社《唐乐星图》本所记的“杂剧”也仍含有队戏歌舞，且见其记的“队子”剧名及“一单舞”的队戏角单，仍类唐宋宫廷所见，仍多“大曲”歌舞。即使有的舞单题目未标“曲”名，内容中却已记。如：

五岳朝后土·一单舞

《齐天乐》曲破。夜叉二个，开路鬼二个，监坛。关公一个，二郎一个，后土娘娘，五岳五个，四渎：江河淮济。

即使有的队舞用了“令曲”，却见仍由“大曲”而来。如：

二仙行道老子开御·一单舞

毛女，蓝采和，八洞神仙，三清，汤药夫人，老子，青牛。接舞《剑器令》。上，散。

即使有的队舞内容也未见记曲名，然而史籍有记，仍属大曲歌舞。如：

樊哙脚踏鸿门会·一单舞

范增定计。陈平斟酒。雍齿、丁公（守门）。项庄、项伯双舞剑。樊哙喝开鸿门会。西楚霸王，八千子弟兵，韩信执戟。汉王，张良保驾。上，散。

与此角单相关，《唐会要》卷三三记有《樊哙排君难》；《全唐文》卷八三〇记有徐寅《樊哙入鸿门赋》，言樊哙“匡君而直入鸿门”；南宋史浩《鄮峰真隐漫录》记有《剑舞》（前引），正有“项庄、项伯双舞剑”表演，用的正是《剑器令》，正类由唐而宋的《调笑令》，正见上党赛社《樊哙脚踏鸿门会·一单舞》仍属大曲歌舞。

类上，一些未列曲名的角单仍留着唐宋痕迹，举如：

关大王破蚩牛（尤）神·一单舞

三帝真宗驾头，寇准，紫金园。归伏臣，急脚鬼，宰相王钦若，张天

师。鬼怪。炳灵公,风伯,雨师,雷公,电母,揭帝神。关公,关平,周仓,

五岳阴兵,降蚩牛(尤)。上,散。

本目故事,与远古传说的黄帝战蚩尤相关,不过黄帝已改成关大王,时间已改在宋代,已与宋真宗牵涉。元代胡琦在《解州斩妖考辨》中说,宋代"两出于传记小说。一见于祥符时,一见于(徽宗)崇宁时"。与此相关,见关公故里解州(今属运城市)正有盐池,奉蚩尤为神,池旁仍有蚩尤村,方音仍称蚩尤为"蚩牛"或"池牛",正与上列角单写的"蚩牛"一致。《蒲州府志》《关帝志》皆记,唐德宗时,李晟镇守河东,当地大旱,言蚩尤神作乱,关羽率阴兵助李,已有"关公战蚩尤"一说。北宋沈括《梦溪笔谈》记,解州盐池"卤色正赤,在坂泉之下,俚俗谓之蚩尤血"。明代《蒲州志》记,宋真宗大中祥符年间(1008—1016),早又敕修关帝庙。明代《三教源流搜神大全》卷三说,"往昔蚩尤与轩辕帝争战",杀蚩尤于"盐池之侧",宋真宗在此"创立圣祖殿"(即尊黄帝为赵氏远祖,前引),"蚩尤大怒",致盐池"灾变",解州表奏,宰相王钦若举荐张天师,天师引来关将军,"会五岳四渎名山大川所有阴兵"大破蚩尤,于是"帝嘉其功""复修其庙"。《大宋宣和遗事·元集》言,徽宗"崇宁五年夏,解州有蛟在盐池作祟",盖因蚩尤"祠宇顿弊""欲求祀典""故变为妖,以妖是境",致见"天师张继先"请来蜀将关羽战而除灾。何况如前引,关羽早与佛道牵涉而称"关三郎",且与"唐三郎"有关,五代已有"关三郎阴兵"云云。于是,就见唐代早有了"关公战蚩尤"一说。宋代又与宋真宗、宋徽宗牵涉,其故事"两出于传记小说",其话本早可讲唱、说唱。上党《关大王破蚩尤神·一单舞》与"真宗"牵涉,仍由竹竿子从旁讲唱人物故事。就见《孤本元明杂剧》仍存《关云长大破蚩尤》一剧,与"徽宗"牵涉。

何况如前引,《唐》本记的《炽盛光佛降九曜·一单舞》《齐天乐·鬼子母揭钵·一单舞》,北宋相国寺早见"左壁画《炽盛光佛降九曜》百戏,右壁画《佛降鬼子母揭钵》",也仍留着宋代痕迹。

仔细研究还可发现,上党赛社所列的"队子"(包括"一单舞"角单),其"故事"下限都未超越"北宋",正与唐宋民间赛社相关。

其记的《得胜乐·唐元(玄)宗梦进月宫》,由唐代而来,且留着由唐而宋的流变痕迹。

先看其曲《得胜乐》。元《中原音韵》记有相类的《德胜令》,属"双调",并注曰:"即阵阵赢,凯歌回。"〔四三〕显然,《德胜令》实即《得胜令》,正该由《得胜乐》而

来，早含“阵阵赢，凯歌回”之义。与其相关，唐太宗制有《破阵乐》，唐玄宗制有《小破阵乐》，宋太宗制有《平戎破阵乐》，皆有“阵阵赢”之义；见唐高宗更制有《大定乐》，“出自《破阵乐》”，“以象征平定辽东而边隅大定”，因“又加金钲”也称《罢金钲》，故又与鸣金收兵“凯歌回”有关。从而见于《宋史·乐志》，就见仍有沿唐而来的《大定乐》《罢金钲》，既言“云韵部者，黄门乐也”，“每上元观灯”“春秋分社之节”，“亲王内中宴射”等，“作乐于宫中”，“奏大曲十三”，记有“双调《大定乐》”“高平调《罢金钲》”，与“杂剧用傀儡”相关，又言“钧容直，亦军乐也”，“初用乐工，同云韵部”〔四四〕。由此，既见《大定乐》《罢金钲》正由唐代而来，“出自《破阵乐》”，早属“军乐”，早有“阵阵赢，凯歌回”之义，又见宋代《大定乐》属于“双调”，正与元代“双调《德胜令》”相关，早可称之“得胜乐”。更见宋代“云韵部”早将其用于宫中歌舞，早属“杂剧”，不但仍见其“杂剧用傀儡”，仍类唐代“傀儡子”，宋代“肉傀儡”“讶鼓队”，仍属“队子”歌舞，且见宋代“钧容直，亦军乐也”，其“初用乐工，同云韵部”。何况宋宫“内人及小黄门百余”早也“效街坊清乐傀儡，缭绕于灯月之下”。“小黄门”正与“黄门乐”相关，其“缭绕”正也“转踏”，正与唐代《踏队子》《缭踏歌》相关，且见其“内人及小黄门”正类“街坊清乐傀儡”，属于“肉傀儡”，由人装扮。正因此，就见上党赛社“队子”仍记着《得胜乐·唐元（玄）宗梦进月宫》，类唐《破阵乐》《大定乐》用于队舞，仍属大曲歌舞。

再看其扮演的“唐玄宗梦进月宫”故事。而如前引（见第三章），见上党赛社今存的《赛古赞本》正记有《唐王游月宫》话本；见上党赛社又存一篇《前行讲戏竹》，言“人元戏竹者，出自大唐明皇所制”，“出自唐明皇梦游月宫，嫦娥妙舞霓裳之曲”，正与“明皇手取班（斑）竹杖，击梧桐树按其节拍，杨妃单舞盘中曲”相关，且见由此而来的“人元戏竹”，“赐于梨园戏监司、教坊司黄幡绰”，“凡奏乐者，此竹当先引领”。《敦煌变文集》仍存一篇“叶净能诗”，其中讲及“净能作法”正与玄宗“往至月宫游看”有关，正说明《唐王游月宫》故事唐代早有。正见《前行讲戏竹》早可用于《得胜乐·唐元（玄）宗梦进月宫》。因此，宋代“参军色”类如唐代“黄幡绰”，手执“戏竹”引领歌舞，金代已称“前行”（前引），与《前行讲戏竹》相关。晚唐郑綮《开天传信记》曰：

上（唐玄宗）尝坐朝，以手指上下按其腹，朝退，高力士进曰：“陛下向来数以手指按其腹，岂非圣体小不安耶？”上曰：“非也。吾昨夜梦游月宫，诸仙娱予以上清之乐，寥亮清越，殆非人间所闻也。酣醉久之，合奏诸乐以送吾归。其曲凄楚动人，杳杳在耳。吾回，以玉笛寻之，尽得之矣。坐朝之际虑忽遗忘，故怀玉笛，时以手指上下寻，非不安。”力士再拜贺曰：“非常之事也，愿陛下为臣一奏之。”其声寥寥，然不可名言也。力士又再拜，且请其名。上笑言曰：“此曲名《紫云回》。”遂载于乐章，今太常刻石存焉。〔四五〕

与此相关，唐《教坊记》已记有《紫云回》《霓裳》《拂霓裳》《看月宫》《望月婆罗门》曲，又见南宋王灼《碧鸡漫志》考述说，“月宫事荒诞，惟西凉进《婆罗门》曲，明皇润色，又为易美名，最明白无疑”，并言“世有般涉调《拂霓裳》”，宋初“石曼卿取作传踏”，“述开元天宝旧事”，南宋“夔帅(指乐家首领)曾端伯，增损其辞为勾、遣队口号，亦云开、宝遗音”〔四六〕。于是，类《婆罗门》变为《紫云回》《霓裳》《拂霓裳》，《破阵乐》变为《大定乐》《得胜乐》，《得胜乐·唐元(玄)宗梦进月宫》仍属“队子”歌舞，仍由“竹竿子”(前行)从旁讲唱人物故事，且见唐玄宗称唐元宗，改“玄”为“元”正留着宋代痕迹。

依史，宋真宗曾大搞“圣祖临凡”闹剧，不但类如唐尊老子为远祖，称其圣祖为“黄帝”，名“赵玄朗”，且为避讳，诏令天下改“玄”为“元”，改“朗”为“明”，“不得斥犯”。按此，改“玄”为“元”，记为《得胜乐·唐元宗梦进月宫》，正该与此“避讳”有关，证明该剧宋代早有。或有人说，清康熙皇帝名“玄烨”，也曾避讳，不过清代避讳多用“缺笔字”，“玄”字每缺最后一点。可见改称“唐元宗”正留着宋代痕迹。

与《得胜乐·唐元(玄)宗梦进月宫》相关，就见上党赛社《唐乐星图》本所记的“队子”又列有《击梧桐·杨妃单舞盘中曲》《倾杯乐·细腰单舞盘中曲》《中和乐·马践杨妃》，《倾杯乐》《中和乐》均属唐代大曲，且见《击梧桐》正与唐玄宗有关(前引)，宋代柳永早作有《击梧桐》词，早成“词牌”，从而正类《得胜乐》变成《德胜令》，也属“开、宝遗音”。

由上举述可见，上党赛社《唐乐星图》本所记的“队子”，包括“一单舞”，皆由唐宋而来，皆属队戏歌舞。

加之列队而舞由古而来，就见上党“队子”仍存多种形态。依今考察，最简者，见如《猿猴脱壳》，主要仍由一个戴面具装猴者舞跳，既类先秦早见的“调方相”，又与唐代已有的“孙行者”故事相关，仍属简单的仪式表演；稍繁者，见如

"八仙队子",既类唐代"踏队子",又类宋代元夕"舞队"、民间"迓鼓队",仍以鼓伴奏转踏而舞;最繁者,见如前引,队舞时每由"竹竿子"(前行色)从旁讲说故事,并加勾队、遣队之词,宋代已称队戏。这些队舞队戏,或只舞不唱,或诗赞念唱,或舞者自念自唱,或见于街头,或见于庙场,以至台上台下、绕场跑街,形式多样,仍留着广场艺术走向舞台表演的过渡痕迹。举如《八仙庆寿》队子,既见游街时仍类"踏队子",只作简单舞跳,又见进庙后可由前行从旁介绍人物,扮者又可自舞自念。又如《鞭打黄痨鬼》,既可沿街追打黄痨鬼,有围观群众跟着起哄,又见追到庙内要上乐台,表演时也有前行讲说。又如《斩华雄》,关公将华雄追下乐台,绕庙场追杀,围观社众可求取关公刀系的红色"索络"(图吉利),也可起哄,最后追上乐台斩之,留着由广场向舞台过渡的痕迹。再如南舍村演的《过五关》,先在乐台表演关云长"封金挂印"一段;接着全部扮角下台出庙,庙门口接演"刀挑红袍";接着游街转巷,沿街搭有五个草台,设为五关,每关再演一段;最后转回大庙,再上乐台表演"古城会"。其表演仍留着广场舞跳的痕迹。

总之,上党赛社的"队子",形态多样,既含面具舞跳,又多大曲歌舞,由"队子""队舞""队戏"而称"杂剧"。

五、关于百戏、杂戏、杂剧

所谓"百戏",包括杂伎、幻术、扮人扮兽的乐舞等,发端于秦汉"角抵戏"。《汉书·武帝纪》记:"三年(前108)春,作角抵戏,三百里内皆来观。"《后汉书·安帝纪》又言:"乙酉(109),罢鱼龙曼延百戏。"〔四七〕可见汉代角抵戏早又有了发展,已称"百戏"。依东汉张衡《西京赋》写,见含扛鼎、寻橦、跳丸、走索、吞刀、吐火之类杂伎,见有人扮诸兽的"鱼龙曼延",人戴面具扮有"总会仙倡""东海黄公"的故事表演。至南北朝,《魏书·乐志》曰:

> (天兴)六年冬,诏太乐、总章、鼓吹,增修杂伎,造五兵、角抵、麒麟、凤皇、仙人、长蛇、白象、白虎及诸畏兽、鱼龙、辟邪、鹿马仙车、高絙百尺、长趫、缘橦、跳丸、五案以备百戏。大飨设之于殿庭,如汉晋之旧也。〔四八〕

北魏"如汉晋之旧",仍有角抵类的"百戏",且见唐杜佑《通典》对此记为"天兴六年冬……增修杂戏"。正见"百戏"至唐已称"杂戏"。白居易《立部伎》

诗言：

> 立部伎，鼓笛喧。舞双剑，跳七丸。袅巨索，掉长竿。……坐部退为立部伎，击鼓吹笙和杂戏。〔四九〕

这说明，唐玄宗别立教坊之后，其“立部伎”仍在演着杂戏，类“百戏”，含杂技、杂耍之类。

至北宋，如《东京梦华录》所记的“百官入内上寿”，仍有如下记述：

> 第三盏，左右军百戏入场，一时呈拽。所谓左右军，乃京师坊市两厢也，非诸军之军。百戏乃上竿、跳索、倒立、折腰、弄碗、踢瓶、筋斗、擎戴之类，即不用狮豹、大旗、神鬼也（按，可见非宫廷表演时仍用）。艺人或男或女，皆红巾彩服。殿前自有石镌柱窠，百戏入场，旋立其戏竿……
>
> 第四盏，如上仪舞毕，发谭子（按，即开谈），参军色执竹竿拂子，念致语口号，诸杂剧色打和，再作语，勾合大曲舞……
>
> 第五盏……勾杂剧入场，一场两段……内殿杂戏，为有使人预宴，不敢深作谐谑（按，若无使人预宴，当然仍可谐谑），惟用群队装其似像，市语谓之“拽串”……〔五〇〕

由所记，“左右军”实指“京师坊市两厢”的艺人，其表演仍多“百戏”，也仍可称“杂戏”，又见其“杂戏”早又称为“杂剧”，已含由唐而来的“队子”歌舞，或仍“一时呈拽”，“参军色”仍类唐代黄幡绰，其“勾合大曲舞”仍可“谐谑”。至南宋，《梦粱录·百戏伎艺》记：

> 百戏踢弄家……能打筋斗、踢拳、踏跷、上索……遇朝家大朝会、圣节，宣押殿庭承应，则官府公筵、府第筵会，点唤供筵，俱有大犒。又有村落百戏之人，拖儿带女，就街坊桥巷，呈百戏使艺，求觅铺席宅舍钱酒之赀。〔五一〕

显然，南宋“百戏踢弄家”仍类北宋“京师坊市两厢”所见，仍属民间“散乐”，见于“大朝会、圣节”，且见包括“官府公筵、府第筵会”之类，仍有此类“百戏”，其“村落百戏之人”也仍多在“街坊桥巷，呈百戏使艺”。

见于上党赛社，大致仍如唐宋所见，乐户仍分前后两衙，类唐代坐部、立部；如其“队子”仍类唐宋队舞队戏，属“杂戏”“杂剧”，类“村落百戏”，含“杂耍”“杂技”之类，有相关遗存。为此，以下再举上党一些实例。

1. 见于上党遗存的文物，如沁县南涅水（地名）的北魏石刻，潞城辛安村原起寺的唐塔、经幢，平顺县大云院（寺庙）的五代佛塔、壁画等，仍存诸多“百戏乐舞”图，可见汉魏以来的百戏广泛存在于上党地区。

2. 见如前引，唐代山西清源县尉吕元泰曾于中宗神龙元年（705）上书言，“比见坊邑相率为《浑脱队》，骏马胡服曰《苏莫遮》”，为“胡舞”，正由南北朝而来，早已泛滥于山西。

3. 见如平顺县东峪沟九天圣母庙，宋代早已“创修舞楼”，北社村已参与该庙“转赛”，且见该村有座关帝庙，为转赛时的赛场。笔者考察时仍见大殿前地面铺有石条，石条上仍存插立“戏竿”的石窝，正与《东京梦华录》所记的“殿前自有石镌柱窠，百戏入场，旋立其戏竿”一致，或正是当年赛社所留。

4. 见《泽州府志》记，清康熙丙寅年（1686），贡员樊度中在家乡沁水县观赛，作有《东岳庙赛社曲五首》，其中仍言“台前百戏闹童婴”。其赛社仍有“百戏”，且见由“童婴”扮演，类宋代“肉傀儡”，“以小儿后生辈为之”。

5. 直至清末民国的上党赛社，一些存本仍记有“杂要”，且依笔者考察，有扛桩、踩跷、舞刀弄棒、面具舞跳之类，至今仍见于民间社火。

而类上党所见，山西各地也有相关遗存。举如晋南，仍存“锣鼓杂戏”，类上党赛社的杂剧；举如晋中，见于寿阳县平头镇一带，民间社火仍存《黄帝战蚩尤》表演（山西省文化厅 1987 年已录像），有“角抵”遗韵，属“百戏”遗存；举如晋北，仍存面具舞跳，正由“百戏”“杂戏”而来，且因用于赛社，称“赛戏”。

至于江南各省，南宋朱彧《萍州可谈》记，“江南俗事神”“其巫不一”“许赛无已”（前引），又见明人王穉登《吴社编》仍记，其赛社“优伶伎乐，粉墨绮缟，角抵鱼龙之属缤纷陆离，靡不果陈”〔五二〕。江南早有赛社，明代有“角抵鱼龙之属”，类汉唐“百戏”，且见至今仍存傩舞傩戏，类唐宋“杂戏”。

于是，既见“百戏”“杂戏”宋代统属“杂剧”，已形成“四人或五人”的表演体制，又见由此“五花爨弄”，金元已属院本。

六、由杂剧再说院本

正因“杂剧”由“杂戏”而来，唐末李德裕《李文饶文集》卷十二已记，“南蛮”掠成都人时，已有“杂剧丈夫二人”〔五三〕。可见最迟唐末，蜀地乃至长安宫廷，已

有“杂剧”一说。沿此至宋,曾慥《类说》卷十五引丁谓《晋公谈录》又说:

(宋初)太祖大宴,雨暴作,上不悦。赵普奏曰:“……但令雨中作杂剧,更可笑。……”太祖大喜,宣令雨中作乐,宜劝满饮,尽欢而罢。〔五四〕

北宋陈旸《乐书》“剧戏”条说:

圣朝戏乐,鼓吹部杂剧员四十二,云韶部杂剧员二十四,钧客直杂剧员四十,亦一时之制也。

“俳倡”条说:

优倡之伎自古有之……则傅粉墨,更衣易貌以资戏笑,盖优倡常态也。故唐时谓优人辞捷者为斫拨,今谓之杂剧也。有所敷叙曰“作语”,有诵辞篇曰“口号”,凡皆巧为言笑,令人主和悦者也。〔五五〕

显然,宋代所见的“杂剧”不但包括“则傅粉墨,更衣易貌以资戏笑”的表演,而且“自古有之”。

与此相关,《史记·滑稽列传》早记有“优孟”(姓孟的优倡)装扮“楚相孙叔敖”,早“更衣易貌”借以谏上;魏晋以来类此,早又有“参军戏”,唐代也仍“弄参军”“弄假官”(前引);此类表演五代更盛,举如后唐庄宗“自敷粉墨,与优人共戏于庭”(见《资治通鉴》卷二七二),又如吴国重臣徐知训“尝与王为优,自为参军,使王为苍鹘”(见《通鉴》卷二七〇),不但都仍“弄参军”,且类唐代“杂剧丈夫二人”,早属于“杂剧”。正沿此,宋太祖御宴时仍用“杂剧”,南宋洪迈《夷坚志》丁集卷四仍记:“俳优侏儒,周技之下且贱者;然亦能因戏语而箴讽时政,有合于古矇诵工谏之义,世目为杂剧者是已。”于是,既见宋杂剧仍含“俳优调笑”,又见此类乐工可借以“箴讽时政”,存“工谏”古义,时称“无过虫”(见《梦粱录》卷三),皇帝也不加罪,《王国维戏曲论文集·优语录》有相关实录。

需要提醒的是,宋杂剧不仅含有“俳优调笑”,还含有“队戏”歌舞,类如唐代宫廷“戏日”所见,形成一套规制。其制,《东京梦华录·百官入内上寿》记,先由“参军色”手执“竹竿子”出场,念“致语”“口号”,依次勾“小儿队”“女童队”歌舞,再勾“杂剧入场,一场两段”,歌舞每加调笑;苏轼曾作有“集英殿宴乐语”,依次记为“教坊致语”“口号”“勾合曲”“勾小儿队”“队名”“问小儿队”“小儿致语”“勾杂剧”“放小儿队”“勾女童队”“队名”“问女童队”“女童致语”“勾杂剧”“放女童队”,仍言“优伶间作”“诙笑杂陈”〔五六〕。

由此可见,北宋宫廷早有规制,既见“一场两段”“一时呈拽”,仍含“队戏”歌舞,又见“优伶间作”“诙笑杂陈”,仍可“弄参军”。《东京梦华录·百官入内上寿》见说,“内殿杂戏,为有使人预宴,不敢深作谐谑,惟用群队装其似像”(前引)。

至于宋代民间,《东京梦华录》也有记述〔五七〕。依其卷五“京瓦伎艺”记,有“教坊减罢并温习”者,仍类宫廷所见,在勾栏瓦舍搬演“杂剧”,“每遇内宴前一月,教坊内勾集弟子,小儿习队舞,作乐杂剧节次”,正如前引,“按籍召之”,正与“百官入内上寿”相关。依其卷七“驾登宝津楼诸军呈百戏”记,“百戏”仍有“上竿、打筋斗之类”,且含“队杂剧”“哑杂剧”“露台弟子杂剧”。从而见其“队杂剧”仍属“队子”歌舞,仍可“诙笑杂陈”;见其“哑杂剧”不说不唱,多戴面具,仍类“群队装其似像”;见其“露台弟子杂剧”正类上党赛社所见,已由广场走向“露台”。见其卷八“中元节”记,“构肆乐人,自过七夕,便搬《目连救母》杂剧,直至十五日止,观者增倍”。而如前引,不但“目连变文”唐代早有话本,宋代早已用于“搬演”,且见元代民间早又“搬说词话”“搬唱词话”,屡禁不止。因此,既见上党赛社所存“杂剧”、河北等地“赛戏”乃至南方的池州傩戏、贵州地戏等,仍类“搬唱词话”,皆为诗赞体;又见随着文人介入,早又有了曲牌体的杂剧。不但“宋杂剧”已含诸多形态,且见南宋《梦粱录·妓乐》条言:

> 南渡以后……(南宋)且谓杂剧中末泥为长,每一场四人或五人。先做寻常熟事一段,名曰“艳段”。次做正杂剧,通名两段。末泥色主张,引戏色分付,副净色发乔,副末色打诨,或添一人名曰“装孤”。……大抵全以故事,务在滑稽,唱念应对通遍。此本是鉴戒,又隐于谏诤,故从便跣露,谓之“无过虫”耳……又有“杂扮”,或曰“杂班”,又名“纽元子”,又谓之“拔和”,即杂剧之后散段也。顷在(北宋)汴京时,村落野夫,罕得入城,遂撰此端。多是借装山东、河北村叟,以资笑端。今(南宋)士庶多以从省,筵会或社会,皆用融和房、新街……散乐家,女童装末,加以弦索赚曲,祗应而已。

并说:

> 说唱诸宫调,昨(北宋)汴京有孔三传编成传奇灵怪,入曲说唱;今(南宋)杭州有女流熊保保及后辈女童皆效此,说唱亦精,于上鼓板无二也。……绍兴年间,有张五牛大夫,因听动鼓板中有太平令或赚鼓

板，即今拍板大节抑扬处是也。遂撰为"赚"。……凡唱赚最难、兼慢曲、曲破、大曲、嘌唱、耍令、番曲、叫声，接诸家腔谱也。……今街市与宅院，往往效（北宋）京师叫声，以市井诸色歌叫卖物之声，采合宫调成其词也。〔五八〕

显然，宋杂剧仍在发展，不但南宋已见形成"每一场四人或五人"的规制，已有了末尼、副末、副净、引戏、装孤之类，且见"大抵全以故事，务在滑稽"，故事性更强。于是，见类大曲的"艳、趋、乱"，其杂剧也见分为"艳段""正杂剧""散段"三大段。见其"艳段"类如话本的"引子"，"先做寻常熟事一段"，已有了"引戏"（或"引舞"）者；见其"正杂剧""务在滑稽"，仍类"弄参军"；见其"末泥"仍类"参军色"，也仍"主张"全局，"唱念应对通遍"；见其杂剧也仍可说、可唱、可舞，可加打逗、调笑，不但仍类"杂戏"，其表演形态仍见多样，且见随着"通名""通遍"，其各种艺术要素已趋"综合"。致如诸宫调，既可"说唱"，见与"唱赚"相关；又可用于"搬演"，见宋官本杂剧已含许多诸宫调剧目；以至南宋"筵会或社会"可用"女童装末，加以弦索赚曲"，其"女童"为"末尼"，其"赚曲"正可"唱赚"，其"接诸家腔谱"实仍在综合发展。

对此，《武林旧事》也有相关记述〔五九〕。依其记，见南宋"乾淳教坊乐部"置有"杂剧三甲"，已含"戏头"（即末泥）"引戏"（又称"引舞"）"副末""次净"（即副净）"装孤""装旦"等；见其所记的官本杂剧正含多种形态，如《王子高六么》仍属大曲歌舞，如《诸宫调霸王》正与诸宫调相关；以至其中的"爨"类表演早也形态多样，如《闹夹棒爨》仍含打逗，如《说月爨》《借听爨》仍与说唱相关，如《钟馗爨》也仍转踏而舞，如《调燕爨》仍可调笑。正因此，不但宋杂剧见已形成"四人或五人"的表演体制，且见正类金元时的"五花爨弄"。

先说"五花"由来。见《东京梦华录·十四日车驾幸五岳观》已记，宋徽宗正月十四观灯时，时有踏歌而舞者，称"踏五花儿"；见南宋《梦粱录·铺席》更记，"杭州大街……中瓦子前，谓之五花儿中心"〔六〇〕。于是，就见南宋已由"五花"形成了"四人或五人"的表演体制，其官本杂剧已记有孤、末、净、旦、酸等，不但已形成不同"角色"，且如"装孤"，见记有《孤惨》《双孤》《三孤惨》《四孤醉留客》《四孤夜宴》等剧目，其多人"装孤"早已形成不同"行当"。

再看其表演变化。如前引，见北宋宫廷宴乐先是"参军色"出场致语，接勾"小儿队""女童队"歌舞，再"勾杂剧出场，一场两段"，"诙笑杂陈"，最后"遣队"

结束；见南宋已形成“艳段、正杂剧、散段”的演出规制，不但已用“艳段”取代了“小儿队”“女童队”，而且整体更趋综合。于是，就见其“艳段”仍多歌舞，“先做寻常熟事一段”，表演者仍类“末尼”，或又称“引戏”“引舞”“引首”；就见其“正杂剧，通名两段”，仍由“末泥色主张”，不但仍可歌舞，且见“唱念应对通遍”“大抵全以故事，务在滑稽”，其“末泥色”仍类“参军色”，其表演仍类“弄参军”，仍可“僄弄”“调笑”；就见其“散段”扮如“村落野夫”，只用打斗片段“以资笑端”，仍类宋代“散乐”所见。

而如前引，民间“散乐”为“俗乐”，正与“百戏”“杂戏”相关，不但早含杂技、杂耍、歌舞等，早多“杂扮”“杂班”，且见南宋或称“纽元子”“拔和”，可与说白、调笑、歌舞“纽”为一体，“拔”如“拽串”，“和”而不同。正因此，就见由“五花”形成了“四人或五人”的表演体制，就见金元早也有了“五花爨弄”，就见南宋宫廷“杂剧三甲（三班）”已类金元“行院”所见。从而见于宋元民间，或见标榜“按京师格范，舞院体不带诙谐”〔六一〕。或见自夸“做得宫仪院体，歌谈不带烟花”〔六二〕。或竟自诩“真个梨园院体，论诙谐除师怎比”〔六三〕。由此反见，宋元民间正多“舞”带“诙谐”“歌”带“烟花”，所谓“京师格范”早被突破。

于是，就见金元院本仍与“杂扮”“杂班”有关；就见元末陶宗仪《辍耕录》所记的院本仍多民间色彩，以至见说：

> ……金有院本、杂剧、诸宫调。院本、杂剧其实一也。国朝（元）院本、杂剧始厘而二之。院本则五人。一曰副净，古谓之参军；一曰副末，古谓之苍鹘，鹘能击禽鸟，末可打副净，故云；一曰引戏，一曰末尼，一曰装孤。又谓之“五花爨弄”。或曰：宋徽宗见爨国人来朝，衣装、鞋履、巾裹、傅粉墨，举动如此，使优人效之以为戏。又有焰段（艳段），亦院本之意，但差简耳，取其如火焰易明而易灭也。其间，副净有散说，有道念，有筋斗，有科泛（范）。教坊色长魏、武、刘三人，鼎新编辑。魏长于念诵，武长于筋斗，刘长于科泛，至今乐人皆宗之。偶得院本名目，用载于此，以资博识者之一览。
>
> （按，接记“院本名目”见分 11 类，共列 690 目，今略）〔六四〕

为见其“院本名目”的民间色彩，依其分类所记，今再说明如下。

其第一类见称“和曲院本”，共列 14 目。所列目名皆见“和”有大曲、法曲之类，实即队戏歌舞。致如《烧花新水》《列女降黄龙》等，与宋官本杂剧同名，正见

"院本、杂剧其实一也"。

其第二类见称"上皇院本",亦列14目,未列曲名。不过所演故事皆与"上皇"宋徽宗牵涉,仍类宋宫所见的乐舞。举如《打毬会》《赏花灯》,正与宋徽宗"蹴球""观灯"有关,不但金元乐曲已有《衮绣毬》《赏花时》,且见其表演正与"上皇"有关,实仍"和曲"歌舞。

其第三类称"题目院本",共20目。实由宋代"唱题目"而来,与唐代"合生"(或称合笙)有关。见《新唐书·武平一传》记,"妖伎胡人,街童市子,或言妃主情貌,或列王公名质,咏歌舞蹈,号曰'合生'。"见北宋高承《事物纪原》卷九"合生"条说,"今人亦谓之'唱题目'。"见南宋时的《西湖老人繁胜录》仍记有"勾栏合生";见南宋《都城纪胜》又说,"合生与起令、随令相似,各占一事";见南宋时洪迈《夷坚志》更记:"江浙间路岐伶女,有慧黠知文墨、能于席上指物题咏应命辄成者,谓之'合生';其滑稽含玩讽者,谓之'乔合生',盖京都遗风也。"由此,既见南宋时的"合生"也仍"席上指物题咏",与"起令、随令相似",仍类"唱题目",仍与文人有关;又见其"乔合生"类如当时民间"乔宅眷""乔引蛇"之类,正可乔装各种人物,为"滑稽含玩讽者",正类唐代"合生",早可"咏歌舞蹈",致如南宋此类"路岐伶女",仍类唐代"妖伎胡人,街童市子",其"合生"仍可"玩讽"。正因此,就见"题目院本"仍记有《蔡消闲》《方偷眼》《呆太守》《呆秀才》等,仍属"滑稽含玩讽者",仍类"乔合生"。

其四为"霸王院本",共6目。见如《散楚霸王》《草马霸王》《三官霸王》等,皆与"霸王"有关,也仍可说、可唱、可舞。

其五为"诸杂大小院本",共189目。不但其"诸杂"正与民间"杂扮""杂班"相关,正多来自"散乐",且见不分"大小",仍类"杂戏"。见如《大劃刀》《斗鹌鹑》《打五铺》等,仍属打斗、杂耍;见如《四国来朝》《八仙会》等,仍属队子舞跳;见如《酸孤旦》《酸卖徕》《偌卖旦》《旦判孤》《四酸卖徕》等,仍类"四人或五人"表演,仍属"五花爨弄";见如《赤壁鏖兵》《张生煮海》等,不但唐宋早有话本,且类元代民间"搬说词话""搬唱词话",仍多诗赞体。总之,"诸杂大小院本"正多见于民间。

其六记为"院么",共列21目。所谓"院么",正指院本"末段",正类杂剧"散段",正与"爨罢将么拨"有关。正因此,就见其多与"唱题目"前后呼应。举如"题目院本"记有《双打梨花院》,就见"院么"记有《粉墙梨花院》《妮女梨花院》,

正宜“爨罢将么拨”。不但仍可“拨”而弹唱，且类“合生”，仍可“咏歌舞蹈”，可与同类“艳段”前后呼应。

其七为“诸杂院爨”，共列189目。与“诸杂大小院本”比较，不但皆含“诸杂”，皆属“爨弄”，皆与“杂扮”“杂班”相关，且见两者所列数目相同。显然，“诸杂院爨”也类“院么”，也属院本“后段”。不过，“院么”见与“题目院本”呼应，多与文人有关，偏雅；“诸杂院爨”则与“诸杂大小院本”呼应，多见于民间“杂班”，较俗。之所以各自单列，盖因元代已见“院本、杂剧始厘而二之”，元杂剧仍多文人加工，“诸杂院爨”也仍流行民间。举如“院爨”见记的《闹夹棒六么》《闹夹棒法曲》，正类宋官本杂剧所记的《闹夹棒爨》，不但宋代宫廷早也“爨弄”，早也扮如“村落野夫”，早属“杂扮”，且属最后“散段”，早类“院么”。又如“院爨”见记的《丰稔太平》《皇家万岁》《金皇万岁》，宋官本杂剧早记有《天下太平爨》，早与民间赛社歌颂“丰稔太平”“皇家万岁”“金皇万岁”相关。“院爨”记有《讲百花爨》、宋官本杂剧记有《百花爨》，不但同讲“百花”，同属“爨”类表演，且见上党赛社仍由金元见称的“前行”讲唱，用于“供盏”，或称《讲百花盏》，其存本仍属诗赞体。可见金元“诸杂院爨”仍类“诸杂大小院本”，仍与宋代“杂扮”“杂班”相关。

其八为“冲撞引首”，共列109目。所谓“冲撞”，言指“唐突、冒犯”。所谓“引首”，类如宋代“引舞”“引戏”“末尼”，正与金元“五花爨弄”相关，不但仍由“末尼色主张”，“念唱应对通遍”，也仍可说可唱，且类“女童装末”，可如“艳段”而舞。说白了，其“冲撞引首”所记，为“末尼”开场段子。其开场致语正对看客有所“冲撞”，且因其属于“末尼”，正可“引出一伙”表演。从而，既见其记有《说古人》《说狄青》等，仍类“说话”；又见其记有《调笑令》《调刘衮》《调贼》等，仍可“调笑”，仍类“弄参军”，仍与“末尼”相关；以至见其记有《憨郭郎》《舞秦始皇》等，可类“艳段”而舞，正与“女童装末，加以弦索赚曲”有关。对于此类表演，可由南戏《张协状元》开场再加旁证〔六五〕。依该剧记，见由“末尼色”出场致语，正类“冲撞引首”；接用“诸宫调唱出来因”，正类“女童装末，加以弦索赚曲”；再接“末尼色饶个踏场”，正类“引舞”“引戏”踏歌而舞，为开场“艳段”。

其九为“拴搐艳段”，共92目。所谓“拴搐”，取“拴束、搐紧”义。故见此类虽属“艳段”，却因借其“拴搐”各段，见与“末尼色主张”“唱念应对通遍”有关，也仍可说可唱可舞。于是，就见其记有《说古捧》《酒家诗》等，也仍可说；就见其记有《唱柱杖》，乃至一目《诸宫调》，也仍可唱；就见其记有《乔唱诨》《乔打圣》等，正与“副净色发乔，副末色打诨”相关；就见其记有《破巢艳》《打虎艳》《四妃艳》《毬捧艳》等，为“艳段”。这种“拴搐”表演，早也见于南戏《张协状元》。依《张协状元》记，开场先由末尼致语，接着又由“末尼色饶个踏场”，不但见其“踏场数调”正类“艳段”，且见用其“拴搐”以下各段，其“末尼”早又引出一伙，接类“五花爨弄”才又转入正戏〔六六〕。由此可见，《张协状元》中的“末尼色”仍属“引首”，仍先出场致语，也仍“主张”全局，不但仍见“末尼色饶个踏场”，仍属“艳段”表演，且由其引出一伙，其“五花爨弄”早被“拴束、搐紧”，早也存“拴搐”之义。

其十称“打略拴搐”，共 88 目。此处“打”指表演，因已从略，故所记只是相关表演的“拴搐”用语，正与末尼色“念唱应对通遍”有关。不但类如“说话”，见列有“星象名”“神道名”“州府名”“法器名”“乐人名”“果子名”“飞禽名”“花名”“吃食名”等，且为方便应用，分门别类，见列有“和尚家门”“先生家门”“禾下家门”“秀才家门”“卒子家门”“孤下家门”“撅徕家门”等。

其十一为“诸杂砌”，共列 30 目。其“诸杂”类前，仍与“杂扮”“杂班”相关。其“砌”正指“道具”，早用于唐宋以来的“杂戏”“杂剧”。如“末可打副净”用的“皮棒槌”，如打斗用的刀枪棍棒，如舞跳用的面具等，皆属。以至其“诸杂砌”正与元明戏剧的“使砌”“打砌”“点砌”“诨砌”相关，重在表演的“动作”。如其见记的《浴佛》，与“浴佛会”相关，宋代早见“街巷中有僧尼三五人作队念佛，以银铜沙罗或好盆器，坐一金铜或木佛像，浸以香水，杨枝洒浴”（前引），既有“盆器”“佛像”之类道具，又有“洒浴”动作，早都与“砌”相关。如其记的《水母》，按元杂剧《泗州大圣降水母》所见，戴着“面具”打逗，为“打砌”；如其记的《拔蛇》《蛇师》，以蛇为道具，仍属“杂耍”；另记有《悬头梁上》《锯周朴》《卧草》《衲袄》等，皆有道具，皆属“使砌”表演。总之“诸杂砌”所列，都有“道具”，都重“动作”；甚至其表演可以“无语”，早类今见的“哑剧”。

由以上分类举述可知：其“院本名目”所记，实多来自金元民间的“杂扮”“杂班”。因此。既见其所记“曲牌”不多，多属“讲”“说”“问”，多为“诗”“语”“文”，仍多“诗赞”念唱；又见其“诗赞”用途不同，或属致语祝赞，或属故事讲唱，或由单人独讲，或由各角分担，或用于队戏歌舞，或用于“艳段”表演，或如“五花爨弄”所见；以至见如《赤壁鏖兵》《陈桥兵变》之类，正类元代民间“搬演词话”，早将相关话本用于“搬演”，早可多人念唱。正因此，既见由宋而金，“院本、杂剧其实一也”，说明宋金杂剧早多诗赞体；又见“金有院本、杂剧、诸宫调”，说明诸宫调也类“院本、杂剧”，早也用于“搬演”。随着元杂剧兴起，就见“院本、杂剧始厘而二之”，雅俗两途，正与诸宫调用于搬演有关，说明元代院本更多见于民间。

从而如前引，就见宋官本杂剧早记有诸宫调，正如南戏《张协状元》所言：“似恁唱说诸宫调，何如把此话文敷演”；就见元杂剧早与院本“厘而二之”，《辍耕录》所记的“院本名目”仍多“诸杂”，仍如宋元“杂班”所见，仍与民间赛社相关。

正因此，就见金元文人早又对“行院”多有嘲讽。举如元代文人高安道所作的《嗓淡行院》，就见写（今加按语说明）：

> 暖日和风清昼，茶余饭饱斋时候。……待去歌楼作乐，散闷消愁。倦游柳陌恋烟花，且向棚阑玩俳优。赏一会妙舞清歌，瞅一会皓齿明眸，躲一会闲茶浪酒。
>
> ［耍孩儿］诧踧的单脚（旦角）实村纣，呼喝的担（旦）俫每叫吼。瞅粘的绿老（老眼）更昏花，把棚的莽壮真牛。吹笛的把瑟歪着尖嘴，擂鼓的撅丁瘤着左手，撩打的腔腔嗽。靠棚头的（指“末尼色”）先虾着脊背，卖薄荷的自肿了咽喉（言其致语念唱名不副实）。
>
> ［七煞］坐排场众女流，乐床上似兽头，栾睃来（用眼看来）报是些十分丑。一个个青布裙紧紧的兜着奄老（肚腹），皂纱片深深的裹着额楼（额头），棚上下把郎君溜……
>
> ［六煞］撺断的（指撺掇上场时，敲锣击鼓依节奏“打断”者）昏撒多（乱敲），主张的（末尼）自吸溜（自顾顺口胡说）。几曾见“双撮泥金袖”，可怜虱虮沿肩甲，犹道“珍珠络臂鞲”，四翩儿（舞者）乔弯纽；甚实（时）“宫梅点额”，谁肯将“蜀锦缠头”。（见于上党赛社的队子歌舞，“遣队”下场时，其“前行”每旁念：“八宝妆腰带，珍珠络臂鞲，笑时宫梅艳，舞罢锦缠头。”正与此语相关）。
>
> ［五煞］扑红旗裹着惯老（指舞动红旗翻扑时，惯熟的老把式却被裹缠），拖白练缠着腆瞅（指舞白练者被缠，觑着脸乱瞅），“兔毛大伯”（以此为名的队舞）难中瞅。踏靳（踩跷）的险不桩（撞）的头破，番（翻）跳的争些儿跌的迸流，登踏判躯老瘦（指登场转踏者扮作判官，本

应魁伟,反而很瘦)。调队子全无些骨巧(全无本事),疙痘鬼(装鬼疙逗者)不见些搊搜(凶狠)。(全段讥讽“拽串”时的“队子”表演)。

[四煞]……末尼尖戏(细)的衠劳嗽(尖着嗓子满口夸说),做不得古本酸孤旦,唇未煞驰名魏、武、刘(夸比教坊三人)。刚道子(刚说)“世才红粉高楼酒”(才子佳人酒楼会),没一个生斜格(猛生地)打到二百个斤斗。(全段讥其“爨弄”表演)

[三煞]妆旦不抹颩(不风流),蠢身躯似水牛。嗓暴如恰哑了狐庄狗(嗓音粗的像狗吼)。戴冠梳硬挺着尘滕项(挺着又脏又长的脖子),恰(掐)掌记(一旁用“掌记册儿”提词的)光舒着黑指头。肋(勒)额的(在前台挂帐额招牌的)相迤逗,写着道“翩迁舞态,宛转歌喉”。(全段讥讽旦色歌舞)

[二煞]供过的(指提供过渡段落的,即末尼)散嗽生(散说生疏),嗟顶老(嗟叹顶尖的老艺人)撇朝兜(“撇”通“憋”,指憋屈地戴着风兜式的小帽)。老保(鸨)儿强肥身躯纽(指领班的女者,人肥衣瘦,扮作引舞、引戏胡乱纽)。切驾的(贴装驾头者)波浪上堆着霜雪(嘲其衣饰道具破烂),把关子的(负责把门的)拷门上似告油(门滑的关不住),外旦臊腥臭(指又贴一旦,人衣俱脏)。都是唵噆砌末,猥琐行头。(全段嘲其行头道具)

[一煞]打散的队子排(最后散段的队舞),待将回数收,搽灰抹土胡僝僽(胡乱表演)。淡番(但凡)东瓦来西瓦(勾栏瓦舍流动作场),却甚(胜)放走南州共北州。凹了(演塌了)也难收救,四边厢土糁(扔土块),八下里砖颩。(全段嘲其“收队”结束时的狼狈状)

[尾声]梁园(好剧场)中可惯经?桑园(野场)里串的熟。似兀的武光头、刘色长、曹娥秀(嘲其自比名妓),则索赶科地沿村转疃走(只配到乡野赶场去)。[六七]

由其所写,见元代“棚阑”仍类宋代勾栏,其“俳优”仍类唐宋民间散乐,其“沿村转疃走”仍类唐代“散乐巡村”;见其表演仍属“五花爨弄”,仍类宋代“四人或五人”规制,仍由末尼色主张,仍有引戏、旦色等,也仍先有艳段,最后“打散”仍以“队子”收场;以至见其女乐“坐排场”(坐在“乐床”招徕观众),早类山西赛社所见(前引)。

金末元初的杜仁杰(杜善夫)作有《庄稼不识勾栏》,早又见写(节录):

[六煞]见一个人撑着门(指勾栏门)……说道:“前截儿院本《调风月》,背后(最后)么末敷演《刘耍和》。”高声叫:“赶散易得(看不花钱的散段容易),难得妆合(难看见合为一体的完整表演)。”

[五煞]……见几个妇女台儿上坐(坐排场),又不是迎神赛社,不住的擂鼓筛锣。

[四煞]一个女孩儿转了几遭(引戏色转踏,作艳段表演),不多时引出一伙(五花爨弄)。中间一个央人货(指副净),裹着枚皂头巾,头上插一管笔,满脸石灰更着些黑道儿抹(抹土擦灰),知他待是如何,浑身上下则穿领花布直裰。(言其装扮)

[三煞]念了会诗共词,说了会赋与歌,无差错。唇天口地无高下,巧言花语记许多(言其参与“五花爨弄”);临绝末,道了“低头撮脚”,爨罢将么拨。(以下写《调风月》表演)

[二煞]一个(副末)妆做张太公,他(副净)改做小二哥。行行行,说向城中过。见个年少的妇女向帘儿下立,那老子(即张太公)用意铺谋待取做老婆。教小二哥相说合,但要的豆谷米麦,问甚布绢纱罗。

[一煞](小二哥)教太公往前挪,抬左脚不敢抬右脚,翻来覆去由他一个。太公心下实焦躁,他一个皮棒槌则一下打做两半个(副末打副净)。我(庄稼)则道脑袋天灵破,则道兴词告状,划地大笑呵呵。

[尾]则被一胞尿爆的我没奈何。刚捱刚忍更待看些儿个,枉被这驴颓笑杀我。[六八]

由其所写,既见“勾栏”演出也类“迎神赛社”,“不住的擂鼓筛锣”;又见仍类《嗓淡行院》所写,先有“艳段”表演,接着“五花爨弄”,不但“爨罢将么拨”,所演《调风月》为“院么”,且见仍类唐宋“弄参军”,副末用个“皮棒槌”也仍磕打副净脑瓜,借以调笑。

这种“皮棒槌”因用于磕打脑瓜,又称“磕瓜”,见元代李白瑜写的《磕瓜》言:

木胎毡观要柔和,用最软的皮儿裹。手内无他煞难熬,得来呵,普天下好净也应难躲。兀的般砌末,守着个粉脸儿色末(副末),浑广笑声多。[六九]

依写,见将木棒先用毡裹,外包最软的羊皮之类,打着不疼,响声却大,为“砌末”，即表演道具。

又因“勾栏”演出每也“不住的擂鼓筛锣”，见元人睢玄明早又写有《詠鼓》，借鼓而言，摘引如下：

[六煞]乐官行径咱参破，全仗着声名过活。且图时下养皮囊，隐居在安乐之窝。咚咚的打的我难存济，紧紧的棚扒的我没奈何。习下这等乔功课(遭擂打)，搬(即“搬演”)得人赏心乐事，我正是鼓腹讴歌。

[五煞]开山时挂些纸钱，庆棚时得些赏贺，争构栏把我来装标垛。有我时满棚和气，登时起一分，提钱分外多。若有闲些儿个了(不敲打)，除非是扑煞点砌(突然煞住作使砌表演)，按住开呵(暂时止住以便开始讲说)。

[四煞]专觑着“古弄”说住了(“弄参军”式的表演说完)，村末的收外科(村野的末尼以诗赞念唱收尾时)，但有些决撒(但凡放开，作散段舞跳打逗时)我早随声和。做院本(特指“古弄”式调笑)把我收拾尽(不用)，赶村戏(指元代赛社“搬演词话”，每以锣鼓击节)将咱来擂一和。五音内咱须大，我教人人喜悦，个个脾和。

[三煞]……〔七〇〕

其所写，见类《庄稼不识勾栏》所言，也仍言及“勾栏”表演，仍与“五花爨弄”相关，不但其“鼓”早也“擂一和”，正类“迎神赛社”时“不住的擂鼓筛锣”，且见其“赶村戏”正该“沿村转疃走”，正与元代民间“搬唱词话”相关，正如《辍耕录》记的“诸杂大小院本”所见，正多村野色彩。

据史家考证，陶宗仪是浙江黄岩县人，因元末兵乱隐居松江(今上海市松江)南村，授徒为业，辍耕之暇每将见闻所得，随记随放入瓮，埋于树下，10年后积10余瓮，大约由元至正四年到二十六年(1344—1366)已完稿并刊刻，书名《南村辍耕录》(简称《辍耕录》)。可见其记的“院本名目”正多出自元代民间。

值得注意的是，《辍耕录》见记，“或曰：宋徽宗见爨国人来朝”，“使优人效之以为戏”，才有了“五花爨弄”。对此，不妨再加稽考。

首先如前引，见宋徽宗亲制“大晟”礼乐，早“与天下共之”，不但早形成“一场两段”的规制，早见“诙笑杂陈”，且见南宋时的官本杂剧早记有诸多“爨”类名目。可见“爨弄”正该发端于北宋末年。

其次，《东京梦华录》记，北宋时的汴京早有了“鱼行”“肉行”“果子行”等，不但早已分“行”经业，且见“土市北去，乃马行街也，人烟浩闹”“东西两巷，谓之大小货行，皆工作伎巧所居”“向东曰东鸡儿巷，向西曰西鸡儿巷，皆妓馆所居”“幽坊小巷，燕馆歌楼，举之数万”“向背聚处，谓之院子”〔七一〕。由其所记，见汴京早多“燕馆”“妓馆”，不但早类“大小货行”，也属一“行”，且称“院子”，早属“行院”。故见《武林旧事·社会》条记，南宋杭州的“翠锦社”仍属“行院”〔七二〕。可见南宋金元皆见的“行院”，正该发端北宋末年。

其三，见北宋末年已有“五花”之说。举如《东京梦华录》记的正月“十四日车驾幸五岳观”，言宋徽宗观灯时已写：

> 教坊钧容直乐部前行，驾后诸班直马队作乐……驾入灯山，御辇院人员辇前唱：“随竿媚来！”（即“竹竿子”指挥献舞）……（其舞）谓之“鹁鸽旋”，又谓之“踏五花儿”……〔七三〕

所谓“踏五花儿”，为“转踏”歌舞，不但舞者正类“鹁鸽”转旋，且见表演者已称“五花儿”。与此相关，见《梦粱录·铺席》条更记，南宋“杭州大街……中瓦子前，谓之五花儿中心”〔七四〕。不但其“五花儿”仍类北宋所见，其“中心”仍多“燕馆歌楼”，且如前引，南宋已形成“四人或五人”的表演体制，已可“爨弄”，说明“五花爨弄”正该出自北宋末年。

其四，所谓“爨弄”，《辍耕录》记有“宋徽宗见爨国人来朝”“使优人效之以为戏”云云，且见陶宗仪在其作的《说郛》本中转引元初李京《云南通志略》云：

> （云南）金齿百夷，记识无文字，刻木为约，酋长死，非其子孙自立者，众共击之。男女文身，去髭须、鬓、眉睫，以赤白土傅面，彩缯束发，衣赤黑衣，蹑绣履，带镜，呼痛之声曰“阿也韦”，绝类中国优人。不事稼穑，唯护养小儿。天宝中，随爨归王入朝于唐。今之爨弄，实原于此。〔七五〕

依《元史》，大德六年（1302），李京宣慰乌蛮等地，寻升乌撒乌蒙道宣慰副使，正在“爨人”故地为官，所言“绝类中国优人”当可信。至于其言“爨弄”发端于“爨归王入朝于唐”，或属推想，史籍未见明记。依《新唐书·南蛮下》记，唐有“两爨蛮”，称“东爨乌蛮”“西爨白蛮”，既有“黑齿、金齿、银齿”之分，又有“刻踝至腓为文”的绣脚种、“涅黛于面”的绣面种、“身面涅黛”的雕题种等，虽有爨王入唐记述，然而未有“爨”人表演、“优人效之”的记述。

至宋则不然，见《宋史·蛮夷四》（卷四九六）记，“西南诸夷”属于“汉牂牁郡地”,宋太宗“至道元年”,“西南牂牁诸蛮来贡方物……上因令作本国歌舞,一人吹瓢笙如蚊蚋声,良久,数十辈连袂宛转而舞,以足顿地为节。询其曲,则名曰《水曲》。其使十数辈,从者千余人,皆蓬发,面目黧黑,状如猿猱。使者衣虎皮毡裘,以虎尾插首为饰”;见《东京梦华录》卷六“元旦朝会”仍记,北宋末年“又有南蛮五姓蕃,皆椎髻乌毡,并如僧人,礼拜入见,旋赐汉装锦袄之类”;见南宋王应麟(1223—1296)《玉海》更有如下记述:

> (宋太宗)至道元年(995)九月三日,西南蕃王龙汉王尧遣使进奉,西南牂牁诸蛮来贡方物。帝召其使,询以地理风俗,因令作本国歌舞。一人吹瓢笙,数十辈连袂宛转,以足顿地为节。问其曲,译者曰“水曲”。[七六]

由此,可知北宋早有两爨蕃王“遣使进奉”,宋太宗时明确有记,令其“作本国歌舞”,“数十辈连袂宛转,以足顿地为节”,以“水曲”伴奏,为水边踏歌(今云南泼水节仍见遗绪),正可称之“爨踏”歌舞。与此相关,《宋史·乐志·教坊》记,宋太宗曾“以旧曲创新声”,正可将爨人“水曲”加工创新;宋代“四十大曲”正记有《新水调》,由“旧”的“水调”加工而来;南宋《武林旧事》卷十所录的官本杂剧正记有《新水爨》,说明《新水调》早用于“爨踏”,早与“优人效之”有关。清编《滇考·段氏大理国始末》说(依《四库》本),宋徽宗政和六年(1116),大理国“遣进奉使”,“又有乐人善幻戏,即大秦牦轩之遗,名‘五花爨弄’,徽宗爱之,使梨园优人学之,以供欢宴”,与《辍耕录》所记的“宋徽宗见爨国人来朝”,“使优人效之以为戏”一致,且与前引的《东京梦华录》卷六“元旦朝会”所记相合。

以上记述至少说明,宋太宗时早有“爨踏”,宋徽宗仍“爱之”,“优人学之”,且类“踏五花儿”而用,正见北宋末年早可“五花爨弄”。

正因此,就见金元院本又称“五花爨弄”,如《庄稼不识勾栏》所写的院本表演,其“副净”扮类“爨人”,“穿领花布直裰”(前引)。元杂剧《宦门子弟错立身》题目中仍说“庄稼副净学踏爨”,同名的南戏题目仍说“戾家行院学踏爨”[七七]。元代山西洪洞县明应王殿所绘的戏剧壁画仍为“五花爨弄”,其中的副净仍类爨人。

需要强调的是,随着金元院本流行民间,不但也仍“爨弄”,且随曲牌体元杂剧兴起,两者早又“厘而二之”,雅俗两途。元杂剧仍与“诸宫调”“唱赚”相关,同属曲牌体,仍类宋代“唱崖词只引弟子”,受到上层偏爱;金元行院更多“沿村转疃走”,多属“杂班”,多含“诸杂”,多了“村戏”,正与元代盛行“搬演词话”相关,多见于民间赛社。

为见其实,再以上党赛社为例,具体说明。如《唐乐星图》本,其戏分为“队子”“杂剧”两类而记。其队子(包括“一单舞”)属“队戏”歌舞,与唐宋“大曲”相关;其杂剧则较“杂”,多属诗赞体,与元代盛行的“搬演词话”相关,且见其记的《双揲纸》《月夜闻筝》《陈桥兵变》等,与《辍耕录》所记的“院本名目”相同,正留着宋金“院本、杂剧其实一也”的痕迹。

又如《周乐星图》本,分队戏、杂剧、院本而记。其杂剧仍类“搬演词话”,且见其院本正记有《双揲纸》《三人齐》《神杀忤逆子》《改婚姻簿》《劈马庄(桩)》《张端借鞋(靴)》《宦门公子错立身》《土地堂》,以及笼统而称的“副末院本”。前三目正类《辍耕录》所记的《双揲纸爨》《四偌劈马桩》《酸孤旦》,《错立身》正如南戏《宦门子弟错立身》所言(前引),正与“戾家行院”有关,说明早有同名院本。其记的《土地堂》正与明代李开先“改窜”旧作的《三枝花大闹土地堂》相关,说明金元早有院本〔七八〕。至于其记的“副末院本”,按上党赛社遗存的院本《闹五更》(前引)所见,仍类唐宋“弄参军”,由二人表演,一者扮作“副末”,如唐代“参军桩”;另者扮如“副净”,脸上涂有豆腐块,已类戏曲中的小丑。两人类如“猜谜”,可借“荤谜素猜”调笑。其“荤谜”既与宋代勾栏“说诨”“猜谜”相关,又类金元“比方”,其表演仍属院本。

或因“荤谜素猜”为“副末院本”,可单独表演,就见上党赛社每将此类院本用于晚场,演前先要“清场”,不许妇女观看。

也或因此,《周乐星图》本已分为队戏、院本、杂剧而记。其“队戏”仍类唐宋所见,其院本仍存金元特色,且见其杂剧仍类元代民间“搬唱词话”。其“唱”仍类“吟叫”,其“词”仍属诗赞体,每句念唱结尾都加有“布咚呛”之类敲击,“不住的擂鼓筛锣”,如宋元“村戏”,早多见于民间赛社。

举如《唐乐星图》本记的杂剧,其中记有《杨六郎三捉孟良》(简称《三捉孟良》)一剧,平顺县西社村王家乐户清咸丰八年(1858)仍在“抄立”。孟良角单节录如下(别字已改):

孟良全本

盖世功名我为强,宣花斧上迸寒光。

头戴金盔双凤翅,黄金铠甲八宝镶。

跨骑一头火骡子,杀的英雄拱手降。

杏花旗上书大字,护国纵横勇孟良。

我乃姓孟名良,字是火星,号曰万仓。祖住山西平定,曲阳县人氏。……(**按,接有很长一段交代身世的表白,今略**)我也镇守角山寨,打窃的不义之财,搂的姣娥美女,论盆饮酒,整秤分金。有诗为证:

盖世功名为我通,征元胯下火蛟龙。

风高爱放连天火,月黑提刀敢杀人。

角山寨上呼太保,碗子城中作先锋。

杏黄旗上书大字,独坐角山孟火星。

我在角山寨坐山为王,出山为寇,好不快乐人也。有诗为证:

……(**按,共有二十六句诗赞,今略**)

山后有一古岳州,许下我三日一小进奉,五日一大进奉。有所十日,不曾进奉。我差张盖先讨进奉,有个月期不见回来。久等多时——(**按,报说捉住奸细**)捆紧些,捆上山来。(**按,回答捆住奸细了**)捆住"公鸡"了?就是捆住草鸡也与我捆上山来!(**按,捆上来的却是属下张盖**)何人将你捆住?(**按,二人对答**)你对那杨景六郎一说,你就说我家大哥说来,将我放了便罢,若还不放,我家大哥有山河的本领,杀下山来,教你个个来死有门,去死无路。(**按,又报有人上山**)待我搜山!(**按,作搜山表演**)你看我往日搜山,这些喽罗们欢天喜地。今日搜山,这些喽罗们丢头儿睡觉——(**按,一愣**)果然杀了我半万喽罗!既为大将,就该留下真名姓字才为好汉。讲话中间,有诗张一首,待我观看:

山前当野路,山后捉强徒。

杀坏你家奴,专捉孟太甫。

这是怎么说?我不寻人,人还寻我?这是个假好汉。讲话中间,又有诗张一首,待我上前看过:

是我是我真是我,你来寻我我不躲。

要知我是哪一个,六郎手下那一伙。

……(接着类上,又说又念,将杨六郎上山三捉孟良、孟良心服、引兵碗子城让焦赞一块归顺、金殿同受皇帝加封等全部表演一番。全剧

结尾，类似元杂剧“题目正名”，最后有四句诗赞）

宋真宗复正朝纲，王苏爱拨乱家邦。

碗子城焦赞作反，角山寨三捉孟良。

又如《鸿门会》，樊哙角单更留有插科打诨、舞跳打逗的痕迹。今再节录其中片段：

鸿门会

……

（按，樊哙在鸿门外自语）张良进鸿门，一去不回来。（张良复上）你们君臣在此里边，好酒好肉吃了个饱饱的，把咱老樊饿了一个好好的。（按，张良让其保驾）腹内饥饿，不能进去保驾。（二人科诨中的樊哙念词）怎么说，你有辈古人比来，可以充饥？打客住了！今天比古，你说那吉哙（鸡块）、土哙（土块），也不要说俺樊哙。（张良激将）教人好恼！

樊哙开言道，张良你是听。

头前先进去，随后我保君。

（按，樊哙进帐保驾，结尾时念如下四句）

樊哙本是大身材，脚践鸿门两扇开。

拳打丁么践雍齿，鸿门会保住汉王。

类此，如杂剧《大会垓》《虎牢关》《水淹章邯》《丛台赴会》等，王家乐户也都存有演出角单，不但《唐乐星图》本皆见列其剧名，且如前引，一些村社原也抄有此类底本，见称“都本”。

对于这种“都本”，南宋《梦粱录》正有相关记述〔七九〕。依其言，见杭州“故事话本，或讲史，或作杂剧”，说明其话本早已用来“作杂剧”，早可“搬演”；见杭州“中瓦子前，谓之五花儿中心”，其“五花儿”正类北宋汴京所见，指乐户艺人，与话本搬为杂剧相关；见杭州中瓦子正有“张官人诸史子文籍铺”，刻印话本，正属“都本”；见“杭州乃四方辐辏之地”，时多“客贩往来”，将“都本”贩往各地。今存《大唐三藏取经诗话》一本，卷末正有“中瓦子张家”印款，1925 年翻印时，“王国维跋”言：

卷末有“中瓦子张家”印款一行，中瓦子为宋临安府街名，倡优剧场之所在也。……此云“中瓦子张家印”，盖即《梦粱录》之张官人经史子集文籍铺。南宋临安书肆若太庙前尹家、太学前陆家、鞔鼓桥陈家所刊书籍，世多知之，中瓦子张家惟此一见而已。此书与《五代平话》《京本小说》及《宣和遗事》体例略同……皆《梦粱录》《都城纪胜》所谓说话之一种也。〔八〇〕

为说明这种“说话”早有话本，宋代已用于“搬演”，已类上党赛社所见的杂剧，今再摘引《大唐三藏取经诗话》片段如下：

……（按，所略属于散说，言讲三藏取经路遇猴王“来助和尚取经”，“改呼为猴行者”，一行七人同往西天，接记如下）僧行七人，次日同行，左右伏事。猴行者乃留诗曰：

百万途程向那边，今来佐助大师前。
一心祝愿逢真教，同往西天鸡足山。

三藏法师答曰：

此日前生有宿缘，今朝果遇大明贤。
前途若到妖魔处，望显神通镇佛前。〔八〇〕

全篇大体类此。将其与前引的上党杂剧比照，“猴行者乃留诗曰”正类“有诗张一首”，“三藏法师答曰”正类“樊哙开言道”。《大唐三藏取经诗话》由唐代“俗讲”而来，正如前引的“目连变文”，其话本可用于“搬演”，为杂剧，早类元代赛社盛行的“搬说词话”“搬唱词话”，受俗众欢迎。

正因此，既见南宋杭州早也在刊印此类话本，早属“都本”，贩卖外地，又见明代小说《史弘肇龙虎君臣会》（载《古今小说》）、《勘皮靴单证二郎神》（载《醒世恒言》）等，篇尾皆有“京师老郎留传”之类说明。都由北宋“京师老郎（前辈老艺人）留传”，说明当时已有相关话本，且见《辍耕录》记的院本也有《史弘肇》一目，南戏也有《史弘肇故乡宴》一剧（见钱南扬《宋元戏文辑佚》），用于“搬演”。正因此，元代早盛行“搬说词话”“搬唱词话”，且见上党赛社仍将此类表演称作杂剧，其“都本”仍类北宋“京师老郎留传”的话本，仍属诗赞体。

那么，上党赛社所见的杂剧是否包括曲牌体的元杂剧？譬如其记的《错立身》等，就见元杂剧也有同名剧。

然而依今考察，山西上党赛社杂剧、山西运城杂戏、河北赛戏、安徽池州傩戏、贵州地戏等，皆为诗赞体，即使有的剧目用有曲牌，其唱仍类“吟叫”，以“锣鼓节奏”，更不见“弦索”伴奏，绝非“弦索北曲”形成的元杂剧。

或有人说，这是曲牌体戏剧流向民间的“蜕变”，是由下层艺人搬演导致。果若是，也不可能全都整齐蜕变为诗赞体，全用“锣鼓节奏”，再退回原始的“有诗为证”“有诗张一首”之类念唱。

其实，元杂剧有同名剧，恰正说明其也取材同名话本，甚至是由同名院本加工而来。诚如《中国戏曲通史》所言：

> 从时代先后和取材相同这两点上已能够确认，有不少北杂剧（按，即元杂剧）就是把金院本加以丰富或改编而成的。〔八一〕

何况，元杂剧与宋代诸宫调相关，正如南戏《张协状元》所言，“似恁唱说诸宫调，何如把此话文敷演”。北宋诸宫调早用于“说唱”，其“话文”早多出自话本，且见宋官本杂剧早记有诸宫调剧目，将“话文敷演”，正在元杂剧之前。

正因此，《辍耕录》说，“金有院本、杂剧、诸宫调”，正见诸宫调早用于“搬演”，且言“院本、杂剧始厘而二之”，指元杂剧已与院本雅俗两途。

就见金元院本仍与宋代的“杂扮”“杂班”相关，仍多“诸杂”；就见其“行院”仍类唐代“散乐巡村”，多“沿村转疃走”，多“村戏”，与元代“搬说词话”“搬唱词话”相关，且见元杂剧仍属曲牌体，流行于宫廷上层，仍多文人介入。故见元杂剧类如文人写文章“起、承、转、合”的手法，多为“四折”（或再加“楔子”），每折类文人“填词”，要一韵到底。如此规范，不但作者需有较高的文学修养，而且演者也需相应的功底。退一步，即使民间艺人能够搬演，如此高雅的元杂剧演给谁看？假若“庄稼”们也爱，无异于使其等同文人。正因此，元杂剧到了明代早已式微，即使上层也难见到，遑论乡野庙台。

然而，相关的“话语权”仍由文人掌握。故见今存的元杂剧皆属曲牌体，多属文人之作，作者多有“史料”。至于当时乡野演出，如“搬唱词话”只见于元代“禁令”；如宋元时的永嘉杂剧，也见当时“士夫罕有留意者”，今已难觅其详。这就容易造成一种错觉，似乎元代北方戏剧唯有一种曲牌体元杂剧，人见人爱，上下同爱，从而造成误识、误断、误论。

譬如，山西洪洞县明应王殿所绘的元代戏剧壁画（见下图），因其帐额题尾写有元泰定元年（1324），有人由此认为，其属元杂剧的演出写照。但若认真分析其图，则会得出不同结论。

首先，其帐额写：“尧都见爱大行散乐忠都秀在此作场。”“尧都”指“尧都平阳”的平阳府；“大行散乐”指“大型行院”的“散乐”，即官方认可的由“系籍乐人”组班的正规行院，而非“良家子弟”组成的业余班子。其仍类唐代“散乐巡村”，正多流动作场。“忠都秀”为主角（或兼班主）的艺名，其“在此作场”演的是院本，俗众也仍“见爱”，最终绘于水神明应王殿内，正与该庙赛社有关，为当年行院演出的写照。

其次，全图共绘 11 人，除一人绘作后台大幔露头者（以示幔后有人），其余 10 人绘于前台，分前后两排。前排五人，正与“院本则五人”相符，居中者展角幞头、秉笏，正该由“忠都秀”装扮，正类“末尼色主张”；其右一人，扮如“擦灰抹土”“穿领花布直裰”的爨人，正类“副净色发乔”；其左一人，软角幞头，见类末尼，腰里别着黄色棒状物，正类“皮棒槌”，与“末可打副净”相关，为“副末”；最右一人，一手执团扇，另手提袍角，以示可“舞”，为“引戏”（引舞）者；最左一人，穿黄袍，类如“装孤”，且持朴刀，可“打斗”。显然前排五人正与“五花爨弄”相关。后排亦五人，其中四人从左至右为击鼓、吹笛、杖鼓、拍板者，均为“鼓笛拍板”伴奏者，正与宋代“鼓板之戏”相关；其最右为一执团扇女角，与前排最左执扇者正相呼应，正可依笛吹曲“靠乐歌唱”，或属“歌板色”，或属又加的“外旦”“贴旦”。至于幔后露头者，暗示还有角色藏在幔后，或者还可“搬唱词话”。可见全图所绘，既突出了“五花爨弄”的特色，又杂含着“鼓板”伴奏的“村戏”，甚至仍在“搬唱词话”。这至少说明，其所绘为行院演出的写照。

需要注意的是，其图所绘的演出未见一件“弦索”乐器。而如前引，南宋早见“女童装末，加以弦索赚曲”，元代仍见“北曲入弦索”，其“唱”早都见用弦索类乐器伴奏。为何此图不见“弦索”？说明其绘的正是“沿村转疃走”的行院演出，演的正是“村戏”，其“唱”仍类“陶真”声腔，可“吟叫”乱唱；其“本”仍类“陶真之本”，多诗赞体；其“戏”正与元代民间“搬演词话”相关，早与曲牌体的元杂剧雅俗两途。若将其解释为曲牌体元杂剧写照，认为民间赛社演的也都是此类元杂剧，不但与所绘不符，而且会无视元代民间“搬演词话”的存在，会将雅俗混为一谈，形成误识、误说和误导。

质言之，曲牌体元杂剧因与文人相关，实属“沙龙”艺术，只有细听慢品才能尽其雅兴，多仍见于上层。正因此，不但“诸宫调”“唱赚”早有文人介入，早见士大夫偏爱，且见元杂剧仍类“女童装末，加以弦索赚曲”，仍用“弦索”，分“旦本”“末本”，由一人主唱，多见于上层“堂会”之类。因此，就见金元行院早也“沿村转疃走”；就见山西“大行散乐”演的仍是院本，类赛社“不住的擂鼓筛锣”；就见上党赛社听命文仍记有“比方、院本、行队、杂剧”，其杂剧仍类元代赛社盛行的“搬演词话”。

7. 关于“比方”

“比方”指打比方，与古之“廋辞”“隐语”“猜谜”有关。如先秦《国语》卷十一“晋语五”就记，“有秦客廋辞于朝，大夫莫之能对也”。对此，南宋周密《齐东野语》说：“古之所谓廋辞，即今之隐语，而俗所谓谜。”〔八二〕南宋吴曾《能改斋漫录》中说：

> 《太平广记》引《嘉话录》（按，即《刘宾客嘉话录》）载，（唐）权德舆言无不闻，又善廋辞，尝逢李二十六于马上，廋辞问答，闻者莫知其所说焉。或曰廋辞何也？曰：隐语耳。《语》不曰“人焉廋哉，人焉廋哉。”此之谓也。……然则“廋”一字虽本于《论语》，然大意当以《春秋》传为证。〔八三〕

依史，权德舆在唐贞元、元和年间官至太常卿，拜礼部侍郎、同中书门下平章事，既主管宫廷礼乐，又属文坛宗匠，刘禹锡（即刘宾客）也曾投文门下，求其品题。显然，《嘉话录》所记的权德舆典故可信。

从而见于五代，宫廷上层也仍喜玩廋辞隐语，且类“弄参军”，早又借以调笑。举如《资治通鉴·后汉纪·隐帝乾祐三年》就记：

> 三叛既平，帝（隐帝刘承祐）浸骄纵，与左右狎昵。飞龙使瑕丘（山东兖州地名）后匡赞、茶酒使太原郭允明，以谄媚得幸，帝好与之为廋辞丑语。太后屡戒之，帝不以为意。〔八四〕

《新五代史》卷三十“李业”传中又说，隐帝与此辈“多为媟语相诮戏”。后汉隐帝仍类后唐庄宗，“与左右狎昵”，且见其相互“诮戏”，每说些“丑语”“媟语”，正与“猜谜”相关。

于是见于宋代,《东京梦华录·京瓦伎艺》已记有“毛详、霍伯丑,商谜”,《都城纪胜·瓦舍众伎》更说:

商谜。旧有鼓板吹《贺圣朝》,聚人猜诗谜、字谜、戾谜、社谜,本是隐语。有道谜(原注:来客念隐语说谜,又名打谜)、正猜(原注:来客索猜)、下套(原注:商者以物类相似者讥之,人名“对智”)、贴套(原注:贴智思索)、走智(原注:改物类以困猜者)、横下(原注:许旁人猜)、问因(原注:商者喝问句头)、调爽(原注:假作难猜以定其智)。〔八五〕

由此,既见宋代早多“商谜”,正如南宋《齐东野语》所言,其“谜”亦即“古之廋辞”“今之隐语”,又见其属“京瓦伎艺”,“众伎”每装“来客”,分扮“商者”“猜着”,已属“猜谜”表演,有“道谜”“正猜”“下套”“贴套”“走智”“横下”“问因”之类表演手法,含“诗谜、字谜、戾谜、社谜”等。“改物类以困猜者”为“打比方”,“商者以物类相似者讥之”正可借以“调爽”。这种“猜谜”仍类“弄参军”,仍由二人表演,可“调笑”,其“社谜”正与赛社相关,“戾谜”正与金元“戾家行院”牵涉。

正因此,就见《辍耕录》所记的院本也仍列有“猜谜”,记于“打略栓搐”类,也仍以“说”为主,且见金元“名公才人”也仍好此“隐语”。举如元代钟嗣成《录鬼簿》,就记吴世本“好为词章、隐语、乐府”,仍有“诗谜数千篇”。贾仲明所作的《录鬼簿·序》言:

(《录鬼簿》)载其前辈玉京书会燕赵才人,四方名公士夫,编撰当代时行传奇乐章、隐语比词,源诸公卿大夫……〔八六〕

明初无名氏《录鬼簿续编》中说,钟嗣成“德隐语”(言其讲德,隐语不丑),罗贯中“乐府隐语,极为清新”,夏庭芝“乐府、隐语极多”,不但记有“乐府、隐语盛行于世”者、“多有乐府隐语于时”者、“乐府隐语极妙”者、“隐语精通”者多人,且记有一位丁仲明“极工于隐语,时人皆称丁猜”〔八七〕。由此可见,元明“名公士夫”“书会才人”之类,仍类前代“公卿大夫”,仍好“隐语比词”。所谓“比词”,即“比方”之词,正用于“打比方”,正多“隐语”,其“语”正类宋代“猜谜”“古之廋辞”,被元明“清新”、讲“德”者称颂,恰说明“不清新”“不德”者之多,正如五代所见,仍多“媟语”“丑语”。

于是如前引,就见上党赛社每演院本加“猜谜”,仍借“比方”说些“丑语”,俗称“荤迷素猜”,仍由乐户表演。既类唐宋“弄参军”,多由二人表演,又类金元“五花爨弄”,二人扮如副末、副净,属于“副末院本”。今存的清宣统三年(1911)

赛社筹帖见记,届时“设嘲说比方三个”,“说比方”为“设嘲”,实为“讥之”,仍类“猜谜”,且其“三个”正可分别用于“三场”(头场、正场、末场),代替赛社三日“院本”。

8.关于“前行”与“古论”

见如前述,所谓“前行”金代早有,既类唐宋“参军色”,也仍手执“竹竿子”导引乐舞、致语祝赞,队戏歌舞时也仍从旁讲说人物故事,又类宋元“末尼色”,参与“五花爨弄”,与“古弄”相关。从而见于上党赛社今存的《赛古赞本》《赛乐食杂集》,又都记有一篇《古论赋》,或名《讲古论》,内容相同,正由“前行”讲其由“古”而来的职能。为见其实,节录其文如下(个别字句已由两本互校):

古论赋百花赋　前行讲古赋

夫古论者,始自[轩]辕黄帝所置。遗留三字称道:一名古论,一名古弄,一名古领。夫古论者,上得四角楼台,[穿的品冠法衣,不离]一席之地,讲论千古是非场。衣冠扣带,大成君子一般。之论,论得(的)是天地星辰、日月江渎、混沌清浊、阴阳造化、三教九流、四书五经、孟子之言,又有君臣父子、教子训孙,礼义周全,总为古论。做古论者有十德,是那十德?一要礼乐,二要周全,三要宽弘,四要海量,五不要压小,六要才高,七要答应,八要官场,九要排尊卑,十要压众参顺(乐中参详)。做古论者不识字,不记书,不通礼,不识进退,那得是古论?如同羊披着虎皮,狐假虎威,外刚内柔,外发金内发草。见软则起(欺),见草则飞,见肉之(则)喜,那是古论?外无学识者也。谈天论地为之论,喜之当场为之弄,率领夥众为之领。古论难学,古论难成,古论难做。古者,前后皆通;论者,古今知识。凡做古论者还有十论,[那十论]?是天论、地论、高论、通论、谈论、道论、礼论、见论、议论、明论。夫天论者,混沌清浊,始分三才,生长五星,禅位五方。夫地论者,九州分野,夷狄四方,善能信德,晓会温凉,为之地论。夫高论者,道字真实,语言洪亮,声如铜钟,四海名扬。夫通论者,相通古今,体(占)扶正邦,禅龙募(谋)位,册位君王。夫谈论者,谈天谈地,语称(玉成)帝王,律吕调和,曲按宫商。夫道论者,先道古今,后道国家,治国安邦,兴衰成败。夫礼论者,《礼议(记)》《论语》,时刻温良,尊卑远近,日新礼长。夫见论者,见事成(诚)实,凡且推详,不坏礼义,不误排场。夫议论者,攻习诗书,圣兴(典)参详,开口合道,出语成章。夫明论者,眼见是仙,不说狂语,调和仁义,善晓温良。此乃是十论者也。[夫]古弄者,有五论(弄)。是那五论("论"字衍)弄?原来是把弄、错弄、若弄、会弄、手内轻巧弄,为之五论(弄)。弄人觔力相助(触),为之把弄。说有却无,为之错弄。脚上踢飞,为之若弄。喜之当场,为之会弄。攒枪抄手,把戏跟斗,为之轻巧弄。此乃是五弄者也。夫古领者,无非是率[领]夥众,照顾大小,妆扮文武,不差一二。杨(撺)掇指示同行,是古领殷勤者也。凡做古领者,要志高、志德、[志能]、志重者也。恐君不信,有诗为证:

(按,以下接七十八句诗赞,今略)

从而,见其"上得四角楼台,穿的品冠法衣",扮如"大成君子一般",正类宋代"末尼",由"参军色"而来,金代早称"前行";见其"谈天论地""讲论千古是非",正与前行致语祝赞、队戏讲唱相关,正多"古论";见其"率领夥众""撺掇指示同行",仍如唐宋所见的"参军色",为"古领";见其"五弄"统属"古弄",其中有"觔力相触""脚上踢飞""攒枪抄手,把戏跟斗"之类,仍如"百戏""杂戏"所见,宋代已称"杂剧",且见其"会弄"者也仍"喜之当场",仍类唐宋"弄参军",正见其五弄与金元"五花爨弄"相关。

正因此,就见金代"前行色"仍类唐宋"参军色""末泥色",仍集古领、古弄、古论于一身。

为见"古"的内涵,以下继续探讨。

就从"古领"说起。如前引,先秦早多列队而舞,由"巫师"有了"舞师",其"帅而舞"者早属"古领";北齐"引歌舞有郭郎者,发正秃,善优笑","凡戏场必在俳儿之首","郭郎"正由先秦"郭公"而来,其"引歌舞"仍如先秦"帅而舞"的"舞师",在"俳儿之首",如"古领",且见其"善优笑",早可调笑,与"古弄"相关。故见唐《教坊记》言,内宫"戏日","楼下戏出队"仍有"引队"者,"引队"由"古领"而来,且见其"内伎出舞"时已记:

> 内妓歌,则黄幡绰赞扬之;两院人歌,则幡绰辄訾诟之,有肥大年长者即呼为"屈突干阿姑",貌稍胡者即云"康太宾阿妹",随类名之,僄弄百端。[八八]

而黄幡绰为唐玄宗时的宫廷乐人,唐《乐府杂录·俳优》记其为"参军色","弄参军"为"古弄",且见"内伎出舞"时由其"赞扬之",为"引队",正类"古领",正多"古论"。显然,唐代黄幡绰早集古领、古弄、古论于一身。

与此相关,唐《乐府杂录·雅乐部》曰:

……(立部伎于殿下作舞时)协律郎二人,皆执翚竽(按,应为“翚竿”,下同),亦用彩翠妆之。一人在殿上,翚竽倒,殿下(另者)亦倒,遂奏乐。协律郎皆绿衣大袖,戴冠。[八九]

而协律郎正为协调“乐律”,与歌舞有关。他们“绿衣大袖,戴冠”,正如《古论赋》言,“穿的品冠法衣”,“大成君子一般”;手执“翚竿”,其“竿”正与翚飞于竹相关,正如先秦羽舞、帗舞所见,早类“竹竿拂子”。于是,就见唐代有了“戏竹”,不但其“雅乐”见用“协律郎二人”,正类上党赛社所见的“双前行”,且其戏竹早也可由“黄幡绰”用来指麾乐舞,正如上党赛社《三元戏竹》所言。甚至“幡绰”之名,属其执“幡”而来的“绰号”,类其“訾诟”女妓,早也属于“随类名之”。何况如前引,唐玄宗早又别立教坊,专蓄散乐,有了一套“轮番”制度。因此,轮番过的“俗乐”也可类黄幡绰而为。

正沿此,既见宋代宫廷宴乐仍由“参军色执竹竿拂子”,歌舞时也仍“诙笑杂陈”,又见上党赛社今存《前行讲戏竹》仍言,“人元戏竹”出自“唐明皇”所置,“赐于梨园戏监司,教坊司黄幡绰”,早与唐宋“参军色”相关,类“古领”,又类“弄参军”,仍可参与“古弄”。

与“古弄”相关,《史记·滑稽列传》已记,“楚之乐人”有位“优孟”(姓孟的优人),“常以谈笑讽谏”。汉代《西京杂记》中曰:

京兆有古生者,学从(纵)横揣摩之术,为都掾史四十余年,善诞谩。二千石(小官)随以谐谑,皆握其权要,而得其欢心。京师至今俳戏,皆称“古掾曹”。[九〇]

《三国志·蜀书·许兹传》更记有“俳戏”实例:

(许)慈……(胡)潜……并为博士,与孟光、来敏等典掌旧文。值庶事草创,动多疑义。慈、潜更相克伐,谤讟忿争,形于声色;书籍有无,不相通借;时寻楚挞,以相震撼。其矜己妒彼,乃至于此。先主(刘备)悯其若斯,群僚大会,使倡家假为二子之容,效其讼阋之状,酒酣乐作以为嬉戏。初以辞义相难,终以刀杖相屈,用感切之。[九一]

《太平御览》所引《赵书》言:

(后赵)石勒参军周延,为馆陶令,断(因贪断罚)官绢数百匹,下狱。以八议,宥之。后每大会,使俳优着介帻,黄绢单衣。优问:“汝为何官,在我辈中?”曰:“我本为馆陶令。”抖擞单衣曰:“政坐取是,故入

汝辈中。"以为笑。[九二]

唐《乐府杂录·俳优》有如下记述：

开元中，黄幡绰、张野狐弄参军——始自后汉馆陶令石耽。耽有赃犯，和帝惜其才，免罪。每宴乐，即令衣白夹衫，命优令戏弄辱之，经年乃放。……开元中有李仙鹤善此戏，明皇特授韶州同正参军(官)，以食其禄。是以陆鸿渐撰词云"韶州参军"，盖由此也。……(又)弄假妇人……弄婆罗(与《婆罗门》舞有关)……乐即有……舞有骨鹿舞、胡旋舞……[九三]

从而，既见类如先秦优孟，两汉三国已多此类"俳优"，由其扮演的"俳戏"早也"谐谑""嬉戏"，早类后赵(或后汉)"弄参军"，又见唐玄宗时的黄幡绰仍属"俳优"，也仍"弄参军"，歌舞时"僄弄百端"，且见唐代周繇作有《梦舞钟馗赋》，言玄宗梦中曾"见黄幡绰兮上言丹陛，引钟馗兮来舞华茵"[九四]。由其"引钟馗兮来舞"，正见其仍类"古领"，早也执"竿"引舞，致语祝赞；由其"上言丹陛"，正见其仍类"优孟"上谏，正如《古论赋》所言，正可"讲论千古是非"，仍多"古论"。其早属"参军色"，早类"参军色执竹竿拂子"，早集"古领""古弄""古论"于一身，早与"弄假妇人""弄婆罗"相关，不但此类"歌舞"早也"僄弄"，且见又有发展。唐懿宗时，薛能《吴姬》诗言"女儿弦管弄参军"，早加弦管，且见唐僖宗时范摅《云溪友议》记，"有俳优周季南、季崇及妻刘采春自淮甸而来，善弄《陆参军》，歌声彻云"[九五]。唐代赵璘《因话录》卷一曰：

肃宗宴于宫中，女优有弄假官戏。其绿衣秉简者，谓之"参军桩"。天宝末，蕃将阿布思伏法，其妻配掖庭，善为优，因使隶乐工。是日，遂为假官之长，所谓"桩"者。[九六]

南宋廖莹中《江行杂录》引《因话录》以上语时早又补充说：

(参军桩)古装紫衣，今(宋)则改穿红袍，即执象笏上场者是也。[九七]

南宋赵彦卫《云麓漫钞》卷五中曰：

优人杂剧，必装官人，号为参军色。……今人多装状元、进士，失之远矣。[九八]

南宋初年，胡仔《苕溪渔隐丛话》中说：

本朝张景，(宋真宗)景德三年以交通曹人赵谏，斥为房州参军。景为《屋壁记》，略曰："近置州县参军，无员数，无职守，悉以旷官败事、违戾政教者为之。凡朔望宴飨，使与焉。外人一见之，必指曰：'参军也，尝为某罪矣！'至于倡优为戏，亦假而为之，以资玩戏，况真为者乎！宜为人之轻视，又将狎而侮之。"大略如此。……又五代王建（前蜀）时，王宗侃责受维州司户参军，曰："要我头时断去，谁能作此措大官，使俳优弄为参军耶！"〔九九〕

南宋洪迈《夷坚志》下集更有如下记述：

俳优侏儒，固伎之最下且贱者；然亦能因戏语而箴讽时政，有合于古矇诵工谏之义，世目为杂剧者是已。（宋徽宗）崇宁初，斥逐元祐忠贤（**按，称作"元祐党"**），禁锢学术，凡遇涉其时所为，无论大小，一切不得志。伶者对御为戏，惟一参军作宰相，据坐，宣扬朝政之美。一僧乞给八年游方，视其戒牒，则元祐三年者，立涂毁之，而加以冠巾；（又一）道士失亡度牒，问其披戴时，亦元祐也，剥其羽服，使为民；（又）一士人以元祐五年获荐，当免举，礼部不为引用，来自言，即押送所属屏去。已而，主管宅库者附耳语曰：今日于左藏库，请得相公料钱一千贯，尽是元祐钱，合取钧旨。其人（扮宰相者）俯首久之，曰："从后门搬入去。"副者举所持梃，杖其背曰："你做宰相，元（原）来也只要钱！"是时，至尊（徽宗）亦解颜。〔一〇〇〕

综上所记，宋代仍多"弄参军""弄假官"，此类"俳优"可"箴讽时政"，"合于古矇诵工谏之义"，仍类"古弄"。时已"世目为杂剧"，"优人杂剧，必装官人，号为参军色"，类唐代"参军桩"，且见宋代"改穿红袍"，可"执象笏上场"，或"惟一参军为宰相"，或装扮"状元、进士"之类，早又有了变化。于是如前引，就见宋代形成了"四人或五人"的表演体制，金元见称"五花爨弄"，与"古弄"相关。宋代"末泥色"仍类"参军色"，金代已称"前行"，仍类"古领"，手执"戏竹"引领歌舞，"主张"全局，正如上党赛社所见，仍多"古论"。

所谓"古论"，依前引的《古论赋》言，涉及"四书五经"之类，且需"礼仪周全，才为古论"。举如《诗经》中的"周颂"，既为"宣扬朝政之美"，又依《周礼》而行，早属"古论"。沿此至唐，玄宗制有《开元礼》，且见《代国长公主碑文》早又记：

则天皇后御明堂宴……岐王年五岁，为卫王，弄《兰陵王》，兼为行主词，曰："卫王入场，咒（祝）愿神圣神皇万岁！子孙成行。"〔一〇一〕

而《兰陵王》早属北齐队戏歌舞，"则天皇后"将其用于"明堂宴"，为"内宫"

表演，与“内妓”相关，早类玄宗时的黄幡绰“僄弄”。“岐王年五岁”“兼为行主词”，其“兼”的正是“古领”之职，“主词”为“祝愿”之词，正类前行致语祝赞，且类“周颂”所见，为“古论”。

当然，正式宴会需“礼仪周全”，不能再“兼”，《唐语林》曰：

玄宗宴蕃客，唐崇（人名）勾当音声（勾“音声人”上场）：先述国家盛德，次序（叙）朝廷欢娱，又赞扬四方慕义（来朝），言甚明辨。上极欢！……上曰：“前宴蕃客日，崇辞气分明，我固赏之……”〔一〇二〕

由此，唐崇类“黄幡绰”及“协律郎”，属引领歌舞者，其领的“音声人”仍属乐户类（前引）；其“先述国家盛德，次序朝廷欢娱，又赞扬四方慕义”，正为“宣扬朝政之美”。对此，《新唐书·骠国传》记“雍羌来朝”时早又说：

初奏乐，有赞者一人，先导乐意。〔一〇三〕

显然，“雍羌来朝”为“蕃客”，其宴会“赞者”实类“唐崇”。故见“初奏乐”由其“先导乐意”，实为“勾当音声”，仍需“礼仪周全”，“先述国家盛德”“宣扬朝政之美”，且见其“赞者”“先导乐意”，早类宋代“参军色执竹竿子作语”。正沿此，就见宋代“参军色”也仍引领歌舞，致语祝赞，队戏歌舞时早可讲唱人物故事，早多长篇讲唱，其“讲论千古是非”仍属“古论”，且见这种“古论”与佛道“俗讲”相关，见于唐代“戏场”，早与唐代“说话”艺术相关，深受文人雅士喜爱。

举如元稹《元氏长庆集》，其卷十记有《酬白学代书一百韵》诗一首，其中有“翰墨题名尽，光阴听话移”一语，就见其自注云：

乐天（即白居易）每与余游从，无不书名题壁，又尝于新昌宅说《一枝花话》，自寅至巳，犹未毕词也。〔一〇四〕

又如段成式《酉阳杂俎续集》，见其卷四“贬误”言：

予太和末因弟生日观杂戏，有市人小说，呼“扁鹊”作“褊鹊”字，上声。予令任道升字正之。市人言：二十年前尝于上都斋会设此，有一秀才甚赏，某呼“扁”字与“褊”字同声。云世人皆误。〔一〇五〕

再如赵璘《因话录》，见其卷四说：

有文淑僧者，公为聚众谈说，假托经论，所言无非淫秽鄙亵之事。不逞之徒，转向鼓扇扶树，愚夫冶妇，乐闻其说，听者填咽寺舍……教坊效其声，以为歌曲。〔一〇六〕

《资治通鉴》见记：

(宝历二年六月)己卯,上(唐敬宗)幸兴福寺,观沙门文溆(即文溆)俗讲。[一〇七]

由此已见唐代“说话”之盛,致如“文溆僧”者,“聚众谈说,假托经论,所言无非淫秽鄙亵之事”,俗众“乐闻其说”,皇帝竟也往“观”。

与此相关,崇佛的韩愈曾作有《华山女》一诗,佛家言:

街东街西讲佛经,撞钟吹螺闹宫廷。

广张罪福资诱胁,听众狎恰排浮萍。

道家言:

华山女儿家奉道,欲驱异教归仙灵。

……

遂来升座演真诀,观门不许人开扃。

不知谁人暗相报,訇然振动如雷霆。

扫除众寺人迹绝,骅骝塞路连辎轩。

观中人满坐观外,后至无地无由听。[一〇八]

《新唐书·李泌传》言及儒释道“三教论衡”,写道:

元宗开元十六年,悉召能言佛、道、孔子者,相答难禁中,有员俶者,九岁升座,词辨注射,坐人皆屈。[一〇九]

从而见于《敦煌变文集》,如《目连变文》《降魔变文》等,仍属佛家俗讲;如《叶净能诗》等,早又出自道家;如《孔子项托相问书》等,涉及儒家;如《李陵变文》《苏武李陵执别词》《季布诗咏》《晏子赋》《茶酒论》《庐山远公话》《韩擒虎话本》《前汉刘家太子传》等,其中仍多“诗”“词”“赋”“论”,既属“古论”,又属话本,类宫廷所见的礼仪,需“先述国家盛德”,“宣扬朝政之美”,有一套讲唱“仪式”。举如其记的《庐山远公话》,就见写:

……于是道安(高僧)手把如意,身座宝台,广焚无价宝香,即宣妙义,发声乃唱,便举经题云:《大涅槃经·如来数量品第一》。开经已了,叹佛威仪,先表圣贤,后谈帝德。伏愿今皇帝道应龙騟……从神光而临八表。愿诸王太子,金支(枝)永固,玉叶恒春。公主贵肥(妃),贞华永曜。朝廷卿相,尽孝尽忠。郡县官僚唯清唯直……法界众生,同沾此福。叹之已了,拟入经题(即拟正式讲经)。[一一〇]

其仪式大致是对佛“焚香”言明“经题”,接着“先表圣贤,后谈帝德”,依次对皇帝、诸王、公主、贵妃、朝廷卿相之类祝赞之后，才可正式讲经。又如其记的《降魔变文》，更记有玄宗时的实例：

……伏惟我大唐汉圣主开元天宝圣文神武应道皇帝(玄宗)陛下，化越千古，声超百王，文该五典之精微，武折九夷之肝胆。八表总无为之化，四方歌尧舜之风。加以化洽之余，每弘扬于三教。或以探寻儒道，尽性穷原；注释释宗，句深相远。圣恩与海泉俱涌，天开与日月齐明。道教由是重兴，佛日因兹重曜……然今题首《金刚般若波罗蜜经》者……述在下文。[一一一]

(以下正式开讲)……

正因玄宗"每弘扬于三教"，"道教由是重兴，佛日因兹重曜"，就见早又"三教论衡"；就见其佛道"俗讲"也要"宣扬朝政之美"，也有一定仪式；就见其开讲前所念，仍类岐王"祝愿神圣神皇万岁"，仍类玄宗时"唐崇勾当音声"，也仍"先述国家盛德，次序朝廷欢娱，又赞扬四方慕义"。

正因此，既见唐宋手执戏竹的"参军色"，金代已称"前行"色，其"念唱""讲唱"仍多"古论"，又见上党赛社《唐乐星图》本仍有相关遗存，记有《古论赋》一篇，仍由"前行"讲唱，强调"礼义周全，才为古论"，且记有"古论对"三篇，其"对"类如臣下"奏对"，故见其文也称"祝皇文"，仍类"周颂"，如《敦煌变文集》所见，"宣扬朝政之美"，存"大唐"痕迹。为了便于比照，节录其文如下：

(之一)古论对曰云

伏以皇帝万岁万万岁：乾坤并寿，日月齐明。常居九重之宫，永镇千秋之殿。……天元太后，福祉如海阔山高；中宫国妃，寿龄同天长地久。宠垂时训，四维覃著于门廷(庭)；大布严风，八表皆成乎规范。兹当保佑太子诸王遐龄并于山河；福祉通江，人民安堵……家家享丰稔之年，户户贺太平盛世。伏乞圣寿无疆福无疆，万岁，万岁，万万岁。

其中所言的"天元太后"，实指武则天。与此相关，北周武帝曾称"天元皇帝"，其武德皇后为"天元皇太后"。武则天称帝后曾改国号为"周"，且见其正又崇佛，此篇"古论对"正类敦煌变文《庐山远公话》所写。显然，此篇正留着唐代痕迹。

（之二）古论又对曰云　又祝皇文

伏以皇帝万岁，万万岁：明并日月，德合乾坤。……皇图永固，帝道遐昌。伏乞圣寿无疆福无疆。

其后见批：

古论云，妓者身穿黄袍（按，强调仍如和尚身穿黄袍），大拜皇帝位牌（按，旧时赛社每立有"当今在位皇帝"位牌），口云毕，四拜完。

此篇"古论"又称"祝皇文"，"妓者身穿黄袍"正类佛家装扮，且见其"大拜皇帝位牌"，正类前引的《降魔变文》所写，出于唐代。

（之三）厶帝尊神，圣诞之辰

圣哲千龄之庆……臣厶人等俯罄遇识，仰酬先愿。惟神圣兹陛下，恩行万国，道冠百王。山河带励（厉），万车书之同轨；九州八荒，一统乾坤大柄。……九品乐奏，声腾海阔之欢；一办（瓣）香烟，赞祝天齐之寿。仰祝千秋，嵩呼圣寿无疆福无疆。下情无任瞻天拜圣皎洁，屏营之至。右谨具表以闻。年月日。

依记，见其用于"厶帝尊神，圣诞之辰"，正与"圣诞酬神"的赛社相关，届时"四拜三献"正需"三道表文"，见其正属第三篇，用于"臣厶人等"祝颂，仍属"祝皇文"，用于"圣哲千龄之庆""仰祝千秋"，仍存唐代千秋节痕迹。如前引，见玄宗以其生日为千秋节，"布告天下，咸令宴乐"，"寻又移社就千秋节"，"君臣共为荒乐，当时流俗多传其事以为盛"，早与唐代民间"赛神"相关。宋代皇帝仿玄宗所为，诞辰皆属"圣节"，早用于"百官上寿"，且见宋徽宗时已"与天下共之"，民间"赛社"每也"圣诞酬神"。正沿此，就见上党赛社"古论对"仍属"祝皇文"，留唐代痕迹。

何况，唐代"文淑僧"早见"聚众谈说，假托经论"，其"经论"为"古论"，正类北魏寺庙所见，仍与"戏场"有关，受俗众欢迎。北宋钱易《南部新书》仍记：

（唐）长安戏场多集于慈恩（寺），小者在青龙（寺），其次在荐福（寺）、永寿（寺）。〔一一二〕

由唐而宋的相国寺，直至北宋末年，《东京梦华录》仍记：

……（正月十六夜）悉南去游相国寺。寺之大殿前设乐棚，诸军作

乐……其余宫观寺院，皆放万姓烧香。如开宝、景德大佛寺等处，皆有乐棚，作乐燃灯。〔一一三〕

由此，既见相国寺早属“皇寺”，北宋末年也仍祭祀不绝，又见“其余宫观寺院”类此，北宋末年也“皆有乐棚”，仍类“戏场”。

总之，通过以上举述，已见上党赛社也仍传递着由“古”而来的诸多信息，涉及音乐、歌舞、讲唱、说唱、百戏、杂戏、杂剧、院本等，早形成多种艺术形态，且见彼此关联，相互影响，不断发展，其中正多乐户类艺人的作用贡献。对此，还可再从不同侧面加以考述。

【注释】

〔一〕见《四书五经》，岳麓书社，1991 年版，567 页。

〔二〕见《汉书·律历志》，中华书局，1975 年版，959 页。

〔三〕见杨荫浏《中国古代音乐史稿》上册所述“周代的乐律”，人民音乐出版社，1996 年版，41—42 页。

〔四〕见《汉书·律历志》，版同前，966 页。

〔五〕见《宋史·乐志》，中华书局，1985 年版，2948—2949 页。

〔六〕见《汉书·律历志》，版同前，958—966 页。

〔七〕见《资治通鉴》，中华书局，1956 年版，9593—9594 页。

〔八〕见杨荫浏《中国古代音乐史稿》，版同前，162 页。

〔九〕详《宋史·乐志》，版同前，2938、3003—3018 页。

〔一〇〕见杨荫浏《中国古代音乐史稿》，版同前，390 页。

〔一一〕见《中国古典戏曲论著集成》第一册所载《乐府杂录》，中国戏曲出版社，1982 年版，62 页。

〔一二〕见《宋史·乐志》，版同前，3349 页。

〔一三〕见《东京梦华录·外四种》本，版同前，95—96 页。

〔一四〕见《辞源》“方响”条，商务印书馆，1980 年版，1385 页。

〔一五〕见刘东升等《中国乐器图志》，中国轻工业出版社，1987 年版，275 页。

〔一六〕见《汉语大字典》“篥”字条，四川辞书出版社，1993 年版，1249 页。

〔一七〕见《宋史·乐志》，版同前，3051—3052 页。

〔一八〕见《宋史·乐志》，版同前，3018 页。

〔一九〕见《中国古代音乐史稿》，版同前，258 页。

〔二〇〕转引自《中国古代音乐史稿》，版同前，239 页。

〔二一〕转引于《王国维戏曲论文集·唐宋大曲考》,中国戏剧出版社,1957 年版,151 页。原文见宋李昉《太平御览》卷五五七。

〔二二〕见陈旸《乐书·教坊》,依《四库全书》(台湾版),二一一册,849 页。

〔二三〕见《宋史·乐志》,版同前,3348、3349 页。

〔二四〕见《宋史·乐志》,版同前,3030 页。

〔二五〕见《东京梦华录·外四种》本,版同前,308 页。

〔二六〕见《宋史·乐志》,版同前,3351—3356 页。

〔二七〕见《中国古典戏曲论著集成》第一册,版同前,161、162 页。

〔二八〕见《旧唐书·音乐志》,据《四库全书》(台湾版),二六八册,704、706 页。

〔二九〕见《旧唐书·乐二》,版同前,二六八册,704—706 页。

〔三〇〕见《中国古典戏曲论著集成》第一册,版同前,11—18 页。

〔三一〕见《四库全书》,版同前,卷一四四子部五四。另见《中华戏曲》第三辑黄竹三《我国史料重大发现》一文,144—145 页。

〔三二〕转引同〔三一〕。

〔三三〕见《元史·祭祀六·国俗旧礼》,中华书局,1976 年版,1926 页。

〔三四〕见《鄮峰真隐漫录》,依《四库全书》台湾版,一一四一册,882—883 页。另,王国维《宋元戏曲考》中所录,结尾更明记:"念了,二舞者出队。"(见《王国维戏曲论文集》,中国戏剧出版社,1957 年版,40 页)

〔三五〕见刘永济辑录《宋代歌舞剧曲录要》所载"转踏九种",古典文学出版社,1957 年版,70—117 页。

〔三六〕见《东京梦华录·外四种》,版同前,55 页。

〔三七〕见《中国古典戏曲论著集成》一册,版同前,128—129,144—145 页。

〔三八〕所引两书内容,同见《东京梦华录·外四种》,版同前,分别见于 95—97、308—310 页。

〔三九〕见《续墨客挥犀》,中华书局,2002 年版,490—491 页。

〔四〇〕见《宋代歌舞剧曲录要》,版同前,56—66 页。

〔四一〕见《东京梦华录·外四种》本,版同前,97 页。

〔四二〕见《中国古典戏曲论著集成》一册,版同前,62 页。

〔四三〕书同〔四二〕,227 页。

〔四四〕见《宋史·乐志》,版同前,3359—3360 页。

〔四五〕见《说郛三种》本,上海古籍出版社,1988 年版。

〔四六〕见《中国古典戏曲论著集成》第一册,版同前,124—129 页。

〔四七〕转引于《辞海》"百戏"条,民国版及 1989 年版。

〔四八〕见《魏书·乐志》,版同前,2828 页。

〔四九〕见《乐府诗集》第四册,中华书局,1979 年版,1363 页。

〔五〇〕见《东京梦华录·外四种》,版同前,42—45、34、47—48、53 页。

〔五一〕书同〔五〇〕,310—311 页。

〔五二〕见《说郛三种》本,版同前,续四六卷之卷二八。

〔五三〕转引于任半塘《唐戏弄》上册,上海古籍出版社,1984 年版,243 页。

〔五四〕转引于胡忌《宋金杂剧考》,中华书局,1959 年版,28 页。

〔五五〕见陈暘《乐书》,依《四库全书》(台湾版),二一一册,839 页"剧戏",841—842 页"俳倡下"。

〔五六〕见《王国维戏曲论文集·戏曲考原》,版同前,204—207 页。

〔五七〕见《东京梦华录·外四种》,版同前,29—30、42—43 页。

〔五八〕见《东京梦华录·外四种》,版同前,308—310 页。

〔五九〕书同〔五八〕,404、508—512 页。

〔六〇〕书同〔五八〕,36、239 页。

〔六一〕见南宋朱玉《灯戏图》所绘的额题,转引自廖奔《宋元戏曲文物与民俗》,文化艺术出版社,1989 年版,图版二五。

〔六二〕见南宋赵长卿《惜香乐府》卷八《汉宫秋》,转引于胡忌《宋金杂剧考》,中华书局,1959 年版,199 页。

〔六三〕南戏《张协状元》语,见钱南扬《永乐大典戏文三种校注》,中华书局,1979 年版,13 页。

〔六四〕《南村辍耕录》卷二五,中华书局,1997 年版,306 页。

〔六五〕详参钱南扬《永乐大典戏文三种校注》,版同前,1—4 页。其中的"末"既"白"又"唱",又"踏场而舞",已兼"冲撞引首""引戏""艳段"于一身。

〔六六〕书同〔六五〕,13—14 页。

〔六七〕见元杨朝英《朝野新声太平乐府》卷九,商务印书馆,民国九年影印,7—8 页。

〔六八〕见《元散曲选注》,北京出版社,1981 年版,12—13 页。

〔六九〕转引于廖奔《宋元戏曲文物与民俗》,版同前,312 页。

〔七〇〕见元杨朝英《朝野新声太平乐府》卷九,版同前,3—4 页。

〔七一〕见《东京梦华录·外四种》,版同前,15、22、23、27、28、29 页。

〔七二〕书同〔七一〕,377 页。

〔七三〕书同〔七一〕,34—36 页。

〔七四〕书同〔七一〕,239 页。

〔七五〕转引于胡忌《宋金杂剧考》,版同前,197 页。

〔七六〕转引于杨荫浏《中国古代音乐史稿》,版同前,340 页。

〔七七〕见廖奔《宋元戏曲文物与民俗》,版同前,150 页。

〔七八〕见廖奔《晋东南祭神仪式抄本的戏曲史料价值》一文,载《中华戏曲》第十三辑,1993 年版,144 页。

〔七九〕见《东京梦华录·外四种》一书,版同前,239—241、311 页。

〔八〇〕见《大唐三藏取经诗话》,商务印书馆,1925 年版,"王国维跋"见该书尾,摘引内容见 2—3 页。

〔八一〕见张庚、郭汉城主编的《中国戏曲通史》,中国戏剧出版社,1980 年版,87 页。

〔八二〕见《四库全书》(台湾版),八六五册,《齐东野语》卷二〇"隐语"。另,《辞海》(民国版)98 页"廋辞"条亦引。

〔八三〕见《能改斋漫录》卷一"廋辞"条,依《四库全书》(台湾版)。

〔八四〕见《资治通鉴》,版同前,9411 页。

〔八五〕见《东京梦华录·外四种》本,版同前,30—98 页。

〔八六〕见《中国古典戏曲论著集成》二册,版同前,97 页。

〔八七〕书同〔八六〕,127、281—290 页。

〔八八〕见《中国古典戏曲论著集成》一册,版同前,12 页。

〔八九〕书同〔八八〕,42 页。

〔九〇〕见任半塘先生《唐戏弄》上册,上海古籍出版社,1984 年版,332 页。

〔九一〕书同〔九〇〕。

〔九二〕转引自《唐戏弄》上册,版同前,335 页。

〔九三〕见《中国古典戏曲论著集成》一册,49 页。

〔九四〕原文见《文苑英华》卷九五。此处转引于《唐戏弄》下册,版同前,1193 页。

〔九五〕见《唐戏弄》上册,版同前,400 页。

〔九六〕见《唐戏弄》上册,版同前,395 页。

〔九七〕书同〔九六〕,397 页。

〔九八〕书同〔九六〕,397 页。

〔九九〕见《唐戏弄》上册,版同前,411—412 页。

〔一〇〇〕转引自《王国维戏曲论文集·优语录》,版同前,256—257 页。

〔一〇一〕见《唐戏弄》上册,版同前,591 页。

〔一〇二〕见《唐戏弄》上册,版同前,936 页。

〔一〇三〕见《新唐书》,中华书局,1975 年版,6314 页。

〔一〇四〕见胡士莹《话本小说概论》,中华书局,1980 年版,16 页。

〔一〇五〕见《话本小说概论》,版同前,17 页。

〔一〇六〕引自周贻白《中国戏曲发展史纲要》,上海古籍出版社,1979年版,63页。

〔一〇七〕见《资治通鉴》,版同前,7850页。

〔一〇八〕见《话本小说概论》,版同前,24页。

〔一〇九〕见《新唐书》,版同前,4631页。

〔一一〇〕见《敦煌变文集》,人民文学出版社,1984年版,185页。

〔一一一〕书同〔一一〇〕,361—362页。

〔一一二〕转引于《话本小说概论》,版同前,24页。

〔一一三〕见《东京梦华录·外四种》,版同前,37页。

第二节　讲唱艺术与宋元戏剧

依前所述,讲唱艺术与唐宋佛道"俗讲"、民间"说话"相关,早有了相关话本。唐宋"队子"歌舞,可由"参军色"从旁讲说人物故事;唐代"目连变文"直接用于"搬演",北宋早有了目连杂剧;唐宋"弄参军"仍类"古弄",可"调笑",与"说话"相关。正沿此,就见金元院本仍多讲、说、论,与"讲唱""说话"相关;就见元代盛行"搬说词话""搬唱词话""搬演词话",屡禁不止。

从而,由唐而宋的讲唱艺术,早又影响着宋元戏剧的发展。举如《敦煌变文集》所记的《王昭君变文》〔一〕,既见其"文"属于诗赞体,又见文中加有提示"上卷立铺毕,此入下卷"。所谓"立铺",指每卷立有一"铺"挂图,即"画卷",以配合"讲唱"。与此相关,唐末吉师老作有《看蜀女转昭君变》一诗,写道:

妖姬未着石榴裙,自道家连锦水渍。

檀口解知千载事,清词堪叹九秋文。

翠眉颦处楚边月,画卷开时塞外云。

说尽绮罗当日恨,昭君传意向文君。〔二〕

依其写,此蜀女仍类文淑僧(前引),"未着石榴裙",为女僧,且见其仍借"画卷"讲唱着昭君变文,其"说尽"仍类"说话",甚至其"转"已含"转踏"之义。而在吉师老之前,唐代王建早又作有《观蛮妓》诗,写道:

欲说昭君敛翠蛾,清声委曲怨于歌。

谁家少年春风里，抛于金钱唱好多。[三]

此“蛮妓”为“乐妓”，且类前写的“蜀女”，也在“说昭君”。与前者对照，“敛翠蛾”正类蜀女“翠眉颦”；“清声委曲”正类蜀女“清词堪叹”；由“说”而“歌”，“抛于金钱唱好多”，正类“且步且歌”的歌舞戏《踏摇娘》（前引），正可“踏歌”起舞。

这由上党赛社《唐乐星图》本所记的实例也可旁证，如前引，见其“队子”正列有《王昭君和北番·一单舞》，为转踏歌舞，正类唐代《观蛮妓》所见；见其杂剧正列有《王昭君和北番》一目，正类北宋目连救母杂剧，将其“变文”用于“搬演”。

从而见于元杂剧，仍存有马致远写的《汉宫秋》一剧，写昭君故事[四]。其由“正末”主唱，正与宋代“女童装末，加以弦索赚曲”有关，且见其中仍多“诗云”，与“诗话”相关，如元杂剧《十样锦》所见，由话本加工而来，也与元代民间“搬说词话”“搬唱词话”相关。

由此，既见唐代“变文”早类“说话”，相关话本早可用于“转踏”歌舞，又见此类话本随着唐宋“说话”“讲唱”，元代早又盛行“搬说词话”“搬唱词话”，早与曲牌体元杂剧的形成相关。对此，明代王骥德《曲律》中说：

> 元人诸剧，为曲皆佳，而白则猥鄙俚亵，不似文人口吻。盖由当时皆教坊乐工先撰成间架说白，却命供奉词臣作曲，谓之“填词”。凡乐工所撰，士流耻为更改，故事款多悖理，辞句多不通。不似今作南曲者，尽出一手，要不得为诸君子疵也。[五]

王骥德是明代万历时人，当然所见的元剧比今更多。然而发现，“白则猥鄙俚亵，不似文人口吻”。如何解释？其说“当时皆教坊乐工先撰成间架说白”，后命“词臣作曲，谓之填词”，“凡乐工所撰，士流耻为更改”，显然不尽合理。不过其毕竟看到了“乐工”的贡献。至于其言“白则猥鄙俚亵”，正如唐代《因话录》所说的“俗讲”，早视其为“淫秽鄙亵”。显然，王骥德仍站在封建文人立场，故见其言“乐工所撰，士流耻为更改”。

若站在俗众立场，就可合理解释有关现象。如前引，见唐代“俗讲”早类“说话”，早多话本，不但“愚夫冶妇，乐闻其说”，且见用于“搬演”，北宋“构肆乐人”搬演的目连杂剧仍受俗众欢迎。元代民间早又盛行“搬说词话”“搬唱词话”，屡禁不止，受俗众喜爱，且见正与曲牌体元杂剧兴起相关。对此，叶德钧在《宋元明讲唱文学》中说：

> 现存的元及明初杂剧一百四十四本，极大多数是有词话的。姑以最通行的《元曲选》为例，一百种中有词话的计九十二种（原按，未用的只有八种），占百分之九十以上。九十二种内，每种都不只一见，每折也不止一处，共计有一百八十八处。〔六〕

其说的“元及明初杂剧”，仍类元杂剧，为曲牌体，见其“多数是有词话的”，正与元代“搬演词话”相关；见如《元曲选》，选的多是关汉卿、王实甫之类“名公”大作，“百分之九十以上”留着词话痕迹，且见“每种都不只一见，每折也不止一处”，正如前引的元杂剧《十样锦》所见，正如明代王骥德《曲律》所言，其“间架说白”出自“词话”，早有话本，即使名公文人将其加工为“元曲”，其“曲”仍类“填词”。

类此，已见于宋元南戏。虽然王骥德《曲律》言其“尽出一手”，却见仍与“搬演词话”相关，“文人”早已插了“一手”。按明代徐渭所作的《南词叙录》所言，“南戏始于宋光宗朝，永嘉人所作《赵贞女》《王魁》二种实首之”。不妨看其“首之”二剧的由来。

先看《赵贞女》，出自《赵贞女与蔡二郎》话本。“蔡二郎”又称“蔡中郎”“蔡伯喈”，由蔡邕演义而来。对此，陆游《小舟游近村，舍舟步归》诗已写：

> 斜阳古柳赵家庄，负鼓盲翁正作场。
>
> 死后是非谁管得，满村听说蔡中郎。

南宋已“满村听说蔡中郎”，由“负鼓盲翁”说唱，说明其早有话本，早属鼓子词，且其话本早用于搬演。与此相关，《辍耕录》所记的金元院本有《蔡伯喈》一目；宋元南戏早也有了《赵贞女》一剧，涉及“蔡中郎”；明代《南词叙录》言，元末明初已由高则诚加工成了曲牌体，改称《琵琶记》，仍写“有贞有烈赵贞女，全忠全孝蔡伯喈”。显然，“赵贞女”与“蔡伯喈”的故事宋代早有，由鼓子词用于搬演，与北宋民间“鼓板之戏”、元代民间“搬演词话”相关，且见文人高则诚早又插了“一手”，将其改为《琵琶记》。所谓南戏“尽出一手”并不尽然。

再看其《王魁》一剧。按胡士莹先生《话本小说概论》中考证，其故事出自宋代，明代仍存话本，且见其话本早用于搬演，宋官本杂剧记有《王魁三乡题》一目。

由此，南戏《王魁》《赵贞女》同由“永嘉人”所作，同与民间“搬演词话”相关；元杂剧也有《王魁负桂英》一剧（见钱南扬先生《宋元戏文辑佚·王魁负桂英》),早类“永嘉人高则诚”加工的《琵琶记》,由文人插了“一手”。

《赵贞女》《王魁》作为南戏“首之”二剧,其初见称永嘉杂剧,正类上党赛社杂剧所见,与宋元民间“搬演词话”相关,且早多同名元杂剧。正因此,就见明代王骥德《曲律》言,“元人诸剧,为曲皆佳,而白则猥鄙俚亵,不似文人口吻”,文人仍类“填词”,元杂剧仍多“词话”痕迹。

综上所述,既见民间“讲唱”“说唱”早与唐宋“俗讲”“说话”相关,又见宋元早又“搬说”“搬唱”,北宋“构肆乐人”已搬演目连杂剧,元代民间早又盛行“搬演词话”,且见随着宋元文人介入,早又兴起曲牌体戏剧。

【注释】

〔一〕见《敦煌变文集》上册,版同前,98—107页。

〔二〕见《唐戏弄》上册,版同前,922页。

〔三〕见《唐戏弄》上册,版同前,922页。

〔四〕见王季思主编的《全元戏曲》第二卷,人民文学出版社,1990年版,106—128页。

〔五〕见《中国古典戏曲论著集成》第四册,版同前,148页。

〔六〕见叶德钧《宋元明讲唱文学》,《戏曲小说丛考》下册,中华书局,1979年版,663页。

第三节　曲牌音乐与乐户贡献

历代音乐,因与歌舞、说唱、戏剧有关,早多曲牌体,又涉及宫调理论、乐曲创制、乐器运用、技艺传承等,其中早多乐户艺人的贡献。以下,先提供一些相关的历史信息。

一、有关宫调理论

如前述,中国自古就有“天人合一”的思想,借乐以通神,历代帝王莫不“功成作乐”,在宫调上探求古义,争论不休。然而真正知音懂乐者,却是最有实践经验的“乐工”“乐户”。先秦“十二律”传说是由“伶伦”首创,且见隋唐以来的宫调理论仍与乐户相关。《北史·万宝常传》中曰：

万宝常，不知何许人也。父大通，从梁将王琳归齐，后谋还江南，事泄伏诛。由是宝常被配为乐户，因妙达钟律，遍工八音……大为时人所赏。然历周隋，俱不得调。

开皇初，沛国公郑译等定乐，初为黄钟调，宝常虽为伶人，译等每召与议，然言多不用。后译乐成，奏之，上召宝常……（由此）其声率下郑译调二律。（宝常）并撰乐谱六十四卷。且论八音旋相为宫法，改弦移柱之变为八十四调……时以《周礼》有旋宫之义，自汉以来，知音不能通，见宝常特创其事，皆哂之。至是，试令为之，应手成曲，无所疑滞，见者莫不嗟异。

于是损益乐器，不可胜纪……

写道：

开皇中，郑译、何妥、卢贲、苏夔、萧吉并讨论坟籍，撰著乐书，皆为当时所用。至于天然识乐，不及宝常远矣。（乐工）安马驹、曹妙达、王长通、郭令乐等能造曲，为一时之妙，又习郑声，而宝常所为，皆归于雅。此辈虽公议不附宝常，然皆心服，谓以为神。〔一〕

由所记，万宝常原属北齐乐户，隋仍属宫中伶人，“妙达钟律，遍工八音”，其“论八音旋相为宫法”正合先秦“旋宫之义”。他还能“应手成曲，无所疑滞”，“大为时人所赏”，不但亲制乐谱，对乐器也有改革增损，且见由其“特创”，郑译等辈“讨论坟籍，撰著乐书”，包括“郑译定乐”“每召与议”，即使“公议不附宝常，然皆心服，谓以为神”。而与宝常“特创”有关，北周早又有来自龟兹的苏祇婆，善弹琵琶（前引），早会旋宫之法；见如“安马驹、曹妙达、王长通、郭令乐等”，与宝常同为乐工，不但“又习郑声（指俗乐）”，且类宝常“能造曲，为一时之妙”。可见这种“特创”正来自诸多乐工的不断实践，万宝常只是其中的佼佼者，为其代表人物。

由隋至唐，仍由“旧工”完善着宫调理论。《资治通鉴》就记：

……唐太宗爰命旧工祖孝孙、张文收，整比郑译、宝常所均七音八十四调，方得丝管并施，钟石俱奏。〔二〕

祖孝孙、张文收皆属“旧工”，是由隋入唐的乐工，正类北齐入隋的宝常；其在“整比”宫调，与“宝常所均七音八十四调”有关。“丝管并施，钟石俱奏”，又有了较为完备的宫调理论，唐《乐府杂录》已记有"别乐识五音轮二十八调图"说（前引），其"图"为《唐乐星图》，其"轮"指"旋宫"之法。

由唐至宋，大体仍旧。但与"旋宫"有关，却仍在争论"宫音"（基音）如何确定，即律音的音高如何确定，如何使"钟律"合古制，可人神相通。

当然最古的律音标准，应是伶伦截竹为管形成的"管律"。从而如前引，由上党羊头山"秬黍"（黑黍）早又有了"黍垒"之法，借以确定"管律"，汉代取上党羊头山"秬黍"校正"钟律"，宋仁宗为校钟律，"别诏潞州取羊头山秬黍"。

然而，对于这种"钟律"校正，元代马端临《文献通考·历代乐制》中说："乐者，器也、声也，非徒以资议论而已。今订正虽详而铿锵不韵，辨折虽可听而考击不成声，则亦何取焉。"明代王圻《续文献通考·历代乐制》更有如下记述：

> 按《金华文统》（**今按，明正德年间赵鹤撰**）云：向予北游京师（北京），闻太常所用乐，本（宋徽宗）"大晟"之遗法也……（明）国初有旨，征乐东平。太常徐公遂典乐向日月山奏观……令旧工教习，以备大祀。故今乐户子孙，犹世籍河泲间。……予因考求前代议乐，自和岘（**按，宋太祖时的太常博士**）以下，更六七巨公，而议论莫之有定。前日之宿县者本谓乐和，曾未几时倏已改铸（律钟），或云乐失之清，或云乐过于浊。乐工冶卒且深厌其炉鞲鼓铸之劳，则或自取其乐之协，时和铜齐（**按，即"铜剂"，指铜在合金中的剂量**）以济之。当轩临试，虽以老师宿儒，终不能必悟其铜齐之轻重，而徒论其铜律之清浊也。迨夫崇宁之世，魏汉津乃以蜀一黥卒，伪造大晟乐府，遂颁其乐书于天下……〔三〕

由此，既见元明所用的"钟律"来自宋代，"本'大晟'之遗法也"，正出于宋徽宗之手，又见宋代早为"钟律"争论不休，不断"改铸"。其"巨公"仍类前代，"或云乐失之清，或云乐过于浊"，且见"订正虽详而铿锵不韵，辨折虽可听而考击不成声"，盖因这些"老师宿儒，终不能必悟铜齐之轻重"，只会"议论而已"。"乐工"则不然，"自取其乐之协，时和铜齐以济之"，正有实践经验，且见宋徽宗的"大晟"乐律是由魏汉津"伪造"，明代仍在沿用。魏汉津又何许人也？"蜀一黥卒"，为充军的"罪隶"，知音懂乐，为军中乐工。

于是，明代仍在沿用"'大晟'之遗法"，杨荫浏先生考证说，所谓"大晟"律，"拆穿了说，实际是将当时教坊律的黄钟作为夹钟，从而推得的民间的黄钟音高标准"，唐代"宫调乃应夹钟之律，燕设用之"，故"经得起考验"〔四〕。就是说，宋代所谓“大晟”律，正是唐宋“民间的音高标准”，宋徽宗早“与天下共之”（前引），且见“经得起考验”，元明以来从宫廷到民间仍在用其“遗法”。

由此可见，隋唐以来的宫调理论，由万宝常的“特创”，到祖孝孙、张文收等人的“整比”，再到魏汉津的“伪造”，直至明清的传承，正多乐户艺人的作用与贡献。

二、有关乐曲的创制和应用

以唐代“大曲”为例。如《六么》，“本自乐工进曲，上令录其要者，今以为名”，故又称《录要》[五]。又如《中和乐》，昭义军节度使王虔休“尝得太常乐工刘玠，撰《继天诞圣乐》，因帝诞日以献……后《中和乐》本于此”[六]。即使唐代的《霓裳羽衣曲》，也见“西凉进婆罗门曲，明皇润色，又为易美名，最明白无疑”[七]。唐代《凉州》《伊州》诸曲，明显来自边地，早与军中乐户有关。这些“大曲”，早多乐工所撰，用于歌舞，且见小令多出自乐工之手。举如唐《乐府杂录》，就有如下记述（从中摘录）：

《黄骢叠》急曲子：太宗定中原时所乘战马也，后征辽，马毙，上叹惜，乃命乐工撰此曲。

《离别难》：天后朝，有士人陷冤狱，籍没家族，其妻配入掖庭（属乐工），本初善吹觱篥，乃撰此曲，以寄哀情……

《雨霖铃》：……因唐明皇驾回至骆谷，闻雨淋銮铃，因令张野狐（乐工）撰为曲名。

《还京乐》：明皇自西蜀返，乐人张野狐所制。

《康老子》：本长安富家子酷好声乐，落魄……寻卒。后乐人嗟惜之，遂撰此曲……

《文叙子》：长庆中，俗讲僧文叙（即文溆、文漵）善吟经，其声宛畅，感动里人。乐工黄米饭依其念四声“观世音菩萨”，乃撰此曲。

《望江南》：……为亡妓谢秋娘所撰。本名《谢秋娘》，后改此名。

《道调子》：懿皇命乐工敬约吹觱篥，初弄道调，上谓“是曲误拍之”，敬约乃随拍撰成此曲。[八]

如《何满子》曲，白居易所作的同名诗自注云：“何满子，开元中沧州歌者，临

刑进此曲以赎死，竟不得免。”〔九〕

不仅如此，当时乐妓多依文人诗作制曲，早已形成曲牌。如南宋王灼《碧鸡漫志》卷一就说：

唐时，古意亦未全丧。《竹枝》《浪淘沙》《抛毬乐》《杨柳枝》乃诗中绝句，而定为歌曲，故李太白《清平调》词三章，皆绝句。元、白（元稹、白居易）诸诗，亦为知音者协律作歌。白乐天守杭，元徽之赠云：“休遣玲珑唱我诗，我诗多是别君辞。”自注云：“乐人高玲珑能歌，歌余数十诗。”乐天亦醉戏诸妓云：“席上争飞使君酒，歌中多唱舍人诗。”……又旧说：开元中诗人王昌龄、高适、王之涣诣旗亭饮，梨园伶官亦招妓聚燕。三人私约曰：“我辈擅诗名，未第甲乙，试观诸伶讴诗分优劣。”……以此知，唐伶妓当时名士诗句入歌曲，盖常事也。〔一〇〕

正因唐代“伶妓当时名士诗句入歌曲”已为“常事”，“曲名”多见出自“诗句”，且因依曲填词，早又形成相关“曲牌”“词牌”。

沿此至宋，文人诗词仍可入曲，更多“曲牌”“词牌”，且见宋代乐人类如唐代“黄米饭”所为，更多由民间“叫声”加工成“曲”。《东京梦华录·京瓦伎艺》已记有北宋末年“文八娘，叫果子”，南宋《都城纪胜·瓦舍众伎》曰：

嘌唱，谓上鼓面唱令曲小词……与叫果子、唱耍曲儿为一体……叫声，自（北宋）京师起撰，因市井诸色歌吟卖物之声，采合宫调而成也。若加以嘌唱为引子，次用四句就入者谓之下影带。无影带者，名散叫。若不上鼓面，只敲盏者，谓之打拍。〔一一〕

南宋高承《事物纪元·吟叫》曰：

（北宋）嘉祐末，仁宗上仙……四海方遏密，故市井初有“叫果子”之戏。其本盖自至和、嘉祐之间叫紫苏丸，洎乐工杜人经“十叫子”始也。（北宋）京师凡卖一物，必有声韵，其吟哦俱不同，故市人采其声调，间以词章，以为戏乐也。〔一二〕

所谓“市人”，《宋史·乐志》记，直至南宋“乾道后，北使每岁两至，亦用乐，但呼市人使之，不置教坊”〔一三〕。可见这种“市人”正类两宋教坊“乐人”，指市肆散乐艺人，正熟悉“市井诸色歌吟卖物之声”，正可“采合宫调”使成“令曲”。从而，既见北宋早多相关曲牌，已形成诸宫调，又见“采其声调，间以词章，以为戏乐”，北宋早有了“叫果子之戏”，其“戏”可“嘌唱”，“与叫果子、唱耍曲儿为一体”，早可“上鼓面”，为民间“鼓板之戏”，且见“间以词章”，早类元代“搬演词话”。

南宋《梦粱录·妓乐》仍有相关记述[一四]。依其记，民间“散乐传学教坊十三部，唯以杂剧为正色”，其“散乐”仍类北宋“市肆乐人”，以搬演杂剧为主；见“今街市与宅院，往往效京师叫声，以市井诸色歌叫卖物之声，采合宫商成其词也”，可“接诸家腔谱”，正类诸宫调所见，早又发展形成“唱赚”；见“筵会或社会”可又“从省”，每以“女童装末，加以弦索赚曲”，类如南宋宫廷的四人或五人表演，其“女童”为“末尼”，其“赚曲”可“唱赚”，其表演正类杂剧中的“艳段”，为“搬演”。

正因此，宋代“叫声”多形成“曲子”，宋杂剧多曲牌体，早由“诸宫调”“唱赚”形成了元杂剧。且见南宋王灼《碧鸡漫志》言：

> 盖隋以来，今之所谓曲子者渐兴，至唐稍盛，今(南宋)则繁声淫奏，殆不可数。[一五]

明代沈德符《万历野获编·时尚小令》仍言：

> 元人小令，行于燕赵后浸淫日盛。自(明)宣正至成弘后，中原人行《琐南枝》《傍妆台》《山坡羊》之属……自兹以后，又有《耍孩儿》《驻云飞》《醉太平》诸曲……嘉隆间乃兴《闹五更》《寄生草》《罗江怨》《哭皇天》《干荷叶》《粉红莲》《桐城歌》《银扭丝》之属……比年以来又有《打枣竿》《挂枝儿》二曲，其腔调约略相似，则不问南北，不问男妇，不问老幼良贱，人人习之，亦人人喜听之。以至刊布成帙，举世传诵，沁入心腑；其谱不知从何来，真可骇叹。又《山坡羊》者，李、何二公(指李崆峒、何大复)所喜，今南北词俱有此名，但北方惟盛爱《数落山坡羊》，其曲自宣、大、辽东三镇传来。今京师妓女，惯以此充弦索北调，其语秽亵鄙浅，并桑濮之音亦离去已远。而羁人游婿嗜之独深，丙夜开尊，争先招致；而教坊所隶筝、纂等色，及九宫十二则，皆不知为何物矣！俗乐中之雅乐(指教坊乐)尚不谐俚耳如此，况真雅乐乎?[一六]

可见直至元明，“曲子”“小令”仍不断出现。见如《山坡羊》，显由民间“叫声”加工而来，元代“以此充弦索北调”；明代又兴的《打枣竿》《挂枝儿》二曲，“其谱不知从何而来”，其加工者可能是宋代“市人”，为乐户类艺人，且见“人人习之，亦人人喜听之”，仍与乐户传承有关。

这种传承见于上党地区，如前引，既类元代《唱论》所言，强调"男记四十大曲，女记小令三千"，又类元代《中原音韵》所记，传承着诸多令曲，至今乐户后人仍存有诸多"工尺谱"，一些曲牌仍用于吹奏、"吹戏"。举如平顺县西社村王家乐户，有位王起云老人，笔者曾多次走访，见其仍存着"光绪三十四年""宣统三年"的谱本，其中仍记着《天下乐》《浪淘沙》《小桃红》《豆叶黄》等宋元曲牌；见其"民国二十五年"抄的谱本写着"留心此本不须乱传"，仍记有《封相》《赶脚》《别母》《走洪洞》《大赐福》《五拍戏》以及不知名的小戏曲谱，乃是为"吹戏"而抄，其戏仍属曲牌体，反映出宋元戏剧的发展。

【注释】

〔一〕以上所引详见《北史》，中华书局，1974年版，2892—2893页。

〔二〕见《资治通鉴》，版同前，9593页。

〔三〕见王圻《续文献通考》，明万历刊本，9352—9353页。

〔四〕见杨荫浏《中国古代音乐史稿》，版同前，390页。

〔五〕见《中国古典戏曲论著集成》一册，版同前，50页。

〔六〕见《新唐书》，版同前，4760页。

〔七〕见《中国古典戏曲论著集成》一册，版同前，125页。

〔八〕见《中国古典戏曲论著集成》一册《乐府杂录》，版同前，58—61页。

〔九〕见《乐府诗集》第四册，中华书局，1979年版，1133页。

〔一〇〕见《中国古典戏曲论著集成》一册，版同前，109—110页。

〔一一〕见《东京梦华录·外四种》，版同前，30、96—97页。

〔一二〕依《四库全书》台湾版，九〇二〇册，9257页。

〔一三〕见《宋史·乐志》，版同前，3359页。

〔一四〕见《东京梦华录·外四种》，版同前，310页。

〔一五〕见《碧鸡漫志》卷一，《中国古典戏曲论著集成》第一册，版同前，106页。

〔一六〕见《万历野获编·时尚小令》，中华书局，1997年版，647页。另见《中国古典戏曲论著集成》四册《顾曲杂言》，版同前，213页。

第四节　曲牌音乐与宋元南戏

由于北宋以后南北一度分治，除了元杂剧（也称"北杂剧""北曲"），南方早又兴起宋元南戏(也称“戏文”或“南曲”),其用的“南曲”仍类“北曲”,也与北宋的“叫声”“缠令”“缠达”“诸宫调”相关。南宋《梦粱录·妓乐》中说:

说唱诸宫调,昨(北宋)汴京有孔三传编成传奇、灵怪,入曲说唱;今杭城有女流熊保保及后辈女童皆效此,说唱亦精,于(与)上鼓板无二也。……唱赚在京(汴京)时,只有缠令、缠达,有引子、尾声为缠令。引子后只有两腔迎互循环,间有缠达。绍兴年间,有张五牛大夫,因听动鼓板中有《太平令》或赚鼓板,即今拍板大节扬处是也,遂撰为“赚”。赚者,误赚之之义也,正堪美听中,不觉已至尾声,是不宜为片序也。又有“覆赚”,其中变花前月下之情及铁骑之类。……凡唱赚最难,兼慢曲、曲破、大曲、嘌唱、耍令、番曲、叫声,接诸家腔谱也。……今街市与宅院,往往效京师(汴京)叫声,以市井诸色歌叫卖物之声,采合宫商成其词也。[一]

由此,“唱赚”由北宋“缠令”“缠达”“诸宫调”发展而来,“接诸家腔谱”,与“叫声”有关;其类北宋“动鼓板中有《太平令》”,也仍“赚鼓板”。而如前引,北宋有了“叫果子”之戏,其“唱”正类卖物“叫声”,为《太平令》,其“戏”早可“上鼓面”,为民间“鼓板之戏”,早在“动鼓板”。诸宫调早也用于“搬演”,南宋官本杂剧便记有《诸宫调霸王》等。南宋“女童装末,加以弦索赚曲”正类金元院本的“艳段”,用于“搬演”。宋元南戏早与民间“搬演词话”相关,随着文人介入形成了曲牌体。

对此,明代徐渭《南词叙录》中说:

南戏起于宋光宗朝,永嘉人所作《赵贞女》《王魁》二种实首之,故刘后村(按,指刘克庄,实应为陆游)有“死后是非谁管得,满村听说蔡中郎”之句。或云:“宣和间已滥觞,其盛行则自南渡,号曰‘永嘉杂剧’,又曰‘鹘伶声嗽’。”其曲,则宋人词而益以里巷歌谣,不叶宫调,故士夫罕有留意者。元初,北方杂剧流入南徼……(元末)永嘉高经历明(按,即高明,官经历,字则诚,永嘉人),避乱四明(浙江宁波)之栎社,惜伯喈之被谤,乃作《琵琶记》雪之,用清丽之词,一洗作者之陋,于是村坊小伎,进与古法部相参,卓乎不可及已。……我高皇帝(朱元璋)即位……时有以《琵琶记》进呈者……由是日令优人进演。寻患其不可入弦索,命教坊奉銮史忠计之。色长刘杲者,遂撰腔以献,南曲北调,可于筝琶被之……

又说道：

> ……永嘉杂剧兴，则又即村坊小曲而为之，本无宫调，亦罕节奏，徒取其畸农市女顺口可歌而已，谚所谓"随心令"者，即其技欤？间有一二叶音律，终不可以例其余……
>
> ……夫南曲本市里之谈，即如今吴下《山歌》、北方《山坡羊》，何处求取宫调？……大家胡说可也，奚必南九宫为？〔二〕

依史，徐渭出生于浙江山阴（绍兴），与永嘉（温州）相近，且是明代著名戏剧家，可见其《南词叙录》所言较为可信。依其说，南戏盛行于南宋，又说北宋"宣和间已滥觞"，"永嘉人所作《赵贞女》《王魁》二种实首之"，"本市里之谈"，"大家胡说可也"，正类元代"搬说词话"，且见其"宋人词而益以里巷歌谣"，由"说"而"唱"，正类元代"搬唱词话"。故见其"词"仍如南宋"负鼓盲翁"所说的《赵贞女与蔡二郎》，仍属"鼓子词"；其"曲"仍类当时"市井诸色歌叫卖物之声"，"不叶宫调"，即使用了"村坊小曲"，"间有一二叶音律"者，也"顺口可歌"，仍属"随心令"，为北宋民间卖物"叫声"。于是，就见永嘉杂剧仍类北宋"鼓板之戏"、元代民间"搬唱词话"；就见其又称"鹘伶声嗽"，"鹘伶"如唐宋"弄参军"中的"鸽鹘"（即参军色），"声"短促如"嗽"。显然，宋元时的永嘉杂剧正如上党赛社杂剧，既属宋杂剧范畴，又类元代民间"搬唱词话"，为民间土腔土调的"土戏"，即所谓"村坊小伎"，故见"士夫罕有留意者"。不过，随着"北方杂剧流入南徼"，高则诚将《赵贞女》加工为《琵琶记》，正类文人加工的元杂剧，"用清丽之词，一洗作者之陋"。明初朱元璋"寻患其不可入弦索"，命教坊乐工"撰腔以献"，已使"南曲北调，可于筝琶被之"，更类元杂剧加了弦索乐器。于是，随着"寻宫数调"有了"南九宫"，而明代南戏类如"元明杂剧"，也已走向曲牌体。

需要指出的是，作为南戏的发端，并不限于宋元时的永嘉。见如前引，宋代民间早有"鼓板之戏"，其戏早类元代"搬唱词话"，其唱早类"叫声"，不但此类民间"土戏"早类永嘉杂剧，且如浙江的余姚腔、海盐腔，江苏的昆山腔，江西的弋阳腔，早也"淫哇"乱唱。

那么，徐渭为何要言"南戏起于宋光宗朝，永嘉人所作《赵贞女》《王魁》二种实首之"？盖因永嘉与杭州相近，文化相通，两地妓乐早有相互影响。北宋哲宗时杨蟠知温州时，其《咏永嘉》诗早言："一片繁华海上头，从来唤作小杭州。"更见南宋定都杭州后，百官富豪纷纷南迁。建炎四年(1130)，金兵南下，高宗赵构浮海逃至温州，并把太庙迁来，以“州治为行宫”(《温州府志》)。于是，温州更类杭州，人口剧增，商贸兴旺，乐伎云集。南宋《梦粱录·江海船舰》记，“浙江乃通江渡海之津道”，“商贾止到台、温、泉、福买卖”，温州成为沿海通商口岸。随着商贸发展，当地文人注重功利，形成“永嘉学派”，代表人物正是永嘉人叶适。他历仕孝宗、光宗、宁宗三朝，其《永嘉端午行》诗云“岸腾波沸相随流，回庙长歌谢神助”，正类南宋杭州赛社所见(前引)，与永嘉杂剧相关。明代祝允明在《猥谈》中早说：“南戏出于宣和之后，南渡之际，谓之温州杂剧。予见旧牒，其时有赵闳夫榜禁，颇述名目，如《赵贞女蔡二郎》等，亦不甚多。”赵闳夫正是宋光宗的同宗兄弟。正基于此，就见徐渭《南词叙录》中说“南戏起于宋光宗朝”，“或云，宣和间已滥觞”，号曰永嘉杂剧，仍属宋杂剧。高则诚仍类宋元文人所为，将《赵贞女》加工为《琵琶记》，“进与古法部相参”，明初进呈朝廷，朱元璋又令宫廷乐工“撰腔以献”，其过程正类元明杂剧的形成过程，其间正多“市人”“路歧”“畸农市女”之类艺人的贡献。

对此，不妨再举南戏《张协状元》，加以证实。钱南扬先生编注的《永乐大典戏文三种校注》，该剧出自“永嘉”，“九山书会编撰”，由“书会才人”加工而来，正类永嘉人高则诚所为。其开场(如第一出)先有个“宦裔”上场，或属元灭南宋的官宦后裔，或为北宋逃来永嘉者(前引)，其扮作“末尼”，说：

> 《状元张叶传》前曾演，汝辈搬成。这番书会，要夺魁名。占断东瓯盛事，诸宫调唱出来因。

于是见类“诸宫调”说唱一段，接着说：

> 似恁地唱说诸宫调，何如把此话文敷演。

第二出(原戏未分“出”)由“末尼色饶个踏场”。“末尼”如宋代的“引舞”“引戏”，其“踏场”仍类宋杂剧“艳段”，说道：

> ……真个梨园院体，论诙谐除师怎比？九山书会，近目翻腾，别是风味。〔三〕

从第三出(原戏未分“出”)起“风味”一变，类如《琵琶记》所见，由人物正式“搬演”，也属曲牌体南戏。

由此，南戏《张协状元》是由《状元张叶传》加工而来，说明“张叶传”早有话本，用于“搬演”，正类元代民间“搬演词传”。由“汝辈搬成”，“汝辈”与“宦裔”

有别，指“畸农市女”之辈。永嘉宦裔组成九山书会，正如元大都“书会才人”，由其加工的《张协状元》“别是风味”，且见《张协状元》言，“似恁地唱说诸宫调，何如把此话文敷演”，正如元杂剧所见，与“诸宫调”用于“搬演”有关。正因此，就见《中国古代音乐史稿》说，南戏尚存残文中仍留着“诸宫调”“唱赚”的痕迹〔四〕。

从而，南戏发端于宋元民间，正与宋代“陶真”说唱有关，如元代“搬唱词话”所见，其初“顺口可歌”，仍属“村坊小伎”。随着文人介入，类如元杂剧所见，加工出曲牌体，随着“北方杂剧流入南徼”，明代昆曲仍类“北曲”，为上层喜爱的曲牌体，且见明代民间仍流行着“土戏”，仍类永嘉杂剧。可见元明南戏早已雅俗分流，受众有别。

因此，对于元明曲牌体戏剧的形成过程，以及“畸农市女”之辈的贡献，还可借助元杂剧继续探讨。

【注释】

〔一〕《东京梦华录·外四种》，版同前，310 页。

〔二〕《中国古典戏曲论著集成》三册，版同前，239—241 页。

〔三〕详见《中国古代音乐史稿》中“南戏的音乐”和“宋元南戏乐谱的保存情况”，版同前，361—363 页。

〔四〕钱南扬《永乐大典戏文三种校注》，中华书局，1979 年版，2—3 页。

第五节　元杂剧的形成

人们通常说的元杂剧皆属曲牌体。然而如前所述，见其仍多“词话”痕迹，不但正与民间“搬演词传”相关，且早经过文人加工。其剧本仍类文人写文章，严格按照“起承转合”结构，仍类文人依曲“填词”，强调合辙押韵。为见其形成过程，不妨就举著名的《西厢记》为例，展开探讨。

一、由《会真记》说起

《西厢记》写的莺莺故事，出于唐代元稹的《会真记》，北宋赵令畤已作有《商调蝶恋花·会真记》，其开篇说：

> 夫传奇者，唐元微之(元稹)所述也……至今士大夫极谈幽玄，访奇述异，无不举此以为美话。至于倡优女子，皆能调说大略。惜乎不比之以音律，故不能播之声乐，形之管弦……句句言情，篇篇见意。奉劳歌伴，先定格调，后听芜词。〔一〕

依史，赵令畤乃赵匡胤次子(赵德昭)的玄孙，生于宋英宗治平元年(1604)，后与苏轼等人交游，哲宗时坐“元祐党祸”，晚年随高宗南渡，绍兴四年(1134)卒。由此推断，其《商调蝶恋花·会真记》最早应出在元祐前后。

而如前引，早在熙宁、元祐年间的汴京，已见“泽州孔三传者，首创诸宫调古传，士大夫皆能诵之”，直至北宋末年仍在“京瓦”，“编撰传奇、灵怪，入曲说唱”。可见在赵令畤改编《会真记》之前，汴京勾栏已用诸宫调说唱“传奇”，其中或已有莺莺故事，已见“士大夫皆能诵之”。或因此，就见赵令畤言“至今士大夫极谈幽玄”，“无不举此以为美话”。果若此，其言“惜乎不比之以音律，故不能播之以声乐”就不尽合实际，有抬高自我之嫌。退一步讲，即使如其所言，也见当时“倡优女子，皆能调说大略”，早类“说话”，早有话本，早可“说唱”；即使其“唱”仍类“叫声”，也见北宋艺人早可“采合宫调”，用“诸宫调，入曲说唱”。

于是，南宋《武林旧事》记的官本杂剧，已有《诸宫调霸王》之类，说明诸宫调早由“说唱”用于“搬演”，已记有《莺莺六么》，说明其故事也已用于“搬演”。从而将其故事改用诸宫调，也由“说唱”用于“搬演”，可谓水到渠成。

与此相关，金代早已有了董解元的《诸宫调西厢记》(简称《董西厢》)，元杂剧早又有了王实甫的《西厢记》(或也称《王西厢》)，见于元末钟嗣成的《录鬼簿》，其在“前辈已死名公，有乐府行于世者”一类所列的“名公”，首先就记：

> 董解元：大金章宗时人，以其创始，故列诸首。〔二〕

董解元“创始”了什么，竟列“诸首”？若指“乐府”，汉代以来早有；若指诸宫调，北宋孔三传早已“首创”；若指《会真记》用以“说唱”，甚至加了“弦索”，见北宋赵令畤的《商调蝶恋花·会真记》已“形之管弦”。然而，《录鬼簿》并非乱说，其分类、用语都相当谨慎。如其所录的作者,分“前辈”和“方今”,且强调都是“名公”;如其所录的作品,分“乐府”和“传奇”,并强调“行于世”;其录的“传奇”指元杂剧,正录有王实甫《西厢记》。显然,属于“前辈”的董解元,“有乐府行于世者”,正指其《诸宫调西厢记》。

问题是,元代仍见“行于世”的《董西厢》是何形态?

与此相关,元杂剧已由“说唱诸宫调”走向“搬演”,南戏《张协状元》也说道,“似恁地唱说诸宫调,何如把此话文敷演”。这说明,元代行于世的《董西厢》早用于“敷演”,与元杂剧兴起相关。正因此,就见《录鬼簿》言:“以其创始,故列诸首。”就是说,由于《董西厢》早用于“搬演”,才见元代诸多“名公”类其而为,才形成曲牌体元杂剧。故见明初朱权《太和正音谱》也言其“初为北曲”,也说“北杂剧”是由董解元初创。

二、由《董西厢》再说《刘知远诸宫调》

由于钟嗣成《录鬼簿》所列的“乐府”仅限于“名公”之作,故见其说:

> 若夫村朴鄙陋,固不必论也。〔三〕

就是说,当时民间也有类如《董西厢》者,与元杂剧兴起有关,因属“村朴鄙陋”之作,“固不必论”。然而见如宋元南戏的兴起,恰是民间搬演的《赵贞女》《状元张叶传》经文人加工,才又有了曲牌体的《琵琶记》《张协状元》。元杂剧的兴起是否也有类似过程?

这里试分析当时流行民间的佚名作《刘知远诸宫调》。

该本由俄国人在1907年至1908年发掘甘肃黑水故城时出土,1958年由苏联归还我国。后经文博专家赵万里鉴定,写有《崇高的友谊》一文,将“纸质、版式、刊工、刀法和字体”与金代其他刊本比较,断定为“金刻本”,认为是金代流行的“平水版”,“肯定它是山西平阳(即今临汾市)一带书坊刻本”〔四〕。按今蓝立蓂先生《刘知远诸宫调校注》本所见,全本残存五卷〔五〕。依其所录,见原本多有俗体字、异体字,多用俗语方言,显属“村朴鄙陋”之作,如俗语“希差(cha)”,为晋南方言,即“稀罕”意;又如“夜(ya)来”,亦为晋南方言,指“昨天”。显然,这个“平阳一带书坊刻本”还应来自当地早有的话本。从而,见与北宋“泽州孔三传首创诸宫调”相关,见类南宋杭州“张官人经史子集文籍铺”刊印的《大唐三藏取经诗话》(俱前引),不但金代早有了《刘知远诸宫调》,远传甘肃,且类《董西厢》早也用于“搬演”(详后)。

为何该本出自平阳?其一,刘知远乃山西太原人,属沙陀族,出身卑微,后从军,官至河东节度使,并建立后汉,其故事有传奇性,正宜编成话本说唱。其二,北宋“泽州孔三传,首创诸宫调”,“编撰传奇、灵怪,入曲说唱”,而泽州正与平阳相邻,当然平阳艺人早也可用诸宫调说唱刘知远故事。其三,刘知远不但辅助石敬瑭建立了“后晋”,且自建“后汉”,金灭北宋后正宜借助其故事宣扬兴“汉”。其四,金太宗天会八年(1130)“立经籍所于平阳,刊行经史”(见《金史》),元太宗八年(1236)仍立“经籍所于平阳,编辑经史”(见《元史》),说明金元时平阳刊印业十分发达,商贸兴旺,人文荟萃,伎乐繁盛,正宜将刘知远故事不断加工,刊行远播。

与此相关,见于上党赛社《唐乐星图》所记的杂剧,也仍记有《黄毛打兔》《李三娘打水浇磨》两目,演的正是刘知远故事,其杂剧正类元代民间“搬说词话”“搬唱词话”,正见其故事早有话本用于“搬演”。加之北宋泽州孔三传早又“首创诸宫调”,而泽州正与平阳毗邻,就见金代平阳已有《刘知远诸宫调》,远传甘肃,且类《西厢记诸宫调》远传南方。《南词叙录·宋元旧篇》就记有《莺莺西厢记》《刘知远还乡白兔记》,正如南戏《张协状元》言,“似恁地唱说诸宫调,何如把此话文敷演”,说明《刘知远诸宫调》也类《西厢记诸宫调》,用于“搬演”。

从而类如“崔莺莺”“刘知远”故事,平阳一带早多此类故事话本,可用诸宫调说唱,且类《董西厢》所见,用于“搬演”,早也与元杂剧兴起相关。

三、由平阳一带探讨元杂剧的兴起

这里所说的平阳一带,包括平阳府周遍的蒲州、绛州、泽州等地。这一带的民间妓乐,由唐宋而金元,一直比较繁盛。如前曾引,唐代早在当地设有“太平乐府教坊”,用于“庆唐观”祭祀,其音乐歌舞早与宫廷相通;北宋“泽州孔三传,首创诸宫调”,早又传入汴京;金元时当地仍多“行院”,多流动作场,今仍存元代“大行散乐忠都秀在此作场”壁画;金元时平阳城内妓乐聚居,其“燕尔巷”多青楼歌馆,文人厮混其间,正宜由诸宫调走向元杂剧。正因此,就见《录鬼簿》所记的“传奇”(即曲牌体的元杂剧)作者仍多平阳人,仅“前辈”“名公才人”,并且

“有所编传奇行于世者”，就记有石君宝等六人，这还未计“方今已亡”的郑光祖，未计“村夫鄙陋”作者。从而正如王国维先生《宋元戏曲考》言：“元初除大都外，此为文化最盛之地，宜杂剧家之多也。”〔六〕

为见当时平阳妓乐繁盛的真实，探讨其“杂剧家之多”的原因，今举石君宝遗存的《诸宫调风月紫云亭》为例，再加具体分析。

按《录鬼簿》记，石君宝既属平阳人，又与关汉卿等人同属“前辈已死名公才人，有所编传奇行于世者”，正作有《诸宫调风月紫云亭》（简称《紫云亭》）〔七〕。依孙楷第先生《元曲家考略》言，更说石君宝原是女真人，原名石盏德玉，字君宝，原籍辽东盖州（今辽宁省盖平县），由金入元，寓居平阳，元世祖至元十三年（1276）才去世。从而，既见其《紫云亭》仍属诸宫调，仍类金代《董西厢》，又见其属“传奇”，元时仍“行于世”，为元杂剧。与其相关，《录鬼簿》又记有戴善甫，河北真定人，元代曾在江浙行省为官，也属“前辈”，也作有《宫调风月紫云亭》；《新校元刊杂剧三十种》所录的《诸宫调风月紫云亭》出自“古杭新刊”，却仍记为“石君宝撰”〔八〕。这就有两种可能，或因“紫云亭”故事早有话本，戴石两人都曾加工改编；或石君宝之作远传“古杭”，戴善甫才又加工。这至少说明，《紫云亭》金元早有话本，平阳早已可用诸宫调说唱，且类《董西厢》以及南戏《张协状元》，早也“把此话文敷演”。

这由徐沁君先生《新校元刊杂剧三十种》所录的《紫云亭》正可证实。依“元刊”所录，故事出在金代，写公子完颜灵春（又称“灵春马”）与行院韩楚兰厮混、相恋成婚事，正宜由金入元的“石君宝撰”。韩女唱有“俺娘（卜儿）向诸宫调里寻争竟”，“我勾栏里把戏得四五回铁骑”，正与“泽州孔三传，首创诸宫调”“编撰传奇灵怪入曲说唱”有关。韩女唱及公子，言其“直这般学成说唱”，且言“你那起初时敷演时曾听你唱”，其诸宫调正也用于“敷演”。该剧散场时，正旦舞一曲《鹧鸪天》才结束，其表演正类金元“勾栏内独舞《鹧鸪》四篇打散”（见《青楼集·魏道道小传》）。舞罢《鹧鸪天》结尾时唱“风流公案风流传，一度搬着一度新”，其随着搬演早在不断创新。正因此，就见其类宋金杂剧、院本所见，早将诸宫调用于敷演，而平阳地区由《董西厢》而《紫云亭》，其传奇已属元杂剧。

而类《紫云亭》，又有《宦门子弟错立身》一剧（简称《错立身》），既见《录鬼簿》记有李直夫、赵文殷作的同名元杂剧（今佚），又见钱南扬先生辑录的《永乐大典戏文三种》记有“古杭才人新编”的同名南戏。按南戏所写，其故事出在金代,写公子完颜寿马与行院女乐王金榜相恋成婚事。见其开篇"题目"写,"冲州撞府妆旦色,走南投北俏郎君。戾家行院学踏爨,宦门子弟错立身",正类元杂剧惯见的"题目正名";见其写及勾栏表演,仍如金元行院所见,言及"抹土搽灰""擂鼓吹笛""装孤扮末""跳索扑旗"之类;见其言及"说话",涉及话本及其"搬演",正也"一度搬着一度新"。从而与《紫云亭》比照,既见其写的仍是金代行院故事,又见其写的完颜寿马正类完颜灵春,王金榜正类韩楚兰。两者故事都出自金代,都由文人加工改编,都成了元杂剧,都有了"古杭才人新编"的南戏。显然,这种同为"元剧"和"南戏"的现象,恰说明其"戏"源于相同的故事,金元早有相关的话本,可用于"搬演",类元代赛社盛行的"搬演词话",早又可由不同文人加工改编。

与此相关,如前引,上党赛社《周乐星图》本记有《错立身》一目,为院本,说明其故事早见于金元时的平阳一带;平阳一带今存的金代戏剧砖雕、元代戏剧壁画,为行院演出的写照;见平阳一带早又有了诸宫调,用于"搬演",正如《紫云亭》所见,随着行院艺人"一度搬着一度新"早又成了元杂剧;见随着"北方杂剧流入南徼",早又远传"古杭",正如《张协状元》所见,早也有文人介入,将《诸宫调》用于"敷演"。正因此,就见南戏有了《紫云亭》《白兔记》《错立身》之类,由《董西厢》加工的《西厢记》早也远传古杭。

四、由《西厢记》再说董解元、关汉卿

见如前引,与元杂剧兴起相关,董解元为其"创始"者,早作有《董西厢》,又见石君宝所作的《紫云亭》正类《董西厢》,早属元杂剧。与此相关,关汉卿见类石君宝,也为由金入元的戏剧作家,且见《董西厢》先曾由其加工,才又有了署名王实甫的《西厢记》(详后)。那么,关、董二人是否也像石君宝一样,也与平阳有关呢?

对此,墨遗萍先生(1909—1982)曾在《蒲剧史魂》中有过考述〔九〕。

对于董解元,其举侯马市出土的金大定二年(1210)"董墓"戏俑砖雕(如图),认为其墓与"董解元"有关,还引戏剧专家刘念慈先生考证语"在时间上,两者相同,董解元可能是北方平阳一带人",且举《董西厢》中的方言再加旁证。如举"莺莺色胆些来大,不惯与张生做快活",指其"大"按晋南方言读"tuo"方才合

韵；如举"一双心意两相投，夫人白甚闲疙皱"，言其"疙皱"按晋南方言应读"ke-chou"，指心里"不展脱"；其他举如"盘缠""挨靠"等，都属晋南方言。从而认为董解元确属平阳一带人。

对于关汉卿，其又引明末史学家邵远萍所著《元史类稿》语："关汉卿，解州人，工乐府，著北曲六十种。"见从今存的《西厢记》找出一些方言加以旁证。如举"乍孤眠被儿薄又怯"一语，指"怯"为晋南方言，乃"轻"的一音之转；如举"高抬在衣架上怕吹了颜色"一语，指"抬"有珍藏意，今晋南人珍藏物品仍说"抬起来"。尤其涉及关、董二人与平阳的关系，举《董西厢》"怕曲儿捻到风流处，教普天下颠不剌的浪儿们许"云云，又举《西厢记》"颠不剌的见了千万"，与晋南俗语"颠不剌，正不剌，你妈生你瓮圪拉"比照，言"剌"应读"la"音，言"颠不剌"指颠来倒去。基于此，墨先生认定关汉卿属于平阳一带解州人（今属运城市），且认为《董西厢》实由关汉卿最先加工为元杂剧（即《关西厢》），之后才有了王实甫的《西厢记》（即《王西厢》）。

为证其说，墨先生又旁征博引，举金元时的"平阳形势"，也曾提到平阳刊刻业的发达，时有"平水版"；举平阳人文荟萃，也曾提到当时流行的"平水韵"；他实地考察，言平阳时有"燕尔巷"（前引），乃燕乐歌舞的乐妓聚处，今存其墟，俗称"王八坑"，其"巷"正类南宋京都的"鸡儿巷"，正如金元行院，正宜文人厮混其间；他访问"故老"，仍有"关汉卿在'平阳大行院'留的韵事"。从而认定，燕尔巷"为石君宝、关汉卿等大作家久履之地"。

总之，《蒲剧史魂》中的考述，既认为董、关二人和石君宝一样，皆是平阳一带人，又认为由《董西厢》发端，由关汉卿最先加工，才引发平阳元杂剧的勃兴，故见其作家多有平阳人。

墨遗萍先生为晋南河津人，曾多年在临汾市工作，自然熟悉当地情况。其说虽属一家之言，然而其实地考察、方言举证确有独见，其说正符合以下历史现象的逻辑解释。

首先，符合《西厢记》的创作逻辑。依史，莺莺故事发生在山西蒲州（今永济市），为平阳一带，唐代早有《会真记》，宋代早有了相关话本，"倡优女子皆能调说大略”，且见北宋泽州孔三传“首创诸宫调”，泽州正与平阳相邻。从而由平阳一带的董解元“创始”为《董西厢》，又由蒲州人关汉卿加工为《关西厢》，正如出自平阳的《紫云亭》所言，正也合“一度搬着一度新”的发展规律。

其次，符合《西厢记》遗存所见。今存的《西厢记》版本，最早出自明代，全剧分五本，共21折，署名“王实甫”。然而，其第五本与前四本风格明显不一，早有学者认为属于“关作”。于是就有了“王作关续”“关作王续”“关王并作”诸说。与此相关，王季思先生主编的《全元戏曲》，在署名王实甫的《西厢记》中，发现了“化用”马致远等人曲词的实例，且推断“他（王实甫）的创作活动大致在元成宗的元贞、大德年间，不会早于马致远”〔一〇〕。见于王国维先生《宋元戏曲考》，又言“杂剧苟为汉卿所创，则其创作之时，必在金天兴与元中统间二三十年之中”〔一一〕。可见关、王两人的创作活动至少相差30多年，显然不是“王作关续”“关王并作”，而应“关先王后”。从而，《王西厢》中仍存《关西厢》的痕迹，仍存平阳一带方言，就很合理。

其三，符合董解元、关汉卿二人交往的有关记述。按《录鬼簿》记，关汉卿曾作有《董解元醉走柳丝亭》一剧〔一二〕。其剧虽佚，但由剧名可知，其作与董解元“醉走”有关，正写其“寻花问柳”事。这至少说明，两人颇有旧谊，甚至关汉卿的《柳丝亭》可能写于董解元亡后有感而发（详后）。而类董解元“醉走”问“柳”，平阳石君宝的《紫云亭》正又塑造出一个“灵春马”，韩女唱有“你这般忍冷耽饥觅着我，越引起我那色胆天来大”，全剧结尾诗曰：“两情迷到忘形处，落絮随风上下狂。”〔一三〕与关汉卿的《柳丝亭》比照，石写的“落絮随风”，其“絮”正如“柳絮”，正指妓女，正类《柳丝亭》所写；见灵春马“忘形”正类董解元“醉走”；《紫云亭》写韩女“色胆天来大”，《西厢记》写“莺莺色胆些来大”，其“大”都读“tuo”音才押韵，都属平阳土音。从而，由《柳丝亭》《紫云亭》《董西厢》《西厢记》这些关联现象，不但正合墨遗萍先生所言，正见关、董二人早有交往，正宜《董西厢》最先加工为《关西厢》，且见二人也与石君宝一样，都曾寓居平阳，都可称之“平阳人”。

其四，正合明初朱权《太和正音谱》的有关记述。依其记，既见其先定“乐府体式”，又见其言“凡作乐府，古人云，有文章者谓之‘乐府’，如无文饰者，谓之‘俚歌’，不可与乐府共论也”。因而，见其分列有元人“乐府”和“杂剧”，前者格调高雅，后者则属“俚歌”类；见其在“古今群英乐府格式”中列有“元一百八十七人”，先记“马东篱”（即马致远），言“其词典雅清丽”，“宜列群英之上”，之后又记“王实甫之词，如花间美人”，而将关汉卿列在二人之后，且说：

关汉卿之词，如琼宴醉客。观其词语，乃可上可下之才，盖所以取者，初为杂剧之始，故卓以前列。〔一四〕

依史，朱权乃朱元璋第十六子（或说是第十七子），初封大宁（今属内蒙古赤峰市宁城县），称宁献王，后由明成祖改封江西南昌，多与文人学士往来，精于诗文、史籍，寄情戏曲，作有杂剧。按此，朱权对于元代乐府、杂剧应该非常熟悉，应见过今存的《董西厢》《王西厢》《紫云亭》《录鬼簿》，见过关汉卿等人作品，有过比较研究，其说应该有据。从而，既见关汉卿也曾作过乐府，又见其“初为杂剧之始”，正与元杂剧兴起有关。从而由董解元“创始”、关汉卿“初始”，由《董西厢》而《关西厢》，正类《紫云亭》所见，正与行院“一度搬着一度新”有关，而且《王西厢》留有《关西厢》痕迹，“化用”马致远等人曲词，也正合理。

其五，正符合董、关、石三人作品所言。见于《董西厢》开篇的“引辞”，有一段董解元自我剖白，曰（今略去其中牌调）：

吾皇德化，喜遇太平多暇……秦楼谢馆鸳鸯幄，风流稍是有声价，教惺惺浪儿每都伏咱……携一壶儿酒，戴一枝儿花，醉时歌，狂时舞，醒时罢，每日价疏散不曾着家。放二四不拘束，尽人团剥……十里芳菲尽东风，丝丝柳搓金缕。……任风吹飞絮蒙空，有谁主？春色三分，半入池塘，半随尘土……〔一五〕

由此可见，董解元早也混迹秦楼谢馆，“每日价疏散不曾着家”，“醉时歌，狂时舞”，与乐妓为伍，“醉走”其间，如“柳絮”一般“任风吹”，已发出“尽东风”“有谁主”的慨叹，正类南宋营妓严蕊“总赖东君主”的哀叹（前引）。正因此，关汉卿作有《董解元醉走柳丝亭》，其《不伏老》散曲也有类似表白（今仍略去其牌调）：

……半生来折柳攀花，一世里眠花卧柳。我是个普天下郎君领袖，盖世界浪子班头……花中消遣，酒内忘忧。分茶攧竹，打马藏阄，通五音六律滑熟……占排场风月功名首，更玲珑又剔透。我是个锦阵花营都帅头，曾玩府游州……我是个蒸不烂煮不熟捶不扁炒不爆响当当一粒铜碗豆……〔一六〕

可见关汉卿正类董解元，也曾“折柳”“卧柳”，随着元初贬儒者为乐户（前引），见其更成了“锦阵花营都帅头”“占排场风月功名首”，早与乐户无异，正可借《董解元醉走柳丝亭》发泄自己也如“柳丝”的愤懑。从而就见其也如“飞絮”四处飘荡，有了“蒲州人”“燕人”“大都人”“祁州人”诸说，且见其“玩府游州”到过“古杭”，作有《杭州景》散曲〔一七〕。或因此，见类其作的《董解元醉走柳丝亭》，南戏也有了《董解元智夺金玉兰传》〔一八〕。显然，董的“醉走柳丝亭”正与“智夺金玉兰”有关，正类石君宝《紫云亭》中韩女所言：

不争这厮（灵春马）提起那打球诈柳、写字吟诗、弹琴擘阮、攧竹分茶，交（叫）我兜地腹痛，乍地心酸！〔一九〕

显然灵春马的“诈柳”，正类关汉卿的“折柳”“卧柳”，董解元的“柳搓”；其“写字吟诗”“攧竹分茶”的一套，正有着此类文人的影子。正因此，《紫云亭》《柳丝亭》同写及文人与乐妓厮混，且见《紫云亭》所言的“一度搬着一度新”，正类《董西厢》《关西厢》《王西厢》的演变过程。从而，既见董、关、石同与乐妓有染，又见三人之作相通相关，彼此关联。这种相似、相类、相互关联的现象，说明董、关、石同属平阳人，符合墨遗萍先生的观点。

于是如前引，金元时的平阳一带正多行院，至今仍存相关的古墓砖雕和“大行散乐”壁画等，其院本早多“村朴鄙陋”之作，将话本用于“搬演”；当时平阳有“燕尔巷”，正宜董、关、石之类文人厮混其间；当地早有诸宫调，正宜出现《董西厢》《刘知远》之类；当时平阳刊印业也很发达，正宜此类作品远传；平阳乐妓“一度搬着一度新”，早又兴起元杂剧。

从而见于《紫云亭》中的韩女，“唱到那双渐临川令”，“唱到不肯上船的小卿”，元杂剧已有了《苏小卿月夜贩茶记》；见其劝公子时自比“李亚仙劝你个郑元和”，石君宝正作有《李亚仙花酒曲江池》；见其唱及《三国志》《五代史》，宋元已有相关话本，早与元代民间“搬唱词话”相关，元杂剧仍多词话痕迹。且见《董西厢》与“诗话”“词话”相关，其开篇“引辞”中的自我剖白说（接前引，仍略其牌调）：

……俺平生情性好疏狂，疏狂的情性难拘束。一回家想么诗魔多，爱选多情曲。比前贤乐府不中听，在诸宫调里却着数……也不是崔韬断雌虎，也不是郑子遇妖狐，也不是井底引银瓶，也不是双女夺夫，也不是离魂倩女，也不是谒浆崔护，也不是双渐豫章城，也不是柳毅传书……

其剖白，不但如前引，见其“醉时歌，狂时舞，每日价疏散不曾着家”，早与行院乐妓有染，且见其“一回家想么诗魔多，爱选多情曲”，正类北宋赵令畤有感于“倡优女子，皆能调说大略”（前引），才类赵的《商调蝶恋花·会真记》，也才加工出《诸宫调西厢记》，可“说唱”，且类南宋官本杂剧所见的《莺莺六幺》，用于搬演。

值得注意的是，董在剖白中还说了许多“在诸宫调里却着数”的作品，正出在《董西厢》之前，既与“泽州孔三传首创诸宫调”有关，早可“入曲说唱”，见于平阳一带，且多随着“搬演”又见属元杂剧。如其说的“崔韬断雌虎”，唐代河东人薛用弱的《集异记》言，写的是“蒲州秀才于旅途中与一雌虎精所化女子结合”事，其故事发生在蒲州，正在平阳一带，为“传奇灵怪”，早已用了诸宫调，可“入曲说唱”，且见元杂剧正记有佚名作《人头峰崔生盗虎皮》〔二〇〕。又如其说的“双渐豫章城”，《辍耕录》所记的院本见有《调双渐》，且见《紫云亭》中的韩女“唱到那双渐临川令”，已用了诸宫调。再如其说的“离魂倩女”，故事出自唐代陈玄佑的《离魂记》，见平阳人赵公辅、郑光祖同作有元杂剧《倩女离魂》（见《录鬼簿》）。从而，正类唐代《会真记》形成的《西厢记》，也与话本用于“搬演”有关，也随文人介入变成了元杂剧。何况如前引，唐宋早多此类话本，与元代民间“搬演词话”相关，元杂剧正多由此而来，正与文人加工有关。正因此，就见平阳多了“在诸宫调里却着数”的作品，早类《董西厢》所见，用于“搬演”；就见随着董解元“创始”，关汉卿“初始”，平阳早又兴起元杂剧，诚如王国维所言，“元初除大都外，此为文化最盛之地，宜杂剧家之多也”。

由上所述，金元时的平阳正如宋元时的永嘉，商贸发达，妓乐繁盛，人文荟萃。元杂剧早与民间“搬演词话”相关，由元而明仍多此类土戏，值得关注。

【注释】

〔一〕见于中华书局2002年出版的《侯鲭集》等三种合刊本，135页。另见于刘永济辑录的《宋代歌舞剧曲录要》，古典文学出版社，1957年版，56页。

〔二〕《中国古典戏曲论著集成》二册，版同前，103页。

〔三〕《中国古典戏曲论著集成》二册，版同前，104页。

〔四〕赵万里《崇高的友谊》一文，载《文物参考资料》杂志，1958年，第七期。

〔五〕蓝立蓂《刘知远诸宫调校注》，巴蜀书社，1989年版。

〔六〕见《王国维戏曲论文集》中《宋元戏曲考》，中国戏剧出版社，1957年版，84页。

〔七〕《录鬼簿》，依《中国古典戏曲论著集成》二册，版同前，111页。

〔八〕详徐沁君《新校元刊杂剧三十种》,中华书局,1980 年版,328—355 页。

〔九〕墨遗萍《蒲剧史魂》,山西省文化局戏剧工作研究室编,1982 年内部发行,48—55 页。

〔一〇〕详王季思主编《全元戏曲》第二卷“王实甫小传”中的考述,人民文学出版社,1990 年版,214 页。

〔一一〕《王国维戏曲论文集》中《宋元戏曲考》,版同前,78—79 页。

〔一二〕《录鬼簿》,依《中国古典戏曲论著集成》二册,版同前,104 页。

〔一三〕详徐沁君《新校元刊杂剧三十种》,版同前,346、355 页。

〔一四〕见《中国古典戏曲论著集成》三册,版同前,17 页。

〔一五〕《董解元西厢记》,商务印书馆,民国二十六年版,1—6 页。

〔一六〕依《元散曲选注》,北京出版社,1985 年版,49—50 页。

〔一七〕《董解元西厢记》,版同前,47—48 页。

〔一八〕见《中国戏曲曲艺词典》所载“董解元”传记,上海辞书出版社,1981 年版,728 页。

〔一九〕《新校元刊杂剧三十种》,版同前,345 页。

〔二〇〕见谭正壁《话本与古剧》一书,上海古籍出版社,1985 年版,187—188 页。

第六节　元明土戏的由来

如前曾述,唐代“俗讲”“说话”早多话本,北宋《目连救母》杂剧,由唐代“目连变文”而来,其话本早已用于“搬演”,早受俗众欢迎。又如北宋民间的“鼓板之戏”,其“鼓板”正与击鼓说唱、拍板而歌有关,其“词”正类“鼓子词”,其“唱”正类民间“叫声”,其“戏”正类北宋“叫果子”之戏。正由此,不但元代民间早又盛行“搬唱词话”,且见宋元南戏类此,早又用了“里巷歌谣”“村坊小曲”,其“戏”仍受俗众欢迎。即使元代早有相关禁令,明代仍多此类“土戏”。

为见其实,今依王晓传辑录的《元明清三代禁毁小说戏曲史料》,先摘元代“禁令”如下(并加按语说明):

> 《元史·刑法志四》:诸民间子弟,不务生业,辄于城市坊镇演唱词话,教习杂戏,聚众淫谑,并禁止之。
>
> 《通制条格》卷二七“杂令”条:至元十一年十一月,中书省大司农司呈,河北河南道巡行劝农官申,顺天路束鹿县(属河北)镇头店聚约

伯(百)人,般(搬)唱词话,社长田秀等约量断罪外,其余农民市户良家子弟若不务本业习学散乐、般(搬)唱词话,并行禁约。都省准呈。

《元典章》卷五七"刑部"十九"杂禁"条:至元十一年十一月二十六日,中书兵刑部承奉中书省札付,据大司农呈,顺天路束鹿县头店(属镇名),见人家内聚约百人,自搬词传,动乐饮酒。为此,本县官司取讫,社长田秀井(并)田拗驴等各人招伏,不合纵令侄男等攒钱置面戏等物。量情断罪外,本司看详:除系籍正色乐人外,其余农民市户良家子弟,若有不务本业学习散乐、搬说词话人等,并行禁约,是为长便。……

《元典章》卷五七"刑部"十九"禁聚众"条:延祐六年八月二十九日,江浙行省准中书省咨……奏过事内一件,去年为聚众唱词的,祈神赛社的,又立着集场做买卖的,教住罢了者,奏了,各处行了文书有来。如今又夜间聚着众人,祈神赛社、食用茶饭、夜聚晓散的上头,昨前似这般聚着众人,妄说乱言么道,一两起事发的上头,差人问去了也……今后夜间聚着众人唱词的,祈神赛社的,立集场的,似这般聚众着妄说大言语做歹勾当的,有呵,将为头的重要罪过也者,其余唱词赛社、立集场的每,比常例加等要罪过。州县管民官提调若不用心,他每,每所管的地面里,似这般生发呵,官人每根底要罪过呵……奉圣旨那般者。钦此。

《元典章》卷五七"刑部"十九"禁聚众"条:延祐六年八月□日,江西行省……(以下所记,如上"江浙"行省所见内容,今略)

《元典章》卷五七"邢部"十九"禁聚众"条:延祐六年九月二十四日,江浙行省准中书省咨……(类前江浙、江西所见,今略)辇毂之下,尚且奉行不至,何况外路。原其所以……是以因循苟且,以致若此……[一]

由此可见,即使元灭南宋之后,民间流行的仍是"搬说词话""搬唱词话""自搬词传",即使南方的江浙行省,也见"聚众唱词""演唱词话","妄说大言语做歹勾当的,有呵","城市坊镇"仍多"系籍正色乐人"(即在籍乐户)搬演,早与金元行院相关。且流行于民间赛社,"诸民间子弟"习学,"外路"河南、河北、江浙、江西等省,"辇毂之下"京畿地区,皆置"圣旨"于罔闻,"因循"如旧,屡禁不止。

可惜的是,由于其"土",元代也只见于"禁令"。至于民间如何"搬演",史籍未详。

好在这种搬演早见于元代赛社，流行于大江南北，“因循”如旧，就见仍多相关遗存。如前引，上党地区赛社也仍遗存着此类杂剧，晋南或称“锣鼓杂戏”，晋北或称“赛戏”，其形态仍类“搬唱词话”。安徽、江西等省的傩戏，也类上党赛社遗存的杂剧。

类此，见如贵州“地戏”，原属明初由中原传入的“军傩”，与明初驻军有关，为军中“傩戏”，仍类元代民间流行的“搬唱词话”。

1991 年 10 月，笔者有幸参加湖南省吉首市学术会议，现场目睹过贵州九溪地戏团的表演，采访过该团老人王厚福，并得到现场表演的赠本。依王老言，其祖上属太原王氏，出自山西，明初随军入驻贵州。依笔者见，九溪地戏团仍保存着《投唐》全本，为话本，现场表演了其中《罗成擒五王》一节。其表演，人物各戴面具，穿着形制一样、颜色有别的“戏衣”（当地见称“戏裙”），正类元代“面戏”，以锣鼓伴奏，类宋代军中“讶鼓队”“舞讶鼓”，仍作面具舞跳。舞者自念自唱，其“唱”仍类经腔，拖腔仍如“吟叫”，类宋代“叫果子”之戏、“鼓板之戏”，与鼓子词相关，存说唱痕迹，仍由剧中人分担“白”和“唱”。为见其表演之实，今依王厚福老人赠本，摘其现场表演开头片段（原文不分段，旁批“白”和“唱”，属其表演提示，显系后加。今依戏剧形式排列，并加“按语”）：

《罗成擒五王》地戏谱原文

（今按，开演时演员在锣鼓伴奏下依次上场，先是李世民上）

（白）炀帝无道乱朝纲，残害忠良已灭亡。

孤家今把洛阳困，剿平反叛定安邦。

（今按，接下来自报家门）

孤乃高祖次子，秦王李世民是也。

（今按，以下类此，罗成上）

（白）赫赫威名震四方，扬州夺印逞高强。

定国安邦栋梁将，扶保真主兴大唐。

咱乃勇将罗成是也。

（今按，以下五位一同上场，同说，再依次自报家门）

（白）隋朝已灭世乱荒，四路英雄各逞王。

五王今日齐上阵，要与唐营定弱强。

孤家洛阳东镇王，王世充是也。

孤乃明州夏明王，窦建德是也。

孤乃曹州宋义王，孟海公是也。

孤乃相州白御王，高圣谈是也。

孤乃楚州赵王，朱灿是也。

（今按，全部演员上场后，轮流分担“原文”白和唱。其“白”可由扮角自白，已类“代言体”；其“唱”仍类故事“讲唱”，叙事部分可由各角担任）

（唱）不唱五王败逃走，且表唐营议军情。

众将排列分左右，茂公便令小罗成：

（今按：接下六句唱词，由茂公扮角自唱，再下类此）

你带三千人和马，家锁山下埋伏兵。

只等五王从此过，你把五王尽活擒。

限定五时就交令，带领人马就起身。

不表罗成埋伏等，又表五王赶路行。

（白）五王带领残兵败走，回头不见追兵，心下不安。世充说（今按，接由扮者说，下同）：“王兄们呀，今日虽伤人马，幸我弟兄一齐还在。”建德说：“此乃上天保佑，还要等我弟兄转来报仇。”正言之间，不觉到了家锁山下，忽听一声炮响，喊杀连天，鼓声震地。

（唱）五王马上抬头看，原来乃是一支兵。

只见当头一小将，白马银枪把路横。

（白）罗成说：小爷在此久等候，好好下马受绑绳。

（唱）五王见是罗士信，吓得魂飞九霄云。

建德便把王兄叫，不必心焦听弟云。

难道束手等他捆，玷了弟兄昔日名。

虽然罗成名厉害，一人怎敌五个人。

还是拼命与他战，倘若是得过此山就清平。

众王一齐说有理，五人拍马就相争。

五般兵器一齐起，罗成银抢不沾身。

五人拍马紧围定,围住罗成在中心。

不是斧劈是刀砍,不是叉刺是戟临。

这罗成,

白银枪舞如风快,前后回手左右迎。

……

由上节录,原文仍类唐宋"变文""词文""话文","本"仍类话本,演员仍类"说话""说唱""讲唱",可跳出角色,以第三人称叙事,正与明代"说唱词话"相关,且见其人物自舞自念自唱,又可进入角色,正留着宋元戏剧由叙事走向代言的过渡痕迹。正因此,既见其类宋代"讶鼓队",也仍戴着面具舞跳,又见其仍如元代面戏,与"搬唱词话"相关。其类如宋元南戏,早也"把此话文敷演",不但明初传入贵州见属"军傩",且类安徽池州傩戏,出自中原,正类北方赛戏所见。

这由王兆乾先生所写的《池州傩戏与成化本〈说唱词话〉》一文可证。依其说,池州傩戏仍留着宋元赛社痕迹(前引),又说:

> 在已接触到的七个傩戏剧目中,竟有五部与成化刊本《说唱词话》有密切关系,有的甚至完全相同。(按,其"五部"傩戏依次为《包龙图陈州粜米记》《宋仁宗不认母》《薛仁贵征东记》《摇钱记》《花关索》,并与"成化刊本"具体比较,今略)

举例比较后又说:

> 池州傩戏是以说唱词话为脚本的,并且演出时除引戏人外均戴假面具。

"引戏人"开场先念吉祥词,结尾念有收场词(前引),并说:

> 池州傩戏收场词为:"牛吃山头草,鹅从水上划,杂戏皆演就,何不早回家?"或者:"都来!杂戏搬得甚高强,谢你厅前好戏场,杂戏般般皆演就,捉鬼、踏马来谢场。"(据清溪叶姓抄本)

又从今存的傩戏本中搜集到一些宋元流行的俗字、口语(具体今略),与宋代有关记述比照后说:

> (池州傩戏)颇具宋杂剧遗风。

其指出,池州傩戏仍属假面戏,并说:

> 这种戏曲,唱词不必用第一人称,演员可以随时跳出角色,用第三人称对情节和人物进行解说和描述。[二]

综其所言，池州傩戏仍戴假面，仍类元代面戏；其仍属“杂戏”，有宋代“内殿杂戏”“诸军呈百戏”“元夕舞队”“除夕驱傩”痕迹；其“以说唱词话为脚本”，“搬得甚高强”，正与元代“搬说词话”“搬唱词话”“自搬词传”相关；其“唱词不必用第一人称，演员可以随时跳出角色”，如贵州地戏所见，且如元代禁令言，民间早在“教习杂戏”，“农民市户良家子弟”也“习学散乐、搬唱词话”，用于“祈神赛社”。由此可见，贵州地戏正类池州傩戏，可作为宋元民间“搬演词话”的实证。

类此，江西等省也存傩戏，也类池州傩戏，且如前引，早与民间“搬演词话”相关，早见元代“禁令”遍及江浙、江西诸省。

可见今存南方的傩戏，包括贵州地戏，正类北方赛戏，都由宋元“杂戏”“杂剧”而来，早与“说唱词话”相关，民间早又“搬说”“搬唱”，且见元代流行于大江南北，屡禁不止，明代仍多此类“土戏”。

对此，还可结合明代“说唱词话”的“成化本”继续探讨。

该本发现于1967年，是在上海嘉定一位宣姓妇人墓中偶然发现的。1972年，赵景深先生已写有《谈明成化本“说唱词话”》一文〔三〕。1973年，上海博物馆依复修本影印，定名为《明成化说唱词话丛刊》。依赵景深先生言，墓主人丈夫曾在陕西做官，刊本都是明成化七年至十四年（1471—1478）陆续由北京永顺堂刊行的。分为12部，前11部属说唱词话，含16个话本，最后一部为《新编刘知远还乡白兔记》，属于南戏。而如前引，刘知远故事出自山西，早有话本，平阳一带早用诸宫调说唱，且见用于“搬演”，远传“古杭”，早见于宋元南戏。可见明代这位墓主人视其话本如戏本，同属所爱，同置棺内。其刊本出自北京永顺堂，正与其随夫去过北方相关，且见其保存的话本早多用于“搬演”。举如“成化本”第一册所刊的《新编全相说唱足本花关索传》（简称《花关索传》），故事分“出身传”“认父传”“下西川传”“贬云南传”四集；其“前集”（第一集）末页仍留有木刻长方形印记，记为“成化戊戌（1478）仲春永顺堂重刊”。对此，赵景深先生结合其插图版式分析，认为可能是“从元刊本翻印的”，“初刻的年代还可以推前一百多年”，且说“明成化年间想来也继续了这个情况”。就是说，这些话本仍类元代所见，仍在刻印，而且民间仍可“搬演”。依其《花关索传》记，关索为关羽之子，曾在太行山收服强人，并与鲍三娘结婚，正与山西牵涉；其认父从军后，下四川，贬云南，曾报父仇大破荆州，牵涉南方。

与其相关，池州傩戏仍存《花关索》，“搬得甚高强”，“颇具宋杂剧遗风”（前引);江西等省的傩戏也演有"花关索与鲍三娘",至今也有遗存;云南更存一种"关索戏",专演三国故事,正类贵州地戏、池州傩戏,"搬得甚高强"。山西太行山的上党地区,今存小戏《大观灯》,表演元宵社火的观灯盛况,正也涉及"花关索与鲍三娘",不但见与赵匡胤牵涉,见类宋代"鼓板之戏",仍以锣鼓节奏,且类宋元南戏,其"唱"早也用了村坊小曲,今仍存有乐户所记的工尺谱,也仍用"吹戏"。为见其实,今依当地艺人所传唱本,摘其片段如下(按剧本格式排列):

大观灯

……(按,前演众人观灯赶会,属过场戏,今略)

[锣鼓声中,众人穿场又上

众(唱):前面过去他是谁,

他是一个王相公。

王相公生的好,

有心与他成哎哟成双配,

哎哟哎哟成双配,哎哟哟成双配。

[老鼓"长皮"声中,众下,扮赵金莲与赵匡胤者相继上,圆场,作社火表演状

赵金莲:大哥,来着!

(唱)赵金莲打马在路旁,

再叫声大哥听端详。

赵大哥好比花关索,

小妹妹好比鲍三娘。

花关索,鲍三娘,

作一对夫妻来哎哟咳,

作一对夫妻啦呼咿呀咳。

赵匡胤:贤妹,实在唱的中听啊!

赵金莲:大哥,你我仿古!

(唱)赵金莲打马在路旁,

再叫声大哥听端详。

赵大哥好比花关索,

小妹妹好比鲍三娘。

花关索,鲍三娘,

作一对夫妻来哎哟咳……

(锣鼓最后“咚咚当!”)

(按,接下类如“古弄”表演,见有“荤说”)

赵匡胤:贤妹,这是为何?

赵金莲:这是为何?咱二人演的(是)古事下场的那一出!

赵匡胤:我忘了。

赵金莲:你就没有忘了吃!

赵匡胤:咱重来。

赵金莲:大哥,来着!

(唱)赵金莲打马头前走,

赵匡胤:(唱)赵匡胤随后一处跟。

(按,配合二人骑竹马晃动的动作)

(白)贤妹,出头了没有?

赵金莲(白):大哥,再也不敢出了,你就这么的鼓弄。

[老鼓“长皮”声中二人晃动着下,众又上。

众(唱):前边过去他是谁,

他是一个赵金莲。

他是一个赵哎哟赵金莲,

哎哟哎哟哟赵金莲……

这个《大观灯》所写,不但扮有赵匡胤与赵金莲,正唱及“花关索与鲍三娘”,且见其表演正与宋徽宗大观年间元宵节的社火相关。依《东京梦华录·元宵》记,北宋汴京元宵节早有“灯山”,有“烛灯数万盏”,且见设有“乐棚”,“其中驾坐一时呈拽”,早见“宣和(指徽宗皇帝)与民同乐”。依《武林旧事·角抵》记,南宋有称“赛关索”“小关索”“张关索”“严关索”之类艺人,说明北宋早有关索故事盛行民间。南宋《梦粱录·元宵》,记有“昨汴京”盛况,仍如《东京梦华录》所言,又记有南宋杭州元宵节所见,更有“乔亲事”“乔宅眷”“竹马儿”之类,正可乔装“花关索与鲍三娘”,骑着“竹马儿”。何况如前引,北宋勾栏早在“说三分”,早有话本,随“京师老郎(前辈老艺人)留传”各地。从而见于金元元宵节,既可装扮“花关索与鲍三娘”,又可类此而为,装扮“赵匡胤与赵金莲”故事。

对此可再旁证。《三国演义》正由宋元话本加工而来,其作者罗贯中为元末明初山西太原人,其作《宋太祖龙虎风云会》杂剧(见《元曲选外编》,简称《风云会》)言,赵匡胤“少年游历关东关西”“游历关陕”,正涉及山西。明代冯梦龙《警世通言》所写的故事多由宋元话本改编,其中有篇《宋太祖千里送京娘》,正言赵匡胤年轻时曾游历山西太原,救了位蒲州女子赵京娘,送其返回蒲州时“兄妹相称”,且见京娘“要公子扶他上马,又扶他下马”“挽颈勾肩”“有意以身相许”,正类《大观灯》所写的“赵匡胤与赵金莲”。由此可见,至迟金元已有了类似《大观灯》所写的故事,不但早有话本,且类《宋太祖龙虎风云会》所见,早用于“搬演”。

从而正见“花关索与鲍三娘”“赵匡胤千里送京娘”“赵匡胤与赵金莲”一脉相承,实都源于北宋“说三分”,受俗众喜爱,后又不断加工发展。

于是如前引,就见由关索而花关索故事,池州傩戏早用于“搬演”,“颇具宋杂剧遗风”,早类元代民间“搬唱词话”。就见类如“花关索与鲍三娘”有了“赵匡胤千里送京娘”,《大观灯》也仍唱有“赵大哥好比花关索,小妹妹好比鲍三娘”,可见一脉相承,且见《大观灯》类如宋元南戏,用了“村坊小曲”,说明元明以来的民间土戏仍在不断发展。

也因此,就见明代成化年间,北京永顺堂仍在刊行《新编全相说唱足本花关索传》,“新编”说明还有“旧编”,“重刊”说明有“初刊”,且见发现于上海,墓主人早又将其视如南戏,与《刘知远》剧本一同陪葬,说明其早用于“搬演”。

值得注意的是,“成化本”刊行的其他“说唱词话”本,或见称“新编”,或又题称“新刊”“重刊”,也都说明早有“旧编”或“旧刊”见于宋元,可类《花关索传》用于搬演。

为此,再举“成化本”刊印的《新编说唱包龙图公案断歪乌盆传》(简称《乌盆传》)一例,以见其“新编”正由“旧编”而来,用于搬演。与此相关,举如上党赛社《唐乐星图》本所记的杂剧,正也记有《玎玎当当盆里鬼》一目,不但其杂剧正类元代“搬唱词话”,早有话本,且如“成化本”所见,为宋元“旧编”,可供文人加工改编。于是,就见元杂剧有《玎玎当当盆儿鬼》一剧(见《元曲选》),明清传奇仍有《断乌盆》,传统戏仍有《乌盆记》,不但其故事仍类“成化本”所记,且如前引,见于池州傩戏,用于“搬演”而属南戏。

何况如前引，池州傩戏“在已接触到的七个傩戏剧目中，竟有五部与成化刊本《说唱词话》有密切关系，有的甚至完全相同”，仍存“宋杂剧遗风”。“成化本”中竟有九个都见称“传”，包括《花关索传》，正与元代“自搬词传”相关，正如赵景深先生所言，“明成化年间想来也继续了这个情况”，不但明代北京永顺堂仍在刊行此类话本，仍类南宋杭州“张官人经史子集文籍铺”所为（前引），且见明代民间也仍可由“说唱”进而“搬唱”。

还需指出，明“成化本”的发现只是出于“偶然”，未曾发现或已失传者应该更多。见如前引，随着唐宋“俗讲”“说话”艺术的不断发展，早多相关的“话文”“话本”，北宋早见搬有目连杂剧，元代民间更见盛行“搬说词话”“搬唱词话”，不但元杂剧仍多“词话”痕迹，且见明代仍多相关土戏。

可惜此类土戏在文人所作的正史里鲜有记述。元代也只见于禁令，宋元时的永嘉杂剧也见“士夫罕有留意者”。于是史籍所记的戏剧，就见多属文人介入、上层偏爱的曲牌体，且多“名公才人”之作。这就容易形成一种历史偏颇，容易造成误识，会视曲牌体戏剧为正宗，会认为明清板腔戏剧也是由其流变而来。

然而如前所述，元明以来的民间土戏，包括南方的傩戏、北方的赛戏，其源直溯唐宋，其流明清不绝，其范围涵盖大江南北，如此源远流长广泛传播于民间的土戏，不仅与曲牌体戏剧的形成有关，且见正是板腔体的源头。

【注释】

〔一〕详王晓传辑录《元明清三代禁毁小说戏曲史料》，版同前，3—10 页。

〔二〕见《中华戏曲》第六辑（1988 年版），135—164 页。

〔三〕见《文物》，1972 年第十一期，19—22 页。

第七节　板腔戏曲的形成

至今见于各地的板腔戏曲，仍有一些曲牌，存有昆曲痕迹，因此有人认为，板腔戏曲源出明代昆腔。加之此类曲牌早见于唐宋宫廷，由此形成的北曲早与昆曲有关。一些人认为，随着明代昆曲流变，才又变成弋阳腔、青阳腔，才“愈变愈土”形成了板腔。持此观点者,或举唐诗入曲为例,以证宋元“曲牌”“词牌”早与文人相关,或又举宋元《货郎儿》《脱布衫》之类曲牌,见属“七言齐句式”,早用于元杂剧,故认为由此形成昆腔才又变成板腔。其说似乎依史有据,明清以来早多相关论说。

不过,这些论说都忽略了民间“土曲”“土戏”的作用。而如前引,唐代“俗讲”早用“经腔”,如“文溆僧”的讲唱早受俗众欢迎,“乐工黄米”依其声腔才又加工出《文叙子》曲。如曲牌《竹枝词》,也由民间野唱加工而来,唐宋文人用以诗唱,早又形成“词牌”;宋元更多了卖物“叫声”“吟叫”,“采合宫调”形成了《货郎儿》《脱布衫》之类曲牌,仍属“七言齐句式”,且见宋代民间“叫果子”之戏早类“叫声”而唱,早属“鼓板之戏”。

正因此,宋代“唱涯词只引弟子,听陶真尽是村人”,雅俗有别,各有受众。金元院本与元杂剧早又“厘而二之”,分道扬镳;元明南戏起于永嘉杂剧,“永嘉人所作《赵贞女》《王魁》二种实首之”。如前引,仍类元代“搬唱词话”,明代仍多此类“土戏”,且见高则诚由《赵贞女》加工出《琵琶记》,明初由教坊乐工“赚腔以献”,才真正属于曲牌体。若雅俗不分、以雅代俗、混为一谈,就会忽视民间艺术的存在,以及相关艺人的历史贡献,一些现象就难以解释。

就如元代,若只有曲牌体的元杂剧,民间“搬演词话”又该如何解释?又如明代,若昆曲已为上下同爱,为何各地仍多土戏,遗存南方民间的仍是此类傩戏?何况,曲牌体元杂剧明初已经式微,嘉靖之后才又出现了昆曲,中间至少相隔100多年,这段戏剧空白又该作何解释?

显然,只有承认宋元戏剧早有雅俗之分,承认民间“土戏”早已存在,有关存疑才可释然。

其实,唐宋民间早已有了“土戏”。就如北宋目连杂剧,如前引,见将唐代“变文”用于“搬演”,实际已在“搬演词话”,早属“土戏”,故见“勾肆乐人”演出早受俗众欢迎。类此,见如宋代民间“鼓板之戏”,早又“吟叫”野唱,类元代“搬唱词话”。正沿此,就见宋元时的永嘉杂剧仍属“土戏”;就见宋金“院本、杂剧其实一也”,金元院本仍含“诸杂”;元代的院本、杂剧“厘而二之”,曲牌体元杂剧仍多“词话”痕迹;就见明代仍多此类“土戏”,见类永嘉杂剧也用了“村坊小曲”,早在各地形成了不同声腔,由此而来的昆山腔其初仍属民间“土戏”;就见由其加工的“昆曲”仍类“北曲”,流行上层,雅俗有别,各有受众。

显然，明代并没有出现戏剧空白，唐宋以来的民间土戏早已自成体系，与各地板腔的形成有关。以下具体考述。

一、先说板式声腔的由来历史

依今所见，各地板腔多有相通之处。其词多为"七字句式"（十字句乃其又加衬字的发展），仍属诗赞体；其"唱"都带着"乡音"，都源于当地土腔土调；其板式都有原板、快板、慢板之分，都有导板（倒板）、滚板（哭板）、散板、摇板之类变化。尤其一些古老的板腔剧种，见沿唐代"俗讲""说话""杂戏"而来，早可"讲唱""说唱""搬唱"，形成了板式，以下具体考述。

见如唐代"俗讲"，"俗讲僧文叙善吟经，其声宛畅，感动里人"。唐代郭湜依据高力士口述作的《高力士外传》早说：

上元元年七月，太上皇（玄宗）移仗西内安置。每日上皇与高公（高力士）……或讲经论议，转变说话，虽不近文律，终冀悦圣情。〔一〕

由其"讲经论议，转变说话"，"讲经"类如"说话"，为"俗讲"，其"冀悦圣情"正类俗众"乐闻其说"。

于是如前引，唐敬宗曾幸兴福寺，观沙门文溆（即文淑或文叙）俗讲；唐《转昭君变》又说又唱，伴之以舞，早属队戏歌舞；"长安戏场"多集于"慈恩""青龙""荐福"等寺，仍多"百戏""杂戏"；《敦煌变文集》仍多唐代"变文""话文""话本"，早可由"说"而"唱"，早可用于"搬唱"。

直至唐代后期，日本僧人圆仁《入唐求法巡礼行记》仍记：

……（唐武宗）改开成六年为会昌元年，乃敕左右街七寺开俗讲。

仍言及道教俗讲：

又敕开讲道教，左街令敕新从剑南道召太清宫供奉矩令费，于玄真观讲南华等经。〔二〕

唐末，高彦休《唐阙史》言：

咸通中优人李可及者，滑稽谐戏，独出辈流。虽不能托讽匡正，然巧智敏捷，亦不可多得。尝因延庆节（属于懿宗诞辰），缁黄讲论毕，次及倡优为戏。可及乃儒服岌巾，褒衣博带，摄齐以升崇座，自称"三教论衡"。〔三〕

唐末,苏鹗《杜阳杂编》说到李可及的《叹百年队》《菩萨蛮队舞》:

> 可及善转喉舌,对至尊弄媚眼,作头脑,连声作词,唱新声曲,须臾即百数方休。时京城不调少年相效,谓之“拍弹”。〔四〕

由李可及的有关记述,“转喉舌”“连声作词”类高力士的“转变说话”,其“对至尊弄媚眼”之类仍为“冀悦圣情”,又见其表演的“三教论衡”为“滑稽谐戏”,正类“参军戏”,正如玄宗时的“黄幡绰”所为,且见其“唱新声曲,须臾即百数”,民间谓之“拍弹”,早可“拍板而歌”“弹拨而唱”,与板腔的形成相关。

从而如前引,北宋勾栏也仍“弹唱因缘”,与唐代“俗讲”“拍弹”相关,且见其勾栏艺人早在搬演《目连救母》杂剧,其民间早也由“叫果子”“十叫子”发展有了“鼓板之戏”,其“戏”也仍“击鼓”“拍板”,“拍弹”而唱,也与板腔的形成相关。

南宋《武林旧事》中说:

> (南宋淳熙十一年)后苑小厮儿三十人,打息气(即打节奏)唱道情。太上(宋高宗)云:“此是张抡所撰鼓子词。”〔五〕

而如前引,南宋民间“负鼓盲翁”也仍击鼓说唱,也属“鼓子词”,也类“唱道情”,或称“唱陶真”,仍多诗赞体;宋代文人所作的“鼓子词”早又用了“令曲”,句可长短,或称“唱涯词”,早属曲牌体。“唱涯词只引弟子,听陶真尽是村人”,早又雅俗有别,各有受众。

于是,既与“唱涯词”相关,又形成了曲牌体的元杂剧、明代“昆曲”,明代民间仍在“唱陶真”,不但仍类“唱道情”,也仍“拍弹”而歌,且见仍有相关土戏。

与此相关,明代田汝成《西湖游览志余》有如下记述:

> (明)杭州男女瞽者,多学琵琶,唱古今小说、评话,以觅衣食,谓之陶真。大抵说宋时事,盖汴京遗俗也。瞿宗吉(即瞿佑,明初人)过汴梁诗云:“歌舞楼台事可夸……长沟柳老不藏鸦。陌头盲女无愁恨,能拨琵琶说赵家。”其俗殆与杭无异。〔六〕

杭州人郎瑛《七修类稿》中说:

> 闾阎陶真之本之起(指起首),亦曰:“太祖太宗真宗帝,四祖仁宗有道君。”国初瞿存斋(即明初的瞿佑)过汴之诗有:“陌头盲女无愁恨,能拨琵琶说赵家。”皆指宋也。〔七〕

明末周辑(即周清原)《西湖二集》中有篇《刘伯温荐贤平浙中》平话,其开篇“入话”便讲及岳飞:

那陶真的本子上道："太平之时嫌官小，乱离之时怕出征。"〔八〕

由此，明代"陶真之本"类北宋"弹唱因缘"所见，"能拨琵琶说赵家"，仍存"汴京遗俗"。又见其类南宋"负鼓盲翁"说唱，"男女瞽者"仍在"唱古今小说、评话"，"大抵说宋时事"。"陶真之本"类唐宋话本，与"俗讲""说话"相关，可"讲唱""说唱"。元代民间早多"搬说""搬唱"，屡禁不止。《元典章》就记：

至大十二年（今按，"至大"一共才四年，似应为"大德"十二年，即至大元年）……在都（北京）唱琵琶词、货郎儿人等，聚集人众，充塞街市，男女相混，不唯引惹斗讼，又恐别生事端。蒙都堂议得，拟合禁断。

《元史·刑法志四》中说：

诸民间子弟，不务生业，辄于城市坊镇演唱词话，教习杂戏，聚众淫乐，并禁治之。诸弄禽蛇、傀儡、藏撅、撇钹、倒花钱、击渔鼓，惑人集众，以卖伪药者，禁之。违者重罚之。〔九〕

而如前引，元代民间"聚众淫乐""惑人集众"，与宋元赛社相关，其"唱"仍类宋代卖物"叫声"，与元代"唱琵琶词、货郎儿""击渔鼓"相关，且见多"搬唱词话"，其"词"类宋代鼓子词，属诗赞体。

正因此，明代仍存北宋汴京遗俗，其土戏类宋代民间鼓板之戏、元代民间"搬唱词话"。王兆乾先生在《池州傩戏与成化本〈说唱词话〉》一文中说，"在已接触到的七个傩戏剧目中，竟有五部与成化刊本《说唱词话》有密切关系"，"颇具宋杂剧遗风"，并举有实例。"成化本"所记的《包龙图陈州粜米记》开篇，念唱如下：

太祖太宗王有道，真宗三帝改咸平。
四帝仁宗登宝殿，佛宝天差罗汉身。
仁宗七宝真罗汉，二班文武上方星。
文官护国金篱帐，武将江山玉版门。

池州傩戏所存的《陈州放粮》开篇，念唱如下：

太祖太宗皇有道，真宗三帝改感（咸）平。
四帝仁宗登宝殿，佛宝天差罗汉身。
仁宗戚（七）保真罗汉，两班文武上方星。
文官护国金蟠帐，武官江山玉版门。〔一〇〕

将两者比照，同说包公陈州放粮事，开篇念唱几乎全同。明代"陶真之本"

念的“太祖太宗真宗帝”云云，同属“汴京遗俗”，“颇具宋杂剧遗风”，且类宋元永嘉杂剧、元代民间“搬唱词话”，为宋元民间土戏。正因此，就见其“词”如宋代鼓子词，仍属诗赞体；其“腔”如宋代“唱道情”“唱陶真”；其“戏”如宋代“叫果子”之戏、鼓板之戏，早类元代“搬唱词话”。

也因此，曲牌体元杂剧、元明南戏仍存词话痕迹。

见于元杂剧，马致远所作的《吕洞宾三醉岳阳楼》（简称《岳阳楼》），由正末扮作吕洞宾，击渔鼓卖唱，如“唱道情”。有一段“词云”如下：

披蓑衣，戴箬笠，怕寻道伴；

将简子，挟愚（渔）鼓，闲看中原。

打一回，歇一回，清人耳目；

念一回，唱一回，润俺喉咽。

穿茶房，入酒肆，牢拴意马；

践红尘，登紫陌，系住心猿。

跨彩鸾，先飞到，西天西里；

驾青牛，后走到，东海东边。

……

船到江心牢把舵，箭按弦上慢张弓。

今生不与人方便，念尽弥陀总是空。〔一一〕

由于吕洞宾属于唐代道家，其“击渔鼓”仍类唐代民间“拍弹”，其“唱”仍类宋元民间“唱道情”，为鼓子词；“念一回，唱一回”为“说唱”，正与元代流行“搬说词话”“搬唱词话”相关；“先行到”“后走到”云云，为诗赞体，很通俗，留着元代民间“演唱词话”的痕迹。

见于“南戏”，举如前引的《琵琶记》，宋代早有话本，“负鼓盲翁”早在说唱，属鼓子词，又见民间用于“搬演”，宋元南戏有了《赵贞女》，高则诚加工的《琵琶记》仍存“陶真”痕迹。如其“义仓赈济”一出，就见净丑二人仍在“唱陶真”：

［净］……大的孩儿不孝不义，小的媳妇逼勒分离。单单只有第三个孩儿本分，常常抢去了老夫的头巾。激得老夫性发，只得唱个陶真。

［丑］呀，陶真怎的唱？

［净］呀，到被你听见了。也罢，我唱你打和。

［丑］使得。

[净]孝顺还生孝顺子。

[丑]打打哈(按,仿鼓板击节),莲花落。

[净]忤逆还生忤逆儿。

[丑]打打哈,莲花落。

[净]不信但看檐前水。

[丑]打打哈,莲花落。

[净]点点滴滴不差移。

[丑]打打哈,莲花落。

[净]住休!……

[丑]你若不叫住,我直唱到天明。

其中又有"乞丐寻夫"一出,主要人物赵五娘上京寻夫,自我表白如下:

……今二亲既已葬了,只得改换衣装,扮作道姑,将琵琶做行头,沿街上弹几个行孝的曲儿,抄化将去……〔一二〕

由上引,该剧"莲花落"如唐代拍弹而歌,宋代唱道情、鼓子词,仍在"唱陶真",为诗赞体,其主要人物装扮道姑,抱着琵琶沿街卖唱,如宋代勾栏"弹唱因缘"、元代"唱琵琶词,货郎儿",正与元代"演唱词话"相关。

何况如前引,明代"杭州男女瞽者,多学琵琶,唱古今小说、评话,以觅衣食,谓之陶真。大抵说宋时事,盖汴京遗俗也";汴京"凡卖一物,必有声韵,其吟哦俱不同",早类元代货郎儿卖唱。今存元代《风雨像生货郎旦》一剧(简称《货郎旦》),已属元杂剧(今存),却仍留着"说唱词话"痕迹。剧写李彦和娶了妓女张玉娥为妾,玉娥不贤,将彦和之妻气死,又与奸夫合谋,盗了彦和财产,烧了他的房舍,并将彦和一家骗至河边,推彦和于河中(后得救)。正欲勒杀彦和之子春郎及其奶母张三姑时为人撞见,两人幸免一死。13 年后,张三姑借着说唱货郎儿,终使其父子团圆。今依明代臧懋循的《元曲选》,将其第四折张三姑(副旦)扮作货郎儿以卖唱为名劝说春郎一段,摘录如下:

……我本是穷乡寡妇……又不会按宫商品竹弹丝,无过是赶几处沸腾腾热闹场儿,摇几下桑琅琅蛇皮鼓儿,唱几句韵悠悠信口腔儿。一诗一词,都是些人间新近希奇事,扭捏来无诠次,倒也会动的人心谐的耳,都一般喜笑孜孜。

接着说了段"新近希奇事"(即春郎身世),"编成二十四回说唱",且类"说唱词话”开场时的“入话”。表演如下：

(副旦做排场，敲醒睡科)[诗云]：

烈火西烧魏帝时，周郎战斗苦相持。

交兵不用挥长剑，一扫英雄百万师。

这话单题着诸葛亮长江举火，烧曹军八十三万，片甲不回。我如今的说唱，是单题着河南府一桩奇事。

接着“转调货郎儿”，用了《货郎儿》曲牌，又说又唱，接连“九转”，类如宋代《转踏》歌舞，自唱如下：

也不唱韩元帅偷营劫寨，

也不唱汉司马陈言献策，

也不唱巫娥云雨楚阳台，

也不唱梁山伯，也不唱祝英台。

(小末云)：你可唱甚么那？(按，此属春郎插白)

(副旦唱)只唱那娶小妇的长安李秀才。[一三]

(按，此为“一转”，之后类此，今略)

这个张三姑，见类《琵琶记》中的赵五娘、《岳阳楼》中的吕洞宾，也与元代“击渔鼓”“唱琵琶词、货郎儿”相关；见其“摇几下桑琅琅蛇皮鼓儿，唱几句韵悠悠信口腔儿”顺口而歌，如宋代“唱陶真”；见其“这话”仍类“说话”，有话本，开场有“入话”，如宋代“说三分”；见其说的“新近希奇事”早又“编成二十四回说唱”，为“说唱词话”，正与“搬唱词话”相关；见其“九转”类如宋代“转踏”，其“唱”又“采合宫调”，用了曲牌《货郎儿》；见其“也不唱”言及许多故事，说明宋元早多此类话本，可“搬说”“搬唱”，其“唱”早属“信口腔儿”，如《货郎儿》曲牌“采合宫调”。

正因此，类如曲牌《货郎儿》，宋元有了曲牌《卖花声》《醋葫芦》《山坡羊》《豆叶黄》之类令曲；宋代“唱崖词只引弟子，听陶真尽是村人”，早又雅俗有别。就见随着元杂剧出现，元代民间盛行的仍是“搬唱词话”，不但宋元南戏起于永嘉杂剧，明代仍多此类“土戏”，形成余姚腔、海盐腔、弋阳腔、昆山腔之类，且见随着曲牌体昆腔的出现，弋阳腔也仍“干唱”，以“锣鼓节奏”，如山西所见的“锣鼓杂戏”，“只沿土俗”流变，与板腔戏曲的形成有关。

这就涉及与“拍弹”“鼓板”相关的板式。

见于唐代，依《乐府杂录》记，宫廷早有鼓、笛、拍板，其“羯鼓”条言“明皇尤好此伎”；其“拍板”条言，“拍板本无谱，明皇遣黄幡绰造谱”。这说明，唐代早用“鼓板”节奏声腔，各种曲调早有了相关“板式”，早记于“谱”。

由此至宋，吴曾《能改斋漫录》卷一“禁蕃曲·毡笠”记：

（宋徽宗）崇宁、大观已来，内外街市鼓笛拍板，名曰“打断”。至政和初，有旨立赏钱五百千；若用鼓板改作北曲子，并著北服之类，并禁止支赏。其后民间不废鼓板之戏，第改名“太平鼓”。〔一四〕

而如前引，北宋仁宗时“市井初有‘叫果子’之戏”，其“唱”早类卖物“叫声”，“京师凡卖一物，必有声韵，其吟哦俱不同”，“市人采其声调，间以词章，以为戏乐”，“与叫果子、唱耍曲儿为一体”，早也“上鼓面”，为“鼓板之戏”。宋徽宗时民间仍有“鼓板之戏”，时称“打断”，早借“鼓板”打而断句，“其后民间不废鼓板之戏”，改名“太平鼓”，正与宋徽宗粉饰太平有关。

沿此而至南宋，就见《都城纪胜·瓦舍众伎》已有如下记述：

嘌唱，谓上鼓面唱令曲小词，驱驾虚声，纵弄宫调，与叫果子、唱耍曲为一体，本只街市，今（南宋）宅院往往有之。叫声，自（北宋）京师起撰，因市井诸色歌吟卖物之声，采合宫调而成也。若加以嘌唱为引子，次用四声就入者，谓之“下影带”。无影带者，名“散叫”。若不上鼓面，只敲盏者，谓之“打拍”。唱赚在京师日，只有缠令、缠达……（南宋）中兴后，张五牛大夫（实亦乐人）因听动鼓板中又有四片太平令，或赚鼓板，即今拍板大筛扬处是也，遂撰为“赚”。〔一五〕

《梦粱录·妓乐》也有类似记述，并说：

若合动小乐器，只三二人合动尤佳。如双韵合阮咸……或弹拨十四弦，独打方响……又有拍番鼓儿，敲水盏，打锣板，和鼓儿，皆是也。〔一六〕

由此，南宋民间“叫声”可“采合宫调”，已由诸宫调有了“唱赚”，又类如“鼓板之戏”改名“太平鼓”，有了“太平令”。不但“动鼓板中又有四片太平令”，且见随着“赚鼓板”早又“拍板大筛扬”，早借板式变化衔接着不同曲调的“太平令”。

需要提醒的是，所谓“太平令”，不但包括曲牌体“令曲”以及相关的“缠令、缠达”等，而且包括卖物“叫声”以及相关的“散叫”。

正因此,随着北宋"鼓板之戏"改名"太平鼓",民间卖物式的"散叫"也已改名"货郎太平歌"(见《水浒传》),且因"其吟哦俱不同",早又可形成不同唱腔、不同曲调的"太平令"。南宋"四片太平令"也仍"动鼓板",为鼓板之戏,又见其"拍板大筛扬",早借以衔接不同板式的"太平令",更见其"合动小乐器","拍番鼓儿,敲水盏,打锣板,和鼓儿","拍弹"而歌,仍类"鼓板之戏",早与赛社相关。从而如前引,唐代民间早多"鼓笛赛神",宋元赛社也仍"不住的擂鼓筛锣";宋金时的上党赛社也仍打太平鼓、拍番鼓、敲水盏,至今仍有相关的石刻遗存;元杂剧仍多"词话"痕迹,与"搬唱词话"相关;宋元时的永嘉杂剧仍属民间"土戏",由此形成了南戏"四大声腔",其初也仍"淫哇"乱唱(详后),且见其中的弋阳腔只沿土俗流变,仍类民间"土戏",其"板式"仍在发展变化。

二、再说南戏与弋阳腔

前引的《南词叙录》中说,南戏始于宋元时的永嘉杂剧,高则诚早由《赵贞女》加工出《琵琶记》,接着说:

> 或曰(南戏)"宣和间已滥觞,其盛行则自南渡,号曰'永嘉杂剧',又曰'鹘伶声嗽'"。其曲,则宋人词而益以里巷歌谣,不叶宫调,故士夫罕有留意者。

又说:

> 或以则诚"也不寻宫数调"之句,为不知律,非也,此正见高公之识。夫南曲本市里之谈,即如今吴下《山歌》、北方《山坡羊》,何处求取宫调?

又说:

> 南曲固无宫调,然曲之次第,须用声相邻以为一套,其间亦自有类辈,不可乱也……作者观于旧曲而遵之可也。[一七]

依其说,永嘉杂剧也称"鹘伶声嗽",类唐代"词辩",字多腔少,犹如"注射";"南曲本市里之谈",说明其"戏"源于唐宋"说话",正如元代民间"搬说词话""搬唱词话"所见,故见"其曲,则宋人词而益以里巷歌谣,不叶宫调",其"唱"实仍顺口而歌,如元代"唱琵琶词、货郎儿"之类;南戏发端于宋代永嘉杂剧,"《赵贞女》《王魁》二种实首之"(前引),不但如前举述,《赵贞女》早有话本,早用于

“搬演”，且见《王魁》一剧正也类此。如胡士莹先生的《话本小说概论》，钩沉出明代仍存的《王魁》话本，证实“王魁故事在南宋末年，说话人已在说唱”〔一八〕。由此正见，《王魁》《赵贞女》二剧相类，南宋早都有其话本，可“搬说”“搬唱”，不但正类上党赛社所见的杂剧，早也属于诗赞体，且类池州傩戏（前引），早也“搬得甚高强”，属于宋元民间“土戏”。

于是如前引，随着元初北曲传入南方，高则诚由《赵贞女》加工出《琵琶记》，见类“北曲”，早也“用声相邻以为一套”；永嘉文人成立九山书会，由其加工的《张协状元》言“似恁地说唱诸宫调，何如把此话文敷演”，仍类元杂剧所见。明初，《琵琶记》献于朱元璋，“寻患其不可入弦索”，令教坊乐工“撰腔以献”，更类“北曲”加了“弦索”。正由此，有了“南九宫”，有了曲牌体昆腔。明清文人认为，昆腔出自宫廷，仍属“正音”，由其流变，“愈趋愈卑”，才由弋阳腔之类变为板腔。就如康熙时的刘廷玑（1676 年前后在世），其《在园杂志》中说：

> 近今且变弋阳腔为四平腔、京腔、卫腔，甚且等而下之，为梆子腔、乱弹腔、巫娘腔、琐哪腔、啰啰腔矣。愈趋愈卑，新奇叠出，终以昆腔为正音。〔一九〕

类似的文人记述还有。在这些文人眼里，昆腔仍属“正音”，认为弋阳腔流变民间，“愈趋愈卑”，“等而下之”，才有了“乱弹”“梆子”等腔，才形成板腔。按此，宋元以来的民间艺人，不仅谈不上贡献，简直有了亵渎高雅艺术的罪过。

这就本末倒置，颠倒了艺术的源流关系。且不说元杂剧如何兴起，仅就南戏而言，弋阳腔有何优势，竟与各地板腔戏剧的兴起有关，这就值得探讨。

几乎与刘廷玑同时，山西汾西县的侯七乘曾任江西广信府同知，康熙十二年（1673）为《弋阳县志》作序，写道：

> 予童时闻里社演剧，即相传有所谓弋阳腔者，究不知弋阳之起于何义，出于何方也。迨履任信州，而属邑之中有弋阳焉，询之，则弋阳之名实始于此。乃予三过弋阳，适邑令陶君为予言：斗大一城，并未有人焉出而充梨园子弟者。昔之弋阳腔，至今几广陵散矣。〔二〇〕

看来侯七乘曾抱着好奇心，想对弋阳腔作一探寻，结果却大失所望。弋阳“斗大一城”未有过真正的“梨园弟子”，不但弋阳腔非由宫廷传来，且在当地已作“广陵散”，几乎不存！这就产生了诸多疑问：弋阳腔缘何兴起？其初是曲牌体吗？为何其仍在各地不断流变，其源却“散”？源散而流不断，其流又从何来？

不断流变的弋阳腔还是原来的面貌吗?

起初的弋阳腔是何形态,或因“士夫罕有留意者”,未有确切记载。与其相关,明代祝允明《猥谈》中说:

数十年来,所谓南戏盛行,更为无端。于是声音大乱。……盖已略无音律腔调。愚人蠢工徇意更变,妄名余姚腔、海盐腔、弋阳腔、昆山腔之类。变易喉舌,趁逐抑扬,杜撰百端,真胡说也。若以被之管弦,必至失笑。

其《怀星堂集》卷二四,在“重刻中原音韵序”中又说:

不幸又有南宋温州戏文(即永嘉杂剧)之调,殆禽噪耳,其调果在何处?〔二一〕

依史,祝允明乃苏州人,生于英宗天顺四年(1460),卒于世宗嘉靖五年(1526),经历过弘治、正德两位皇帝,曾任应天府通判,其说至少符合其“数十年来”所见。从而,既见明代南戏早有了“余姚腔、海盐腔、弋阳腔、昆山腔之类”,又见其“变易喉舌”,如唐代俗讲“转变喉舌”,仍可“胡说”,仍类“说话”,“略无音律腔调”,更见“愚人蠢工徇意更变”,“声音大乱”,“若以被之管弦,必至失笑”,如“南宋温州戏文之调”,其“调”仍类“禽噪”。这至少说明,祝允明所在的嘉靖前后,在苏州、南京一带的吴中地区,余姚腔、海盐腔、弋阳腔、昆山腔之类仍类永嘉杂剧,即使用了“里巷歌谣”“村坊小曲”,仍类“禽噪”,“吟叫”乱唱。

而其所言,又与嘉靖三十八年(1559)徐渭所作的《南词叙录》相合(前引)。可见直至嘉靖后期,弋阳、昆山等腔,仍属土腔土调,类元代民间“搬唱词话”,为“土戏”。

与此相关,汤显祖(1550—1616)曾作《宜黄县戏神清源祖师庙记》碑,其中又说:

此道(戏剧)有南北,南则昆山,之次为海盐,吴浙音也,其体局静好,以拍为之节;江以西则弋阳,其节以鼓,其调喧。至嘉靖而弋阳之调绝,变为乐平(仍属江西),为徽青阳。〔二二〕

汤显祖是江西临川人,与宜黄县相邻,又是有名的戏剧家,故为当地戏神作有此碑。由其言,既见昆山、海盐两腔出自江浙,其“吴浙音”为“乡音”,其“以拍为之节”正与唐宋“拍弹”“拍板”相关,又见弋阳腔出自江西,也仍“其节以鼓”,正与宋元民间“击渔鼓”“唱道情”“唱鼓子词”相关,其“唱”用了“乡音”,属于

"土腔"。这说明,各地土戏早都随其"乡音"形成了不同声腔。从而如前引,就见"妄名"余姚腔、海盐腔、弋阳腔、昆山腔之类,明代嘉靖之前仍都属于土腔土调的"土戏"。

嘉靖后期,魏良辅已在"打磨"南曲,虽然由此有了曲牌体昆腔,起初却只用于"清唱"。故见其作的《南词引正》(也称《曲律》)仍有如下记述:

清唱,俗语谓之"冷板凳",不比戏场藉锣鼓之势。全要闲雅整肃,清俊温润。其有专于磨拟腔调,而不顾板眼,又有专主板眼而不审腔调,二者病则一般。惟腔与板两工者,乃为上乘。

并说:

北曲与南曲大相悬绝,有磨调、弦索调之分……南力在磨调,宜独奏,故气易弱。近有弦索(北曲)唱作磨调,又有南曲配入弦索,诚为方底配作圆盖……〔二三〕

所谓"磨调"正与其"打磨"相关,正指曲牌体昆腔,正由胡说乱唱的昆山腔加工而来。从而,既见昆腔已变得"闲雅整肃,清俊温润",又见其最初只用于"清唱","不比戏场藉锣鼓之势",俗语谓之"冷板凳",尚未用于"搬演"。魏良辅说,"北曲与南曲大相悬绝,有磨调、弦索调之分","磨调"尚未加有"弦索"。值得注意的是,魏良辅又言,时有"专主板眼而不审腔调"者,重视"板眼"变化;时有"专于磨拟腔调,而不顾板眼"者,虽也类"磨调"而唱,却"罕节奏",仍如"随心令";时有"弦索唱作磨调"者,已将"磨调"加了"弦索";时有"腔与板两工者",已如昆腔而唱,已见"拍板"而歌,正类魏良辅的清唱,"乃为上乘"。

与此相关,作于嘉靖三十八年(1559)的《南词叙录》又说:

今唱家称"弋阳腔",则出于江西,两京、湖南、闽广用之;称"余姚腔"者,出于会稽,常、润、池、太、扬、徐用之;称"海盐腔"者,嘉、湖、温、台用之。惟昆山腔止行于吴中,流丽悠远,出乎三腔之上,听之最足荡人,妓女尤妙此,如宋之嘌唱,即旧声而加以泛艳者也。〔二四〕

显然,嘉靖后期的昆山腔已与弋阳腔、余姚腔、海盐腔有别,已"出乎三腔之上",实指曲牌体昆腔。从而,既见其类如"宋之嘌唱",已用于"清唱",又见其"止行于吴中",远不如弋阳腔流布之广,影响之大。明万历时的顾起元《客座赘语》又说:

万历以前,公侯与缙绅及富家,凡有燕会,小集(规模较小的集会)

多用散乐，或三四人，或多人，唱大套北曲；若大席，则用教坊打院本，乃北曲四大套者，中间错以“撮垫圈”“观音舞”，或“百丈旗”，或“跳坠子”。后乃变而尽用南唱，歌者止用一拍板，或以扇子代之，间有用鼓板者。今则吴人益以洞箫及月琴，声调屡变，益为凄惋，听者殆欲堕泪矣。大会则用南戏，其始止二腔，一为弋腔，一为海盐……今又有昆山，较海盐又为清柔而婉折。〔二五〕

顾起元，江宁人。该书作于万历四十五年(1617)，其言至少符合“吴中”实际。从而见于吴中“公侯与晋绅及富家”，万历以前或“小集”仍“唱大套北曲”，或“大席”仍用院本，仍存宋元遗风；之后则“变而尽用南唱，歌者止用一拍板，或以扇子代之，间有用鼓板者”，正与“以拍”为节的“海盐腔”“昆山腔”有关。万历时，“吴人益以洞箫及月琴，声调屡变，益为凄惋，听者殆欲堕泪矣”，正与打磨的昆腔用于“清唱”有关，且见吴中“大会则用南戏，其始止二腔，一为弋腔，一为海盐……今又有昆山，较海盐又为清柔而婉折”。不但其“大会”正相对“小集”而言，指“赛会”之类，且其“昆山”正指曲牌体昆腔。从而，既见弋阳腔“其节以鼓”，海盐腔属于“吴浙音”“以拍为之节”，两者早都见于吴中“大会”，又见万历时的曲牌体昆腔类此，也见“大会”已用于“搬演”。于是，万历时的王骥德《曲律》说：

夫南曲之始，不知作何腔调。沿至于今，可三百年。……旧凡唱南调者，皆曰“海盐”。今“海盐”不振，而曰“昆山”……数十年来，又有“弋阳”“义乌”“青阳”“徽州”“乐平”诸腔之出。今则“石台”“太平”梨园，几遍天下，苏州(昆曲)不能与角什之二三。其声淫哇妖靡，不分调名，亦无板眼，又有错出其间，流而为“两头蛮”者，皆郑声之最，而世争膻趋痂，好靡然和之，甘为大雅罪人……

又说：

今至“弋阳”“太平”之“衮(滚)唱”，而谓之“流水板”，此又拍板之一大厄也。

又说：

戏剧之行与不行，良有其故。庸下优人，遇文人之作，不惟不晓，亦不易入口。村俗戏本，正与其见识不相上下；又鄙猥之曲，可令不识字人口授而得，故争相演习，以适从其变。以是知，过施文彩，以供案头之

积,亦非计也。[二六]

王骥德是浙江会稽人,明代著名的戏剧理论家。其说仍类前引的祝允明《猥谈》,对民间剧曲多有贬,说出了南曲急变的真实情况。依其说,万历时"海盐"不振而曰"昆山",正指曲牌体昆腔也已走向"戏场";"弋腔"仍在流变,由"无板眼"而"两头蛮",由"滚唱"而"流水板",时已走向板腔;民间流行的仍是"村俗剧本",仍唱着"鄙猥之曲","可令不识字人口授而得,故争相演习",且见"几遍天下""适从其变",流变中仍未脱"土"。

仅就弋阳腔而言,流变中已由"滚唱"有了"流水板",且见万历至崇祯末年的凌濛初的《谭曲杂札》中说:

况江西弋阳土曲,句调长短,声音高下,可以随心入腔。[二七]

清乾隆时李调元在《剧话》(约作于1775年)中更说:

"弋腔"始于弋阳,即今"高腔",所唱皆南曲。又谓"秧腔"……京谓"京腔",粤俗谓之"高腔",楚蜀之间谓之"清戏"。向无曲谱,只沿土俗,以一人唱而众和之,亦有紧板、慢板。[二八]

从而由明而清的弋阳腔,"一人唱而众和之",仍类佛道"俗讲"所用的"经腔",受俗众欢迎;"句调长短,声音高下,可随心入腔",仍类宋元民间的"随心令";"向无曲谱,只沿土俗"流变,不但早属民间"土戏",且类乾隆时的"秧腔""京腔"等,"亦有紧板、慢板",正见其已属板腔。

于是,就见清代的昆腔仍属"雅部",弋阳腔之类则属"花部",早又形成了"花雅"之争。乾隆六十年(1795),李斗《扬州画舫录》已记:

郡城(扬州)花部,皆系土人,谓之本地乱弹,此土班也。……若郡城演唱,皆重昆腔,谓之堂戏。本地乱弹只行之祷祀,谓之台戏。迨五月,昆腔散班,乱弹不散,谓之火班。后句容有以梆子腔来者,安庆(属安徽)有以二簧调来者,弋阳有以高腔来者,湖广有以罗罗腔来者,始行于城外四乡,继或于暑月入城,谓之赶火班。而安庆色艺最优,盖于本地乱弹,故本地乱弹间有聘之入班者。……郡城自江鹤亭征本地乱弹,名春台,为外江班,不能自立门户,乃征聘四方名旦,如苏州杨八官、安庆郝天秀之类。而杨、郝复采长生(即魏长生)之秦腔,并京腔中之优者,如《滚绣楼》《抱孩子》《卖饽饽》《送枕头》之类(皆剧名)。于是,春台班合京秦二腔矣。[二九]

依史，李斗生于江苏仪征，久居扬州，依“目之所见，耳之所闻”，积30余年写成此书。据其所写，当时“花部”皆由“土人”组成，皆属“土班”，演的仍是土戏，用于祷祀，仍类赛会用于庙台，仍属“台戏”；当时昆腔仍属堂戏，类明代上层“小集”，多见于“堂会”，雅俗有别；随着“土班”流动做场，相互搭班，已有了“乱弹”，仍在“赶火班”。其“火”与“暑月入城”有关，可指其盛如火，且因乱搭班，又含“伙”“合”之义。就如其记的“春台班”，“征聘四方名旦”入伙，又见早“合京秦二腔”。正因这类艺人早可“伙”而组班，“合”用诸腔，就见随其乱搭班，同台乱唱，形成了“乱弹”“梆子”。清末民国时的徐珂(1869—1928)在《清稗类钞·戏剧类·弋腔戏为昆曲皮黄之过渡》中说(今加的按语标明今按，以与原按区别)：

> 弋阳梆子秧腔戏，俗称扬州梆子者是也。昆曲盛时，此调仅演杂剧(今按，即“诗赞体”土戏)，论者比之逸诗变雅(今按，比之诗由吟诵而可唱)，犹新剧中之趣剧也(今按，指话剧加唱)。其调平板易学，首尾一律，无南北合套之别，无转折曼衍之繁，一笛横吹，皆(今按，应为“习”字)一二日便可上口。虽其调亦有多种，如《打樱桃》之类，是其正宗。此外则如《探亲相骂》，如《寡妇上坟》，亦皆其调之变，大抵以笛和者皆是，与以弦和之四平腔(如二黄中《坐楼》)及徽梆子(如《得意缘》中之调，即就二黄之胡琴以唱秦腔，似是而非，故只可谓之徽梆子)均不类。昆曲微后，伶人以此调易学易制，且多属男女风情之剧，故广制而盛传之，为昆曲与徽调之过渡，故今剧中昆曲已绝，而此调则所在多有也。〔三〇〕

虽然其认为“弋腔戏为昆曲皮黄之过渡”，却可由其记述看出，清末民国的弋阳腔仍属土戏。而如前引，弋阳腔“向无曲谱，只沿土俗”流变，从未脱“土”，不但“根”在民间，早属“土戏”，早演着“村俗剧本”，且见“争相演习”，“几遍天下”，昆腔“不能与角什之二三”，有一种“土”的优势。正因此，“昆曲盛时，此调仅演杂剧”，正类宋元时的永嘉杂剧仍属诗赞体，正如池州傩戏所见，也与元代民间“搬演词话”相关。直至清末民国，其仍属于“土戏”，“其调平板易学”，“习一二日便可上口”，实仍“淫哇”乱唱；就见其类各地土戏，早可相互搭班，同台乱唱，早与“乱弹”“梆子”的形成相关；就见清代“昆曲已绝，而此调则所在多有”，即使弋阳当地已作“广陵散”，却因早与各地“土戏”合流，其流仍劲。以至江西类此，也有外来声腔流入，同台乱唱，由乱弹、梆子形成了以板腔为主的赣剧。

三、再由弋阳腔说及赣剧

以下论述，参考了江西龚国光先生《江西弋阳腔的产生与流变》一文[三一]。凡涉及处，简称“龚文”。

首先，仍说弋阳腔的由来。由于南方自古盛行“驱傩”，早有一种借神驱鬼的民风，不但今仍多存相关的傩舞、傩戏，且见《江西诗征》卷二四今存南宋刘镗(1219—约1307)《观傩》一诗，其中写有“鼓声渊渊管声脆，鬼神变化供剧戏”“翻筋踢斗臂膊宽，张颐吐舌唇吻干”“青衫舞踏忽屏营”“能言祸福不由天”云云[三二]。从而结合之前的有关记述，江西“驱傩”有“舞踏”“能言”，为“傩戏”，正类安徽的池州傩戏，见于宋代；“鼓声渊渊管声脆”，仍类唐代“鼓笛赛神”，正与宋元赛社“不住的擂鼓筛锣”相关；元代“禁令”涉及江西，其“聚着众人唱词的，祈神赛社的，立集场的，似这般聚众着妄说大言语做歹勾当的，有呵”。显然，南宋江西“剧戏”早也在“搬唱词话”。刘镗之侄刘壎作有《水云村稿》，其中“吴用章传”中说：

> 吴用章，名康，南丰人，生宋绍兴间。敏博逸群……当是时，去(宋室)南渡未远，汴都正音教坊遗曲犹流播江南。用章博采精探，悟彻音律……用章殁，词盛行于时……至咸淳，永嘉戏曲出，泼少年化之。而后淫哇盛，正音歇。然州里遗老犹歌用章词不置也。[三三]

依史，刘壎字起潜，号“水云村人”，人称“水村先生”，入元后曾在福建为官，八十而亡，属江西有名学者。可见其写的“吴用章传”正该有据。从而，既见北宋“汴都正音教坊遗曲犹流播江南”，南宋时江西文人也仍偏爱，又见江西早多傩舞、傩戏，正如池州傩戏、永嘉杂剧所见，正与民间“搬唱词话”相关。永嘉戏曲传入江西，“泼少年化之”，江西早又“淫哇盛，正音歇”。由其言“盛”，说明江西早有“淫哇”土戏，正如元代禁令所言，正与民间“搬唱词话”相关，不但其“唱”为土腔土调，正可形成弋阳腔，且类永嘉戏曲，用了“里巷歌谣”“村坊小曲”。加之江西东邻浙江，弋阳正与永嘉相近，永嘉戏曲传入江西，早又被“泼少年化之”而用。

而其所谓“泼少年”，指“优童”类，既类宋代“畸农市女”，仍多“系籍乐人”，又类元代所见，也有“不务正业”的“良家子弟”。于是，就见永嘉戏曲由其“化之”而用,“淫哇”乱唱,即使北宋“汴都正音教坊遗曲”也可“随心入腔”,都属于“随心令”;弋阳腔仍属土腔土调的“土戏”,不但仍类永嘉戏曲,且见“只沿土俗”流变,早与板腔的形成有关。

且看弋阳腔如何流变。“龚文”言,“元明以来,在龙虎山下长期活跃着火居道士们组成的专演目连戏的戏班”,称“道士目连班”,唱用“经腔”,“一唱众和”。依史,江西龙虎山为道教天师派圣地,元代封有“张天师”;随着金元兴起全真教,早又主张“三教合一”。因此,元代龙虎山下有了火居道士,组成道士目连班专演目连戏。其“火”正含佛道同“伙”之义,其“戏”正类北宋目连杂剧所见,早又由道士搬演,正与宋元“唱道情”“唱鼓子词”“搬演词话”相关。加之弋阳县正在龙虎山下,且是通往江浙的要道,弋阳腔仍类佛道“经腔”,“一唱众和”。

与其相关,见于江西遗存的“道情”,见有称“古文”“渔鼓”“鼓子词”者,“多系诗赞体”,并已有“慢板”“平板”“快板”之分〔三四〕。不但其“道情”仍在“击渔鼓”说唱,其“鼓子词”仍类宋代“唱道情”“唱陶真”,其“慢板”“平板”“快板”正与唐宋以来“拍弹”“拍板”“鼓板”之类节奏声腔有关,且见龙虎山下的道士目连班专演目连戏,早由“说唱”而“搬唱”,由此而来的弋阳腔又变成青阳腔,早有了“滚唱”“滚板”,与板腔的形成相关。由此可见,江西民间早有的“古文”,包括其土词、土曲、土腔、土调,才是弋阳腔赖以形成的“土根”。

依“龚文”言,今存的明代弋阳腔“戏本”,不但记有《闹五更》《棱登歌》《集日句》之类土曲,且见明万历刊本《精刻汇编新声雅杂乐府大明天下春》(简称《大明天下春》),由江西人编辑,卷七收有“弋阳童声歌”14 首,其中一首仍唱:

时人作事巧非常,歌儿改调弋阳腔。
唱来唱去十分好,唱得昏迷姐爱郎。
好难当,怎难忘,勾引风情挂肚肠。

由此,“弋阳童声歌”正与“优童”有关,属“泼少年”之歌;其“歌”仍属诗赞体,仍类宋代“唱陶真”所见的“鼓子词”。“时人作事巧非常”,“改调”而歌,“化之”而用,早都变为弋阳腔,“淫哇”乱唱,“随心入腔”。

需要指出,这种“巧非常”宋元民间十分广泛。不但“唱道情”“唱陶真”之类早可“随心入腔”、“淫哇”乱唱,早与“搬唱词话”相关,且见宋元此类土曲、土戏“充塞街市”,流行赛社,早又相互交流、彼此影响。

于是如前引，既见宋元时的永嘉杂剧类如池州傩戏，都与“搬唱词话”相关，都属民间“土戏”，早都“搬得甚高强”，又见由此有了海盐、余姚、弋阳、昆山等腔，明初也仍“淫哇”乱唱，同属“土腔”“土戏”。永嘉戏曲流入江西，“化之”而用，变成弋阳腔，且见弋阳腔类此流入安徽，变成青阳腔，已有了“滚白”“滚唱”“滚调”“滚板”“流水板”，与各地板腔戏剧的形成相关。

对此，“龚文”言，今从海外发现的《词林一枝》《乐府万象新》《大明天下春》等六种刊本，“均出自江西民间文人之手”，皆含青阳腔，至今江西仍存“明代整本青阳腔剧目”，如《三元记》《金印记》《织锦记》等。故见江西仍存弋阳腔、青阳腔的演出形态。《中国大百科全书·戏曲曲艺》有如下记述：

> 由于滚调打破了曲牌联套音乐结构和长短句格文学体制的传奇体制，就为板式变化体音乐结构和整齐句格文学体制的戏曲新形式的产生创造了条件……

其“赣剧”条又记(所加括号为原有)：

> ……赣剧的前身饶河班和广信班，都以演乱弹腔为主。饶河班以景德镇、鄱阳、乐平为中心，保存了部分高腔剧目，艺术风格比较古朴、粗犷。广信班以贵溪、玉山为中心，无高腔，其乱弹唱腔则较婉转流利。1950年，合饶河、广信两派，改名为赣剧。
>
> 赣剧现存的高腔有弋阳腔和青阳腔两种。弋阳腔一直保持“其节以鼓，其调喧”的原始风貌；青阳腔由安徽传入江西北部的都昌、湖口、彭泽一带，因为它和弋阳腔有历史渊源关系，1957年被发掘出来后，亦归入赣剧演唱。在音乐上，除青阳腔的“横调”“直调”以笛子、唢呐伴奏外，都以锣鼓助节，不用管弦，一人干唱、众人帮腔为特点。弋阳腔高昂激越，青阳腔柔和婉转。由于青阳腔具有通俗流畅的“滚唱”，在扩大上演剧目和丰富表现艺术力方面较弋阳腔更胜一筹。高腔曲调结构均为曲牌联套体。
>
> 赣剧的乱弹腔，以“二凡”“西皮”为主。“二凡”，即二簧，来自本地的宜黄腔，“西皮”传自湖北的汉剧。乱弹腔曲调平直朴素，板眼大致与京剧相同，但无慢三眼的唱法。此外尚有“唢呐二凡”和“反调”。其他声腔有文南词、秦腔(即吹腔)、老拨子、浙调、浦江调、安徽梆子、昆腔等，其中文南词主要从民间说唱音乐演变而来，又分文词(亦称北

词)、南词和滩簧三种。其他大多来自徽班和婺剧。[三五]

由其言,弋阳腔、青阳腔同属"高腔","都以锣鼓助节,不用管弦,一人干唱、众人帮腔为特点",正有着历史渊源。从而如前引,见江西"剧戏"早类池州傩戏,与"搬唱词话"相关,早多见于赛社;元代江西"火居道士"组成道士目连班,其"经腔"也"干唱",正与弋阳腔的形成有关。不但由此传入安徽变成青阳腔,且见由此形成"滚说""滚唱""滚板""滚调",正为板腔的形成"创造了条件",正与赣剧的形成有关。

由此再看赣剧如何形成。

依前引《中国大百科全书·戏曲曲艺》说,赣剧仍存"南词",主要"从民间说唱音乐演变而来",正如《南词叙录》言,"本市里之谈",正由"说唱词话"而来,正与宋元"唱道情""唱鼓子词"相关,正如永嘉杂剧所见,正类元代民间"搬唱词话"。即使用了"曲牌联套音乐",见仍"干唱",不但仍在"淫哇"乱唱,仍可与各地"土戏"乱搭班,且见流入安徽变成青阳腔,已由"滚调""滚板""流水板"形成"乱弹"。江西"饶河班和广信班,都以演乱弹腔为主",由此形成的赣剧仍含弋阳腔、青阳腔,且见仍有"安徽梆子""秦腔""昆腔"之类传入江西的痕迹,仍类乾隆时《扬州画舫录》所记(前引)。

何况如前引述,宋元时的江西"剧戏"正类安徽池州傩戏,属于"土戏",不但弋阳腔正与道士目连班有关,流入安徽早又变成青阳腔,且见青阳为池州一县,池州傩戏早也与"搬唱词话"相关。

加之青阳县的九华山佛道盛行,当地流行目连戏,正类龙虎山下弋阳县所见,正见两地土戏有着历史渊源。于是,弋阳腔变成青阳腔也仍"干唱",也仍"淫哇"乱唱。随着乱搭班,早又形成"乱弹""梆子",不但"饶河班和广信班,都以演乱弹腔为主",且见改名赣剧仍与弋阳腔、青阳腔同台乱唱,仍存二黄、西皮、秦腔、老拨子、浙调、浦江调、安徽梆子、昆腔之类遗迹,留着"南词"走向板腔的轨迹。

何况如前引,即使弋阳腔也曾"曲牌联套",实仍"化之"而用,"随心入腔",早也"打破了曲牌联套音乐结构和长短句格文学体制的传奇体制"。正如明代王骥德《曲律》所言,民间流行的仍是"村俗剧本",仍唱着"鄙猥之曲","可令不识字人口授而得,故争相演习",且见弋阳腔"适从其变","向无曲谱,只沿土俗",此类土戏"几遍天下",早见曲牌体昆腔"不能与角什之二三"。

四、由昆山腔再说民间土戏的不同流变

前文已述,南戏早已有了昆山腔,明嘉靖之前也仍“淫哇”乱唱,魏良辅加工后的昆腔已属曲牌体,后被一些明清文人视为“正音”。其所谓“正音”,有别于民间“淫哇”“禽噪”的“土腔”“土曲”“土戏”,因仍流行于上层,故被视为出自宫廷,属于正规、正统的“雅音”。与此相关,魏良辅的《南词引正》中说:

元朝有顾坚者,虽离昆山三十里,居千墩,精于南词,善作古赋。扩廓铁木耳(元末将领)闻其善歌,屡招不屈。与杨铁笛(即杨维桢)、顾阿瑛、倪元镇为友,自号风月散人。其著有《陶真雅集》十卷、《风月散人乐府》八卷行于世。善发南曲之奥,故国初(明初)有昆山腔之称。〔三六〕

顾坚为元末明初人,“精于南词,善作古赋”,为文人;其自称“风月散人”,为元末遗老,正类江西吴用章(前引),也属“博采精探,悟彻音律”者。顾坚“善歌”,恰如《吴用章传》所言,“不惟伶工歌妓以为首倡,士大夫风流文雅者酒酣兴发辄歌之”,著有《陶真雅集》,早将民间“陶真”土曲加工变“雅”,正见魏良辅言其“善发南曲之奥”所指。

而如前述,“南曲本市里之谈”,用了“里巷歌谣”“村坊小曲”,早可“说唱”,且见作为南戏发端的永嘉杂剧正由宋元民间“搬说词话”“搬唱词话”而来。高则诚的《琵琶记》仍类元代文人的元杂剧,仍存“陶真”痕迹。说白了,所谓顾坚“善发南曲之奥”,为宋元文人的一贯做法,其“奥”在于将民间土曲土戏加工变“雅”。

于是,魏良辅的“打磨”仍类顾坚而为,由此而来的昆曲仍类北曲,受“士大夫风流文雅者”喜爱,包括吴中民间,如祝允明《猥谈》中所言(前引),嘉靖之前“数十年来,所谓南戏盛行”,也仍“略无音律腔调”,以至“声音大乱”,“愚人蠢工徇意更变,妄名余姚腔、海盐腔、弋阳腔、昆山腔之类”。正因嘉靖之前的昆山腔“略无音律腔调”,明代周玄暐所作的《泾林续记》记有如下掌故:

……(昆山有周行宜老人),太祖(朱元璋)闻其高寿,特召至京(南京)。拜阶下,状甚镢铄。问今年若干,对曰一百七岁。又问平日有何修养而能致此,对曰清心寡欲。上善其对,笑曰:“闻昆山腔甚嘉,尔亦

能讴否?”曰:“不能。但善吴歌。”命歌之,歌曰:“月子弯弯照九州,几家欢乐几家愁。几人夫妇同罗帐,几人飘散在他州。”上抚掌笑曰:“是个村老儿。”命赏酒饭。〔三七〕

依史,周玄暐乃昆山人,万历四十四年(1616)进士,应该熟悉当时的昆山腔。今有学人考证认为,上述掌故属于杜撰,言明初朱元璋“闻昆山腔甚嘉”不合史实。其实,这是把早期昆山腔与曲牌体昆腔混淆了。退一步讲,即使周玄暐的掌故属于杜撰,也大致符合史实。如前引,昆山腔比弋阳腔等相对委婉,早有顾坚之辈加工雅化,且见周玄暐写的“村老儿”唱着“月子弯弯照九州”云云,仍是七言句式的“吴歌”,仍类宋元民间“唱陶真”,正与元代禁止江浙诸省“搬唱词话”的史实相合。何况如前引,最初的昆山腔正类弋阳腔,也属土腔土调的土戏,正如池州傩戏、永嘉杂剧所见,也起于民间。

为何昆山腔又变“雅”?除其相对委婉,还有特殊的历史机缘。明初建都南京,随着《琵琶记》献于宫廷,教坊乐工“撰腔以献”,早类北曲有了“南九宫”,可用于“南曲”。明代昆山正类宋元时的永嘉,与明初属于京都的南京相近,人文荟萃,正宜南曲加工雅化。于是,顾坚“善发南曲之奥”,将“陶真”土腔加工变雅,著有《陶真雅集》,又有魏良辅等辈继而“打磨”,已将土腔土调的昆山腔加工为曲牌体昆腔,至迟万历时已类元杂剧加了“弦索”,已走向剧场而称传奇。

与此同时,如前引,明代民间多土戏,仍类“搬唱词话”,“淫哇”乱唱,不但弋阳腔“向无曲谱,只沿土俗”流变,最终走向了板腔,且如江苏扬州,清乾隆《扬州画舫录》记,其“土班”“土戏”随着各种声腔同台乱唱,有了“乱弹”“梆子”。

显然,明清时的昆山腔实有两种流变,既有雅化的曲牌体昆腔,即今所见的昆曲,又有类如弋阳腔者,即使曾受昆曲影响,也可见曲牌联套,由于“干唱”和“淫哇”乱唱,随着乱搭班,变成“乱弹腔”,与板腔的形成有关。

为此,以《扬州画舫录》所记的“罗罗腔”为例,加以探讨。

所谓“罗罗腔”,早见于北方,或因俗众喜爱而称“乐乐腔”,或因类如“说话”称“啰啰腔”;甚或早与民间驱傩有关,以锣鼓击节,早类傩戏“喏喏”之声,又称“锣戏”“啰戏”,“淫哇”乱唱。因此,《扬州画舫录》中有“湖广有以罗罗腔来者”,且见田文镜的《总督两河宣化录文移》卷三,存其雍正六年(1728)《为严行禁逐啰戏以靖地方事》一文,其中记:

……今更访有啰戏一种,并非梨园技业,素习优童,不过各游手好闲之徒,口中乱唱几句,似曲非曲,似腔非腔音调,携带妻子为囮,经州过县,入寨闯村。……搭台搬唱啰戏。其把持庇护,则多出于顽绅劣衿;其派饭供茶,则多出于地方乡保;其行头箱担,则多备于捕役壮丁。是以不惧官,不畏法,违禁公行,肆恣无忌。此等唱啰戏流民……其妻虽非乐户,实同土娼,卖笑呈妍……[三八]

依史,田文镜为康熙、雍正时的大臣,雍正元年(1723)调任山西布政使,次年调河南,升巡抚,雍正六年(1728)升"总督两河宣化"。由其言,可知"啰戏"流行民间,屡禁不止,仍类元代禁止"搬唱词话"。又如前引,康熙时早已严禁女乐,雍正元年(1723)诏令废止乐籍,故见其文有"其妻虽非乐户"云云。究其实,正如山西上党所见,实仍多属乐户。正因此,这些"唱啰戏流民"仍类流动民间的金元行院,其"搬唱啰戏"仍类元代民间"搬唱词话",其"优童"仍类弋阳腔所见的"泼少年",其"口中乱唱几句,似曲非曲,似腔非腔音调"仍类干唱的弋阳腔之类。也因此,康熙时刘廷玑《在园杂志》中说,由弋阳腔"等而下之,为梆子腔、乱弹腔、巫娘腔、琐哪腔、啰啰腔矣"(前引);雍正时,田文镜"总督两河宣化",当地"啰戏"仍"经州过县","违禁公行";乾隆时的《扬州画舫录》记有"罗罗腔",由湖广而来,也与"乱弹""梆子"形成有关,且见直至清末民初,山西仍有相关遗存。

举如晋南,墨遗萍先生考察蒲剧史时曾搜集到如下谚语,"什么戏,罗罗戏,罗罗不唱我不去";"入了乐乐迷,忘了喂毛驴";"加上唢呐是罗罗,不加唢呐是秧歌";"真清戏(即高腔),假乱弹,罗罗戏胡叫唤"[三九]。由此,清末民初的晋南仍有"罗罗戏",仍受俗众喜爱;其类"秧歌",仍在"胡叫唤",正如明代《南词叙录》所言的南戏,"本市里之谈","大家胡说可也";其"真清戏(即高腔),假乱弹,罗罗戏胡叫唤"一说,仍如《扬州画舫录》所记,说明清末民国时的晋南"罗罗戏"仍类"高腔"(弋阳腔、青阳腔),且与"乱弹""梆子"形成有关,所以蒲州梆子(今称蒲剧)旧称"乱弹"或"乱台"。

另可注意其"加上唢呐是罗罗,不加唢呐是秧歌"之说。这说明,罗罗腔早类秧歌的土腔土调。与此相关,南宋范成大《插秧》诗,"谁知细细青青草,中有丰年击壤声"(见《宋诗钞》),"击壤声"正类《击壤歌》,出自"帝尧之世"(据皇甫谧《帝王世纪》记),正与古代"击缶""击鼓"相关。于是,既见"尧都平阳",当地早可击壤、击缶、击鼓,又见其辖区的翼城、襄汾等县至今仍存干板秧歌,也仍"干唱”,运城一带(也属晋南)所存的“锣鼓杂戏”仍类宋元“搬唱词话”,为赛社遗存,“罗罗戏胡叫唤”。这些正与墨遗萍先生研究的蒲剧史相关,正是晋南传出的历史信息。

再看晋东南(含泽州的上党地区),不但清代小说《歧路灯》第九十五回写,时有泽州锣戏流动河南,正与田文镜“禁逐啰戏”相关,且见清末民初泽州仍存“罗戏”,仍类乾隆时《扬州画舫录》所记,“昆、梆、罗、卷、簧”同台演唱(已录像)。依录像所见,其“罗戏”类“高腔”,也仍“干唱”,每唱多为八句,仍为七言齐句式,为诗赞体;见其仍以锣鼓击节,类如“其节以鼓”的弋阳腔,正与民间“搬唱词话”相关;见其仍以唢呐衬腔,至今泽州仍存干板秧歌,正合“加上唢呐是罗罗,不加唢呐是秧歌”之说;见与各种声腔同台乱唱有关,也类蒲州梆子的形成过程,当地也有了上党梆子。

再看晋北,灵丘县今仍存有“罗罗腔”,已属国家级“非遗”项目。《中国戏曲志·山西卷》已有相关记述〔四〇〕。依其记,灵丘县罗罗腔也仍“干唱”,拖腔每以“假嗓提高一个八度”,正如弋阳腔、青阳腔所见,也属“高腔”;见当地传说,罗罗腔原有“九腔十八调,七十二哈哈”,说明其多种腔调已同台“哈哈”,虽属“曲牌联缀体”,早也“淫哇”乱唱;见其仍用唢呐衬腔,正合“不加唢呐是秧歌”之说;见其衬腔可加“弦索”,正如“昆曲”所见,受“北曲”影响;见其仍存“说唱特点”,曲牌中的“数词”和“娃子”(又称《娃娃儿》)仍是其主要唱腔。依其所记曲谱,见其“数词”类如今见的“数来宝”“说快板”,也仍类“说”;见其“娃子”仍存“说唱特点”,正如“弋腔童声歌”所见,与元代“搬说词话”“搬唱词话”相关;见其“罗罗腔”已有“流水(板)”,正如青阳腔所见,与板腔的形成有关。该书言,当地流行一种说法:“弦、罗、赛、梆,敬神相当。”其“赛”正指“赛戏”,即上党赛社所见的杂剧、晋南遗存的锣鼓杂戏,正与宋元“搬唱词话”相关;其“弦”正指清代流行的“弦子腔”,有“数腔”“娃子腔”,由罗戏加“弦索”而来,与“乱弹”“梆子”的形成有关;其“敬神”正沿“赛社”而来,沿此而来的上党庙会早见“昆、梆、罗、卷、簧”同台乱唱。正因此,晋北仍存“弦、罗、赛、梆,敬神相当”一说。

综上,既见“罗罗腔”早与民间秧歌有关,仍存“说唱特点”,又见宋元民间早在“搬说”“搬唱”,不但见如永嘉杂剧、池州傩戏,早也“搬得甚高强”,且见民间早多此类“土戏”,与唐宋“赛神”“赛社”相关,用于“敬神”。“罗罗腔”见类弋阳腔、青阳腔,也属“高腔”,即使“曲牌联套”也仍“干唱”,与板腔的形成有关。

乾隆时的《扬州画舫录》说，“后句容有以梆子腔来者，安庆有以二黄调来者，弋阳有以高腔来者，湖广有以罗罗腔来者”，随着乱搭班早已形成“乱弹”“梆子”，并见“本地乱弹只行之祷祀”，用于“敬神”；见于清代泽州，“昆、梆、罗、卷、簧”也仍同台乱唱，且见道光时所立《五聚堂纪德碑》言，当地戏班“差事日增”，“所增官戏，皆是以先不列祀典”，“上党梆子”正也“敬神相当”。如弋阳腔，不但传入安徽变成青阳腔，形成“滚调”“滚板”，正与安徽梆子形成有关，且见其“只沿土俗”流变，自成体系，在民间形成一种“土脉”。

如《扬州画舫录》所记，各地早有了乱弹、梆子，也都用于庙会祀神；随着“花部竞起”，早又形成了“花雅之争”。一些文人仍视昆腔为“正音”，认为乱弹、梆子乃其“等而下之”的产物，为“大雅罪人”。

然而换个角度去看，结论正好相反。民间土戏早见由“说”而“唱”，由“吟叫”“淫哇”形成各种“土腔”，由“滚说”“滚唱”“滚调”“滚板”走向板腔，在不断“等而上之”，且如前引，早与曲谱体音乐、戏剧发展有关。显然，相关的艺人，包括“乐户”“优人”“戏子”等，即使对于“大雅”艺术，早也多有贡献。

【注释】

〔一〕转引自胡士莹《话本小说概论》上册，版同前，19页。

〔二〕转引自胡士莹《话本小说概论》上册，版同前，23页。

〔三〕转引自《王国维戏曲论文集》中《优语录》，版同前，250页。

〔四〕此处参考《辞源》“拍弹”条，商务印书馆，1979年版，1244页。

〔五〕见《东京梦华录·外四种》，版同前，476页。

〔六〕田汝成《西湖游览志余》卷二〇，中华书局，1958年版，368页。

〔七〕转引自胡士莹《话本小说概论》上册，版同前，181页。

〔八〕同上。

〔九〕见王晓传辑录《元明清三代禁毁小说戏曲史料》，版同前，3、5页。

〔一〇〕详《中华戏曲》第六辑，版同前，137—141页。

〔一一〕王季思主编《全元戏曲》第二册，版同前，177—178页。

〔一二〕见《中国十大古典悲剧集》，上海文艺出版社，1982年版，155、189页。

〔一三〕全剧见《元曲选》。此处参考了胡士莹《话本小说概论》上册所引，版同前，178—179页。

〔一四〕《能改斋漫录》，依《四库全书》台湾版，见卷一“禁蕃曲·毡笠”条。

〔一五〕《东京梦华录·外四种》，版同前，96—97页。

〔一六〕《东京梦华录·外四种》,版同前,309 页。

〔一七〕《南词叙录》,依《中国古典戏曲论著集成》第三册,239、241 页。

〔一八〕详胡士莹《话本小说概论》,版同前,334—338 页。

〔一九〕原书名《在园杂志》,此处依任二北辑《新曲苑》第十九种所录,名《在园志曲》,中华书局,1940 年“珍仿宋”版,2 页。

〔二〇〕转引于《中华戏曲》第十五辑杨孟衡《青阳逸响在万泉》一文,184—185 页。另,原版《弋阳县志》见存于旅大图书馆。

〔二一〕转引自叶德钧《戏曲小说丛考》上册,中华书局,1997 年版,4、8 页。

〔二二〕见《汤显祖集》,上海人民出版社,1959 年版,46 页。

〔二三〕见《中国古典戏曲论著集成》第五册,版同前,6、7 页。

〔二四〕见《中国古典戏曲论著集成》第三册,版同前,242 页。

〔二五〕转引于张庚、郭汉城主编的《中国戏曲通史》,中国戏剧出版社,1992 年版,457—458 页。

〔二六〕见《中国古典戏曲论著集成》第四册,版同前,117—119、154 页。

〔二七〕见《中国古典戏曲论著集成》第四册,版同前,254 页。

〔二八〕见《中国古典戏曲论著集成》第八册,版同前,46 页。

〔二九〕《扬州画舫录》,中华书局,2001 年版,130—131 页。

〔三〇〕原文见《清稗类钞·戏剧类·弋腔戏为昆曲皮黄之过渡》,中华书局,1984 年版,5015—5016 页,

〔三一〕详见《文史知识》1998 年第一期(赣文化专号),中华书局主编,43—47 页。

〔三二〕《江西诗征》引文,依江西余大喜《赣傩二题》一文提供(为 1992 年广西国际学术会论文)。

〔三三〕引自《四库全书》台湾版,一一九五册,370—371 页。

〔三四〕详武艺民《中国道情艺术概论》,山西古籍出版社,1997 年版,153—156 页。

〔三五〕见《中国大百科全书·戏曲曲艺》,中国大百科全书出版社,1983 年版,290、81 页。

〔三六〕见张庚、郭汉城主编的《中国戏曲通史》,版同前,461 页。

〔三七〕同上。

〔三八〕见王晓传辑录的《元明清三代禁毁小说戏曲史料》,版同前,97 页。

〔三九〕所引戏剧谚语,由墨遗萍早年搜集,并写成《接受遗产》一文,存于 1954 年自编的油印本《观剧散记》(属当时“山西省蒲剧学院藏稿之八”)。

〔四〇〕详见《中国戏曲志·山西卷》,文化艺术出版社,1990 年版,131—132、139—141、341—347 页。

第八节　乐户类艺人对戏剧贡献的再钩沉

宋元以来的戏剧发展，既与“系籍正色乐人”有关，又有“民间子弟”参与，包括“畸农市女”“泼少年”在内，每又见称优人、优伶、优童，统属“戏子”，直至民国皆仍类如乐户，社会地位仍“贱”。因而，以下将其统归“乐户类”，继续探讨此类艺人对于戏剧发展的贡献。

与此相关，随着明代昆曲的出现，早又有了“花雅之争”，一些文人仍视昆腔为“正音”，其类元杂剧仍称“传奇”。对此，王国维先生《宋元戏曲考》说道：

> 传奇之名，实始于唐。唐裴铏所作《传奇》六卷，本小说家言，此传奇之第一义也。至宋则以诸宫调为传奇……《梦粱录》亦云：“说唱诸宫调，昨汴京有孔三传，编成传奇灵怪入曲说唱。”……则宋之传奇，即诸宫调，一谓之古传，与戏曲亦无涉也。元人则以元杂剧为传奇……至明则以戏曲之长者为传奇……〔一〕

其实“传奇”早与汉魏六朝志怪故事有关，唐代已多此类话本，已称“小说”，不但已用于“说话”“说唱”“讲唱”，且见宋元早又“搬说”“搬唱”，早与戏曲相关。北宋泽州孔三传“首创诸宫调”，早也“编成传奇灵怪入曲说唱”。南宋时的官本杂剧已记有《诸宫调霸王》等（见《武林旧事》所引），正如南戏《张协状元》所言：“似恁地说唱诸宫调，何如把此话文敷演。”说明宋代诸宫调已与戏曲“有涉”！于是如前引，由《董西厢》首创，由此形成的曲牌体元杂剧仍与文人有关，致如其中的《西厢记》仍类唐代《会真记》而称“传奇”。

王国维说，“至明则以戏曲之长者为传奇”，也仍值得商榷。依今所见，其说的“戏曲之长者”，实指明代文人所作的曲牌体戏曲。见如明初朱权、朱有燉等人所作的杂剧，仍类“元剧”，可称“传奇”。见如明代昆曲仍类元代北曲，这些文人之作仍称传奇。然而，明代民间“土戏”，举如今存的“傩戏”“地戏”“目连戏”之类，即使再长，也未见称传奇。

为何明代文人的戏剧作品仍称传奇？正为标明其类元杂剧，属曲牌体，类如明初见于宫廷的《琵琶记》，仍属“正音”，有别于“淫哇”“禽噪”的民间土戏。

然而如前引，即使明代昆山腔，嘉靖之前也仍“淫哇”乱唱。至于其如何变成曲牌体昆腔，不仅与嘉隆间（嘉靖、隆庆）魏良辅的打磨有关，且见明代沈德符《万历野获编·弦索入曲》仍有相关记述：

> 嘉隆间，度曲知音者有松江何元朗，畜家僮习唱，一时优人俱避舍。然所唱俱北词……予幼时犹见老乐工二三人，其歌童也俱善弦索（指北曲用于清唱），今绝响矣。何又教女鬟数人，俱善北曲，为南教坊顿仁所赏。顿曾随武宗皇帝入京，尽传北方遗音，独步东南。暮年流落，无复知其技者，正如李龟年江南晚景。其论曲，谓南曲箫管谓之“唱调”，不入弦索，不可入谱……顿老又云：弦索九宫（即北九宫）或用滚弦，或用花和、大和、钐弦，皆有定制；若南九宫（南曲所用）无定则可依，且笛管稍长短其声便可就板。弦索（北曲）若多一弹、少一弹，即□板矣。此说真不易之论。今吴下皆以三弦合南曲，而又以箫管叶之，此唐人所云“锦袄上着蓑衣”矣，顾阿英小诗所云“儒衣僧帽道人鞋”也。

该书“俗乐有所本”条又有如下记述：

> 都下贵珰家作剧，所用童子名倒刺小厮者，先有敲水盏一戏，甚为无谓，然唐李琬已造次……又吴下向来有俚下妇人打三棒鼓乞钱者，予幼时尚见之，亦起唐咸通中王文通……即今串板亦古之拍板，大者九板，小者六板……今则四板矣。又，今有所谓“十样锦”者（山西上党今存，属鼓乐），鼓笛螺板大小钹钲之属，齐声振响，亦起近年，吴人尤尚之。然不知亦沿正德之旧。武宗南巡，自造“靖边乐”，有笙、有笛、有鼓、有歇落（节奏），吹打诸杂乐，传授南教坊，今吴儿遂引而伸之。真所谓今之乐犹古之乐。〔二〕

依史，沈德符（1578—1642）是浙江嘉兴人，出身官宦之家，精通音律，曾客游南北各地，故其作多记述文人雅士之事。如其所言的“何元朗”，即何良俊（1506—1573），字元朗，松江府华亭人（今属上海市），爱好戏曲，嘉靖时由岁贡例擢为南京翰林院孔目，曾聘请老曲师顿仁研讨戏曲音律，后因仕途不得意，辞官归隐，多有著述。沈德符言其属于“度曲知音者”，嘉隆间其家仍有“老乐工”，“其歌童也俱善弦索”，女鬟“所唱俱北曲”，且见南京人顾起元《客座赘语》记，“万历以前，公侯晋绅及富家，凡有燕会，小集多用散乐，或三四人，或多人，唱大套北曲”。可见明代“公侯晋绅及富家”多类何元朗家，早多私乐，早也在“唱大套北曲”。至于“南曲”，南教坊顿仁言，万历之前“南九宫无定则可依”，包括昆山腔也仍“淫哇”乱唱，且如前引，嘉隆间随着魏良辅等辈打磨，已有了曲牌体昆腔。因此，沈德符言，“今（万历时）吴下皆以三弦合南曲，而又以箫管叶之”，说明昆腔已加有“三弦”“箫管”，已类“唱大套北曲”用于“清唱”，又见其“锦袄上着蓑衣”，说明昆腔虽如“锦袄”，其伴奏乐器仍类简陋的“蓑衣”，如万历之前所见，或“歌者止用一拍板，或以扇子代之”，或“间有用鼓板者”，犹如“儒衣僧帽道人鞋”，其伴奏乐器仍显粗俗。

沈德符说的“俗乐有所本”，认为本自宫廷。不过其举的“拍板”“三棒鼓”和“敲水盏”，包括“鼓笛螺板大小钹钲之属”，如前引，见唐代民间早也“拍弹”而歌。南宋《梦粱录·妓乐》记，杭州民间早也“拍番鼓儿，敲水盏，打锣板，和鼓儿”，早多“鼓笛螺板大小钹钲之属”，且见“合动小乐器”含有“箫管”“弹拨”，已有弦管乐器。即使明代俚下用于乞钱的“三棒鼓”，见如前引，唐宋早有源于民间的“杖鼓”，早用于“鼓乐”，与唐代“乞儿驱傩”、宋代沿门乞讨的“打夜胡”相关。

从而见于昆山腔发端的“吴中”，南宋范成大淳熙甲辰（1184）所作的《上元纪吴中节物俳谐体三十二韵》诗写道：

> 轻薄行歌过，颠狂社舞呈（原注，民间鼓乐谓之社火，不可悉记，大抵以滑稽取笑）。村田蓑笠野（今按，指“村田乐”），街市管弦清……旱船遥似泛，水儡近如生。〔三〕

可见南宋吴中正如《梦粱录》所记，早也见有“鼓乐”“弦管”，用于“行歌”“社舞”“村田乐”之类。明代《吴社编》见记，其民间仍类宋元“赛社”“社会”，仍见“优伶伎乐，粉墨绮缟，角抵鱼龙之属，缤纷陆离，靡不果陈”。且见清代捧花生（名车持谦，南京人）《画舫余谈》写及清嘉庆二十三年（1818）南京孔庙前的清明节表演，说：

> 起泮宫前至棘院止，值清明，百戏俱陈。如……三棒鼓、十不闲、相声、鼻吹、口歌、陶真、搬弄丸，可以娱视听者，翘首伸颈，围者如堵墙。〔四〕

从而由宋元而明清，由南京而苏州的吴中一带，其社火仍类宋代所见，也仍“百戏俱陈”，仍见“可以娱视听者”，“不可悉记”，仍有口歌、陶真等，其口歌正含

"吴下山歌"之类,正类宋元"唱陶真",与"搬唱词话"相关,其"唱"早属土腔土调,与昆山腔的形成相关,且如"搬弄丸""三棒鼓",由宋元而来,明清仍见于吴中,这才是其"今之乐犹古之乐"的真实。

正因此,明代陆采所辑《都公谈纂》曰:

> 吴优有为南戏于京师者,锦衣门达奏:其以男装女,惑乱风俗。英宗亲逮问之,优具陈劝化风俗状。上命解缚,面令演之。一优前云"国正天心顺,官清民自安"云云。上大悦,曰:"此格言也,奈何罪之?"遂籍群优于教坊,群优耻之,上崩,遁归于吴。〔五〕

依史,陆采(1497—1537)属长州(今苏州)人,距英宗时未远,且是一位南戏作家,也曾客游南北。可见其辑的"都公"之谈正该有据。按此,"吴优"仍类唐宋"散乐",冲州撞府流动作场,英宗时已达北京;其"以男装女,惑乱风俗",正如江西"泼少年"演的"姐爱郎"之类,且见这些吴优在英宗面前也仍念着"国正天心顺"云云,属诗赞体,与"搬唱词话"相关,如弋阳腔所见,为"大雅罪人"。故见"锦衣门达"上奏,"都公"已引为笑谈。不过,因其属于"吴优",来自吴地,甚至来自当时南京,正与南教坊有关,故见英宗"籍群优于教坊"加以教习。然而,这些吴优类如江西"泼少年",已有"良家子弟",耻与乐户为伍,故又见"群优耻之,上崩,遁归于吴"。而这些"遁归于吴"者正类南教坊顿仁,也到过北京,也受过"弦索"熏陶,加之南宋吴中早多管弦,吴中就多了"老曲师",魏良辅与其为友,在技艺上相互交流。

魏良辅又属何类?

按《中国戏曲通史》等书所记,魏良辅原是江西豫章(今南昌)人,应早熟悉弋阳腔;见其曾习北曲,正类南教坊顿仁,也属"老曲师";见其"目瞽"而兼医,擅于唱而劣于弹,正类明初杭州的"男女瞽者";见其嘉靖时流落太仓,专攻南曲,正类"吴优"。

与此相关,《太仓县志》记,元代早在此置有"海运仓",明代置"太仓卫",时称"六国码头"。明代西关多驻军,南关多艺人,时有"南关莫开口,西关莫动手"之说,且见弘治十年(1497)已割昆山、常熟、嘉定建立太仓州,已含如今的上海。可见元明时的江苏太仓,包括时属松江府的上海一带,正类宋元时的浙江永嘉(温州),商贸发达,人文荟萃,艺人聚居。于是,太仓多有"老曲师",他们类如魏良辅"打磨",早也在加工南曲。对此,明代张大复《梅花草堂笔谈》卷十二"昆腔”条曰：

魏良辅，别号尚泉，居太仓之南关，能谐声律，转音若丝。张小泉、季敬坡、戴梅川、包郎郎之属，争师事之，惟肖。而良辅自谓勿如户侯过云适，每有得必往咨焉。过称善乃行，不即反复数交勿厌。时吾乡（苏州）有陆九畴者，亦善转音，顾与良辅角。既登坛，即顾出良辅下。〔六〕

明末清初的余怀《寄畅园闻歌记》说：

良辅初习北音，绌于北人王友兰，退而缕心南曲，足迹不下楼十年。当是时，南曲率平直，无意致，良辅转喉押调，度为新声，疾徐、高下、清浊之数，一依本宫取字，齿唇间跌换巧掇，恒以深邈助其凄泪。吴中老曲师如袁髯、尤驼者，皆瞠乎自以为不及也。……而同时，娄东人张小泉、海虞人周梦山，竞相附和；惟梁溪人潘荆南独精其技。……合曲必用箫管，而吴人则有张梅谷，善吹洞箫，以箫从曲；昆陵人则有谢林泉，工擫管，以管从曲。皆与良辅游。〔七〕

明末清初，叶梦珠《阅世编》卷十“纪闻”更说：

考弦索（**今按，指北曲**）之入江南，由戍卒张野塘始。野塘河北人（**今按，《万历野获编》卷二五记为寿州人**），以罪谪发苏州太仓卫，素工弦索。既至吴，时为吴人歌北曲，人皆笑之。昆山魏良辅者，善南曲，为吴中“国工”，一日至太仓闻野塘歌，心异之，留听三日夜，大称善，遂与野塘定交。时良辅五十余，有一女亦善歌，诸贵人争求之，不许，至是遂以委野塘。吴中诸少年闻之，稍稍称弦索矣。野塘既得魏氏，并习南曲，更定弦索音，使与南音相近。并改三弦之式，身稍细而鼓圆，以文木制之，名曰弦子。其后杨六（**今按，即杨仲修**）者，创为新乐器，名提琴。……提琴既出，而三弦之声益柔曼婉扬，为江南名乐矣。〔八〕

依史，张大复（约1554—1630）生于嘉靖末年，40岁失明，崇祯初年去世，是有名的戏曲作家、声律家，正是昆山人，应该熟知魏良辅。余怀（1616—1696）生于万历末年，久居南京，清康熙时隐居吴门，是有名的文学家，其记也该有据。叶梦珠生于明天启元年（1621），清康熙时仍在世，属松江人，正与昆山相邻，所记也该可信。根据三人记述，魏良辅属于“目瞽”艺人，正类南宋“负鼓盲翁”、明初“犹弹琵琶说赵家”的“盲女”；其“善南曲”“习北音”，正类“遁归于吴”者；其属于“国工”，即国家管理的“乐工”，正类南教坊顿仁，也属“系籍正色乐人”，甚或类如居于太仓南关的“戍卒张野塘”，同属“以罪谪发”者。

因此，太仓南关有位“过云适”（当属艺名）时称“户侯”，仍类唐宋“乐营将”“教坊官”，也仍管理着此类艺人；“良辅自谓勿如户侯过云适，每有得必往咨焉。过称善乃行，不即反复数交勿厌”；一些“老曲师”“皆与良辅游”，也在打磨南曲，且“自以为不及”，“竞相附和”，或竞“师事之”；魏良辅“遂与野塘定交”，致使南曲也加了“弦索”；时有“独精其技”者，致如“陆九畴者，亦善转音，顾与良辅角”，竟要与其“登坛”一比。显然，魏良辅只是打磨中的佼佼者，只是此类“吴优”的代表。

这由魏良辅的《南词引正》也可证实。如前引，时有“专主板眼而不审腔调”者，正见昆山腔也类弋阳腔、青阳腔，搬演中也重视“板眼”变化；时有“南曲配入弦索”者，正类张野塘之类“老曲师”；时有“专于磨拟腔调”者，正类“唱大套北曲”所见，正与打磨有关；时有“腔与板两工者”，正类魏良辅打磨，不但时有“独精其技”者，为此类“吴优”，且见打磨后的昆腔万历时也已走向“戏场”，其“搬演”仍与“吴优”相关。

然而，这些吴优地位较低，其作用“士夫罕有留意者”。

按明清文人所记，说了昆腔的形成，尤其用于“搬演”，则与明代文人梁辰鱼（字伯龙）有关。如张大复《梅花草堂笔谈》卷十二“昆腔”条先记魏良辅的“打磨”（前引），接着就说：

> 梁伯龙闻，起而效之，考订元剧，自翻新调，作《江东白苎》（今按，属散曲）、《浣纱》（今按，属剧本）诸曲。又与郑思笠精研音理，唐小虞、陈梅泉五七辈杂转之，金石铿然，谱传藩邸戚畹、金紫熠爚之家，而取声必宗伯龙氏，谓之“昆腔”。〔九〕

由明入清的钱谦益（1582—1664），在《列朝诗集》的名人“小传”中说：

> 梁辰鱼，字伯龙，昆山人，以例贡为太学生。……善度曲，啭喉发响，声出金石。昆有魏良辅者，造《曲律》，世所谓昆山腔者，自良辅始，而伯龙独得其传。著《浣纱》传奇，梨园子弟喜歌之。〔一〇〕

张大复如前介绍，正是昆山人，应该熟悉魏良辅；钱谦益是常熟人，万历三十八年（1610）进士，东林党首领，明末清初散文家、诗人；梁辰鱼（约1521—约1594），昆山人，为南京太学生。梁辰鱼、张大复、钱谦益同属苏州府人，万历前后同在世，应该熟知魏良辅。梁伯龙类如张大复，也是戏曲作家、声律家，“效之”

魏良辅,又"自翻新调",类松江何元朗,家中也有私乐,仍用其"五七辈杂转之"。其所谓"杂转",指其戏中"杂"有"转踏"歌舞。而如前引,唐代早有"转踏"队舞,宋代已有"踏五花"表演,元杂剧《风雨像生货郎旦》仍存"九转",早都又"转"又"唱"。正沿此,梁伯龙的《浣纱记》仍类"元剧",其用的"五七辈"属乐户类艺人,其"新调"仍类"北曲",其"搬演"仍与乐户类艺人相关,其加工过程如《风雨像生货郎旦》所见。

如此,张大复所言的"谱传藩邸戚畹、金紫熠爚之家,而取声必宗伯龙氏",钱谦益说的"自良辅始,而伯龙独得其传",仍值得探讨。

仅就张大复所言,梁伯龙在"效之"魏良辅的同时,"又与郑思笠精研音理",正见两人相类,绝非"伯龙独得其传"。何况,《浣纱记》仍由"唐小虞、陈梅泉五七辈杂转之",此辈正类"戏场吴优"。从而如前引,吴中早多此类"老曲师",或"与良辅游",或竟"师事之",绝非"伯龙独得其传",又见其中早有"独精其技"者,无需"取声必宗伯龙氏"。

对此,还可再举南戏《拜月亭记》(又名《幽闺记》)证实。按元人《录鬼簿》记,关汉卿作有《幽闺佳人拜月亭》(今存),王实甫作有《才子佳人拜月亭》(已佚),记有一位施惠,"字君美,杭州人。居吴山城隍庙前,以坐贾为业……诗酒之暇,唯以填词和曲为事",早又将其改为南戏。对此,何元朗的《四友斋丛说》、王世贞的《艺苑卮言》都言,南戏《拜月亭记》出自"施君美"之手,沈德符《万历野获编》谈论"词曲"时,有如下记述:

> 何元朗谓《拜月亭》(**今按,指其南戏,下同**)胜《琵琶记》,而王弇州(**今按,即王世贞**)力争以为不然,此是王识未见到处。《琵琶》无论,袭旧太多,与《西厢》同病,且其曲无一句可入弦索者。《拜月》则字字稳帖,与弹捣胶粘,盖南词全本可上弦索者惟此耳……《月亭》后小半已为俗工删改,非复旧本矣。今细读"拜新月"以后,无一词可入选者,便知此语非谬。[一一]

今考,王世贞(1526—1590),字元美,号弇州山人,祖居昆山,后迁太仓,嘉靖至万历时曾官至南京兵部右侍郎、刑部尚书等职,为文学家、史学家,也爱南戏,其《艺苑卮言》的附录(后人摘出单刻,题称《曲藻》),正谈及南戏《拜月亭记》等,正与何元朗看法不同。按《中国古典戏曲论著集成》所录,见何良俊(字元朗)《曲论》言及南戏时,认为《拜月亭记》"词虽不能尽工,然皆入律",而《琵琶记》正缺元人“蒜酪”(指北曲韵味),主张“既为之辞,宁声叶而辞不工,无宁辞工而声不叶”,以便“上弦索”。王世贞《曲藻》言及《拜月亭记》时,认为“元朗谓胜《琵琶》,则大谬也”,主张戏曲首要“动人”,“不唯其琢句之工,使事之美”,关键要“体贴人情,委曲必尽”,“至于腔调微有未谐”,“不当执末以讥本也”〔一二〕。显然,何元朗的戏剧主张仍类元曲所见,仍需严守填词规范,与文人、士大夫阶层的“雅好”相关;王世贞的戏剧主张偏俗,比较贴近当时俗众观点。随着“吴优”搬演,《拜月亭记》“字字稳帖,与弹挡胶粘,盖南词全本可上弦索者惟此耳”。不但早可“磨拟”北曲而唱,早加弦索,且见“南词全本可上弦索者惟此耳”,正出在《浣纱记》之前,何处“取声必宗伯龙氏”?

何况,沈德符谈论词曲时正重在由“词”论“曲”。如其由《拜月亭记》说起,与《琵琶记》《西厢记》比较,谈的正是“其曲”;其已见到“《月亭》后小半已为俗工删改,非复旧本”,用以比较的“拜新月”正与魏良辅“打磨”有关,正属“时曲”(详后)。

从而,既见“俗工”早在搬演《拜月亭记》,又见其早在“删改”,正如万历时王骥德《曲律》所言,“遇文人之作,不惟不晓,亦不易入口”,早多改为“村俗剧本”。或因此,南戏《幽闺记》与关汉卿的《幽闺佳人拜月亭》主要人物、主要情节相同,乃至一些词语相似相类,正有承继关系,又见明代《幽闺记》已有不同版本,早有研究者认为,其“拜月”一出之后已非原作,正如沈德符所言,其后小半“非复旧本”。魏良辅早已打磨出“拜新月”,其“词”仍依“旧本”,类文人喜爱的“元剧”,其打磨后的“时曲”仍类文人偏爱的“元曲”。于是,梁伯龙“效之”魏良辅,其《浣纱记》由词到曲仍类“元剧”。一些文人言其“考订元剧,自翻新调”,“谱传藩邸戚畹、金紫熠爚之家,而取声必宗伯龙氏”,认为昆腔的出现直至用于“搬演”,仍类唐宋以来的传奇,与文人相关,为出自宫廷的“正音”。

当然,这些文人看法也有所据。仅就戏剧言,宋杂剧早有文人介入,元杂剧仍多文人作品;高则诚的《琵琶记》明初进呈宫廷,朱元璋令教坊乐工“撰腔以献”,早又属出自宫廷的“正音”。明代沈宠绥《度曲须知·曲运隆衰》说:

> 明兴,乐惟式古,不祖夷风(按,“夷”指金元)……风声所变,北化为南,名人才子踵《琵琶》《拜月》之武,竞以传奇鸣;曲海词山,于今为烈。而词既南,凡腔调与字面俱南,字则宗《洪武》而兼祖《中州》(按,指明代官修的《洪武正韵》,以及元周德清《中原音韵》),腔则有海盐、

义乌、弋阳、青阳、四平、乐平、太平之殊派。虽口法不等，而北气总以消亡矣。嘉隆间有豫章魏良辅者，流寓娄东（**按，即太仓**）、鹿城（**按，即昆山**）之间，生而审音，愤南曲之讹陋也，尽洗乖声，别开堂奥，调用水磨，拍捱冷板，声则平上去入之婉协，字则头腹尾音之毕匀，功深镕琢，气无烟火，启口轻圆，收音纯细。所度之曲，则皆《折梅逢使》《昨夜春归》诸名笔（**按，属散曲**）；采之传奇，则有《拜星月》（**按，即《拜新月》**）、《花阴夜静》等词。要皆别有唱法，绝非戏场声口，腔曰“昆腔”，曲名“时曲”，声场禀为曲圣，后世依为鼻祖……〔一三〕

依史，沈宠绥（？—1645）大致是明末人，生于吴江，既类魏良辅，度曲终生，也属“唱家”，又类何元朗、梁伯龙之类文人，家蓄歌僮艺伎，其说符合当时实际。明代“风声所变，北化为南”，“腔调与字面俱南”，早形成一种“时风”；“名人才子”仿《琵琶记》《拜月亭记》而为，“竞以传奇鸣”，早又形成一种“时尚”。魏良辅仍类明初教坊乐工“撰腔以献”，由其打磨的南曲腔曰“昆腔”，曲名“时曲”，与“时风”“时尚”有关。

何况，这种时风、时尚早见于宋元，既不限于南戏，更不限于吴地。如前引，见宋元早由“叫声”野唱加工出诸多“令曲”，早属“时曲”，随“时尚”用于“宋杂剧”“元杂剧”；南戏“宋元旧篇”早多“元剧”改编者，也在“北化为南”；沈德符《万历野获编·时尚小令》言，明代流行着《山坡羊》《耍孩儿》等曲，为“时尚小令”，“不问南北，不问男妇，不问老幼良贱，人人习之亦人人喜听之”，“刊布成帙，举世传诵”，早不限用于“南戏”，更不限于“吴中”。

仅就吴中言，随着朱元璋建都南京，“风声所变，北化为南”，“吴下山歌”“村坊小曲”可加工为“时尚小令”，南戏《西厢记》《琵琶记》《拜月亭记》之类，正由元剧改编而来，“北化为南”。何况其初的昆山腔正类弋阳腔，可“巧非常”地将外来之“曲”，包括“北曲”，“改调”而歌，用于“搬演”。从而如前引，吴优早有仿“北曲”而唱者，其“磨拟腔调”正类魏良辅“打磨”，“腔曰‘昆腔’，曲名‘时曲’”。

随着“名人才子踵《琵琶》《拜月》之武，竞以传奇鸣”，梁伯龙“起而效之”魏良辅，其《浣纱记》仍属曲牌体昆腔，如元代文人所作的《琵琶记》《拜月亭记》之类，仍与元代民间“搬演词话”相关，这由今存的《浣纱记》可证。

依今存的《浣纱记》所见（据《六十种曲》所录），其第一出“家门”最后说，“看今古浣溪新记，旧名吴越春秋”。与此相关，东汉早有《吴越春秋》一书，说明其故事早有；上党赛社《唐乐星图》本所记的“队子”有《泛清波·越范蠡归湖》一目，早可从旁讲唱人物故事，说明其故事早有话本；《录鬼簿》记有关汉卿的《进西施》、宫天挺的《越王尝胆》，同属元剧，说明其作同由话本改编，甚至都与元代民间“搬演词话”相关，早有了“村俗剧本”。于是，梁伯龙的“浣溪新记，旧名《吴越春秋》”，正由相关话本加工而来，正类同题材的元剧所见，与元代民间“搬演词话”相关。

退一步讲，即使吴中原无此类话本，也见《吴越春秋》一书早有，关汉卿、宫天挺的“旧本”可供梁伯龙“考订元剧，自翻新调”。何况，《西厢记》《琵琶记》《拜月亭记》早都传入吴中，《拜月亭记》“字字稳帖，与弹掐胶粘”，魏良辅早又打磨出“拜新月”，都可供其“效之”。

说白了，梁伯龙的“效之”，不仅“效之”魏良辅之类艺人的打磨，还“效之”宋元文人早有的做法。

正因此，《浣纱记》仍类文人所作的“元剧”，其“新调”仍在“北化为南”，不但见其“效之”魏良辅“打磨”，其曲仍属昆腔，且见其《浣纱记》仍类明初“撰腔以献”的《琵琶记》，仍被一些文人视为“正音”，有了“取声必宗伯龙氏”云云，有了“愈趋愈卑”“等而下之”说，认为随着昆腔的流变才又形成了板腔。

然而如前引，宋元民间早有了“鼓板之戏”，早与元代盛行的“搬唱词话”相关，不但明代仍有此类“土戏”，且如弋阳腔，“只沿土俗”流变，早有了“流水板”，与板腔形成有关。可见以上文人所言，或限于上层所见，或夹杂着臆断，并不尽合明代“风声所变”的事实。

为见这种戏剧流变的真实，再举明代松江府所见，具体说明。明代范濂《云间据目钞》记：

> 戏子在嘉隆（嘉靖、隆庆）交会时，有弋阳人入郡（松江）为戏，一时翕然崇尚，弋阳遂有家于松者。其后渐觉丑恶，弋阳人复学太平腔、海盐腔以求佳。而听者愈觉恶俗，故万历四五年来遂屏迹，仍尚土戏。近年上海潘方伯从吴门购戏子颇雅丽，而华亭（时属松江辖县，今属上海）顾正心、陈大廷继之，松人又争尚苏州戏，故苏人鬻身学戏者甚众。又有女旦、女生，插班射利，而本地戏子十无二三矣，亦一异数。〔一四〕

依史，范濂生于嘉靖十九年（1540），为松江府华亭县人，博学多才，此书成于万历二十一年（1593）。由于上海古称“云间”，其作又是“据目”所见而写，故名

《云间据目钞》。

而如前引，元末明初陶宗仪也居于松江，其《辍耕录》也据当时见闻而写，早记有金元院本；明代“风声所变”，早又有了昆山、弋阳等腔，其初也仍“淫哇”乱唱；明英宗时的“吴优”流寓北京，其昆山腔仍类弋阳腔，仍属“土戏”。上海发现的“说唱词话”刊本，都是明代北京永顺堂刊行的，其中五部仍类安徽池州傩戏，“甚至完全相同”，正与元代“搬演词话”相关。苏州人祝允明《猥谈》也说，嘉靖之前的南戏“略无音律腔调”，“愚人蠢工徇意更变，妄名余姚腔、海盐腔、弋阳腔、昆山腔之类。变易喉舌，趁逐抑扬，杜撰百端，真胡说也”，仍类元代民间“搬说词话”“搬唱词话”。嘉隆间的魏良辅居于太仓，“愤南曲之讹陋也”，其打磨的昆腔早也“求佳”。嘉靖三十八年（1559），徐渭作的《南词叙录》说，昆山腔时已“流丽悠远”，“出乎三腔之上”，正指曲牌体昆腔。汤显祖作的《宜黄县戏神清源祖师庙记》言，弋阳腔“其节以鼓，其调喧”，明代仍属土戏。嘉靖至万历时的南京人顾起元《客座赘语》中说，“大会则用南戏，其始止二腔，一为弋腔，一为海盐，今又有昆山，较海盐又为清柔而婉折”，说明万历时的昆腔也已用于“搬演”。万历时，王骥德的《曲律》说，“今至‘弋阳’‘太平’之‘衮（滚）唱’，而谓之‘流水板’，此又拍板之一大厄也”，说明其已走向板腔，不但“甘为大雅罪人”，且见“今（万历时）则‘石台’‘太平’梨园，几遍天下，苏州（昆曲）不能与角什之二三”。万历前后的何元朗、梁伯龙、王世贞、张大复等人，同为“名人才子”，同居太仓，同属“度曲知音者”，梁伯龙有“家乐”，已用此辈将其《浣纱记》搬演，且因其效法魏良辅，已使昆腔走向剧场，受文人吹捧，早又有了“取声必宗伯龙氏”一说。

从而结合《云间据目钞》所记，松江一带的“土戏”早与金元院本相关，沿此而来的戏子正类行院艺人，“沿村转疃走”。明嘉隆交会之际，弋阳人入郡为戏，正类流寓北京的“吴优”，流动做场，“淫哇”乱唱；寓居松江的“弋阳人复学太平腔、海盐腔以求佳”，也类“太平腔”加了“滚唱”，用有“流水板”，正与当地“仍尚土戏”有关。随着昆腔用于“搬演”，万历时“上海潘方伯从吴门购戏子颇雅丽，而华亭顾正心、陈大廷继之，松人又争尚苏州戏”。而这些“松人”，如潘方伯、顾正心、陈大廷，依今考察，仍类太仓的何元朗、梁伯龙等辈，也属“名公”。

举如潘方伯。依史，其父潘恩，嘉靖时曾任刑部尚书；其为次子，名潘允端，曾任刑部主事等职，时人敬称“方伯”，万历五年（1577）退隐，在上海筑有豫园（今为游览胜地）。豫园有“玉华堂”，乃其读书静修处，今仍存其《玉华堂日记》

(今存上海博物馆),记有万历十四年至万历二十九年(1586—1601)豫园演出活动。依其记,当时松江府仍有平话、弹唱、鼓吹、皮影、筋斗、把戏、偶戏之类,仍类宋元百戏,如当时南京所见;见其每以"梨园应场",时已有"余姚梨园""余杭梨园""太平梨园",其中"浙江戏子""安徽戏子""太平戏子"仍演着《蔡伯喈》(即《琵琶记》)和《拜月亭记》《西厢记》《明珠记》《岳武穆》等,类江苏太仓所见,与明代"时风"相关;见其"家乐"仍记有"小厮串场""请三儿妇、小厮做戏""串戏数出"等,属上层"时尚";见其又记有秦凤楼、顾亭林、顾清宇、陈明所等人,也属"名公",退隐后的生活与其相类。

如其所记的秦凤楼,致仕后见以"儿女之戏"为乐,也从苏州、松江购有"戏子",时称"凤楼梨园",所演的《岳武穆》名噪一时,不仅潘允端也曾"使用之",且见此类缙绅"不胜感慨",相互攀比。

由此再看《云间据目钞》所记,所说的"苏州戏"正指曲牌体昆腔,所说的"松人"仍属"名公"之类;松江"土戏"正与"太平戏子""浙江戏子""安徽戏子"流入有关,正类"余姚梨园""余杭梨园""太平梨园"所见,已变得"愈觉俗恶"。这些"名公"都有"家乐",时常举办"堂会",集"戏子"于一堂,且见或用昆腔,或用弋阳、太平等腔,正类明代"大会"所见,各种声腔相互影响、彼此学习、同台乱唱。

而这一切,都与明代"风声所变"形成的"时风""时尚"有关。

正因此,上海"名公"之类"争尚苏州戏",偏爱曲牌体昆腔,又见当地土戏虽变得"愈觉俗恶",其民间也仍"争尚土戏"。由此,可见明代上海戏剧流变的真实情况,且因各地"土戏"早见于上海,实又是明代各地戏剧流变的一个缩影。

从而如前引,清代乾隆时《扬州画舫录》记,昆腔仍称"堂戏",多用于上层"堂会";各地"土戏"仍在"赶火班",可同台乱唱,与"乱弹""梆子"的形成相关;山西上党梆子正由"昆、梆、罗、卷、簧"同台乱唱形成,类江西赣剧的形成过程,如陕西秦腔、安徽徽剧、湖北汉剧之类所见,都属板腔体。

何况如前考述,即使曲牌体戏剧,其曲其词也仍源于民间,也都有其赖以形成的"土根"。宋元以来"一度搬着一度新",早形成曲牌体"元剧""昆腔",其中早多乐户类艺人的创造和贡献,且见随着宋元民间"搬唱词话",早又形成明清"土戏",由"滚说""滚唱"有了"流水板",与板腔的形成有关。

仅就戏曲音乐而言,如与元明传奇相关的"南北曲",杨荫浏先生深入研究之后,在《中国古代音乐史稿》中总结说:

从现存的许多南北曲乐谱中，可以体会到前人在戏曲音乐方面的一些经验。从而深信：历代被压迫的劳动人民，曾被“戏子”“吹鼓手”等卑贱名字称呼着的，恰恰是我们应该加以尊敬的艺术大师。〔一五〕

诚哉斯言！杨荫浏先生潜心研究的“南北曲乐谱”为戏曲音乐，正涉及元杂剧，多见于昆腔，与“戏子”“吹鼓手”相关，可见这些“历代被压迫的劳动人民”属于乐户类艺人，且如前引，如魏良辅等，为此类艺术大师。

高雅如“南北曲乐谱”尚如此，当然民间土曲、土戏的流变，以及由此而来的板腔，更多此类艺人的创造和贡献。

由此扩展到唐宋音乐、歌舞、说唱、戏剧，见如前述，早也如此！何况先秦以来早有了乐人、乐工，早类奴隶有了贱籍，北魏早又有了乐籍。这些乐户类艺人上至宫廷，下及乡野，四处流动，无处不在，作为一种文化媒介和载体，其作用又有谁可取代！

然而因其地位卑贱，“士夫罕有留意者”，在音乐、戏剧等方面的作用与贡献史籍鲜有记述，这就造成了一种历史空缺。

显然，要还历史的本来面貌，仅从历代典籍中寻找史料还不够，还须走向民间，重视田野调查。唯如此，才能在民间发现各种艺术赖以生成的“土根”，才能感受到“戏子”“吹鼓手”之类艺人在各种艺术发展中所起的作用，所作的贡献。

对此，笔者通过上党赛社以及相关乐户的民间考察，深有体会。

正基于此，本书特别重视民间资料的选录，并选取由下而上、由民间而宫廷的视角，以强调民俗文化、乐户类艺人的历史作用，以揭示历代高雅艺术的“土根”，以探究中国文化雅俗共存、相得益彰、生生不息的历史奥秘与发展规律。

【注释】

〔一〕见《王国维戏曲论文集》，中国戏剧出版社，1957 年版，137 页。

〔二〕见沈德符《万历野获编》中册，中华书局，1997 年版，641、650 页。

〔三〕见张庚、郭汉城主编的《中国戏曲通史》，版同前，115 页。

〔四〕见杨荫浏《中国古代音乐史稿》下册，版同前，813 页。

〔五〕见叶德钧《戏剧小说丛考》上册，版同前，3 页。

〔六〕见钱南扬《戏文概论》，上海古籍出版社，1979 年版，53 页。另，可参考《中国古典戏曲论著集成》第五册的魏良辅《曲律・提要》，版同前，3 页。

〔七〕见钱南扬《戏文概论》，版同前，53 页。参考叶德钧《戏曲小说丛考》上册，版同前，42

页。另可参考《中国戏剧通史》,版同前,465 页。

〔八〕《阅世编》,上海古籍出版社,1981 年版。此处参考钱南扬《戏文概论》,版同前,53 页。另可参考《戏曲小说丛考》上册,版同前,39 页。又可参考《中国戏曲通史》,版同前,465 页。

〔九〕见钱南扬《戏文概论》,版同前,56 页。另见张庚、郭汉城主编的《中国戏曲通史》,版同前,468 页。

〔一〇〕见钱南扬《戏文概论》,版同前,55 页。

〔一一〕见《万历野获编》,版同前,645—646 页。

〔一二〕见《中国古典戏曲论著集成》,版同前,第四册,12、33、34 页。

〔一三〕见《中国古典戏曲论著集成》,版同前,第五册,197—198 页。另可参考叶德钧《戏曲小说丛考》上册,版同前,45 页。

〔一四〕见张庚、郭汉城主编的《中国戏曲通史》,版同前,472 页。另有 1928 年“奉贤诸氏”重刻本,见于《云间据目钞》卷二“记风俗”,可参考。

〔一五〕见杨荫浏《中国古代音乐史稿》下册,版同前,947 页。

主要参考文献

一、参考书目

1.《周礼》,《十三经》,燕山出版社,1991 年版。

2.《礼记》,《四书五经》,岳麓出版社,1991 年版。

3.《春秋左传注》,中华书局,1981 年版。

4.《史记》,汉司马迁撰,中华书局,1982 年版。

5.《汉书》,汉班固撰,中华书局,1975 年版。

6.《魏书》,北齐魏收撰,中华书局,1974 年版。

7.《洛阳伽蓝记》,北魏杨衒之撰,上海古籍出版社,1982 年版。

8.《文选》,梁萧统编,中华书局,1977 年版。

9.《北史》,唐李延寿撰,中华书局,1974 年版。

10.《隋书》,唐魏征等撰,中华书局,1977 年版。

11.《旧唐书》,后晋刘昫等撰,中华书局,1975 年版。

12.《新唐书》,宋欧阳修等撰,中华书局,1975 年版。

13.《大唐新语》,唐刘肃撰,中华书局,1984 年版。

14.《唐律疏议》,光绪十七年春钱塘诸可宝书版。

15.《唐会要》,唐王溥撰,中华书局,1955 年版。

16.《大唐开元礼》,民族出版社,2000 年版。

17.《明皇杂录》,唐郑处诲撰,中华书局,1994 年版。

18.《因话录》,唐赵璘撰,古典文学出版社,1957 年版。

19.《通典》,唐杜佑撰,中华书局,1988 年版。

20.《教坊记》,唐崔令钦撰,《中国古典戏曲论著集成》(一),中国戏剧出版社,1982 年版。

21.《乐府杂录》,唐段安节撰,《中国古典戏曲论著集成》(一),中国戏剧出版社,1982 年版。

22.《羯鼓录》,唐南卓撰,《中国古典戏曲论著集成》(一),中国戏剧出版社,1982 年版。

23.《全唐文》,清董洁编,中华书局,1983 年版。

24.《新五代史》,宋欧阳修等撰,中华书局,1974 年版。

25.《北梦琐言》,五代孙光宪撰,中华书局,2002 年版。

26.《宋史》,元脱脱等撰,中华书局,1974 年版。

27.《资治通鉴》,宋司马光撰,中华书局,1974 年版。

28.《太平御览》,宋李昉撰,中华书局,1960 年版。

29.《太平广记》,宋李昉撰,中华书局,1959 年版。

30.《册府元龟》,宋王钦若撰,中华书局,1960 年版。

31.《梦溪笔谈》,宋沈括撰,文物出版社,1975 年版。

32.《乐书》,宋陈旸撰,《四库全书》台湾版,二一一册。

33.《三朝北盟汇编》,宋徐梦萃撰,海天书店,1939 年版。

34.《事物纪原》,宋高承撰,《四库全书》台湾版,九二〇册。

35.《能改斋漫录》,宋吴曾撰,中华书局上海编辑所,1960 年版。

36.《东京梦华录・外四种》,宋孟元老等撰,中华书局,1962 年版。

37.《都城纪胜》,宋耐得翁撰,《东京梦华录・外四种》本,版同上。

38.《西胡老人繁胜录》,《东亦梦华录・外四种》本,版同上。

39.《梦粱录》,宋吴自牧撰,《东京梦华录・外四种》本,版同上。

40.《武林旧事》,宋周密撰,《东京梦华录・外四种》本,版同上。

41.《齐东野语》,宋周密撰,中华书局,1983 年版。

42.《云麓漫钞》,宋赵彦卫撰,中华书局,1996 年版。

43.《事林广记》,宋陈元靓撰,中华书局,1963 年版。

44.《萍州可谈》,宋朱彧撰,《四库全书》台湾版,一〇三八册。

45.《碧鸡漫志》,宋王灼撰,《中国古典戏曲论著集成》(一),中国戏剧出版社,1982 年版。

46.《鄮峰真隐漫录》,《四库全书》台湾版,一四一册。

47.《北溪大全集》,宋陈淳撰,乾隆四十八年版。

48.《辽史》,元脱脱等撰,中华书局,1974 年版。

49.《金史》,元脱脱等撰,中华书局,1975 年版。

50.《董解元西厢记》,商务印书馆,1937 年版。

51.《刘知远诸宫调校注》,蓝立蓂校注,巴蜀书社,1989 年版。

52.《元史》,明宋濂等撰,中华书局,1976 年版。

53.《续文献通考》,明王圻撰,商务印书馆,1936 年版。

54.《秋涧集》,元王恽撰,《四库全书》台湾版,四〇一册。

55.《朝野新声太平乐府》,元杨朝英辑,商务印书馆,1920 年版。

56.《雍熙乐府》,明郭勋辑,商务印书馆,1920 年版。

57.《说郛三种》,元陶宗仪辑,上海古籍出版社,1988 年版。

58.《南村辍耕录》,元陶宗仪撰,中华书局,1997 年版。

59.《中原音韵》,元周德清撰,《中国古典戏曲论著集成》(一),中国戏剧出版社,1982 年版。

60.《青楼集》,元夏庭芝撰,《中国古典戏曲论著集成》(二),版同上。

61.《录鬼簿》,元钟嗣成撰,《中国古典戏曲论著集成》(二),版同上。

62.《录鬼簿续编》,元无名氏撰,《中国古典戏曲论著集成》(二),版同上。

63.《太和正音谱》,明朱权撰,《中国古典戏曲论著集成》(三),版同上。

64.《南词叙录》,明徐渭撰,《中国古典戏曲论著集成》(三),版同上。

65.《曲律》,明王骥德撰,《中国古典戏曲论著集成》(四),版同上。

66.《谭曲杂札》,明凌濛初撰,《中国古典戏曲论著集成》(四),版同上。

67.《曲律》,明魏良辅撰,《中国古典戏曲论著集成》(五),版同上。

68.《唱论》,元燕南芝庵撰,《中国古典戏曲论著集成》(一),版同上。

69.《五杂俎》,明谢肇淛撰,台北伟文图书出版社,1977 年版。

70.《万历野获编》,明沈德符撰,中华书局,1997 年版。

71.《西湖游览志余》,明田汝成撰,中华书局,1958 年版。

72.《汤显祖集》,明汤显祖撰,上海人民出版社,1959 年版。

73.《明史》,清张廷玉等撰,中华书局,1974 年版。

74.《癸巳类稿》,清俞理初撰,台北世界书局,1970 年版。

75.《皇朝(清)文献通考》,商务印书馆,1936 年版。

76.《(清)续文献通考》,商务印书馆,1936 年版。
77.《四库全书存目丛刊》,齐鲁出版社,1995 年版,子一〇二册。
78.《雨村曲话》,清李调元撰,《中国古典戏曲论著集成》(八),版同上。
79.《剧话》,清李调元撰,《中国古典戏曲论著集成》(八),版同上。
80.《扬州画舫录》,清李斗撰,中华书局,2001 年版。
81.《山西通志》(光绪版),中华书局,1990 年版。
82.《山右石刻丛编》,山西人民出版社,1989 年版。
83.《晋政辑要》,清光绪十四年版。
84.《潞安府志》,清乾隆三十五年版,1980 年排印本。
85.《隰州志》,清康熙四十八年版,1982 年排印本。
86.《蒲州府志》,清乾隆版。
87.《长治县志》,清光绪版。
88.《浮山县志》,清乾隆版。
89.《定襄县补志》,清光绪六年版。
90.《闻喜县志》,1918 年版。
91.《泽州府志》(雍正版),1979 年排印本。
92.《分类古今笔记精华》,上海古今图书局,1914 年版。
93.《明成化说唱词话丛刊》,上海博物馆影印,1973 年版。
94.《大唐三藏取经诗话》,商务印书馆,1925 年版。
95.《续资治通鉴》,清毕沅撰,中华书局,1986 年版。
96.《全元戏曲》(一、二),王季思主编,人民文学出版社,1990 年版。
97.《永乐大典戏文三种校注》,钱南扬校注,中华书局,1979 年版。
98.《南征汇录》,李天民辑,中华书局,1988 年版。
99.《全辽金文》,阎凤梧主编,山西古籍出版社,2002 年版。
100.《元明清三代禁毁小说戏曲史料》,王晓传辑,作家出版社,1958 年版。
101.《山海经校译》,袁珂校译,上海古籍出版社,1985 年版。
102.《戏曲小说丛考》,叶德钧撰,中华书局,1979 年版。
103.《敦煌变文集》,王重民等编,人民文学出版社,1984 年版。
104.《孤本元明杂剧》,商务印书馆,1941 年版。
105.《宋代歌舞剧曲录要》,刘永济辑,古典文学出版社,1957 年版。

106.《宋元戏文辑佚》,钱南扬辑录,古典文学出版社,1956 年版。

107.《新校元刊杂剧三十种》,徐沁君校,中华书局,1980 年版。

108.《元散曲选注》,王季思等注,北京出版社,1985 年版。

109.《王国维戏曲论文集》,王国维著,中国戏剧出版社,1957 年版。

110.《宋金杂剧考》,胡忌著,中华书局,1959 版。

111.《中国戏曲发展史纲要》,周贻白著,上海古籍出版社,1979 年版。

112.《中国戏曲通史》,张庚、郭汉城主编,中国戏剧出版社,1980 年版。

113.《话本小说概论》,胡士莹著,中华书局,1980 年版。

114.《中国古代音乐史稿》,杨荫浏著,人民音乐出版社,1996 年版。

115.《中国古代戏剧史》,唐文标著,中国戏剧出版社,1985 年版。

116.《话本与古剧》,谭正璧撰,上海古籍出版社,1985 年版。

117.《唐代阶级结构研究》,张泽咸著,中州古籍出版社,1996 年版。

118.《宋元戏曲文物与民俗》,廖奔撰,文化艺术出版社,1989 年版。

119.《中国道情艺术概论》,武艺民著,山西古籍出版社,1977 年版。

120.《中国大百科全书·戏曲曲艺卷》,中国大百科全书出版社,1983 年版。

121.《中国戏曲志·山西卷》,文化艺术出版社,1990 年版。

122.《中国民族民间器乐曲集成·山西卷》,中国 ISBN 中心,2000 年版。

123.《中国十大古典悲剧集》,上海文艺出版社,1982 年版。

124.《蒲剧史魂》,墨遗萍著,山西省文化局戏剧工作研究室编,1982 年内部发行。

125.《孔尚任平阳竹枝词浅释》,郭士星等注,山西省文化戏剧工作研究室编,1982 年内部发行。

126.《辽宋西夏金社会生活》,朱瑞熙等撰,中国社会科学出版社,1998 年版。

127.《唐戏弄》,任半塘撰,上海古籍出版社,1984 年版。

128.《青楼文学与中国文化》,陶慕宁著,东方出版社,1993 年版。

129.《行业神崇拜》、李乔撰,文联出版社,2000 年版。

二、参考期刊

1. 赵万里,《崇高的友谊》,《文物参考资料》第七期,1958 年出版。

2. 赵景深,《谈明成化刊本“说唱词话”》,《文物》,1972 年第十一期。

3. 黄竹三,《我国戏曲史料的重大发现》,《中华戏曲》第三辑,1987 年。

4. 王兆乾,《池州傩戏与成化本“说唱词话”》,《中华戏曲》第六辑,1988 年。

5. 王兆乾,《贵池傩舞“舞伞”考析》,《中华戏曲》第十二辑,1992 年。

6. 李天生,《唐乐星图校注》,《中华戏曲》第十三辑,1993 年。

7. 何昌林,《乐王 · 戏祖 · 拳宗 · 医圣》,《中华戏曲》第十五辑,1994 年。

8. 杨孟衡,《青阳逸响在万泉》,《中华戏曲》第十五辑,1995 年。

9. 龚国光,《江西弋阳腔的产生与流变》,《文史知识》1998 年第一期“赣文化专号”。

后　记

《上党赛社与乐户研究》书稿的写成,如果从1985年有关调查算起,笔者伴它已经走过35年。最初,笔者是个改行而来的编剧,只是作为长治市文化局戏剧研究室的负责人,需要配合省文化厅有关《中国戏曲志·山西卷》的调查工作,后因《周乐星图》等本的发现,被拖入赛社与乐户研究,越陷越深,欲罢不能。

就此而言,首先需要感谢山西省文化厅的有关领导,正是他们对上党地区戏剧历史的重视,组织有关录像,请有一些乐户老人参与,才引发潞城南舍村曹占鳌(小名曹满金)、曹占标(小名曹双枝)献出了《周乐星图》本(1986年《中华戏曲》发表,称《迎神赛社礼节传簿四十曲宫调》,简称"礼节传簿")。而当时潞城县为长治市管辖,这才引起笔者重视,又有了《唐乐星图》《宋乐星图》等本的相继发现,使笔者对于民间赛社及相关的乐户有了不断深入的认识。

随着笔者的《唐乐星图校注》于1990年、1993年先后在《戏友》《中华戏曲》等刊物发表,先是参加有关的学术交流,继而先后有美国学者和台湾省学者来访;笔者与香港中文大学乔健先生(后在台湾省东华大学任教)、山西省社会科学院老院长刘贯文先生合作,编写了《乐户——田野调查与历史追踪》一书,2001年、2002年先后由台湾唐山出版社、江西人民出版社出版。

由于乔健先生是人类学研究专家,对上党地区乐户的贱民历史很有兴趣,故由刘贯文先生牵线搭桥,1994年在山西大学成立了一个"华北文化研究中心",开始了"乐户"项目的合作研究。加之相关的田野调查正在上党地区进行,故深入各县的考察又多由笔者与当时一些年轻学人承担。其间,结识了更多的乐户老人,获得了更多的文字、口头资料,而且笔者借助山西大学图书馆的历史文献,对上党赛社及乐户的历史成因、发展变化等有了更深入的认识。于是发现有关的历史文献多只记录上层所见，多只言及文人雅士在戏剧发展中的作用和贡献，甚至一些论述每有偏颇。对此，上党民间的有关史料正可验证、补充、纠正一些历史文献的不足。这就促使笔者产生了研究“上党赛社与乐户”的冲动。

尽管笔者已经退休，在长治学院卫崇文先生邀请下，后来仍继续参与有关的田野调查和研究。卫崇文先生也曾参与“乐户”项目的田野调查，后来升任长治学院副院长，对本书的出版多有帮助。与其同时参与乐户田野调查的还有长治学院的杨力军，以及在煤矿工作的韩晓鸿，在长治市残联工作的任旭仲，在陵川县水利局工作的周东远等，他们的调查对于本书的写成都有帮助。至于有关的调查对象，包括献出文字资料的赛社主礼、遗存的乐户老人等，更使笔者获益良多，由于书中已有这些人的介绍，恕不再详其名。

以上相识相知者，以及促成该书出版的长治市委宣传部的有关领导和同仁，笔者在此一并致谢。

2023 年 4 月

图书在版编目（CIP）数据

上党赛社与乐户研究 / 李天生著 . — 太原 : 三晋出版社 , 2023.10

ISBN 978-7-5457-2803-3

Ⅰ . ①上… Ⅱ . ①李 … Ⅲ . ①风俗习惯 - 研究 - 上党（历史地名）②音乐史 - 研究 - 上党 （历史地名）Ⅳ . ① K892.425.3

中国国家版本馆 CIP 数据核字（2023）第 197325 号

上党赛社与乐户研究

著　　者： 李天生
责任编辑： 薛勇强

出 版 者： 山西出版传媒集团 · 三晋出版社
地　　址： 太原市建设南路 21 号
电　　话： 0351-4956036（总编室）
0351-4922203（印制部）
网　　址： http://www.sjcbs.cn

经 销 者： 新华书店
承 印 者： 山西万佳印业有限公司

开　　本： 787mm × 1092mm　　1/16
印　　张： 33.5　彩页 8
字　　数： 580 千字
版　　次： 2023 年 10 月　　第 1 版
印　　次： 2023 年 11 月　　第 1 次印刷
书　　号： ISBN 978-7-5457-2803-3
定　　价： 160.00 元